지방정부감사론

염차배 · 진상기 공저

法 文 社

머 리 말

저자는 공직생활 33년이 넘는 기간 중 27여년을 감사업무에 종사해왔다. 그동안 감사 현장에서 실무를 담당하거나 지휘를 하는 과정에서 부딪혔던 문제들이나 또한 그 가운데 틈틈이 연구 활동을 하면서 느꼈던 감사업무에 대한 개선 필요성과 발전 방향에 대한 고민을 언젠가는 체계적으로 정리를 해놓아야 하겠다고 생각하였다. 이는 평생을 감사업무에 종사해 온 직업인으로서 당연히 하여야 할 책무일 뿐만 아니라 이를 통해서 같이 고민을 나눠 왔던 관련 분야 동업자들(?)과 앞으로 동업자가 될 분들에 대한 예의라고 여겨왔다.

그러던 중 이를 정리할 수 있는 시간적·정신적 여유가 생겼다. 물론 책의 발간으로 독자들에게 시간 낭비만 하게 만드는 게 아닐까 하는 마음의 갈등도 있었다. 그러나 감히 책을 낼 마음조차 갖지 못했던 나에게 충분히 책을 낼 수 있고 좋은 결과가 있을 것이라며 과분한 용기를 불어 넣어주며 칭찬을 아끼지 않으셨던 은사님과 몇몇 주위 분들이 있었기에 과감히 용기를 내어 이를 시작하게 되었다. 그 동안 감사와 관련하여 국내·외에서 단행본이 발간된 경우는 손으로 꼽을 정도로 드물다. 그것도 대부분 상당히 시간이 지난 것들이어서 새로운 시도가 필요한 시점이라는 점도 감안이 되었다.

저자로서는 어차피 책으로 낼 바에야 공공감사 일반이론에 대한 종합서가 되도록 정리를 해야겠다는 과도한 욕심을 내게 되었다. 감사의 의의와 본질, 역사적인 흐름, 국제적인 모양, 중앙정부·지방정부·공공기관 등 수준별 감사제도의 실태, 감사유형의 종류와 감사제도 간의 관계 등등이 그 관심 대상이었다. 한편으로는 지방정부에 대한 감사제도와 관련하여 우리나라에 있어서 이상적인 감사제도 유형은 어떤 것이 있을까 하는 의문을 가지고 이를 규명해보려는 시도도 하게 되었다.

그러나 실제로 당초 의도했던 종합적인 정리는 쉽지가 않았다. 독립된 학문으로 감사학(監査學)의 탄생을 기대하면서 그 기초를 쌓고자 했던 당초의 야망(?)은 작은 디딤돌을 하나 놓는 데 그친 것이 아닌가 하는 자평을 하게 된다. 물론 이 자체로도 시의성(時宜性)이라는 중요한 의미를 갖는다는 어느 연구관의 아부성 격려가 큰 위로가 되었다. 비록 많은 것을 하지 못했지만 앞으로 많은 석학들이 감사에 관심을 갖고 이를 연구하는 데 이것이 하나의 자극제로서 작용하였으면 하는 바람을 가져본다. 또한 이 책이 일선 행정 현장에서 감사 업무나 관련 분야에 종사하는 여러분들에게 조금이나마 도움이 된다면 그지없이 기쁘겠다. 한편 앞으로 부족한 부분에 대해서는 더 보충해 나갈 예정임을 덧붙여 둔다. 많은 선배제현님들의 아낌없는 지도편달을 기다린다.

이 책이 나오기까지 많은 분들의 도움이 있었음을 여기에 밝혀 두고 싶다. 바쁜 연구 활동 중에서 구하기 힘든 자료를 찾아서 기꺼이 제공해 주었던 감사연구원의 조형석 연구관, 감사에 관한 자신의 의견을 더 해 주었던 김주희 연구관과 자료를 제공해 주었던 호진원 연구관, 자신의 그간 연구 실적을 제공하여 주었을 뿐만 아니라 풍부한 연구 경험을 바탕으로 조언을 아끼지 않았던 박희정 연구부장, 그 이외에도 여러 자료 등을 제공해주었던 감사원 관계자 여러분에게 감사의 말씀을 드린다. 그리고 이 자리에 오기까지 용기를 잃지 않게 늘 격려해주시고 지도를 아끼지 않으셨던 김현구 교수님, 김성태 교수님, 이승종 교수님, 이영균 교수님, 권기헌 교수님, 박형준 교수님과 정문기 교수님 등 여러 은사님들에게도 감사의 말씀을 드린다. 한편으로는 지방정부 감사제도 개편방안에 대한 연구와 관련하여 설문에 기꺼이 응해 주셨던 많은 관계자분들께도 이 자리를 빌려 깊은 감사의 말씀을 드리고 싶다. 또한 글을 쓰는 전문가가 아니어서 힘들어 할 때마다 잘 참아주며 조용히 기도로 뒷받침 해준 처와 아버지를 믿고 지원을 해주었던 동현, 성현, 소현이에게 고마움을 표하고 싶다. 무엇보다 자식이 하는 일은 무엇이든 잘 하는 것이라며 자랑스러워 하시는 어머님의 주름진 얼굴에 이 책의 발간 소식으로 웃음꽃이 활짝 피길 기대해본다.

이 책을 나의 영원한 소망과 방패가 되시는 하나님께 올리며 그 영광을 돌린다.

우리나라 행정현실에 있어 공공감사 및 내부통제의 중요성이 점차 커져가고 있는 상황임에도 불구하고, 우리 행정학에 있어 공공감사부문에 대한 관심과 연구가 적다는 점에서 이 책의 발간 필요성을 가지게 되었다. 이에 따라 공공감사론에 대한 일반 이론들을 제1편에서 정리하였다. 공공감사의 의의 및 기능, 유형 및 분류에 대한 논의, 공공감사기관의 종류 및 역사 그리고 자체감사와 내부감사와의 관계들에 대해 다루었다.

제2편에서는 지방정부의 감사제도에 관한 일반 이론을 정리하고, 우리나라의

지방자치제도의 변화에 따른 지방정부 감사제도의 변화 방향에 대해 정리를 해보았다. 특히, 최근 헌법 개정 논의가 사회 각 분야에서 제기되고 있는 상황에서, 향후 지방정부의 감사기능 재편에 대한 관심도 많이 제기되고 있는 상황에서 매우 중요한 논의점이라고 판단이 되어 이를 정리하였다.

제2편의 우리나라 지방정부에 대한 감사제도 개편방안에 대한 내용 중 많은 부분을 염차배 위원장의 박사학위논문인 "地方自治團體에 대한 監査制度 改編方案에 관한 硏究"를 활용하여 정리했음을 밝히는 바이다.

마지막으로, 이 책이 완성될 수 있도록 옆에서 지켜봐주고 응원 해준 사랑하는 장유진, 진종우, 진종률에게 고마움을 표하며, 항상 믿음으로 지켜봐주신 양가 부모님께 감사의 마음을 전하는 바이다.

2011년 11월 가을에

저자 일동

차　례

제 1 편　공공감사론

제1장　공공감사의 의의

제 2 장 공공감사의 성질과 기능

제 3 장 공공감사의 유형

제4장 공공감사기관의 유형 및 변천사

제 2 편 지방자치단체 감사제도론

제1장 지방자치단체 감사제도 이해

제 2 장 주요국의 지방자치단체 감사제도

제6장 지방자치단체 감사제도 개편방안 제시

부 록

표 차례

제1편

제2편

그림 차례

제1편

제2편

제1편

공공감사론

제 1 장

공공감사의 의의

제1절 공공감사의 정의

Ⅰ. 공공감사의 개념

1. 감사의 개념

감사(監査, audit or auditing)에 대해 백상기 · 김정욱(1999: 49)은 “일반적으로 어떤 조직체의 업무에 대하여 그에 관여하는 제3자가 업무의 적부를 검토 비판하는 행위”로 정의한다. 이창우 외(2007: 4)는 “특정 경제 실체의 경제적 행위와 사건에 대한 주장과 미리 설정된 기준과의 일치 정도를 확인하기 위하여 이들 주장에 관한 증거를 객관적으로 수집하고 평가하여 그 결과를 이해관계가 있는 이용자에게 전달하는 체계적인 과정”이라고 정의한다. Knighton(1971)은 “① 정보의 통제 체계의 적정성 및 신빙성, ② 사업과 업무의 경제성, 능률성 및 효과성, ③ 행정이 미리 정해진 법규 및 지침에 충실하였는지의 여부 및 ④ 어느 조직이나 사업 혹은 업무의 현재 상태와 과거 운영의 결과를 나타내는 재무제표와 성과보고서의 정확성에 관한 전문가적 평가나 건의 혹은 의견을 지원할 목적으로 독립적인 권위를 지닌 자가 제반 기록을 검토하거나 증거를 탐색하는 행위"(김명수 외, 2007: 13-14. 재인용)라고 정의한다. Arens, et al(2010: 4)은 "자질을 갖춘 독립적인 제3자가 어떤 정보에 대하여 미리 설정된 일정 평가기준과의 일치 정도를 결정하고 보고할 목적으로 그 정보에 관한 증거를 수집하고 평가하는 절차"로 정의한다. 미국회계학회(AAA)는 "경제활동(economic actions: 매매, 생산, 보관 및 판매 등) 및 사상(events: 건물과 기계의 손상, 기능 저하 등)에 관한 어떠한 주장에 대해 미리 설정된 평가기준과의 일치 정도를 확인하기 위하여 이들 주장에 관한 증거를 객관적으로 수집하고 평가하며 그 결과를 이해관계자인 이용자에게 전달하는 체계적인 과정[1]"(AAA, 1973: 2)이라고 정의한다. 민간에서 이루어지는 회계검사에 대한 정의는 주로 감사에 대한 미국회계학회의 것을 따르고 있다.[2]

한편 김명수·박준(1995: 13-16)은 우리나라의 헌법과 역사적 바탕을 근거로 감사(監査)라는 용어는 1962년 12월 26일 제3공화국 헌법에서 종전의 심계원(審計院)과 감찰위원회(監察委員會)를 통합하여 감사원(監査院)을 헌법기관으로 설립한 데서 유래한다고 한다. 즉 監査의 '監'은 종전의 감찰위원회에서 담당하였던 '직무감찰(職務監察)'에서, '査'는 종전의 심계원에서 담당하였던 '회계검사(會計檢査)'에서 각각 따온 것으로 양자의 합성어이므로 회계검사와 직무감찰의 개념을 바탕으로 개념화를 하여야 한다고 한다. 즉 "어떤 조직체의 회계 기록을 회계담당자 이외의 제3자가 공식으로 또는 공권을 가지고 검토·검증하는 행위"인 회계검사와 "피감기관과 그 소속 직원들이 그들이 담당한 여러 활동을 수행함에 있어 법에 어긋남이 있는지의 여부를 조사하기 위하여 그들의 활동을 감시하여 살피는 행위"인 직무감찰을 합성한 것이다. 이런 측면에서 '감사'는 "피감사기관과 그 소속 직원들이 수행하는 제반 활동의 합법성을 검사 혹은 조사하는 행위"로 정의될 수 있다. 감사교육원(1997: 12)은 "일반적으로 법령이나 계약 등에 의거 임명된 감사인이 어떤 조직체의 운영·활동이나 회계 등 부여된 감사범위에서 합법성 등 판단기준 하에 독립적으로 정보·자료·기록 등을 수집·평가·확인·분석하고, 증거에 의거 입증된 조사 결과를

1) Auditing is a systematic process of objectively obtaining and evaluating evidence regarding assertions about economic actions and events to ascertain the degree of correspondence between those assertions and established criteria and communicating the results to interested users.

2) 이는 민간부문에 대한 것을 정의한 것으로 정부부문에도 적용될 수 있을 것이나 그 주체나 대상, 감사절차 등에 있어 차이가 있다.

보고 · 처리하는 일련의 과정"이라고 정의한다.

이상의 논의를 종합하면 감사는 "독립된 제3자가 대상 업무, 조직의 운영, 구성원의 행위 등이 일정한 기준에 따라 적정하게 처리되었거나 처리될 것으로 설계(계획)되었는지를 확인하기 위해 객관적으로 증거를 수집 · 평가하고, 문제점에 대한 원인과 책임을 규명하여 시정 · 치유 · 개선대안 등을 제시하며 그 결과를 이해관계인에게 제공하는 일련의 체계적인 과정"으로 정의할 수 있다.[3]

감사의 정의를 보다 구체적으로 살펴보면 다음과 같다.

(1) 감사는 업무의 당사자가 아니라 '제3자'에 의하여 이루어진다. 대리인 이론에 따르면 주인과 업무 위임을 받은 대리인 사이에 위임된 업무가 제대로 수행되었는지를 확인하기 위해 제3의 대리인으로서 감사인이 필요하게 된다. 여기엔 일정한 자질이나 자격을 갖춘 독립된 제3자이어야 객관성과 공정성을 인정받게 되고 그 결과에 대한 신뢰를 얻을 수 있을 것이다.

(2) 감사가 되기 위해서는 감사를 실시할 대상이 될 업무, 조직 활동(경영, 운영), 구성원의 행위 등이 존재해야 한다.[4] 감사가 성립되기 위해서는 검증 가능한 형태의 정보가 감사대상으로 존재해야 한다는 것이다. 이를 기준으로 감사의 유형이 구분될 수 있다. 민간부문의 기업에 대한 회계감사의 경우 재무제표감사, 업무감사, 이행감사, 포괄감사 등으로 구분될 수 있다(이효익, 2010: 26-29). 공공감사의 경우 대상기관의 업무 및 사업을 주 대상으로 하는 경우 재무감사나 성과감사 등이 여기에 속하게 된다. 조직의 운영을 대상으로 하는 경우 기관운영감사 또는 종합감사, 구성원의 행위 등을 대상으로 하는 대인감찰의 경우 기강감사 또는 복무감사 등으로 구분될 수 있다.

(3) 다음으로 감사에는 미리 설정된 일정한 '평가(감사)기준'이 있어야 한다. 감사를 하기 위해 검증 가능한 형태의 정보, 업무, 조직, 구성원의 행위 등 감사대상이 전제되어야 한다. 그리고 이를 평가 · 검증할 수 있도록 사전에 기준이 설정되어 있어야 한다. 이것은 법령, 조리, 업무지침, 회계원칙, 감사기준 등 다양한 형태로 존재한다. 이를 기준으로 감사 대상 업무 등이 적정하게 처리되었거나 처리될 것으로 설계되었는지를 평가하거나 검증할 수 있게 된다.

3) 현행 공공감사의 경우 민간부문에 대한 감사와 크게 다른 점이 "… 문제점에 대한 원인과 책임을 규명하여 시정 · 치유 · 개선대안 등을 제시하며… " 부분일 것이다.

4) 민간부문 회계감사의 경우 재무제표, 법인세신고서, 작업시간 또는 생산량보고서 등이 되겠다.

(4) 감사를 실시함에 있어 객관적으로 증거를 수집・평가하고, 문제점에 대한 원인과 책임을 규명하여 시정・치유・개선대안 등을 제시하여야 한다.[5] 감사과정에 가장 핵심이 되는 절차이며 시간과 비용이 많이 소요되는 부분으로서 당해 감사목적을 충족할 수 있는 충분한 양과 질의 증거 확보가 감사의 성패를 좌우하는 결정적인 요인이 된다. 감사증거는 감사대상이 되는 어떤 정보가 감사(평가)기준에 일치하는지를 판단하는 데 이용되는 모든 정보와 자료를 말한다고 하겠다(이효익, 2010: 16-17). 대상 업무 등이 제대로 처리되었는지, 문제가 있다면 그 발생 원인은 무엇이고 누구의 책임인지 등을 규명하게 된다. 이것이 잘 규명된다면 그 처리방향도 자연스럽게 정리될 수 있다. 즉 문제 발생의 원인이 개인이나 조직의 책임에 기인하는 경우 징계, 시정, 주의, 변상판정, 고발(수사요청) 등의 조치가 따르고, 제도적인 요인이나 환경적인 요인에 기인한다면 개선, 권고, 통보 등의 조치가 따르게 된다.[6]

(5) 끝으로 감사는 객관적인 결과의 처리 및 보고가 이루어져야 한다. 정해진 내부 처리절차에 따라 감사결과에 대한 최종 의사결정이 이루어지게 된다. 일반적으로 자체감사의 경우에는 내부 기관장 또는 감사기구의 장의 결재를 얻음으로써 종결된다. 감사원의 경우 최종 의사결정기구인 감사위원회의 의결로써 결정된다. 이러한 감사결과는 수감기관의 장 및 감독기관의 장에게 통보하게 된다. 자체감사의 경우 행정기관의 장이나 감사부서의 장에게 보고를 한다. 감사원의 경우 국회 및 대통령에게 매년 국가의 세입・세출 결산에 대한 검사를 하고 그 결과를 보고하도록 되어 있다(헌법 제99조).

2. 공공감사의 개념

공공감사(public auditing)에 대하여 이주희(2010: 1)는 "대체로 공공의 필요에 의하여 공적 감사기관이나 자체감사기구가 법령에 따라 정해진 감사대상기관 및 그에 속한 공무원의 제반업무와 활동에 대하여, 또는 공공기관에 대한 법정외부기관이나, 자체감사기구가 감사대상기관에 대하여 공공서비스에 대하여

5) "문제점에 대한 원인과 책임을 규명하여 시정・치유・개선대안 등을 제시"하는 것은 주로 공공감사에 해당되고, 민간부문 회계감사의 경우에는 이용자(주주, 투자자 등)에 대하여 원칙적으로 정보의 제공에 그치므로 이것은 극히 예외적이라고 하겠다.
6) 이러한 조치와 관련된 사항도 주로 공공감사에 해당되는 것들이다.

조사·점검·확인·분석·검증하고 감사결과를 권한있는 자에게 통보하는 행위"라고 정의한다. 김명수·박준(1995: 1)은 민간부문에서 이루어지는 감사활동과 구분하기 위한 개념으로서 공공감사를 "정부 내에서 이루어지는 감사"로[7] 정의한다. 백상기·김정욱(1999: 51)은 감사의 개념을 감사원의 헌법상 책무인 회계검사 및 직무감찰에서 따온 합성어로 보고 회계검사는 피감기관과 그 소속원의 재무활동에 있어서의 합법성을 감사하는 행위이고, 직무감찰은 재무활동 이외의 제반 활동의 합법성을 조사하는 행위이므로 이의 합성어인 감사는 "피감사기관과 그 소속원들이 수행하는 제반활동의 합법성을 조사·검토하는 행위"로 정의한다.

이들을 종합하면 '공공감사'는 민간부문 즉 기업회계부문에서 이루어지는 회계감사와 대비되는 개념으로서 국가, 지방자치단체와 공공기관에서 이루어지는 감사를 말한다고 하겠다.[8] 즉 이들이 감사의 주체가 되거나 감사의 객체가 되는 것을 포함하여 이루어지는 것은 모두 공공감사라고 정의할 수 있다. 그러나 일반적으로는 국가 및 지방자치단체 그리고 공공기관이 감사의 객체가 되는 경우가 대부분이다. 공공감사도 감사의 일종이기 때문에 원칙적으로 위에서 본 감사의 개념을 따른다고 하겠으나 공공감사와 민간부문의 회계감사와는 다음과 같은 점에서 차이점이 있다.

3. 공공감사와 민간감사와의 차이점

공공감사든 민간감사든 감사의 본질은 같다고 할 수 있다. 그러나 공공감사와 민간감사는 그 주체, 객체(감사대상), 규정의 적용범위, 감사범위, 근거법규, 감사인의 책임한계 등에 있어 다음 <표 1-1>과 같이 차이를 보이고 있다.

---

7) 김명수(2007: 459)는 우리나라의 경우 공공감사를 국회에서 수행하는 국정감사와 감사원 감사 및 중앙정부 부처와 각급 지방자치단체에 설치되어 있는 자체감사기구에 의해 실시되는 자체감사로 정의한다. 이럴 경우 공기업 등 공공기관에 대한 감사는 제외되고 있어 '협의의 공공감사' 개념이라고 하겠다.

8) 2010. 7. 1. 시행된 「공공감사에 관한 법률」 제2조에서 '자체감사'를 "중앙행정기관, 지방자치단체 및 공공기관의 장이 그 소속되어 있는 기관(그 소속 기관 및 소관 단체를 포함한다) 및 그 기관에 속한 자의 모든 업무와 활동 등을 조사·점검·확인·분석·검증하고 그 결과를 처리하는 것"으로 정의하고 있어 대상기관에 대한 논의만 제외하면 공공감사의 개념을 정의했다고 볼 수 있다. 또한 「공공감사기준」(감사원 규칙 제137호) 제1조는 간단히 "공공부문에 대한 감사"를 공공감사로 정의하고 있다.

표 1-1 공공감사와 민간감사의 차이

구 분	공공감사	민간감사
1. 주체(감사수행자)	국민(공공감사기관)	주주(회계사 · 법인)
2. 객체(대상기관)	공무원(공공기관*)	경영진(기업 및 공기업 등)
3. 규정의 적용범위	외부 및 내부	외부**
4. 감사범위	포괄감사	회계감사
5. 확신의 수준	민간보다 높은 수준의 확신***	합리적인 수준의 확신
6. 규정(근거법규)	국가재정법, 국가회계법, 공공감사에 관한 법률, 공공감사기준, 국가회계기준 등	기업회계기준(GAAP), 회계감사기준(일부 상법)
7. 감사인의 책임 한계	국가재정법, 국가회계법, 공공감사에 관한 법률, 공공감사기준 등	회계감사기준에 준용

*: 민간감사대상 제외.
**: 회계감사 시 '내부회계관리제도 검토보고서' 의무작성대상을 제외한 기업의 내부감사는 자율.
***: 복식부기 재무제표에 대한 의견표명이 보류되었으나 중요성 수준에 따른 판단은 필요함. 따라서 기존의 법해석에 따른 결과보다 확신수준이 낮아짐.

감사의 주체를 보면 국가의 주인은 국민이고 기업의 주인은 주주이다. 그 객체인 공무원(공공기관)은 국민을 대리하여 국가 및 지방자치단체나 이들이 출자한 공기업 등을 관리 · 운영하고, 경영진(관련 직원 포함)은 원칙적으로 민간이 출자한 (사)기업 등을 관리 · 운영한다. 이러한 대리인(공무원, 경영진)을 감시하기 위하여 제3의 대리인으로서 외부의 감사인(감사원 등 공공감사기관, 회계법인 등)을 고용하여 감사를 수행한 후 그 결과를 공표[9]하게 하고 있다.

규정의 적용범위를 살펴보면 국가(지방자치단체 등 포함)의 내 · 외부 감사행위의 경우 근거법규와 관련되어 운용되나 민간의 경우 외부감사는 일정요건(규모, 상장 등)이 성립할 때에는 규정에 따라 감사가 실시되지만 내부감사의 경우 상법상 감사와 감사위원회의 설치대상 기업을 제외하고는 기업의 자체규정에 따르도록 되어 있다. 다만 내부통제의 중요성이 강조됨에 따라 2005년부터 외부감사기관에서 내부통제제도를 검토하여 간단한 보고서를 회계감사보고서에 첨부하도록 규정하고 있다.

한편, 감사범위를 보면 공공감사의 경우 포괄감사로서 재무활동 및 규정준

9) 공공감사의 경우 감사연보 · 결산검사보고서 등을 통해 공표를 하게 되고, 민간감사의 경우 회계감사보고서를 통해 공표가 이루어진다.

수에 대한 평가, 경제성 및 능률성 평가, 특정사업의 수행성과에 대한 평가를 포함하다. 그러나 민간의 경우 법정감사인 외부감사의 경우 일반적으로 인정된 회계원칙(GAAP)준수 여부를 감사하고 법률위반 여부 등 준법성에 대한 감사는 범위에 포함되지 않는다. 다만 감사수행 중 불법 여부를 알게 된 경우 고지의무[10]는 존재한다.

그리고 확신의 수준에 있어서는 공공감사의 경우 법 규정에 따른 감사로서 결과에 대한 확신의 수준이 현재는 민간보다 높다고 할 수 있다. 다만 민간과 마찬가지로 고유위험 및 통제위험, 적발위험은 존재 한다.[11] 그러나 민간의 경우는 공공부문보다 각 위험의 수준이 높다고 할 수 있다.

Ⅱ. 전통적 감사와 현대적 감사

감사의 개념을 좀 더 명확히 하기 위해 전통적 감사와 현대적 감사의 개념을 살펴보고자 한다.

1. 전통적 감사

전통적 감사로서의 합법성 감사는 감사를 실시하는 경우 피감기관이 처리한 감사대상 업무에 대한 적정성 여부를 검증함에 있어 이미 마련된 법규나 예산집행 기준 등의 규정에 따라 맞게 이루어졌는지를 판단하게 된다. 즉 이러한 의미의 합법성 감사는 행정활동이 해당 법령이나 규정에 부합되게 이루어졌는지, 어느 정도 부합되는지의 그 정도를 나타낸다고 하겠다. 법치주의에 바탕을 둔 현대국가에서 합법성(regularity 또는 legality)은 행정이 지향해야 할 기본적인 가치이자 이념으로서 인식되고 있다. 따라서 감사가 원래 이러한 행정에 대한 통제의 한 수단으로서 시행된 점을 고려할 때 전통적 의미의 감사가 행정이 정치과정의 산물인 법의 테두리 내에서 이루어지는지를 확인하는 데

10) 그러나, 고지대상은 감사, 감사위원회, 주주총회 등 각각의 경우에 따라 다르다.

11) ① 고유위험은 내부통제가 없다고 가정할 경우 대상이 가지는 원래의 위험을, ② 통제위험은 내부통제가 있음에도 적발하여 수정하지 못할 위험을, 그리고 ③ 적발위험은 입증절차를 실시하였으나 중요한 위험이 있음에도 감사인이 적발하지 못할 위험을 의미한다.

초점을 맞추는 합법성을 감사기준으로 하여 감사가 실시된다는 것은 당연한 일이라고 하겠다. 이는 주로 행정기관이나 담당자들의 자의적 행동을 금지하고 위법·부당사항을 적발하기 위한 것으로서 행정활동이 법과 규정에 충실하도록 강제하면서 부정(fraud), 낭비(waste), 남용(abuse) 등을 감시·감독하는 역할을 한다.[12] 그러나 이러한 합법성 위주의 감사는 역사적 기원에 근거한 그 필요성과 정당성에도 불구하고 처벌이나 지적 위주의 소극적 통제수단으로서 종종 감사대상기관이나 대상 직원들이 업무·활동의 효율성이나 효과성 보다는 외형적인 합규성에 치중하여 법규 과잉동조 현상, 행정업무의 자율성 제약, 정상적 업무 추진 지연 등의 부작용을 낳게 된다는 지적을 받게 된다. 여기에서 감사가 소극적 통제수단에서 탈피하여 국가발전을 지원하는 적극적인 감사로 나아가기 위해서는 합법성 이외에 경제성(economy), 능률성(efficiency) 또는 효율성, 효과성(effectiveness)도 감사기준으로 하여 검증을 하여야 할 필요가 제기되며 이는 전통적 감사에 대응하여 현대적 감사로 불리어진다.

2. 현대적 감사

현대적 감사는 전통적 감사가 가졌던 부작용과 현대 행정국가에 있어서 감사에 대한 새로운 역할의 필요성이 제기됨으로써 그 의미를 갖게 되었다. 즉 행정활동의 외형적 합법성 여부만을 따지는 종래의 소극적 행정 통제 위주의 합법성 감사에서 행정활동이나 사업·업무에 있어서 실질적인 법치주의를 구현한다는 점에서 국가발전을 적극적으로 지원할 목적으로 기존의 합법성뿐만 아니라 경제성·능률성(효율성)·효과성 등의 확장된 감사기준[13]을 적용하는 새로운 관점의 감사가 필요해지게 되었다. 이를 전통적 감사에 대응하여 현대

12) 미국의 행정학자 L. D. White는 "미국 내 정부의 감사란 단순한 검증이 아니라 이미 사용된 액수가 합법적 혹은 불법적으로 사용되었는가를 확인하는 것이다"라고 하여 합법성을 강조하였고, E. L. Normanton은 "합법성을 감사의 최소공통분모라고 할 수 있으며, 전통적·공식적 감사기능의 모두라고 볼 수 있다"고 밝히고 있다(백상기·김정욱, 1999: 51, 재인용).

13) 그 외에도 공정성(형평성), 민주성, 합리성 등 다양한 감사기준이 제시될 수 있고 실제로 적용되기도 하나 감사의 본질이 서양의 경우 정부에 대한 회계검사를 담당하고 있는 감사원을 중심으로 다루어지고 실제 적용이 상대적으로 용이하다는 점에서 이를 확장한 개념으로 경제성·능률성·효과성 등이 주로 감사기준으로 검토·논의된 것으로 보인다. 현대적 감사는 앞으로 경제성·능률성·효과성을 뛰어넘어 형평성과 민주성 등을 고려하는 감사를 과제로 하고 있다고 하겠다.

적 감사라고 명명할 수 있겠다.

경제성(economy)은 어떤 활동을 수행하는 데 소요되는 비용의 절감 정도를 말한다. 이는 산출(output)에 대하여는 고려하지 않고 투입(input)만 따진다. 따라서 어떤 사업이나 활동을 하는 데 있어 동일·유사한 활동보다 적은 금액으로 이루어졌다면 그것은 경제성이 있는 것으로 평가된다.

능률성(efficiency)은 생산된 재화 또는 용역(output)과 이를 위해 투입한 자원(input)과의 비율을 말한다. 여기에는 내적(기술적) 능률성과 외적(경제적 또는 종합적) 능률성의 두 가지가 있다. 전자는 단순히 산출 대 투입의 비율(산출/비율)을 말하며, 후자는 산출이 야기한 효과(outcomes 또는 effects)와 투입의 비율로 나타낸다. 내적 능률성에서는 단위당 가격과 같이 일정한 투입으로 수행된 일이나, 일정한 용역을 제공하는 데 투입된 비용에 관심을 가지는 반면, 외적 능률성에서는 투입된 비용과 그것이 국민생활에 미치는 후생효과와의 관계를 다룬다.

효과성(effectiveness)은 다양한 개념 정의에도 불구하고 일반적으로는 의도된 목표의 달성도를 말한다. 즉 정부업무나 사업이 의도했던 목표의 달성 정도로서 주로 단기적이며 직접적이고 의도했던 객관적·주관적 효과를 가리킨다. 그러나 실제에 있어서는 가장 많은 논란을 가져오는 개념이다. 그 장·단기성과 효과의 범위(직접적인 것이냐 간접적인 것이냐), 효과의 측정 가능성(정성적인 것과 정량적인 것에 대한 가능성과 인정 여부) 등에 대한 많은 논란이 제기되고 있어 실제 적용상 그 어려움이 크다.

한편 현대적 감사는 감사대상이 되는 제반 활동에 있어서도 재무적 활동뿐만 아니라 비재무적 활동도 포함하게 된다. 여기에는 정책[14] 또는 시책이나 사업도 포함된다고 하겠다. 이처럼 경제성·능률성·효과성 즉, '3 Es'를 감사기준으로 한 감사는 소위 성과감사(performance audit)라는 이름으로 다루어지게 된다. 성과감사는 세계적 추세로서 우리나라에서도 이에 대한 이론적, 실무적

14) '정책'을 감사의 대상으로 포함하는 경우 그 개념에 대한 혼란으로 많은 논란을 불러올 수 있고 또한 감사원이 1983년 정책감사를 표방하면서 큰 논란에 휩싸인 예도 있다. 이는 영어의 경우 policy, program, project로 나눠질 수 있는 정책 간의 상하 관계가 우리말로는 '정책'으로 포괄적인 표현을 쓰는 데도 기인한다고 하겠다. 즉 감사원의 경우 주로 project(단위사업)나 부분적으로 program(사업)을 감사대상으로 하는 것으로 인식하고 그렇게 적용하고 있으나 피감기관(주로 중앙정부)이나 국민들은 policy(정책)까지도 과감없이 다루는 것으로 보는 데서 오는 관점의 차이에서 발생하는 문제라고 하겠다.

연구와 법적 근거 마련을 위한 노력이 있어 왔다.[15] 성과감사에 대한 법적 근거가 무엇인지에 대한 논의는 「감사원법」 제20조(임무)에서 “감사원은 국가의 세입・세출의 결산검사와 이 법 및 다른 법률이 정하는 회계를 항시 검사・감독하여 그 적정을 기하고 행정기관 및 공무원의 직무를 감찰하여 행정운영의 개선 향상을 기한다”는 규정을 근거로 제시한다. 즉 이 규정에서 정책 또는 시책이나 사업 등의 용어는 없으나 행정기관이나 공무원의 직무를 감찰하여 행정운영의 개선 향상을 기한다는 조문 내용에 있어 ‘직무’에는 정책 또는 시책이나 사업 등이 당연히 포함된다는 것을 그 논거로 제시한다(김명수・박준, 1995: 18). 종래 우리나라 감사원에 대하여 헌법에서 감사원의 임무를 회계검사와 직무감찰로 나누어 규정함으로써 성과감사의 근거를 어디에서 찾을 것인가에 대한 논란이 있어 왔는바 이에 대한 성과감사의 내용상 용어의 유사점에 착안하여 직무감찰에서 그 근거를 찾은 것으로 보인다. 그러나 이렇게 해석하는 경우 다음과 같은 모순을 갖게 된다. 첫째, 성과감사라는 개념이 우리나라에서 먼저 발단된 것이 아니라 직무감찰권이 없이 회계검사권만 가지고 있는 서구의 감사원 등에서 시작되었다는 점과, 둘째, 만일 직무감찰권에서 유래했다고 한다면 우리나라 감사원이 국회로 소속이 변경되는 등으로 직무감찰권이 없이 회계검사권만 갖게 된다면 성과감사를 할 수 없다는 문제가 야기될 수 있다.

서구의 경우 성과감사의 탄생은 종래 회계검사에서 주로 이루어지던 합법성 감사의 한계에서 유래되었다는 점을 눈여겨 볼 필요가 있다. 즉 정부의 재정규모가 커짐에 따라 많은 예산이 투입되거나 대규모 재정사업이 추진되고 있는 데도 전통적 감사는 부분적인 예산 낭비나 횡령 등의 단순한 누수 현상을 찾거나 예산과목의 준수 등 형식적인 규정준수를 따지는 합법성 감사 위주로 이루어짐으로써, 대규모 사업 추진에 따른 사업효과에 의문이 제기되고 엄청난 예산이 비효율적으로 집행되는 데도 실질적인 예산 낭비사례에 대한 검증이 이루어지지 않고 있는 데서 오는 합법성 감사의 한계에서 유래되었다는

15) 감사원에서도 1995년 「감사원법」 제34조의2(권고 등)를 신설하여 처분요구(징계, 시정, 주의, 개선 등)가 부적절하거나 관계 기관의 장으로 하여금 자율적으로 처리할 필요가 있다고 인정되는 경우, 행정 운영 등의 경제성・효율성 및 공정성 등을 위하여 필요하다고 인정되는 경우 소속장관, 감독기관의 장 또는 해당 기관의 장에게 그 개선 등에 관한 사항을 권고하거나 통보할 수 있다고 하는 규정을 마련하였다.

점이다. 따라서 성과감사의 근거는 감사대상의 문제(즉 회계검사냐 직무감찰이냐)가 아니라 감사기준의 선택 문제로서 회계검사(재무적 활동에 대한 감사)이든 직무감찰(비재무적 활동에 대한 감사)이든 모두 성과감사가 가능한 것으로 보는 것이 타당하다고 하겠다.[16] 더욱이 우리나라 감사원의 경우 1963년 종래 감찰위원회와 심계원이 통합되어 감사원으로 발족한 이래 회계검사와 직무감찰 모두에 대하여 감사를 실시해 옴으로써 이들이 융합되어 시너지 효과를 내고 이에 따라 서구에서 발전된 성과감사와 유사한 방식으로 감사가 발전되어 오늘에 이르렀다는 점에서 이의 근거를 분리해서 논하는 것은 현재로서는 법적인 실익이 크지 않다고 하겠다.

한편 성과감사는 자원의 효율적 활용이나 경제성만을 강조하고 있기 때문에 현대 복지행정 국가에서 행정서비스 제공이나 관련 예산의 집행에 있어 민주성이나 형평성(공정성) 등 새로운 가치에 대한 고려가 제대로 이루어지지 않는다는 점에서 한계가 있다고 하겠다. 즉 정책과정에 있어서 최종적인 효과로서의 분배적 측면까지도 고려한 새로운 감사 패러다임이 요구되어진다(윤영일, 2003: 4). 다음 [그림 1-1]은 행정의 추진과정별로 행정의 가치지향점과 감사기준을 도식화하여 보여주는 것이다. [그림 1-1]은 현대적 감사의 기준을 제시하고 있는데 성과감사에 있어서는 행정의 투입-처리-산출과정에 초점을 두어 3Es를 추구하여 왔으나 현대적 감사는 이러한 범주를 넘어 행정의 최종적인 효과를 판단하기 위하여 행정결과 즉 분배 측면까지도 고려하는 감사가 되어야 할 것이다. 이러한 점에서 현대적 감사는 사회정의[17]적 가치를 실현하기 위한 형평성이나 공정성에 대한 감사도 중시하여야 한다. 또한 감사에 있어서 감사기준으로 삼아 지향할 이념으로 당연히 '민주성'[18]의 개념도 무시할 수 없다고 하겠다. 이에는 내용적 민주성뿐만 아니라 절차적 민주성도 고려되어야

16) 현행 성과감사가 3Es를 위주로 주로 경제적 관점에서 다루어지고 있으므로 이런 관점에서 보면 직무감찰보다는 회계검사에 가깝다고 하겠다.

17) 사회정의(social justice)란 모든 구성원 사이에서 혜택이나 부담이 공정하게 배분된 상태를 의미한다(Miller, 1976; 윤영일, 2003: 5, 재인용).

18) 민주성(democracy)의 이념은 정부와 국민 간의 관계에 초점을 두는 정치적 민주주의(political democracy)와 조직 내의 민주적 관리를 의미하는 조직내적 민주성(organizational democracy)의 두 측면으로 나누어 볼 수 있다. 정부와 국민과의 관계에서의 민주성은 국민의 요구를 수렴해 행정에 반영시키는 대응성(responsiveness)의 확보 및 책임행정의 구현을 의미한다. 그리고 조직 내적 민주성은 조직구성원의 사회심리적 욕구 및 정서적 요인을 중시하는 관리를 지향한다. 따라서 하의상달(下意上達)·분권화·자아 실현 욕구의 충족을 위한 조직의 관리가 이루어질 것이 요구된다.

그림 1-1 행정과정별 가치지향점 및 감사기준

행정추진과정 :	투입 (Inputs)	→	처리과정 (Processing)	→	산출 (Outputs)	→	분배 (Distribution)
가치 지향점 :	비용 절감		생산성 증대		목표 달성		사회정의
감사기준 :	경제성 (Economy)		능률성 (Efficiency)		효과성 (Effectiveness)		형평성 · 공정성 (Equity/Fairness)

자료: 김현구, 1999; 윤영일, 2003: 5, 재인용.

할 것이다. 실질적으로 현대적 감사에 있어서는 다양한 이념가치를 가진 감사기준이 검토되어야 한다. 이에 따라 감사대상인 행정에 있어서의 이념 간의 충돌이 일어나듯이 감사에 있어서도 이러한 다양한 이념들을 감사기준으로 채택하는 경우 감사기준 간의 우선순위 등에 대한 충돌도 발생할 가능성이 있다.[19)]

3. 현대적 감사의 특징

현대적 감사는 전통적 감사에 비해 감사의 범위, 지향점, 성격 및 기능 등 여러 면에서 다른 특징을 갖는다. 이에 대해 우리나라 학자들 간에 약간의 차이를 보이나 대체로 공통된 지적을 하고 있다. 현대적 감사의 특징으로 백상기 · 김정욱(1999)은 ① 감사범위의 확대, ② 감사의 적극적 · 지원적 성격, ③ 프로그램 평가기능의 중시, ④ 정부활동의 산출에 대한 관심, ⑤ 감사지향에 있어서의 변화, ⑥ 정책감사의 필요성 등 6가지로 설명하고 있다. 김명수 · 박준(1995)은 ① 확대된 범위, ② 적극적 · 지원적 성격, ③ 정책 · 사업평가기능의 통합, ④ 정부활동의 산출에 대한 관심, ⑤ 감사방향의 변화, ⑥ 감사지향의 변화, ⑦ 감사요원의 자질상의 변화 등 7가지로 설명한다. 윤영일(2003)은 ① 감

19) 백상기 · 김정욱(1999: 58)은 감사기준으로 채택될 수 있는 행정이념으로 합목적성, 합법성, 능률성, 효과성, 합리성, 민주성 등 6가지를 들고 있다.

사 범위의 확대, ② 감사의 민본지향성, ③ 감사의 적극적 · 지원적 성격, ④ 정책 사업에 대한 평가기능의 중시 등 4가지로 설명하고 있다. 이주희(2010)는 ① 정부활동에 대한 능률성 · 효과성 감사로 확대, ② 적극적 · 지원적 성격의 감사 확장, ③ 정책평가활동의 중시, ④ 정부활동의 성과에 대한 관심 등 4가지로 설명한다. 이를 종합해보면 현대적 감사의 특징은 ① 감사범위의 확대, ② 감사성격의 변화, ③ 감사기능의 확장, ④ 감사활동지향의 변화, ⑤ 감사 조직 및 구성원의 질적 변화 등으로 정리할 수 있겠다.

(1) 감사범위의 확대

현대적 감사는 전통적 감사에 비해 그 감사범위가 넓다. 감사범위란 단순히 감사대상기관의 수를 의미하는 것이 아니라 감사대상기관들이 수행하는 제반활동에 대하여 검토해야 할 측면의 수를 일컫는다. 즉 전통적 감사에서 다루어졌던 제반활동에 대한 합법성 측면뿐만 아니라 경제성, 능률성, 효과성 등도 검토해야 한다. 여기에 민주성, 형평성 등도 새로이 고려되어야 한다. 따라서 감사기능의 폭이 넓혀질 것을 요구하게 된다.

(2) 감사성격의 변화

전통적 감사는 감사대상기관들이 수행하는 제반활동에 대해 주로 합법성의 관점에서 다루었으나 현대적 감사는 여기에 머무르지 않고 경제성, 능률성, 효과성 차원까지 다루게 되고, 나아가 민주성, 형평성 등도 고려하게 된다. 이것은 곧 감사의 성격을 소극적 · 통제적 차원에 머무르지 않고 감사를 통해 국가발전을 적극적으로 지원하는 적극적 · 지원적 역할까지도 수행하게 된다. 예컨대 능률성 감사나 효과성 감사가 적극적이며 지원적인 성격을 갖게 되는 이유는 감사의 초점이 피감기관과 그 구성원들이 수행되는 제반활동의 효과에 두어지기 때문이다. 그러므로 피감기관들과 그 구성원들도 목표달성 여부에 보다 많은 관심을 가질 수밖에 없어 국가발전을 가속화하거나 내실화하도록 촉진하게 된다.

(3) 감사기능의 확장

현대적 감사는 전통적 감사에서 전혀 예견하지 못했고 문제시 되지 않았던 정책이나 사업에 대한 평가기능을 수행하지 않을 수 없게 되었다. 현대적 감사는 정부의 제반활동에 대하여 경제성, 능률성, 효과성 등의 차원에서 감사가 이루어지게 된다.

이와 같은 정부활동에 대한 경제성, 능률성, 효과성 등의 측정은 바로 프로그램 평가의 가장 본질적인 내용이기 때문에 현대적 감사에서 이 분야의 이론을 도입하여 감사 실무에 적용하는 것은 불가피하다고 하겠다. 미국의 경우 Elmer Staats가 미국감사원장으로 재직하고 있던 1970년대 초에 이러한 통합이 이루어지면서 많은 논란이 있었으나 현재는 미국감사원(GAO)의 가장 핵심적인 기능 중의 하나가 되었다. 미국감사원은 평가연구소를 설치, 운영하다가 최근 이를 개편하여 감사방법론 지원팀(Applied Research and Methods: ARM)으로 존속시키고 있어 감사에서 사업평가기능을 여전히 중요시하고 있음을 알 수 있다. 그러나 평가기능의 통합은 감사기관에 많은 부담을 안겨주게 되어 직접적인 평가활동의 수행은 중요사업이나 활동에 제한적으로 적용하고 피감기관들의 평가결과에 대한 상위평가(meta-evaluation)를 활용하는 것이 감사기관의 부담을 줄이고 피감기관의 저항을 줄이는 적절한 방법일 것이다.

한편 프로그램 평가를 하는 경우 효과성에 대한 평가는 감사내용의 가장 중요한 부분이 될 것으로 본다. 이러한 프로그램의 효과를 측정할 때에는 세 가지 효과가 따른다(백상기 · 김정욱, 1999: 55). 첫째, 기본적 효과로서 프로그램의 존립목적이 되는 기본적이고 직접적인 효과로서, 프로그램의 집행 후에 즉각적으로 나타난다. 둘째, 파급효과로서 정부의 사업이나 프로그램이 외연적 효과를 갖는 데서 불가피하게 일어나는 효과로서, 그 미치는 범위가 넓고 크기 때문에 특정이 매우 어렵다. 셋째, 부정적 효과로서 어떤 프로그램이나 부정적 효과가 있게 마련인데 대개는 긍정적 효과가 이를 압도하게 되나 때로는 그 반대도 성립하게 된다.

(4) 감사지향의 변화

전통적 감사에서는 피감기관들과 그 구성원들이 제반활동을 수행함에 있어 그 활동을 규제하는 규칙이나 규정에 맞게 수행했는지에 많은 관심을 가졌다. 그러나 현대적 감사는 이러한 과정에 대한 관심뿐만 아니라 그 활동의 결과 얻어지는 산출물(output)에도 많은 관심을 가지게 된다. 여기에서 산출물이란 정부활동 그 자체뿐만 아니라 그 활동이 가져온 효과(effect)나 영향(result), 성과(performance)를 가리킨다.

그 이외에도 현대적 감사는 전통적 감사와 달리 다음과 같은 변화를 지향한다. 첫째, 감사는 과거에 일어난 행위를 주대상으로 하지만 그 결과를 토대로 미래의 향상·발전을 도모하는 데 역점을 두어야 한다. 둘째, 감사는 감사결과로 밝혀진 어떤 잘못에 대하여 처벌하기보다는 그것을 미연에 방지하고 교정해 나가는 데 역점을 두어야 한다. 셋째, 감사는 개별적인 거래행위보다는 전체적인 체계의 문제에 더 많은 역점을 두어야 한다. 넷째, 감사를 실시할 때에는 감사업무의 증대로 말미암아 최고감사기구가 이를 모두 감당할 수 없으므로 자체감사기구들의 감사역량을 제고시켜 자체감사를 활성화시키고, 최고감사기구는 그 감사결과를 감사 또는 평가하는 상위감사(meta-audit)를 활용함으로써 감사 중복 방지와 사각지대 예방 효과를 동시에 거둘 수 있도록 해야 한다.

(5) 감사 조직 및 구성원의 질적 변화

현대적 감사는 감사를 담당하는 감사요원들에게 새로운 자질과 지식, 능력을 요구하게 된다. 회계검사나 직무감찰에서 단순히 합법성만을 강조하는 전통적 감사에서는 감사요원들이 회계학이나 법률학에 대한 지식만으로도 감사수행에 큰 어려움이 없다. 그러나 현대적 감사에서 경제성, 능률성, 효과성, 형평성, 민주성 등 다양한 감사기준에 의한 감사수행에는 감사요원들이 폭넓은 지식을 가질 것을 필요로 한다. 회계학과 법률학 이외에 경제학, 경영학, 행정학, 정책학, 정보학 및 사회과학 방법론 등 다양한 지식이 요구된다. 이는 다양한 경험과 지식을 가진 전문가를 채용하는 것뿐만 아니라 확보된 감사요원에 대한 새로운 학문과 지식 습득을 위해 지속적인 직무교육이 이루어져야 한다는 것이다. 또한 여기엔 구성원에 대한 것뿐만 아니라 감사조직도 이러한 체제를 갖추어야 할 것이다.

한편 이러한 감사요원들의 자질, 능력, 지식 향상에 대한 노력 이외에 고려해야 할 사항은 이러한 감사 활동과 대상 업무에 대한 연구지원 기능의 확충이다. 현재 감사원은 2005년부터 감사연구원을 설립하여[20] 감사사항 개발과 감

20) 2004. 5. 24.「감사원법」이 개정되고 2005. 7. 13.「평가연구원 직제」가 제정·시행됨으로

사제도 및 감사기법의 연구 등을 통해 감사원과 그 구성원의 감사역량 확충을 지원하고 있다.

제2절 공공감사와 평가의 관계

Ⅰ. 감사와 평가

지난 수십 년간 감사와 평가는 각각 상당한 내용적 변화를 겪어왔다. 재무회계로부터 발전해온 감사는 재무감사와 성과감사로 질적, 양적인 변화를 보이고 있고, 사회과학의 발달과 함께 발전해온 평가는 최근 사업평가와 성과관리로 수렴해 가는 경향을 보이고 있다. 감사와 평가는 태생적인 차이에도 불구하고 국가별로 비슷한 절차 또는 조직구조로 수렴되고 있는 것이 현실이다.

한편 감사와 평가는 그 용어와 마찬가지로 이론적으로나 실제에 있어서나 그 유질동상(isomorphism)으로 인해 논란이 많이 제기되고 있는 실정이다. 우리나라 역사를 볼 때 감사는 삼국시대로부터 현재에 이르기까지 아주 중요한 국가기능으로 자리 잡고 있으나 정부 업무(정책, 사업 등)에 대한 평가는 1960년대 초에 시작되어 그 역사가 매우 짧은 편이다. 그러나 그 역사가 매우 짧음에도 불구하고 평가의 중요성은 지속적으로 늘어나고 있고 지금은 법률(「정부업무 등의 평가에 관한 기본법」)에 근거하여 수행되고 있는 중요한 정부 기능 중의 하나가 되고 있다.

감사와 평가는 유사점과 차이점을 동시에 가지고 있다. 현실적으로 이를 구분하는 실익은 정부 기능, 조직기반 및 권한을 규정하는 데 있다. 즉 정부의 감사는 주로 감사원이, 평가는 국무총리실(공공기관 평가는 기획재정부에서 주관)이 주도하도록 규정하는 근거가 바로 여기에 있다.

그러나 이들은 서로 다른 학문적 전통과 필요에 의하여 개발, 발전되었음에

써 1실 4팀의 평가연구원으로 출범하였다가, 2008. 2. 29. 「감사원법」이 개정되어 감사연구원으로 명칭 및 임무가 변경되었다. 그 후 2009. 1. 15. 1실 3팀(정원 35명)으로 조직이 축소 조정되어 현재에 이르고 있다.

도 불구하고 감사와 평가 사이의 연계의 중요성이 강조되거나, 현실적으로 많은 나라의 국가감사기구가 평가기능의 발전에 중요한 역할을 수행하고 있다는 것이 학자들 간에 지적되고 있다(김명수, 2007: 249).

Ⅱ. 감사와 평가의 유사점과 차이점

감사와 평가를 비교한 기존연구로는 Chelimsky(1985) 등이 있다. 그는 양자 간의 유사점보다는 차이점에 역점을 두고 ① 사업목표의 처리, ② 사업집행의 검토, ③ 사업효과의 결정, ④ 다룰 문제의 형성, ⑤ 조사 설계, ⑥ 자료수집, ⑦ 자료의 기록 및 저장, ⑧ 자료 분석 등 8가지를 기준으로 감사와 평가를 비교 하였다.

Kim(2005)은 감사를 합법성감사와 성과감사로 구분하고 (정책)평가를 제도적 평가와 분석적 평가로 구분하는 경우 목적, 기능, 방법론 측면에서 아래 <표 1-2>와 같이 차이점을 제시하고 있다.

표 1-2 감사와 평가의 비교(Ⅰ)

구 분		목적의 차이		기능의 차이		방법론의 차이	
		정부의 기능	주요 목적 (의도)	주기능 (통제방식)	기능적 속성 (절차)	접근방법 (질문)	검토기준
감사	합법성 감사	재정기제	이행책임성 확보(시정)	재무기록 검증 (부정적)	법적 통제 (공식적)	규점적 추론 (무엇을)	법과 규칙
	성과 감사	투입·산출 체계	성과책임성 확보(시정)	조사·평가 (긍정적·부정적)	외부적 관리 통제(공식적)	규범적·분석적 추론 (무엇을·왜)	3Es(경제성, 능률성, 효과성)
평가	제도적 평가	행정기제	효과적 관리 (개선)	정책·조직평가 (긍정적·부정적)	내부적 관리 통제(공식적)	평가적·분석적 추론 (왜·무엇을)	3Es와 기타*
	분석적 평가	정책과정	입증(설명)	프로그램 평가 (긍정적)	과학적 연구 (비공식적)		의도된 효과성

* 적정성, 논리성, 합법성, 시의성, 실현가능성, 민주성, 전략성, 일관성, 적응성, 수용성, 대응성, 적절성, 형평성 등.

자료: Kim(2005: 20).

성과감사와 제도적 평가의 경우 모두 정책이나 사업 등에 대한 공식적인 관리통제 기능을 수행하고 있으나 성과감사가 성과 책임성 확보를 주목적으로 하는 반면 제도적 평가는 효과적인 관리를 주목적으로 하고, 성과감사가 외부적 관리통제의 속성을 강하게 지닌 반면 제도적 평가는 내부적 관리통제라는 속성을 강하게 지니고 있다. 성과감사와 제도적 평가가 모두 3Es(경제성, 능률성, 효과성) 기준을 중심으로 하나 제도적 평가에서 보다 폭넓은 접근을 하고 있다고 한다.

김명수(2007)는 ① 전반적 국가업무 수행과정에서의 위치, ② 감사와 평가의 기원, ③ 감사와 평가의 개념, ④ 감사와 평가의 목적, ⑤ 감사와 평가의 성격, ⑥ 감사와 평가에서 다루는 문제, ⑦ 감사와 평가의 방법론, ⑧ 사업의 집행에 대한 검토, ⑨ 자료/증거 수집 및 분석, ⑩ 감사와 평가 담당기구 및 담당자에게 요구되는 자질 등 10가지를 기준으로 감사와 평가를 비교하였다.

다음에는 위 김명수(2007: 251-260)의 연구결과를 중심으로 살펴보고자 한다.

1. 국가업무 수행과정에서의 위치

정부업무의 흐름을 보면 기획→집행→평가라는 과정을 거치게 되는데 평가와 감사는 모두 이 세 번째 단계인 '평가'에 속한다고 하겠다. 이는 감사와 평가가 모두 사후적(ex post) 과정이 원칙이고, 이러한 점에서 둘은 매우 유사하다고 하겠다.

2. 감사와 평가의 기원

최초에 감사는 재무제표에 대한 전문가(회계사)의 의견을 제시하는 것으로 감사의 기원은 회계, 부기 등에서 찾을 수 있다. 역사적으로도 감사는 재무제표에 대한 세밀한 검토를 위한 절차로서 발전되었고, 감사의 주 관심은 이러한 재무제표에 대한 검증이었다. 즉 감사는 제3자가 예산 및 회계집행이 법이나 규정에 부합되게 이루어졌는지를 확인(assurance)해 주는 기능으로 출발하였다. 오늘날의 감사는 재무제표의 검토에 추가하여 업무 또는 사업의 운영 상태를 검토하고 그것이 추구하는 목표의 달성정도까지 검토하고 있다. 즉 주 관심을 감사대상 사안의 상태를 성과의 기준에 비추어 검토하고 그 적절성을 결정하는 것이다. 그러나 평가는 최근에 사회과학의 발달과 함께 발전되었고 현대국가가 복지국가로의 이행과정에서 불가피한 국가재정 팽창으로 자원의 효율적 배분을 담보하기 위해 도입되었고, 평가기능을 수행하는 평가전문가도 그 수가 매우 적은 실정이다. 미국의 경우에도 정책평가의 주요 주제인 정부업무의 실제 성과에 대한 관심을 가져왔으나 평가자들의 성과평가능력은 1960년대 중반에야 괄목한 발전을 이룬 것으로 인정되고 있다. 이 과정에서 비용-편익 분석을 정책평가에 적용한 경제학자들과 실험설계와 통계적 분석을 적용한 사회과학자들의 기여가 많았다.

3. 감사와 평가의 개념

감사란 피감기관과 그 구성원들이 수행하는 재무적 또는 비재무적 성격을 가진 제반 활동의 합법성 혹은 적정성을 객관적으로 검사 혹은 조사하는 행위이다. 이는 통상 전통적 감사로 불리어진다. 그러나 이러한 전통적 감사가 안고 있는 소극적·통제적 성격의 감사에서 벗어나 감사가 국가발전에 지원적이며 적극적인 역할을 하는 것을 내용으로 하는 현대적 감사에서는 회계의 적정성과 행정활동의 합법성 여부만이 아니라 경제성, 능률성, 효과성, 형평성, 민주성 등 다양한 가치를 전제로 감사를 하게 된다. 이러한 현대적 감사의 개념은 국가회계의 적정을 기하고 행정운영의 개선을 기한다는 감사의 목표와 감사대상인 행정활동을 모두 고려하여 이루어진다.

한편 평가는 협의로는 '어떤 정책이나 사업의 궁극적 목표가 달성되었는지 그 성과를 측정하는 것'(Tuckman, 1979)으로 소위 정책이나 사업에 대한 사후적 심층평가(in-depth evaluation)를 대신하는 의미로 사용된다. 현대적 감사로서 성과감사는 이러한 심층평가에서 사용하는 분석기법을 사용하여 감사대상 정책이나 사업의 경제성, 능률성, 효과성을 측정하고 있다.[21] 광의로는 '어떤 것의 가치를 매기는 것'(Worthen & Sanders, 1987)으로 개인, 조직 및 기관, 정책 및 사업 등에 대해 어떤 결정을 내리기 위해 필요한 자료를 수집·분석하여

21) 이럴 경우 미국 감사원(GAO)의 개념규정에서처럼 평가는 감사활동에서 사용되는 하나의 기법이 된다.

특정 기준에 비추어 판단하는 것을 뜻한다. 이럴 경우 전통적 감사도 합법성 기준에 의한 평가활동으로 정의될 수 있다. 이러한 평가의 개념은 초기에는 정책 또는 사업평가를 효과성만 측정하는 것으로 좁게 이해하다가 능률성 및 성패의 원인까지 검토하는 것으로 확장되었다. Chelimsky(1995)에 따르면 평가는 조사방법을 적용하여 사업의 설계, 집행과정 및 효과성을 사정(Assessment)하는 것으로 정의된다.

이러한 평가 개념의 확장은 평가의 유형을 감사의 유형과 비슷하게 만든다. 즉 집행의 정확성을 검토하는 집행평가 중 정확성 평가는 재무·합법성 감사와 비슷하고, 능률성 평가와 효과성 평가를 핵심으로 하는 성과평가는 능률성 감사와 효과성 감사를 핵심으로 하는 성과감사와 유사하게 된다. 다만 방법론에서 약간의 차이를 보일 뿐이다.

4. 감사와 평가의 목적

감사는 감사기준과 상태(감사대상 사안) 사이의 합치성 또는 불합치를 검토하므로 본질적으로 규범적 성격을 띠고 있다. 사업성과의 경우 이것은 기존의 규범에 비추어 판단 또는 검증하는 것이다. 이러한 검토 결과에 따라 조치가 이루어지며 이는 피감기관의 사안 운영상 하자에 대한 시정 등이 가능하게 된다.

평가는 새로운 사업을 개발하고 기존 사업의 운영상태를 평가하며 사업의 효과성을 결정함에 있어 정책결정자와 사업관리자에게 유용한 경험적 정보를 제공한다. 또한 국민이 정부에 대하여 제기하는 책무성 요구에 능동적으로 대처하며 정책, 사업 관련 이론 개발에 기여하는 것을 목적으로 한다. 이러한 평가를 통해 얻어지는 정보는 평가대상인 정책이나 사업의 개선에 중요한 기여를 할 수 있게 된다.

감사와 평가는 모두 그 목적의 하나로 대상 정책이나 사업 자체와 그 운영의 개선에 도움을 준다는 점에서는 공통점을 가지나, 감사는 감사대상에 대하여 규범적으로 접근하여 기준에 미치지 못하는 사안(행정활동이나 성과 등)에 대하여 책임을 묻는 경향이 있고, 평가는 국민이 정부에 대하여 제기하는 책무성 요구에 능동적으로 대처하는 것을 목적으로 하여 수행한다는 의미에서 양자 사이에 차이가 존재한다고 하겠다.

5. 감사와 평가의 성격

감사는 본질적으로 행정에 대한 통제수단의 하나라는 의미에서 소극적 성격을 갖는다. 그러나 감사가 전통적 감사에서 중요시했던 재무·합법성 측면에 덧붙여 성과측면에 중점을 두는 현대적 감사를 포함하게 되면 행정 개선에 기여하는 적극적 성격도 갖게 되고 행정 유도적 기능까지 수행하면서 더욱 적극적 성격이 강화된다.

평가도 감사와 마찬가지로 소극적 성격과 적극적 성격을 함께 가지고 있다. 행정에 대한 통제적 성격을 가지고 있다는 의미에서는 소극적이고, 성과평가를 통해 행정 개선에 기여할 수 있다는 의미에서는 적극적이다. 특히 효과평가가 평가의 가장 중요한 유형으로 나타나는 경우 평가의 적극적 성격은 더욱 부각된다.

6. 감사와 평가에서 다루는 문제

감사에서 다루는 문제는 주로 규범적 질문으로 감사대상이 처한 상황(실제)과 당위(감사기준) 사이의 합치 정도를 검토하게 된다. 감사에서 다루는 문제는 사업집행의 적절성, 사업에서 추구한 목표의 달성 여부, 보다 경제적으로 자원을 활용할 수 있는 가능성 여부 등이다. 이러한 문제를 검토한 후 내려지는 결론은 감사대상이 되는 개별 사례에 대한 것만 판단하고 원칙적으로 이를 다른 사례로 일반화하지는 않는다.

평가에서는 다루는 문제는 서술적 질문(사업의 수혜자가 누구이며, 수혜의 특성은 어떠한가 등), 규범적 질문(사업이 규정에 따라 운영되고 있는지, 사업으로 인한 변화와 사업의 목표를 비교), 인과관계의 확립을 위한 질문(정부가 추진한 사업과 특정한 변화 사이의 인과관계 등) 등이 있다. 즉 평가는 사업활동과 그 효과를 연관 지으려 시도하고 여러 가지의 정보 요구를 충족시키기 위한 다른 유형의 질문도 다룬다. 그리고 평가연구에서는 평가결론의 일반화도 추구한다. 한편 감사는 규범적 질문에 그치고 평가만 서술적 질문과 인과관계에 대한 질문을 하는 것으로 주장하는 경우도 있으나(김명수, 2007: 256), 감사도 서술적 질문과 인과관계에 관한 질문을 하게 되어 이것은 차이가 있다고 하더라도 극히 미미한 차이를 가지는 상대적인 사항이라고 하겠다.

7. 감사와 평가의 방법론

감사는 문제에 대한 해답을 얻기 위해 기본적으로 사용하는 방법은 표준연계설계(criteria referenced design)이다. 감사는 대상사안과 그것이 야기한 효과와의 인과관계 확립에 치중을 하지 않는다. 즉 전통적인 합법성 감사이든 현대적 성과감사이든 먼저 감사기준을 설정하고, 다음으로 감사대상 사안의 현상(실제)을 검토하며, 다음으로 기준과 현상을 비교하여 그 합치성을 검토하게 된다. 감사과정에서 대조할 기준은 감사대상 사업과 관련된 법률, 규정, 예산, 사전에 정해진 지침 및 절차, 사업계획 수립과정에서 설정한 목표, 정부의 정책, 사업관리자의 언명 등에서 찾을 수 있다. 감사대상 사안의 현상에 대하여는 관련 서류의 분석, 질문지 작성, 면접(interview) 또는 참여 관찰(participant observation) 등을 통해 파악된다. 이렇게 파악된 내용은 사업의 성과로서 능률성, 효과성 등을 측정하는 데 활용된다.

평가문제에 대한 해답을 구하기 위해 평가자들이 사용하는 방법은 감사의 경우와 달리 평가의 목적과 유형에 따라 다르다. 예를 들면 집행평가방법으로는 문서분석, 질문지와 면접의 활용, 참여 관찰 등의 방법이 사용된다. 능률성 평가에는 비용-편익평가법이나 비용-효과성 평가기법 등이 유효하게 사용된다. 효과평가에는 감사의 경우와 같이 목표가 계량적으로 명확히 제시된 경우에는 표준연계설계가 이용되지만 그렇지 않은 경우에는 여러 형태의 실험설계가 이용된다. 경우에 따라서는 전문가평가와 같은 질적인 평가방법도 이용된다. 그리고 평가의 가장 중요한 유형이라고 할 수 있는 효과평가의 경우 의도했던 단기적 목표의 달성 정도를 평가하는 효과성 평가에서는 감사의 경우와 같이 평가대상 정책이나 사업이 추구하는 목표에 대해 엄밀한 규정을 필요로 한다. 그렇지만 평가대상 정책이나 사업과 그것이 야기한 의도했던 효과와 의도하지 않았던 효과, 긍정적인 효과와 부정적인 효과 등 모든 효과와의 관계를 평가하는 종합효과평가의 경우 효과의 측정이 반드시 정책, 사업 목표와 관련지어서만 측정되는 것은 아니기 때문에 목표에 대해 엄밀한 규정을 필요로 하지 않는다.

8. 사업의 집행에 대한 검토

정책이나 사업의 집행에 대한 검토를 함에 있어 감사는 실제 집행이 정해진 절차에 따라 이루어졌는지를 비교·검토하고, 이러한 절차를 통해 정확하게 이루어진다면 해당 정책이나 사업이 시행됨으로써 바라던 성과가 달성된다고 가정한다.

평가의 경우에도 감사와 같이 실제의 집행이 정해진 절차에 따라 이루어졌는지를 검토하나, 이러한 방식 외에 어떠한 과정을 통해서 그러한 성과가 나왔는지를 이해하려고 한다. 정책이나 사업이 성공했다면 어떠한 과정을 거쳐 그렇게 되었는지, 실행했던 집행 상 어떤 잘못이 있었는지를 검토한다.

9. 자료/증거 수집 및 분석

증거 수집에 있어 감사는 권위 있는 자료원(data sources)을 중요시하여 문서화된 증거에 많이 의존한다. 즉 피감기관이 작성한 사업계획 절차의 검증에 많은 역점을 두고, 질문지나 면담 등은 이들 문서 검증의 보조수단으로 활용된다. 감사자료는 연대기적으로 기록되고 획득된 자료에 의하여 개별사안을 분석하되 감사결론에 영향을 미칠 수 있는 주요사건, 기준에 미치지 못하는 감사대상 사안의 현재 상태 등을 찾는 데 역점을 둔다.

평가는 자료수집에 있어 서면자료를 수집하기 보다는 질문지와 면담 등에 더 크게 의존하고, 이러한 자료를 이용한 통계분석이 뒤따른다. 사업계획의 절차나 검증에는 별로 역점을 두지 않고 통계분석 결과의 설득력을 높이기 위해 측정도구의 타당성과 신뢰성에 커다란 관심을 갖는다. 평가자는 평가 설계를 할 때 이미 수집된 자료에 대한 분석방법까지 결정하고 그에 따라 분석이 진행된다.

10. 담당기구 및 담당자에게 요구되는 자질: 독립성과 전문성

독립성은 공공감사를 수행하는 데 있어 가장 중요한 기준의 하나이다. 감

표 1-3 감사와 평가의 비교(II)

비교 기준	감 사	평 가	비고
1. 전반적 국가업무 수행과정에서의 위치	사후적 활동	사후적 활동	유사
2. 기원	재무제표에 대한 세밀한 검토를 위한 절차로서 발전, 비교적 긴 역사	사회과학의 발달과 함께 발전, 비교적 짧은 역사, 성과평가는 1960년대 중반부터 발전	차이
3. 개념	재무·합법성, 능률성 효과성도 파악. 감사기준과의 합치정도 확인	조사방법을 적용하여 사업의 설계, 집행과정 및 성과를 측정	차이
4. 목적	현재 상태와 확립된 기준과의 합치정도 결정, 행정개선에 기여	행정 개선에 기여 및 책무성 요구에 대처, 이론 개발에 기여	유사 및 차이
5. 성격	소극적이며 적극적	소극적이며 적극적	유사
6. 다루는 문제(객체)	주로 규범적, 목표에 대한 엄밀한 규정 필요: 정책 또는 사업 위주	규범적, 서술적, 인과관계, 경우에 따라 목표에 대한 엄밀한 규정 불필요: 정책 또는 사업 위주	유사 및 차이
7. 방법론	주로 기준연계 설계	평가유형과 목적에 따라 여러 설계 적용	유사 및 차이
8. 사업의 집행에 대한 검토	정해진 절차에 따라 집행 여부 비교·검토, 개략적인 성패의 원인도 분석	정해진 절차에 따라 집행여부 검토 및 성과의 인과관계 분석	유사 및 차이
9. 자료·증거 수집 및 분석	문서증거, 하자 발견	설문지, 면접, 통계분석	차이
10. 담당기구 및 담당자에게 요구되는 자질	독립성, 전문성	독립성, 전문성	유사

자료: 김명수(2007: 260)를 재정리.

사기구가 독립성을 가져야할 뿐만 아니라 감사요원도 외부의 압력으로부터 자유로워야 하며, 독립적인 태도를 취해야 한다. 감사의 독립성이 확보되지 않고는 감사의 질과 객관성을 확보할 수 없고 나아가 국민들로부터 감사에 대한 신뢰를 얻을 수 없다. 이러한 독립성은 모든 감사기구에 적용되어야 하나 감사원과 같은 국가 최고감사기구와 해당 부서에 소속된 자체감사기구와는 그 정도가 다르다고 보아야 할 것이다. 또한 자체감사기구가 누리는 독립성의 정도도 나라마다 상당한 차이를 보이고 있다.

미국의 중앙행정기관의 자체감사기구인 감찰관(Inspector General)은 대통령이 상원의 동의를 얻어 임명하고 소속기관과 독립적인 감사를 수행하고 있어 우리나라 중앙정부의 감사관들보다는 훨씬 독립적인 위치에서 업무를 수행하고 있다. 업무수행의 독립성이 중요하게 다루어지는 것은 평가의 경우에도 같다. 그러나 자체감사의 경우와 마찬가지로 자체평가의 경우 완전한 독립성을 기대하는 것은 무리라고 하겠다. 따라서 업무수행의 독립성이 별로 중요하게 여겨지지 않는 평가유형 즉 집행평가는 자체평가기구가 하고, 독립성이 중시되는 효과평가나 능률성평가는 외부평가기구가 담당하는 방식으로 업무분담을 하는 것이 바람직하다고 하겠다.

한편 감사의 전문성은 감사요원이 감사에 필요한 전문지식(대상기관과 그 업무에 대한 지식을 포함)을 소유하고 있어야 한다는 것이다. 감사요원의 전문성은 감사의 질을 확보하고 감사결과에 대한 국민의 신뢰를 확보하는 데 결정적인 역할을 한다.[22] 평가도 감사의 경우와 마찬가지로 전문성을 갖춘 평가전문가에 의해 수행되어야 한다. 평가요원의 전문성이 평가의 질을 확보하고 평가결과에 대한 국민의 신뢰를 확보하는 데 결정적인 역할을 하는 것은 감사에서와 마찬가지이다.

위에서 논의된 내용들을 정리하면 앞 <표 1-3>과 같다.

Ⅲ. 감사와 평가의 연계노력

이상에서 살펴본 감사와 평가의 차이는 상대적인 차이로 현대적 감사로서 성과감사에 있어서는 적법성에 대한 판단을 뛰어넘어 그 범위를 정책과 사업의 경제성 · 능률성 · 효과성까지도 보고 있는 등으로 평가적 수단을 적극 활용

22) 미국의 정부감사기준(GAO, 1988: 3-1)은 감사요원이 집합적으로 수행해야할 감사과제에 필요한 적절한 전문지식을 갖추고 있을 것을 요구하고 있고, 우리나라 감사원의 공공감사기준(감사원규칙 제137호)도 제9조(전문성)에서 "특정감사업무를 공동으로 수행하는 감사반은 당해 감사의 수행에 필요한 전문지식과 실무경험을 구비하여야 한다"고 규정하고 있다.

하고 있다. 최근 여러 선진국에서도 성과감사의 방법을 개발하는 과정에서 정책평가의 방법과 수단을 감사분야에 접목시켜 왔고 각국 감사원의 업무중심도 평가지향적으로 옮겨 왔다(조형석, 2008: 60). 미국, 영국, 캐나다, 호주 등에서는 감사원이 그 나라의 실질적인 평가기관으로 인식되고 있고, 특히 미국 감사원(GAO)은 내부에 프로그램 검토 및 평가부서를 별도로 설치·운영하고 있으며, 캐나다도 재무부 내에 평가역량강화센터를 설치하여 성과감사를 실시하고 있다(감사원 평가연구원, 2006: 6). 또한 세계최고감사기구(INTOSAI) 워킹그룹에서는 사업평가에 대한 원칙과 지침을 전파함에 있어 감사와 평가를 통합하여 그 유형을 분류하였다(조형석, 2008: 60). 그 내용을 보면 첫째, 합법성 감사(법규는 준수되고 있는가), 둘째 경제성 감사(달성한 성과에 비추어 예산을 가장 경제적으로 사용한 정책수단이었는가), 셋째, 능률성 감사(투입자원 이상의 결과를 달성하였는가), 넷째, 효과성 감사(결과가 정책목표에 부합하는가), 다섯째, 정책일관성 평가(사용된 정책수단이 정책목표에 부합하는가), 여섯째, 정책영향 평가(정책의 경제적·사회적 영향은 무엇인가), 일곱째, 정책효과성 평가와 인과분석(달성 결과가 특정 정책에 의한 것인가, 다른 요인에 의한 것인가) 등이다.[23]

한편, 미국에서 감사활동에 평가연구를 활용하게 된 계기를 좀 더 살펴보면 미국 의회가 1974년 「예산·지출유보 규제법」을 제정한 데서 마련되었다고 한다(김명수, 2001: 20). 이 법률에서는 미국감사원에 다음과 같이 ① 연방정부사업들을 심사·평가할 것, ② 사업평가방법을 개발하여 의회에 권고할 것, ③ 사업평가 수행상의 지원을 받기 위해 GAO는 외부 전문가를 채용할 수 있음, ④ 감사원장은 의회에 제출하는 연보에 감사원이 수행한 사업평가활동을 포함시킬 것, ⑤ 사업심사·평가실을 설치할 것 등의 추가적인 책임을 부여하였다. 이후 미국감사원은 정부감사기준(Government Audit Standards)에서 사업 성과감사(program results audit)를 주요 감사 유형의 하나로 채택하였는바, 이는 평가의 한 유형인 효과평가에서 다루는 많은 부분이 성과감사에서 불가피하게 다루어지게 되었다.

우리나라 감사원에 의한 감사에서 평가논리를 적용하는 것이 유용하다는 논의는 1980년대 초 우리나라 감사원이 주관한 아시아최고감사기구(Asian

23) 조형석(2008: 60)은 이를 INTOSAI에서 감사와 평가를 동일한 차원으로 보고 있는 근거로 해석한다.

Organization of Supreme Audit Institutions: ASOSAI) 회의가 그 계기가 되었다. 그 회의와 동시에 개최된 국제세미나에서 국가발전과 감사의 역할이 논의되었고, 그 과정에서 감사의 유형이 성과감사를 포괄함으로써 행정의 개선에 기여할 수 있다는 논리가 제시되었기 때문이다. 이와 함께 감사원 감사교육원에서 정책/사업평가론 강의를 개설하여 감사요원의 평가관련 지식을 함양토록 하는 한편 '정책감사'[24]를 감사의 한 유형으로 채택하였으며, 1990년대 중반부터 감사원은 성과감사에 감사의 역점을 두고 감사활동을 전개하였다. 이는 감사를 통해 감사가 행정 개선에 기여한다는 논리는 정책평가의 활용을 통해 정책의 효율성을 제고한다는 논리와 맥을 같이 하게 된다.

감사와 평가는 조직운영의 효율성, 정책 및 사업의 효과성을 제고하기 위해 유사한 방법과 절차를 활용한다는 점에서 앞에서 언급한 것처럼 유질동상의 관계를 가지고 있다. 앞의 <표 1-2> 및 <표 1-3>에서 보다시피 그 기원이나 개념, 목적, 기능, 방법론, 자료・증거 수집 및 분석 등에서 차이를 보이고 있으나 기원을 제외하고는 결정적인 차이라고 보기도 어렵다. 이는 감사분야에서 평가적 기법을 활용하려는 시도가 이루어져 감사의 활동영역이 확대된 데에도 그 이유가 있다고 하겠다.

감사분야에서 평가적 기법을 활용하려는 시도는 위에서 언급한 것처럼 1970년대 미국에서부터 시작되었다. 이는 전통적인 합법성 감사의 한계를 극복하기 위해 성과감사가 도입되면서부터 정책결정 영역에서 감사와 평가의 길항관계가 목격되고 있고, 최근에는 성과관리, 평가, 감사의 관계 속에서 상호보완적인 활동이 두드러지게 나타나고 있다.

그러나 감사와 평가의 유사성과 차이의 격차 해소 등에도 불구하고 아직도 차이가 남아 있는 한편 양자가 서로 양립하면서 상호보완적으로 책임행정을 구현하는 수단으로 활용될 필요가 있다는 점에서 그 양자를 조화롭게 운영함으로써 국정의 효율적 운영과 책무성(accountability) 확보에 기여할 수 있도록 하는 것이 과제로 남아 있다. 이는 양자 모두 책무성 차원에서 근본적 연결고리가 있는 만큼 감사와 평가를 효과적으로 연계시키는 경우 가용자원의 보다 효율적 활용을 촉진하고 보다 양호한 결과를 도출함으로써 공공부문의 부가가

24) 우리나라 감사원에서 '정책감사'라는 용어는 1980년 중반부터 말까지 사용하다가 '정책'의 범위에 대한 학계 논란 제기 및 피감기관의 반발 등으로 중단되었다.

치를 제고할 수 있을 것이기 때문이다.

각국의 사례를 보면 감사와 평가의 연계가 다양한 형태로 나타나고 있는데 이를 종합해 볼 경우 그 연계방식은 주로 다음의 세 가지 형태로 발견되고 있다.

첫째, 감사조직 내에 평가관련 조직을 두는 조직연계형 방식이다. 미국 감사원(GAO), 우리나라 감사원의 종래 평가연구원(현재 감사연구원), 서울특별시 감사관실 내 평가담당관 등이 그 사례이다. 이 방식은 감사 조직 내에서 사업평가를 실제 수행하거나 지원할 수 있도록 하는 전문성을 갖춘 조직을 설치함으로써 감사활동에 평가수단을 적극 활용토록 하는 것이다.

둘째, 정부기관이 수행하는 각종 평가의 신뢰성을 제고하기 위해 감사적 수단을 활용하는 것이다. 이것은 미국 등 선진국에서 볼 수 있듯이 내부 감사기구에 의한 해당기관의 데이터 검증시스템 검사, 외부 감사기구(영국 지방감사위원회 등)에 의한 평가과정에 대한 지침 준수 여부 등의 검사가 그 사례이다.

셋째, 공공부문에서 수행한 각종 평가에 대한 메타평가(meta-evaluation) 차원의 성과감사를 실시하는 것이다.[25] 최근 우리나라에서 우후죽순처럼 각종 평가시스템이 도입되고 있으나 이들 평가시스템의 성과에 대한 메타평가는 객관적인 독립기구에 의해 제대로 실시된 적은 드물다. 각종 평가제도에 대해 그 성과를 평가하고 제도 도입목적이 달성되지 못하고 있거나 달성될 가능성이 없는 경우 이의 폐지를 권고함으로써 평가폭주로 인한 부작용을 완화할 수 있을 것이다.

감사와 평가는 어떤 형태로든 책무성 확보라는 차원에서 서로 연결고리를 갖게 된다면 감사와 평가의 신뢰성을 제고하고 유익한 성과정보를 생산하는데 서로 기여할 수 있을 것이다. 따라서 앞으로 정부업무에 대한 대국민 책무성 확보를 위한 유용한 도구로서 감사와 평가의 기능을 제대로 수행하고 연계, 발전시켜 나가기 위해서는 우리나라 실정에 맞는 감사와 평가 간의 바람직한 역할 정립모형에 대한 논의도 지속될 필요가 있다. 이러한 관점에서 보면 현재 우리나라 감사원이 수행하고 있는 성과감사는 감사원이 감사의 차원에서 담당

25) 뒤에서 논의되겠지만 우리나라의 경우 국무조정실의 정부업무평가기능과 감사원의 성과감사의 관계를 이와 같이 메타평가의 관점에서 구분해 볼 수도 있다. 즉 감사원은 평가적인 측면에서 볼 때 국무조정실을 포함한 행정각부의 정부업무평가에 대해 일종의 상위평가로서 성과감사를 실시한다고 볼 수 있다.

하는 정책(사업)평가로서 그 논의의 장을 제시하고 있어 앞으로 더 많은 발전 가능성을 보여주는 것이라고 하겠다.[26)]

그런데 여기에서 한 가지 더 언급되어야 할 사항은 성과감사와 정책(사업) 평가의 유사성 또는 수렴화로 인하여 우리나라 감사원의 평가기능 수행에 대한 비판적 시각이 제기될 수 있다는 것이다. 즉 국무조정실에서 평가기능을 수행하고 있는 데도 불구하고 감사원에서 평가기능을 가진 성과감사를 수행함으로써 평가중복과 그에 따른 평가부담의 문제를 양산한다는 것이다. 그러나 이는 우리나라 감사원이 미국 등과 달리 대통령 직속으로 되어 있어 생기는 오해이다. 국무조정실의 평가(정부업무평가)는 국정운영의 능률성·효과성·책임성을 확보하고 정책(사업)의 집행과정 등을 점검·분석·평가하는 행정부의 '내부평가'라면 감사원의 평가(성과감사)는 국무조정실을 포함한 전 행정기관을 대상으로 직무상 독립되며 정책(사업)의 당사자가 아닌 제3자적 위치에서 행하는 '준 외부평가'이다(조형석, 2008: 61).[27)]

제3절 공공감사 연구의 접근방법[28)]

Ⅰ. 주요 연구방법 및 이론

일반적으로 행정 및 행정현상은 인간, 구조, 환경의 세 가지 요소에 의하여

---

26) 감사원 감사(성과감사)를 평가제도로 접근하는 대표적 학자로는 김현구(2003), 제갈돈·송건섭(2008)이 있다. 김현구(2003: 57)는 국정평가시스템을 제도평가로 보고 국회의 국정감사(정책감사), 감사원의 성과감사, 국무총리실(정책평가위원회)의 정부업무평가 등으로 구분하고 있고, 제갈돈·송건섭(2008: 3)은 우리나라 평가제도를 국회의 국정감사·조사, 국회예산정책처의 재정 및 사업평가, 감사원의 성과감사, 정부업무평가위원회의 정부업무평가, 기획예산처의 재정성과평가 등으로 구분하고 있다.

27) 그 이외에 국무조정실의 평가와 감사원 평가(성과감사)의 관계에 대한 의견으로 김현구(2006)는 국무조정실의 평가가 행정 각부 통할 차원의 '관리평가'라면 감사원의 평가는 책임성 확보를 위한 '통제평가'라고 하고, 박병식(2003)은 국무조정실의 평가가 정책(사업)을 평가하여 그 결과를 새로운 정책(사업)을 입안하거나 다음 연도 사업계획에 반영하는 '행정행위'라면 감사원의 평가는 정책(사업)의 집행과정 및 결과에 대한 합법성과 정확성을 판단하는 '준사법적 행위'라고 한다.

28) 이 절은 윤영일(2003)을 바탕으로 보완, 재정리한 것이다.

구성된다고 할 수 있다. 그러므로 행정체제 및 기구와 이로 인하여 야기되는 모든 현상을 연구의 대상으로 하는 행정학에 대한 접근방법도 이러한 세 가지 요소에 따라 크게 세 가지로 구분할 수 있다.

첫째, 인간론적 측면을 중시하여 인간행태의 분석을 강조하는 접근방법이다. 역사적 접근방법(historical approach), 행태론적 접근방법(behavioral approach), 철학적 접근방법(philosophical approach), 계급이론적 접근방법(class theoretical approach), 엘리트론적 접근방법(elite theoretical approach), 집단이론적 접근방법(group theoretical approach) 등이 여기에 속한다. 역사적 접근방법은 과거를 참고하고 관계문헌 및 문서를 조사, 수집, 분석, 검토함으로써 올바른 현재를 발견하고자 하는 접근방법이다.

행태론적 접근방법은 행정의 주요한 측면으로 행정인의 행위나 활동 등 행태를 객관적 대상으로 보아 관찰하는 접근방법이다. 철학적 접근방법은 국민주권, 민주주의 원리 등을 이념적으로 연구하고자 하는 접근방법이다. 계급이론적 접근방법은 사회체제 자체를 본질적으로 계급에 의해 계층화되어진 것으로 인식하고, 이러한 인식을 바탕으로 정치·경제 체제 및 사회변동 등을 설명하고자 하는 접근방법이다. 엘리트이론적 접근방법은 정치적인 권력을 소유하면서 사회 내의 가장 중요한 결정을 내리는 소수집단인 권력엘리트의 행태를 주된 연구대상으로 하는 접근방법이다. 집단이론적 접근방법은 정부 및 정부의 통치현상을 집단 간의 상호작용으로 이해하고 집단 간의 상호작용 및 경쟁의 구조를 주된 연구대상으로 하는 접근방법이다.

둘째, 구조론적 측면에 바탕을 둔 접근방법이다. 제도적 접근방법(institutional approach)과 체제론적 접근방법(systems approach), 신제도론적 접근방법(neo-institutional approach) 등이 여기에 속한다.

제도적 접근방법은 정부조직의 형태, 구조, 상호관계, 이들을 규율하는 법령 등 비동태적 측면을 관찰하는 것으로서 가장 전통적이고 지배적인 인식방법이다. 체제론적 접근방법은 이와는 달리 정치체제를 하나의 유기체적 전체로 이해하고 이를 환경과의 관계 속에서 동태적으로 파악하려는 접근방법이다. 신제도론적 접근방법은 정부활동의 결과는 그 활동에 참여하는 사람들의 교호작용의 유형에 따라 달라지는데 이러한 교호작용의 유형은 행위자의 선호, 정보처리능력, 개인의 선택기준 등 행위 상황(action situation)에 있는 행위자의 특성과 행위 상황에 의해 결정된다고 보고 행위 상황에 대한 체계적 분석을 시도하는 접근방법이다.

셋째, 환경론적 측면을 강조하여 정부조직 또는 정치체제에 영향을 미치고 있는 주변환경의 분석에 주안점을 두는 접근방법이다. 비교론적 접근방법(copmparative approach)과 생태론적 접근방법(ecological approach) 등이 여기에 속한다.

비교론적 접근방법은 특정 국가 또는 지역에 적용되고 있거나 성공하였던 정치제도 등에 대하여 그 사회적·문화적 발전요인 등을 국가별 또는 지역별로 연구하여 어떤 특정 환경 아래에서 도출한 일반원리를 다른 환경 아래에 있는 정치제도·정부조직 등에도 적용할 수 있는 보편적인 일반원리로 확립하고자 하는 접근방법이다. 생태론적 접근방법은 정부조직이나 통치체제에 영향을 미치는 지리·경제·사회·문화 등의 환경적 요인을 중시하고 이들과 체제의 상호관계를 연구함과 동시에 정부 및 정치체제의 기능과 구조도 시간과 공간이 변화함에 따라 달라진다는 점을 고려하는 접근방법이다.

이상에서 행정학 연구를 위한 대표적인 몇 가지 접근방법을 예시하였으나 이밖에도 다양한 접근방법이 있다. 이러한 접근방법들은 이론상 완전한 연구가 없다는 점에서 서로 배타적이라기보다는 보완적이라고 하겠다. 또한 이러한 접근방법은 감사체제 및 기구, 감사과정 등의 감사제도를 연구하기 위한 방법론으로도 그대로 원용될 수 있을 것이다.

감사체제 및 기구, 감사과정 등 감사제도적 측면을 다루는 감사제도론 연구에 있어서는 제도적 접근방법이 가장 중요한 방법론이 될 수 있을 것이다. 그러나 그 이외에도 감사제도의 기원과 발달과정을 연구하는 데 있어서는 역사적 접근방법, 각 국의 감사제도를 비교 연구하는 데 있어서는 비교론적 접근방법이나 체제론적 접근방법이 적절할 것이다. 이와 같이 감사제도론 연구에 있어서도 완전하고 독립된 하나의 접근방법은 없다고 하겠다. 따라서 주로 제도론적 접근방법에 의존하더라도 다른 여러 접근방법들을 서로 보완적으로 활용하는 것이 필요하다고 하겠다.

Ⅱ. 감사제도 연구의 관점

감사제도론 연구에 있어서 주된 연구대상은 감사체제 및 기구, 감사과정 등의 제도적 측면이라고 하겠다. 이러한 제도적 측면에 대한 논의는 바람직한 감사제도를 어떻게 제도화할 것인가의 당위론적 관점과 각국의 감사체제 및 기구, 감사과정 등이 어떤 근거법령에 의해 어떤 내용으로 제도화되어 있느냐의 서술적 관점이라는 두 가지 관점에서 다루어질 수 있다.

첫째, 각 나라마다 그 환경적 맥락에서 가장 적합하고 바람직한 감사제도는 어떤 것이어야 하고, 이를 어떻게 제도화(institutionalization)할 것인가를 살펴보아야 한다. 바람직한 감사체제 및 기구나 바람직한 감사과정은 어떤 것이어야 하느냐는 규범적, 당위적인 차원에서 검토하는 것이다. 감사제도에 관한 연구는 감사제도가 설계되어 제도화됨으로써 행정현실에 대한 정확한 이해 및 진단에 바탕을 두고 행정 개선향상에 기여할 뿐만 아니라 나아가 국민 삶의 질의 향상을 가져올 수 있기 때문에 특정 시점이나 시대에 있어서의 당시의 제도를 검토하는 것보다는 바람직한 감사제도가 어떠해야 하는가에 대한 규범적, 당위적 연구가 더욱 중요하다고 하겠다.

둘째, 각 국마다 어떤 법령 근거에 의해 감사체제 및 기구, 감사과정 등을 제도화하고 있고, 이러한 근거법령에서 감사체제 및 기구, 감사과정 등과 관련하여 어떤 규정내용을 포함하고 있는지를 서술적 차원에서 검토하여야 한다. 감사기구의 설립 근거 법령은 나라마다 다양하다. 일본처럼 헌법에 근거를 두거나, 영국이나 캐나다(감사원법), 중국(감사법), 미국(예산회계법)처럼 개별 법률에 근거를 규정하고 있는 나라도 있다. 그런가하면 한국과 독일(헌법과 감사원법), 네덜란드(헌법과 정부회계법), 아일랜드(헌법과 국회법)처럼 헌법과 개별법 모두에 근거를 두는 나라도 있다.

우리나라의 경우 헌법 제97조에서 "국가의 세입·세출의 결산, 국가 및 법률이 정한 단체의 회계검사와 행정기관 및 공무원의 직무에 관한 감찰을 하기 위하여 대통령 소속하에 감사원을 둔다"고 규정하고 있고, 제98조에서는 감사원의 구성(원장 및 감사위원의 임명절차 및 임기 포함)에 관한 사항을, 제99조에서는 감사원의 국회 및 대통령에 대한 결산검사보고 의무 규정을, 제100조에서는 "감사원의 조직·직무 범위·감사위원의 자격·감사대상공무원의 범위 기타 필요한 사항은 법률로 정한다"고 규정하였고, 이에 따라 「감사원법」을 제정하였다.

한편 우리나라의 경우 감사제도는 이러한 헌법과 「감사원법」에 의해서 뿐만 아니라 그 세부 법령 및 감사원의 훈령·예규·지침 등에 의해 제도화되어 있다고 하겠다. 2011년 7월 현재 감사관련 법규로서는 법률, 시행령, 시행규칙(감사원규칙)은 33개에 달한다. 법률로는 「감사원법」, 「공공감사에 관한 법률」, 「회계관계직원 등의 책임에 관한 법률」[29] 등 3개가 있고, 관련법 시행령(대통령령)으로서는 「공공감사에 관한 법률 시행령」과 「회계관계직원 등의 책임에 관한 법률 시행령」 등 2개가 있다. 시행규칙(감사원규칙)으로는 「감사원사무처리규칙」, 「감사원사무처직제」, 「직무감찰규칙」, 「공공감사기준」, 「중앙행정기관 및 지방자치단체 자체감사기준」, 「자체감사활동의 심사에 관한 규칙」 등 28개가 있다.

그 밖에 감사원 자체규정으로서 훈령·예규, 내부지침은 2011년 7월 현재 115개에 달하고 있다.[30] 이들 중 감사제도와 관련되는 대표적 내부규정으로는 「감사사무처리 규정」, 「감사원 기획사무규정」, 「직무감찰규칙 시행세칙」, 「감사결과의 보고 및 처리 등에 관한 요령」, 「회계관계 직원 등의 책임에 관한 법률의 적용기준」, 「감사문장 작성기준」, 「국가기관 회계검사 지침」 등이 있다.

---

29) 현재 형식상 소관이 기획재정부로 되어 있으나 사실상 감사원에서 관리, 운용하고 있다. 그 이외에도 「부패방지법」 및 동법 시행령, 「부패방지 및 국민권익위원회의 설치와 운영에 관한 법률」 및 동법 시행령도 감사원의 감사업무와 밀접하게 연관되어 있다.

30) 「감사사무처리규정」 등 훈령 52개, 「준공무원의 범위」 등 예규 17개, 「감사활동실적평가요령」 등 지침46개가 있다.

제 2 장

공공감사의 성질과 기능

제1절 공공감사의 성질

감사의 본질이 무엇인지에 대하여는 다양한 이론이 있을 수 있으나 크게 대리인 이론(agency theory)과 시스템 이론(system theory)의 두 가지 접근방법이 있다. 대리인 이론에서는 감사의 일차적 의미를 행정책임성(accountability) 제고수단으로 보고 있고, 시스템 이론에서는 행정성과(performance) 제고수단으로 보고 있다.

대리인 이론은 책임성 이론(accountability theory)으로도 불리어지는데 책임성이란 공적 자원(public resources)을 사용하도록 위임 받은 개인이나 기관이 공적 자원을 위임한 자에게 집행내역과 결과에 대하여 설명하고 보고해야 하는 책임을 의미한다(INTOSAI, 1995). 대리인 이론에서 감사는 본질적으로 '주인(principle)-대리인(agent)' 간 정보의 비대칭성(information asymmetry)을 최소화하기 위한 독립적인 제3자의 비판적 검증 활동이다(박재완, 1997: 128). 이에 따르면 공적 자원 집행을 위임 받은 정부는 국민에 비해 양적으로나 질적으로 세금 집행 내역과 그 결과의 적정 여부 등을 판단하기에 훨씬 많은 정보를 갖게 되는 정보 불균형현상이 발생하기 때문에 주인인 국민은 대리인인 행정부의 도덕적 해이로 인해 국민이 바라는 대로 세금을 사용하지 않을 수 있을 뿐만 아니라, 그 사용내역과 결과에 대하여 허위·부실보고를 할지 모른다는 생각을 하게 되어 이를 통제·감독하기 위해서는 독립적인 감사기능이 필요하게 된다는 것이다.

이를 다른 말로 하면 정부의 경우에 공직자는 주인인 국민의 이익을 위해 일하기로 하고 권한과 책임을 위임 받은 대리인으로서의 위치에 있게 되는데 그는 주인의 이익과 자신의 이익이 상충할 경우 자신의 사익을 추구할 가능성이 있는 것이다. 그러므로 이러한 도덕적 해이(moral hazard)를 최소화하기 위해 주인은 또 다른 제3의 대리인으로 하여금 대리인의 근무 자세와 실적을 점검하고 그 결과를 주인에게 보고하도록 제도화한 것이 감사제도라는 것이다. 여기서 주인-대리인의 관계는 중첩계층구조(overlapping hierarchy)를 지니는 것이 일반적이다. 즉 국민으로부터 수임 받은 대통령, 국회의원 등 선출직 공직자는 주인의 1차 대리인이 되지만 중간관리자에 대하여는 주인으로서의 역할을 하게 되고, 중간관리자는 2차 대리인 또는 복대리인이 됨과 동시에 3차 대리인이나 복복대리인에 대하여는 주인의 역할을 하게 된다. 이런 맥락에서 보면 감사는 3단계 계층구조의 틀 속에서 이해될 수 있다. 즉 주인-감독자-대리인의 3단계 틀에서 감사인은 감독자에 해당된다. 주인은 공익을 위해 대리인에게 임무를 부여하며 대리인은 주인이 부여한 임무의 수행을 위해 객관적으로 관찰할 수 없는 노력을 하게 된다. 따라서 대리인은 자신의 노력과 성과를 과장할 수 있는 유인을 지니며, 공익보다는 사익을 추구할 성향을 보일 수 있다. 여기에 감독자로서의 감사인의 역할이 중요한 것이다. 일반적으로 감사인은 대리인 중 일부를 선정하고 선정된 대리인의 업무 중 일부를 추출하여 확인·평가·검증한다.

감사인은 감사결과 대리인의 진실된 노력과 성과를 밝혀낼 수도 있고, 그렇지 않을 수도 있지만 어떠한 경우든 감사결과는 주인에게 보고된다. 이때 주인의 이익 즉 공익은 대리인의 성실성, 감사에서의 사실 확인 가능성, 감사인의 성실성 등 3가지 요소에 의해 결정된다.

이처럼 감사를 3단계 계층구조의 틀 속에서 이해하고자 할 때, 감사인은 감독자의 지위에 있게 되지만 현실적으로 감사인은 2가지 관점 즉 주인의 관점과 대리인의 관점을 모두 취할 수 있음을 알게 된다.[1] 감사란 대리인으로서의

1) 윤영일(2003)은 감사인이 주인의 관점을 취하는 경우를 민본지향적 관점이라고 하고, 대

공직자 또는 행정기관이 주인인 국민의 이익을 위해 일하고 있는지, 아니면 자신의 사익 또는 편의를 위해 일하고 있는지를 확인·평가·검증하는 활동이기 때문이다. 이 경우 감사인이 어떠한 관점을 가지느냐는 매우 중요하게 되는데, 이는 감사의 본질이 행정기관 또는 대리인의 업무에 대한 비판적 검증활동인 이상 주인인 국민의 관점에서 판단·평가하는 것이 무엇보다 중요하다. 감사는 성질상 주인－대리인 구조에서 파생되는 대리인의 불성실 또는 도덕적 위해를 감소시킬 수 있는 장점을 지닌 반면, 감사인에 의한 새로운 불성실이나 역기능을 야기할 수 있는 단점을 지닌다. 후자가 전자보다 더 큰 경우에는 감사로 인해 오히려 생산성이 저하되고 주인의 이익이 침해된다는 점을 유의할 필요가 있다.

시스템 이론에서는 감사는 행정성과의 바람직한 달성을 지원·지도하기 위하여 행정의 기획, 생산, 전달과정과 그 결과를 평가, 환류, 지원하는 일련의 과정이라고 한다. 행정이 수행하는 투입－변환－산출－환류 과정의 순환적 수행과정에 대한 평가 및 통제기능을 하는 것이 감사라는 것이다. 이처럼 시스템 이론도 시스템 공공감사의 본질 및 기능을 설명하는 데 유용한 이론이라 하겠다.

제2절 공공감사의 기능

감사의 본질을 현대 행정학의 이론적 측면과 연계해서 보면 감사의 성질이 명확히 드러난다고 하겠다. 즉 감사는 행정에 있어 정책의 형성-집행-결과 등을 평가하고 그것을 근거로 행정활동을 통제하는 행정통제행위의 일종이다. 행정통제는 행정책임을 확보하기 위한 수단적 기능을 하는 한편 정책변동을 촉구하는 역할도 하게 된다. 감사를 통해 촉발되는 정책변동 사항은 다시 정책이나 행정업무의 평가로 환류된다. 현대적 감사는 전통적 감사가 가지고 있던 소극적·통제적 기능에서 더 나아가 행정활동을 조장하고 지원하는 적극적·지원적 기능의 역할을 추가하게 된다. 다시 말하면 현대적 감사에서는 감사가 수행하고 있는 소극적·통제적 기능과 적극적·지원적 기능의 상호보완을 통

리인의 관점을 취하는 경우를 관청지향적 관점이라고 한다.

하여 건전한 행정을 유도하고 국민의 이익을 보호해줌으로써 정부에 대한 국민의 신뢰에 기여할 것으로 기대된다.

Ⅰ. 소극적 · 통제적 기능

현대 감사가 수행하고 있는 소극적 · 통제적 기능은 주로 합법성 감사(부분적으로는 경제성 감사)를 수단으로 하여 이루어지고 있다. 합법성 감사에서는 제반 행정활동의 합법성 혹은 합규성 여부가 검토된다. 경제성 감사에서는 자원의 낭비나 부적정한 지출 여부가 검토된다. 그 결과에 따라 감사기관은 변상판정, 징계 및 문책 처분의 요구, 시정 또는 주의 요구, 개선 요구, 고발 등의 조치를 취한다.

이러한 조치들은 사전에 존재하는 관계 법규에 어긋나는 행위를 못하도록 통제하고, 정해진 규범이나 기준(표준)에 어긋날 경우 취해지는 교정조치라는 점에서 소극적 · 통제적 기능 성격을 띠고 있다. 이러한 조치들을 통해 감사는 재정집행이나 행정운영상의 과오를 시정하고, 기존 제도상의 결함을 개선하며, 국민의 이익을 보호하는 데 중요한 역할을 수행하게 된다.

Ⅱ. 적극적 · 지원적 기능

현대 감사가 수행하는 적극적 · 지원적 기능은 주로 성과감사[2]와 관계되어 이루어진다. 즉 경제성 · 능률성 · 효과성 등 3Es 감사나 형평성 · 민주성 등을 기준으로 하는 감사를 수단으로 하여 이루어진다. 성과감사는 행정기관 등이 수행하고 있는 여러 활동 중에서 어떤 것이 효과적이며 자원을 효율적으로 활용하고 있는지, 그 활동이 원래 의도했던 효과를 나타내지 못하고 동원된 자원을 비효율적으로 사용하고 있는지 등이 검토된다. 뿐만 아니라 때로는 동원된 자원이 형평성이나 민주성 기준에 맞게 사용되고 있는지도 검토하게 된다. 성

---

2) 성과감사의 개념은 다양하게 해석될 수 있으나 여기서는 전통적 감사에 대비되는 새로운 감사개념으로서 기관운영이나 재무 · 합법성 감사가 아닌 주로 정책이나 사업에 대한 성과감사를 의미한다.

과감사의 결과 감사기관은 정부 등[3]이 수행한 또는 현재 수행하고 있는 특별한 활동(정책이나 사업 등)의 운명(중단 또는 종결, 계속 실시, 확대 실시, 축소실시, 수정실시 등)에 대한 적절한 권고를 할 수 있는 위치에 놓이게 된다. 이러한 성과감사 결과에 의한 조치는 정부 등이 제반활동을 수행함에 있어 무엇이 중요한가라는 점을 밝혀주는 역할을 하기 때문에 바람직한 행정(경영)[4]방향의 설정에 기여할 뿐만 아니라, 나아가 발전 지향적 행정 활동의 추진체계를 암묵적으로 제시해 준다는 점에서 적극적·지원적 성격을 띠고 있다고 하겠다. 이러한 적극적·지원적 활동을 통하여 감사는 정부 등의 합리적인 정책결정 능력을 제고시키고 자원의 효율적 이용을 유도하며, 책임행정을 구현하는 데 기여하는 바가 크다.

한편 이와 같은 감사는 소극적·통제적 기능과 적극적·지원적 기능이 균형있게 수행되어야 하며, 그러할 때 전반적인 국정 운영과정에서 긴요한 역할을 수행하게 될 것이다. 현행 우리나라의 감사 실태를 보면, 소극적·통제적 기능은 감사기구 내에서 상대적으로 탁월하다고 하겠다. 그러나 현대적 감사가 요구하는 적극적·지원적 기능의 수행은 앞으로 많은 정착 노력이 필요할 것으로 보인다. 국가 최고감사기구인 감사원의 경우에는 매년 전체 감사 중 성과감사 수행에 거의 절반에 가까운 인력이 투입되고 있는 등 감사에 있어 적극적·지원적 기능의 상당 부분을 수행하고 있다고 하겠으나, 자체 감사기구의 경우에는 역량 부족 등으로 성과감사가 제대로 수행되지 않고 있어 대부분 소극적·통제적 기능에 머무르고 있다고 하겠다.[5] 따라서 감사에 있어 적극적·지원적 기능의 정착을 위한 노력이 성과를 나타내기 위해서는 이 분야에 대한 감사 최고관리자의 관심과 감사요원들의 의식 전환, 감사 정책상의 변화 등이 필요하다고 하겠다.

한편 이주희(2010: 3)는 공공감사의 개념유형으로 소극적 공공감사와 적극적 공공감사로 구분하고 다음 <표 2-1>과 같이 구분하고 있다.

---

3) 국가나 지방자치단체 등 정부뿐만 아니라 공기업, 공공기관 등도 포함된다.

4) 정부의 행정뿐만 아니라 공공기관 등에 의한 경영, 기관운영도 포함한다고 하겠다. 이하 같다.

5) 자체 감사기능의 본질상 자체감사기구가 반드시 성과감사 등을 통해 적극적·지원적 기능을 수행하여야 하는가에 대한 논란도 있는 게 사실이다.

표 2-1 소극적 공공감사와 적극적 공공감사의 비교

구 분	소극적 공공감사	적극적 공공감사
의 의	통제 중심의 평가+환류	지원 중심의 평가+환류
목 적	법규 순응적 행정책임성의 확보	효율적 행정과 성과의 보장
대 상	회계 및 재무활동	정책, 사업 및 행정관리
시 기	집행종결 이후	집행과정 중간 및 종결 이후
평 가	총괄평가	형성평가 및 총괄평가
환 류	관리행동 강화 환류	목표 및 행정관리 수정 환류
관 점	단절적, 단편적, 단기적, 미시적	맥락적, 종합적, 장기적, 거시적
기 준	형식적 합법성	실질적, 합법성, 경제성, 능률성, 효과성
기 능	① 행정관리질서의 감시 ② 행정책임의 규명·징벌 ③ 행정오류·실패의 사후 시정	① 행정의 규범적 척도 제시 ② 행정의 정당성 근거 제공 ③ 국민을 위한 재심 법원적 역할 수행
효 과	① 법규순응성의 보장 ② 회계책임성의 확보 ③ 공직부정의 방지	① 정책실패의 조기경보·사전방지 ② 정책오류의 상시추적·적기개선 ③ 의사결정 지원·행정혁신 유도

자료: 이주희(2010).

제3절 공공감사의 역할

Ⅰ. 행정활동과정에서 본 감사기능의 위치

그것이 정부 조직이든 사기업체 조직이든 어느 조직을 막론하고 그 활동의 흐름을 살펴보면 다음 [그림 2-1]처럼 기획, 집행, 평가의 순환적인 활동이 이루어진다.

이와 같은 행정활동 흐름의 순환과정에서 감사는 평가기능에 속하게 된다. 당초 계획에 따라 집행결과가 이루어졌는지를 보는 것이 감사의 주요관점이라는 점에서 감사가 평가기능에 속한다고 볼 수 있다. 하지만 감사기능은 기획단계 및 집행단계에서도 이루어지는 활동으로 보아야 할 것이다.

그림 2-1 행정활동 흐름

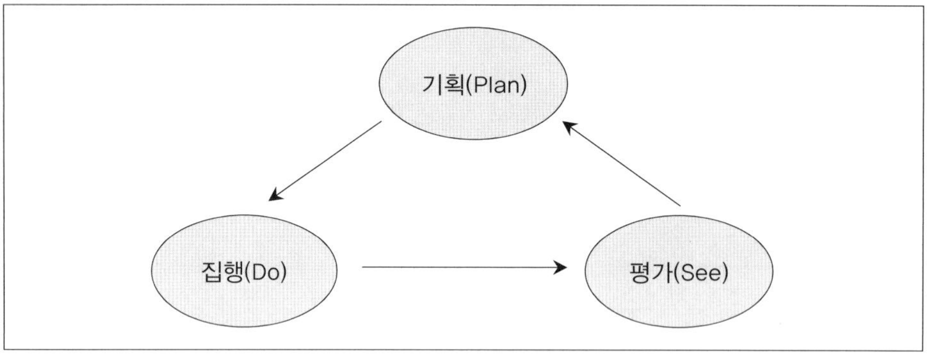

1. 기획기능(Plan or Planning)

기획이란 한마디로 어느 조직체가 앞으로 나아갈 방향을 설정하는 것이라고 할 수 있다. 여기에서 조직체는 지향하는 목표를 설정하고 개략적인 행동노선인 정책을 결정하는 활동을 한다. 이는 정책기획(policy planning)으로서 국가적 차원에서 보면 입법부와 행정부 내의 최고관리층(대통령, 장차관 등)에 의해 수행된다. 이러한 기획의 결과로 우리는 정책이라는 산물을 얻게 되는데 그것은 구체적으로는 법령이나 계획(중 · 장기 계획 등)의 형태를 띠기도 한다.

2. 집행기능(Do or Implementation)

집행기능은 기획과정을 통해서 얻어진 산물을 실행하는 것을 가리킨다. 정책집행 과정에 내포된 활동들로서는 자원의 획득, 해석, 사업기획, 운영기획, 조직화, 적용 등을 들 수 있다(김명수 · 박준, 1995: 28). 여기에서 필요한 자원은 인적 · 물적 자원(인력, 장비, 토지, 원료, 자금 등)을 모두 포함한다. 해석(interpretation)은 정책을 구체적인 지침과 규정으로 변환시키는 것을 말한다. 시행령 · 총리령 · 부령을 제정하는 것과 모법에서 위임된 사항과 시행에 필요한 사항을 규정하는 것 이외에 훈령 · 예규 · 지침 등 행정규칙을 제정하는 행위도 여기에 속한다. 사업기획은 정책의 테두리 안에서 그것의 구현을 위해서 구체적인 사업계획을 작성하는 과정으로 바로 이 과정에서 사업이 내적 구조인 사업설계가 완성된다. 운영기획은 사업계획을 실시하기 위하여 구체적으로 시행예정표(schedule)를 작성하거나 세부 과업에 대한 담당자를 지정하는 등 사업계획의 실시방안을 구체적으로 고안하는 과정이다. 조직화(organizing)는 정책의 집행에 필요한 조직을 구성하는 활동이다. 기존 조직으로 정책집행을 담당할 수 있는 경우에는 내적인 기구 조정으로 충분할 것이나 적절한 기구가 없는 경우에는 새로운 기구를 창설함으로써 정책의 집행에 대비해야 한다. 적용이란 정책이나 사업계획에 내포된 편익이나 규제를 대상집단에게 제공하거나 강제로 실시하는 행위를 말한다. 규제정책의 경우에는 대상집단에 대한 규제가 주요한 내용이 될 것이나 분배정책이나 재분배정책의 경우에는 편익의 제공이 적용의 중요한 내용이 될 수 있다.

3. 평가기능(See or Evaluation)

평가는 좁은 의미로는 정부 등의 업무나 사업의 집행과정을 통하여 얻어진 효과를 원래 기대했던 효과와 대비하여 검토하는 것을 뜻하지만, 넓은 의미로는 이러한 효과성뿐만 아니라 업무수행의 능률성 및 업무수행과정이 일정한 업무처리 기준과 절차에 맞는지를 검토하는 것으로 이해된다. 국가적인 차원에서 이러한 평가기능은 업무·사업의 수행기관, 업무·사업 수행기관의 상급기관, 외부기관(국회, 감사원, 외부 전문가 등) 등에 의해 실시되고 있다. 감사는 이러한 행정활동과정에서 보면 평가기능에 속하게 된다. 이는 감사나 평가가 모두 집행이 이루어지고 있는 과정에서나 집행이 완료된 후에 그 집행과정과 결과로 얻어진 산출과 효과를 검토하는 활동이기 때문이다.

Ⅱ. 공공감사의 역할

1. 국가 등 정책주체의 정책결정 능력 향상에 기여

감사는 정부의 활동이 합법적, 경제적 또는 효율적으로 수행되고 있는지 등을 조사·검토하여 문제점이나 위법 부당한 사항을 발견하였을 때에 개선방향을 제시하거나 시정 등의 요구를 하게 된다.

종래에는 우리가 좋은 제도만 가지고 있으면 거기에서 산출되는 정책은 당연히 좋은 정책일 것으로 생각했다. 좋은 정책이란 그것이 의도했던 효과를 가져오는 정책이다. 민주주의와 같은 훌륭한 제도를 창안하고 그것을 유지하고 옹호하는 데는 많은 관심을 보이면서도 그러한 제도의 운용 결과로 얻어지는 정책에 대하여는 의심을 하려거나 하지도 않았다. 그러나 많은 자원을 투입하여 해결을 모색했던 많은 문제들이 해결되지 않고 그대로 남아 있는 경우를 많이 보게 되는 것이 현실이다.

여기에서 집행된 정책의 성패를 결정하는 평가과정이 절대적으로 필요함을 느끼게 된다. 정책 또는 사업의 효과성과 능률성 등을 측정하려는 현대적 감사가 중요한 이유가 바로 여기에 있다고 하겠다. 그 결과 감사대상이 되었던 특정 정책이나 사업의 개선방향을 제시하거나 그 운명을 좌우할 수 있는 권고를 할 수 있게 된다. 감사는 차후의 정책결정이나 기존 정책의 수정・개선에 필요한 중요한 정보를 제공해 줌으로써 전체적으로 국가 등의 합리적 정책결정 능력을 향상시키는 데 기여할 수 있다. 즉 앞으로의 정책・사업의 결정이나 기존 정책・사업의 수정, 개선에 필요한 중요한 정보와 자료를 제공함으로써 국가의 합리적 정책결정능력을 향상시키는 데 기여할 수 있다. 특히 정책이나 사업의 경제성・능률성・효과성을 검토하는 현대적 감사의 역할이 이러한 기여에 큰 비중을 차지하게 된다고 하겠다.

2. 자원의 합리적 이용에 기여

감사기능은 자원의 경제적이며 능률적인 이용을 확보하기 위해서도 필수적인 기능이라고 하겠다. 한정된 자원으로 보다 많은 사업을 하기 위해서는 자원을 경제적・능률적・효과적으로 이용하지 않으면 안 된다. 따라서 집행부서가 자원을 경제적・능률적・효과적으로 이용하는가의 여부는 반드시 검토되어야 할 사항으로 이러한 과정을 통하여 자원의 비합리적 이용 사례를 적출하여 그 개선을 권고하거나 시정토록 함으로써 감사는 자원의 합리적 이용에 기여하게 된다.

3. 책임행정 구현에 기여

정부는 국민으로부터 거둔 자원으로 시행하고 있는 제반활동에 대하여 국민에게 책임을 져야한다. 책임을 질 수 있는 활동을 한다는 것은 공직자 윤리의 본질이다. 책임행정을 구체적으로 보면 ① 맡은 바 직무를 수행하여야 하고, ② 직무를 수행할 때 합리적·경제적·능률적·효과적으로 행해야 한다는 것이다.

이러한 현실의 배경에는 현대국가의 적극국가 내지 행정국가적 성격이 깔려 있다고 볼 수 있다. 국민이 원했건 사회의 흐름이 그렇게 변했건 간에 현대정부는 국민생활의 거의 모든 영역에 영향을 미치는 많은 활동들을 전개하고 있다. 그러나 이러한 정부의 다양하고 광범위한 활동의 성과에 대하여는 의문이 많이 제기된다. 국민들은 자신들이 낸 세금이 낭비되지 않고 가치있게 쓰여지고 있는지의 여부에 관심을 가지지 않을 수 없다. 더욱이 국민들은 정부에 대하여 정부활동의 정당성 및 성과에 대한 증거(proof)를 요구하게 된다. 이러한 요구는 종전과 같은 단순한 회계자료의 검토 등 합법성뿐만 아니라 경제성·능률성·효과성, 형평성이나 민주성 등을 검토하는 것은 위와 같은 국민의 요구에 부응하는 한편, 정부로 하여금 제반활동을 수행함에 있어 무엇이 중요한가 하는 점을 명백히 밝혀 주는 역할을 하기 때문에 정책방향의 설정에 기여하게 된다. 나아가 발전지향적 행정활동의 추진체계를 암시한다는 점에서 감사는 적극적·지원적 활동을 통하여 정부의 합리적인 정책결정능력을 제고시키고 자원의 효율적 이용을 유도하여 책임행정을 구현하는 데 기여하게 된다. 또한 정부로 하여금 제반활동의 성과 등에 좀 더 관심을 갖도록 권장하는 계기를 마련하여 정책목표 달성의 가능성을 높여주고 좋은 정책으로서 책임행정을 구현하는 데 일조한다.

4. 공직기강 확립에 기여

현대정부가 수행하는 기능이 확대되고 그러한 기능을 수행하는 행정기관들이나 공직자의 수가 증대되었을 뿐만 아니라 정부의 재정규모도 방대해졌다.

따라서 여기에서 국민에게 신뢰받을 수 있는 공직기강의 확립문제는 국가적으로 중요한 과제로 등장하게 된다. 감사는 공직자의 직무상의 비위 및 부당사항을 조사하여 처벌하거나 시정시키고, 더 나아가 예방지도를 통하여 공직자의 비위 또는 부당처리를 사전에 예방함으로써 공직기강 확립을 도모하고 있다. 이는 책임행정의 구현과도 밀접하게 관련될 뿐만 아니라, 공직자의 비리를 미연에 방지하고 발생된 비리를 공정하게 척결하는 것과 관련되어 있는 것으로서 이 기능을 수행하는 감사의 기여가 크다고 하겠다.

한편으로 모범사례를 발굴하여 전파함으로써 공직사회의 밝은 면도 부각시켜 공직사회에 활력을 불어넣고 사기를 높이는 효과도 가져오게 됨으로써 궁극적으로 건전한 공직기강 확립에 기여하게 된다.

제 3 장

공공감사의 유형

감사는 그 기준에 따라 여러 가지로 분류될 수 있다. 여기에서는 먼저 공공감사 분야를 연구해 온 국내·외 학자들과 선진국가들의 최고감사기구와 우리나라 감사원이 규정하고 있는 공공감사의 유형들을 제시한다. 또한 여러 가지 분류방법에 따른 감사유형을 살펴보고자 한다. 끝으로 이들을 바탕으로 우리나라 감사원의 감사와 관련하여 새로운 감사유형화를 시도해 본다.

제1절 학문적 분류

Ⅰ. 외국 학자들의 분류

1. 나이튼(Lennis M. Knighton)의 분류

나이튼(Knighton)은 미국의 경영학자로서 성과감사 이론분야를 개척한 사람 중 하나이다. 그는 감사를 재무감사(financial audit)와 순응성감사(compliance audit), 운영감사(operational audit) 및 사업감사(program audit)로 나누고 있다(Knighton, 1971: 10-11). 이들 순응성감사, 운영감사 및 사업감사를 합하여 성과감사로 분류하고, 이를 재무감사와 성과감사를 포괄하는 용어로 포괄적 감사

(comprehensive audit)라고 부른다.

(1) 재무감사

재무감사는 공공감사의 가장 기본적인 유형의 하나로서 자금이 합법적이며 정직하게 사용되었는지의 여부와 수령액이 적절히 기록되고 통제되었는지의 여부를 검토한다. 재무보고서와 재무제표가 완전하며 신뢰할 수 있는지 여부를 결정할 목적으로 특히 재무기록과 통제를 집중적으로 검사하는 감사이다.

(2) 성과감사

성과감사란 정부업무의 능률성과 정부사업의 효과성 및 책임있는 공무원들이 운영하는 사업이나 조직과 관련된 법적 요건과 행정적 정책을 어느 정도나 충실히 따랐는지의 여부에 대한 평가를 뒷받침하기 위한 제반 기록과 증거를 검토하는 감사이다. 여기에는 순응성감사, 운영감사, 사업감사가 포함된다.

① 순응성감사: 성과감사의 한 부분으로서 행정이 법적 요건과 행정적 정책에 충실하게 순응했는지의 여부를 검토하는 감사[1]를 의미한다.

② 운영감사: 성과감사의 한 부분으로서 업무의 능률화를 검토하는 감사를 말한다. 여기에서는 주로 운영정책과 절차, 관행 및 통제에 초점을 맞추며, 재산·설비·인력·소모품 등 비재무적 자원의 활용 및 통제에 대한 검토를 포함한다.

③ 사업감사: 성과감사의 한 부분으로서 정부사업의 효과성을 검토하는 감사를 말한다. 여기에서는 관리통제체계 및 사업의 성취라는 관점에서 업무의 결과를 나타내는 성과보고서에 담겨진 자료의 신뢰성에 초점을 맞춘다.

2. 허버트(Leo Herbert)의 분류

허버트는 감사의 유형을 명시적으로 제시하고 있지는 않으나 그의 저서 여러 곳에서 재무제표감사, 관리감사, 사업감사, 순응성감사 등의 용어를 사용하고 있는바, 순응성감사는 초기 정부 감사자들이 주로 관심을 가졌던 감사이긴 하나 요즘에는 관리감사와 사업감사에 흡수된 것으로 본다. 또한 순응성감사

1) 이는 오히려 합법성감사 또는 합규성감사에 가까워 오늘날의 성과감사로 보기 어렵다.

는 관리감사와 사업감사의 기초적인 유형이라고 본다.[2)]

3. 브라운 · 갤러거 · 윌리엄스(Richard Brown, Thomas P. Gallagher, Meredith C. Williams)의 분류

이들은 감사를 재무 · 합법성감사(financial and compliance auditing), 운영감사(operational auditing), 효과성감사(effectiveness auditing)의 세 가지로 나누고, 다시 재무 · 합법성감사를 전통적 감사(traditional auditing)로, 운영감사와 효과성감사를 합하여 성과감사(performance auditing)로 부른다.

(1) 재무 · 합법성감사

이것은 전통적 의미의 감사라고 할 수 있는 감사유형으로서, 재무감사에서는 한 조직의 재무제표의 적정성 및 정확성을 결정하여 거기에 대한 의견을 제시하며, 합법성감사에서는 관련 법규에의 순응여부를 검토한다.

(2) 운영감사(경제 · 능률성감사, 관리감사)

이것은 한 조직이 가지고 있는 자원의 활용상태에 초점을 맞추며 정보체계와 내부 조직 및 제반 절차에 대하여 많은 관심을 기울인다.

(3) 효과성감사

이것은 세 가지 감사 유형 중 가장 최신의 것으로 발전과정에 있는 감사유형이다. 여기에서는 입법기관이나 기타 수권기관이 설정한 목표가 달성되었는지의 여부를 검토하는 감사이다.

Ⅱ. 우리나라 학자들의 분류

우리나라 학자들은 공공감사를 감사주체, 감사방법, 감사시기, 감사내용, 감

---

2) 순응성감사, 관리감사 및 사업감사의 세 가지 모두를 합하여 오늘날의 성과감사로 분류할 수 있을 것 같다.

사범위 등을 기준으로 여러 유형으로 분류하고 있다. 백상기 · 김정욱(1990: 70-80)은 감사주체에 따라 내부감사(internal audit)[3]와 외부감사(external audit)[4]로, 감사방법에 따라 서면감사[5]와 실지감사[6]로, 감사시기에 따라 사전감사(pre-audit)[7]와 사후감사(post-audit)[8]로, 감사내용에 따라 합법성감사,[9] 경제 · 능률성감사,[10] 효과성감사,[11] 효율성감사[12]로, 감사범위에 따라 포괄적 감사(comprehensive audit)[13]와 선별적 감사(selective audit)[14]로 각각 구분한다.

---

3) 피감기관 내부에 감사를 행하는 기구를 가지고 이에 의하여 행하여지는 감사를 말한다. 이것은 주로 행정관리자의 권익의 옹호를 위한 감사를 행하는 데 존재의의를 가지며 부처의 감사기관이 자체 내의 예산집행의 합법성, 효과성과 능률성을 따지는 감사로 정의한다.

4) 자체감사기관이 아닌 제3자의 입장인 외부의 감사담당기관이 실시하는 감사를 의미한다. 이것은 일반적으로 감사원이 담당하나 반드시 감사원만은 아니고, 공공기관에 대한 감사를 주무부처의 감사관실이 담당하는 경우도 포함된다고 한다. 외부감사는 내부감사보다 강력할 수 있고 객관적일 수 있다는 장점이 있으나, 감사대상기관을 전체적으로 파악하는 데 필요한 시간과 인력을 지니지 못하여 피상적인 경우가 많다는 결함이 있다고 한다.

5) 감사기관이 피감기관(부서)에서 제출한 서류를 통하여 감사를 하는 것을 말한다. 감사원의 경우 「감사원법」 제25조(계산서 등의 제출) 제1항에는 "감사원의 회계검사 및 직무감찰(이하 "감사"라 한다)을 받는 자는 감사원규칙으로 정하는 바에 따라 계산서 · 증거서류 · 조서 및 그 밖의 자료를 감사원에 제출(「정보통신망 이용촉진 및 정보보호 등에 관한 법률」에 따른 정보통신망을 이용한 제출을 포함한다. 이하 같다.)하여야 한다"고 규정하고 있고, 감사원은 피감기관이 감사원규칙 제351호(계산증명규칙) 등에서 정하는 기별로 제출하는 계산서(회계담당자 등이 회계사무의 집행실적을 기간별로 계수로 집계한 서류) 및 증거서류(현재는 원칙적으로 생략된다) 등을 근거로 상시 서면감사를 실시하고 있다.

6) 현장조사라고도 불리며 감사기관에서 소속 직원을 현지에 파견하여 그 직원으로 하여금 실지로 감사를 행하게 하는 것을 의미한다.

7) 집행(지출)이 있기 전에 법령의 규정에 의하여 미리 지출의 적법성(legality of expenditure)을 승인하는 것으로 이 승인이 지출의 요건이 되게 하는 경우라고 한다. 일반적으로 실시되는 사후감사만으로는 만전을 기할 수 없고 지출원인행위나 지출단계에서 통제가 가해짐으로써 비로소 감사가 완벽을 기할 수 있다는 주장이 나와 사전감사의 필요성이 제기되고 있다고 한다. 주로 집행기관 내부에서 수행되는 것이 보통이며, 그것이 바람직하다고 한다.

8) 실제로 감사대상행위(지출 등)가 행해진 후에 그 합법성과 정당성을 감사하는 것을 의미한다. 대부분의 국가에서 이 방법을 채택하고 있다고 한다.

9) 행정의 합법성에 대한 감시 · 통제행위로서, ① 행정의 합법성에 대한 통제작용, ② 피감기관과는 상당한 독립성을 가진 기관의 행위, ③ 사후적인 조사행위의 성격을 가진다고 한다.

10) 피감기관이 그 재원(직원 · 재산 · 공간 등)을 경제적 · 능률적으로 관리 · 이용하고 있는지의 여부를 결정하는 것으로 정의한다.

11) 피감기관이 수행하는 제사업이나 활동의 성과나 편익(benefits)과 그 사업이나 활동이 미리 설정한 목표를 달성하고 있는지의 여부을 검토하는 행위로 정의한다.

12) 피감기관이 추진하는 사업 및 행정목표가 효율적으로 달성되었는가를 검증하고 비효율성이 발견되면 그 원인을 규명하고 시정조치를 제시함으로써 그 효율성을 제고하려는 감사기능을 의미한다고 정의한다.

13) 감사대상에 대하여 합법성감사, 경제 · 능률성감사, 효율성감사를 모두 실시하는 감사로 정의한다.

14) 감사대상에 대하여 합법성감사, 경제 · 능률성감사, 효율성감사 중 하나 또는 두 가지의

김명수・박준(1995: 46-52)은 감사대상이 되는 행정업무를 기획업무, 집행업무, 평가업무로 구분하고 각각의 업무에 적합한 감사유형을 시안으로서 제시하였다. 즉 기획업무에 적절한 감사로서 합리성감사[15]와 합법성감사[16]를, 집행업무에 적절한 감사로서 종래 재무・합법성감사,[17] 경제성감사[18]에 효과성감사[19]와 능률성감사[20]가 더 중요해진 것으로, 평가업무에 적절한 감사로서 상위감사(meta-audit)[21]를 제시하고 있다.[22]

박재완(1997: 131-133)은 감사대상 사무에 따라 회계검사(financial audit)와 직무감찰(inspection)로 나누고, 회계검사를 다시 재무감사(financial audit)[23]와 사업감사(program audit)[24]로, 직무감찰은 다시 직무성과감사(job performance

---

유형에 국한하여 실시하는 감사로 정의한다.

15) 여기에서는 다음과 같은 것들이 검토대상이 된다고 한다. ① 대안의 개발・분석과정은 적절했는가? ② 선택된 시책, 사업계획, 제도들은 기관의 존립 목적과 논리적 연관성을 가지고 있는가? ③ 사업이나 시책의 결정과정에서 관계인이나 관계 기관들과 소정의 협의절차를 거쳤는가?

16) 여기에서는 다음과 같은 것들이 검토대상이 된다고 한다. ① 시책이나 사업의 결정과정에서 부정(예: 금품수수)이 개입되었는가? ② 이해당사자인 정책결정자는 없었는가? ③ 결정과정이 편견에 의해 왜곡되지는 않았는가?

17) 여기에서는 다음과 같은 것들이 검토대상이 된다고 한다. ① 감사 대상기관은 수입, 지출, 자산 및 부채에 대한 적절한 통제장치를 유지하고 있는가? ② 감사 대상기관은 제반 자원, 부채 및 운영상황을 회계기록에 적절히 나나내고 있는가? ③ 회계보고서는 정확하고 신빙성이 있으며, 유익한 재무자료를 담고 있는가? ④ 감사 대상기관은 관계 법령, 규정 및 지침 등에 따라 운영되고 있는가? ⑤ 집행이 공정하게 이루어졌는가? ⑥ 집행과정에 부정이 개입되지는 않았는가?

18) 여기에서는 다음과 같은 것들이 검토대상이 된다고 한다. ① 필요 이상으로 비용이 많이 드는 절차는 없는가? ② 직원 사이에나 부서 사이에 업무의 중복은 없는가? ③ 과업에 비해 인원이 과다하게 배정되어 있지는 않는가? ④ 잘못된 구매행위나 필요 이상으로 많은 재산이나 물자・물품을 축적해 두고 있지는 않은가? ⑤ 자원을 남용하고 있지는 않은가?

19) 여기에서는 다음과 같은 것들이 검토대상이 된다고 한다. ① 사업이나 활동이 의도했던 목적을 달성하는 데 효과적인가? ② 사업이나 활동이 의도하지 않은 효과를 나타내고 있지는 않은가? ③ 사업이나 활동이 성공적이거나 실패한 것으로 판명된 경우, 그 원인은 어디에 있는가?

20) 여기에서는 다음과 같은 것들이 검토대상이 된다고 한다. ① 투입과 비교해 볼 때 산출은 적정한 수준인가? ② 일정한 투입으로 더 많은 효과를 얻을 수는 없었는가? ③ 일정한 효과를 얻는 데 투입을 줄일 수 있는 방법은 없었는가?

21) 이는 감사에 대한 감사(audit on audit)로서 자체감사기구가 수행한 감사결과를 최고감사기구(감사원)가 감사하는 것을 말한다. 여기에서는 다음과 같은 것들이 검토대상이 된다고 한다. ① 감사 및 평가기준의 적실성과 타당성 ② 감사 및 평가방법의 적절성 ③ 이용된 자료의 정확성 ④ 얻어진 결론의 신빙성 등

22) 김명수・박준(1995)는 최종적으로 공공감사를 재무・합법성감사와 성과감사로 대별하고, 성과감사를 경제・능률성감사, 효과성감사 및 합리성감사로 구성된다고 한다.

23) 결산검사와 회계장표를 중심으로 예산회계제도의 운용과 집행실적을 감사하는 전통적인 감사로 정의한다.

audit)[25]와 비위감찰 · 조사(investigation)[26]로 세분한다.

이주희(2010: 37-40)는 감사주체에 따라 자체감사(internal audit)와 외부감사(external audit)로, 감사방법에 따라 서면감사와 실지감사로, 수탁여부에 따라 위탁감사[27]와 대행감사[28]로, 감사시기를 기준으로 사전감사(pre-audit)와 사후감사(post-audit)로, 감사범위를 기준으로 포괄적 감사(comprehensive audit)와 선별적 감사(selective audit) 또는 전체감사와 부문감사 내지 정밀감사와 발췌감사로, 행정이념에 따라 합법성(법규순응성)감사(compliance audit)와 경제성감사(economy audit), 능률성감사(efficiency audit), 효과성감사(effectiveness audit)로, 감사내용에 따라 재무감사(financial audit),[29] 합법성(법규순응적)감사(compliance audit),[30] 성과감사(performance audit),[31] 정책감사(policy audit)[32]로, 감사대상 계층에 따라 자체감사와 감독기관감사[33]로, 「공공감사에 관한 법률」 및 같은 법 시행령에 따라 종합감사,[34] 특정감사,[35] 재무감사,[36] 성과감사,[37] 복무감사[38]로 모두 9가지 기준으로 감사유형을 구분하였다.[39]

---

24) 상당한 규모의 지출이 수반되는 주요 사업의 적법 · 타당성을 점검하는 감사로 정의한다.

25) 행정관청 등 피감기관과 그 구성원의 직무가 적정하게 수행되고 있는지를 살피는 직무감찰의 한 유형으로서 직무수행의 성과에 중점을 두는 감사로 정의한다.

26) 직무감찰의 한 유형으로서 위법 · 부당사항의 적발에 치중하는 감사로 정의한다.

27) 감사원이 공공기관의 업무와 회계에 대한 감사 권한 중 일부를 주무부장관 등에게 맡겨 그 권한과 책임하에 감사를 실시하고 처리하도록 하는 감사로 정의한다.

28) 감사원이 감사대상기관에 대한 감사사무 중 일부를 각 중앙행정기관의 감사기구 등으로 하여금 실시하도록 하는 감사로 정의한다.

29) 예산의 활용 · 관리실태 및 회계처리의 적정성 여부에 대한 검토와 확인을 위주로 실시하는 감사를 의미한다.

30) 각종 행정작용의 법규적합성 여부를 검토하는 감사를 말한다.

31) 특정한 사업 · 조직 · 기능 등에 대하여 경제성, 능률성, 효과성 등에 대한 분석과 평가를 위주로 실시하는 감사로 본다.

32) 특정한 정책의 결정, 집행, 평가에 대한 감사를 의미한다.

33) 감독기관이 피감기관이나 자치단체에 대하여 감사를 실시하는 체제로서, 감사에 대한 감사로 일컬어지며 감독기관이 하급기관에 대해 실시하는 것이 아닌 상위감사(meta audit)와는 구분된다.

34) 감사대상기관의 주기능 · 주임무 및 조직 · 인사 · 예산운영 등 업무 전반의 적법성 · 타당성을 점검하기 위해 실시하는 감사를 말한다.

35) 특정한 업무 · 사업 · 자금 등에 대하여 실시하는 감사로 정의한다.

36) 예산의 운용실태 및 회계처리의 적정성 여부 등에 대한 검토와 확인을 위주로 실시하는 감사를 의미한다.

37) 특정한 정책 · 사업 · 조직 · 기능 등에 대한 경제성 · 능률성 · 효과성의 분석과 평가를 위주로 실시하는 감사를 말한다.

38) 감사대상기관에 속한 자의 근무실태 점검 등을 목적으로 실시하는 감사를 의미한다.

39) 그 이외에 감사원의 감사분류 내용을 소개한다. 즉 감사원은 2005년부터 재무감사, 기관운영감사(기관운영의 건전성과 효율성을 확보하기 위하여 기관의 조직 · 인사 · 예산 운영

윤영일(2003: 34-40)은 감사주체에 따라 내부감사와 외부감사로, 감사방법에 따라 서면감사와 실지감사로, 감사시점에 따라 사전감사와 사후감사로, 감사범위에 따라 포괄적 감사와 선별적 감사로, 감사내용에 따라 합법성 감사와 성과감사로, 감사의 공개성 여부에 따라 공개감사와 비공개감사로, 감사의 정기성 여부에 따라 정기감사와 수시감사로, 감사수행방식에 따라 위탁감사와 대행감사로, 행정효과를 보는 관점에 따라 관청지향적 감사와 민본감사로, 감사대상 사무에 따라 회계검사와 직무감찰로 구분하는 등 모두 10가지 기준으로 감사유형을 제시하고 있다.

다음에서는 각국의 최고감사기구들의 감사유형 분류실태를 살펴본다.

제2절 최고 감사기구들의 분류

Ⅰ. 미국 감사원의 분류

미국 감사원은 감사를 크게 재무감사(financial audits)와 성과감사(performance audits)로 구분하고 있다. 재무감사는 다시 재무제표감사(financial statement audits)와 재무관련감사(financial related audits)로 구분하며, 성과감사는 경제·능률성감사(economy and efficiency audits)와 효과성감사(program effectiveness and results audits), 운영감사(operational audits), 재정가치성감사(value-for-money audits), 사업평가(program evaluations)로 구분하고 있다(USGAO, 2003).[40]

1. 재무제표감사

이는 감사대상기관의 재무제표가 일반적으로 인정되는 회계원칙에 따라 재

과 주기능·주임무를 진단·평가하고 시정개선 대안을 제시하는 감사), 성과감사, 특정과제감사(사회경제적 현안 과제나 특정 취약 분야 등을 대상으로 문제점을 파악하고 그 원인 및 책임소재를 규명하여 개선대책을 마련하기 위한 감사)로 분류하고 있다.

40) 성과감사가 다양한 이름으로 불리고 다양한 유형으로 나누어지기도 하나 GAO도 정부감사기준에서 성과감사의 유형으로 유사한 명칭으로 대표적이 유형을 나열하면서도 경제·능률성감사와 효과성감사 이외에는 자세한 설명을 하지 않고 있다. 이는 유사한 명칭들이 이 두 가지에 포함될 수 있기 때문인 것으로 추정된다. 여기에서도 설명된 사항만 다룬다.

무상태와 운영의 결과 및 현금 흐름이나 재무상태의 변화를 적정하게 제시하고 있는지 여부와 감사대상기관이 재무제표에 실질적으로 영향을 미칠 수 있는 거래에 관련된 법규에 순응했는지 여부[41] 등을 중점적으로 검토하는 감사를 말한다.

2. 재무관련감사

이 유형은 재무보고서와 보고서의 제반요소, 회계 또는 자금 등의 관련항목들이 적정하게 제시되었는지의 여부, 재무정보가 미리 설정된 기준에 따라 제시되었는지의 여부와 감사대상기관이 구체적인 재무적 순응요건을 충족시켰는지의 여부 등을 중점적으로 검토하는 감사다.

3. 경제 · 능률성감사

경제성 · 능률성감사[42]는 감사대상기관이 인력, 재산, 공간과 같은 자원을 경제적이며 능률적으로 획득, 보호, 사용하고 있는지의 여부, 비경제성과 비능률성의 원인, 감사대상기관이 경제성과 능률성에 관한 법규에 순응하고 있으며, 그것을 측정하고 보고하기 위한 적절한 체계를 유지하고 있는지의 여부 등을 검토하는 감사다.

4. 효과성감사

효과성감사[43]란 정부사업의 효과성에 관한 감사로서, 입법기관이나 수권기관이 설정한 성과나 편익이 달성된 정도를 검토하고, 제반 조직 · 사업 · 활동 · 기능의 효과성을 검토하며, 감사대상기관이 사업에 적용되는 법규에 순응했는지의 여부, 관리층이 사업의 효과성을 측정하고 보고하기 위한 적절한 체

41) 미국 GAO의 경우 합법성감사는 재무감사뿐만 아니라 성과감사에서도 이루어지는 것으로 다루고 있어 뒤에서 언급하는 영국 감사원의 분류나 일반적인 분류와도 좀 다르다.

42) 감사의 목적은 대상기관이 사업목적을 달성하기 위한 가장 생산적인 방법으로 자원을 획득, 보호하고 사용하였는지와 관련된다.

43) 감사의 목적은 사업의 효과성을 다루고 사업이 목표와 목적을 달성하고 있는 정도를 측정하는 것이다.

계를 가지고 있는지 여부 등을 검토한다.

Ⅱ. 영국 감사원의 분류

영국에서는 감사를 재무・합법성감사(financial and regularity audit), 재정가치감사(value-for-money audit), 효과성감사(effectiveness audit)로 구분하고 있고, 재무・합법성감사는 재무감사와 합법성감사로 나누고 있다(Chancellor of the Exchequer, 1980).

1. 재무감사

회계체계와 재무통계가 능률적이며 적절하게 운영되고 동시에 재무거래가 정확하게 승인되고 기록되었는지를 검토한다.

2. 합법성감사

지출이 사전승인된 내역과 일치되게 이루어졌으며 관련 법규에 일치되게 이루어졌는지를 검토한다.

3. 경제・능률성감사

예산의 남용이나 오용의 사례와 수입을 극대화하지 못한 사례 및 국고에 손실을 끼치는 재무제도를 밝히기 위해 경제성과 능률성을 검토하는 것을 말한다.

4. 효과성감사

미리 설정된 정책목표를 충족시키기 위해 수행되는 사업이 그 목표를 달성했는지의 여부를 평가・검토하는 감사를 말한다. 그러나 이 유형의 감사를 수행하는 과정에서 특정한 정책목표들의 가치(merits)를 논해서는 안 된다고 명시하고 있다.

Ⅲ. 캐나다 감사원의 분류

캐나다 감사원은 감사를 재무감사와 재정가치감사(value-for-money)로 구분한다. 여기서 재정가치감사(VFM 감사)란 경제・능률성감사와 효과성감사를 결합한 개념으로서의 성과감사를 의미한다. 한편 재무감사와 효율성감사를 합하여 포괄적감사(comprehensive auditing)로 부른다.

Ⅳ. 세계최고감사기구(INTOSAI)의 분류

세계최고감사기구(International Organization of Supreme Audit Institution: INTOSAI)[44]에서는 그 감사표준에서 정부감사의 유형을 합법성감사(regularity audit)와 성과감사(performance audit)로 구분한다.

1. 합법성감사

합법성감사는 감사대상기관의 재무적 책무성 확보가 그 핵심이며, ① 재무기록에 대한 검사와 평가, 재무제표에 대한 의견표시 등을 통해 책임 있는 기관에 대한 회계책임성 인증(attestation), ② 정부행정 전반에 대한 회계책임성 인증, ③ 적정한 법규준수 여부 등에 대한 평가를 포함하는 재정시스템과 거래에 대한 감사, ④ 내부통제와 내부(자체)감사 기능에 대한 감사, ⑤ 감사대상기관에서 이루어진 의사결정의 타당성 등에 대한 감사, ⑥ 감사와 관련된 것으로 공개할 필요가 있는 정보의 보고 여부를 포함한다.

44) '세계감사원장회의'로 번역되기도 한다.

2. 성과감사

성과감사는 경제성 · 능률성 · 효과성을 검토하며, ① 확고한 행정원칙과 관습, 관리원리(administrative principles)를 기준으로 하는 행정활동의 경제성에 대한 감사, ② 정보체계, 성과척도와 여론수집체계, 발견된 문제점을 치유하기 위해 감사대상기관이 준수해야할 절차를 포함한 인적 · 물적 자원 및 기타 자원 활용의 효율성에 대한 감사, ③ 감사대상기관의 설립목적을 기준으로 실제 달성한 업무성과 및 정부가 의도한 효과를 기준으로 실제 나타난 효과에 대한 감사 등을 포함한다.

Ⅴ. 우리나라 감사원의 분류

우리나라 감사원은 「감사원법」 제20조 내지 제24조의 규정에 따라 회계검사와 직무감찰 권한을 가지고 있다. 그러므로 회계검사와 직무감찰 기능은 우리나라 감사원의 감사권한과 관련하여 감사대상의 사무에 따른 감사유형의 한 분류방법이라 할 수 있다.

「감사원법」 제25조 및 「감사사무처리규정」(감사원훈령) 제2조 등에서는 감사방법을 크게 서면감사와 실지감사로 구분하고 있다. 서면감사란 법령, 규칙 등에 의하여 감사대상기관에서 감사원에 제출하는 계산서 등 서류에 의거 회계처리의 적정 여부 및 직무수행의 타당성 여부를 검토하는 감사를 말하며, 실지감사란 소속 직원 등을 현지에 파견하여 실시하는 감사를 말한다. 실지감사는 다시 재무감사[45]와 기관운영감사,[46] 성과감사,[47] 특정감사[48]로 나누고 있다

45) 감사대상기관의 재무적 자원 활용의 적정성을 분석 · 평가하기 위해 감사순기에 따라 정기적으로 실시하는 감사를 말한다.

46) 특정기관의 주기능 · 주임무 및 조직 · 인사 · 예산운영 등을 시스템적 관점에서 종합적 · 체계적으로 분석 · 평가하고 예산집행 · 업무수행의 적법 · 타당성을 점검하기 위해 실시하는 감사를 말한다.

47) 주요 정책 · 사업 · 제도 · 업무시스템 등에 대한 문제점을 체계적으로 진단 · 분석 · 점검하여 종합적이고 근원적인 개선대책을 제시하기 위해 실시하는 감사. 이는 일반적으로 정책 · 사업 등에 대해 경제성 · 능률성 · 효과성을 검토하는 성과감사의 개념과 다소 다르다.

(「감사사무처리규정」 제2조).

감사원 규칙으로 제정, 운영하고 있는 「공공감사기준」 등 감사기준과 관련한 법령에서는 일반적으로 인정되고 있는 합법성감사, 성과감사의 유형을 그대로 도입하고 있다.

그리고 「감사원법」 제28조 등에서는 자체감사에 관한 내용을 규정하고 있어 감사원에 의한 외부감사와 자체감사에 의한 내부감사를 제도적으로 인정하고 있다.

또한 감사원에서는 「감사원법」 제50조의2, 「공공감사에 관한 법률」 제35조, 「공공기관의 운영에 관한 법률」 제52조 및 「자체감사활동의 지원 및 대행·위탁감사에 관한 규칙」 등에 따라 위탁감사[49] 및 대행감사[50] 제도를 운용하고 있다.

한편 우리나라 각 기관의 자체감사 활동은 「공공기관의 감사에 관한 법률 시행령」 제10조(자체감사의 종류)에서 종합감사, 특정감사, 재무감사, 성과감사, 복무감사로 규정하고 있고, 「지방자치단체에 대한 행정감사규정」(대통령령 제22439호) 제3조에서 정부합동감사, 시·도종합감사, 특정감사, 복무감사로 구분하고 있다.

제3절 분류방법에 따른 감사유형

이상에서 살펴 본 바와 같이 감사유형은 그 분류기준에 따라 매우 다양하게 구분된다. 여기서는 그 분류기준에 따른 여러 유형의 감사제도를 다음과 같

48) 국민·국회 감사청구사항 등 사회·경제적 현안과제와 같은 다양한 감사수요에 대응하여 원인 및 책임소재 규명, 개선대책 마련 등을 위해 실시하는 감사를 말한다.

49) 관계행정기관의 장 등(이하 "위탁감사기관의 장"이라 한다)이 「공공기관의 운영에 관한 법률」 제52조에 따라 공기업·준정부기관의 업무와 회계에 관한 감사원 감사를 위탁받아 처리한 후 그 결과를 감사원에 제출하는 감사(「자체감사활동의 지원 및 대행·위탁감사에 관한 규칙」 제2조 제3호)를 말한다.

50) 감사원이 필요하다고 인정하여 감사원규칙으로 정하는 바에 따라 일부 감사대상기관에 대한 감사사무(사실의 조사·확인 및 분석 등의 사무로서 국민의 권리·의무와 직접 관계되지 아니하는 사무로 한정한다) 중 일부를 각 중앙관서, 지방자치단체 및 정부투자기관의 장에게 대행하게 하고 그 결과를 제출하게 하는 감사(감사원법 제50조의2)를 말한다.

이 종합하여 정리하고자 한다. 즉 ① 감사주체에 따라 내부감사와 외부감사로, ② 감사방법에 따라 서면감사와 실지감사로, ③ 감사시기에 따라 사전감사와 사후감사(감사시점 기준) 또는 정기감사와 수시감사(감사주기성 기준)로, ④ 감사범위에 따라 포괄적 감사와 선별적 감사로, ⑤ 감사내용에 따라 합법성감사와 성과감사로, ⑥ 감사대상사무에 따라 회계검사와 직무감찰로, ⑦ 감사의 공개성 여부에 따라 공개감사와 비공개감사로 구분하여 설명한다.[51)]

Ⅰ. 감사주체에 따른 분류

감사주체를 기준으로 감사유형을 분류하면 내부감사와 외부감사가 있다.

내부감사(internal audit)는 행정기관 등의 내부에 설치된 자체감사기구에 의하여 자체나 소속기관 등에 대해 행해지는 감사로서 자체감사라고도 한다. 즉 이것은 각 기관의 감사기구가 기관 자체 내의 예산집행의 합법성, 능률성, 효과성 등을 따지는 감사이다. 우리나라의 경우 정부 각 부처 자체감사실이나 지방자치단체 자체 감사실에서 수행하고 있는 것이 내부감사로서 자체감사이다. 내부감사라 할지라도 내부감사인은 감사대상 업무와는 독립적인 관계에 있어야 한다.

외부감사(external audit)란 자체감사기관이 아닌 제3자의 입장에 있는 외부감사기구가 실시하는 감사로서 독립감사라고도 한다. 우리나라의 경우 외부감사에는 감사원 감사, 국회의 국정감사, 중앙부처 등에 의한 지방자치단체에 대한 감사 등이 여기에 포함된다.[52)]

외부감사는 내부감사보다 강력할 수 있고 객관적일 수 있다는 장점이 있으나, 감사대상기관을 전체적으로 파악하는 데 필요한 시간과 인력을 가지기 어려워 피상적인 경우가 많다는 지적도 있다.

---

51) 이외에도 감사수행방식에 따라 위탁감사와 대행감사로 분류된다. 한편 윤영일(2003: 39-40)은 감사의 지향점에 따라 관청지향적감사와 민본감사로 구분하기도 한다.

52) '지방의회에 의한 감사'도 지방자치단체 집행부의 입장에서는 외부감사라고도 할 수 있으나 지방자치단체에 대한 감사제도의 연구에 있어서는 내부감사의 한 형태로 보아 내부감사로 분류한다.

Ⅱ. 감사방법에 따른 분류

감사방법에 따라 감사유형을 분류하면 서면감사와 실지감사로 나눌 수 있다.

서면감사는 법령, 규칙 등에 의하여 감사대상기관이 제출하는 계산서, 증거서류, 조서 기타의 서류에 의거 회계처리의 적정여부나 직무수행의 타당성 여부를 검토하는 감사를 말한다.

실지감사는 현장감사라고도 하며 감사기관이 소속 직원 등을 현지에 파견하여 행하는 감사를 말한다. 감사원의 경우 현재 결산검사보고에 게재하여 대통령과 국회에 보고하는 중요한 위법부당사항은 대부분이 실지감사의 결과에 의한 것이다. 실지감사는 반드시 비위사실 등 사건이 있을 때에만 실시하는 것이 아니라 정기 또는 수시로 행해진다.

Ⅲ. 감사시기에 따른 분류

감사시점(수행시기)에 따라 감사유형을 분류하면 사전감사와 사후감사로 나눌 수 있다.

사전감사(pre-audit)는 지출이나 업무처리가 있기 전에 법령의 규정에 의하여 미리 지출이나 업무처리의 적법성(legality of expenditure)을 승인하는 것으로 이 승인이 지출 등의 요건이 되게 하는 경우를 말한다. 또한 넓은 의미에서 감사대상 행위가 이루어지기 이전에 수행되는 모든 감사를 지칭한다. 현재 「공공감사에 관한 법률」 제22조[53]에 따라 자체감사기구에 의해서 실시되고 있는 '일상감사'가 대표적인 사전감사라고 하겠다. 사전감사는 집행기관의 내부에서 수행되는 것이 보통이며 그렇게 되는 것이 바람직하다고 하겠다. 백상기 · 김정욱(1990: 73)에 따르면 미국의 GAO, 캐나다의 회계검사원, 대만 심계원 등에

---

53) ① 감사기구의 장은 자체감사기구가 소속된 기관의 주요 업무 집행에 앞서 그 업무의 적법성 · 타당성 등을 점검 · 심사하는 일상감사를 하여야 한다. ② 감사기구의 장은 제1항에 따른 일상감사에 따라 확인된 사항에 대하여는 자체감사를 하지 아니할 수 있다. ③ 제1항에 따른 일상감사의 대상 · 기준 및 절차 등에 관하여 필요한 사항은 대통령령으로 정한다.

서도 사전감사를 실시한다고 한다. 그런데 사후감사와 함께 사전감사를 하는 경우에 ① 감사기관이 회계검사기관을 믿고 하급기관에 대한 감사를 소홀히 하게 되고, ② 감사기관이 사후감사를 함에 있어 요구되는 직무의 독립성을 감소시키게 되며, ③ 감사기관이 그 권한 외에 속하는 행정사항에 대해서까지 부당한 간섭을 하게 되어 행정부에 대한 우위현상을 초래하고, ④ 정부기관의 재정활동에 있어서 노력의 중복, 지나친 업무의 지체와 비능률을 초래하기 쉽다는 등의 위험성이 있다고 한다(백상기 · 김정욱, 1990: 73-74).

사후감사(post-audit)는 실제로 지출이나 업무처리 등이 이루어진 이후에 그 합법성과 회계 및 업무처리의 정당성(legitimacy)을 감사하는 것으로, 일반적으로 감사대상 행위가 발생한 이후에 수행되는 감사를 말한다. 감사기능은 크게 보면 정부업무 등의 기능 과정상 기획기능 및 집행기능의 다음에 이루어지는 평가기능에 속한다는 점에서 원칙적으로 사후감사이며 대부분의 국가가 이 방법을 채택하고 있다.[54] 또한 사후감사는 집행기관과는 독립적인 지위에 있는 제3자에 의하여 수행되는 것이 바람직하다고 하겠다.

감사의 시기를 기준으로 감사유형을 분류하는 또 다른 형태로서 주기성 또는 정기성을 기준으로 하여 정기감사와 수시감사로 구분할 수 있다.

정기감사는 1년, 2년 등 일정한 감사주기에 의하여 정기적으로 실시하는 감사이고, 수시감사는 감사주기에 관계 없이 감사 필요성이 있을 때에 수시로 수행되는 감사이다.[55] 우리나라 감사원의 경우 '순기'라는 개념을 도입하여 결산검사보고대상인 중앙부처와 공공기관에 대해서는 매년, 지방자치단체에 대해서는 서울특별시와 경기도는 매년, 나머지 광역자치단체는 2년(시 · 도 교육청은 2~3년), 기초자치단체는 3~4년(시 · 군 · 구 교육청은 4~5년), 기타 공공기관은 1~5년의 주기로 감사를 실시하도록 하고 있다(감사원, 2011).

---

54) 그러나 정부기능 중 감사가 기획과정에 대해서도 이루어지고 각 집행과정에 대해서 이루어지고 그 필요성도 인정된다는 점에서 반드시 사후감사만 하여야 하는 것은 아니다.

55) 수시감사와 유사한 감사유형으로서 실무에서는 '기동감사'라는 용어를 사용한다. 이는 감사의 기동성이 요구되며, 통상적인 대상기관에 대한 감사실시 통보 및 착수활동 등으로서는 감사목적을 달성하기 어려운 경우나, 특수 취약분야로서 계속적인 감사활동이 요구되는 경우에 일정한 감사팀을 구성하여 시기와 장소에 구애되지 않고 비노출, 암행 등의 방법으로 실시하는 감사활동으로서 주로 복무기강감사 등 직무감찰활동에서 많이 운용된다.

Ⅳ. 감사범위에 따른 분류

감사범위에 따라 감사 유형을 분류하면 포괄적 감사(comprehensive audit)와 선별적 감사(selective audit)로 구분할 수 있다.

포괄적 감사는 감사대상에 대하여 합법성감사, 경제·능률성감사, 효과성감사를 모두 실시하는 감사를 말한다. 포괄적 감사에는 많은 시간과 인력이 소요되기 때문에 이를 실시하는 데에는 충분한 이유가 있어야 한다.

선별적 감사는 감사대상에 대하여 합법성감사, 경제·능률성감사, 효과성감사를 모두 실시하는 것이 아니라, 그 중 하나나 두 가지의 유형에 국한하여 실시하는 감사를 말한다. 이러한 선별적 감사는 어느 경우에 어떤 감사대상에 대하여 어떤 유형의 감사를 적용할 것인가 하는 중요한 문제를 제기하게 된다.

이와 유사한 분류개념으로 종합감사와 부분감사가 있다. 이는 구 「행정감사규정」(대통령령 제20741호)에서 자체감사의 유형으로 분류한 것이다.[56] 종합감사는 행정전반에 대하여 실시하는 감사를 말하고, 부분감사는 특정 행정운영사항에 대하여 실시하는 감사를 말한다(제2조). 현행 「지방자치단체에 대한 행정감사규정」(2010. 10. 13. 시행, 대통령령 제22439호)에서도 유사한 분류를 하고 있다. '정부합동감사'[57]와 '시·도종합감사',[58] '특정감사'[59] 및 '복무감사'[60]로 구분하고 있는 바, 정부합동감사와 시·도종합감사는 종래 종합감사로, 특정감사는 부분감사로, 복무감사는 기강감사로 분류되던 것이라고 하겠다.

---

56) 그 이외에도 각 행정기관이 소속(하급기관 포함) 공무원의 복무의무 위반 또는 비위사실이 발생하거나 발생할 우려가 있는 경우에 당해 사실에 대하여 실시하는 '기강감사'가 있다(제7조).

57) 주무부장관과 행정안전부장관이 「지방자치법」 제171조의2제2항에 따라 지방자치단체에 대하여 같은 기간 동안 함께 실시하는 감사.

58) 시·도지사가 시·군 및 자치구의 감사대상사무 전반에 대하여 실시하는 감사.

59) 주무부장관, 행정안전부장관 또는 시·도지사가 지방자치단체의 감사대상사무 중 특정한 분야에 대하여 실시하는 감사.

60) 행정안전부장관 또는 시·도지사가 「지방자치법」 제167조, 제171조 및 제171조의2에 따른 감사대상 지방자치단체에 소속된 사람이 감사대상 사무와 관련하여 법령과 직무상 명령을 준수하는지 여부 등 그 복무에 대하여 실시하는 감사.

Ⅴ. 감사내용에 따른 분류[61)]

감사내용에 따라 감사유형을 분류하면 합법성감사와 성과감사로 나눌 수 있다.

합법성감사는 감사대상 업무나 조직 활동의 합법성 여부를 감사의 초점으로 하는 반면, 성과감사는 투입의 경제성, 처리 및 산출과정에 있어서의 능률성이나 효과성 측면을 감사의 초점으로 한다. 합법성감사는 전통적 감사의 판단기준이었으며 성과감사는 최근에 강조되고 있는 현대적 감사의 판단기준이다. 세계최고감사기구(INTOSAI)에서도 감사표준으로 정부감사의 유형을 합법성감사(regularity audit)[62)]와 성과감사(performance audit)로 나누고 있다.

합법성감사는 감사를 실시하면서 감사대상 업무의 적정성 여부를 이미 정해진 법・규정 및 예산 등의 기준에 따라 판단하는 것을 말한다. 이것은 행정기관이나 소속 구성원들의 자의적 행동을 금지하고 위법・부당사항을 적발하기 위한 것이다. 합법성감사는 행정의 합법성에 대한 감시・통제행위라는 점에서 일반적인 감사개념에 비해 부분적, 특수적인 의미를 갖는다. 이의 개념요소를 보면 첫째, 합법성감사는 행정의 합법성에 대한 통제작용이다. 원래 감사는 합법성뿐만 아니라 행정에 있어서 필요한 민주성, 합목적성, 효율성 등의 여러 요소에 대한 행정통제작용으로서 기능을 수행한다. 합법성감사는 그 중에서 특히 행정의 법적합성에 대한 통제작용으로서의 성격을 갖는다. 둘째, 합법성감사는 피감기관과는 상당히 독립성을 가진 기관(부서)의 행위이다. 독립성이 없는 자에 의한 감사는 엄밀히 말해 합법성감사라고 말할 수 없다. 오늘날 자체감사의 경우 조직내부에서 이루어지는 관계로 감사원감사 등 외부감사에 비해 감사의 범위는 넓으나 독립성은 미약한 편이다. 셋째, 합법성감사는 사후적인 조사행위의 성격을 가진다. 감사는 직접 행정목적을 실현하는 행위

61) 어떤 경우 감사목적(또는 접근방법)에 의한 분류로 정의되기도 한다.

62) DFID(2005)는 이를 합규성감사라 하고 재무감사(financial audit, 정부기관이 사용한 회계절차와 그들이 생산한 재무제표의 정확성과 공정성을 평가)와 합법성감사(compliance audit, 회계의 경우 자금이 입법부에서 승인한 목적을 위해 사용되었고 관련 법률과 규정을 준수하며 사용되었는지를 평가)로 구분하기도 한다(박희정, 2010: 6).

가 아니라 이미 이루어진 행정목적의 실현행위를 사후적으로 조사하고 통제하는 행위인 것이다. 따라서 합법성감사에 앞서서 감사를 받아야 할 행위가 선재하여 있어야 하는 것이 원칙이다. 물론 이러한 합법성감사의 사후적 성격이 감사결과처리의 예방적, 지도적 성격을 배제하는 것은 아니다.

합법성감사의 기능을 보면 ① 법치행정의 실현과 행정내부의 질서유지를 위한 행정관리 및 통제기능, ② 위법한 감사대상행위에 따른 책임의 판단 및 심사청구제도와 관련된 준사법적 기능, ③ 시정, 주의 등의 요구와 개선 요구 등의 처리를 통한 행정에 관한 법적용에 있어서의 기준 정립작용, ④ 법치행정과 행정질서 유지를 실현하기 위한 행정개선의 보조기능 등이다(백상기 · 김정욱, 1990: 75-76).

한편 합법성감사는 회계검사면에서는 공금의 횡령이나 망실을 방지할 수 있으며, 직무감찰면에서는 위법 · 부당 처리를 방지할 수 있으나 국가적 사업의 추진을 효율적으로 수행할 수 있도록 보장하지는 않는다. 또한 합법성을 지나치게 강조하면 피감기관이나 소속 구성원들이 예산에 정해진 항목이나 관계법규에 따라 경직적이고 법형식적으로 직무를 수행하여 결백성과 정직성만을 보여주는 데 치중하게 됨으로써 창의적 사고나 혁신적 행동을 기피하고 책임회피나 무사안일주의에 빠질 소지가 높다. 이에 따라 현대적 감사는 정부자금이나 자원의 효율적 사용을 추구하는 효율성감사로 옮겨가게 된다. 그러나 합법성감사의 중요성을 완전히 배제하는 우를 범해서는 안 될 것이다.

성과감사는 경제성감사와 능률성감사,[63] 효과성감사[64] 등을 포괄하는 개념이다. 성과감사는 때로 효율성감사로 불리기도 하는데 여기서 효율성감사란 행정기관 등이 추진하는 사업 및 행정(경영)목표가 효율적으로 달성되었는지를 검증하고 비효율성이 발견되면 그 원인을 규명하여 시정조치를 제시함으로써 효율성을 제고하려는 감사기능을 뜻한다. 이런 의미에서 효율성은 능률성과

63) 경제성감사와 능률성감사는 피감기관이 그 재원(직원 · 재산 · 공간 등)을 경제적, 능률적으로 관리 · 이용하고 있는지 여부를 검토하는 감사로서, 미국에서는 제2차세계대전이 끝난 1945년경부터 1970년대 중반까지 미국감사원의 감사활동의 주류를 이루었다고 한다. 우리나라에서는 1970년대 이래 이를 실시해오고 있기는 하나 합법성감사에 비해 큰 비중을 갖지 못했다고 할 수 있다(백상기 · 김정욱, 1990: 76).

64) 효과성감사는 피감기관이 수행하는 제사업이나 활동의 성과 또는 편익이 그 사업이나 활동이 미리 설정된 목표를 달성하고 있는지 여부를 검토하는 행위로서, 효과성감사에서 다루는 문제는 1970년대 중반부터 각광을 받고 있는 정책 · 사업평가에서 다루는 문제와 대체로 일치한다(백상기 · 김정욱, 1990: 77).

효과성의 복합개념으로 이해된다. 이러한 성과감사는 합법성감사에 비해 ① 감사대상기관이 자율적으로 경제성, 능률성, 효과성의 제고를 위해 얼마나 노력하고 있는가를 객관적으로 평가할 수 있고, ② 감사대상기관의 사업, 제도, 내부통제 등에 관한 중요한 취약점을 파악할 수 있으며, ③ 장래에 업무를 보다 경제적, 효율적으로 수행할 수 있도록 하기 위한 방안을 제시할 수 있게 하여 주며, ④ 내부통제제도의 개선 및 공공책임성 증진을 위하여 필요한 보다 좋은 정보를 얻을 수 있을 뿐만 아니라 감사의 지원적 역할의 강화를 통하여 감사 부작용을 줄이는 등의 이점이 있다(감사원, 1982: 26).

한편 성과감사에 있어서는 주로 정책이나 행정업무의 투입-처리-산출 과정에 초점을 두어 소위 3Es 즉 경제성(economy), 능률성(efficiency), 효과성(effectiveness)을 추구하고 있으나, 행정의 최종적인 효과를 판단하기 위해서는 정책결과나 분배측면까지를 고려하는 공정성・형평성(equity)감사와 실질적 효율성을 추구하는 민주성감사로의 확장이 요구된다 하겠다.

한편 정세욱(1985)은 감사내용에 따른 감사유형별 특징을 아래 <표 3-1>과 같이 비교하고 있다.

표 3-1 감사내용에 따른 감사유형별 특징 비교

특 징	합법성감사	능률성감사	효과성(효율성)감사
1. 국가관	보안국가・입법국가	복지국가・행정국가	복지국가・행정국가
2. 행정기능	소극적 법집행	확대	적극적 목적의 실현
3. 법치주의	형식적	실질적	실질적
4. 예산제도	품목별・조직별 예산	성과주의예산	계획예산・영기준예산
5. 감사의 기준	법령의 규정・예산항목	투입・산출비율	효과성+능률성
6. 감사의 중점	법률・예산위반 여부의 발견	낭비・비능률・부당한 지출의 발견	목표・사업계획의 달성도 및 비용분석
7. 회계수치	형식적 정확성	신뢰성	합목적성
8. 감사의 중심주의	형식논리성	원가주의	근원주의
9. 감사인의 기능	회계학	행정학	경제학
10. 예산집행책임	위법・의회의 의도의 무시	부당・낭비	비효율

자료: 정세욱(1985).

Ⅵ. 감사대상사무에 따른 분류

감사대상사무에 따라 감사유형을 분류하면 회계검사와 직무감찰로 나눌 수 있다.

우리나라 감사원의 경우 이 두 유형의 감사를 모두 담당하고 있다.[65] 그러나 외국의 많은 감사원들은 주로 회계검사를 담당하고 있으며 직무감찰은 자체감사에 맡겨져 있거나 별도의 기구에 의해 수행되어진다. 이 분류는 한편으로 감사권한과 관련되는 분류이기도 하다.

회계검사는 전통적 의미에서 보면 어떤 조직체의 회계기록 즉 회계장부와 증거서류 등을 회계담당자 이외의 제3자가 정식으로 또는 공권을 가지고 검토·검증하는 행위를 말한다. 이는 정부뿐만 아니라 일반 공·사기업에도 중요한 활동이다. 정부부문의 회계검사는 정부재정활동의 합법성이나 회계기록의 정확성(accuracy)의 검증에 중점을 두고 이루어진다. 그러나 현대적 의미의 회계검사는 지출의 합법성뿐만 아니라 관리의 효율성, 프로그램의 효과성까지도 확보하는 행위로서 피감기관이 수행하는 제반활동(재무적, 비재무적 활동)의 합법성 이외에 경제성, 능률성 및 효과성도 검사하는 행위로 정의되고 있어 그 적극적·지원적 기능과 함께 개념의 확장을 가져오고 있다(백상기·김정욱, 1990: 41-42).[66]

직무감찰은 행정기관의 사무와 그 소속공무원의 직무를 감찰하는 것이다. 즉 감사대상기관과 그 소속 구성원들이 담당한 여러 활동을 수행함에 있어 법에 어긋남이 있는지의 여부를 조사하기 위하여 감사기관이 그들의 활동을 감시하여 살피는 행위이다. 「감사원법」 제24조(감찰[67]사항)에는 정부조직법 및 그 밖의 법률에 따라 설립된 행정기관·단체의 사무[68]와 그 소속 공무원·직원의 직무[69]로 규정하여 감사의 범위를 정하였다. 전통적 의미의 감사에서는 회계검

65) 「헌법」 제97조 및 「감사원법」 제20조에 규정되어 있다.

66) 이는 직무감찰의 개념에서 대인감찰 부분을 제외한 순수한 직무감찰개념과의 만남을 가져오게 되어 그 구분이 어려워지게 된다.

67) 사전적인 의미로는 못된 짓을 못하도록 남의 행동을 감시하여 살핌을 의미한다.

68) 맡고 있는 직에 관련된 모든 것을 다루고 처리하는 여러 활동을 의미한다.

69) 직제 또는 법령에 정해진 직업상의 사무, 책임을 지고 담당하여 맡아보는 사무를 의미한다.

사는 재무활동에 대한 합법성감사를, 직무감찰은 비재무적 활동에 대한 합법성감사를 의미하여 비교적 그 구분이 명확하였으나, 현대적 의미의 감사에서는 이들 개념이 서로 확장되어 수렴되는 모습을 보이고 있어 개념 구분이 점점 어려워지고 있음은 앞에서 언급한 바 있다.

Ⅶ. 감사의 공개성 여부에 따른 분류

감사의 공개성 여부에 따라 감사유형을 분류하면 공개감사와 비공개감사로 구분할 수 있다.

공개감사는 감사계획이나 감사실시, 감사결과 등의 세 가지 측면 중 하나 이상 또는 그 모두를 국민에게 공개의 대상으로 하는 감사이다. 비공개감사는 여기에 해당되지 않는 감사이다.

우리나라 감사원의 경우에는 감사계획의 공개는 감사내용과 일정 등을 지역 주민에게 미리 알려 민원이나 개선 요망사항 등을 실지감사의 감사중점, 감사 착수 사항 등에 적극 반영하기 위하여 1996년에 공개감사제도가 도입되었다. 그리고 감사 진행상황이나 감사결과의 공개에 대하여는 2003년부터 도입되어, 현재는 감사 진행 중인 사항은 원칙적으로 공개하지 않으나 감사 착수 사실 및 감사일정에 관한 사항 등은 공개할 수 있도록 되어 있고, 감사결과는 특별히 비밀로 분류되는 사항 등 공개가 어려운 사항을 제외하고는 감사결과가 감사대상기관에 발송된 날로부터 원칙적으로 30일 이내(필요한 경우 30일 이내에서 연장 가능)에 감사원 홈페이지에 전문을 공개하도록 되어 있다.[70]

---

70) 「감사결과 공개에 관한 규정」(감사원 훈령) 제5조~제8조.

제4절 우리나라 감사원 감사유형의 변천과 재구성[71)]

Ⅰ. 우리나라 감사원 감사유형의 변천

1. 우리나라 감사원 감사유형의 변화과정

우리나라 감사원의 감사유형은 1963년 종래의 심계원과 감찰위원회가 통합되어 감사원으로 발족된 이래 현재까지 여러 가지의 변화를 겪어 왔다. 이는 「헌법」과 「감사원법」에 명시된 회계검사와 직무감찰이라는 감사원에 주어진 임무를 보다 합리적으로 수행하기 위한 변화라고 할 것이다. 이는 정권의 변화와 사회 및 행정환경의 변화에 따라 감사환경이 변화함으로써 이러한 변화에 감사원이 대응하고자 하는 데서 자연스럽게 발생하는 현상이라고 하겠다.[72)]

그러나 감사유형의 변화가 외부의 환경변화에 적극적으로 대응할 수 있었던 긍정적인 측면도 있으나 이러한 변화가 매우 빈번히 발생함으로써 실질적인 변화가 아닌 형식적인 변화와 이러한 형식적 변화로 인한 감사원 내부의 운영상의 혼란 등 부정적인 측면도 존재하였다.

감사유형 분류의 주요 변화 내용을 살펴보면, 감사원 발족 첫 해인 1963년 정기감사, 수시감사, 특별감사로 분류한 이후 1976년까지 유사하게 운영해 왔으나 1976년 8월부터 감사대상에 따라 회계관련 사무감사와 비회계 사무감사(직무감찰)로 구분하여 실시하게 되었다. 그러나 1980년 9월 적발・처벌 위주의 사후감사에서 예방지도적 감사로, 법규적합성에서 효율성감사로의 감사방향

71) 여기서는 앞에서 분류한 방법 중에서 감사주체, 감사방법, 감사시기, 감사범위, 감사대상사무, 감사의 공개성 여부 등에 따른 분류는 제외하고 감사내용(합법성, 성과감사) 및 감사대상기관 등을 고려한 감사유형 분류에 한정하여 논의한다.

72) 이러한 변화는 감사원장이 바뀔 때마다 새로운 감사방향의 설정과 무관하지 않다(예: 전 윤철감사원장은 제도개선에 중점을 둔 감사를 '시스템감사'라는 이름으로 불렀으나 후임 김황식원장 이후로는 이 이름을 사용하지 않았다). 최근의 경우 여기에 감사원장의 감사방향 변화(강조점)를 반영한 재임기간 4년 동안의 감사환경분석을 시도하고 이에 따른 중기감사계획을 수립하는 것이 상례화 되어가고 있다.

전환을 위해 기존의 회계 및 비회계 사무 구분 실시에서 다시 통합하여 정기감사, 계통감사, 특정감사로 분류하여 실시하였다. 1985년 약간의 변화가 있었으나 1994년 성과감사를 감사유형에 포함하면서 큰 변화를 가져오게 되었다. 물론 이전에도 계통감사 등 성과감사와 맥락을 같이하는 감사를 실시하여 왔으나 기존의 회계검사 위주의 감사를 줄이고 문제점 있는 기관에 대규모 인력을 투입하여 집중적으로 감사를 실시하거나 정책사업 등의 성과에 대한 감사에 역점을 두는 것으로 변화된 것이다. 그리고 2004년 종합적이고 근원적인 개선책을 제시하는 시스템감사를 지향함에 따라 감사유형을 감사 선진화 차원에서 세계적 표준을 준용하되, 감사운영의 실질적인 변화를 유도한다는 기본원칙하에 재무감사, 성과감사, 특정과제감사로 분류하게 되었다. 2005년 기관운영감사가 추가되어 4개 유형으로 바뀌었고 2007년 '특정과제감사'가 '특정감사'로 이름이 바뀌었으나 기본 4개 유형 체제는 현재까지 유지되고 있다.

감사원의 감사유형 변화과정을 정리하면 아래 <표 3-2>와 같다.

표 3-2 감사원의 감사유형분류 변화

시 기	감사유형	특 징
1963	- 정기감사 - 수시감사 - 특별감사	- 감사원 발족 첫 해
1964~1971.7	- 정기감사: ① 중요기관 정기감사 ② 주요사항 중점감사 ③ 주요사항 계통감사 - 수시감사: ① 특정사항 종합감사 ② 수시기관감사 - 재외기관감사	
1971.8~1976.7	- 일반감사 - 특별감사: ① 종합감사, ② 계통감사, ③ 부분감사	
1976.8~1980.8	<회계관련 사무감사> - 국가기관: 일반감사, 세무감사, 도급경비점검 - 지방자치단체 및 정부투자기관: 종합감사, 특정업무감사 - 기타기관: 부분감사	- 감사대상에 따라 회계관련 사무감사와 비회계 사무감사로 구분 실시

	<비회계 사무감사(직무감찰)> - 기관 또는 업무감사 (계통감사, 분야별 감사) - 특정사항조사	
1980.9~ 1984	- 정기감사(종합감사) - 계통감사 - 특정감사	- 적발·처벌 위주의 사후감사에서 예방지도적 감사로, 법규적합성에서 효율성감사로 감사방향 전환 - 역점감사, 총괄감사, 전문감사, 교체감사, 공개감사의 감사방법과 설문감사기법, 비교감사기법, 사전예고제 등 새로운 감사기법 시도
1985~ 1992	- 정기감사 - 특별감사	- 감사대상 업무에 따라 기동점검을 실시하거나 총괄감사, 교체감사, 비교감사기법, 사전예고제 등에서 적합한 것 활용
1993	- 일반감사 - 기관종합감사 - 계통감사 - 특정감사	- 회계검사 위주의 감사를 줄이고 문제점 있는 기관에 대규모 인력을 투입하여 집중감사를 실시하거나 성과감사에 역점을 둠 - 공개감사제, 감사청구제 등 도입·운영, 감시실시예고제, 감사전담팀제 운영
1994~ 2003	- 일반감사 - 성과감사 - 특정감사	
2004	- 재무감사 - 성과감사 - 특정과제감사	- 종합적이고 근원적인 개선책을 제시하는 「시스템감사」를 지향함에 따라 감사종류 분류체계를 감사 선진화 차원에서 세계적 표준을 준용하되, 감사운영의 실질적인 변화를 유도한다는 기본원칙하에 분류하여 실시
2005~ 2006	- 재무감사 - 기관운영감사 - 성과감사 - 특정과제감사	- 기관운영감사 추가
2007~ 현재	- 재무감사 - 기관운영감사 - 성과감사 - 특정감사	- 특정과제감사 중 정책·사업·제도 등에 대한 감사는 성과감사로 분류하여 실시하고 감사청구 및 현안과제 등에 대한 감사를 특정감사로 실시

자료: 김성준(2010), 감사원(2008a) 재구성.

2. 현행 감사유형 분류와 유형 간의 관계

현재 감사원은 「감사사무처리규정」(2011. 3. 8. 개정, 감사원훈령 제380호) 제2조에 감사의 종류를 재무감사, 기관운영감사, 성과감사, 특정감사의 4개 유형으로 분류하고 있다. '재무감사'는 감사대상기관의 재무적 자원 활용의 적정성을 분석·평가하기 위한 감사를 말한다. '기관운영감사'는 특정기관의 주기능·주임무 및 조직·인사·예산운영 등을 시스템적 관점에서 종합적·체계적으로 분석·평가하고 예산집행·업무수행의 적법·타당성을 점검하기 위해 실시하는 감사를 말한다. '성과감사'는 주요 정책·사업·제도·업무시스템 등에 대한 문제점을 체계적으로 진단·분석·점검하여 종합적이고 근원적인 개선대책을 제시하기 위해 실시하는 감사를 말한다. '특정감사'는 국민·국회 감사청구사항 등 사회·경제적 현안과제와 같은 다양한 감사수요에 대응하여 원인 및 책임소재 규명, 개선대책 마련 등을 위해 실시하는 감사를 말한다.

이러한 4개의 유형분류가 정착된 것은 앞서 언급한 것처럼 2005년부터이다. 그러나 그 출발은 2004년 감사 선진화 차원에서 실시한 감사유형의 세계적 표준 준용에 있고 이론적 측면에서 보면 [그림 3-1]과 같이 성과감사 영역 중

그림 3-1 감사유형 분류체계의 변화

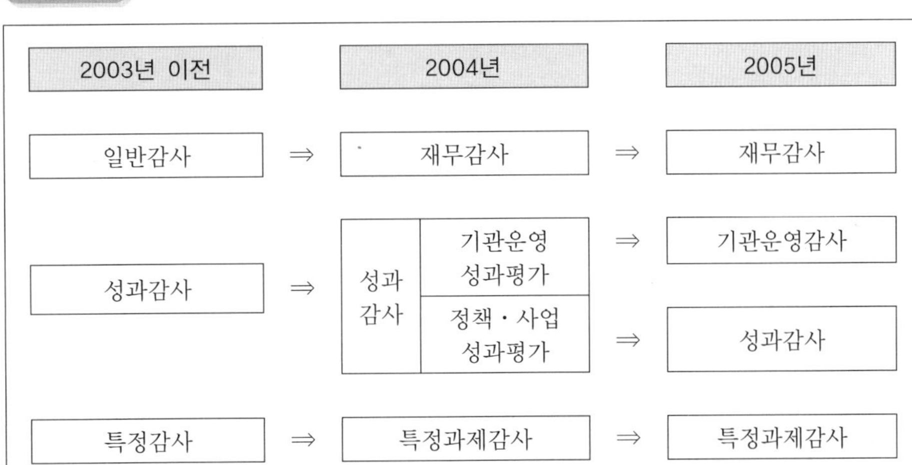

자료: 감사원(2005: 5).

기관운영의 성과평가 부분을 분리하여 실시한 것으로 볼 수 있다. 그러나 감사원의 운영 측면 즉, 실무적 차원에서 보면 오히려 재무감사와의 관련성에서 도입된 것으로 판단된다.

2003년 이전까지 실시하던 일반감사가 감사 패러다임의 전환을 위해 불가피하게 재무감사로 변경되었으나 기존의 일반감사를 통해 실시하던 감사영역에 감사사각이 발생하게 되었기 때문이다. 재무감사는 일반감사를 대신하는 일차적 감사임에도 '재무적 현상'에 초점을 맞춘 제한된 범위의 감사일뿐만 아니라 기관(특히, 지방자치단체)에 따라서 재무감사의 감사범위가 기관의 주된 활동을 포섭하지 못하는 경우도 상당수 발생하게 되었기 때문이다.[73] 결국 기관운영감사는 기존의 일반감사의 긍정적 기능을 유지하면서도 감사운영의 혁신을 위해 도입된 것으로 이해할 수 있다(감사원, 2005: 6-7).

재무감사와 기관운영감사, 성과감사, 특정(과제)감사의 관계를 살펴보면 [그림 3-2]와 같다(감사원, 2005: 10-11). 재무감사와 기관운영감사의 공통 영역은 중간에 겹치는 부분으로 표시되어 있다. 성과감사나 특정과제감사는 재무감사든 기관운영감사든 어느 영역이라도 감사대상으로 할 수 있다는 의미로 두 영역에 걸쳐서 표시할 수 있다.

그림 3-2 감사원 감사유형 간 관계

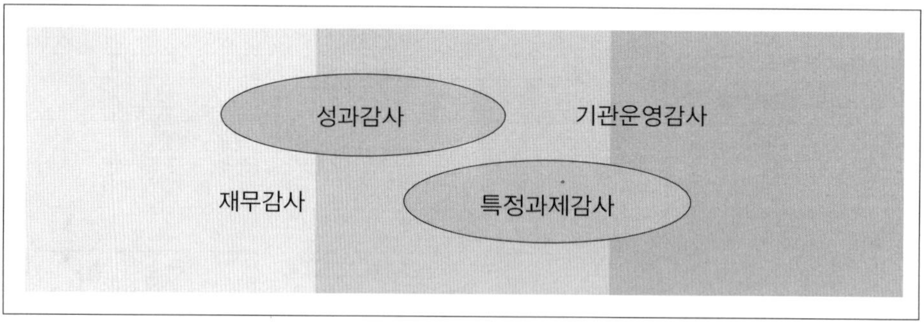

자료: 감사원(2005: 10-11).

73) 종합행정을 담당하고 있는 지방자치단체에서는 재무적 활동보다는 오히려 비재무적 활동(인·허가 등의 업무)이 더 비중이 클 때가 있어 재무적 활동, 그것도 단순한 예산편성 집행에 초점을 둔 재무감사로는 감사대상업무를 극히 제한하고 있어 감사를 하는 감사원이나 고객 및 수감기관의 입장에서는 제한된 부분에 대한 감사를 실시하여 한정된 정보만 제공하고 있어 현실적으로 적합하지 않았다.

기관운영감사에서는 기관 운영과 관련된 모든 사항이 감사대상이 될 수 있으므로 재무감사의 대상 업무 중 기관 자체의 운영과 관련된 예산업무는 기관운영감사의 대상이 될 수 있다. 즉 인건비와 각종 인건비성 경비의 편성·집행 등 재정사업이 아닌 예산의 편성·집행·회계처리업무도 기관운영감사의 대상이 된다. 이러한 까닭에 재무감사와 기관운영감사는 상호 중복되는 영역을 갖게 된다. 성과감사의 대상은 특정 사업이나 정책에 한정되며 정부활동의 성과 제고를 궁극적인 감사목적으로 한다. 기관운영감사도 궁극적으로 기관의 성과 향상, 즉 효율성과 효과성 등의 개선을 목적으로 한다는 점, 다양한 분석기법을 통해 대상 업무를 심층적으로 진단하고 대안을 모색한다는 점에서 유사하다. 그러나 성과감사에 비해 감사대상 업무의 범위가 광범위하다는 점, 합법성 준수 여부, 기관 운영의 투명성 및 책임성 등 다양한 가치들을 모두 중시한다는 점에서 성과감사와 구별된다.

특정과제감사는 주로 사회적 관심사에 대해 직무감찰식 접근법을 통해 문제점을 발견하는 데에 활용되어 왔으나 최근에는 감사대상이 되는 과제의 핵심 문제점을 감사중점으로 정하고 국가적으로 중요한 과제에 대한 심층적 감사를 실시하게 되면서 성과감사와의 구별이 모호해진 실정이다. 오히려 대상 업무의 성격이나 대상기관의 수에 크게 제한을 받지 않는다는 점에서 성과감사에 비해 유동적인 감사영역을 가지고 있다고도 할 수 있다. 이로 인해 감사원에서도 2007년 정책·사업·제도 등에 대해서는 성과감사에 포함시키고 감사청구, 현안사안 등에 대해서만 특정감사로 재분류하여 지금까지 실시해 오고 있다.

Ⅱ. 우리나라 감사원 감사유형의 재구성

현행 감사원의 감사유형은 감사환경의 변화와 감사원장이 바뀜에 따라 많은 변화가 있어 왔다. 가장 최근에 변경된 것은 다음의 [그림 3-3]에서 보는 바와 같이 재무감사, 기관운영감사, 성과감사, 특정감사의 4개 유형이다.

감사유형을 분류하는 실익은 감사 접근방법의 차이와 감사기간 및 인원 등의 감사 실시기준·감사결과 처리기준·품질관리 및 평가방법의 차등관리 등

그림 3-3 특정과제감사에서 특정감사로의 전환

2006년 이전			2007년 이후
재무감사		⇒	재무감사
기관운영감사		⇒	기관운영감사
성과감사		⇒	성과감사
특정과제감사	정책・사업・제도 등	⇒	성과감사
특정과제감사	감사청구, 현안사안 등	⇒	특정감사

자료: 감사원(2006: 11).

감사운영관리상의 편의, 국제 간 비교 연구 용이함 등이 있겠다. 예를 들면 감사원의 경우 다음 <표 3-3>과 같이 감사실시 및 처리기준 등을 감사유형별로 달리 적용하고 있다.

우리나라에 있어 감사원의 감사유형을 결정하는 데 있어 놓치지 말아야 할 사항은 국제적인 경향 이외에 우리나라 감사원의 임무(기능)의 특성이라고 하겠다. 후자의 경우를 보면 우리나라 감사원은 외국의 감사원과 비교해 봤을 때 3가지 형태의 감사원이 하나로 합쳐져 운영되는 특수성을 가지고 있다. 즉 대부분의 외국 감사원이 주로 그 역할을 하고 있는 중앙회계검사원과 그 이외에 직무감찰원, 지방감사원[74]이 그것이다. 이 중 직무감찰원의 기능은 사실 대만의 감찰원을 제외하고 그 사례를 찾아보기 어렵다. 이는 우리나라 감사원이 대통령 아래에 있는 행정부 소속형인데다 해방 이후 새로운 나라를 세우는 데 있어 공무원의 기강확립이 국가적 우선 과제였던 역사적 특수성에서 연유한다고 하겠다. 지방감사원도 스페인 등 몇 개의 나라가 그 사례가 있으나 대부분의 외국 감사원은 지방감사원을 따로 두고 있다. 따라서 우리나라의 경우 감사유형을 설정하거나 외국 사례와 비교할 때 반드시 이러한 부분을 고려하여야

74) 지방자치단체를 대상으로 하는 국가차원의 감사기관을 여기서는 지방감사원으로 통칭했다.

표 3-3 감사유형별 감사실시 및 처리기준(감사원)

<table>
<tr><th colspan="2" rowspan="2">구 분</th><th rowspan="2">총감사기간
(예비조사
착수~시행)</th><th colspan="2">예비조사</th><th colspan="3">본감사</th><th rowspan="2">감사
실시
단계</th><th rowspan="2">감사
처리
단계</th></tr>
<tr><th>인원</th><th>기간</th><th>계획서
결재</th><th>인원</th><th>기간</th></tr>
<tr><td colspan="2">재무감사</td><td>86일</td><td>3명 이내</td><td>3일</td><td>사무
총장</td><td>7~13명</td><td>10일</td><td>29일</td><td>57일</td></tr>
<tr><td colspan="2">기관운영감사</td><td>96일</td><td>3명 이내</td><td>3일</td><td>사무
총장</td><td>7~13명</td><td>12일</td><td>31일</td><td>65일</td></tr>
<tr><td rowspan="2">특정
감사</td><td>과단위</td><td>117일</td><td>5명 이내</td><td rowspan="2">7일</td><td rowspan="2">원장</td><td>과단위</td><td>15일</td><td>45일</td><td>72일</td></tr>
<tr><td>국(원)단위</td><td>137일</td><td>7명 이내</td><td>국(원)
단위</td><td>15일</td><td>47일</td><td>90일</td></tr>
<tr><td rowspan="2">성과
감사</td><td>일반</td><td>170일</td><td>4명 이내</td><td>20일</td><td>원장</td><td>12명
이내</td><td>20일</td><td>75일</td><td>95일</td></tr>
<tr><td>6명 이내
소규모인력</td><td>170일</td><td>3명 이내</td><td>25일</td><td>원장</td><td>6명
이내</td><td>25일</td><td>83일</td><td>87일</td></tr>
</table>

자료: 감사원(2011b).

정확한 설정과 비교가 가능하게 된다.[75]

회계검사를 주임무로 하는 대부분의 외국 감사원의 경우 감사유형을 재무감사(financial audit)와 성과감사(performance audit)로 간단히 구분하고 있고, 그렇게 해도 별 문제가 없다. 이보다 다소 범위가 넓게 회원국의 입장을 고려하여 설정하고 있는 INTOSAI의 경우 감사를 합법성감사(regularity audit)와 성과감사(performance audit)로 구분하고, 전자는 다시 재무감사(financial audit)와 순응성감사(compliance audit)로 구분하고 있다. 이러한 INTOSAI의 감사유형과 비교하였을 때에도 우리나라 감사원의 경우 직무감찰 부분에 대한 고려가 더 필요할 것 같다. 현행 우리나라 감사원 감사유형에 있어서 성과감사는 그대로 두고, 기관운영감사는 INTOSAI에서 분류한 합규성감사(regularity audit: 재무감사와 합법성감사)로 동일·유사한 분류로 보는 것이 타당할 것 같다. 이는 우리나라 감사원의 특수성이 고려된 유형으로 보면 될 것이다. 회계검사와 직무감찰을 모두 그 임무로 하고 있는 우리나라 감사원의 경우 굳이 재무감사와 비

75) 감사유형을 설정할 때 재무적 활동(회계검사)뿐만 아니라 비재무적 활동(직무감찰 및 대인감찰)을 반드시 고려해야 하고, 지방자치단체가 감사대상이 되는 경우 종합행정(재무적·비재무적 활동 포괄)을 다루고 있는 감사대상기관 업무의 특수성을 고려해야 할 것이다.

그림 3-4 새로운 감사원 감사유형의 모색

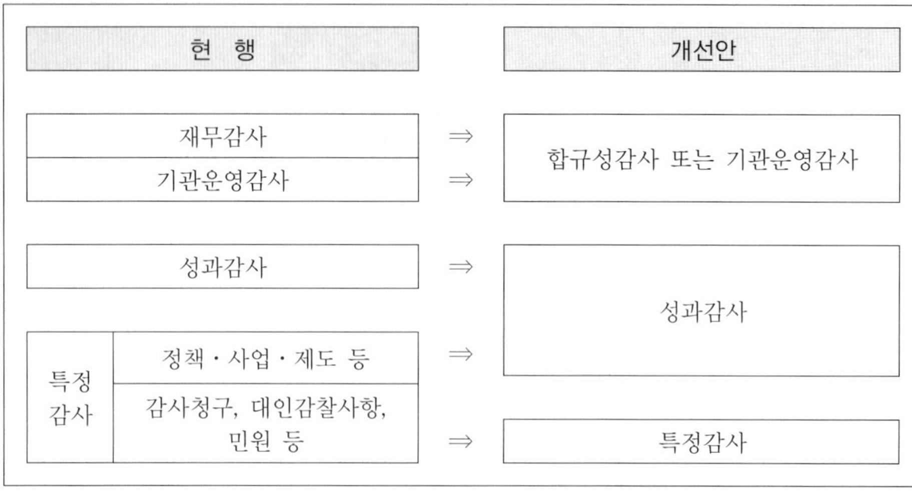

재무감사를 구분할 실익이 없다고 하겠다. 따라서 감사대상에 따라 어떤 기관(단체)의 업무전반을 감사대상으로 하는 감사는 '기관운영감사'로(INTOSAI 기준의 재무감사와 합법성감사를 합친 합규성감사와 동일 개념), 특정 정책(program or project) · 사업 · 제도 등을 대상으로 하는 감사는 '성과감사'(performance audit)로 구분한다면 비교적 명쾌할 것이다.[76)]

또 하나의 문제는 '특정감사'인데 이는 특정감사에 있어 정책 · 사업 · 제도

76) 우리나라 감사원의 경우 회계검사와 직무감찰 모두 감사대상이 되는 기관이 대부분이고, 외국의 경우와 비교하여 봤을 때 회계검사가 확장되어 재무감사로도 대인감찰부분을 제외하고 어느 정도의 대상업무를 처리하고 있는데, 우리나라 감사원의 경우 직무감찰권까지 주어져 있으므로 대상기관에서 수감업무를 감찰이냐 회계냐를 구분할 실익이 거의 없는 점 등을 비춰볼 때 감사유형을 이같이 단순화해도 별 문제가 없을 것이다. 더욱이 아래 표와 같이 실제로도 감사원에서 재무감사보다는 기관운영감사를 더 선호함을 알 수 있다(2005~2010 감사연보).

종류 / 년도	합 계	재무감사	기관운영감사	성과감사	특정감사
2005	72	19	10	4	39
2006	69	11	15	0	43
2007	139	26	34	23	56
2008	171	8	110	1	52
2009	141	8	62	2	69
2010	156	14	31	5	106
총계(비율)	748	86(11.5)	262(35.0)	35(4.7)	365(48.8)

등을 체계적으로 분석·검증·평가하는 등의 감사가 이루어지는 부분에 대하여는 성과감사로 분류하고, 공무원이나 기관의 구성원에 대한 감찰(이른바 대인감찰. 자체감사에서는 복무감사와 유사)부분[77]과 감사청구 및 민원사항에 대한 조사 등은 특정감사로 분류하는 것이 바람직할 것이다.[78]

이와 같이 함으로써 현재의 감사유형을 [그림 3-4]와 같이 재무감사, 기관운영감사, 성과감사, 특정감사의 4개 유형에서 기관운영감사 또는 합법성감사, 성과감사, 특정감사의 3개 유형으로 구분하였으면 한다.

77) 감사원에서 실시하는 소위 여름철 공직자 복무기강 점검 및 연말연시 근무실태 점검 등이 그 예일 것이다. 그 이외에 해수욕장 안전관리실태 등 현장 점검 위주의 감사활동도 이 분류에 넣을 수 있을 것이다.

78) 2007년부터 특정과제감사사항 중 정책·사업·제도 등을 성과감사로 분류하고 감사청구이나 특정사안 등 특수한 경우에 특정감사로 분류하도록 분류기준이 바뀌었는데도 불구하고 지금까지도 상당부분 성과감사로 분류되어야할 사항이 특정감사사항으로 분류되고 있어(이는 감사원의 성과감사매뉴얼이 엄격한 기준과 절차에 따라 이루어지도록 되어 있는 등 분류기준의 엄격성에 기인하는 바도 크다고 하겠다), 앞 페이지 [각주 76]의 표와 같이 2007년도에 성과감사사항이 23개이던 것이 2008년 1개, 2009년 2개, 2010년 5개 사항으로 극소수에 그치고 있다(2005~2010년도 감사연보).

제 4 장

공공감사기관의 유형 및 변천사

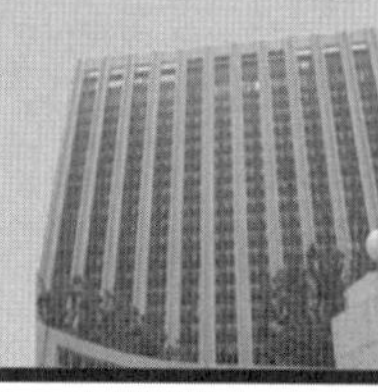

제1절 우리나라 공공감사제도의 변천사 개관

Ⅰ. 삼국시대 및 발해의 감사제도

1. 삼국시대의 감사제도

우리나라의 문헌상 감사제도가 처음 나타난 것은 신라시대로 당시 중앙관부의 하나로 설치된 사정부(司正部)로서 문무백관의 비리 불법을 규찰하는 임무를 수행하였다고 한다.[1] 사정부는 왕의 직접적인 통제 아래 내사정(內司正)과 외사정(外司正)을 두었다. 전자의 경우에는 경덕왕 5년(서기 746년)에 설치되어 그 장을 의결(議決)이라 하고 그 아래에 정찰(貞察) 2명과 사(史) 4명이 있어 중앙정부 관리들의 행위를 규찰하는 기능을 담당하였고, 후자의 경우에는 문무왕 3년(서기 673년)에 설치되어 각 주에 2명, 각 부에 1명씩 관원을 두어 지방자치단체 관리들의 행위를 규찰하는 기능을 담당하였다.

고구려와 백제의 경우에는 정확한 기록이 없어 감사제도의 존재 여부나 운영 실태에 대해서 잘 알 수 없고, 단편적인 기록으로 유추할 수 있을 정도이다.

1) 사정부의 처음 설치연대는 삼국사기 신라본기와 삼국사기 직관지에 다르게 기록되어 확언하기 어려우나 진흥왕대 이전인 법흥왕 때로 본다(한국지방행정연구원, 1988: 5).

고구려에는 내평, 외평이 있어 내·외사를 분장한 것으로 헌직(憲職)으로 전해진다.[2)]

백제의 경우에는 동성왕 22년(서기 500년)에 간관제도의 존재를 유추해 볼 수 있는 기록이 삼국사기 백제본기에 엿보이는 정도이다.[3)]

2. 발해의 감사제도

발해의 대간제도(臺諫制度)는 대관과 간관이 각각 관부를 가지고 있었는데, 감사(감찰)기관으로는 당의 어사대(御史臺)에 해당하는 중정대(中正臺)가 있어 대중정(大中正), 소정(小正) 각 1명씩의 대관이 있었다. 중정대의 장관인 대중정은 당의 어사대부(御使大夫)와 비견되고 발해의 수상인 사정(司政)의 다음에 해당되는 고위관직이었다. 또한 발해에는 당의 문하성에 해당하는 선조성(宣詔省)에 좌상(左相), 좌평상사(左平章事), 시중(侍中), 좌상시(左常侍), 간의(諫議) 등의 관리가 있었고, 중서성(中書省)에 해당하는 중대성(中臺省)에는 우상(右相), 우평(右平), 장사(章事), 내사(內史), 조고(詔誥), 사인(舍人) 등의 관리가 있었다. 그 중 하위 관리들이 간관의 직임을 수행하였을 것으로 보인다.

Ⅱ. 고려시대의 감사제도

고려의 관료제도는 초기인 광종(光宗) 때에 기초가 이루어졌다고 한다. 주로 신라와 태봉(泰封)의 제도를 이어 받고, 당의 관제를 참작하였다. 그 후 6조 체계가 확립되고 문무의 양반이 구별되며 내·외의 관직 등이 정비되어 관료제의 중앙집권체제가 확립된 것은 6대 성종 시절이었다. 고려시대 중앙정부의 감사제도도 대게 이 시기에 정비된 것으로 보인다. 대간(臺諫)은 대관(臺官)과 간관(諫官)을 총칭한 것으로서 대관은 어사대(御史臺, 후에 司憲府)의 관리이고

2) 안정복의 동사강목(東史綱目)에서 나타난다.
3) 사료상 항의하는 상소를 올린 간신이고 내용으로 보아 간관에 의한 간쟁사항이라는 점이 간관제가 설치되어 있었다는 가능성을 보여주고 있고(감사원, 1983: 32-33). 또한 고구려와 백제가 대간제도를 운영하고 있던 중국과는 신라보다 앞서서 교류하고 있었고, 중국 사신 중에 대간의 직명을 띤 사람들이 왕래하고 있어 두 나라 모두 대간제도의 필요성을 알고 있어 그 제도가 있었을 것으로 추정된다(감사원, 1983: 7).

간관은 문하성(門下省)의 낭사(郎舍)[4]를 말한다.

고려 초기에는 대관이 집무하던 기관을 사헌대(司憲臺)로 불리어지다가 모든 관제의 정비가 완성된 성종 14년(995년)에 어사대(御史臺)로 개칭되었다. 고려사에 의하면 이때 어사대의 정원은 대부(大夫), 중승(中丞), 시어사(侍御史), 전중시어사(殿中侍御史), 감찰어사(監察御使)로 구성되었고, 그 후 판사(判事), 지사(知事) 등이 추가되어 성종 때에는 총 19명이 되었다.

고려시대의 간관은 독립관청이 아니고 문하성 소속의 낭사이었다. 당시 최고 정치기구는 삼성으로서 설칙을 작성하는 중서성(中書省), 이를 심의하는 문하성(門下省), 이를 집행하는 상서성(尙書省)으로 구분되어 있었는데 그 중 중서성과 문하성은 그 기능이 합치되어 중서문화성으로 불리어지기도 했다. 이 중서문하성은 2품 이상의 재상인 성재(省宰)와 3품 이하의 성랑(省郎)으로 나누어지는데 성랑이 바로 간쟁(諫諍), 봉박(封駁)을 주임무로 하는 간원이었다. 여기에는 좌우산기상시(左右散騎常侍), 간의대부(諫議大夫), 보궐(補闕), 습유(拾遺) 등의 간관직(諫官職)과 기거주(起居注), 기당랑(起唐郎), 기거사인(起居舍人) 등의 사관직(史官職), 급사중(給事中), 중서사인(中書舍人) 등의 판관직(判官職)이 있었으나 실제에 있어서는 이들 모두가 간관(諫官)이었다고 한다(한국지방행정연구원, 1988: 9).

이러한 고려의 감사제도는 몽고의 침략을 받아 원(元)의 지배를 받은 후 몽고의 간섭과 정치적인 변혁에 따라 관제도 상당한 변화를 겪게 되었고, 더불어 감사기관인 사헌부도 그때마다 변화를 맞이하게 되었다. 그러나 고려조의 감사기관인 사헌부는 건국초의 사헌대로부터 고려말의 사헌부에 이르기까지 수차에 걸쳐 그 명칭[5]과 조직이 변경되었음에도 그 직무는 크게 바뀌지 않았다. 사헌부의 대간은 시정(時政)을 논의집행하고 풍속을 교정하며 백관의 비위를 규찰, 탄핵하는 것을 그 임무로 하였다. 간관은 그 대상이 군주로서 왕의 과실, 불가한 일에 대하여 간하고 보완해 주며, 또한 왕의 교지(敎旨)가 부당하다고 생각하면 이를 다시 군주에게 돌리는 일[封駁]을 하는 것으로 서로 그 직책이 구분되어 있었다. 그러나 실제 운영에 있어서는 다 같이 시정의 득실을 논하거

4) 조선시대에 사간원(司諫院)으로 발전하였다.
5) 사헌부, 어사대, 금오대, 어사대, 감찰사, 사헌부, 감찰사, 사헌부, 감찰사, 어사대, 감찰사, 사헌부 등으로 그 명칭이 순차적으로 바뀌었다(감사원, 1983: 40).

나 관료의 탐학(貪虐)을 규탄하며 군주에 대해 간쟁(諫諍), 봉박(封駁)하는 일을 하였다.[6)]

Ⅲ. 조선시대의 감사제도

1. 갑오경장 이전의 감사제도

조선시대의 행정조직을 보면 관료는 문관(동반)과 무관(서반), 경직(중앙직)과 외직(지방직)으로 나누어진다. 건국 초에는 고려의 제도를 답습하다가 정종2년(서기 1400년)의 1차 개혁과 태종원년(서기 1401년)의 2차 개혁이 있었다. 이때 문하부(門下府)의 간쟁의 기능을 사간원(司諫院)을 신설하여 이를 담당하게 함으로써 사헌부와 아울러 대간(臺諫)의 임무를 맡게 되었다. 이후 태종 5년에 조선의 독자적 관제를 확립하게 되었다.[7)]

경직은 왕 밑에 국가최고정무기관인 의정부(議政府)가 있었고, 그 아래에 이를 보좌하며 정무를 집행하는 육조(六曹)가 있었으며, 특별기관으로 국왕직속의 의금부, 승정원, 홍문관, 사헌부, 사간원 등이 있었고, 의정부와 각 조의 지휘감독을 받는 한성부, 개성부 등이 있었다. 그 이외에도 국왕 및 근족 등과 관련이 있는 종친부, 충훈부, 의빈부, 돈령부, 내시부 등이 국왕의 직속 관부로 있었다. 이러한 조직은 태종 13년에 완전히 확립되고 1894년 갑오경장 때까지 큰 변화없이 지속되었다(박주원, 2000: 99).

조선시대에는 사법과 행정 사이에 명확한 구분이 없었는데, 사법적 권한을 지닌 중앙기관으로 사헌부, 의금부, 형조, 한성부 등이 있었고, 지방에는 관찰사와 수령이 등이 있었다.

조선시대의 감사제도는 주로 양사로 불리는 사헌부와 사간원에 의해 수행

---

6) 대간은 이외에도 署經權(관리의 임명에 서명하는 권한)과 地方官 推薦權 등을 가지고 있었다. 그리고 대간은 지방관의 추천과 함께 그들에 대한 감찰권도 가지고 있었다(한국지방행정연구원, 1988: 15). 이는 지방자치단체에 대한 감사제도가 중앙에 의해 수행되었음을 보여준다.

7) 태조 즉위 시에는 최고정무는 도평이사사, 문하부, 중추원, 삼사(재정출납과 회계감독을 관장)에서 수행하였고, 육조(六曹)는 실무 집행기관이었다. 그러다 정종 2년(1400년) 제1차 개혁, 태종 원년(1401년) 제2차 개혁, 태종 5년(1405년) 제3차 개혁이 있었다.

되었다. 사헌부(司憲府)[8]는 고려제도를 이어받아 시정(時政)을 논의하고 풍속(風俗)을 교정하며 백관을 규찰(糾察), 탄핵(彈劾)하는 국왕의 직속기관이었다. 건국 초에는 고려제도를 따라 대사헌(大司憲), 중승(中丞), 겸중승(兼中丞), 시사(侍史), 잡단(雜端), 감찰(監察) 등을 두었는데 태종원년에 이를 고쳐 대사헌(종2품), 집의(執義, 종3품) 각 1명과 장령(掌令, 4명), 지평(持平, 정5품) 각 2명, 감찰(정6품) 25명으로 구성하였다가, 감찰은 세조 이후에 그 수를 감하여 13명(文人 3명, 武人 5명, 蔭敍 5명)으로 하였다. 감찰은 비록 하위직이지만 제1선의 검찰(檢察)을 담당하여 조정의 예회(禮會), 국고의 출납, 제사(祭祀), 과거(科擧) 등 모든 일을 감검(監檢)하여 범칙(犯則)을 살피게 하였다.

사간원(司諫院)은 건국 초에는 문하부의 일부로서 좌우간의대부(左右諫議大夫, 종3품), 직문하(直門下), 좌우보궐(左右補闕), 좌우습유(左右拾遺) 등을 두었던 것인데, 태종원년에 문하부가 의정부로 흡수되면서 사간원으로 독립하여 좌우사간대부(左右司諫大夫), 지사간원사(知司諫院事), 좌우헌납(左右獻納), 좌우정언(左右正言)으로 하였다가 뒤에 대사간(大司諫, 정3품), 사간(司諫, 종3품), 헌납(獻納, 정5품) 각 1명과 정언(正言, 정6품) 2명을 두었다.

이들 대간들의 임무는 시정을 논의집행하고 모든 관료들의 비위를 규탄하며 풍속을 교정하고 원억(寃抑)을 씻어주며 남위(濫僞)를 금지하는 등의 직무를 관장하였다. 이러한 직무를 담당하고 있는 사헌부와 사간원을 대간(臺諫, 臺는 사헌부, 諫은 사간원), 언관(言官), 간관(諫官), 양사(兩司)라고도 불렀다. 이들은 모두 언론의 관(官)으로서 강력한 발언권을 가지고 정책과 인사에 관여하였고, 고위관리나 종친이라도 규탄을 삼가지 아니하였으며, 왕의 통치에 대해서도 부당하다고 여기는 경우 목숨을 걸고라도 이를 간함으로써 왕을 견제하는 일을 본래의 임무로 여겼다.

대간들의 권한행사는 주로 서경제도와 봉박사항으로 이루어졌다. 서경제도는 동의를 요청하는 다른 관아의 통첩에 대하여 대간이 이를 심사하여 응락하는 경우에 서명을 하는 절차를 취하였다.[9] 봉박사항은 왕의 교지 등에 대하여 부당한 사항 등이 있는 경우에 구두로 상주(上奏)하거나 문서를 통하여 논계

8) 柏府, 臺官, 霜臺, 烏臺, 御史臺 등으로 부르며 사헌부의 수장인 대사헌을 臺長, 都憲 등으로 부르기도 하였다.

9) 여기에는 조신 임명 등 인사에 대한 동의권인 告身署經, 법령의 개폐 등에 대한 동의권이 依牒署經, 지방관의 특산물 봉헌에 대한 동의권인 贈遺署經 등 3가지가 있었다.

(論啓), 봉박하면 군주는 그 채택여부를 결정하도록 되어 있었다.

한편 조선시대 사헌부는 행정감찰 이외에도 회계검사를 실시하였다. 그 대표적인 것으로는 해유제(解由制)와 주요 물자 등의 출납에 대한 임검(臨檢) 및 정기검사 등이 있었다. 국가재정을 관장하고 있던 중앙기관은 호조를 중심으로 판적사(版籍司), 회계사(會計司) 및 경비사(經費司) 등 삼사(三司)가 있었고, 그 이외에도 내자사(內資司), 내담사(內膽司), 내도사(內導司), 군자감(軍資監), 광흥창(廣興倉), 평시서(平市署), 양현고(養賢庫) 등과 각 도에 창고 등이 있었다. 호조의 회계사는 송대(宋代)의 심계원 제도를 도입한 것으로 각도의 전곡에 대한 회계와 각 사의 물종에 관한 회계, 해유(解由, 관원의 퇴임 시 전임자의 책임을 면제해 주는 일), 회송(回送), 적몰(籍沒, 죄인의 재산을 몰수하는 일) 등의 업무를 관장하였다. 여기서 '해유제(解由制)'는 조선시대의 회계검사제도라고 말할 수 있는데, 이는 관원이 임기를 마치고 교체될 때 그 소관의 재정과 물자에 대하여 호조의 회계사와 사헌부 감찰이 공동으로 심계를 마친 후에 이상이 없으면 그 회계책임을 해제하는 해유증명을 발급하는 제도이다. 또한 중앙의 전곡아문(錢穀衙門)에서 세곡(稅穀) 및 공물(貢物) 등을 출납할 때에는 호조의 공문서나 승정원을 거쳐 왕명을 받은 뒤 그 승전첩인(承傳帖印)으로 행하는데 그 출납에는 사헌부 감찰이 임검하였고, 전곡을 관장하는 각 사(司)의 창고는 매월 초 호조의 낭관(郎官)과 사헌부 감찰이 공동으로 현상을 조사하여 보고하도록 되어 있었다(감사원, 1983: 69-69). 이는 오늘날의 일상감사 및 정기 재물조사와 유사하다고 하겠다.

조선시대에 또 하나 특기할 만한 것은 지방행정에 대한 감사제도이다. 여기에는 ① 지방 현지에 감사관을 실지감사토록 보내는 행대감찰(行臺監察),[10] ② 사헌부 관헌으로서 각 지방에 파견되어 외관을 규찰하는 기관인 분어사대(分御史臺),[11] ③ 특수한 임무를 띠고 암행감찰을 하도록 파견되었던 암행어사(暗行御史)[12] 등의 제도가 있었다.

---

10) 태조 초부터 암행어사가 출현하기 전인 성종 때까지 있었고, 지방행정 감찰과 민정탐문을 위해 파견되었다.

11) 사헌부에서 지방에 둔 오늘날의 분사무소인바, 관리를 대동하고 직무를 공공연히 집행하고 규찰하는 지방 상주기관으로 지방관의 민중 탄압사실을 규찰하고 백성들의 소원을 처리하는 등의 일을 하였다(한국지방행정연구, 1988: 24).

12) 특수한 임무를 띠고 지방관을 규찰할 사항이 발견되어 처리가 필요한 경우(소위 '出道')를 제외하고는 암행으로 활동하고, 그 활동지역과 내용은 봉서사목(임명장 및 직무내용)

2. 갑오경장 이후의 감사제도

(1) 개 요

조선 말기에 이르러 전통적인 정치·경제·사회제도 등 각 분야에 대한 모순을 극복하려는 근대화운동은 1876년 이후 일본을 비롯한 구미제국과의 통상조약을 체결하고 문호를 개방함에 따라 서구의 근대문물 수용으로 개화사상이 태동하면서부터 시작되었다.

조선조의 절대 봉건왕정국가의 재정제도는 국왕의 절대적 통합권과 귀족의 안정된 신분을 보장하기 위한 것으로 짜여져 있었다. 그러나 갑오경장의 근대개혁의 일환으로 이루어진 재정제도 개혁은 전통적인 재정체계가 근대재정으로 이행하는 일대 전환점이 되었다. 왕실과 내반 관료에 의한 국고의 낭비와 횡령, 재무행정 담당자인 아전(衙前)들의 중간수탈에 의한 가렴주구(苛斂誅求)는 날이 갈수록 가혹한 지대수탈로 삼정문란(三政紊亂)이 절정에 달해 결국 전국적인 농민봉기를 가져와 결국 갑오농민전쟁에 이르게 되었다.[13]

그러나 보수 세력의 강력한 반발과 보수·개화파 간의 대립의 격화로 자율적인 제도개혁이 침체되고 있을 때 1894년 5월 동학농민운동을 계기로 출병한 일본은 우리나라의 철병요구를 거부하고 군사적 강압으로 근대국가의 유지·발전에 가장 긴요한 군제개혁을 의도적으로 미루고 침략의 발판을 굳히고자, 1894년 6월 28일 정치·경제·행정 및 사회제도 전반에 걸쳐 일대개혁(갑오경장, 제1차 개혁)[14]을 추진하게 되었는데, 여기에는 감사제도에 대한 개혁 역시 당연히 포함되었다.

에 의해 행해지며 봉고권(불법사실이 발견된 경우 관계 장표의 봉인, 확인서 징구 등 증거를 확보, 보존하는 권한)과 파직권(관계 책임자를 처벌하는 권한)을 가진다(한국지방행정연구원, 1988: 24-30).

13) 철종 13년의 진주민란, 고종 31년의 갑오농민전쟁은 대표적인 민중봉기이었다(박주원, 2000: 100).

14) 1894년 제1차 의정부관제 개혁으로 "탁지아문(度支衙門)은 전국의 재정·양계(量計)·출납·국세·화폐 등 일체의 사의(事宜)를 총할(總轄)하고, 각 지방의 재정을 감독한다"고 규정함으로서 중앙과 지방의 모든 재정권을 관장하게 되었다(한국지방행정연구원, 1988: 36).

(2) 직무감찰제도의 개혁

직무감찰제도의 개혁은 국왕 직속하에 있던 감찰기관 중 사간원을 폐지하였으며, 사헌부는 도찰원(都察院)으로 개칭하여 의정부 소속하에 두고 그 직무를 "내외 백관의 선악 공과를 규찰하여 정부에 고명(告明)하고 상벌을 공평하게 하는 기관으로 원장(院長) 1員(左贊成 겸임), 사헌(司憲, 후에 都憲으로 개칭) 5員, 주사(主事) 10員을 둔다"고 규정하였다.[15] 그러나 이러한 직무감찰제도는 다음 해인 1895년 3월 25일 2차 내정 개혁[16]을 할 때에 의정부 기구를 대폭 폐합 축소한 내각관제, 내각직원관제, 각부 관제통칙을 제정·공포하면서 감찰기관을 두지 않음으로써 삼국시대부터 조선조까지 전통적으로 계승되어 왔던 직무감찰기관인 대간제도(臺諫制度)는 사실상 폐지되었다(감사원, 1983: 70).

(3) 회계검사기관 설치

종래 사헌부 감찰이 조곡, 공물 등을 출납할 때 임검을 하고, 관리가 퇴임할 때 호조의 회계사와 공동으로 해유(解由)하는 등의 감사제도는 재정제도가 근대화되지 못한 상태에서 재고조사에 그친 것으로 보였다. 이러한 회계감사제도는 갑오경장으로 근대적 회계검사제도가 도입되었다. 즉 1894년 7월 14일 의정부 소속하에 회계검사기관으로 회계심사국(會計審査局)이 처음 설치되어 국장 1명(도찰원 도헌 중에서 겸임) 서기관 4명 및 심계관 5명(도찰원 주사 중에서 각각 겸임)을 두고 총리대신의 지휘를 받아 국고와 각 부아(府衙)의 재화, 물품의 소마(銷磨), 관유재산의 증감여부, 흥업원자측고금(興業原資側庫金), 봉부동금(封不動金), 전질(典質)물품회계의 심사판정 및 세입세출결산서의 당부를 증명하는 등 일체의 회계검사업무를 관장하도록 하였다.[17]

이 회계심사국은 1895년 3월 25일 2차 내정개혁 시에 폐지되었다가, 1906년 3월 21일 칙령 제11호로 개정된 탁지부관제에 의하여 탁지부(度支部)에 검사국

15) 종래의 직무에 '公行賞罰' 사항이 추가되었을 뿐 큰 변동이 없었다.

16) 1895년 3월 30일 「회계법」을 제정, 공포하여 조세법률주의, 1년 회계예산, 출납관리의 책임제도 등을 채택하고, 같은 해 4월 5일 수입조규(收入條規)와 지출조규(支出條規) 등을 제정, 공포함으로써 근대적인 재정제도를 갖추었다(한국지방행정연구원, 1988: 37). 이는 근대적 회계검사기관의 출현을 위한 실질적인 기반이 되었다고 하겠다.

17) 그러나 회계검사국의 직원은 도찰원 관원이 겸임하였고, 회계검사 결과 회계 정당성이 인정되면 준인장(準認狀)을 발급하였던 점은 종전의 사헌부 감찰이 책임해제 증명을 발급하였던 것과 유사하고, 사실상 회계검사와 직무감찰 기능이 통합된 형태이었다고 하겠다.

(檢査局)이 설치되었고[18], 1907년 12월 27일 탁지부관제 개정 시에는 회계검사국(會計檢査局)으로 이름이 바뀌었다.[19] 그 구성원으로는 장관, 차장 각 1명, 부검사관 3명, 주사 20명을 두었다(박주원, 2000: 104).

Ⅳ. 대한민국 임시정부의 감사제도

1919년 3·1운동을 계기로 평화적인 독립선언으로는 주권회복의 한계를 체감한 우리 민족은 독립운동의 체계화와 영속화를 위하여 이를 통할하는 정부 수립의 필요성을 절감하고, 그 해 중국 상해에 대한민국 임시정부를 수립하였다(총무처, 1980: 74-76). 이 임시정부에서 같은 해 9월 11일 대한민국 임시헌법(제8장 58조)을 제정, 공포함과 동시에 같은 해 11월 5일 대한민국임시정부관제를 공포하여 정부기구를 확정하였는데, 이 헌법에 의하여 대통령 직속기관으로 회계검사원(會計檢査院)이 발족하였다. 이것은 5년 5개월간 존속하다가 1925년 4월 개헌으로 폐지되고 그 업무가 의정원(議政院)으로 이관되었다가 1940년 10월 개정된 임시약헌(臨時約憲)에 의하여 다시 회계검사원이 부활되었고, 1944년 4월에 개정된 대한민국임시헌장과 같은 해 6월의 임시정부잠행관제(臨時政府暫行官制)에 의하여 그 소속이 국무위원회 소속으로 바뀌었다.

1. 회계검사원

(1) 임무 및 기능

회계검사원은 대한민국임시헌법 제53조 등에 의하여 임시정부의 결산과 회계를 검사확정하고 회계를 감독함을 그 임무로 하였다. 회계검사원은 국무원(후에는 국무위원회)에 대하여 독립된 지위에서 임시정부의 회계 일체에 대하여 검사를 확정하여 매년 검사보고서(회계연도 4월 1일부터 다음연도 3월 31일까지)

---

18) 중앙검사과, 지방검사과, 심리과 3개 과를 두었다.

19) 서무과 및 검사과 2개 과를 두었고, 구체적 직무는 ① 총결산의 검사, ② 각 관청 및 관립제영조의 수지 및 관유물에 관한 결산검사, ③ 정부에서 보조금이나 특약보증한 단체 및 제영조의 수지결산검사, ④ 지방비에 속한 수지 및 관유물에 관한 결산검사 등이었다(감사원, 1983: 72-73).

를 작성, 의정원에 제출하게 되어 있었다. 또한 임시정부 각 기관 및 임시의정원의 수지결산과 기타 일체의 장부 및 보고서는 회계검사원의 검사를 마치지 아니하면 책임해제를 받을 수 없었다.

(2) 조 직

초기의 회계검사원은 검사장 1명과 검사관 약간명으로 조직되었다가 후기에는 원장 1명, 검사위원 약간명 및 조리원 약간명으로 조직되었다. 그리고 회계검사원장(검사장) 및 검사위원(검사관)은 타 관직을 겸임하지 못하였고, 초기의 검사관은 종신직이었다.

(3) 회계검사활동 및 결과처리

회계검사원은 각 기관에 대한 회계검사를 매월 1차례씩 행함을 원칙으로 하고, 필요 시에는 임시검사와 위탁실시조사를 할 수 있었다. 각 기관의 일체의 지출은 영수증 등에 의해 증명하도록 하였고, 증거를 취득하지 못한 경우에는 수령인의 사유서로 증명하도록 하였다. 각 기관은 매월 말에 수지월계표 1부를 작성하여 회계검사원에 송부하여 연도회계검사 시에 참고하도록 하였다. 검사결과 대상기관 출납원이 부정당한 행위가 있다고 인정할 때에는 모든 기관장에게 수시 통지하여 처분케 하고 부정당지출은 부인하도록 하였다. 또한 회계검사원이 그 기관장의 위법처사가 있다고 인정할 때에는 국무위원회 주석(초기에는 대통령)에게 보고하여 변상케 하였다.

2. 의정원(검사위원)

1926년 7월 15일부터 시행된 대한민국임시헌법 등에 의하여 종래의 회계검사원이 폐지되고 그 권한이 임시의정원(臨時議政院)에 부여되었다. 이에 따라 임시의정원은 매년 정부회계에 대한 검사를 1차 이상 실시하여 이를 다음 회기 의회에 보고하도록 하였다. 의정원의 검사권은 1940년 10월 9일 개헌에 의하여 회계검사원으로 복귀되었다.[20] 의정원은 개회 중에 임시정부의 회계검사

20) 임시정부의 회계검사원은 3·1운동의 독립정신을 이어 받는다는 대한민국헌법 전문에 명시된 헌법 정신에 따라 1948년 7월 12일 제정된 헌법에 의하여 설치된 심계원과 1962

를 위하여 3명의 검사위원을 상설로 두도록 하였다.

V. 정부수립 이후의 감사제도

1. 중앙정부의 감사기구

우리나라의 중앙정부 감사제도는 1963년 3월 20일 오늘날의 감사원이 발족하기 전까지는 회계검사를 담당하는 심계원과 직무감찰을 담당하는 감찰위원회(또는 사정위원회)로 이원화 되어 있었다.

(1) 심계원(審計院)

해방이 되자 미군정 기간 동안 행정통제기능은 미군정장관 산하에 두어졌다. 미군정장관 밑에 재정부를 두고 재정부 내의 회계국(會計局)으로 하여금 결산검사업무를 분장하여 담당케 하였다.[21] 회계국에는 회계과(會計課), 주계과(主計課), 사계과(司計課), 국고과(國庫課)의 4개 과로 구성되었고 그 중 사계과가 출납사무의 심사 감독을 담당하고 있었다. 그 후 1948년 2월 사계과가 회계국에서 분리되어 회계검사국으로 독립되어 제1과, 제2과의 두 개과를 둠으로써 미군정하의 회계검사기구로서 심계원의 전신이 되었다.

심계원은 1948년 7월 17일 제정된 대한민국헌법 제95조와 같은 해 12월 4일 제정공포된 「심계원법」(법률 제12호), 1949년 1월 18일 제정공포된 「심계원직제」(대통령령 제51호)에 따라 원장(국무위원급), 차장을 포함한 7인(임기 5년)의 심계관회의와 사무총국을 근간으로 하는 집행기관을 두는 2원제 기관으로서 4국 1실(비서실) 3과, 정원 99명으로 발족하였다.[22] 그 후 1957년 7월 25일 차장

년 12월 26일 시행된 개정헌법에서 감사원이 탄생하여 오늘날에 이르기까지 헌법상 최고감사기관으로서 그 전통이 유지되고 있다고 하겠다. 또한 이 때문에 앞으로도 대한민국임시정부의 감사제도를 적극적으로 연구할 필요가 있다고 하겠다.

21) 회계국 이외에도 司計局, 司稅局, 稅關局, 專賣局 등이 있었다(한국지방행정연구원, 1988: 44).

22) 발족 이후 1963년 3월 20일 감사원으로 통합될 때에까지 6.25전쟁, 4.19 의거, 5.16 군사혁명 등 정치·사회적 격변에 따라 그 기능과 조직 등이 변동되었으나 최종적으로 조직은 4국 3과, 정원은 224명이었다. 초대 명제세심계원장으로부터 이원엽심계원장까지 6명이 재직하였으며, 임기가 대통령(4년)보다 긴 5년이었으나 모두 이를 충족하지 못했다(감사원, 2008a: 46-75, 405).

과의 업무 중복 등을 이유로 사무총국을 폐지시켰다가 1961년 5월 16일 군사혁명으로 설치된 국가재건최고회의에 의한 혁명정부하에서 같은 해 9월 9일 「심계원법」을 다시 제정하면서 심계원이 국가재건최고회의의 소속기관으로 되면서 차장제를 폐지하고 사무총국이 부활되었다.

심계원은 그 독립성을 보장하기 위하여 정부 조직체계상 대통령에 소속하게 하고 국무원에 대하여는 직무상 독립된 지위를 부여함으로써 그 직무를 수행함에 있어 정부의 간섭을 배제하였다. 심계원은 그 이외에도 규칙 제정권과 국가의 수지 결산검사, 국가와 지방자치단체 및 투자기관 등의 회계검사를 하여 정부예산의 집행이 적법하게 집행되고 있는지의 여부 등을 검사하여 그 결과 위법·부당사항에 대하여는 국가 또는 지방자치단체에 손해를 끼친 자에 대한 변상 유무의 판정, 직무에 위반된 자에 대한 소속장관·감독기관의 장 등에게 의견을 첨부하여 징계처분을 요구하거나 시정, 주의, 개선 등을 요구하였다.[23)]

심계원의 조직 상 특수성은 심계관회의라는 합의제기관을 채택하였다는 점이다. 이는 검사결과의 판단에 대해 신중을 기하여 공정성을 확보하자는 것이었다. 의장은 심계원장이 되었고, 주된 의결사항은 국가의 세입·세출의 결산검산보고, 국가와 단체·기관 의 회계를 상시 검사하여 그 결과 위법·부당사항에 대한 심의의결, 회계관계직원의 책임 유무 판정 등이었다.

(2) 감찰위원회(監察委員會)(1948~1955)

우리나라의 경우 국가의 직무감찰 업무를 담당하고 있는 최고감찰기구는 그 기능의 특성상 최고관리층과의 갈등과 마찰 등으로 그 존폐를 거듭하여 왔다. 미군정 직후 정부수립 초창기의 정부조직 및 기구는 미군정의 영향을 받아 선진제국의 정부형태를 도입하여, 1948년 7월 17일 제정공포된 「정부조직법」으로 나타났다. 이에 따라 공무원에 대한 감찰사무를 정리하기 위해 대통령 소속하에 감찰위원회를 두었다. 감찰위원회는 감찰위원장(국무위원급) 1명과 감찰위원 8명으로 구성하도록 되어 있고 감찰위원장과 감찰위원은 대통령이 임명하되 임기 5년으로 연임할 수 있었다. 감찰위원회는 1948년 8월 30일 직제를 공포하고 정규직원 61명으로 업무를 시작하였다.[24)] 당시 법률상의 권한을 보면

23) 이러한 구체적 업무 범위나 권한이 확립된 것은 사실상 1957년 7월 25일 개정된 「심계원법」(법률 제442호)에서였다(감사원, 2008a: 72-74).

① 공무원의 위법, 비위 소행에 관한 정보의 수집과 조사, ② 공무원에 대한 징계처분과 그 소속장관에 대한 정보제공 또는 처분의 요구 및 수사기관에 대한 고발요구 등으로 되어 있었다. 감찰위원회는 공무원의 위법행위 또는 비위가 발견되었을 때에는 사실을 심사한 후 증빙에 의하여 위원 과반수로 징계를 의결한다. 그리고 제헌헌법 제46조에 열거된 대통령, 부통령, 국무총리, 국무위원, 심계원장, 법관 등 국회의 탄핵 소추대상이 되는 공무원의 징계는 국회에 통고하도록 되어 있었다(감사원, 1983: 154). 그러나 초대 정인보 감찰위원장 시절 감찰위원회가 농림부장관과 상공부장관의 예산 유용 및 수뢰 비리를 적발하여 이들 장관에 대한 파면을 의결하게 되자 국무원 측과의 마찰로 정인보 감찰위원장이 취임 1년도 채 안되어 사임하는 등 최고위층과의 마찰 끝에 1955년 2월 7일 「정부조직법」 개정으로 폐지되었다(감사원, 2008a: 114-135).

(3) 사정위원회(司正委員會)(1955～1960)

정부는 1955년 3월 7일 법률이 아닌 대통령령 제1017호로 「사정위원회규정」을 제정하여 같은 해 11월 2일 사정위원회를 설치하였다.[25] 과거 감찰위원회와 같이 대통령 소속기관으로 되어 있었으나 그 기능은 대폭 축소되었다. 즉 감찰위원회와 달리 사정위원회는 비위 공무원에 대하여 직접 징계의결을 하던 것을 공무원의 직무상 비위를 임명권자와 징계위원회에 조사 보고(통보)하는 기관(사정위원회규정 제1조)으로 축소 조정되었다. 조사결과에 대해서는 비위통보(단속통보, 참고통보, 시정요청통보, 적의처리통보 등도 있었다), 고발 등의 조치를 하였다.[26]

사정위원회는 위원장(청장급)과 사정위원 4명으로 사정위원회를 구성하고, 사정위원들이 4개 조사부를 각각 맡아 직접 지휘하는 것이 특색이었다. 그러나 4년 10개월 동안 그 설치 근거 미약 및 권한 축소 등의 취약점과 정치적 압력 등으로 제대로 그 기능을 발휘하지 못하고 4·19혁명으로 1960년 8월 31일 폐

24) 발족 시에는 감찰국(정보과, 서기과), 비서실(비서과, 서무과, 회계과)과 정원 61명으로 출발하였다가 한 때 정원이 76명까지 늘었으나, 폐지될 당시에는 감찰국(조사과, 서기과)과 총무과, 정원 59명이었다(감사원, 2008a: 116-117).

25) 초대 사정위원장으로 대법관 출신 조용순을 임명하고 4부, 1과(총무과) 조직으로 정원 34명으로 출발하였다(감사원, 2008a: 138-140).

26) 1956～1960년(4년 10개월)에 징계통보 등 총 1,137건의 조사결과를 처리하였다(감사원, 2008a: 145).

지되었다.

(4) 감찰위원회(監察委員會)(1961~1963)

4·19혁명으로 민주당 정권이 들어선 후인 1960년 7월 1일 개정된 「정부조직법」 제30조에 따라 1961년 1월 14일 「감찰위원회법」이 제정되고 같은 해 2월 16일 「감찰위원회직제」가 제정됨으로써 사정위원회가 폐지된 후 약 4개월의 공백기를 거쳐 중앙정부의 직무감찰기관 설치근거가 마련되었다(감사원, 2008a: 150-173). 이에 따라 민영수 초대 감찰위원장(장관급)이 임명되고, 같은 해 4월 14일 감찰위원 6명(정원은 위원장을 포함 7명)[27]과 5개국 1개과(총무과), 직원 55명(최종 157명)으로 제2차 감찰위원회가 발족되었다.

감찰위원회는 국무총리에 소속되고 감찰위원장은 민의원의 동의를 얻어 국무총리가 임명하되,[28] 직무상 독립하여 수행하였다. 그 권한은 국가와 지방자치단체, 행정기관과 정부투자기관, 기타 「감찰위원회법」이 정하는 단체 등의 소속 공무원과 임직원의 비위를 감찰하여 관기를 확립하고 행정풍토를 정화하는 데 그 임무를 두었다. 감찰활동은 조사(정보수집 및 특정사항에 대한 조사 등)와 검열(일종의 기관에 대한 감사)의 방법으로 실시하였고, 감찰결과 발견된 비위사항 및 기관의 위법·부당사항에 대하여는 관계 기관장에게 시정을 요구하고, 비위관계자에 대한 징계처분[29]을 하였다.

그러나 발족한 지 1월 후에 발생한 5·16으로 1963년 3월 20일 감사원으로 통합될 때까지 2년여 동안 3명의 감찰위원장이 재직하는 등 격변을 겪으면서 94개 기관에 대한 감찰을 실시하여 징계 및 고발 538명, 시정요구 2,692건, 처벌요구 1,880명을 처리하여 관기 확립 등에 기여하였으나 짧은 존속 기간으로 그 역할에 한계가 있었다고 하겠다.

---

27) 임기 4년으로 1차에 한하여 연임가능.

28) 내각책임제하의 행정수반이 대통령이 아닌 국무총리였기 때문에 국무총리가 임명하였다. 5·16 후에는 국가재건최고회의의장으로 바뀐다.

29) 이전의 감찰위원회는 징계의결 요구에 그쳤으나 제2차 감찰위원회는 징계의결을 함으로써 재심기간 경과 등 일정한 기한이 지나면 해당 기관장은 집행을 하도록 의무화되는 사실상 징계처분권을 갖게 되어 이전보다 권한이 강화되었다(감사원, 2008a: 165-166).

(5) 감사원

가) 설립 경위

5·16군사정변이 일어난 지 3개월이 된 1961년 8월 12일 박정희국가재건최고회의 의장은 정권이양과 헌법개정에 관한 대국민담화를 발표하였다. 이에 따라 다음해 7월 11일 국가재건최고회의 소속으로 헌법심의위원회가 구성되어 헌법개정심의에 착수하였다.[30] 제3소위원회에서 국회 및 정부 등에 관한 헌법개정안을 심의하면서 심계원과 감찰위원회를 모두 같이 직무상 독립된 지위를 가지는 헌법상 기관으로 둘 것인지, 통합 설치할 것인지, 그 소속을 국회 또는 대통령 소속으로 할 것인지 등에 대한 많은 논의를 거친 끝에 두 기관을 통합하여 대통령 소속의 감사원으로 하되 직무상 독립성을 가진 헌법상 기관으로 발족하기에 이르렀다.[31] 즉 감사원은 과거 심계원의 회계검사기능과 감찰위원회의 직무감찰 양 기능을 통합하여 1962년 12월 26일 공포된 개정헌법과 1963년 3월 5일 개정된 「국가재건비상조치법」에 의거하여 법률 제1268호로 제정된 「감사원법」에 따라 1963년 3월 20일 설립되었다.[32]

---

30) 이주일국가재건최고회의 부의장을 위원장으로 하여 8명의 위원과 사계학자 등 전문위원 21명으로 4개 소위원회를 구성하였다(감사원, 2008a: 183).

31) 1962년 10월 22일 헌법심의위원회에서는 감사원을 헌법상의 기관으로 두지 않기로 하고 심계원만 헌법기관으로 국회 소속으로 두기로 의결하였다. 그 이유는 회계를 항시 검사, 감독하는 심계원과 행정기관 및 공무원 등의 비위를 감찰하는 감찰위원회의 설립목적과 기능이 서로 다르고 회계검사권과 감찰권을 한 기관에서 장악할 경우 권력의 비대화가 우려된다는 것이었다. 또한 자유중국(현, 대만)을 제외한 모든 입헌민주주의 국가에 있어서는 회계검사기관에 감찰권을 부여한 입법례가 없다는 점도 그 이유의 하나였다. 그러나 같은 해 11월 1~3일 열린 국가재건최고회의 본회의에서 감찰위원회와 심계원을 통합한 감사원의 설치안을 부활하기로 의결했다. 그 이유는 항시 감사·감독하는 심계원과 행정 및 공무원 등의 비위를 감찰하는 감찰위원회의 두 기관이 각각 집행하게 된다면 그동안의 경험으로 보아 매우 불합리할 뿐만 아니라 회계검사와 감찰을 받는 피감사기관으로서도 번거로움이 적지 않으므로 두 기능의 일원화가 절실히 요청된다는 것이었다. 이는 1962년 8월 23일~30일까지 개최된 전국 공청회에서 제시된 지배적인 의견이었고, 이를 바탕으로 같은 해 10월 6일 제3소위원회에서 헌법요강으로 채택되었다(감사원, 2008a: 183-185).

32) 개정헌법이 부칙 제1조(국회가 처음 집회일로부터 시행)에 따라 1963년 12월 17일 민정이양이 된 때 시행됨으로써 이를 전제로 한 「감사원법」이 제정되고 먼저 시행되었다(감사원, 2008a: 185). 8명의 위원과 제3공화국헌법에서 감사원을 통합하여 설립한 후 제4공화국헌법에서는 국회의 국정감사권을 없애고 감사원을 활용하였으나, 제5공화국헌법에서는 초기에 그대로 답습하다가 1987년 개정헌법에서 국회의 국정감사권과 조사권을 부활하였다(한국지방행정연구원, 1988: 49).

나) 조직 및 기능

개정헌법에 따르면 감사원은 원장(부총리급)을 포함한 5인 이상 11인 이하의 감사위원(차관급)으로 구성되는 합의제 기관이었다. 원장과 감사위원의 임기는 4년이고 1차에 한하여 연임할 수 있되 정년은 65세이었다. 그리고 「감사원법」에서는 감사위원 수를 원장을 포함한 9인으로 정하였다.[33] 그 이외에 사무처에는 사무총장과 사무차장 각 1인을 두고, 5국 3실(기획실, 심의실, 기술실) 1과(총무과)에 486명의 정원을 두었다.[34]

감사원의 권한은 종래 회계검사를 주임무로 하던 심계원과 직무감찰을 주임무로 하던 감찰위원회가 통합된 것이므로 그 권한도 회계검사 및 직무감찰로 크게 대별되었다. 즉, 감사원은 ① 국가에 대한 결산감사권과 국가 및 법률이 정한 단체에 대해 회계검사를 실시하는 회계검사권을 가지며, ② 공무원의 비위감찰 뿐만 아니라 적극적으로 행정관리의 개선을 도모하기 위한 행정감찰권까지 가졌다.

감사방법으로는 피감사기관이 제출하는 계산증명서류나 범죄발생 및 망실·훼손 등의 통보, 계약협의 통지 등을 근거로 서면감사와 실지감사를 하였다. 감사권에 기한 조치내용으로는 변상책임의 판정, 징계의 요구, 시정 등의 요구, 개선 등의 요구, 고발 및 재심의 등이 있었다.

감사위원회의는 원장을 포함한 감사위원 9인으로 구성되었고, 의결은 재적감사위원 과반수의 찬성으로 하도록 되어 있었다.

(6) 내무부 본부

대한민국 정부 수립과 함께 1948년 7월 13일 법률 제1호로 「정부조직법」이 제정·공포됨에 따라 행정각부 중의 하나로 내무부가 설치되어 내무부장관은 치안, 지방행정, 토목과 소방에 관한 사무를 관장하고 지방자치단체를 감독하게 되는 한편, 행정각부장관(당시 11개부)은 같은 법 제26조의 규정에 따라 소관 사무에 대하여 지방행정기관의 장을 지휘감독하게 되었다. 다만 정부수립 당시에는 내무부장관이 지방자치단체에 대한 일반적인 감독기능을 갖게 되었음에도 지방행정에 대한 감사기능을 전담하는 부서는 없었다.

---

33) 1970년 12월 31일 「감사원법」을 개정하면서 현행처럼 감사위원 수를 7인으로 줄였다.

34) 초대감사원장으로 이원엽심계원장이 임명되고 8인의 감사위원과 사무총장 등을 비롯하여 직원 363명으로 중앙청 회의실에서 개원식을 가졌다(감사원, 2008a: 189, 201, 209).

그 후 1962년 7월 9일 각령 第867호 내무부직제개편에 의거 지방국에 기획감사과가 처음으로 설치되어 지방자치단체의 운영기획의 조정 및 심사분석과 지방행정에 대한 감사기능을 수행하게 되었다.

1975년 5월 27일 내무부직제 개정(대통령령 제1824호)으로 기획감사과가 기획과로, 1970년 3월 12일 동 직제 개정(대통령령 제4722호)으로 기획과가 지방감사담당관으로 개편되는 한편 장관 직속의 국장급(당시 2급갑)으로 민원담당관이 신설되었다. 1975년 8월 20일 직제 개정(대통령령 제7760호)으로 장관 직속으로 있던 민원담당관을 감사관(당시 2급갑 또는 2급을)으로 개편하여 기획관리실 안에 두고 내무부본부 및 직속기관과 지방자치단체에 대한 감사를 담당하게 함으로써 감사기능을 일원화하고 종전의 지방감사담당관은 그 기능을 감사관실에 흡수시켜 폐지하였다. 같은 해 9월 30일에는 내무부령 제184호로 감사관실에 감사담당서기관과 조사담당서기관이 설치되었다.

1977년 9월 20일에는 직제 개정(대통령령 제8698호)으로 기획관리실에 속해 있던 감사관을 차관 직속으로 조정하여 각 중앙행정기관의 자체감사기능을 조정하도록 하였다(총무처: 1980: 464-485).

2. 지방자치단체의 감사기구

(1) 서울특별시

광복당시의 경성부(京城府)직제에 의하면 부윤관방(府尹官房) 안에 서무과, 회계과와 함께 있던 조사실이 감사기능을 수행하였는데, 1945년 9월 8일 기구개편으로 부윤관방이 기획실로, 거기에 속해 있던 조사실은 조사과로 이름이 바뀌었다(한국지방행정연구원, 1988: 52-53). 1946년 8월 15일 발표된 서울시헌장에 의거 경성부의 명칭이 '서울'로 공식화되었고, 서울시와 경기도가 분리되고, 1946년 9월 18일 군정법령 제106호에 의한 직제개정으로 사무처 안에 감사과가 설치되었다. 그 후 정부수립 직전인 1948년 8월 9일 기구개편으로 시장 밑의 행정관장 직속으로 감사실이 격상, 개편되었다.

정부수립 후인 1948년 12월 29일 서울시 훈령 제1호에 의하여 대대적인 기구개편으로 신설된 비서실 안에 감사과를 두었다가, 1950년 2월 25일 「서울시규칙」 제1호에 의한 기구개편을 하면서 내무국 총무과 안에 감사계로 격하되어 1965년도 초까지 있었다. 1965년 3월 6일 「서울시규칙」 제454호에 의한 직제개편으로 내무국 총무국 감사계가 내무국 감사과로 격상되었다.[35] 1966년 9월 17일 「서울시규칙」 제596호에 의한 기구개편으로 내무국의 감사과가 기획관리실 감사관으로 개칭되었다가 1968년 4월 13일 「서울시규칙」 제713호에 의거 기획관리실 감사과로 각각 개칭되었다.

1970년 8월 1일에는 「서울시규칙」 제1041호에 따라 감사과를 기획관리실에서 다시 내무국으로 이관하였고, 1972년 9월 1일 「서울시규칙」 1242호에 의하여 제1부시장 밑에 감사담당관을 신설하고 4개의 계를 둠으로서 보강이 되었다.

1973년 6월 8일 「서울특별시행정기구에 관한 규정」(대통령령 제6724호)에 의한 기구개편으로 감사관(당시 지방2급을)을 신설하여 종전의 환경순찰관(당시 지방2급을)을 흡수하여 감사업무와 통합하고 그 밑에 감사담당관과 순찰담당관을 두었다.

1984년 8월 16일 대통령령 제11487호에 의하여 감사관 밑에 조사담당관을 신설(1, 2계)하여 환경순찰업무를 흡수시켰다. 그 후 다소의 변화를 겪어 왔으나 2011년 8월 현재는 감사관(지방2급) 밑에 감사담당관(7팀), 조사담당관(6팀), 민원조사담당관(5팀), 하도급개선담당관(3팀) 등 4개 과를 두고 있다.[36]

(2) 광역시 · 도

1962년 12월 27일 대통령령 제1086호 「도와 부산시의 행정기구에 관한 건」에 따라 1963년 1월 1일부터 정부직할시로 승격되는 부산시에 감사기구로서 부시장 밑에 감사실이 설치되었다가, 1964년 2월 22일 대통령령 제1646호 동규정이 개정되어 도와 부산시에 기획감사실이 설치되었으며,[37] 1968년 1월 16일에는 제주도를 제외한 각 시 · 도 기획감사실에 세무사찰기능이 주어졌다.

1970년 3월 3일 대통령령 제4691호로 동 규정이 개정되어 각 시 · 도의 기획감사실이 폐지되고 기획관리실이 신설되어 그 밑에 감사담당관(본청 과장급)이 설치되었다가, 1972년 5월 6일 대통령령 6164호로 동 규정이 개정되어 '감사담당관'이 기획관리실에서 내무국 소속으로 옮기어지면서 명칭도 '감사과'로

35) 3개의 계를 두었다.

36) http://audit.seoul.go.kr/intro/intro02.html

37) 1966년 8월 22일 동 규정이 개정되어 기획감사실장의 직급이 지방행정사무관에서 행정사무관으로 변경되었다. 이하 내무부 · 한국지방행정연구원(1987), 3042-3062 참조.

변경되었다. 그 후 1975년 5월 3일 대통령령 제7626호로 동규정이 개정되어 부산시에 감사실이 설치되었고,[38] 1983년 11월 25일에는 대통령령 제11266호로 「도와 직할시의 행정기구에 관한 규정」이 개정되어 직할시를 제외한 9개 도에 있던 내무국 감사과가 폐지되고 기획관리실에 감사담당관이 설치되었다. 그리고 1994년 12월 31일 대통령령 제14480호에 의거 각 도 직제개정이 이루어짐으로써 부지사 직속으로 감사실이 설치되었다.

그 후 일부 변화를 겪어 왔으나 광역시의 경우 2011년 8월 현재는 행정부시장 아래 감사실을 두고 있고, 감사실장은 부산광역시의 경우 지방부이사관(지방3급)으로, 그 밖의 광역시는 지방서기관(지방4급)으로 보하고 있다. 또한 도의 경우에는 제주특별자치도를 제외하고는 모두 행정부지사 아래 감사실장 또는 감사관을 두고 있으며, 감사기구의 장은 경기도는 지방부이사관(지방3급), 그 밖의 도는 지방서기관(지방4급)으로 보하고 있다.

한편 제주특별자치도는 2006년 7월 1일 종래 기초자치단체인 시·군이 폐지되고 단일 광역자치단체로 전환되면서 「제주특별자치도 설치 및 국제자유도시 조성을 위한 특별법」 제66조에 의거 자치 감사 수행을 위하여 도지사 소속하에 합의제 행정기관으로 감사위원회가 설치되었다. 감사위원회는 제주도 본청 및 소속기관뿐만 아니라 교육청과 소속기관까지 감사대상으로 하는 등 다른 시·도와 달리 감사의 기능이 확장되는 특례가 인정되고 있다. 또한 감사위원회의 책임성을 강화하고 독립성을 보장하기 위해 감사원감사 및 국정감사를 제외한 중앙행정기관의 외부감사를 배제하였고, 감사위원회의 구성을 위원장 1인을 포함한 7인 이내의 위원으로 구성하되 3인은 도의회가 추천하고 나머지는 도지사가 임명(공무원인 경우) 또는 위촉(임기 3년)하되 위원장(정무직 지방공무원)의 경우 인사청문회를 거쳐 도의회의 동의를 얻어 임명하도록 되어 있다. 그리고 의결기구로서의 감사위원회와 별도로 감사를 수행하는 사무국을 두고 그 아래에 감사과(31명)와 조사과(13명)를 두고 있다.[39] 사무국장과 직원은 도지사가 감사위원장의 추천을 받아 임명하도록 되어 있다(감사연구원, 2009: 3-6).

38) 1978년 7월 27일 동 규정이 개정되어 부산시 감사실장의 직급이 지방서기관에서 지방부이사관으로 격상되었다. 그리고 1981년 7월 1일 대구시 및 인천시가 직할시로 승격됨에 따라 부산시와 같이 감사실을 두게 되었다.

39) 사무국장은 지방부이사관, 과장은 지방서기관으로 각각 보하도록 되어 있다(이주희, 2010: 96-98).

(3) 시 · 군 · 구

시(市)의 경우 감사부서로서는 1969년 이전에는 대구, 인천, 광주 등 대도시에만 과(課)수준의 기획감사실이 설치되었고 기타 시는 대체로 계(係)수준의 감사부서가 설치되었으며, 1969년 2월에는 전국의 모든 시(市)에 감사실이 설치되었다.[40] 그 후 1973년 1월 30일 대구 · 인천 · 광주 · 대전 등 대도시를 제외한 각 시의 감사실이 폐지되고 내무과 감사계로 격하되었다가 1975년 5월 다시 감사계가 과수준인 감사실로 격상되었다.[41] 그 후 1988년 5월 1일 「지방자치법」이 개정, 시행됨을 계기로 지방자치제 실시에 대비한 일부 기구개편에 따라 종전의 시 기구 중 기획전담부서가 과(課)수준 이상으로 설치되어 있었던 시를 제외한 시(대체로 인구 15만 미만)는 종전의 감사실이 기획감사실로 통합됨으로써 기획 · 예산 기능과 감사기능이 통합 수행되고 있다(한국지방행정연구원, 1988: 55).

군(郡)의 경우에는 1969년 2월 전국의 시와 군에 모두 과수준의 감사실이 설치되었으나, 1973년 군에는 감사실이 폐지되었다가 1975년 5월 30일 준칙(행정 180-5877)에 의거 부군수 직속으로 감사계가 설치되었다가 그 후 내무과 감사계로 바뀌었다.

구(區)의 경우에는 서울특별시의 구, 직할시(또는 광역시)의 구, 직할시(또는 광역시)가 아닌 인구 50만 이상의 시에 설치된 자치구가 아닌 구에 따라 다르다. 서울특별시의 구청 직제에 최초로 나타난 감사수행부서는 1975년 10월 총무과 감사계이었다(서울특별시, 1987: 466-474). 그 후 1981년 11월 9일 대통령령 제10628호 및 서울시규칙 제1927호에 의거 총무국 기획감사과 감사계가 설치되었고, 1989년 11월 1일 대통령령 제12834호로 서울특별시 구 직제가 변경되어 과(課)수준의 감사실이 처음으로 신설되었다.[42]

직할시(또는 광역시) 구(區)의 경우에는 구직제상 감사전담부서가 설치되지 않고 주로 직할시(또는 광역시) 본청 감사실에 의해 감사업무가 수행되어 오다가 1988년 5월 1일 「지방자치법」이 개정됨으로써 직할시의 구가 자치구로 승

40) 대구, 인천, 광주 등 대도시에는 국장급인 지방3갑(甲), 기타 시는 과장급인 지방3을(乙). 이하 내무부 · 한국지방행정연구원(1987), 2064-3081 참조.

41) 실장의 직급은 지방행정사무관(지방3급을). 이하 내무부 · 한국지방행정연구원(1987), 3064- 3081 참조.

42) 1989년 11월 3일 「구사무분장 규칙」의 개정으로 감사실에 감사계, 조사계, 환경순찰계가 신설되었다(서울특별시, 2001b: 27-68).

격되고 부구청장 소속 아래 과수준의 기획감사실이 신설되면서 그 안에 감사계가 설치되었다(한국지방행정연구원, 1988: 55).[43)]

자치구가 아닌 구(區)로서는 1981년 4월 1일 당시 직할시가 아니던 대전시 동구·중구 및 울산시 중구·남구에 총무과 기획감사계가 설치된 것이 처음인 것 같다(내무부, 1987: 95). 2011년 8월 현재 자치구가 아닌 구에는 총무과 기획감사팀 등이 설치되고 다른 업무(기획, 공보 등)를 함께 다루고 있으며, 1~2명의 직원이 감사업무에 종사하고 있다.[44)]

2011년 8월 현재 시·군·자치구의 감사기구를 보면 시에는 감사담당관, 군에는 기획감사실장, 자치구에는 감사담당관을 각각 두고 있다.

제2절 최고감사기구(감사원)에 대한 분류

여기서는 각국의 감사제도를 비교, 검토하는 관점에서 최고감사기구를 헌법기관 여부, 조직상의 위치 및 기능 등의 기준에 따라 아래와 같이 분류해 본다.[45)]

Ⅰ. 헌법기관 여부에 따른 분류

헌법기관 여부에 따라 최고감사기구를 분류하면 헌법기관과 비헌법기관으로 나눌 수 있다.

43) 광주광역시 북구청은 1986년 11월 1일 직할시로 승격되어 총무과 기획감사계로 존립하고 있었다.

44) 성남시 분당구청의 경우 총무과 기획감사팀 직원 5명 중 1명이 감사업무를 담당하고 있고, 수원시 장안구청의 경우 행정지원과 기획감사팀 직원 4명 중 1명이 감사업무를 담당하고 있으며, 부천시 원미구청의 경우 행정지원과 기획예산팀 직원 4명 중 팀장만이 감사업무를 담당하고 있다. 또한 창원시 의창구청의 경우 행정과 기획감사팀 직원 3명 중 팀장을 제외하고 1명이 감사업무를 담당하고 있다. 감사업무도 실제 상급기관의 감사 수감에 큰 비중이 있고 자체감사는 읍·면·동사무소 등에 대해 부분적으로 이루어지고 있다.

45) 여기서는 주로 백상기·김정욱(1988: 64-70)과 윤영일(2003: 43-55)을 참조하였다.

1. 헌법기관

많은 국가에서는 감사기구의 설치 근거 및 권능 등에 대해 헌법에 규정하고 있다. 우리나라도 헌법 제97조에 의거 감사원이 설립되었다. 제2차 세계대전 후에 제정된 이태리공화국헌법, 독일연방공화국 기본법, 1850년에 제정된 프러시아왕국 헌법이나 일본의 명치헌법과 같은 흠정헌법(欽定憲法)도 국가 최고감사기구에 관해 헌법으로 명문의 규정을 두고 있다.

2. 비헌법기관

국가최고감사기구에 관한 규정을 헌법이 아닌 법률에 두거나 아무런 법적 근거를 갖지 않는 경우이다. 미국의 감사원(GAO)은 1921년의 예산회계법(Budget and Accounting Act)에 의하여 설치된 비헌법기관이다. 그 외에도 영국, 캐나다, 호주 및 중국의 감사원이 여기에 속한다. 감사기관을 헌법기관으로 하는 것은 독립성을 강력히 보장하는 데 그 목적이 있겠으나 미국 감사원과 같이 헌법기관이 아닌데도 독립성을 강하게 보장하고 있는 경우도 있다.

Ⅱ. 권력구조상 위치에 따른 분류

1. 행정부형(대륙형)

최고감사기구를 행정부에 소속시키는 형태로서 우리나라를 비롯하여 스위스,[46] 프랑스,[47] 일본, 말레이시아, 베트남, 싱가포르, 이집트, 중국,[48] 파키스탄,

46) 행정편의상 연방재정부에 속하나 이에 귀속되지는 않는 우리나라와 유사한 형태로서 감사원장은 임기 6년으로 연방의회의 동의를 받아 임명된다(감사연구원, 2008: 167).

47) 법형식상 행정부형이나 검사관들이 모두 법관의 신분을 가지고 있다는 이유로 사법부형으로 분류해야 한다는 견해도 있다. 그러나 국가의 예산 집행을 감독하는 독립적 헌법기관으로서 의회 및 행정부와 등거리를 유지하는 등 그 역할과 기능 등을 종합할 때 실제로는 독립형으로 분류하는 것이 타당하다고 하겠다(감사연구원, 2008: 5. 71).

48) 국무원 아래에 중앙기율감찰부(직무감찰담당)와 심계서(회계검사담당)가 각각 설치되어 있다(김명수 외, 2009: 98-101).

필리핀[49] 등의 감사원이 이 범주에 속한다고 하겠다. 최고감사기구는 비록 형식상 행정부에 소속하더라도 법률 등에 의거 행정부로부터 직무상 독립성을 보장 받는다. 우리나라 감사원의 경우 「감사원법」 제2조(지위) 제1항에 따르면 "감사원은 대통령에 소속하되, 직무에 관하여는 독립의 지위를 갖는다"고 규정하여 행정부에 소속하지만 법률에 의거 직무상 독립성을 보장받고 있다.

2. 입법부형(영미형)

국가최고감사기구를 국회 소속이나 입법부와 밀접한 관련을 갖게 하는 형태이다. 미국 감사원(General Accountability Office), 영국 감사원(National Audit Office)[50]을 비롯하여 뉴질랜드, 노르웨이, 핀란드, 덴마크, 멕시코, 벨기에, 브라질, 아르헨티나,[51] 오스트리아,[52] 이란, 캐나다, 폴란드, 헝가리, 스페인, 호주, 스웨덴[53] 등의 감사원이 이 범주에 속한다. 특히 벨기에, 핀란드, 오스트리아의 경우 최고감사기구의 수장을 국회에서 임명하고 있다.

3. 사법부형

최고감사기구가 조직상 입법, 행정 그 어느 부에도 속하지 않는 형태의 하나로 대법원 소속 아래에 설치되어 있는 르완다 감사원(La Cour des Comptes)이 대표적이다.

---

49) 임기 7년인 감사원장과 2명의 감사위원을 임명위원회의 동의를 얻어 대통령이 임명한다(김명수 외, 2009: 219).

50) 법형식적으로는 입법부형으로 분류되고 있으나 실제 운영상은 독립형으로 분류되기도 한다.

51) 아르헨티나는 법형식적으로는 독립성이 명시되어 있으나 실질적인 측면에서 독립성이 없는 것으로 평가된다고 한다((주)와이즈인터넷, 2010: 12).

52) 법률상 독립기관이나 하원의 직속기관(감사연구원, 2008: 124).

53) 의회에서 지명・선출된 3인의 감사원장으로 구성되어 있고 각각 스웨덴헌법에 따라 독립적인 지위를 보장 받아 자신이 맡은 감사영역별로 책임 감사를 수행하고 있다(김명수 외, 2009: 425-427).

4. 독립기관형

최고감사기구가 입법, 행정, 사법부의 어느 부에도 속하지 않고 독립된 기관으로 설치되어 있는 형태이다. 오늘날 그리스, 네덜란드, 독일, 러시아, 아일랜드, 이스라엘, 이탈리아, 태국, 우루과이, 칠레,[54] 페루, 포르투갈, 프랑스, 인도 및 인도네시아[55]의 감사원 및 대만의 감찰원[56] 등이 여기에 속한다. 이들 기관은 '제4부적' 존재로서 원래 대륙형에 속하는 형태로 절대 군주제하의 군주에게 속하였으나, 정치체제의 변동으로 권력분립이 뚜렷해짐에 따라 행정부의 지배에서 벗어나 독립기관으로서의 형태를 갖추게 되었다.[57]

Ⅲ. 감사기구의 조직에 따른 분류

모든 나라가 동일한 국가조직을 가지지 않은 것처럼 최고감사기구의 조직도 각각 상인한 형태를 가지고 있다. 이는 의사결정구조에 따라서 합의제・단독제로,[58] 내부 구조의 집중성의 정도에 따라 단일조직・이원조직으로 나눈다.

---

54) 감사원장은 상원의 3/5동의를 얻어 대통령이 임명하며 임기는 8년(정년 75세)이다. 여기에 소속된 지방감사원 14개를 두고 있다. 대통령제 국가로서 대통령과 긴밀한 관계를 가진다고 한다((주)와이즈인터넷, 2010: 72-78).

55) 인도네시아 감사원(Supreme Audit Board)은 입법부, 행정부, 최고자문회의 및 최고법원과 더불어 5개 자주적 최상위 국가기관의 하나로 존재하고 있다고 한다(김명수 외, 2009: 142-144).

56) 국가권력이 총통에게 귀속되는 대만에서는 총통 밑에 입법, 행정, 사법, 고시, 감찰 등 5가지 기능을 입법원, 행정원, 사법원, 고시원, 감찰원 등 5원으로 분장하고 있다. 국가 최고감사기구인 감찰원은 5원 중 하나로서 업무 수행에 있어 완전한 독립성을 가지고 있고 총통에 대한 탄핵권까지 가지고 있는 막강한 권력을 가진 기관이다(한상국, 2011).

57) 한편 감사기구의 국가권력 위치에 따라 분류했을 때 일반적으로는 행정부형, 입법부형, 독립기관형(또는 사법부형)으로 나눌 수 있을 것이다.

58) 위 두 구조를 혼합하여 감사담당공무원의 보조를 받는 합의제 기관을 혼합제로 분류하기도 하나 현재 그 사례를 찾기 어려울 뿐만 아니라 특별히 구별할 실익도 없다고 하겠다.

1. 합의제 · 단독제

(1) 합의제

우리나라 감사원을 비롯하여 일본, 노르웨이, 네덜란드와 필리핀의 감사원이 이에 속한다. 우리나라 감사원의 경우 감사위원회라는 합의제 의결기구를 둔다. 일본의 경우에 검사관회의와 사무총국으로 구성되어 있으나 사무총국의 검사관회의의 지휘감독을 받는다는 점에서 동일하다고 여기에 속한다고 하겠다. 합의제는 감사기관의 독립성을 보장하고 회계검사의 결과를 공정 · 신중하게 처리하기 위한 것이라는 점에서 단독제보다 우위에 있다는 조직이론에 근거한다.

(2) 단독제

최고감사기구의 장 한 사람에 의해 최종 의사결정이 이루어지는 형태이다. 즉 단독 기관인 원장의 지휘 아래 모든 업무가 수행되는 형태이다. 호주, 멕시코, 말레이시아, 중국, 이란, 이스라엘의 감사원이 여기에 속한다.

2. 단일조직 · 이원조직

(1) 단일조직(單一組織)

최고감사기구의 조직을 의사결정기관과 사무집행기관으로 분리하느냐 않느냐에 따른 구분에 있어 이는 의사결정기관과 사무집행기관이 일원화하여 단일구조로 운영하고 있는 경우이다. 이는 감사업무 수행에 번거로움을 피하고 지휘통제를 원활하게 할 수 있다는 이점이 있는 반면, 감사자가 그 결과를 판단할 때 독단에 치우치기 쉽다는 단점이 있다. 주로 영 · 미 등 선진국에서는 이러한 조직을 취하고 있다.

(2) 이원조직(二元組織)

최고감사기구의 조직을 의사결정기관과 사무집행기관으로 분리하여 이중구조로 운영하고 있는 조직형태이다. 감사위원회와 같은 최고의사결정기관에 대응하여 사무집행기관으로 사무국(처) 등을 두는 형태이다. 이 경우 사무집행기관은 의사결정기관에 부속된 기관이 아니다. 이는 감사의 준사법적 기능과 판단의 공정성·신중성을 기하기 위한 것으로 심리·판단기능과 감사기능을 각각 분리하여 심리·판단 기능은 감사위원회의에, 감사집행기능은 사무처에 각각 두는 방식이다. 또한 의사결정기관은 합의제로, 사무집행기관은 감사대상을 위주로 국·과로 편성되는 것이 보통이다. 이러한 형태는 과거 우리나라와 일본의 감사원이 그 예라고 하겠다.[59]

제3절 현행 우리나라 공공감사 체제

Ⅰ. 중앙정부에 대한 공공감사 체제

현행 우리나라의 중앙정부에 대한 감사제도는 국회의 국정감사 및 조사, 감사원 감사 등의 외부감사와 중앙정부의 자체(내부)감사로 나눌 수 있다.

1. 외부감사제도

(1) 국회의 국정감사·조사

가) 개 요

국회는 「헌법」 제61조의 규정에 따르면 "국정을 감사하거나 특정한 국정사안에 대하여 조사할 수 있으며, 이에 필요한 서류의 제출 또는 증인의 출석과 증언이나 의견을 진술을 요구할 수 있다." 그리고 "국정감사 및 조사에 관한 절차 기타 필요한 사항은 법률로 정한다"고 하여 「국정감사 및 조사에 관한 법률」 등이 제정되어 있다. 국정감사는 행정부와 사법부 등이 추진하는 일을

59) 우리나라 감사원에는 감사위원회와 사무처가, 일본의 회계검사원에는 검사관회의와 사무총국이 각각 구성되어 있는 등 법 형식적으로는 현재도 2원조직의 모습이 남아 있다. 그리고 이는 사법기능에 비추어볼 때 감사위원회는 사법부(재판부), 사무처는 검사의 기능을 담당하고 있는 것으로 해석할 수 있을 것이다.

국민의 대표기관인 국회에서 감사하는 일이다. 국정감사는 매년 정기적으로 국정을 수행하는 중앙행정부처 등을 상대로 행정기관 등이 예산을 제대로 집행하는지 또는 정책이나 인사가 공정하게 이루어지는지 등을 감사한다. 그 이외에 특정한 국정사안에 대하여 재적위원 4분의 1 이상의 요구가 있는 때에는 본회의 의결로써 국정조사를 실시할 수 있다(「국정감사 및 조사에 관한 법률」 제3조).

나) 국정감사·조사의 절차

국회가 국정전반에 관하여 소관 상임위원회별로 실시하는 국정감사는 매년 9월 10일부터 20일간 실시함을 원칙으로 한다(「국정감사 및 조사에 관한 법률」 제2조). 국정감사는 상임위원장이 국회운영위원회와 협의하여 작성한 감사계획서에 의하여 행한다. 국회운영위원회는 상임위원회 간에 감사대상기관이나 감사일정의 중복 등 특별한 사정이 있을 때에는 이를 조정할 수 있다. 국정감사계획서에는 감사반의 편성, 감사일정, 감사요령 등 감사에 필요한 사항을 기재하여야 한다.

국회는 또한 같은 법 제3조에 의하여 "국정의 특정한 사안"에 대하여 재적위원 4분의 1이상의 요구가 있는 때에 본회의 의결로써 특별위원회 또는 상임위원회로 하여금 국정조사를 실시하게 할 수 있다. 국정조사는 조사의 목적, 조사할 사안의 범위와 조사를 시행할 위원회 등을 기재하여 요구의원의 연서에 의한 서면으로 요구하여야 한다. 의장은 조사요구서가 제출되면 지체 없이 본회의에 보고하고 교섭단체 대표의원들과 협의하여 조사를 시행할 특별위원회를 구성하거나 해당 상임위원회에 회부하여 조사를 시행할 위원회(이를 '조사위원회'라 한다)를 확정한다.[60] 조사위원회는 조사의 목적, 조사할 사안의 범위와 조사방법, 조사에 필요한 기간 및 소요경비 등을 기재한 조사계획서를 본회의에 제출하여 승인을 얻어 조사를 시행한다. 본회의는 조사계획서를 검토한 다음 의결로써 이를 승인하거나 반려한다. 반려된 경우 이를 그대로는 다시 본회의에 제출할 수 없다.

다) 국정감사 대상기관

국회의 국정감사 대상기관은 다음 각호와 같다(「국정감사 및 조사에 관한 법

60) 국회가 폐회 또는 휴회 중일 때에는 조사요구서에 의하여 국회의 집회 또는 재개의 요구가 있는 것으로 본다(「국정감사 및 조사에 관한 법률」 제3조 제3항 단서).

률」 제7조).

1. 정부조직법 기타 법률에 의하여 설치된 국가기관
2. 지방자치단체 중 특별시·광역시·도. 다만 그 감사범위는 국가위임사무와 국가가 보조금 등 예산을 지원하는 사업으로 한다.[61]
3. 정부투자기관관리기본법 제2조의 규정에 의한 정부투자기관·한국은행·농업협동조합중앙회·수산업협동조합중앙회
4. 제1호 내지 3호 외의 지방행정기관·지방자치단체·감사원법에 의한 감사원의 감사대상기관. 다만 이 경우 본회의가 특히 필요하다고 의결한 경우에 한한다.

국정조사의 대상도 원칙적으로는 국정감사대상기관과 관련된 사안이 되어야 할 것이다. 왜냐하면 국회의 권한이 미치지 않는 사안에 대하여 국정조사를 실시한다는 것은 권한남용이나 권한위배 문제가 될 것이기 때문이다.

라) 국정감사·조사의 한계 및 제척·회피

국정감사나 조사는 개인의 사생활을 침해하거나 계속중인 재판 또는 수사중인 사건의 소추에 관여할 목적으로 행사되어서는 아니 된다(「국정감사 및 조사에 관한 법률」 제8조). 또한 국회의원은 직접 이해관계가 있거나 공정을 기할 수 없는 현저한 사유가 있는 경우에는 그 사안에 한하여 감사 또는 조사에 참여할 수 없다. 본회의 또는 위원회는 제척의 사유가 있다고 인정할 때에는 그 의결로 당해 의원의 감사 또는 조사를 중지시키고 다른 의원으로 하여금 감사 또는 조사하게 해야 한다. 국정감사 또는 조사의 중지조치에 대하여 당해 의원의 이의가 있는 때에는 본회의가 의결한다. 한편 제척사유가 있는 의원은 그 사안에 한하여 감사 또는 조사를 회피할 수 있다(「국정감사 및 조사에 관한 법률」 제13조).

마) 국정감사·조사의 방법

감사(조사)위원회·소위원회 또는 반은 감사 및 조사를 위하여 그 의결로 관련된 보고 또는 서류의 제출을 관계인 및 기관 기타에 요구하고, 증인·감정인·참고인의 출석을 요구하며 검증을 행할 수 있다. 다만 위원회가 감사 또는 조사와 관련된 서류제출 요구를 하는 경우에는 재적위원 3분의 1이상의 요구

61) 지방자치단체에 대한 감사는 2이상의 위원회가 합동으로 반을 구성하여 행할 수 있다(같은 법 제7조의2).

로 할 수 있다. 감사위원이 요구한 감사조사에 필요한 서류제출은 서면, 전자문서 또는 컴퓨터의 자기테이프·자기디스크, 그 밖에 이와 유사한 매체에 기록된 상태나 전산망에 입력된 상태로 제출할 것을 요구할 수 있다. 감사(조사)위원회, 소위원회 또는 반은 증거의 채택 또는 증거조사를 위하여 청문회를 열 수 있다. 청문회 출석 요구를 받은 자 또는 기관은 「국회에서의 증언·감정 등에 관한 법률」에서 특별히 규정한 경우를 제외하고는 누구든지 이에 응해야 하며, 동 위원회 등의 검증 기타의 활동에 협조해야 한다. 감사 또는 조사를 위한 증인·감정인·참고인의 증언·감정 등에 관한 절차는 「국회에서의 증언·감정 등에 관한 법률」이 정하는 바에 의한다(「국정감사 및 조사에 관한 법률」 제10조). 국정감사·조사는 감사·조사위원회가 정하는 바에 따라 국회, 감사·조사대상현장이나 기타의 장소에서 할 수 있다(「국정감사 및 조사에 관한 법률」 제11조). 또한 국정감사나 조사를 할 때에는 그 대상기관의 기능과 활동이 현저히 저해되거나 기밀이 누설되지 아니하도록 주의해야 한다. 그리고 국회의원 및 사무보조자는 감사 또는 조사를 통하여 알게 된 비밀을 정당한 사유 없이 누설하여서는 아니 된다(「국정감사 및 조사에 관한 법률」 제14조). 감사 또는 조사를 하는 의원이 제척사유가 있음을 알면서 이를 회피하지 않거나 주의의무에 위반한 때에는 국회법이 정하는 바에 따라 징계할 수 있다(「국정감사 및 조사에 관한 법률」 제17조).

바) 국정감사·조사결과의 처리

국정감사·조사를 마친 때에는 감사·조사위원회는 지체 없이 그 감사 또는 조사보고서를 작성하여 의장에게 제출해야 한다. 국정감사·조사 보고서에는 감사 또는 조사의 경과와 결과 및 처리의견을 기재하고 그 중요 근거서류를 첨부해야 한다. 국정감사·조사 보고서를 제출받은 의장은 이를 지체 없이 본회의에 보고해야 한다. 의장은 위 위원회로 하여금 중간보고를 하게 할 수 있다(「국정감사 및 조사에 관한 법률」 제15조). 한편 본회의 또는 위원회는 국정조사기간 및 자료의 부족 등으로 조사가 추가로 필요하다고 인정되는 경우나 사전조사가 필요한 경우에는 그 의결로 감사원 등 관계행정기관의 장에게 인력, 시설, 장비 등의 지원을 요청할 수 있다. 이 경우 관계행정기관의 장은 특별한 사유가 없는 한 이에 응하여야 한다(「국정감사 및 조사에 관한 법률」 제15조의2).

국회는 본회의의 의결로 감사 또는 조사결과를 처리한다. 감사 또는 조사결과 정부 또는 해당기관의 시정(관계자의 문책 등을 포함한다)을 필요로 하는 사유가 있을 때에는 국회는 그 시정을 요구하고 정부 또는 해당기관에서 처리함이 타당하다고 인정되는 사항은 정부 또는 해당기관에 이송한다. 정부 또는 해당기관은 국정감사결과 시정요구를 받거나 이송 받은 사항을 지체 없이 처리하고 그 결과를 국회에 보고해야 한다. 국회는 시정요구 등의 처리결과보고에 대하여 적절한 조치를 취할 수 있다(「국정감사 및 조사에 관한 법률」 제16조).

(2) 감사원 감사

가) 개 요

감사원은 국가최고감사기구로서 「헌법」 제97조와 「감사원법」 제23조 제1항 제1호 및 제24조 제1항 제1호 등의 규정에 따라 국가 및 중앙정부에 대하여 세입·세출의 결산 및 회계검사와 직무감찰을 실시한다. 국가에 대하여는 매년 결산검사를 하고 국회 및 대통령에게 보고를 하도록 되어 있다(헌법 제99조). 이러한 감사원은 대통령에 소속하나 직무에 관하여는 독립의 직위를 가진다(「헌법」 제97조 및 「감사원법」 제2조). 즉 우리나라 감사원은 헌법 및 법률의 규정에 따라 행정부형 감사원으로 분류될 수 있다.

나) 감사원 조직

「헌법」 제98조에 따르면 "감사원은 원장을 포함한 5인 이상 11인 이하의 감사위원으로 구성한다"고 규정하고 있고, 「감사원법」 제3조에는 "감사원은 감사원장(이하 "원장"이라 한다)을 포함한 7인의 감사위원으로 구성한다"고 규정하고 있어 실제 감사위원회의의 구성은 7명으로 운영되고 있다. 이것은 감사원이 감사위원회의 중심으로 운영된다는 점을 보여주는 것이나 실제로는 감사위원회의와 사무처의 이원조직으로 운영되고 있다.

① 감사원장과 감사위원회의

감사원장은 국회의 동의를 얻어 대통령이 임명하고 임기 4년으로 1차에 한하여 중임할 수 있다. 감사위원은 감사원장의 제청으로 대통령이 임명하되 원장과 마찬가지로 임기 4년에 1차에 한하여 중임할 수 있다(「헌법」 제98조). 그러나 원장의 정년이 70세인 반면, 감사위원은 65세로 되어 있는 점이 다르다(「감사원법」 제6조 제2항). 감사위원은 정무직으로서 그 보수는 차관급이다. 다만 원장은 국무총리와 국무위원의 보수의 범위에서 대통령령으로 정하도록 되어 있다(「감사원법」 제5조 제2항).[62] 감사위원의 자격은 「국가공무원법」 제2조의2에 따른 고위공무원단에 속하는 공무원 또는 3급 이상 공무원으로 8년 이상 재직한 사람, 판사·검사·군법무관 또는 변호사로 10년 이상 재직한 사람, 공인된 대학에서 부교수 이상으로 8년 이상 재직한 사람, 「자본시장과 금융투자업에 관한 법률」에 따른 주권상장법인 또는 정부투자기관에서 20년 이상 근무한 사람으로서 임원으로 5년 이상 재직한 사람으로 되어 있다(「감사원법」 제7조).[63]

감사위원은 탄핵결정이나 금고 이상의 형의 선고를 받은 때 또는 장기적 심신쇠약으로 직무를 수행할 수 없을 때를 제외하고는 본인의 의사에 반하여 면직되지 않는다. 탄핵결정이나 금고 이상의 형의 선고가 있을 때에는 당연 퇴직이 되나 장기적 심신쇠약으로 인한 직무수행을 할 수 없을 때는 감사위원회의의 의결을 거쳐 원장의 제청으로 대통령이 퇴직을 명하도록 되어 있다(「감사원법」 제8조). 한편 감사위원은 공정한 직무 수행을 위해 겸직과 정치운동이 금지되어 있고,[64] 그 이외에도 자기와 관계있는 사항, 친족관계가 있거나 이러한 관계가 있었던 사람과 관계있는 사항, 해당 안건과 관계있는 사람의 증인 또는 감정인으로 된 사항, 감사위원으로 임명되기 전에 조사 또는 검사에 관여한 사항 등에 대하여 제척을 하도록 되어 있다(「감사원법」 제15조 제1항).[65] 감사위원회의는 감사원장을 포함한 감사위원 전원으로 구성되는 합의제이며 감사원장이 의장이 된다. 감사위원회의의 의결은 재적 감사위원 과반수의 찬성으로 의결하고(「감사원법」 제11조), 주요 의결사항은 다음과 같다(「감사원법」 제11조).

---

62) 실제로 부총리와 같은 보수를 지급하고 있다.

63) 종래 "공인된 대학에서 법률학 또는 경제학의 부교수이상의 직에 6년 이상 재직한 자, 영관급 이상의 현역장교로 10년 이상 재직한 자"로 되어 있던 것을 1995년 1월 5일 개정, 시행된 「감사원법」(법률 제4937호)에 의거 교수의 전공 제한이 없어지고, 군인이 임용자격에서 제외되었다. 그 이외에도 공무원의 경우 2급(지금의 3급) 이상으로 "6년 이상" 재직한 자는 "8년 이상"으로 강화되었다.

64) 겸직 등의 금지사항은 국회 또는 지방의회의 의원의 직, 행정부서의 공무원의 직, 감사대상이 되는 단체의 임직원의 직, 그 밖에 보수를 받는 직 등으로 되어 있고, 정치운동의 금지내용은 정당에 가입하거나 정치운동에 관여할 수 없도록 되어 있다(「감사원법」 제9조~제10조).

65) 그 이외에도 탄핵소추의 의결을 받았거나 형사재판에 계속(係屬)되었을 때에는 그 탄핵의 결정 또는 재판이 확정될 때까지 그 권한 행사가 정지된다(「감사원법」 제15조 제2항).

1. 감사원의 감사정책 및 주요 감사계획에 관한 사항
2. 결산의 확인에 관한 사항
3. 변상책임의 판정에 관한 사항
4. 징계 및 문책 처분의 요구에 관한 사항
5. 시정 등의 요구에 관한 사항
6. 개선(법령, 제도, 행정상) 요구에 관한 사항
7. 행정운영의 경제성 · 효율성 · 공정성 등을 위한 권고 등에 관한 사항
8. 재심의에 관한 사항
9. 결산검사보고 및 수시보고에 관한 사항
10. 심사청구 결정에 관한 사항
11. 회계관계법령의 제정 · 개폐 및 해석 · 적용에 대한 의견 표시 등에 관한 사항
12. 감사원 규칙의 제정 및 개정 · 폐지 등에 관한 사항
13. 감사원의 예산 요구 및 결산에 관한 사항
14. 감사의 생략에 관한 사항
15. 감사사무의 대행에 관한 사항
16. 기타 원장이 부의한 사항

② 사무처 및 감사교육원 · 감사연구원

감사원은 발족 당시부터 사무처를 두어 원장의 지휘 · 감독하에 서무와 감사사무를 처리하게 하였다. 사무처에는 사무총장(차관급)과 사무차장(차관보급) 1인을 두었고, 5개의 감사담당국과 각 국에 5개 과씩을 두어 중앙부처별로 감사사무를 담당하게 하였다. 그리고 지원부서로는 총무과, 기획실, 심의실, 기술실을 두었다. 또한 각 실 · 국에 부국장 · 부실장을 두었다가 1971년 8월 이를 폐지하였다.

정원은 감사원 발족 시에 별정직 12명, 일반직 369명, 고용원 105명 등 계 486명으로 별정직과 일반직의 정원은 폐지되기 직전의 심계원과 감찰위원회의 정원 합계와 같았다.

2011년 9월 현재 감사원 사무처는 사무총장 1인, 사무1 · 2차장 및 공직감찰본부장과 3실(기획관리실, 심의실, 비서실), 3관(감찰관, 공보관, 감사품질관리관), 9

국(재정경제감사국, 금융기금감사국, 건설·환경감사국, 공공기관감사국, 사회복지감사국, 행정문화감사국, 지방행정감사국,[66] 특별조사국, 감사청구조사국), 6단(전략과제감사단, 교육감사단, 국방감사단, 지방건설감사단, 감찰정보단, 공공감사운영단), 65과로 구성되어 있다.

이는 원장의 지휘·감독하에 회계검사, 감찰, 심사결정 및 감사원에 관한 행정사무를 처리하기 위한 조직으로서 감사집행기관으로 설치되었다(「감사원법」 제16조). 이의 구체적 설치와 분장사무는 감사원규칙으로 정하고 있다. 총정원

그림 4-1 감사원 기구도

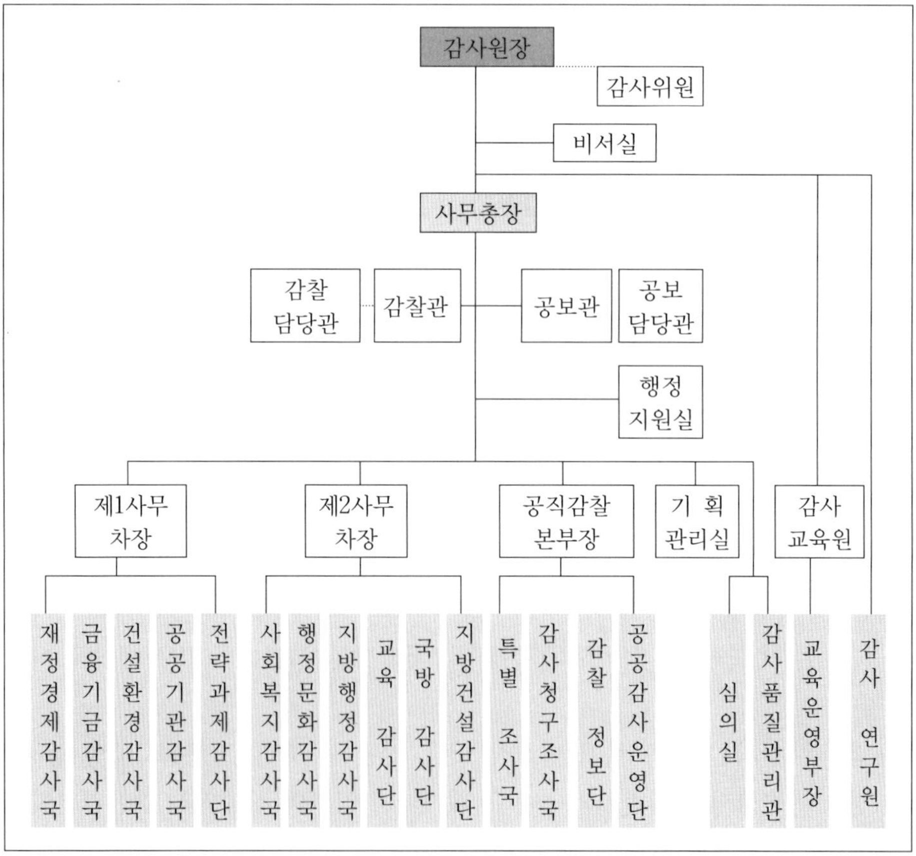

66) 법형식적으로는 지방행정감사국이 지방자치단체를 주 대상으로 하는 감사부서로서 외국과 비교해 보면 지방감사원의 역할을 하고 있다고 하겠다. 그러나 실제로는 거의 모든 감사부서가 중앙과 지방자치단체 모두에 대해 주된 사무분장과 아울러 관련 사항에 대한 감사를 실시하고 있다.

은 사무총장을 포함하여 958명이다(「감사원사무처 직제」: [그림 4-1] 참조).

그 이외에 감사원에는 직속기관으로 감사교육을 전문으로 하는 감사교육원[67]과 감사제도 및 기법 연구 등을 전담하는 감사연구원[68]을 각각 두고 있다.

다) 감사원의 권한과 기능

감사원의 권한에 관하여 「헌법」 제97조에서는 "국가의 세입·세출의 결산, 국가 및 법률이 정한 단체의 회계검사와 행정기관 및 공무원의 직무에 관한 감찰을 하기 위하여 대통령 소속하에 감사원을 둔다"고 규정하고 있고, 「감사원법」 제20조(임무)에도 감사원은 "국가의 세입·세출의 결산검사를 하고, 이 법 및 다른 법률에서 정하는 회계를 상시 검사·감독하여 그 적정을 기하며, 행정기관 및 공무원의 직무를 감찰하여 행정 운영의 개선과 향상을 기한다"고 규정하고 있다. 그 이외에도 심사청구와 회계관계법령의 제정·개폐 및 해석·적용에 대한 의견표시, 자체감사의 지원 등을 「감사원법」에 규정하고 있다. 이를 요약하면 감사원은 ㉠ 결산의 확인, ㉡ 회계검사 및 직무감찰, ㉢ 재심의[69] 및 심사청구에 대한 결정,[70] ㉣ 의견표시,[71] ㉤ 자체감사의 지원[72] 등의 기능을 수행하고 있다.

① 결산의 확인 및 보고

감사원은 국가의 세입·세출의 결산을 해마다 검사하여 확인하고 그 결과를 대통령과 차년도 국회에 보고하도록 되어 있다(「헌법」 제99조 및 「감사원법」 제21조). 이 보고에 따라 대통령은 행정(집행)부에 대한 감독을 철저히 할 수 있고, 국회도 행정부의 재정집행에 대한 실효성 있는 심사를 할 수 있다.

---

67) 1982. 8. 5. 감사와 회계업무 전문교육기관으로 지정되고 1995년 1월 5일 「감사원법」 개정으로 그 해 2월 감사교육원을 신설하였다. 감사교육원장 1명과 교육운영부장, 3개과(교육운영1·2과, 교육지원과)로 조직되어 직원 35명을 두고 있다(「감사교육원 직제」).

68) 2005년 5월 26일 「감사원법」(법률 제7521호) 개정으로 감사대상기관의 주요 정책·사업·기관운영 등의 효율성 분석 및 성과평가와 관련된 감사제도 및 방법 등을 연구·개발하기 위하여 그 해 9월 평가연구원을 신설하였다가, 2008년 2월 29일 「감사원법」(법률 제8875호) 개정으로 감사대상기관의 주요 정책·사업·기관운영 등의 회계검사, 성과감사 및 직무감찰과 관련된 감사제도 및 방법 등을 연구·개발을 목적으로 하는 감사연구원으로 개칭하여 현재에 이르고 있다. 감사연구원장 1명과 연구부장 1명 4개과(연구기획실, 연구1·2·3팀)로 구성되어 있고 정원은 35명이다(「감사연구원 직제」, 2011).

69) 「감사원법」 제36조~제40조.

70) 「감사원법」 제43조~제48조.

71) 「감사원법」 제49조

72) 「감사원법」 제30조의2.

결산검사의 절차를 보면 ㉠ 각 중앙관서의 장은 매 회계연도마다 그 소관에 속하는 일반회계·특별회계·기금을 통합한 결산보고서[73]를 작성하고, 기금의 경우에는 기금결산보고서에 회계법인의 검사보고서를 첨부하여 다음연도 2월 말일까지 기획재정부장관에게 제출한다(「국가회계법」 제13조 제1항·제2항 및 「국가재정법」 58조 제1항). ㉡ 기획재정부장관은 회계연도마다 중앙관서결산보고서를 통합하여 국가결산보고서를 작성한 후 국무회의의 심의를 거쳐 대통령의 승인을 받고, 다음 연도 4월 10일까지 감사원에 제출하여야 한다(「국가회계법」 제13조 제3항 및 「국가재정법」 제59조). ㉢ 감사원은 제출된 국가결산보고서를 검사하고 그 보고서를 다음 연도 5월 20일까지 기획재정부장관에게 송부하여야 한다(「국가재정법」 제60조). ㉣ 정부는 감사원의 검사를 거친 국가결산보고서를 다음 연도 5월 31일까지 국회에 제출하여야 한다(「국가재정법」 제61조). ㉤ 국회는 이를 본회의에 보고하고 각 상임위원회에 회부하여 예비심사를 거친 후 이를 다시 예산결산특별위원회의 종합심사에 회부한다.[74] 종합심사를 거친 결산은 본회의에 회부되고 여기에서 심의·확정하면 정부에 이송하는 것으로 결산심사 절차는 종료된다(「국회법」 제84조 제1·2항). 국회는 결산에 대한 심의·의결을 정기회 개최 전까지 완료하도록 되어 있다(「국회법」 제128조의2 제2항).

한편 감사원은 매월 또는 분기별로 정부의 각종 계산증명책임자로부터 제출된 계산서 등 계산증명서류와 회계검사결과 적출된 위법부당 사항 등을 근거로 결산검사확인액표를 작성한다. 그리고 결산검사확인액표를 한국은행에 제출된 국고출납계산서와 정부결산액을 상호대사하여 부합여부를 검사하고 결산을 확인한다. 결산의 확인이란 검사의 결과에 의하여 국가의 결산금액과 내용의 당부를 결정하는 작용으로서 검사의 최종단계이므로 결산과 회계검사는 서로 다른 권한이 아니라 동일한 권한의 양면에 불과한 것이다.[75] 결산

73) 결산보고서에는 1. 결산개요, 2. 세입세출결산, 3. 재무제표(재정상태표, 재정운영표, 순자산변동표), 성과보고서로 구성된다(「국가회계법」 제14조).

74) 예산결산특별위원회의 결산심사는 제안설명과 전문위원의 검토보고를 듣고, 종합정책질의, 부별심사 또는 분과위원회심사 및 찬반토론을 거쳐 표결하도록 되어 있다(「국회법」 제84조 제3항).

75) 이에 따라 감사원이 국회에 제출하는 결산검사보고서에는 계수확인(소극적 의미의 결산)뿐만 아니라, 아래에서 보는 것처럼 예산집행에 대한 위법·부당 사항 등을 검사한 실질적인 검사 결과가 포함되고 있다.

(settlement of accounts)이란 예산에 대응하는 개념으로서 1회계연도의 예산집행이 완료된 다음에 세입예산의 모든 수입과 세출예산의 모든 지출을 확정적 계수로 표시하는 절차이다. 감사원은 결산을 검사함으로써 법률적 견지에서 합법, 위법 및 당부당을 확인하고 이 확인에 의하여 비로소 정부는 결산을 국회에 제출할 수 있게 되며 결산이 국회의 재정감독상 신빙할 수 있는 자료로서 기초가 부여되는 것이다(김명수 외, 2009: 43).

② 회계검사 및 직무감찰

회계검사란 조직의 수입과 지출, 재산의 취득·보관·관리 및 처분 등에 대한 사실을 확인·검증하고 그 결과를 보고하기 위하여 장부, 기타의 기록을 체계적으로 검사하는 행위를 말한다. 감사원의 회계검사는 횡령, 유용 등 회계·경리상의 비위와 위법·부당한 행위를 적발하는 소극적 기능에 그치지 않고 비위 등의 원인을 규명하여 재발방지책을 강구하고, 능률성·효과성·형평성의 측면에서 사업의 성과, 경영실적 등을 평가하여 시정, 개선을 요구하는 적극적인 기능을 동시에 수행한다(김명수 외, 2009: 44).

감사원법은 감사권 행사의 일탈, 남용과 감사사각을 방지하기 위해 「감사원법」 제22조 및 제23조에서 필요적 검사사항과 선택적 감사사항[76]으로 구분하고 있다. 필요적 검사사항은 ㉠ 국가의 회계, ㉡ 지방자치단체의 회계, ㉢ 한국은행의 회계와 국가 또는 지방자치단체가 자본금의 2분의 1 이상을 출자한 법인의 회계, ㉣ 다른 법률에 의하여 감사원의 회계검사를 받도록 규정된 단체 등의 회계이다. 선택적 검사사항은 ㉠ 국가기관 또는 지방자치단체 외의 자가 국가 또는 지방자치단체를 위하여 취급하는 국가 또는 지방자치단체의 현금·물품 또는 유가증권의 출납, ㉡ 국가 또는 지방자치단체가 직접 또는 간접으로 보조금·장려금·조성금 및 출연금 등을 교부하거나 대부금 등 재정 원조를 제공한 자의 회계, ㉢ ㉡에 규정된 자가 그 보조금·장려금·조성금 및 출연금 등을 다시 교부한 자의 회계, ㉣ 국가 또는 지방자치단체가 자본금의 일부를 출자한 자의 회계, ㉤ ㉣ 또는 제22조 제1항 제3호에 규정된 자(한국은행 및 국가 또는 지방자치단체가 자본금의 2분의 1 이상을 출자한 자)가 출자한 자의 회계, ㉥ 국가 또는 지방자치단체가 채무를 보증한 자의 회계, ㉦ 「민법」 또는 「상법」

76) 감사원이 필요하다고 인정하거나 국무총리의 요구가 있을 때 검사하는 사항이다.

외의 다른 법률에 따라 설립되고 그 임원의 전부 또는 일부나 대표자가 국가 또는 지방자치단체에 의하여 임명되거나 임명 승인되는 단체 등의 회계, ⓞ 국가, 지방자치단체, 제2호부터 제6호(ⓛ~ⓑ)까지 또는 제22조 제1항 제3호・제4호에 규정된 자와 계약을 체결한 자의 그 계약에 관련된 사항에 관한 회계, ⓩ 「국가재정법」 제5조의 적용을 받는 기금을 관리하는 자의 회계, ⓒ 제9호(ⓩ)에 따른 자가 그 기금에서 다시 출연 및 보조한 단체 등의 회계이다.

직무감찰[77]은 비재무적 활동의 합법성, 경제성・능률성・효과성을 검토하는 것으로 「감사원법」 제24조에서는 그 범위를 다음과 같이 정하고 있다. ㉠ 「정부조직법」 그 밖의 법률에 의하여 설치된 행정기관[78]의 사무와 그에 소속한 공무원[79]의 직무, ㉡ 지방자치단체의 사무와 그에 소속한 지방공무원의 직무, ㉢ 한국은행과 국가 또는 지방자치단체가 자본금의 2분의 1이상을 출자한 법인 및 「민법」 또는 「상법」 이외의 법률의 규정에 의하여 설치되고 그 임원의 전부 또는 일부나 대표자가 국가 또는 지방자치단체에 의하여 임명되거나 임명 승인되는 단체 등의 사무와 그에 소속한 임원 및 감사원의 검사대상이 되

표 4-1 연도별 감사원 감사대상기관 및 감사원 정원 현황

(단위: 개, 명)

연도별	대상기관		감사원 총정원	연도별	대상기관		감사원 총정원
	기관수	인 원			기관수	인 원	
1963	3,964	287,988	486	1967	6,636	355,752	493
1972	21,566	520,343	571	1977	30,783	572,713	662
1982	40,877	750,244	696	1987	54,981	895,495	708
1992	59,000	1,115,433	776	1997	68,041	1,130,607	829
2002	65,027	982,546	892	2007	65,992	1,340,686	1004

주) 대상기관은 필요적 검사대상기관과 선택적 검사대상기관을 합한 총대상기관 수이나, 대상인원은 필요적 검사대상기관의 인원임.
자료: 감사원(2008: 316-319).

77) 국무총리로부터 국가기밀에 속한다는 소명이 있는 사항과 국방부장관으로부터 군기밀이거나 작전상 지장이 있다는 소명이 있는 사항에 대하여는 감찰을 할 수 없다(「감사원법」 제24조 제4항).
78) 군기관과 교육기관을 포함한다. 다만 군기관에는 소장급 이하의 장교가 지휘하는 전투를 주임무로 하는 부대 및 중령급 이하의 장교가 지휘하는 부대는 제외한다(「감사원법」 제24조 제2항).
79) 국회・법원 및 헌법재판소에 소속한 공무원은 제외된다(「감사원법」 제24조 제3항).

는 회계사무와 직접 또는 간접으로 관련이 있는 직원의 직무, ㉣ 법령에 의하여 국가 또는 지방자치단체가 위탁하거나 대행하게 한 사무와 그 밖의 법령에 의하여 공무원의 신분을 가지거나 공무원에 준하는 자[80]의 직무가 그것이다.

직무감찰권과 관련하여 주목할 사항은 그 개념의 변화이다. 현재의 감사원이 탄생하기 이전인 감찰위원회 시절에는 감찰의 개념이 공무원에 대한 "직무상 비위를 감찰"하는 것이었으나, 감사원으로 심계원과 통합될 때에 「감사원법」에서 행정운영의 개선향상을 기하기 위하여 "행정기관 및 공무원의 직무를 감찰"하는 것으로 규정되었다. 이는 직무감찰의 개념이 종래 공무원의 비위에 대해 감찰하는 '대인감찰'에 한정되던 것이 행정기관 등의 사무와 공무원 등의 직무 및 이와 관련된 행위에 대하여 조사·평가 등의 방법으로 법령상·제도상·행정상의 모순이나 문제점을 적출하여 이를 시정·개선하는 '행정사무 감찰'을 포함하게 되었다(김명수 외, 2009: 45-46).

한편 감사원은 감사의 효율성을 높이고 중복감사를 방지하기 위하여 감사원 감사사무 중 일부를 자체감사기구로 하여금 대행하게 하고 그 결과를 제출하게 할 수 있다.[81] 중앙행정기관의 경우에 여기에 해당될 수 있으나 본부보다는 그 소속기관이나 소관 단체에 대한 감사에 이를 적용하는 경우가 많을 것이다(「감사원법」 제50조의2, 「공공감사에 관한 법률」 제35조).

③ 재심의 및 심사청구에 대한 결정[82]

「감사원법」 제2장 제7절(제36조～제40조)에서는 감사결과 지적사항의 적법, 타당한 처리를 보장하고 부당한 처리로 인한 권리침해를 구제하기 위하여 재심의 제도를 두고 있다. 「감사원법」 제31조에 따른 변상판정에 대하여 위법·부당하다고 인정하는 본인, 소속 장관, 감독기관의 장 또는 해당기관의 장은

80) 준공무원이라고 한다.

81) 사실의 조사·확인 및 분석 등의 사무로서 국민의 권리·의무와 직접 관계되지 아니하는 사무로 한정한다.

82) 이와 유사한 것으로 감사원은 1971년 2월 9일 민원상담실을 설치한 이래 1993년 12월 1일 「188민원신고센터」를 설치하고, 2004년 2월 20일에는 「기업불편신고센터」를 설치하는 등 고충민원의 처리를 하고 있다. 또한 2001년 7월 24일 도입된 「부패방지 및 국민권익위원회의 설치와 운영에 관한 법률」에 의한 부패행위에 대하여, 1996년 7월 1일 도입된 「공익사항에 관한 감사원 감사청구 처리에 관한 규정」(감사원 훈령 제396호)에 의하여 특정한 사항에 대하여 일정한 청구요건을 전제로 각각 감사청구제도를 운영하고 있다. 그 밖에 국회법 제127조의2에 의한 감사요구제도(국회의 본회의 의결로 요구된 사항에 대하여 감사원이 3개월 이내에 감사를 실시하고 보고하도록 한 제도)를 운영하고 있다.

변상판정서가 도달한 날로부터 3개월 이내에 감사원에 재심의를 청구할 수 있다. 또한 「감사원법」 제32조~제34조에 따른 처분을 요구받은 소속 장관, 임용권자나 임용제청권자, 감독기관의 장 또는 해당 기관의 장은 그 요구가 위법 또는 부당하다고 인정할 때에는 그 요구를 받은 날로부터 1개월 이내에 감사원에 재심의를 청구할 수 있다.[83] 재심의 청구를 받은 감사원은 이를 특별한 사유가 없는 한 이를 수리한 날로부터 2개월 이내에 처리하되, 재심의 청구가 이유 있다고 인정하면 원처분의 요구를 취소하거나 그 내용을 변경하고 그 청구가 이유가 없다고 인정하면 기각한다. 감사원의 재심의 판결에 대하여는 감사원을 당사자로 하여 행정소송을 제기할 수 있다.

또한 「감사원법」 제3장(제43조~제48조)에서는 행정구제 또는 행정작용에 대한 타당성 보장의 일환으로 심사청구제도를 인정하고 있다. 즉 감사원의 감사를 받는 자의 직무에 관한 처분이나 그 밖의 행위에 관하여 이해관계가 있는 자는 감사원에 심사청구를 할 수 있고, 감사원은 이를 심사하여 청구에 이유가 있고 시정을 요한다고 인정될 때에는 그 심사 및 결정을 관계기관의 장에게 통지하고, 관계기관의 장으로 하여금 그 결정에 따른 조치를 취하도록 요구하는 결정을 내릴 수 있다. 그러나 심사청구가 형식요건을 갖추지 못했거나 이해관계인이 아닌 자가 제출한 때에는 이를 각하하고, 심사청구의 이유가 없다고 인정한 때에는 이를 기각하는 결정을 내린다. 심사청구는 감사원에서 처음 도입한 제도로서 감사원의 행정감독권의 하나인 감사권에 근거하여 주로 행정작용의 타당성을 보장하기 위한 목적으로 채택한 것으로 그 반사적 작용으로 권리구제의 효과를 가져오고 있다.[84]

④ 의견표시 등

감사원은 회계제도의 적정성을 제도면에서 보장하고자 회계처리사항의 비

---

83) 변상판정과 처분요구에 대한 재심의 청구는 청구인, 청구기한 등을 달리한다. 그리고 변상판정과 처분요구가 아닌 권고·통보사항(「감사원법」 제34조의2)은 재심의 대상이 아니다. 현행 재심의 제도는 청구뿐만 아니라 변상판정사항에 대해 감사원 자체에 의한 직권재심의를 인정하고 있다(「감사원법」 제39조).

84) 청구인이 감사원의 심사청구에 대하여 불복이 있는 경우 해당 처분청을 당사자로 하여 해당 결정의 통지를 받은 날로부터 90일 이내에 행정소송을 제기할 수 있다(「감사원법」 제46조의2). 한편 심사청구제도는 사법구제로 인한 비용 과다 및 절차 번잡 등의 문제에 대해 행정심판의 일종으로서 간략한 절차에 의한 구제를 가능하게 하고 있다. 이는 관계기관의 장이 시정이나 그 밖에 필요한 조치를 요구하는 결정통지를 받으면 그 결정에 따른 조치(대개 2개월 이내)를 하도록 되어 있는 규정에 의해 뒷받침된다(감사원법」 제47조).

위를 사전에 방지하기 위하여 국가기관의 회계관계법령 등의 제정 및 개폐를 할 때에나, 회계사무 담당자의 회계 관계 법령에 대한 해석·적용상 의문에 대하여 의견을 구할 때에는 그 의견을 표시하도록 하였다.

이를 구체적으로 보면 다음과 같다. 먼저 회계 관계 법령의 제·개정 및 폐지와 관련한 의견표시에 있어 국가의 각 기관은 ㉠ 국가의 회계 관계 법령을 제정하거나 개정·폐지하려는 경우, ㉡ 국가의 현금, 물품 및 유가증권의 출납 부기에 관한 법령을 제정하거나 개정·폐지하려는 경우, ㉢ 감사원의 감사를 받도록 하거나 배제·제한하는 등의 감사원의 권한에 관한 법령을 제정하거나 개정·폐지하려는 경우,[85] ㉣ 자체감사 업무에 관한 법령을 제정하거나 개정·폐지하려는 경우 사전에 미리 해당 법령안을 감사원에 보내 그 의견을 구하도록 되어 있다(「감사원법」 제49조 제1항). 한편 감사원 감사를 받는 회계사무 담당자가 그 직무를 집행하면서 회계 관계 법령의 해석상 의문점에 관하여 감사원에 의견을 구할 경우 감사원은 이에 대하여 해석·답변하도록 되어 있다(「감사원법」 제49조 제2항).

⑤ 자체감사의 지원 등

「감사원법」 제30조의2를 보면 감사원은 자체감사업무의 발전과 효율적인 감사업무의 수행을 위하여 필요한 지원을 할 수 있도록 되어 있다. 중앙행정기관·지방자치단체 및 정부투자기관의 장은 필요한 경우에 감사의 중복을 피하기 위하여 감사계획 등에 관하여 감사원과 협의하도록 되어 있고, 감사결과 감사책임자가 감사업무에 현저하게 태만하고 있다고 인정되는 때에는 당해 임용권자 또는 임용제청권자에게 그 교체를 권고할 수 있도록 되어 있다. 한편 2010년 7월 1일 제정·시행된 「공공감사에 관한 법률」(법률 제10163호)[86]에 자체감사기구의 구성 및 활동지원, 활동심사, 감사중복 및 사각지대 방지를 위한 협력·조정기구 설치 등 자체감사의 구성 및 운영 등에 관한 기본적인 사항과 효율적인 감사체계의 확립에 필요한 사항이 구체적으로 규정되어 있다.

한편 감사원은 필요하다고 인정하는 때에는 감사원 규칙이 정하는 바에 의

85) 이는 종래 의견표시가 회계와 관련된 사항에 국한됨으로써 직무감찰 등 감사와 관련된 사항을 규정한 법령이 감사원의 의사와 관계없이 재정 또는 개폐되는 사례가 많아 1995년 1월 「감사원법」을 개정하면서 본 조항과 자체감사에 관한 법령 부분이 신설되었다.

86) 「공공감사에 관한 법률 시행령」도 대통령령 제22249호로 제정·시행되었다.

하여 일부 감사대상기관에 대한 감사사무(사실의 조사·확인 및 분석 등의 사무로서 국민의 권리·의무와 직접 관계되지 아니하는 한한다) 중 일부를 각 중앙관서·지방자치단체 및 정부투자기관의 장으로 하여금 대행하게 하고 그 결과를 제출하게 할 수 있다(「감사원법」 제50조의2).

2. 자체감사제도

행정에 대한 통제수단의 하나로 구상되었던 감사제도는 초기에는 독립적 지위를 갖는 단일의 최고감사기구에 의해 수행되는 것이 일반적인 현상이었으나 감사의 대상이 행정기능의 확대로 말미암은 감사요구의 증대로 어느 나라에서나 단일 기관이 국가 전체의 감사기능을 수행하는 것은 거의 불가능하게 되었다. 여기에서 대두된 제도가 내부감사(internal audit) 또는 자체감사제도이다. 미국은 1950년대에 자체감사제도를 도입하였고, 우리나라는 1962년 3월 「행정감사규정」(각령 제532호)을 마련함으로써 처음으로 자체감사제도가 도입되었다(김명수·박준, 1995: 60). 자체감사기구는 각국의 최고감사기구와는 달리 각급 행정기관 내부에 설치되어 있고, 각 기관마다 상당한 차이를 보이고 있는데 중앙정부의 경우에도 각 부처별로 상이한 모습을 보이고 있다. 2011년 8월 현재 「공공감사에 관한 법률」의 적용대상이 되는 중앙행정기관(본부에 한함. 감사원 제외)을 중심으로 자체감사제도를 구체적으로 살펴보면 다음과 같다.

(1) 자체감사기구의 구성 및 조직

가) 자체감사기구의 구성

① 자체감사기구의 설치

중앙행정기관 등에는 자체감사기구를 두도록 되어 있다. 다만 그 규모, 관장사무 또는 자체감사 대상기관의 수 등을 고려하여 관계 법령에서 정하는 경우에는 자체감사업무를 전담하여 수행하는 자체감사기구를 두어야 한다.[87] 또한 관계 법령, 조례 또는 정관으로 정하는 바에 따라 자체감사기구를 합의제감사기구로 둘 수 있다(「공공감사에 관한 법률」 제5조). 합의제감사기구는 위원장 1

87) 2011년 6월 말 현재 국가의 경우 40개(감사원 제외) 기관 중 33개 기관이 전담기관으로 지정되어 있다.

명을 포함한 3명 이상 7명 이하의 위원으로 구성되며, 임용절차, 위원의 자격 · 임기 · 직무 등은 자체감사기구의 장에 관한 규정이 준용된다(「공공감사에 관한 법률」 제6조).[88] 중앙행정기관에는 자체감사에 관하여 중앙행정기관 등의 장 또는 감사기구의 장의 자문에 응하게 하기 위하여 감사자문위원회를 둘 수 있다. 한편 감사기구의 장은 자체감사활동에서 독립성이 최대한 보장되어야 하고, 중앙행정기관 및 지방자치단체의 감사기구의 장은 감사활동의 독립성이 보장될 수 있도록 관계 법령에서 정하는 바에 따라 그 소속이 적정하게 정하여져야 한다(「공공감사에 관한 법률」 제7조).

② 자체감사기구의 장

자체감사기구의 장은 자체감사를 총괄하는 사람으로서 감사기준과 감사활동수칙을 준수하고, 자체감사 대상기관의 회계와 사무 및 그 소속 공무원이나 직원의 직무를 독립적으로 감사하며, 자체감사 대상기관 소속 공무원이나 직원의 부정 · 비리 행위를 예방하기 위하여 노력하여야 한다(「공공감사에 관한 법률」 제12조).

자체감사를 전담하는 자체감사기구를 두는 중앙행정기관 및 지방자치단체의 장은 감사기구의 장을 개방형 직위로 임용하여야 한다. 또한 개방형 직위로 임용할 때에는 관계 법령에서 정하는 바에 따라 그 적격 여부를 공정하게 심사하기 위한 합의제 기구를 설치 · 운영하고 그 심사를 거쳐야 한다(「공공감사에 관한 법률」 제8조). 그 임기는 5년의 범위에서 임용권자가 정하되 최소한 2년 이상으로 하여야 한다(「공공감사에 관한 법률」 제9조).

중앙행정기관 및 자체감사기구의 장의 임용권자는 감사기구의 장이 다음 각 호의 하나에 해당하는 경우를 제외하고는 임기(개방형 직위가 아닌 경우 2년) 내에 그의 의사에 반하여 채용계약을 해지하거나 다른 직위에 임용할 수 없다(「공공감사에 관한 법률」 제10조).

1. 신체상 또는 정신상의 장애로 직무를 수행할 수 없게 된 경우
2. 승진임용의 경우
3. 휴직의 경우
4. 결격사유에 해당하는 경우(「공공감사에 관한 법률」 제15조 관련)

88) 공공기관의 경우에는 감사기구의 장의 임용절차, 임기, 신분보장 및 자격에 관한 규정이 배제된다(「공공감사에 관한 법률」 제6조 제2항 단서).

5. 교체권고의 대상이 된 경우(「공공감사에 관한 법률」 제39조 제5항 관련)[89)]

6. 징계처분이나 직위해제처분을 받은 경우

그리고 자체감사를 전담하는 중앙행정기관 및 지방자치단체의 감사기구의 장의 자격은 ㉠ 중앙행정기관 또는 지방자치단체에서 감사·수사·법무, 예산·회계, 조사·기획·평가 등의 업무(즉 "감사 관련 업무")를 3년 이상 담당한 사람으로서 5급 이상 또는 이에 상당하는 공무원으로 근무한 경력이 있는 사람, ㉡ 판사, 검사, 변호사 또는 공인회계사로서 3년 이상 근무한 경력이 있는 사람, ㉢「고등교육법」 제2조 제1호부터 제5호까지의 규정에 따른 학교에서 감사 관련 업무와 직접 관련이 있는 분야에서 조교수 이상으로 3년 이상 재직한 경력이 있는 사람, ㉣ 공공기관 또는 「자본시장과 금융투자업에 관한 법률」 제9조 제5항 제4호에 따른 주권상장법인에서 감사 관련 업무를 3년 이상 담당한 사람으로서 임용예정직위에 상당하는 부서의 책임자 이상으로 근무한 경력이 있는 사람, ㉤ 공공 또는 민간연구기관에서 감사 관련 업무를 3년 이상 담당한 사람으로서 임용예정직위에 상당하는 부서의 책임자 이상으로 근무한 경력이 있는 사람, ㉥ 그 밖에 해당 기관의 관장 사무에 따라 기술·보건·세무 또는 환경 등의 분야에 전문성을 갖춘 사람으로서 대통령령으로 정하는 자격을 가진 사람으로 되어 있다.[90)] 한편 자체감사를 전담하는 자체감사기구를 두지 않는 중앙행정기관 및 지방자치단체의 감사기구의 장의 자격은 기관의 규모, 관

89) 감사원은 자체감사기구의 운영실태, 감사기준 및 감사활동수칙의 준수 여부, 자체감사활동, 감사결과 및 그 처리 등을 심사하고 그 결과 감사기구의 장이 감사업무를 현저하게 게을리하고 있다고 인정할 때에는 해당 감사기구의 장의 임용권자 또는 임용제청권자에게 감사기구의 장의 교체를 권고할 수 있다.

90) 1. 국가기관, 지방자치단체, 공공기관, 법인 또는 「비영리민간단체 지원법」의 지원을 받는 단체에서 감사 관련 업무(법 제11조 제1항 제1호에 따른 감사 관련 업무를 말한다. 이하 같다)를 1년 이상 담당한 사람으로서 다음 각 목의 어느 하나에 해당하는 사람. 다만, 법 제11조 제1항 제2호에 해당하는 사람은 제외한다.

가. 감사기구의 장을 임용하려는 해당 기관의 관장 사무와 관련된 「공무원임용시험령」 별표 7 및 별표 8에 따른 5급 특별채용대상 자격증과 경력기준을 갖춘 사람

나. 감사기구의 장을 임용하려는 해당 기관의 관장 사무와 관련된 자치법규에 따른 5급 특별채용대상 자격증과 경력기준을 갖춘 사람

2. 국가기관 또는 지방자치단체에서 감사 관련 업무를 1년 이상 담당하고 기술·보건·세무 또는 환경 등의 업무를 10년 이상 담당한 사람으로서 임용할 당시 5급 이상 또는 이에 상당하는 직급으로 재직 중인 공무원

3. 중앙행정기관 외의 국가기관에서 감사 관련 업무를 3년 이상 담당하고 5급 이상 또는 이에 상당하는 공무원으로 근무한 경력이 있는 사람으로서 감사기구의 장을 임용하려는 중앙행정기관 또는 지방자치단체의 장이 해당 기관의 관장 사무에 대하여 전문성을 갖추었다고 인정하는 사람(「공공감사에 관한 법률 시행령」 제6조).

장사무와 자체감사기구가 자체감사업무와 같이 수행하는 업무 등을 고려하여 대통령령으로 정한다(「공공감사에 관한 법률」 제11조).[91] 그리고 중앙행정기관 및 지방자치단체의 감사기구의 장이 될 수 없는 사람은 ㉠ 감사기구의 장을 임용하려는 중앙행정기관 및 지방자치단체의 주요 업무와 밀접한 관련[92]이 있는 법인 또는 단체의 임직원으로 근무하다가 퇴직한 후 2년이 지나지 아니한 사람, ㉡ 정직 이상의 징계 또는 문책을 받은 날로부터 3년(파면 또는 문책에 따른 퇴직의 경우에는 5년으로 한다)이 지나지 아니한 사람, ㉢ 정직 미만의 징계 또는 문책을 받은 날로부터 2년이 지나지 아니한 사람, ㉣ 「형법」 제129조부터 제133조까지, 제355조 및 제356조에 해당하는 행위로 징계, 문책 또는 벌금 이상의 형벌을 받은 사람 등이다. 감사기구의 장이 임기 중 이에 해당하게 되거나 임명 당시 그에 해당하였던 것으로 밝혀지면 그 직에서 교체된다(「공공감사에 관한 법률」 제15조). 중앙행정기관 및 지방자치단체의 자체감사기구의 장은 소관 자체감사 대상기관의 공무원 또는 임직원의 직을 겸하거나, 공무 외에 영리를 목적으로 하는 업무에 종사하지 못하며, 소속 기관장의 허가 없이 다른 직무를 겸할 수 없도록 하여 객관적이고 공정한 업무 처리를 하도록 하였다(「공

91) ① 법 제11조 제2항에 따라 중앙행정기관 및 지방자치단체에 두는 자체감사를 전담하지 아니하는 감사기구의 장을 승진임용, 전직, 전보의 방법으로 임용하는 경우에는 다음 각 호의 어느 하나에 해당하는 공무원으로서 감사기구의 장을 임용하려는 중앙행정기관 또는 지방자치단체의 장이 해당 기관의 관장 사무에 대하여 전문성을 갖추었다고 인정하는 사람을 임용하여야 한다.

1. 국가기관, 지방자치단체 또는 공공기관에서 감사 관련 업무를 2년 이상 담당한 사람으로서 5급 이상 또는 이에 상당하는 공무원
2. 국가기관, 지방자치단체 또는 공공기관에서 감사 관련 업무를 2년 이상 담당한 사람으로서 5급 이상 또는 이에 상당하는 직급으로 승진임용될 수 있는 자격을 갖춘 공무원

② 자체감사를 전담하지 아니하는 감사기구의 장을 제1항에서 규정하지 않은 방법으로 임용하는 경우에는 「공무원임용시험령」, 「지방공무원 임용령」 등 관계 법령 또는 자치법규에서 정한 채용자격을 갖춘 사람 중에서 감사기구의 장을 임용하려는 중앙행정기관 또는 지방자치단체의 장이 해당기관의 관장 사무에 대하여 전문성을 갖추었다고 인정하는 사람을 임용한다(「공공감사에 관한 법률 시행령」 제7조).

92) 법 제15조 제3항에 따른 주요 업무와 밀접한 관련성의 범위는 감사기구의 장으로 임용되려는 사람이 근무했던 법인 또는 단체를 퇴직하기 전 2년 이내에 수행한 업무가 임용되려는 중앙행정기관 또는 지방자치단체가 수행하는 다음 각 호의 업무와 직접 관련되는 경우를 말한다.

1. 직접적으로 또는 간접적으로 보조금·장려금·조성금 등의 재정보조를 제공하는 업무
2. 인가·허가·면허·특허·승인 등의 업무
3. 생산방식·규격·경리 등에 대한 검사 등의 업무
4. 조세의 조사, 부과 및 징수 업무
5. 공사·용역·물품구매 계약 등의 업무
6. 법령에 근거하여 직접 감독을 하는 업무(「공공감사에 관한 법률 시행령」 제8조).

공감사에 관한 법률」 제13조).

또한 자체감사기구의 장의 직급은 자체감사 대상기관의 수, 소속 공무원의 규모, 예산 규모 및 업무량 등을 고려하여 해당 자체감사기구의 규모에 따라 업무수행의 독립성이 보장되도록 관계 법령 또는 조례에 따라 적정하게 부여하여야 한다(「공공감사에 관한 법률」 제14조).

③ 자체감사담당자

중앙행정기관 및 지방자치단체의 장은 감사업무에 대한 전문성과 그 직무수행에 필요한 자질과 적성을 갖춘 사람을 감사담당자로 임용하여야 한다. 이 경우 감사담당자가 갖추어야 하는 최소한의 자격요건은 대통령령으로 정한다.[93] 그리고 중앙행정기관 및 지방자치단체의 장이 감사담당자를 임용할 때에는 해당 감사기구의 장 또는 제5조 제2항에 따른 합의제감사기구의 의견을 들어야 하고, 감사담당자의 장기근속 방안을 마련하여야 한다(「공공감사에 관한 법률」 제16조). 또한 다음 각 호의 사람은 중앙행정기관 및 지방자치단체의 감사담당자가 될 수 없다.

1. 「국가공무원법」 제33조 각 호 또는 「지방공무원법」 제31조 각 호의 어느 하나에 해당하는 사람
2. 정직 이상의 징계 또는 문책(제4호에 따른 징계 또는 문책은 제외한다)을 받은 날부터 3년(파면 또는 문책에 따른 퇴직의 경우에는 5년으로 한다)이 지나지 아니한 사람
3. 정직 미만의 징계 또는 문책(제4호에 따른 징계 또는 문책은 제외한다)을 받은 날부터 2년이 지나지 아니한 사람
4. 「형법」 제129조부터 제133조까지, 제355조 및 제356조에 해당하는 행위로 징계, 문책 또는 벌금 이상의 형벌을 받은 사람(「공공감사에 관한 법률」

---

93) 법 제16조 제1항에 따라 중앙행정기관 및 지방자치단체의 장은 감사담당자로 임용하려는 해당 기관에서 2년 이상 근속하였거나 다른 국가기관, 지방자치단체 또는 공공기관에서 2년 이상 감사 관련 업무를 담당한 사람으로서 다음 각 호의 어느 하나에 해당하는 자격요건을 갖춘 사람을 감사담당자로 임용하여야 한다. <개정 2011.8. 3.>
1. 공인회계사·세무사 등 감사업무 수행에 필요한 자격증 또는 감사 분야의 전문학사 이상의 학위를 소지한 사람
2. 「상훈법」, 「모범공무원규정」, 「정부표창규정」, 자치법규에서 정하는 바에 따라 서훈을 수여받거나 표창을 받은 사람
3. 그 밖에 감사기구의 장이 감사업무 수행에 필요한 전문성, 자질, 적성을 갖추었다고 인정하는 사람(「공공감사에 관한 법률 시행령」 제9조).

제16조). 한편 중앙행정기관등의 장은 관계 법령, 자치법규 또는 정관 등에서 정하는 바에 따라 감사담당자에 대하여 근무성적평정, 임용 등에서 우대할 수 있다(「공공감사에 관한 법률」 제18조).

나) 자체감사기구의 조직 현황

우리나라의 경우 중앙행정기관(원・부・처・청)의 자체감사기구는 각 기관의 직제가 정하는 바에 따라 다르게 조직되어 있다.

다음 <표 4-2>에서 보는 바와 같이 중앙행정기관(40개)의 경우 32개 기관(80.0%)이 전담조직을 가지고 있고, 31개 기관(77.5%)이 기관장 또는 부기관장 직속으로 되어 있어 독립성은 상당히 갖춘 것으로 평가된다.

또한 중앙행정기관 감사책임자의 직급은 다음 <표 4-3>에서 보는 바와 같이 40개 기관 중 17개 기관(42.5%)이 국장급(감사관)으로 계선조직의 장과 같은 지위이었고, 23개 기관(57.5%)은 과장급으로서 계선조직의 장보다 낮았다.

그리고 자체감사기구 장의 지위가 계선조직보다 낮은 경우는 대체로 조직 구성원 수가 적거나 청단위 조직 또는 위원회 조직에서 많았다.[94)]

표 4-2 중앙행정기관(본부) 감사조직 전담 및 소속 현황

소속 유형	전담여부	기관명
기관장	전담	기획재정부, 교육과학기술부, 외교통상부, 법무부, 문화체육관광부, 농림수산식품부, 지식경제부, 환경부, 국토해양부, 대검찰청, 공정거래위원회, 방송통신위원회(12개)
부기관장	전담	통일부, 국방부, 행정안전부, 보건복지부, 고용노동부, 국가보훈처, 국세청, 관세청, 통계청, 병무청, 방위사업청, 경찰청, 조달청, 중소기업청, 농촌진흥청, 특허청, 식품의약품안전청, 기상청, 해양경찰청(19개)
일반부서	전담	금융위원회(1개)
	비전담	여성가족부, 법제처, 소방방재청, 문화재청, 산림청, 국가인권위원회, 국민권익위원회, 행정중심복합도시건설청(8개)
합 계		**40개**

자료: 감사연구원(2009a)과 각 부처 직제에 의거 재구성.

94) 대검찰청, 국세청, 관세청, 경찰청 등 조직 구성원수가 많고 단속, 규제, 수사 등을 행하는 소위 권력기관에서는 자체감사기구의 장의 지위가 국장급으로 계선조직과 같게 되어 있다.

표 4-3 중앙행정기관(본부 및 소속기관) 감사인원 현황

기관명	인 원	감사책임자 (직급)	기관명	인 원	감사책임자 (직급)
기획재정부	8	감사담당관 (3-4급)	방위사업청	33	감사관 (고위, 장관급장교)
교육과학기술부	38	감사관(고위)	경찰청	53	감사관 (고위, 경무관)
외교통상부	10	감사관(고위)	조달청	11	감사담당관(3-4급)
통일부	6	감사담당관(3-4급)	농촌진흥청	11	감사담당관 (3-4급, 연구관)
법무부	40	감찰관(검사)	중소기업청	6	감사담당관(3-4급)
국방부	38	감사관(고위)	특허청	6	감사담당관(3-4급)
행정안전부	45	감사관(고위)	식품의약품안전청	9	감사담당관 (3-4급, 연구관)
문화체육관광부	12	감사관(고위)	기상청	5	감사담당관(3-4급)
농림수산식품부	15	감사관(고위)	해양경찰청	27(24)	감사담당관(4급, 총경)
지식경제부	14(91)	감사관(고위)	공정거래위원회	6	감사담당관(3-4급)
보건복지부	15	감사관(고위)	금융위원회	4	감사담당관(3-4급)
환경부	19	감사관(고위)	방송통신위원회	5	감사담당관(3-4급)
고용노동부	19	감사관(고위)	여성가족부	2	법무감사정보화 담당관(3-4급)
국토해양부	39	감사관(고위)	법제처	5	행정관리교육담당관 (3-5급)
국가보훈처	9	감사담당관(3-4급)	소방방재청	5	법부감사담당관 (3-4급, 소방준감)
국세청	53 (132)	감사관(고위)	문화재청	5	규제법무감사팀장 (4-5급)
관세청	28(46)	감사관(고위)	산림청	7	법부감사담당관(3-4급)
통계청	8	감사담당관(3-5급)	국가인권위원회	4	행정법무담당관(3-5급)
대검찰청	44(15)	감찰부장(검사)	국민권익위원회	3	법무감사담당관(3-4급)
병무청	10	감사담당관(3-4급)	행정중심복합도시 건설청	2	행정관리담당관(3-4급)
			합 계	679 (308)	

주) ( ) 외서는 소속기관 인원임.
자료: 감사연구원(2009a)과 각 부처 직제에 의거 재구성.

(2) 자체감사기구의 기능

「공공감사에 관한 법률」 제2조에 보면 자체감사는 "중앙행정기관, 지방자치단체 및 공공기관의 감사기구의 장이 그 소속되어 있는 기관(그 소속 기관 및 소관 단체를 포함한다) 및 그 기관에 속한 자의 모든 업무와 활동 등을 조사·점검·확인·분석·검증하고 그 결과를 처리하는 것을 말한다"고 규정되어 있다. 즉, 자체감사기구는 행정관리자에 대한 막료기관으로서 그것이 소속해 있는 기관과 그 하급기관의 업무운영실태를 파악하여 정부시책의 모든 단계에서의 적정 운영 여부, 공무원의 기강 위배 여부 등을 검토·분석한 후 그 내용을 관리층에 보고하거나 조치를 권고하는 것을 주 임무로 하고 있다. 자체감사기구가 수행하는 기능을 중앙행정기관의 직제를 중심으로 보면 대체로 <표 4-3>과 같다.

① 당해 기관 및 소속 기관·단체에 대한 감사(종합감사, 특정감사, 재무감사, 성과감사, 복무감사 및 일상감사)[95]

② 다른 기관에 의한 당해 기관 및 소속기관, 소관 단체 등에 대한 감사 결과의 처리

③ 공직기강 확립 및 진정·비위에 관한 사항 처리

④ 청렴도 향상 및 제도 개선에 관한 사항 처리

⑤ 민원업무의 총괄·처리 및 제도 개선

⑥ 소속 공무원의 재산등록 및 심사

⑦ 그 밖에 기관장이 감사에 관하여 지시하는 사항의 처리

(3) 자체감사 활동[96]

가) 자체감사계획의 수립·실시

자체감사기구의 장은 자체감사 대상기관에 대한 감사계획을 수립하여 자체감사를 하여야 한다(「공공감사에 관한 법률」 제19조). 감사기구의 장이 연간 감사계획을 수립하는 경우에는 ㉠ 감사사항, ㉡ 감사의 목적 및 필요성, ㉢ 감사의 종류와 감사 대상기관 또는 대상부서, ㉣ 감사의 범위, ㉤ 감사 실시 기간과 인원, ㉥ 그 밖에 감사에 필요한 사항 등을 포함하여야 한다. 만약 감사기구의 장

95) 「공공감사에 관한 법률」 제22조 및 같은 법시행령 제10조.

96) 여기서는 「공공감사에 관한 법률」 및 같은 법시행령에 따라 정리한다.

이 위 연간 감사계획에 포함되지 않은 자체감사를 하는 경우에는 ㉠부터 ㉤까지의 사항이 포함된 감사계획을 별도로 수립하여야 한다. 그리고 감사기구의 장은 필요하다고 인정하면 연간 감사계획 등을 변경할 수 있다(「공공감사에 관한 법률 시행령」 제11조).

자체감사기구의 장이 자체감사 계획을 수립하거나 감사를 실시할 때에 감사중복과 다른 자체감사기구와 협조에 대한 것도 고려하여야 한다. 감사기구의 장은 이미 감사원 감사 등이 실시된 사안에 관하여는 새로운 사실이 발견되거나 중요한 사항이 누락된 경우 등 대통령령으로 정하는 경우를 제외하고는 자체감사기구의 자체감사 대상에서 제외하고 종전의 감사결과를 활용하여야 한다(「공공감사에 관한 법률」 제33조). 감사기구의 장은 감사활동에 필요한 경우 다른 중앙행정기관 등의 감사기구의 장에게 협조를 요청할 수 있고, 요청을 받은 감사기구의 장은 이에 협조하도록 노력하여야 한다(「공공감사에 관한 법률」 제30조). 감사원과 중앙행정기관 등의 장은 필요한 경우 중복감사를 방지하고 감사의 효율성을 높이기 위하여 감사계획 등에 관하여 협의한다(「공공감사에 관한 법률」 제34조). 그 이외에도 앞에서 언급한 것처럼 자체감사기구의 장은 감사계획을 수립할 때에 감사원 감사 대행 사항을 고려하여야 한다. 즉 감사원은 감사원 감사 등의 효율성을 높이고 중복감사를 방지하기 위하여 감사원 감사사무(사실의 조사·확인 및 분석 등의 사무로서 국민의 권리·의무와 직접 관계되지 아니하는 사무로 한정한다) 중 일부를 자체감사기구로 하여금 대행하게 하고 그 결과를 제출하게 할 수 있다(「공공감사에 관한 법률」 제35조 제1항).[97] 또한 감사원은 감사 관련 지식과 경험을 공유하고 중복감사방지 등 중앙행정기관 등의 자체감사체계 효율화를 위하여 감사정보시스템을 구축·운영할 수 있다(「공공감사에 관한 법률」 제36조 제1항).[98]

한편 감사기구의 장은 감사를 실시하는 경우에 감사예정일 7일 전까지 감사계획의 주요 내용을 자체감사 대상기관(자체감사 대상기관이 자체감사기구가

97) 감사의 대행, 감사원 감사의 생략, 감사 대행의 활성화계획 수립 등에 필요한 사항은 감사원규칙으로 정하도록 되어 있고(「공공감사에 관한 법률」 제35조 제4항), 이에 따라 감사원에서는 「자체감사활동의 지원 및 대행·위탁감사에 관한 규칙」(2010. 7. 26. 감사원 규칙 제212호)을 제정·시행하고 있다.

98) 감사기구의 장은 감사계획, 감사결과, 이행결과 등 대통령령으로 정하는 감사활동정보를 감사정보시스템에 입력·관리하여야 하고, 감사원은 그 정보의 공동활용방안을 마련하여야 한다(「공공감사에 관한 법률」 제36조 제2항).

소속된 기관인 경우에는 자체감사 대상부서를 말한다)의 장에게 통보하여야 한다. 다만, 신속히 감사를 하여야 할 긴급한 사정이 있거나 감사의 실효성을 거두기 위하여 부득이한 경우에는 그러하지 아니하다. 또한 감사기구의 장이 감사계획을 자체감사 대상기관의 장에게 통보한 이후 감사계획을 변경하였을 때에는 그 내용을 자체감사 대상기관의 장에게 지체 없이 통보하여야 한다(「공공감사에 관한 법률 시행령」 제12조).

나) 자료제출요구

감사기구의 장은 자체감사를 위하여 필요할 때에는 자체감사 대상기관 또는 그 소속 공무원이나 직원에 대하여 ㉠ 출석 · 답변의 요구(「정보통신망 이용촉진 및 정보보호 등에 관한 법률」에 따른 정보통신망을 이용한 요구를 포함한다), ㉡ 관계 서류 · 장부 및 물품 등의 제출 요구, ㉢ 전산정보시스템에 입력된 자료의 조사, ㉣ 금고 · 창고 · 장부 및 물품 등의 봉인 요구 등의 조치를 할 수 있다. 그러나 이는 감사에 필요한 최소한도에 그쳐야 한다. 그리고 이러한 조치를 요구받은 자체감사 대상기관 및 그 소속 공무원이나 직원은 정당한 사유가 없으면 그 요구에 따라야 한다. 그 이외에 중앙행정기관 등의 장은 자체감사 대상기관이 아닌 중앙행정기관 등이 보유한 자료 또는 정보를 이용하지 아니하면 감사를 할 수 없는 경우 해당 중앙행정기관 등의 장에게 필요한 자료 또는 정보의 제출을 요청할 수 있도록 되어 있다. 그러나 이것이 얼마나 현실적으로 실현이 가능한지는 앞으로 그 운용의 묘에 달렸다고 하겠다. 한편 감사기구의 장 및 감사담당자는 감사를 위하여 제출받은 정보 또는 자료를 감사 목적 외의 용도로 이용할 수 없다(「공공감사에 관한 법률」 제20조).

다) 실지감사 · 일상감사 및 외부전문가 등의 참여

감사기구의 장은 자체감사 대상기관에 감사담당자를 보내 실지감사를 할 수 있다(「공공감사에 관한 법률」 제21조). 또한 감사기구의 장은 자체감사기구가 소속된 기관의 주요 업무 집행에 앞서 그 업무의 적법성 · 타당성 등을 점검 · 심사하는 일상감사를 하여야 한다. 그리고 감사기구의 장은 일상감사에 따라 확인된 사항에 대하여는 자체감사를 하지 아니할 수 있다(「공공감사에 관한 법률」 제22조). 일상감사는 집행부서의 장이 제출한 서류 등에 의하여 실시한다. 다만, 감사기구의 장이 필요하다고 인정할 때에는 감사담당자 등을 현지에 보내 실지감사를 할 수 있다. 자체감사기구가 소속된 기관의 주요 정책 등을 집행하는 부서의 장(이하 "집행부서의 장"이라 한다)은 ㉠ 주요 정책의 집행업무, ㉡ 계약업무, ㉢ 예산관리 업무, ㉣ 그 밖에 중앙행정기관 등의 장 또는 감사기구의 장이 필요하다고 인정하는 업무를 수행하기 앞서 감사기구의 장에게 일상감사를 의뢰하여야 한다. 집행부서의 장으로부터 일상감사를 의뢰받은 감사기구의 장은 일상감사 결과 위법 또는 부당하다고 인정되는 사실이 있는 경우에는 그에 대한 의견을 집행부서의 장에게 통보하여야 한다. 집행부서의 장은 감사기구의 장의 의견에 대하여 적절한 조치를 하고 조치결과를 감사기구의 장에게 통보하여야 하며, 위 업무의 결재권자에게는 감사기구의 장의 의견과 이에 대한 조치결과를 보고하여야 한다. 그 밖에 일상감사의 대상·기준 및 절차 등에 관한 세부 사항은 중앙행정기관 등의 장이 정한다. 다만, 감사기구의 장이 해당 기관의 집행기관과 독립하여 설치되어 있는 공공기관의 경우에는 감사기구의 장이 정한다(「공공감사에 관한 법률 시행령」 제13조).

또한 감사기구의 장은 회계·보건·환경·건설 등 전문지식이나 실무경험 등이 요구되는 분야를 감사하는 경우 외부 전문기관 또는 외부전문가를 감사에 참여시킬 수 있다. 감사에 참여하는 외부 전문기관 또는 외부전문가에게는 예산의 범위에서 수당, 여비 및 그 밖에 필요한 경비를 지급할 수 있고, 감사에 참여하는 외부전문가는 감사담당자로 본다(「공공감사에 관한 법률」 제27조).

한편 감사기구의 장 및 감사담당자와 그 직에 있었던 자는 직무상 알게 된 비밀을 누설하여서는 아니 된다(「공공감사에 관한 법률」 제29조).

라) 감사결과의 통보 및 처리

중앙행정기관 등의 장(감사기구의 장이 해당 기관의 집행기관과 독립하여 설치되어 있는 공공기관의 경우에는 감사기구의 장)은 특별한 사정이 없으면 자체감사가 종료된 후 60일 이내에 그 감사결과를 자체감사 대상기관의 장 및 감사원에 통보하여야 한다. 이 경우 감사원에 대한 통보는 특별시·광역시·도의 경우에는 행정안전부장관을, 시·군·자치구의 경우에는 특별시·광역시·도와 행정안전부장관을, 특별시·광역시·도 교육청의 경우에는 교육과학기술부장관을, 공공기관의 경우에는 해당 공공기관의 업무를 관장하는 행정기관(이하 "주무기관"이라 한다)의 장을 각각 거쳐야 한다. 위 감사결과에는 「회계관계직원 등의 책임에 관한 법률」 제6조에 따른 변상명령, 징계·문책, 시정, 주의, 개선, 권고, 고발 등의 처분 요구 또는 조치사항이 포함되어야 한다. 감사결과를 통보받은 자체감사 대상기관의 장은 정당한 사유가 없으면 감사결과의 조치사항을 이행하고 그 이행결과를 자체감사를 한 중앙행정기관 등의 장에게 통보하여야 하며, 그 이행결과를 통보받은 중앙행정기관 등의 장은 그 내용을 검토한 후 검토한 내용과 함께 이행결과를 감사원에 지체 없이 통보하여야 한다. 이때 감사원에 대한 통보는 역시 특별시·광역시·도의 경우에는 행정안전부장관을, 시·군·자치구의 경우에는 특별시·광역시·도와 행정안전부장관을, 특별시·광역시·도 교육청의 경우에는 교육과학기술부장관을, 공공기관의 경우에는 해당 공공기관의 업무를 관장하는 행정기관(이하 "주무기관"이라 한다)의 장을 각각 거쳐야 한다. 그리고 중앙행정기관 등의 장은 감사과정에서 자체감사 대상기관이 아닌 기관의 장의 권한에 속하는 사항으로서 위법 또는 부당하다고 인정되는 사실을 발견한 경우에는 감사 종료 후 지체 없이 관련 사실을 해당 기관 및 감사원에 통보하여야 한다(「공공감사에 관한 법률」 제23조).

한편 중앙행정기관 등의 장은 특정사건에 대한 조사를 개시한 때와 이를 종료한 때에는 10일 이내에 자체감사 대상기관의 장에게 그 사실을 통보하여야 한다. 이에 따라 조사 개시의 통보를 받은 기관·단체의 장은 감사가 진행 중인 특정사건에 대하여는 조사 개시의 통보를 받은 날부터 징계 또는 문책 절차를 진행하지 못한다. 징계 또는 문책 절차를 진행하지 못하여 법령 또는 해당 기관·단체가 정한 징계 또는 문책 사유의 시효기간이 만료되거나 시효의 남은 기간이 1개월에 못 미치게 될 때에는 그 시효기간은 조사종료의 통보를 받은 날 또는 감사결과에 따라 처분 요구 또는 조치사항을 통보받은 날(재심의를 신청하였을 때에는 그 결과를 통보받은 날을 말한다)부터 1개월이 경과한 날에 만료되는 것으로 본다(「공공감사에 관한 법률」 제24조).

마) 재심의 신청 등

자체감사를 한 중앙행정기관 등의 장으로부터 감사결과를 통보받은 자체감사 대상기관의 장은 그 감사결과가 위법 또는 부당하다고 인정할 때에는 그 통보를 받은 날부터 1개월 이내에 통보를 한 중앙행정기관 등의 장에게 서면으로 재심의를 신청할 수 있다. 다만, 변상명령에 대한 불복에 관하여는 「회계

관계직원 등의 책임에 관한 법률」 제6조 제3항부터 제5항까지의 규정에 따른다. 재심의를 신청하는 경우에는 신청이유와 내용을 분명히 밝히고 필요한 증거자료가 있으면 첨부하여야 한다. 재심의를 신청받은 중앙행정기관 등의 장은 지체 없이 자체감사기구에 재심의 신청을 검토하게 하여야 한다. 이 경우 재심의 신청이 요건을 갖추지 못하였을 때에는 각하한다. 즉 ㉠ 재심의 신청대상이 아니거나 재심의를 신청할 수 있는 자가 아닌 경우, ㉡ 재심의 신청기간이 도과한 경우, ㉢ 재심의 신청에 따라 재심의한 사안인 경우, ㉣ 행정심판(다른 법률에 따른 특별행정심판을 포함한다), 심사청구, 소송 등을 통하여 확정된 사안인 경우, ㉤ 그 밖에 법 및 영에서 정한 재심의와 관련된 요건 및 절차를 갖추지 못한 경우 등이다[99](「공공감사에 관한 법률 시행령」 제13조 제1항). 그리고 재심의 신청이 이유가 없다고 인정될 때에는 기각하고, 이유가 있다고 인정될 때에는 그 감사결과를 취소하거나 변경하여야 한다. 재심의 신청은 특별한 사정이 없으면 재심의 신청을 접수한 날부터 2개월 이내에 처리하여야 한다.[100] 그리고 재심의를 신청한 자체감사 대상기관의 장은 중앙행정기관등의 장이 재심의 사건을 처리하기 전에 서면으로 재심의 신청을 취하할 수 있고, 중앙행정기관 등의 장은 감사결과를 통보한 사항으로서 직권으로 재심의하여 그 내용을 변경하거나 취소할 필요가 있다고 인정할 때에는 직권으로 재심의하여 감사결과를 변경하거나 취소할 수 있다(「공공감사에 관한 법률」 제22조 및 「공공감사에 관한 법률 시행령」 제15조).

바) 감사결과의 공개

중앙행정기관 등의 감사결과는 원칙적으로 공개한다. 다만, 「공공기관의 정보공개에 관한 법률」 제9조 제1항 각 호의 어느 하나에 해당하는 정보는 공개하지 아니할 수 있다(「공공감사에 관한 법률」 제26조).

사) 감사활동개선 종합대책 수립 및 감사활동에 필요한 예산 편성 등

중앙행정기관 등의 장은 효율적인 자체감사제도의 운영과 자체감사의 성과

99) 이때 보정(補正)할 수 있다고 인정하는 경우에는 재심의를 신청받은 중앙행정기관 등의 장은 적절한 기한을 정하여 그 보정을 요구할 수 있으며 그 기간에 보정이 된 경우에는 처음부터 적법한 재심의 신청이 된 것으로 본다. 다만, 정해진 기간 내에 보정하지 아니하였을 때에는 재심의 신청을 각하한다(「공공감사에 관한 법률 시행령」 제15조 제2항).

100) 재심의 사건을 처리하였을 때에는 재심의를 신청한 자체감사 대상기관의 장에게 그 뜻을 문서로 지체 없이 통보하여야 한다(「공공감사에 관한 법률 시행령」 제15조 제4항).

를 높이기 위하여 자체감사 개선대책을 수립·시행한다. 감사원은 제1항에 따른 자체감사 개선대책을 종합하여 협의회의 협의·조정을 거쳐 감사활동개선 종합대책을 수립·시행한다. 중앙행정기관 등의 장은 자체감사기구의 운영과 자체감사활동 추진 시 위에서 수립된 감사활동개선 종합대책을 준수하도록 노력하여야 한다(「공공감사에 관한 법률」 제32조).

또한 중앙행정기관 등의 장은 자체감사기구의 감사활동에 관한 예산을 편성할 때에는 자체감사기구의 독립성을 최대한 존중하여야 한다. 그리고 감사기구의 장 및 감사담당자에게는 대통령령으로 정하는 바에 따라 예산의 범위에서 수당과 그 밖에 자체감사에 필요한 경비를 지급할 수 있다(「공공감사에 관한 법률」 제28조).[101]

Ⅱ. 지방자치단체에 대한 공공감사체제

현행 우리나라의 지방자치단체에 대한 감사제도는 외부감사제도로 국회의 국정감사 및 조사, 감사원 감사, 중앙정부에 의한 행정감사가 있고, 내부(자체) 감사제도로 지방자치단체 집행부에 의한 감사(협의의 자체감사)와 지방의회에 의한 행정감사 및 조사가 있다. 그 외에도 특수한 형태로 「지방자치법」에 의한 주민 감사청구제도가 있다.

1. 외부감사제도

(1) 국회의 국정감사·조사

국회의 국정감사·조사는 앞에서 언급한 것처럼 중앙정부뿐만 아니라 지방자치단체에 대하여도 실시된다. 다만 지방자치단체의 경우 ① 감사대상기관으로 광역지방자치단체(특별시·광역시·도)를 그 대상으로 함을 원칙으로 하고,

101) 감사기구의 장 및 감사담당자에게는 예산의 범위에서 「공무원 수당 등에 관한 규정」, 「지방공무원 수당 등에 관한 규정」 또는 정관 등에서 정하는 바에 따라 수당을 지급할 수 있다. 또한 감사기구의 장 및 감사담당자에게는 예산의 범위에서 여비와 사전 자료 수집에 필요한 비용 등 자체감사업무 수행에 드는 경비를 지급할 수 있다(「공공감사에 관한 법률 시행령」 제16조).

기초 지방자치단체(시·군·구)의 경우에는 본회의에서 특히 필요하다고 의결한 경우에 한한다. ② 감사대상이 되는 업무에 있어서도 감사범위는 국가 위임사무와 국가가 보조금 등 예산을 지원하는 사업에 한한다(「국정감사 및 조사에 관한 법률」 제7조). 그 이외에 국정감사·조사의 한계나 절차 및 방법, 결과의 보고 및 처리 등은 중앙정부에 대한 국정감사·조사의 경우와 동일하다고 하겠다.

(2) 감사원 감사

감사원 감사도 앞에서 언급된 중앙정부의 경우와 마찬가지로 지방자치단체에 대하여도 실시된다. 다만 지방자치단체에 관한 결산확인 및 보고는 법률적 의무사항이 아니므로 별도로 검사하여 보고하지는 않고 있다. 그 밖에 지방자치단체와 관련하여 특별히 유의해야 할 사항은 감사대상에 관한 부분이고 나머지는 중앙정부와 대동소이하다. 지방자치단체에 대한 감사원의 감사대상은 「감사원법」 제22조 및 제23조에서 필요적 검사사항과 선택적 검사사항으로 구분하고 있는바 그것을 다시 정리해보면 다음과 같다. 먼저 필요적 검사사항은 ㉠ 지방자치단체의 회계, ㉡ 지방자치단체가 자본금의 2분의 1이상을 출자한 법인의 회계, ㉢ 다른 법률에 의하여 감사원의 회계검사를 받도록 규정된 단체 등의 회계이다. 선택적 검사사항은 ㉠ 지방자치단체 외의 자가 지방자치단체를 위하여 취급하는 지방자치단체의 현금·물품 또는 유가증권의 출납, ㉡ 지방자치단체가 직접 또는 간접으로 보조금·장려금·조성금 및 출연금 등을 교부하거나 대부금 등 재정 원조를 제공한 자의 회계, ㉢ ㉡에 규정된 자가 그 보조금·장려금·조성금 및 출연금 등을 다시 교부한 자의 회계, ㉣ 지방자치단체가 자본금의 일부를 출자한 자의 회계, ㉤ ㉣ 또는 제22조 제1항 제3호에 규정된 자(지방자치단체가 자본금의 2분의 1이상을 출자한 자)가 출자한 자의 회계, ㉥ 지방자치단체가 채무를 보증한 자의 회계, ㉦ 「민법」 또는 「상법」 외의 다른 법률에 따라 설립되고 그 임원의 전부 또는 일부나 대표자가 지방자치단체에 의하여 임명되거나 임명 승인되는 단체 등의 회계, ㉧ 지방자치단체, 제2호부터 제6호(㉡~㉥)까지 또는 제22조 제1항 제3호·제4호에 규정된 자와 계약을 체결한 자의 그 계약에 관련된 사항에 관한 회계 등이다.

직무감찰은 「감사원법」 제24조에서 규정한 지방자치단체 관련사항을 보면 다음과 같다. ㉠ 지방자치단체의 사무와 그에 소속한 지방공무원의 직무, ㉡ 지방자치단체가 자본금의 2분의 1 이상을 출자한 법인 및 「민법」 또는 「상법」 이외의 법률의 규정에 의하여 설치되고 그 임원의 전부 또는 일부나 대표자가 지방자치단체에 의하여 임명되거나 임명 승인되는 단체 등의 사무와 그에 소속한 임원 및 감사원의 검사대상이 되는 회계사무와 직접 또는 간접으로 관련이 있는 직원의 직무, ㉢ 법령에 의하여 지방자치단체가 위탁하거나 대행하게 한 사무와 그 밖의 법령에 의하여 공무원의 신분을 가지거나 공무원에 준하는 자의 직무가 그것이다.

한편 지방자치단체의 경우에도 중앙정부의 경우처럼 감사원은 필요하다고 인정하는 때에는 감사원 규칙이 정하는 바에 의하여 일부 감사대상기관에 대한 감사사무(사실의 조사·확인 및 분석 등의 사무로서 국민의 권리·의무와 직접 관계되지 아니하는 한한다) 중 일부를 각 중앙관서·지방자치단체의 장으로 하여금 대행하게 하고 그 결과를 제출하게 할 수 있다(「감사원법」 제50조의2).

(3) 중앙정부에 의한 행정감사

지방자치단체 또는 그 장이 위임받아 처리하는 국가사무에 관하여는 시·도에 있어서는 주무부 장관의, 시·군·구에 있어서는 1차로 시·도지사의, 2차로 주무부 장관의 지도·감독을 받는다. 그리고 시·도지사는 시·군·구 및 그 장에게 위임한 사무에 대하여 지도·감독을 한다(「지방자치법」 제167조). 주무부 장관은 시·도에 위임한 사무에 대하여 감사를 할 수 있다(「지방자치법」 제171조의2).

행정안전부 장관 또는 시·도지사는 지방자치단체의 자치사무에 관하여 보고를 받거나 서류·장부 또는 회계를 감사할 수 있다. 이 경우 감사는 법령 위반사항에 한한다(「지방자치법」 제167조). 한편 중앙행정기관에 의한 지방자치단체에 대한 감사는 종래 1962년 3월 10일 구 「행정감사규정」(대통령령 제532호)이 제정·시행되고 여러 번의 개정을 거치면서 운영되다가 2010년 7월 1일 「공공감사에 관한 법률」이 제정·시행됨에 따라 같은 해 10월 13일 「지방자치단체에 대한 행정감사규정」(대통령령 제22439호)으로 대체되었다.

지방자치단체에 대한 감사의 종류는 종래 「행정감사규정」(대통령령 제20741호)에 따라 종합감사(행정전반에 대하여 실시하는 감사로 주기적[102]으로 실시되었다)

와 부분감사(특정 행정운영사항에 대하여 실시하는 감사), 기강감사(기관 소속 공무원의 복무의무 위반 또는 비위사실이 발생하거나 발생할 우려가 있는 경우에 당해 사실에 대하여 실시하는 감사)로 구분하였다(같은 규정 제2조 및 제4조 내지 제7조). 그리고 현행 「지방자치단체에 대한 행정감사규정」(제3조)에는 정부합동감사(주무부장관과 행정안전부장관이 「지방자치법」 제171조 제2항에 따라 지방자치단체에 대하여 같은 기간 동안 함께 실시하는 감사), 시도종합감사(시·도지사가 시·군 및 자치구의 감사대상사무 전반에 대하여 실시하는 감사), 특정감사(주무부장관, 행정안전부장관 또는 시·도지사가 지방자치단체의 감사대상사무 중 특정한 분야에 대하여 실시하는 감사), 복무감사(행정안전부장관 또는 시·도지사가 감사대상 지방자치단체에 소속된 사람이 감사대상 사무와 관련하여 법령과 직무상 명령을 준수하는 여부 등 그 복무에 대하여 실시하는 감사)로 구분하고 있다. 이는 종래의 종합감사를 정부합동감사와 시도종합감사로 구분한 것이고 부분감사는 특정감사로, 기강감사는 복무감사로 명칭을 바꾼 것으로 큰 차이가 없는 것으로 보인다. 그러나 이러한 분류는 「공공감사에 관한 법률 시행령」 제10조에서 규정하고 있는 감사의 종류인 종합감사, 특정감사, 재무감사, 성과감사, 복무감사와 차이를 보이고 있다. 위 법률 시행령에서 규정하고 있는 감사종류의 내용을 보면 지방자치단체에 대한 종합감사는 대상기관의 주기능·주임무 및 조직·인사·예산 등 업무 전반의 적법성·타당성 등을 점검하기 위하여 실시하는 감사로서, 주로 주기별로 실시된다. 특정감사는 특정한 업무·사업·자금 등에 대하여 문제점을 파악하여 원인과 책임 소재를 규명하고 개선대책을 마련하기 위하여 실시하는 감사로 정기적 또는 수시로 실시된다. 재무감사는 예산의 운용실태 및 회계처리의 적정성 여부 등에 대한 검토와 확인을 위주로 실시하는 감사로 종합감사처럼 대개 주기별로 실시된다. 성과감사는 특정한 정책·사업·조직·기능 등에 대한 경제성·능률성·효과성의 분석과 평가를 위주로 실시하는 현대적 감사의 대표적 유형으로서 지방자치단체 차원에서는 현재 그 역량이나 전문성 부족 등으로 극히 부분적으로 실시되고 있다. 복무감사는 당해 기관 및 소속기관 공무원에 대한 복무의무 위반, 비위사실, 근무실태 점검 등을 목적으로 실시하는 감사로 소위 대인감찰 사항이다. 그런데 「공공감사에 관한 법률 시행

102) 중앙행정기관은 1년 내지 2년, 재외공관은 2년 내지 4년, 기타 각 행정기관은 1년 내지 3년(구 「행정감사규정」 제5조).

령」에서 정하고 있는 감사종류 중 '재무감사'와 '성과감사'는 「지방자치단체에 대한 행정감사규정」에서는 규정하고 있지 않다. 이는 「공공감사에 관한 법률」이 우선 적용되도록 한 같은 법률 제4조와 상충되어 논란의 소지가 있다.

(4) 주민감사청구에 의한 감사

가) 개 요

주민감사청구에 의한 감사는 「지방자치법」에 의거 지방자치단체에 대해 이루어지는 외부감사제도의 한 유형이다. 지방자치단체의 주민은 19세 이상의 일정 수 주민은 시 · 도에 있어서는 주무부장관에게, 시 · 군 · 구(자치구를 말한다)에 있어서는 시 · 도지사에게 당해 지방자치단체와 그 장의 권한에 속하는 사무의 처리가 법령에 위반되거나 공익을 현저히 해한다고 인정되는 경우에는 감사를 청구할 수 있다(「지방자치법」 제16조).

나) 주민의 연서에 의한 감사청구 요건

① 감사청구에 필요한 주민 수 요건

지방자치단체의 19세 이상의 주민은 시 · 도는 500명, 「지방자치법」 제174조 규정에 의한 50만 이상의 시는 300명, 그 밖의 시 · 군 · 구는 200명을 초과하지 아니하는 범위 안에서 당해 지방자치단체의 조례가 정하는 19세 이상의 주민 수 이상의 연서로 시 · 도에 있어서는 주무부장관에게, 시 · 군 · 구에 있어서는 시 · 도지사에게 감사를 청구할 수 있다(「지방자치법」 제16조 제1항).

② 감사청구 사유

당해 지방자치단체와 그 장의 권한에 속하는 사무의 처리가 법령에 위반되거나 공익을 현저히 해한다고 인정되는 경우에는 감사를 청구할 수 있다. 그러나 다음 각 호의 1에 해당되는 사항은 감사청구대상에서 제외된다(「지방자치법」 제16조 제1항).

1. 수사 또는 재판에 관여하게 되는 사항
2. 개인의 사생활을 침해할 우려가 있는 사항
3. 다른 기관에서 감사하였거나 감사중인 사항. 다만 다른 기관에서 감사한 사항이라도 새로운 사항이 발견되거나 중요사항이 감사에서 누락된 경우와 「지방자치법」 제17조 제1항의 규정에 의하여 주민소송의 대상이

되는 경우에는 그러하지 아니하다.

4. 동일한 사항에 대하여 「지방자치법」 제17조 제2항 각 호의 어느 하나에 해당하는 소송이 계속 중이거나 그 판결이 확정된 사항

③ 감사청구를 할 수 없는 사항

주민의 연서에 의한 감사청구는 당해 사무처리가 있었던 날 또는 종료된 날로부터 2년을 경과하면 제기할 수 없다(「지방자치법」 제16조 제2항).

(5) 감사실시 및 결과처리 · 공표 등

감사청구와 관련하여 주무부장관 및 시 · 도지사는 다음과 같은 책무를 진다.

① 주무부장관 또는 시 · 도지사는 감사 청구를 수리한 날부터 60일 이내에 감사 청구된 사항에 대하여 감사를 종료하여야 하며, 그 감사결과를 청구인의 대표자와 당해 지방자치단체의 장에게 서면으로 통지하고 이를 공표하여야 한다. 다만 그 기간 내에 감사를 종료하기 어려운 정당한 사유가 있는 때에는 그 기간을 연장할 수 있다. 이 경우 이를 미리 청구인의 대표자와 당해 지방자치단체의 장에게 통지하고 공표하여야 한다(「지방자치법」 제16조 제3항).

② 주무부장관 또는 시 · 도지사는 주민이 감사 청구를 한 사항이 다른 기관에서 이미 감사한 사항이거나 감사 중인 사항인 경우에는 그 기관에서 실시한 감사결과 또는 감사중인 사실과 감사종료 후 그 결과를 통지하겠다는 사실을 청구인의 대표자에게 통지하여야 하고, 당해 기관에도 그 사실을 통지하여야 한다(「지방자치법」 제16조 제4항).

③ 주무부장관 또는 시 · 도지사는 주민감사 청구를 처리함에 있어서 청구인의 대표자에게 반드시 증거제출 및 의견진술의 기회를 부여하여야 한다(「지방자치법」 제16조 제5항).

④ 주무부장관 또는 시 · 도지사는 당해 지방자치단체의 장에게 감사결과에 따라 기간을 정하여 필요한 조치를 요구할 수 있다. 이 경우 당해 지방자치단체의 장은 이를 성실히 이행하여야 하고 그 조치결과를 지방의회와 주무부장관 시 · 도지사에게 보고하여야 한다(「지방자치법」 제16조 제6항).

⑤ 주무부장관 또는 시 · 도지사는 감사결과 조치 요구내용과 당해 지방자치단체의 장의 조치결과를 청구인의 대표자에게 서면으로 통지하고 이를 공표

하여야 한다(「지방자치법」 제16조 제7항).

2. 지방자치단체의 자체감사 제도

(1) 지방의회의 행정사무감사 · 조사

가) 개 요

지방자치단체의 기관구성과 관련하여 기관대립형 또는 기관분립형을 채택하고 있는 나라에서는 지방의회가 집행기관을 비판 · 감시함으로써 집행기관의 전횡에 의한 주민의 권익을 보호하기 위하여 상호 견제권을 인정하고 있다. 그 중에서 가장 일반적인 수단이 지방행정사무에 대한 조사권을 인정하고 있는 것이나 우리나라의 경우에는 매년 정기적인 감사권까지 인정하고 있어 다른 나라에서는 유례를 찾아보기 어렵고 우리나라 지방의회에만 부여된 매우 특이한 제도 중 하나이다(이주희, 2010: 103). 이것은 우리나라 국회가 세계 유일무이한 국정감사권을 가지고 있는 것과 대응하는 제도로 보인다.

나) 다른 제도와의 차이

① 지방의회의 회의제도와의 차이

지방의회의 일반적인 활동(본회의, 상임위원회 및 특별위원회, 소위원회 등)과 행정사무감사 · 조사 제도와의 차이는 다음 <표 4-4>과 같다.

② 국정감사 · 조사제도와의 차이

지방의회는 행정사무 감사 및 조사를 위한 증언 · 감정에 관한 사항이 국회에서의 경우와 같이 규정되어 있지 않다.

즉 「지방자치법」 제41조 제7항에서 "제1항의 감사 또는 조사와 제3항의 감사를 위하여 필요한 사항은 「국정감사 및 조사에 관한 법률」에 준하여 대통령령으로 정하고, 제4항과 제5항의 선서 · 증언 · 감정 등에 관한 절차는 「국회에서의 증언 · 감정 등에 관한 법률」에 준하여 대통령령으로 정한다"고 규정되어 있으나, 같은 법시행령에서는 아직까지 구체적으로 규정하지 않고 있다.[103]

---

103) 다만 「지방자치법」 시행령 제43조 제6항에서 "증인 선서의 방식에 관하여는 「국회에서의 증언 · 감정 등에 관한 법률」 제8조를 준용한다"고만 규정하고 있다. 그 이외에 「지방자치법」 및 같은법 시행령에 규정된 것 외에 감사(조사)에 필요한 사항은 해당 지방

표 4-4 지방의회 회의제도와 행정사무감사·조사제도 비교

구 분	회의(본회의·위원회)	행정사무감사·조사
주 체	본회의, 상임위원회·특별위원회, 소위원회	본회의, 상임위원회 또는 감사·조사특별위원회, 감사·조사소위원회 또는 감사·조사반
원 칙	1일 1차 회의 원칙	감사·조사계획서에 의한 일정 준수 원칙
정족수	의사정족수 준수, 의결정족수 적용	정족수 원칙 해당없음
진행방식	당연한 '회의식' 진행	회의와 구분·구별되는 감사·조사라도 진행방식은 '회의식'으로 진행
지변예산	"회의와 관련된 예산"의 과목해소	감사·조사는 대상기관 현장에서 실시하는 것이 원칙이며, 회의와는 구분·구별되는 활동이므로 "출장비·여비"개념
속기업무	소위원회를 제외한 모든 회의는 속기에 의한 '회의록' 작성이 원칙 ※ 국회법 개정으로 국회의 경우 소위원회 회의까지 회의록 작성 의무화	감사·조사는 '결과보고서' 작성이 원칙. 다만 위증·불출석·증언거부 등에 대한 조치와, 또 앞으로 의정활동을 위해서 '속기록'으로 작성관리

자료: 서우선(2002: 101), 이주희(2010: 104) 재인용.

감사기간은 국정감사의 경우 20일이나 행정사무감사는 시·도의회는 14일, 시·군·구의회는 9일이다. 감사 및 조사 대상사무에 있어서도 국정감사 및 조사는 지방자치단체의 고유업무, 즉 지방자치단체의 자치사무와 국가의 단체위임사무를 제외한 국정 전반을 대상으로 하나, 행정사무감사 및 조사는 지방자치단체의 자치사무와 국가의 단체위임사무에 한해서만 하도록 되어 있다는 점이 다르다.

국회의 국정감사 및 조사는 행정부(부분적으로 지방자치단체의 집행기관)를 대상으로 한다면 지방의회의 행정사무감사 및 조사는 지방자치단체의 집행기관을 대상으로 한다. 그러므로 권력분립의 견지에서 볼 때 국정감사 및 조사는 입법권과 행정권의 작용관계이나, 행정사무 감사 및 조사는 자치행정권의 내부적인 작용관계이다. 국회의 의결은 '통치행위'로 보나 지방의회의 의결은 행정소송이 되지 않는 넓은 의미의 '행정행위'이다(이주희, 2010: 104-105).[104]

자치단체의 조례로 정한다(「지방자치법」 제52조).

104) 이주희(2010: 105)는 이러한 견지에서 국회가 직접 감사하기로 한 사무를 제외하고 국

다) 행정사무감사 · 조사의 성격

행정사무감사 · 조사는 일반적으로 상임위원회나 특별위원회가 주관이 되어 실시하게 되나 본회의에서도 실시할 수 있다. 행정사무감사는 위원회의 회의가 아니라 사전에 작성된 계획서에 의하여 실시되는 의정활동이다(이주희, 2010: 105). 따라서 감사를 할 때에는 의사일정을 상정하거나 회의차수를 붙이지 않는다. 감사 도중에 감사계획을 변경하거나 감사와 관련된 사항을 결정할 때에는 감사를 중단한 후 그 자리에서 위원회를 개회하여 결정하든가 종료 후에 위원회의 회의를 개최하여 결정한다. 감사는 회의형식으로 진행할 수 있는데 이는 감사를 실시하는 인원이 다수이고 감사를 효율적으로 진행하기 위해서 회의형태로 감사를 실시하는 것이다.

라) 행정사무감사 · 조사의 기능

행정사무감사 · 조사의 기능은 대상사무, 의정활동 및 감사활동의 세 가지 기준에 의하여 수행될 수 있다(서우선, 1992: 363-365).

첫째, 대상사무를 기준으로 할 때에 자연인인 의원이 교체되더라도 지방의회는 영속성이 있는 법률상 기관이므로 지방의회가 감사결과의 조치로 요구된 시정 또는 처리되지 않았거나 문책되지 않은 사무에 대해서 시정 또는 처리나 문책될 때까지 그 사무와 관련된 의정활동이 제대로 완료될 수 있도록 계속성 있는 재감사 및 재조사를 실시할 수 있다. 즉 이미 처리된 사무에 있어서 위법성 또는 하자가 있다면 이를 치유해 주는 기능이다.

둘째, 지방의회의 의정활동을 기준으로 할 때에 조례안 · 예산안 · 결산 심사, 본회의 질문, 각종 안건심사 등 다른 의정활동을 위한 정보를 수집하기 위해 연계성 있는 감사 및 조사를 실시하는 것이다. 감사 · 조사활동의 보조적 기능은 그 결과를 다른 의정활동의 근거자료로 활용하거나 조례 입법 또는 예산사업의 정책적 방향과 대안을 제시하는 데 활용하는 기능이다.

셋째, 감사활동을 기준으로 할 때에 지방의회가 구성된 이후 정기적으로 매년 실시하는 행정사무감사 활동결과가 미진하거나 미흡한 부분에 대해 일관성 있는 감사 또는 조사를 실시하는 기능이다.

정감사대상 사무 일부를 지방의회에 위임하고 있는 「지방자치법」 제41조 제3항의 규정은 아무런 효과가 없는 규정으로서 권력분립의 원칙에서 볼 때 재론되어야 하고, 오히려 국가사무를 지방에 위임하는 방식으로 문제를 해결해야 한다고 주장한다.

한편 행정사무감사·조사는 보조적 기능으로서 담보적 기능을 수행할 수 있다(이주희, 2010: 106). 이는 먼저, 감사활동에 대한 조사활동의 담보적 기능으로서 감사활동이 9일 또는 14일에 불과하기 때문에 고의 또는 선의로 허위서류 제출, 자료 제출 거부, 증인출석 거부, 허위 증언이나 현지확인 비협조 등의 경우 기간의 제약을 덜 받는 행정사무조사권을 발동할 수 있기 때문에 이를 담보로 행정사무감사를 잘 받도록 증인의 자진출석, 자료의 자진제출, 현지확인의 자진 협조 등을 종용하거나 권유할 수 있다. 또한, 다른 의정활동에 있어 출석·답변할 수 있는 관계공무원의 범위가 정해져 있고, 자료요구의 요건이 제한적이며, 답변거부, 불성실·무책임·무소신·허위 답변, 자료제출 비협조 등의 경우 행정사무감사·조사권의 발동을 담보적 기능으로서 그 전제로 하는 의정활동이 가능하게 된다.

마) 행정사무감사·조사의 목적

행정사무감사·조사의 목적은 적극적 목적과 소극적 목적으로 나눌 수 있다(이주희, 2010: 107-108).

① 적극적 목적

행정사무감사·조사의 적극적 목적은 정책 또는 시책의 방향이나 대안을 제시함으로써 자치단체의 정책을 바로 세우는 것을 말한다. 자치행정에서의 정책 또는 시책은 바로 예산과 조례에 반영된다. 이는 주민과 지역발전을 위한 미래지향적인 의정활동이다.

② 소극적 목적

행정사무감사·조사의 소극적 목적은 집행의 잘못된 점을 시정요구하고 그 책임자에 대한 문책을 요구하는 방법으로 집행기관을 통제·감시하는 것이다. 행정사무감사에 의하여 획득된 정보와 지식은 지방의회에서 질의, 조례안 작성, 결산심사, 예산안 심사, 정책개발, 자료요구 시에 활용하게 된다.

(바) 행정사무감사·조사의 요건, 주체, 대상기관 및 감사절차, 결과처리 등

행정사무감사·조사의 주체 및 대상기관, 감사절차 등을 살펴보면 다음과 같다.

① 감사주체와 요건

지방의회가 감사를 실시하고자 할 때에는 상임위원회별로 실시하거나, 상임위원회가 없는 소규모 지방의회에서는 특별위원회를 구성하여 실시하는데 이 경우의 위원회를 감사위원회라고 한다(「지방자치법 시행령」 제40조). 감사의 경우에는 정례회 내에서 조례로 정하면 감사가 시작되나, 조사의 경우에는 지방자치단체의 사무 중 특정사안에 관하여 본회의 의결로 본회의나 특별위원회로 하여금 조사하게 할 수 있다. 이때 재적의원 1/3 이상의 연서로 서면에 의하여 조사 발의가 있어야 한다(「지방자치법」 제41조 제1항 및 제2항).

한편 감사(조사)위원회에 구성원인 감사(조사)위원으로서의 지방의회의원은 감사대상사안과 이해관계가 있거나 공정을 기할 수 없는 현저한 사유가 있는 경우에는 제척대상으로 감사위원의 신분을 가질 수 없다(「지방자치법 시행령」 제46조).[105] 지방의회의 의장이나 의원은 본인, 배우자, 직계 존·비속 또는 형제·자매와 직접 이해관계가 있는 안건에 관하여는 의회의 동의가 있는 경우 의회에 출석하여 발언할 수 있는 경우를 제외하고는 그 의사에 참여할 수 없다(「지방자치법」 제70조).

② 감사(조사)의 방법과 위원회의 권한 및 의무

감사(조사)위원회는 감사(조사)를 위하여 필요한 때에는 현지확인을 하거나 집행기관에 대하여 서류제출을 요구할 수 있다. 현지확인의 통보 및 서류의 제출이나 지방자치단체의 장, 관계공무원 또는 그 사무에 관계되는 자의 출석·증언 및 의견진술의 요구는 늦어도 그 현지확인일·서류제출일·출석일 등의 3일전까지 의장을 통하여 하여야 한다. 또한 지방자치단체의 장이나 관계공무원, 그 사무에 관계되는 자를 출석하게 하여 증인으로서 선서한 후 증언하게 하거나 참고인으로서 의견을 진술하도록 요구할 수 있다(「지방자치법」 제41조 제4항 및 「지방자치법 시행령」 제43조 제1항).[106] 증인이 거짓증언을 한 자는 고발할 수 있고, 출석요구를 받은 증인이 정당한 사유 없이 출석하지 않거나 선서 또

105) 제척대상이 되는 사유가 있는 지방의회의원은 그 사안에 대하여만 본회의, 감사 또는 조사위원회의 허가를 받아 감사 또는 조사를 회피할 수 있다(「지방자치법 시행령」 제46조 제4항).

106) 이때 지방자치단체장 등은 법령이나 조례에서 특별히 규정한 경우 외에는 그 요구에 따라야 하나, 그 요구를 따를 수 없는 정당한 사유가 있는 경우에는 출석·증언일이나 의견진술일 등의 1일전까지 의장에게 제출하여야 한다(「지방자치법 시행령」 제43조 제2항 및 제3항).

는 증언을 거부한 경우에는 500만 원 이하의 과태료를 부과할 수 있다(「지방자치법 시행령」 제41조 제4항).[107] 의장이나 위원장이 증인에게 증언을 요구할 때에는 선서하게 하여야 하며, 선서 전에 의장이나 위원장은 선서의 취지를 알리고 위증을 하면 고발될 수 있음을 알려야 한다(「지방자치법 시행령」 제43조 제5항).

지방의회에서 증언·진술하는 증인·참고인이 방송·보도 등에 응하지 아니한다는 의사를 표명하거나 특별한 이유로 회의의 비공개를 요구할 때에는 본 회의나 위원회의 의결로 방송·보도를 금지하거나 회의의 일부 또는 전부를 공개하지 아니할 수 있다(「지방자치법 시행령」 제44조 제1항). 그리고 서류의 제출이나 증언·진술을 하기 위하여 지방의회나 그 밖의 장소에 출석한 자에게는 해당 지방자치단체의 조례로 정하는 바에 따라 여비 등 실비를 지급한다(「지방자치법 시행령」 제44조 제3항).

③ 감사(조사)의 실시시기·기간·장소

지방행정사무 감사는 당해 지방자치단체의 조례가 정하는 바에 의하여 제1차 또는 제2차 정례회의 회기 내에서 선택적으로 실시할 수 있다. 감사기간은 시·도에 있어서는 14일, 시·군·구에 있어서는 9일의 범위 내에서 할 수 있다(「지방자치법」 제41조 제1항 및 같은 법시행령 제39조 제1항).[108] 그리고 감사 장소는 지방의회의 회의실이나 감사대상기관에 출장하여 실시해도 된다.

④ 감사(조사)대상기관 및 사무

지방의회의 행정사무 감사(조사)대상이 되는 사무는 자치사무와 국가 또는 시·도가 위임한 사무(단체수임사무와 기관수임사무)가 모두 해당이 된다(사무별 차이점은 <표 4-5> 참조).

후자의 경우는 지방자치단체 및 그 장이 위임받아 처리하는 국가사무와 시·도의 사무에 대하여 국회 또는 시·도의회가 직접 감사하기로 한 사무를 제외하고는 그 감사를 각각 당해 시·도의회 또는 시·군·구의회가 행할 수 있는 경우이다.[109] 이 경우 국회와 시·도의회는 그 감사결과에 대하여 당해

107) 참고인에 대하여는 명문의 규정이 없으나 진술의무를 위반하였을 때 조례로 과태료를 부과할 수 있는 것으로 판례가 형성되어 있다(이주희, 2010: 115).
108) 공휴일은 제외하되 계속기간으로 정해야 한다(이주희, 2010: 123). 조사의 경우에는 특별한 제한이 없고 조사계획서에 따른다.
109) 이 경우에도 감사의 방법 등은 자치사무의 경우가 준용된다(「지방자치법 시행령」 제49조).

표 4-5 자치사무와 수임사무의 비교

<table>
<tr><th colspan="2">구 분</th><th>자치사무</th><th>단체수임사무</th><th>기관수임사무</th></tr>
<tr><td colspan="2">1. 법적 근거
(형식적 기준)</td><td>「지방자치법」 제9조 제1항 전단, 제2항</td><td>같은법 제9조 제1항 후단</td><td>같은법 제102조
(일반적 근거)</td></tr>
<tr><td colspan="2">2. 사무의 성질</td><td>· 지방자치단체가 자기 책임과 부담하에 처리하는 사무
· 자치단체의 존립 유지에 관한 사무</td><td>· 개별적 법령규정에 의하여 국가 또는 지방자치단체로부터 타 자치단체에게 위임된 사무
· 자치단체 자체에 위임되었거나 소속된 사무</td><td>· 법령의 규정 및 일반 통첩에 의하여 하급 자치단체에 위임된 사무
· 사무의 성질이 지방적 이해관계가 없는 국가사무</td></tr>
<tr><td rowspan="2">3. 실질적 기준</td><td>전국적 · 국가적 통일성/이해</td><td>소(×)</td><td>중(○)</td><td>대(○)</td></tr>
<tr><td>지역적 · 지방적 특수성/이해</td><td>대(○)</td><td>중(○)</td><td>소(×)</td></tr>
<tr><td rowspan="5">4. 구별 실익</td><td>가. 경비부담</td><td>자치단체 전액부담, 일부보조(=장려성 보조금)
「지방재정법」 제20조</td><td>위임기관의 일부부담, 일부국가부담 (부담금)
「지방재정법」 제21조</td><td>전액국고부담 원칙 (위탁금, 교부금)
「지방재정법」 제21조</td></tr>
<tr><td>나. 상급기관의 감독권</td><td>· 법령위반사항에 대한 시정명령, 취소정지권 행사
· 법령위반사항에 한하여 감사</td><td>· 소극적 감독 원칙. 예외적으로 적극적 감독(사후관리) → 주로 위법사항만 감독</td><td>· 시정명령, 취소정지권 행사
· 직무이행명령권 행사
· 정부합동감사</td></tr>
<tr><td>다. 당해 의회의 감 · 조사 가능범위</td><td>가능</td><td>제한적으로 가능 (「지방자치법」 제41조 제3항)</td><td>제한적으로 가능 (「지방자치법」 제41조 제3항)</td></tr>
<tr><td>라. 재(위임)가능성(수단)</td><td>조례 · 규칙으로 위임 가능(「지방자치법」 제104조)</td><td>재위임 가능(조례 · 규칙으로)</td><td>재위임 가능(상급기관의 승인 후 규칙으로)</td></tr>
<tr><td>마. 손해배상 책임</td><td>당해 지방자치단체</td><td>당해 지방자치단체</td><td>위임주체 또는 수임주체</td></tr>
</table>

자료: 이주희(2010: 125-126) 재인용 및 수정.

지방의회에 필요한 자료를 요구할 수 있도록 되어있다(「지방자치법」 제40조 제1항 및 제3항).[110]

한편 감사(조사)대상기관은 ㉠ 당해 지방자치단체(본청 실·국·과 등), ㉡ 당해 지방자치단체의 소속기관(소방기관, 시험연구기관, 사업소, 출장소, 합의제 행정기관 등) 및 하부 행정기관(일반 구, 읍·면·동), ㉢ 교육·과학 및 체육에 관한 기관 ㉣ 당해 지방자치단체가 설립한 「지방자치법」 제146조의 규정에 의하여 설립·운영되는 지방공기업(의료원, 지하철공사, 도시개발공사 등)은 당연 대상기관이다(「지방자치법 시행령」 제42조 제1항).

그리고 ㉠ 「지방자치법」 제104조 제2항과 제3항에 따라 위임·위탁된 사무(지방자치단체에 위임·위탁된 사무는 제외한다)를 처리하는 단체 또는 기관, ㉡ 「지방공기업법」 제77조의3에 따른 지방공사 및 지방공단 외의 출자법인 또는 출연법인 중 지방자치단체가 4분의 1 이상 출자하거나 출연한 법인(출자·출연에 관련된 업무·회계·재산에 한정한다)의 경우에는 본회의가 특히 필요하다고 의결하는 경우만 해당한다(「지방자치법 시행령」 제42조 제1항 제5호 및 제6호).

한편 감사(조사)대상기관이 2개 이상 자치단체의 사무를 관장하는 경우에는 관계된 지방자치단체의 의회 간에 상호협의가 이루어져야 감사(조사)가 가능하다(「지방자치법 시행령」 제42조 제2항).

⑤ 감사(조사)실시과정

지방행정사무 감사(조사)는 감사(조사)준비, 감사(조사)실시, 감사(조사)결과처리의 단계를 거친다. 준비단계는 감사(조사)의 실시결정, 감사(조사)계획서 작성 의결(위원회), 감사(조사)계획서 본회의 승인, 감사(조사)사무보조자 선임 및 출장준비, 보고·서류제출·증인 등 출석요구서, 감사계획서 송달 등을 내용으로 한다. 감사(조사)결과처리의 단계는 감사(조사)결과 보고서 작성·의결 및 제출, 감사(조사)결과 본회의 처리(시정 및 처리요구사항 채택), 감사(조사)결과 시정 및 처리요구사항 이송(도 및 해당기관), 시정 및 처리결과 보고, 시정 및 처리결과 위원회 통보 등을 그 내용으로 한다. 이를 구체적으로 보면 [그림 4-2]와 같다.

---

110) 이는 결과적으로 지방의회가 국가사무에 대한 관여를 인정하게 되어 국가와 지방자치단체의 사무를 구분하는 현행 「지방자치법」의 전체적인 시스템에 어긋나는 것이라는 주장도 있다(이주희, 2010: 126).

그림 4-2 행정사무감사(조사) 절차[111]

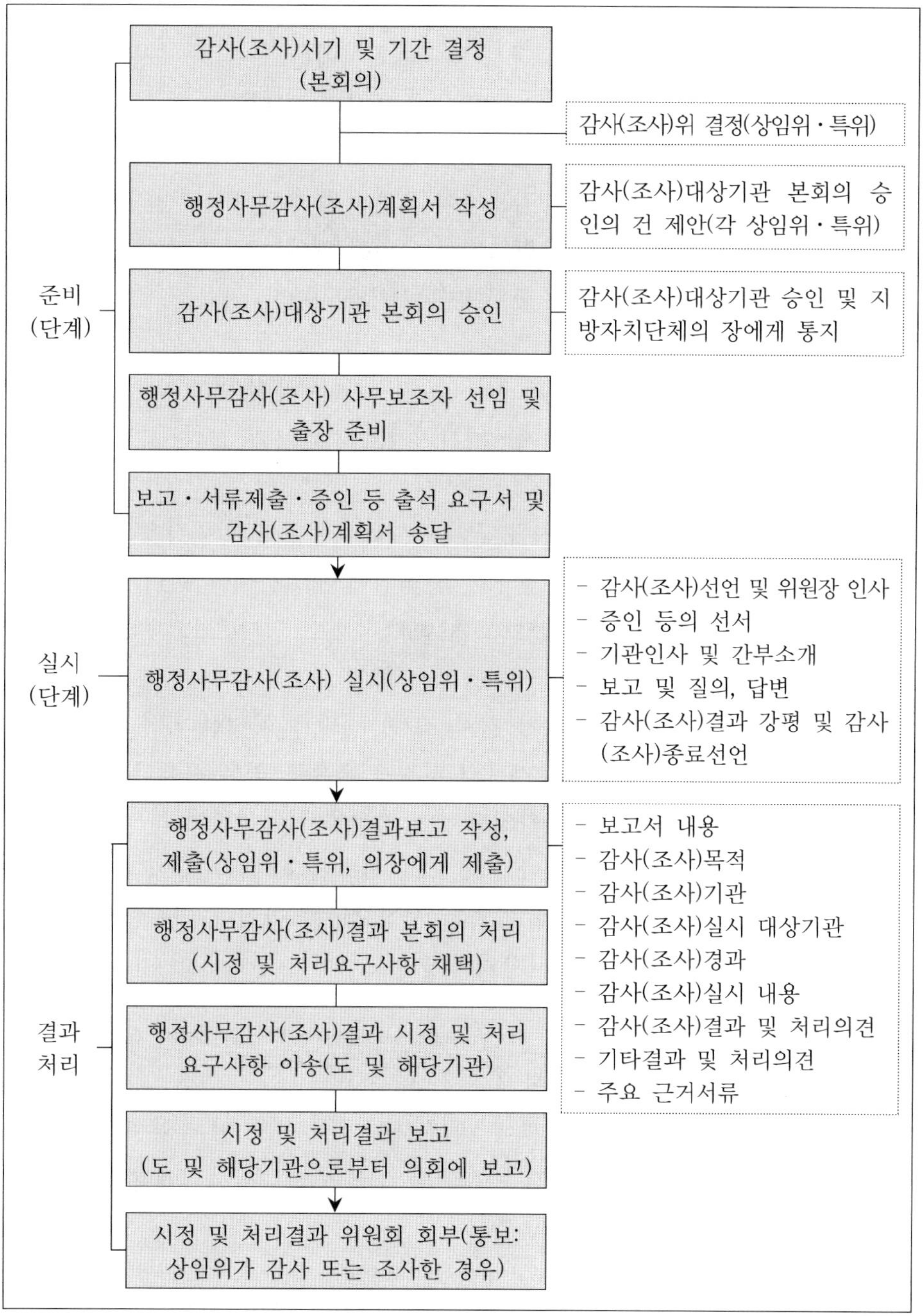

111) 제주특별자치도의회 Homepage의 행정사무감사 절차도를 재구성.

㉠ 감사계획서의 본회의 승인

감사(또는 조사)위원회는 감사(조사)계획서를 작성하여 본회의 승인을 얻어야 감사(조사)를 실시할 수 있다. 감사(조사)계획서에는 ⓘ 감사(조사)위원회 편성, ⓘⓘ 감사(조사)일정, ⓘⓘⓘ 감사(조사)요령, ⓘⓥ 조사의 경우에는 그 목적 및 범위 ⓥ 그 밖에 조례로 정하는 사항이 포함되어야 한다.

본회의는 감사(조사)계획서를 검토하여 의결로써 승인 또는 반려한다. 그리고 의장은 감사(조사)계획서가 본회의에서 승인된 때에는 지체 없이 이를 해당 지방자치단체장에게 통보하여야 한다(「지방자치법 시행령」 제41조 제1항～제3항).

㉡ 감사(조사)의 실시

감사(조사)의 실시는 앞에서 언급된 ② 감사(조사)의 방법과 위원회의 권한 및 의무, ③ 감사(조사)의 실시시기・기간・장소의 내용과 같다.

㉢ 감사(조사)결과의 처리

감사(조사)위원회가 감사(조사)를 끝내면 그 위원회의 위원장은 지체 없이 의장에게 감사(조사)보고서를 제출하고, 본회의에 보고하여야 한다. 의장은 위원장에게 감사(조사)에 관한 중간보고를 하게 할 수 있다(「지방자치법 시행령」 제50조).

지방의회는 본회의의 의결로써 감사(조사) 결과를 처리한다.[112] 또한 감사(조사)결과 해당 지방자치단체나 기관의 시정을 필요로 하는 사유가 있을 때에는 그 시정을 요구하고, 그 지방자치단체나 기관에서 처리함이 타당하다고 인정되는 사항은 그 지방자치단체나 기관으로 이송한다. 위와 같이 시정요구를 받거나 이송받은 지방자치단체나 기관은 시정요구를 받거나 이송받은 사항을 지체 없이 처리하고 그 결과를 지방의회에 보고하여야 한다(「지방자치법시행령」 제41조).

사) 행정사무 감사(조사)의 한계

지방의회의 감사권은 집행기관에 대해 의회가 가지고 있는 통제권한을 유효적절하게 수행하기 위한 보조적 권한이라는 측면에서 감사권에는 그 본질에

112) 감사(조사)위원회 또는 감사(조사)를 실시한 본회의가 감사(조사)를 완료한 때에는 감사(조사)결과보고서를 작성한다. 보고서는 감사(조사)를 보좌한 사무보조직원이 초안을 작성하여 위원장과 간사(또는 의장과 부의장)가 검토한 후 위원회(본회의)에 상정하여 의결하게 된다. 또는 '감사결과보고서 작성 소위원회'를 구성하여 소위원회에서 작성한 보고서를 가지고 전체 위원회에서 의결하기도 한다(이주희, 2010: 154).

내재적 한계가 있다고 하겠다. 감사제도의 목적을 일탈하거나 권한의 범위를 초월하여 기관분립주의에 입각한 견제와 균형의 원리가 손상되어서는 아니 된다고 하겠다. 「지방자치법 시행령」 제45조에는 그 한계로 개인의 사생활을 침해하거나 계속 중인 재판이나 수사 중인 사건의 소추에 관여할 목적으로 행사되어서는 아니 된다고 규정하고 있다.[113]

아) 감사(조사)의 공개

감사(조사)는 공개함이 원칙이다. 다만 본회의나 감사(조사)위원회의 의결로써 공개하지 아니 할 수 있도록 되어 있다(「지방자치법 시행령」 제48조).

(2) 집행부 내 자체감사기구에 의한 감사

지방자치단체의 집행부 내 자체감사기구의 구성, 기능, 감사활동은 중앙정부의 그것과 같다. 다만 실제적인 그 조직만 자체감사기구의 장의 직급과 감사인원 등에 있어서 다르고 지방자치단체별로도 다양한 모습을 보이고 있다. 여기서는 그 조직현황만 살펴본다.

가) 시·도별 자체감사기구의 조직현황

시·도의 경우에는 자체감사기구를 해당 자치단체별 행정기구 설치 조례 또는 시행규칙 등에 따라 기관장(시·도지사) 또는 부기관장(행정부시장, 부지사) 아래에 두고 있고, 자체 감사책임자도 모두 개방직으로 선임하도록 하고 있어

표 4-6 시·도(본부)별 감사조직 전담 및 소속 현황

소속 유형	전담여부	기관명
기관장 (시·도지사)	전담	충청남도, 제주특별자치도(2개)
부기관장 (행정부시장, 부지사)	전담	서울특별시, 부산광역시, 대구광역시, 인천광역시, 광주광역시, 대전광역시, 울산광역시, 경기도, 강원도,[114] 충청북도, 전라북도, 전라남도, 경상북도, 경상남도(14개)
합 계		**16개**

자료: 감사원(2009a)과 각 시·도 행정기구 설치조례 시행규칙에 의거 재구성.

113) 이 조문을 「지방자치법」이 아닌 「지방자치법 시행령」에 규정할 사항인지는 의문이다.

114) 강원도는 감사관이 법제와 송무업무까지 맡고 있어 비전담기구로 분류된다(감사연구원, 2009a).

법적으로는 독립성을 강하게 인정하는 것으로 평가될 수 있다(위 <표 4-6> 참조).[115]

한편 자체감사 책임자의 직급은 해당 자치단체의 규모, 특성 등에 따라 약간 달리하고 있는데 서울특별시, 부산광역시, 대구광역시, 경기도와 제주특별자치도를 제외하고는 대개 4급 상당 공무원(또는 계약직)으로 임명하고 있다.

서울특별시, 부산광역시, 대구광역시, 경기도는 지방 4급 상당 공무원(과장급)으로 임명하고 있는 다른 시·도와 달리 해당 시·도의 국장급과 같은 수준으로 맞추어 직급이 높아져 있다.

그리고 제주특별자치도는 2006년 2월 21일 제정·공포되고 같은 해 7월 1일 시행된 「제주특별자치도 설치 및 국제자유도시 조성을 위한 특별법」(법률 제7849호)에 의거 독립성이 강하게 보장되는 합의제 행정기관으로서 감사위원회가 설립됨으로써 중앙행정기관의 감사가 배제되는 등 특별한 지위를 갖는데 따른 것이다.

한편 자체 감사기구의 감사인원도 시·도별 규모(공무원 수 등)에 따라 최소 50명(울산광역시)에서 701명(서울특별시)까지 다양한 모습을 보이고 있다.

그러나 전체적으로는 공무원 수와 비교했을 때 서울특별시(1.5%)와 제주특별자치도를 제외하고는 전국 평균인 0.9%의 내외에서 비슷하게 유지하고 있다고 하겠다(아래 <표 4-7> 참조).

표 4-7 시·도별 감사책임자(본부) 직급 및 감사인원(전체) 현황

(단위: 명)

시·도	인원					전체 공무원수	감사 인원 비율 (%)	감사책임자 직급(본청)
	합계	시·도			시·군·구			
		소계	본청	소속기관				
총 계	**2,638**	**807**	**624**	**183**	**1,831**	**282,476**	**0.9**	
서 울	701	158	127	31	543	48,006	1.5	감사관(지방2-3급, 계약직)
부 산	151	59	45	7	92	16,388	0.9	감사관(지방3급, 계약직)

115) 이는 2010년 7월 1일 시행된 「공공감사에 관한 법률」에 따른 것이다.

대 구	94	45	36	9	49	11,047	0.8	감사관(지방4급, 계약직)
인 천	102	46	35	11	56	12,728	0.8	〃
광 주	59	32	27	5	27	6,527	0.9	〃
대 전	55	30	24	6	25	6,828	0.8	〃[116)
울 산	50	24	21	3	26	5,236	1.0	〃
경 기	412	136	86	50	276	43,558	0.9	감사관(지방3급, 계약직)[117)
강 원	115	30	27	3	85	16,256	0.7	감사관(지방4급, 계약직)
충 북	101	27	22	5	74	12,177	0.8	〃
충 남	126	32	26	6	94	16,465	0.8	감사위원장(지방4급, 계약직)[118)
전 북	142	35	23	12	107	15,938	0.9	감사관(지방4급, 계약직)[119)
전 남	151	29	25	4	122	20,076	0.8	〃
경 북	162	34	28	6	128	24,166	0.7	〃
경 남	160	33	28	5	127	21,943	0.7	〃
제 주	57	57	44	13	0	5,137	1.1[120)	감사위원장(지방정무직)[121)

자료: 감사원(2009a)과 각 시·도 행정기구 설치조례 시행규칙에 의거 재구성.

116) 지방서기관 이외에 지방기술서기관도 가능(「대전광역시 행정기구 설치조례 시행규칙」 제5조).

117) 행정1부지사와 행정2부지사 밑에 각각 감사관(지방부이사관)을 두도록 되어 있으나 실제 운용은 동일인으로 겸직케 하고 있음. 행정1부지사 밑의 감사관은 감사과, 조사과 계약심사과 등 3개과를 주관하고, 행정2부지사 밑의 감사관은 감사과 및 조사과 2개과를 주관하고 있음(「경기도 행정기구 및 정원 조례 시행규칙」 제6조 및 제18조).

118) 도지사 밑에 합의제 행정기관으로 둠(「충청남도 행정기구 및 정원 운영에 관한 조례」 제3조 및 제69조).

119) 지방서기관 이외에 지방기술서기관도 가능(「전라북도 행정기구 설치조례 시행규칙」 제5조).

120) 여기서는 공무원수(감사대상인원)를 제주특별자치도의 인원으로 한정하였으나 제주특별자치도 감사위원회의 경우 도교육청(소속기관 포함)도 감사대상으로 하고 있어 실제 감사대상 공무원수는 12,972명(2010년 말 기준)으로 감사대상인원 비율로 보면 0.4%로 매우 적다.

121) 도지사 밑에 합의제 행정기관으로 둠. 감사위원장은 지방의회의 동의를 받아 도지사가 임명(「제주특별자치도 설치 및 국제자유도시 조성을 위한 특별법」 제66조 제3항 및 「제주특별자치도 행정기구 설치조례 시행규칙」 제93조).

나) 시 · 도

① 서울특별시

서울특별시의 감사관은 감사사무에 관하여 행정1부시장을 보좌한다. 감사관은 지방이사관 또는 부이사관(지방전임계약직도 가능)으로 보하고 감사관 밑에 감사담당관 · 조사담당관 · 민원조사담당관 · 하도급개선담당관을 두고 있다.

감사담당관은 지방부이사관 또는 지방서기관 또는 지방기술서기관으로, 하도급개선담당관은 지방서기관으로, 조사담당관 및 민원조사담당관은 지방서기관 또는 지방기술서기관으로 보하도록 되어 있다([그림 4-3] 참조).

담당관별 사무분장을 보면 다음과 같다(「서울특별시 행정기구 설치조례 시행규칙」 제7조).

첫째, 감사담당관은 ㉠ 감사에 관한 종합계획의 수립 및 조정, ㉡ 감사실시기관 자체 감사계획의 조정 · 통제, ㉢ 시 · 자치구 및 그 산하기관 감사, ㉣ 지방공사 · 지방공단 및 출연기관과 시비보조단체 · 시금고에 대한 감사 관련사항, ㉤ 시 · 소속기관 및 산하단체에 대한 다른 기관의 감사결과 처리, ㉥ 감사자문위원회 운영에 관한 사항, ㉦ 공직자 기강감사에 관한 사항, ㉧ 적극행정면책심의위원회 운영에 관한 사항, ㉨ 청렴시책 관련 업무, ㉩ 소관 사항 관련 징계 처분된 공무원의 소청 및 행정소송에 관한 사항, ㉪ 시설물 · 공사장 안전

그림 4-3 서울특별시 자체감사기구 조직도

점검 및 감사, ㉫ 그 밖에 관 내 다른 담당관의 주관에 속하지 아니하는 사항을 분장한다.

둘째, 조사담당관은 ㉠ 비위사항의 조사·처리, ㉡ 정보 및 동향보고사항의 처리, ㉢ 감사관이 명하는 조사사항의 처리, ㉣ 주요시책 사항의 점검, ㉤ 소관 사항 관련 징계 처분된 공무원의 소청 및 행정소송에 관한 사항, ㉥ 공직자 재산등록 및 공직자윤리위원회의 운영에 관한 사항, ㉦ 공직자비리신고센터, 클린신고센터 운영에 관한 사항, ㉧ 공무원행동강령에 관한 사항, ㉨ 부조리신고보상금 지급제도 운영에 관한 사항, ㉩ 공직자 기강감찰에 관한 사항을 분장한다.

셋째, 민원조사담당관은 ㉠ 고충민원(인터넷민원 포함) 조사처리, ㉡ 중앙부처 및 유관기관으로부터 이첩된 고충민원의 총괄·조정, ㉢ 전자민원(고충상담·신고) 운영에 관한 사항, ㉣ 민원조정위원회 및 민원조정·중재제도 운영에 관한 사항, ㉤ "시장에게 바란다" 운영에 관한 사항, ㉥ 집단민원 및 방문고충민원에 관한 사항, ㉦ 패트롤민원 직접조사·처리, ㉧ 고충민원제도 개선에 관한 사항, ㉨ 소관 사항 관련 징계 처분된 공무원의 소청 및 행정소송에 관한 사항, ㉩ 국민권익위원회 관련 업무, ㉪ 주민·시민감사청구제도 및 시민감사옴부즈만 운영에 관한 사항, ㉫ 청렴계약 감시·평가에 관한 사항, ㉬ 120현장민원, 시민불편살피미 등 시민생활불편민원 총괄·조정 및 지도감독에 관한 사항을 분장한다.

넷째, 하도급개선담당관은 ㉠ 하도급 부조리 근절 종합대책 수립 및 시행, ㉡ 하도급 부조리근절 제도개선에 관한 사항, ㉢ 하도급 관련 법령 및 조례에 관한 사항, ㉣ 하도급 관련 업무지침 작성 및 시행, ㉤ 서울특별시 하도급 개선협의회 운영에 관한 사항, ㉥ 하도급 실태 정기점검 및 조치, ㉦ 하도급 관련 시·자치구 및 그 산하기관 감사, ㉧ 하도급 부조리 신고센터 설치 및 운영에 관한 사항(자치구, 공사·공단 포함), ㉨ 하도급 부조리 민원사항 조사 및 처리 등을 분장한다.

② 광역시

광역시의 경우 행정부시장 밑에 감사관을 두고 있는데 부산광역시와 대구광역시는 지방부이사관(전임 계약직도 가능)으로 보하고, 나머지 광역시는 지방서기관(전임 계약직도 가능. 대전광역시는 지방기술서기관도 가능)으로 보하도록 되어 있다.

부산광역시의 예를 들어 그 조직과 사무분장을 보면 다음과 같다(「부산광역시 행정기구 설치조례 시행규칙」 제3조 및 제44조 별표4: [그림 4-4] 참조). 즉 감사관은 감사 및 조사업무에 관하여 행정부시장을 보좌하고, 지방부이사관으로 보하며, 감사관 밑에 감사담당관 및 조사담당관을 두고, 감사담당관 및 조사담당관은 지방서기관으로 보한다.

감사담당관 및 조사담당관의 사무분장은 다음과 같다.

첫째, 감사담당관은 ㉠ 감사에 관한 종합계획 수립·조정, ㉡ 부산광역시 본청, 의회사무처, 직속기관, 사업소에 대한 종합·부분감사 및 회계감사와 감사결과 처리, ㉢ 징계의결요구 및 의결사항 재심청구, ㉣ 감사원 및 중앙부처 감사수감·감사대행, ㉤ 자치구·군에 대한 종합·부분감사 및 회계감사와 감사결과 처리, ㉥ 시민감사청구제도 운영에 관한 사항, ㉦ 행정안전부 종합감사 및 회계감사 대행, ㉧ 회계감사에 관한 종합계획 수립·조정, ㉨ 지방공기업, 출자·출연기관에 대한 종합·부분감사 및 회계감사와 감사결과 처리, ㉩ 세입·복식부기·공사·용역·보상분야 실지 및 서면감사, ㉪ 기술감사 및 일상감사에 관한 종합계획 수립·조정, ㉫ 부산광역시 본청, 의회사무처, 직속기관, 사업소, 자치구·군, 지방공기업, 출자·출연기관에 대한 기술감사 및 일상감사와 감사결과 처리, ㉬ 감사원 소관 사무 중 다른 실·국·본부의 사무에 속하지 않은 사항 등을 분장한다.

그림 4-4 부산광역시 자체감사기구 조직도

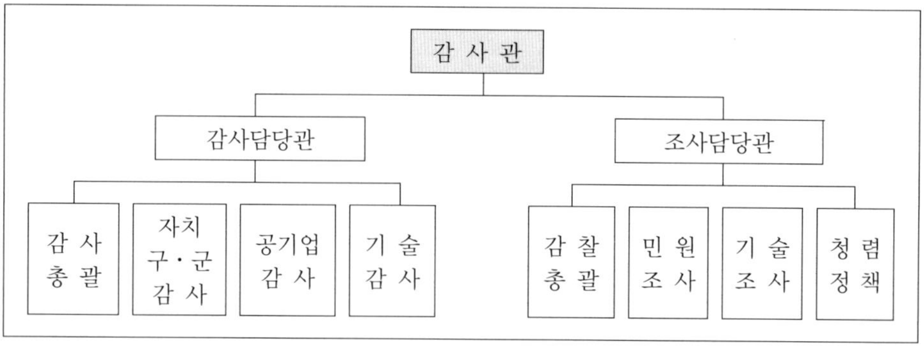

둘째, 조사담당관은 ㉠ 직무조사 종합계획 수립 및 조정, ㉡ 부산광역시 본청, 의회사무처, 직속기관, 사업소, 자치구・군, 지방공기업, 출자・출연기관에 대한 직무조사 및 민원조사, ㉢ 징계의결요구 및 의결사항 재심청구, ㉣ 공무원 공직기강 확립에 관한 사항, ㉤ 지시사항의 조사처리, ㉥ 공무원 범죄통보사건 조사처리, ㉦ 중앙부처 감찰기관 감사수감 및 처분요구사항 조사처리, ㉧ 공무원 비위 관련 정보・첩보사항 조사처리, ㉨ 민원조사 종합계획 수립 및 조정, ㉩ 청원・진정 민원사항 조사처리, ㉪ 상급기관 이첩 및 다수인 관련 민원처리, ㉫ 민원부조리 신고창구 운영, ㉬ 기술조사 종합계획 수립 및 조정, ㉭ 대형공사 기동감찰에 관한 사항, ㉠-1 조사예고제 시행 및 조치결과 처리, ㉡-1 도시환경보전, 시정저해분야 예방감찰, ㉢-1 토목・건축・공업・환경 및 녹지 등 기술사항 조사 처리, ㉣-1 부패방지종합계획의 수립 및 시행, ㉤-1 부패방지 시책평가 및 청렴도 측정, ㉥-1 공무원행동강령 운영 및 교육, ㉦-1 공직자 부정부패신고센터 운영, ㉧-1 공직자 재산등록・심사 및 조회에 관한 사항, ㉨-1 퇴직공직자 및 비위면직자 취업제한에 관한 사항, ㉩-1 공직자윤리위원회 운영에 관한 사항, ㉪-1 국민권익위원회 소관 사무 중 다른 실・국・본부의 사무에 속하지 아니하는 사항 등을 분장한다.

③ 도

현재 각 도에는 경기도와 충청남도 및 제주특별자치도를 제외하고는 모두 행정부지사 밑에 보좌기관으로 지방 4급(또는 전임 계약직: 과장급)인 감사관을 두고 있다. 이는 수감부서에 비해 자체감사 책임자의 직급이 상대적으로 낮아 독립성 논란을 불러 올 수 있다.

충청북도의 예를 들어 그 사무분장 내용을 보면 ㉠ 도 및 산하 행정기관에 대한 감사에 관한 사항, ㉡ 산하 단체, 협회 및 조합(법령상 감독권이 있는 것에 한함)에 대한 감사, ㉢ 중앙행정기관의 감사 수감 및 지시사항 처리, ㉣ 공직기강 확립, ㉤ 사정 업무, ㉤ 갈등관리에 관한 사항, ㉦ 회계감사 및 기술감사, ㉧ 사법기관 통보・접수 및 공무원 범죄 조사처리, ㉨ 기동감찰 운영에 관한 사항, ㉩ 공직윤리 및 재산등록에 관한 사항 등이다(「충청북도 행정기구 설치조례 시행규칙」 제5조).

④ 제주특별자치도[122)]

㉠ 설치 근거 및 성격

「제주특별자치도 설치 및 국제자유도시 조성을 위한 특별법」 제66조의 규정에 의거 '자치 감사' 수행을 위하여 도지사 소속하에 감사위원회를 두되, 그 직무에 있어서는 독립된 지위를 갖는 합의제 행정기관이다.

㉡ 설치목적

감사위원회 설치의 궁극적인 목적은 특별자치도의 감사권 독립 및 강화에 있다. 즉 중앙감사의 과다 및 중복 등의 폐해를 해소하고 감사의 독립성 및 전문성, 책임성을 강화시켜 감사원 및 국정감사를 제외한 중앙 행정기관의 외부감사를 없애고 자치이념에 부합되는 민주적·자율적 내부통제시스템을 구축하려는 데 있다.

㉢ 감사위원회의 기능

- 본청과 소속 행정기관 감사 및 처분
- 도지사의 감독을 받는 지방공기업, 단체, 법인 및 조합 감사 및 처분
- 교육청과 소속 교육기관 및 교육행정기관 감사 및 처분
- 특별자치도로 이관되는 특별지방행정기관에 대한 감사 및 처분
- 중앙행정기관이 감사위원회에 감사 의뢰하는 기관 감사 및 처분
- 변상명령 및 재심의
- 공무원 징계 및 문책처분 요구
- 시정 등의 요구, 개선요구 및 권고
- 공직기강 감찰활동
- 감사원 및 대통령비서실, 국무총리실 조사관련 업무
- 국민권익위원회 관련 소관 업무 처리
- 공무원 비위조사 처리
- 다수인 민원처리
- 진정 등 민원사항 처리
- 민원부조리 신고 창구 운영
- 공무원 사이버 범죄조사

122) 제주특별자치도 감사위원회의 홈페이지(http://audit.jeju.go.kr/) 자료를 중심으로 기술하였다.

• 시민감사관제 운영
• 적극행정 면책제도 운영

㉣ 감사위원회의 구성

감사위원회는 위원장 1인을 포함한 7인 이내의 위원으로 구성한다. 여기엔 도의회에서 추천하는 3인, 도교육감이 추천하는 1인을 포함하여 도지사가 임명 또는 위촉하는 바 임기는 3년이다. 보궐의 경우 후임자의 임기는 전임자의 잔여 임기다. 한편 감사위원회 위원장은 정무직 지방공무원으로 인사청문회를 거쳐 도의회의 동의를 얻어 임명한다(「제주특별자치도 설치 및 국제자유도시 조성을 위한 특별법」 제66조 및 제66조의2).

㉤ 감사위원회의 의결사항

• 감사위원회의 감사정책 및 주요감사계획에 관한 사항
• 변상명령에 관한 사항[123]
• 징계 및 문책처분의 요구에 관한 사항
• 개선요구 등에 관한 사항
• 시정 등의 요구 및 권고 등에 관한 사항
• 변상명령 등의 이의신청에 관한 사항
• 감사위원회의 규정의 제정 및 개폐에 관한 사항
• 감사위원회의 정원에 관한 사항
• 감사위원회의 예산요구 및 결산에 관한 사항
• 감사의 생략에 관한 사항
• 감사사무의 대행에 관한 사항
• 기타 위원장이 부의한 사항

㉥ 감사위원회의 조직

총정원 41명으로 지방부이사관인 사무국장과 과장을 지방서기관으로 보하는 감사과, 조사과의 2개과를 둔다.

각 과별 사무분장을 보면 다음과 같다.

ⓘ 감사과의 경우

• 감사계획의 수립 및 조정/감사제도 운영

123) 규정(조례)상은 '변상책임의 판정에 관한 사항'으로 되어 있으나 변상판정권은 오직 감사원에만 있고 각 기관은 변상명령권만 있으므로 '변상명령에 관한 사항'이 맞을 것이다.

그림 4-5 제주특별자치도 자체감사기구 조직도

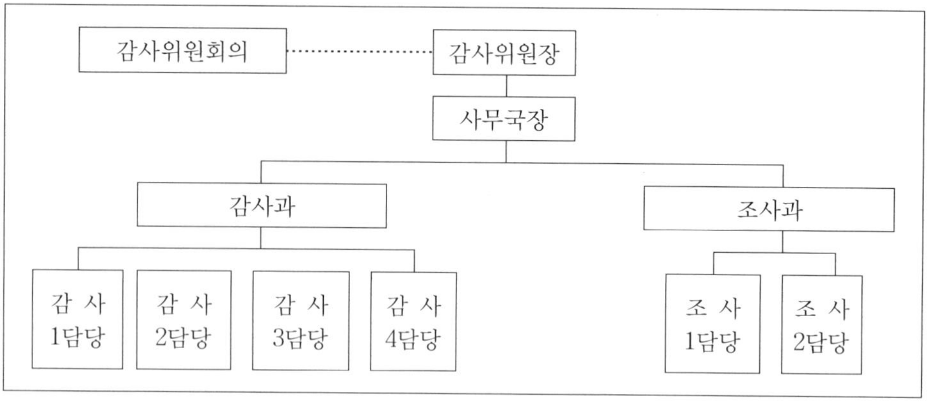

• 감사위원회의 운영
• 감사원 감사지원 및 중앙행정기관 감사대행
• 도 본청 및 도의회사무처에 대한 감사
• 직속기관 · 사업소에 대한 감사
• 행정시에 대한 감사
• 도 교육청과 소속교육기관 및 교육행정기관 감사
• 지방공사, 출자 · 출연기관 등에 대한 감사
• 소방행정, 자치경찰 등에 대한 감사
• 공사설계 · 용역분야 현장 · 서면감사
• 도시계획(도시관리, 지적)관련 감사
• 대형건설공사 일상감사, 각종시설 안전감사

ⅱ 조사과의 경우

• 공직기강 감찰활동계획 수립 및 분석평가
• 공무원 징계 및 심사청구에 관한 사항
• 공무원 비위 등 특별조사 및 처리
• 부조리 신고 센터 운영관리
• 다수인 민원처리 및 관리, 국민권익위원회 소관 사항
• 시민감사관제도 운영

다) 시·군·구

현재 시·군·구의 자체감사기구를 보면 시에는 감사담당관, 군에는 기획감사실장 밑에 감사계, 자치구에는 감사담당관을 두고 있다. 그런데 230개 시·군·구 전체 기관 중 전담 감사조직을 갖고 있는 기관은 49개(21.3%)에 불과하다. 이는 시와 자치구가 아닌 군의 경우 비전담조직이 심각한 현상을 나타내고 있다. 그러나 일반부서의 경우 전담을 하더라도 이는 감사대상업무를 수행하는 장의 지휘를 받기 때문에 업무상 독립성이 보장된다고 보기 어려워 전담·비전담의 구분 실익이 없다고 하겠다. 따라서 독립성을 어느 정도 갖추었다고 볼 수 있는 부기관장[124] 직속의 감사조직을 보면 55개 기관 중 전담 49개(시 24, 구 25), 비전담 6개(시)로 나타나고 있다(감사연구원, 2009a). 이는 앞으로 기초자치단체(시·군·구)의 자체감사기구에 있어서 조직상 독립성 확보가 중요한 과제가 될 수 있음을 알 수 있다.

Ⅲ. 공공기관에 대한 감사체제

1. 공공기관에 대한 법률적 정의

공공기관들은 설립 목적에서부터 구체적 사업의 수행에 이르기까지 정부(주무부처)의 정책수행과 밀접하게 연결되어 있다. 이와 같이 정부정책과 관련한 기능을 수행하는 공공기관들은 다양한 형태로 설립·운영되므로 기관별로 다양한 구조와 특성을 가지게 된다.

한편 공공기관에 대한 개념[125]은 그 관리의 측면에서도 다양한 형태와 특성

124) 기관장 직속의 감사조직은 없음.

125) 유사한 개념으로 '공기업'(기업형태로 운영하면서 공공성을 띠는 기업으로 현행 「공공기관의 운영에 관한 법률」상으로는 자체수입 비율이 50% 이상인 공공기관), 준정부기관(현행 「공공기관의 운영에 관한 법률」상으로는 기금관리나 정부의 업무를 위탁·집행하는 기관), 기타공공기관(현행 「공공기관의 운영에 관한 법률」상으로는 공기업이나 준정부기관에 속하지 않는 공공기관), 공익기업(전기·수도·가스·전화·철도 등 그 서비스가 국민생활에 필수불가결하고 독점적인 성격이 짙은 사업에 종사하는 기업), 정부기업(기업형태로 운영하는 정부사업), 공사(공기업의 소유형태에 따라 주식회사형태나 정부기업을 제외하고 특별법 형식으로 민간의 지분소유를 인정하는 기업), 정부투자기관(과거의 「정부투자기관관리기본법」에서 사용하던 개념으로 자본금의 일부나 전액을 정부가 출자한 기업), 정부산하기관(정부부처가 관리하고 있는 부처 산하의 공익적 업무

을 지니게 되어 관련 법률별로 다양한 개념 정의를 하고 있다.[126] 그러나 여기에서 중요한 것은 국가와 지방자치단체의 관리대상이 되는 감사대상기관으로서의 공공기관이다. 즉 국가와 지방자치단체를 제외하고 국회, 감사원, 중앙정부 및 지방자치단체의 감사대상이 되는 기관, 단체 등의 공공기관이 주요 관심대상이다.

국가 및 지방자치단체의 관리대상이 되는 감사대상기관으로서의 공공기관은 우선 「공공감사에 관한 법률」에서 국가 및 지방자치단체와 대비한 개념으로서 정의한 기관 및 단체 즉, 공공기관의 정의가 그 중심이 된다고 하겠다. 이것은 대부분의 주요 감사대상기관이 망라되기 때문일 것이다. 따라서 여기서는 「공공감사에 관한 법률」에서 규정한 '공공기관'을 중심으로 설명하고자 한다. 그러나 실제 감사대상기관은 이 범위를 넘어 훨씬 광범위하므로 「공공감사에 관한 법률」의 적용을 받지 않는 감사대상기관[127]으로서 그 밖의 기관·단체들은 이에 준하여 적용된다고 보면 될 것이다.

(1) 「공공감사에 관한 법률」에 의한 정의

「공공감사에 관한 법률」 제2조(정의) 제4호에 따르면 '공공기관'은 "「공공기관의 운영에 관한 법률」 제4조에 따라 지정된 기관(같은 법 제5조 제4항에 따른 기타공공기관으로서 직원의 정원이 100명 미만인 기관은 제외한다)과 「감사원법」 제22조 및 제23조에 따른 감사원 감사의 대상기관으로서 대통령령으로 정하는 기관 또는 단체"로 정의하고 있다. 그리고 같은 법 시행령 제3조(공공기관의 범위)에서는 ㉠ 「한국은행법」에 따른 한국은행, 「금융위원회의 설치 등에 관한 법률」 제24조에 따른 금융감독원, ㉡ 국가 또는 지방자치단체가 자본금의 2분의 1 이상을 출자한 법인(다만, 직원의 정원이 100명 미만인 법인은 제외한다), ㉢

를 수행하는 기관으로 정부로부터 직·간접적인 재정지원을 받아 운영되는 기관), 사회적 기업(사회적 목적을 추구하고 이를 위해 수익창출 등 영업활동을 수행하는 기관) 등이 있다(기획재정부, 2011: 11-14).

126) '공공기관'에 대한 법률적 정의는 「공공감사에 관한 법률」, 「공공기관의 운영에 관한 법률」 이외에도 「국가균형발전 특별법」, 「공공기관 지방이전에 따른 혁신도시 건설 및 지원에 관한 특별법」, 「공공기록물 관리에 관한 법률」, 「공공기관의 정보공개에 관한 법률」, 「국가회계법」, 「국가정보화기본법」, 「국가통합교통체계 효율화법」, 「공공기관의 개인정보보호에 관한 법률」 등에서 좁게는 국가가 출자·출연하는 기관·단체에서 넓게는 국가·지방자치단체·지방공기업 등을 포함하는 등 다양한 형태로 규정하고 있다.

127) 예를 들어 「공공기관의 운영에 관한 법률」에 의한 기타공공기관으로서 정원 100명 미만인 기관.

다른 법률에 따라 감사원의 회계검사를 받도록 규정된 기관 또는 단체, ㉣ 그 밖에 「감사원법」 제23조에 따른 감사원 감사 대상기관 중 관장 사무, 예산 규모 및 부패행위 발생 가능성 등을 고려하여 감사원이 지정하는 기관 또는 단체(다만, 직원의 정원이 100명 미만인 기관 또는 단체는 제외한다)로 규정하고 있다.

(2) 「공공기관의 운영에 관한 법률」에 의한 정의

「공공기관의 운영에 관한 법률」 제4조(공공기관)에 따르면 '공공기관'은 국가·지방자치단체가 아닌 법인·단체 또는 기관으로서 ㉠ 다른 법률에 따라 직접 설립되고 정부가 출연한 기관, ㉡ 정부지원액(법령에 따라 직접 정부의 업무를 위탁받거나 독점적 사업권을 부여받은 기관의 경우에는 그 위탁업무나 독점적 사업으로 인한 수입액을 포함한다)이 총수입액의 2분의 1을 초과하는 기관, ㉢ 정부가 100분의 50 이상의 지분을 가지고 있거나 100분의 30 이상의 지분을 가지고 임원 임명권한 행사 등을 통하여 당해 기관의 정책 결정에 사실상 지배력을 확보하고 있는 기관, ㉣ 정부와 제1호 내지 제3호의 어느 하나에 해당하는 기관이 합하여 100분의 50 이상의 지분을 가지고 있거나 100분의 30 이상의 지분을 가지고 임원 임명권한 행사 등을 통하여 당해 기관의 정책 결정에 사실상 지배력을 확보하고 있는 기관, ㉤ 제1호 내지 제4호(위 ㉠~㉣)의 어느 하나에 해당하는 기관이 단독으로 또는 두개 이상의 기관이 합하여 100분의 50 이상의 지분을 가지고 있거나 100분의 30 이상의 지분을 가지고 임원 임명권한 행사 등을 통하여 당해 기관의 정책 결정에 사실상 지배력을 확보하고 있는 기관, ㉥ 제1호 내지 제4호(위 (㉠~㉣)의 어느 하나에 해당하는 기관이 설립하고, 정부 또는 설립 기관이 출연한 기관에 해당하는 경우에 기획재정부장관이 공공기관으로 지정하는 기관이다.

그러나 이 경우에도 기획재정부장관은 ㉠ 구성원 상호 간의 상호부조·복리증진·권익향상 또는 영업질서 유지 등을 목적으로 설립된 기관, ㉡ 지방자치단체가 설립하고, 그 운영에 관여하는 기관, ㉢ 「방송법」에 따른 한국방송공사와 「한국교육방송공사법」에 따른 한국교육방송공사는 공공기관으로 지정할 수 없다.

2. 외부감사제도

(1) 국회의 국정감사 · 조사

국회의 국정감사 · 조사는 앞에서 언급한 것처럼 중앙정부 · 지방자치단체(지방자치단체)뿐만 아니라 공기업 등 공공기관에 대하여도 실시된다. 다만 공공기관의 경우 감사대상기관은 ㉠ 정부투자기관관리기본법 제2조의 규정에 의한 정부투자기관 · 한국은행 · 농업협동조합중앙회 · 수산업협동조합중앙회와 ㉡ 「감사원법」에 의한 감사원의 감사대상기관이 되는 공공기관이 된다. 다만 이 경우 본회의가 특히 필요하다고 의결한 경우에 한한다(「국정감사 및 조사에 관한 법률」 제7조). 그 이외에 국정감사 · 조사의 한계나 절차 및 방법, 결과의 보고 및 처리 등은 중앙정부 · 지방자치단체에 대한 국정감사 · 조사의 경우와 동일하다고 하겠다.

(2) 감사원 감사

감사원 감사도 앞에서 언급된 중앙정부 · 지방자치단체의 경우와 마찬가지로 공공기관에 대하여도 실시된다. 공공기관과 관련하여 특별히 유의해야 할 사항은 감사대상에 관한 부분이고 나머지는 중앙정부 및 지방자치단체와 대동소이하다. 공공기관에 대한 감사원의 감사대상은 「감사원법」 제22조 및 제23조에서 필요적 검사사항과 선택적 감사사항으로 구분하고 있는바 그것을 다시 정리해보면 다음과 같다. 먼저 필요적 검사사항은 ㉠ 한국은행의 회계, ㉡ 국가 또는 지방자치단체가 자본금의 2분의 1이상을 출자한 법인의 회계, ㉢ 다른 법률에 의하여 감사원의 회계검사를 받도록 규정된 단체 등의 회계이다. 선택적 검사사항은 ㉠ 국가기관 또는 지방자치단체 외의 자가 지방자치단체를 위하여 취급하는 지방자치단체의 현금 · 물품 또는 유가증권의 출납, ㉡ 국가 또는 지방자치단체가 직접 또는 간접으로 보조금 · 장려금 · 조성금 및 출연금 등을 교부하거나 대부금 등 재정 원조를 제공한 자의 회계, ㉢ ㉡에 규정된 자가 그 보조금 · 장려금 · 조성금 및 출연금 등을 다시 교부한 자의 회계, ㉣ 국가 또는 지방자치단체가 자본금의 일부를 출자한 자의 회계, ㉤ ㉣ 또는 제22조 제1항 제3호에 규정된 자(국가 또는 지방자치단체가 자본금의 2분의 1이상을 출자한 자)가 출자한 자의 회계, ⓑ 지방자치단체가 채무를 보증한 자의 회계, ⓢ 「민법」 또는 「상법」 외의 다른 법률에 따라 설립되고 그 임원의 전부 또는 일부나 대표자가 국가 또는 지방자치단체에 의하여 임명되거나 임명 승인되는 단체 등의 회계, ⓞ 국가, 지방자치단체, 제2호부터 제6호(ⓛ~ⓑ)까지 또는 제22조 제1항 제3호·제4호에 규정된 자와 계약을 체결한 자의 그 계약에 관련된 사항에 관한 회계 등이다.

직무감찰은 「감사원법」 제24조에서 규정한 공공기관 관련사항을 보면 다음과 같다. ㉠ 한국은행 및 국가 또는 지방자치단체가 자본금의 2분의 1 이상을 출자한 법인과 ㉡ 「민법」 또는 「상법」 이외의 법률의 규정에 의하여 설치되고 그 임원의 전부 또는 일부나 대표자가 국가 또는 지방자치단체에 의하여 임명되거나 임명 승인되는 단체 등의 사무와 그에 소속한 임원 및 감사원의 검사대상이 되는 회계사무와 직접 또는 간접으로 관련이 있는 직원의 직무, ㉢ 법령에 따라 국가 또는 지방자치단체가 위탁하거나 대행하게 한 사무와 그 밖의 법령에 의하여 공무원의 신분을 가지거나 공무원에 준하는 자[128]의 직무가 그것이다.

한편 감사원은 「공공기관의 운영에 관한 법률」[129]에 따라 공기업·준정부기관의 업무와 회계에 관하여 감사를 실시할 수 있도록 되어 있다(같은법 제52조 제1항). 또한 감사원은 중앙정부나 지방자치단체의 경우와 마찬가지로 필요하다고 인정하는 때에는 감사원 규칙[130]이 정하는 바에 의하여 일부 감사대상기관에 대한 감사사무(사실의 조사·확인 및 분석 등의 사무로서 국민의 권리·의무와 직접 관계되지 아니하는 한한다) 중 일부를 중앙관서, 지방자치단체 및 정부투자기관의 장이나 그 기관에 소속한 감사기구의 장으로 하여금 대행하게 하고 그 결과를 제출하게 할 수 있다(「감사원법」 제50조의2). 뿐만 아니라 「공공기관의 운영에 관한 법률」 제52조 제2항에 근거하여 역시 위 감사원 규칙이 정하는 바에 따라 공기업·준정부기관의 업무와 회계에 대한 위탁감사를 주무부처나 금융감독원, 공기업 및 준정부기관의 장(소속 또는 산하기관에 대한 감사에 한

128) 법률을 적용할 때 준공무원이라고 한다.

129) 공공기관의 운영에 관한 기본법으로서 2007년 1월 19일 법률 제8258호로 제정·공포되고 같은 해 4월 1일 시행됨.

130) 현재 「자체감사활동의 지원 및 대행·위탁감사에 관한 규칙」(2010. 7. 6. 제정, 감사원규칙 제212호)이 제정되어 운영되고 있다.

한다) 등에게 의뢰할 수 있다(「자체감사활동의 지원 및 대행·위탁감사에 관한 규칙」 제3조).

(3) 중앙정부 또는 지방자치단체에 의한 감사

공공기관의 경우 일반적으로 소관 중앙정부(주무부처 등) 및 지방자치단체에 의한 감사를 받는다. 감사원이 관련 법령에 따라 대행 또는 위탁하는 사항에 대해 주무기관 등의 감사를 받는다. 이는 공공기관을 설립하는 데 있어 출자를 하거나 설립 승인을 하는 등 그 설립 및 운영에 대한 주무관청로서의 지위에서 일반적인 지도감독권에 기인하여 이루어지는 당연한 논리적 결과라고 하겠다.

3. 자체감사제도

공공기관의 경우에도 자체 감사기구의 설치·운영 및 감사활동체계에 대해서는 원칙적으로 일반법인 「공공감사에 관한 법률」의 적용을 받는다. 다만 국가가 지도·감독하는 공기업 등 공공기관의 경우 자체감사기구의 구성(감사책임자의 임용 등)에 관하여는 위 법률이 적용되지 않고 「공공기관의 운영에 관한 법률」, 「지방공기업법」 등의 적용을 받는다(「공공감사에 관한 법률」 제4조).

공공기관에서 자체감사기구의 설치 및 장의 임명에 관하여는 「공공기관의 운영에 관한 법률」(국가 공기업 등), 「지방공기업법」(지방공기업), 「상법」(기타 법인) 등의 적용을 받는다. 여기서는 공공기관의 대종으로 「공공기관의 운영에 관한 법률」의 적용을 받는 국가 공기업과 「지방공기업법」의 적용을 받는 지방공기업을 중심으로 설명한다.[131]

(1) 「공공기관의 운영에 관한 법률」에 의한 자체감사기구의 설치 등

가) 공공기관의 현황

「공공기관의 운영에 관한 법률」에서는 공공기관을 5가지 유형으로 나누어 자체감사기구의 설치 및 그 장의 임명방식을 달리하고 있다. 우선 공공기관의

131) 결국 「공공기관의 운영에 관한 법률」과 「지방공기업법」은 「상법」의 특별법이라고 하겠다.

표 4-8 공공기관 감사책임자 현황

(2010. 10. 현재)

구 분		합 계	감사위원회	상임감사	비상임감사	없 음
합 계		**289**	**12**	**117**	**151**	**9**
국가 공공 기관	계	202	12	96	90	4
	공기업	21	10	10	1	0
	준정부기관	79	1	34	44	0
	기타공공기관	102	1	52	45	4
지방 공기업	계	83	0	17	61	5
	공 사	24	0	9	15	0
	공 단	59	0	8	46	5
기타기관		4	0	4	0	0

자료: 감사원(2010).

유형을 보면 크게 공기업·준정부기관·기타공공기관으로 구분된다(같은 법 제5조). 그리고 공기업은 다시 '시장형 공기업'과 '준시장형 공기업'으로 분류되며, 준정부기관은 '기금관리형 준정부기관'과 '위탁집행형 준정부기관'으로 분류되는 바,[132] 2011년 1월 현재 다음 <표 4-9>와 같이 총 286개 기관이 지정되어 있다.

공기업은 직원 정원이 50인 이상이며 자체수입액이 총수입액의 2분의 1 이상인 기관 중에서 지정하는데, 2011년 1월 현재 한국마사회, 한국토지주택공사 등 27개 기관이 이에 해당한다. 그 중 시장형 공기업은 자산 규모가 2조 원 이상이고 자체수입액이 총수입액의 100분의 85 이상인 기관으로 한국전력공사, 한국가스공사, 인천국제공사 등 14개 기관이 여기에 해당한다.

준정부기관은 직원 정원이 50인 이상이며 공기업으로 지정되지 않은 기관 중에서 지정하는 바, 그 중 기금관리형 준정부기관은 「국가재정법」에 따라 기금을 관리하거나 기금의 관리를 위탁받은 기관으로 국민연금공단, 근로복지공단 등 17개 기관이 있고, 위탁집행형 준정부기관은 한국가스공사, 한국소비자원 등 66개 기관이 있다.

132) 이러한 지정 유형에 따라 지배구조, 평가, 임원 임면 등에 있어서 차별화된 관리·감독을 받는다.

표 4-9 공공기관 현황

(2011. 1. 현재)

유 형	기관수(개)	구분 기준
공기업	27	(자체수입/총수입) ≥50%
- 시장형	14	(자체수입/총수입) ≥85% 및 자산 2조 원 이상
- 준시장형	13	시장형 공기업이 아닌 공기업
준정부기관	83	(자체수입/총수입) ≤50%
- 기금관리형	17	중앙정부 기금을 관리하는 기관
- 위탁집행형	66	기금관리형 준정부기관이 아닌 준정부기관
기타공공기관	176	공기업, 준정부기관이 아닌 기관
총 계	**286**	

자료: 기획재정부(2011: 61).

기타공공기관은 공기업과 준정부기관을 제외한 기관 중에서 지정하는 바, 국립대학교병원, 정부출연연구기관(한국개발연구원 등), 공기업 자회사(코레일 자회사 등) 등 176개 기관이 있다.

나) 자체 감사기구의 설치 및 감사(監事)의 임명 등

「공공기관의 운영에 관한 법률」의 적용을 받는 공공기관의 경우 동 법률에서는 공기업과 준정부기관에 대하여는 자체감사기구의 구성이나 그 장의 임명에 대해서 구체적인 절차와 내용을 규정하고 있으나 기타공공기관에 대해서는 언급하지 않고 있다. 따라서 기타공공기관의 경우에는 개별 설립법이나 상법 등의 적용을 받는다고 하겠다. 여기서는 공기업과 준정부기관에 있어 감사기구의 설치와 그 장인 감사(監事)의 임명 등에 관하여 살펴본다.

공기업 및 준정부기관의 감사(또는 감사위원회의 위원)는 「공공기관의 운영에 관한 법률」에 의해 그 지위가 보장되며, 기관장 및 이사와 함께 임원진에 포함된다. 그리고 공기업 및 준정부기관은 「공공기관의 운영에 관한 법률」에 따라 감사 또는 감사위원회를 반드시 설치하여야 한다.

감사는 상임감사(常任監事)와 비상임감사(非常任監事)로 구분할 수 있으며, 상임감사는 기관에 상시 출근하여 직무를 수행하는 감사를 의미하며, 비상임감사는 비정기적으로 출근하여 감사활동을 하는 자를 말한다. 상임감사와 비상임감사는 근무형태, 보수 등에 차이가 있을 뿐 그 권한, 의무 및 책임 등에 있어서는 동일하다. 「상법」의 경우 최근 사업연도 말 현재 자산총액이 1천억 원 이상인 상장회사에 대해 상근감사를 두도록 규정하고 있으나, 「공공기관의 운영에 관한 법률」은 상임감사의 설치 기준에 대해 별도로 규정하지 않고 다른 법률 또는 정관으로 정하는 바에 따르도록 하고 있다(기획재정부, 2011: 93; 「공공기관의 운영에 관한 법률」 제24조 제5항).

한편 시장형공기업과 자산규모 2조 원 이상인 준시장형공기업에 대해서는 감사위원회를 두도록 의무화하였으나, 자산규모가 2조원 미만인 준시장형공기업과 준정부기관은 다른 법률의 규정에 따라 감사위원회를 설치할 수 있도록 하였다(「공공기관의 운영에 관한 법률」 제20조 제2항 및 제3항).[133]

공기업 및 준정부기관의 감사위원회는 총 위원의 3분의 2 이상을 비상임이사로 구성하고 그 중 1인은 「상법 시행령」 제16조 제2항에서 정하는 회계 또

표 4-10 감사와 감사위원회 제도 비교

구 분	독임(獨任)감사	감사위원회
신 분	단일 신분(감사, 2년) ※ 1년씩 연임가능	이중 신분(이사+감사위원, 2년) ※ 1년씩 연임가능
임명 절차	임원추천 → 운영위 심의 → 대통령(또는 기획재정부장관) 임명	이사회에서 이사 중에 선임 다만, 상임감사위원은 독임감사와 임명절차·임명권자 동일
감사권 행사	기획재정부장관이 정하는 감사기준에 따라 업무와 회계에 대한 감사	업무 범위와 권한은 독임제 감사와 동일
이사회 권한	의견 진술권	의결권
이사회와의 관계	이사회와 분리: 이사회에 대한 중립적 비판 가능	이사회의 하위 기구: 이사회 의사결정에 적극적 개입
업무수행의 특성	상근 감사에 의한 상시 업무수행: 안정적으로 내부 견제 기능수행	상근 감사 업무 및 전문성을 갖춘 비상임감사의 업무수행: 전문성 보장에 유리
의사결정 형태	독임제: 업무수행 책임소재 명확	합의제: 다수에 의한 합리적 결정

자료: 기획재정부(2011: 94).

133) 2009. 12. 29. 개정. 그 이외의 사항에 대해서는 「상법」 제542조의11 및 제542조의12 제3항부터 제6항까지의 규정을 준용한다(「공공기관의 운영에 관한 법률」 제20조 제4항).

는 재무전문가로 구성하며, 위원장은 비상임이사인 위원 중에서 선정하여야 한다. 감사위원회는 감사에 갈음하여 이사의 직무집행을 감사하는 이사회 내 위원회로서 감사위원은 이사 중에서 선임되므로 감사의 지위와 동시에 이사로서의 지위를 가진다.[134] 한편 「공공기관의 운영에 관한 법률」에서는 감사(또는 감사위원회 감사위원)에 대하여 자격으로서 업무수행에 필요한 학식과 경험이 풍부하고 능력을 갖춘 사람으로 포괄적으로 규정하는 데 그치고 있다(동법 제30조 제2항).[135]

다) 감사(감사위원회)의 권한과 책임

① 감사(또는 감사위원회)의 권한

감사 또는 감사위원회는 기획재정부장관이 정하는 감사기준에 따라 기관의 업무와 회계를 감사하며 감사(監査)는 종합감사, 특정감사, 일상감사, 재무감사, 성과감사, 복무감사 등을 「공공감사에 관한 법률 시행령」 제10조 및 자체 감사규정에 의하여 행한다.

감사(監事)는 이사회의 구성원이 아니므로 의결에 참여할 수 없으나 이사회에 출석하여 의견을 진술할 수 있고, 기관과 기관장 간의 소송 등 기관의 이익과 기관장의 이익이 상반되는 사항에 대하여는 「공공기관의 운영에 관한 법률」 제32조 제2항에 따라 감사(또는 감사위원회)가 기관을 대표한다. 기관장은 감사(또는 감사위원회)의 업무수행에 필요한 직원의 채용과 배치 등에 관하여 필요한 지원을 하도록 되어 있다(「공공기관의 운영에 관한 법률」 제32조 제6항).

② 감사(또는 감사위원회)의 의무와 책임

감사(또는 감사위원회)는 선량한 관리자로서의 주의의무를 다하여야 하고, 직무상 취득한 기밀을 정당한 이유 없이 누설하거나 유용하여서는 안 된다. 비상임이사 2인 이상의 연서로 감사요청이 있을 경우 특별한 사정이 없는 한 이

134) 감사위원이 이사회에 참여하여 의결권을 행사함으로써 위법행위 등의 사전적 예방기능이 확보되고, 수명의 위원이 합의하여 감사를 하는 합의체이므로 전문성이 강화된다는 장점이 있을 수 있으나 공기업·준정부기관의 감사위원 중 상임위원(상임이사)의 경우는 임명권이 기관장에게 있어 견제 임원으로서의 독립성이 침해될 소지가 있다는 지적이 있어 2009. 12. 29. 「공공기관의 운영에 관한 법률」을 개정하면서 임명권을 기관장에서 대통령 또는 기획재정부장관으로 변경하였다(기획재정부, 2011: 93-94). 그러나 근원적으로 이 제도는 전문성을 얻고자 독립성을 약화시킨 제도로 보인다.

135) 앞으로 감사(監査)의 전문성을 인정하고 이에 맞는 감사(監事)의 자격기준이 마련되어야 할 것이다.

에 응하여야 한다(「공공기관의 운영에 관한 법률」 제22조 제2항). 그리고 연간 감사계획을 수립하여 종합감사 및 특정감사 결과를 기관장에게 통보하고 이사회에 보고하여야 하며, 연간 감사보고서를 매 회계연도 경과 후 2개월 이내에 작성하여 이사회와 주무기관의 장, 기획재정부장관에게 보고하여야 한다. 2009년 12월 '공기업·준정부기관 감사기준'이 개정됨에 따라 특정감사보고서를 감사종료 후 1개월 이내에 감사요청기관, 이사회, 주무기관의 장 및 기획재정부장관에게 보고하도록 하였고, 감사결과 위법 또는 부당한 업무처리 사항이 발견된 경우에는 감사 종료 후 1개월 이내에, 경영지침 위반사항을 발견하는 경우에는 그 위반사항과 조치계획을 지체 없이 주무기관의 장 및 기획재정부장관에게 보고하도록 하였다(기획재정부, 2011: 95).

한편 감사 또는 감사위원회 위원이 그 임무를 해태한 때에는 기관에 대하여 연대하여 손해를 배상할 책임이 있고, 고의 또는 중대한 과실로 인하여 그 임무를 해태한 때에는 제3자에 대하여 연대하여 손해를 배상할 책임이 있다(「공공기관의 운영에 관한 법률」 제35조 및 제43조의4). 기획재정부장관은 감사가 법에 규정된 의무와 책임 및 직무를 이행하지 아니하거나 게을리한 경우, 감사의 직무수행실적 평가결과 실적이 부진한 경우, 기관장 경영계획서 이행실적보고서 및 경영실적보고서의 미제출 또는 허위제출과 관련하여 감사가 관련 직무를 이행하지 아니하거나 게을리한 경우 등에 공공기관운영위원회의 심의·의결을 거쳐 해당 감사 또는 감사위원회 감사위원을 해임하거나 그 임명권자에게 해임을 건의할 수 있다(「공공기관의 운영에 관한 법률」 제36조 및 제48조 제4항).

(2) 「지방공기업법」에 의한 자체감사기구의 설치 등

지방공기업에 있어 자체감사기구의 설치에 관하여는 앞에서 언급하였듯이 원칙적으로 「공공감사에 관한 법률」이 적용되나 자체감사기구의 장의 임명이나 자격 기준 등에 대하여는 위 법률이 적용되지 않는다. 따라서 지방공기업의 설립·운영에 관한 기본법인 「지방공기업법」을 적용하는 것은 물론, 여기에도 규정이 없는 경우 「상법」을 준용(지방공사의 경우)[136]하거나 적용(제3섹터의 출자법인의 경우)하게 된다.

136) 「지방공기업법」 제75조.

가) 지방공기업 현황

「지방공기업법」상 지방공기업은 지방직영기업, 지방공사, 지방공단과 지방공사·공단 외의 출자·출연법인(소위 협의의 제3섹터라고 부른다)으로 구분하여 그 법 적용을 달리하고 있다.

지방직영기업은 수도사업, 공업용수도사업, 궤도사업, 자동차운송사업, 지방도로사업, 하수도사업, 주택사업, 토지개발사업 등 「지방공기업법」 제2조에서 규정한 사업을 지방자치단체가 직접 설치·경영하는 사업으로서 대통령령으로 정하는 기준 이상의 사업[137]을 정부형태로 지방자치단체가 직접 운영하는 기업이다. 따라서 지방직영기업은 기본적으로 지방공기업법 이외의 부분은 「지방자치법」, 「지방재정법」, 「지방공무원법」 등 지방자치단체에 대한 법령이 적용된다.

지방공사는 지방자치단체가 법인을 설립하여 간접적으로 운영하는 형태로서 단독 또는 다른 지방자치단체나 민간과 합작하여 자본금의 전액 또는 2분의 1 이상을 출자한 주식회사형 기업이다. 따라서 「지방공기업법」에서 규정한 사항 이외의 것은 「상법」의 주식회사에 관한 규정이 준용된다.

지방공단도 지방공사처럼 지방자치단체가 법인을 설립하여 간접적으로 운영하는 형태로서 지방자치단체가 전액 출자하여[138] 지방자치단체의 위탁 등에 의거 「지방공기업법」 제2조에 규정한 공적 사업을 수행하는 법인이다.

출자·출연법인은 지방자치단체가 ㉠ 민간인의 경영참여가 어려운 사업으로서 주민복리의 증진에 이바지할 수 있고, 지역경제의 활성화나 지역개발의 촉진에 이바지할 수 있다고 인정되는 사업, ㉡ 제1항 각 호의 어느 하나에 해당하는 사업 중 같은 항 각 호 외의 부분에 따라 대통령령으로 정하는 기준에 미달하는 사업, ㉢ 「체육시설의 설치·이용에 관한 법률」에 따른 체육시설업, ㉣ 「관광진흥법」에 따른 관광사업(여행업 및 카지노업은 제외한다) 등에 해당하는 사업을 효율적으로 수행하기 위하여 자본금 또는 재산의 2분의 1 미만을 출자 또는 출연하여 지방자치단체 외의 자(외국인 및 외국법인을 포함)와 공동으

137) 수도사업 : 1일 생산능력 1만5천톤 이상, 공업용수도사업 : 1일생산능력 1만톤 이상, 궤도사업 : 보유차량 50량 이상, 자동차운송사업 :보유차량 30대 이상, 지방도로사업 : 도로관리연장 50킬로미터 이상 또는 유료터널·교량 3개소 이상, 하수도사업 : 1일 처리능력 1만5천 톤 이상, 주택사업 : 주택관리 연면적 또는 주택건설 면적 10만 평방미터 이상, 토지개발사업 : 조성면적 10만 평방미터 이상(「지방공기업법 시행령」 제2조).

138) 지방공사와 달리 민간 출자를 불허한다.

표 4-11 지방공기업 현황

(2010. 7. 1. 기준)

시도별	합계	직영기업					공사 · 공단 등					제3섹터
		소계	상수도	하수도	공영개발	지역개발기금	소계	지하철	도시개발공사	시설환경경륜공단	기타공사	
계	**417**	**245**	**115**	**81**	**33**	**16**	**134**	**7**	**16**	**82**	**29**	**38**
서울	33	2	1	-	-	1	29	2	1	25	1	2
부산	11	3	1	1	-	1	6	1	1	4	-	2
대구	8	3	1	1	-	1	4	1	1	2	-	1
인천	18	4	1	1	1	1	13	1	1	9	2	1
광주	10	3	1	1	-	1	4	1	1	1	1	3
대전	8	3	1	1	-	1	4	1	1	1	1	1
울산	7	3	1	1	-	1	4	-	1	3	-	-
경기	107	71	31	28	11	1	35	-	1	21	13	1
강원	32	23	15	3	4	1	7	-	1	4	2	2
충북	22	16	8	5	2	1	3	-	1	2	-	3
충남	28	23	10	7	5	1	3	-	1	1	1	2
전북	19	15	9	4	1	1	2	-	1	1	-	2
전남	25	16	7	5	3	1	2	-	1	-	1	7
경북	36	25	14	10	-	1	7	-	1	3	3	4
경남	46	32	13	12	6	1	9	-	1	5	3	5
제주	7	3	1	1	-	1	2	-	1	-	1	2

자료: 행정안전부(2010).

로 「상법」에 따른 주식회사(출자법인) 또는 「민법」에 따른 재단법인(출연법인)을 설립·운영하는 경우의 법인이다. 이를 보통(또는 협의의) 제3섹터라고 부른다.[139]

나) 자체감사기구의 장의 임명

지방공기업 중 공사·공단의 경우 감사의 수는 정관으로 정하고, 그 자격은

139) 광의의 제3섹터는 지방공사 중 지방자치단체 출자지분이 50% 미만인 기업을 일컫는다.

지방공기업의 경영에 관한 전문적인 식견과 능력이 있는 자 중에서 임원추천위원회의 추천을 거쳐 해당 지방자치단체의 장이 임면하도록 되어 있다(「지방공기업법」 제58조). 또한 감사의 임기는 3년이고 1년 단위로 연임할 수 있으며, 그 직무는 정관으로 정하도록 되어 있다(같은 법 제59조).

그리고 감사를 포함한 임원의 결격사유는 ㉠ 대한민국 국민이 아닌 자, ㉡ 미성년자, 금치산자 또는 한정치산자, ㉢ 파산선고를 받고 복권되지 아니한 사람, ㉣ 금고 이상의 실형을 선고받고 그 집행이 끝나거나(집행이 끝난 것으로 보는 경우를 포함한다) 집행이 면제된 날로부터 2년이 지나지 아니한 사람, ㉤ 이 법을 위반하여 벌금형을 선고받고 2년이 지나지 아니한 사람, ㉥ 법원의 판결에 따라 자격이 정지 또는 상실된 사람으로 규정하고 있다(「지방공기업법」 제60조 제1항).

또한 임직원은 그 직무 외에 영리를 목적으로 하는 업무에 종사하지 못하며, 임원은 지방자치단체장의 허가 없이 다른 직무를 겸할 수 없도록 되어 있다(다만 비상근의 경우 제외: 「지방공기업법」 제61조).

제 5 장

자체감사제도와 외부감사제도와의 관계

제1절 자체감사제도의 의의

중앙정부나 지방자치단체 및 공공기관을 막론하고 외부감사와 내부(자체)감사제도가 공존하고 있다. 이 장에서는 자체감사제도와 외부감사제도 양제도의 필요성과 바람직한 관계를 중심으로 살펴봄으로써 국가감사제도의 효율성을 추구하는 데 시사점을 얻고자 한다.

Ⅰ. 자체감사의 정의

1. 자체감사의 개념과 특징

(1) 자체감사의 개념과 법적 근거

국제내부감사인협회(The Institute of Internal Auditors: IIA)는 2009년도 '전문적 행위표준'(Professional Practices Framework)에서 내부감사를 "조직운영을 개선하고 가치를 부가하도록 고안된 독립적·객관적 확인(assurance) 및 컨설팅 활동으로, 위험관리, 통제 및 거버넌스 과정의 효과성을 평가하고 개선하기 위해 체계적이고 통제된 접근방법을 사용함으로써 조직 목표를 달성하게끔 지원하는 역할을 수행"한다고 정의하고 있다. 또한 세계최고감사기구(INTOSAI)는 내부감사 기능을 "부패, 실수, 비효율적·비경제적 행위가 발생할 가능성을 최소화하는 방식으로 조직과정이 운영되고 있다는 것을 내부정보원으로부터 조직관리자가 확인(assurance)을 받는 기능적 수단"으로 정의하고 있다. 그리고 INTOSAI(GOV 9150)에서는 공공부문의 내부통제와 관련한 내부감사의 기능과 활동으로 ① 내부감사는 내부통제구조에 대한 평가와 권고를 통해 내부통제구조의 지속적 효과성을 조사하고 내부통제 개선에 기여하여야 하고, ② 관리자는 때때로 내부감사 기능을 내부통제 및 자기평가 틀의 일부로 설치·운영하여야 하며, ③ 조직 내 특정 내부통제 절차의 집행은 관리자의 책임으로 내부감사가 직접 수행해서는 곤란하고, ④ 효과적인 내부통제기능은 내부통제시스템의 개선에 기여하기 위하여 통제의 충실도에 대한 점검·평가·보고를 담당하여야 하며, ⑤ 내부통제 기능은 지속가능한 위험기반 접근방법을 활용하여야 한다고 기술하고 있다.

우리나라에서 자체감사는 법적으로는 1962년 3월 10일 각령 제532호로 「행정감사규정」이 제정·시행됨으로써 시작되었다. 지금은 2010년 7월 1일 제정·시행된 「공공감사에 관한 법률」(법률 제10163호)과 2007년 4월 1일 제정·시행된 「공공기관의 운영에 관한 법률」(법률 제8258호), 2010년 10월 13일 전부개정·시행된 「지방자치단체에 대한 행정감사규정」(대통령령 제22439호), 중앙정부·지방자치단체·공공기관 등의 자체규정에 따라 자체감사가 실시되고 있다.

자체감사의 개념에 대하여 대통령령인 구 「행정감사규정」에서는 행정감사를 "각급 행정기관이 당해 기관 또는 그 하급기관의 운영 실태를 파악하여 정부시책의 모든 단계에서 적정 운영 여부와 공무원의 기강 위배 사항을 검토분석하고 그에 대한 시정 또는 개선 방안을 마련하는 작용"이라고 규정하였다(제2조). 감사원의 「공공감사기준」(1999. 8. 28. 제정, 감사원 규칙 제137호)에서는 "법에 의하여 감사원의 감사를 받는 기관·단체의 장(정부투자기관의 경우 감사)이 당해 기관·단체, 그 하급기관·단체 또는 산하기관·단체 등에 대하여 실시하는 감사"라고 정의하고 있다(제2조). 한편 2010년 7월 1일 제정·시행된 자체감사에 관한 기본법인 「공공감사에 관한 법률」에서는 "중앙행정기관, 지방자치단체 및 공공기관의 감사기구의 장이 그 소속되어 있는 기관(그 소속되어 있는 기관 및 소관 단체를 포함한다) 및 그 기관에 속한 자의 모든 업무와 활동 등을 조사·점검·확인·분석·검증하고 그 결과를 처리하는 것"이라고 규정하고 있다(제2조). 위 법에 맞춰 2010년 10월 13일 전부 개정·시행된 「지방자치단체에 대한 행정감사규정」에서는 주무부장관, 행정안전부장관 또는 시·도지사가 「지방자치법」 제167조 등의 규정에 따라 국가위임사무, 시·도 위임사무 및 자치사무에 관한 업무와 활동 등을 조사·점검·확인·분석·검증하고 그 결과를 처리하는 것이라고 감사주체 및 대상사무만 달리하여 규정하고 있다(제2조).

결국 자체감사는 각급 행정기관 등이 당해 기관 또는 하급기관이 수행하는 업무의 운영 상태를 파악하여 그것을 적정한 수준으로 개선시켜 나가려는 자율적 작용이다. 따라서 자체감사도 감사란 점에서 전문성을 갖춘 제3자에 의해 독립적, 객관적으로 이루어져야 함은 말할 것도 없다. 이러한 자체감사는 조직목표의 달성과 업무관리의 합법성, 경제성, 능률성, 효과성 등을 향상시키는 데 있다고 하겠다.

한편 2010년 7월 1일을 기준으로 볼 때 「공공감사에 관한 법률」 및 같은 법 시행령의 적용을 받는 기관(자체감사기구를 두어야 하는 기관)은 아래 <표 5-1>

표 5-1 공공감사에 관한 법률 적용기관

대구분	소 구 분	기관수
중앙행정기관 (41)	정부조직법에 따른 부·처·청	34
	법률에 명시된 기관	6
	시행령에 명시된 기관	1
지방자치단체 (258)	특별시·광역시·도(제주특별자치도 제외)	15
	시·군·자치구	228
	특별시·광역시·도의 교육청(제주특별자치도 제외)	15
공공기관 (289)	「공공기관의 운영에 관한 법률」에 따라 지정된 기관	202
	시행령에 명시된 기관	2
	국가 또는 지방자치단체가 자본금의 2분의 1 이상을 출자한 법인	83
	다른 법률에 따라 감사원의 회계검사를 받도록 규정된 단체	2
합 계		**588**

자료: 감사원(2011a: 732).

과 같이 총 588개이다.[1)]

(2) 자체감사의 특징

공무원이나 공공기관의 종사자들이 수행하는 행정·경영 기능 등은 여러 가지 장치들에 의해 통제를 받는다. 그러나 자체감사는 업무평가나 기타 여러 내부통제 장치들과 더불어 행정기관 등이 스스로 자신을 통제하여 자신이 수행하는 업무를 적정한 수준으로 유지하거나 개선시키기 위한 여러 제도 중의 하나이다. 그러므로 자체감사는 다음과 같은 특징을 갖는다(김명수 외, 2007: 16-17).

가) 기관의 자율적 기능

자체감사는 국회의 국정감사나 감사원 감사 등의 외부감사에 대응되는 개념으로 내부감사(internal audit)라고 한다. 이는 외부로부터의 감사가 자신의 잘못을 지적해 주기를 기다리지 않고 스스로 먼저 자신들이 수행하는 업무를 적정한 수준으로 유지하거나 개선시키겠다는 의지를 내포하고 있다.

나) 사전 예방적 기능에 중점

자체감사는 감사대상 사업이나 업무를 시행하기 이전에 수행될 수 있고(주로 '일상감사'를 통해 이루어진다), 사후적으로 수행될 수도 있다. 자체감사는 사업이나 업무의 기획 단계에서부터 개입하여 그것이 잘못된 방향으로 나아가는 것을 예방하고 만일 방향이 잘못되었을 때에는 이를 바로잡아 사후에 잘못된 결과를 초래함으로써 발생할 수 있는 손해나 문제를 예방하는 것이 중요하다. 즉 자체감사는 사후감사에 치중하는 외부감사와 달리 사전감사에 더 많은 비중을 두는 것이 좋다고 하겠다.

다) 시정 및 개선에 중점

감사는 그것이 외부감사이든 자체감사이든 간에 바람직한 일을 수행하도록 조장하는 적극적인 기능을 갖기보다는 일을 잘못 처리하지 않도록 하고 잘못 처리된 경우 어떤 형태로든지 처벌을 하는 것으로 인식되어 소극적인 기능을 강하게 보이게 된다. 그러나 자체감사는 외부감사에 비해 처벌에 중점을 두기

---

1) 2011. 8. 3. 「공공감사에 관한 법률 시행령」(대통령령 제23063호)이 개정됨에 따라 법 적용대상기관으로 국무총리실, 국가과학기술위원회(2012. 1. 1. 적용)가 추가되었다.

보다는 사전에 또는 시행 과정에서 잘못을 지적하는 등으로 이를 바로잡도록 시정하거나 개선하는 데 중점을 두어야 바람직할 것이다.

2. 자체감사의 필요성

어느 나라나 국가의 세입의 징수나 세출의 집행 등 재정의 적정한 운영을 확보하기 위하여 감사기구를 설치하고 있다(김명수 외, 2007: 17-18). 이러한 감사기구에는 우리나라의 감사원과 같이 헌법에 근거를 두고 설치되어 있는 국가최고감사기구(supreme audit institution: SAI)와 중앙정부의 행정 각부나 지방자치단체, 공공기관 등 각급 기관 내부에 설치되어 있는 감사위원회, 감사관실, 감사(監事) 등과 같은 자체감사기구가 있다.

역사적으로 보면 대부분의 나라에서 처음에는 국가최고감사기구만으로 감사 기능을 수행케 하다가 점차 그 한계와 기관 차원의 통제 필요성으로 인해 자체감사기구가 등장하게 된다. 미국은 1950년대에 자체감사기구를 도입하였고, 우리나라는 앞에서 언급하였듯이 5・16 이후인 1962년 3월에 도입하였다.

이러한 자체감사기구의 필요성은 크게 보아 외부감사기구로서 대표되는 국가 최고감사기구(우리나라의 경우 감사원)가 가지고 있는 능력의 한계를 극복하기 위한 것과 자체통제의 유효성 두 가지로 요약될 수 있다. 만일 국가의 최고감사기구가 국가의 모든 감사 업무를 완전히 수행할 수 있다면 자체감사는 필요하지 않을지도 모른다. 그러나 현실적으로 이것은 불가능하다고 하겠다. 우리나라의 경우에도 감사 활동에 직접 투입되는 일반적 감사요원을 포함한 감사원 전 직원의 수에 비하여 감사 대상기관의 수나 감사대상인원 및 재정규모 등은 훨씬 빠른 속도로 증가하고 있어 국가의 감사 업무를 감사원에만 의존할 수 없게 되었다. 예컨대 감사원이 심계원과 감찰위원회를 통합하여 설립된 1963년도의 경우 감사원의 총정원은 486명이고 감사대상기관은 3,964개 기관, 287,988명, 국가재정규모(일반회계+특별회계의 세출결산)는 1,665억 원이었으나, 2007년도에는 감사원의 총정원은 1,004명이고 감사대상기관은 65,992개 기관, 1,340,686명, 국가재정규모(일반회계+특별회계의 세출결산)는 196조 9,046억 원으로 감사원의 총정원은 약 2배 느는데 그쳤으나 감사대상기관의 기관수(16.6배), 인원(4.6배), 재정규모(1,182.6배)는 최고 수천 배로 급증하였다(감사원, 2008b:

321-325; “<표 4-1> 연도별 감사원 감사대상기관 및 감사원 정원 현황” 참조).[2] 이러한 상황에서 효과적인 방안 하나가 감사 대상기관 내부의 자체감사 기능을 활성화시켜 감사원에서 관심을 가지고 있는 많은 감사 사항을 자체적으로 감사하게 하는 것이다.

또 자체감사가 필요한 이유는 현대 정부가 수행하고 있는 복잡하고 다양한 많은 업무와 그 권한에 기인한다. 정부는 많은 업무를 수행하는 것이 중요한 것이 아니라 이를 얼마나 잘 수행하는가가 중요하다. 또한 많은 행정기관들과 그 구성원들이 다양한 업무를 수행하면서 과대한 권한을 행사하기 때문에 각 나라에서는 견제와 균형의 관점에서 여기에 대한 통제를 제도화하고 있다. 대통령, 국회, 사법부, 감사원, 상급기관, 국민 및 언론 등에 의한 통제 등이 여기에 포함될 수 있으나 가장 실효성이 있는 것은 행정기관 등의 자율적·내부적 통제라고 하겠다. 자신에 대해서는 자신이 제일 잘 알기 때문에 자신의 잘못도 제일 잘 알고 있고 이를 시정할 수 있는 방안에 대해서도 가장 잘 안다고 할 것이다.[3] 앞에서도 언급하였듯이 자체감사의 주 기능은 행정기관 등의 내부통제 장치가 제대로 설치·운영되고 있는지를 평가하고 개선방안을 강구토록 함으로써 행정이나 사업의 자율적 시정과 오류 예방을 추구하는 것이다. 또한 실제 발생하였거나 발생할 가능성이 있는 문제점에 대하여 관리자의 지시 아래 기관 내부에서 감사 및 조사, 점검 등을 함으로써 오류를 발견하여 자율적 시정·치유 개선을 도모한다. 이처럼 자체감사는 각 기관의 자율적·내부적 통제기능을 수행할 수 있는 주요 장치 중의 하나이다.

Ⅱ. 자체감사제도의 문제점과 한계

자체감사제도가 가지고 있는 여러 가지 장점에도 불구하고 자체감사제도는

2) 한편 「공공감사에 관한 법률」을 제정하게 된 경위에 대해 감사원은 감사원이 실제 감사에 투입하는 활동인력이 800여 명인데 비해 대상기관은 6.6만 개, 인원 124만 명, 예산 800조 원으로 광범위하여 광범위한 감사대상에 비해 감사인력이 부족하여 감사원만으로는 공공부문 전체의 부정·비리행위를 예방·방지하기 어려워 자체감사의 역량 제고와 협력관계 형성이 필요하기 때문이라고 설명하고 있다(감사원, 2010: 3-6). 또한 감사원의 연간 수행하는 실지감사 기관수도 총 감사대상기관의 1~2% 정도에 불과하다(감사원, 2008b: 319).

3) 현실적으로 차이가 있을 수 있고 상대적인 것이라고 하겠다.

또한 여러 가지 한계를 노출하고 있고 이에 따라 다양한 문제점 지적이 제기되고 있다.

「공공감사에 관한 법률」의 제정취지를 보면 첫째, 자체감사의 독립성 미흡(감사대상 업무와 분리되어 독립적으로 감사업무만을 전담하는 기구 설치 미흡, 감사기구의 장도 일반부서와 동일하게 인사운영을 하고 신분보장이 미흡하여 감사활동의 독립적 수행이 곤란한 환경, 직급・조직 내에서의 위상도 감사대상부서의 장보다 낮은 수준),[4] 둘째, 전문성을 확보하기 위한 노력이 미흡하고 부실감사도 발생(감사경험이나 전문성에 대한 고려 없이 일반적인 인사원칙에 따라 감사담당자를 임용, 근속가점제도 등 유능한 인재를 감사담당자로 유인할 우대제도도 미흡, 순환보직에 따른 이동으로 감사경험・지식 등 전문성 축적 미비, 감사・회계교육 이수 등 전문성 확보를 위한 환경도 제대로 조성되어 있지 않은 실정, 향후 인사이동・직장 내 관계를 고려한 온정적 감사결과 처리), 셋째, 감사의 실효성 보장 곤란(자료제출요구 등 감사에 필수적인 권한의 법적 근거 미비, 감사활동 전반에 대한 표준화된 절차나 규정 미비와 임의적인 감사활동에 따른 감사대상기관의 불안가중 및 감사품질 유지곤란, 일관성 있는 감사결과 처리를 위해 필요한 감사기준 미비로 범죄혐의자 미고발・징계대상자 부당 감경 등 부당처리 발생) 등의 문제를 지적하고 있다(감사원, 2010b: 4-6).

김명수・박준(1995: 260-267)은 자체감사기구의 문제점으로 ① 조직상의 문제점(감사 관련법령에 독립성 관련 규정 결여 및 감사기구의 장이 부기관장 또는 집행부서에 소속되어 있는 등 조직구조상의 독립성 결여, 감사요원들이 당해 기관의 집행부서로부터 충원되고 전보되는 등의 신분상의 독립성 결여), ② 인적 구성상의 문제점(감사원들의 감사에 관한 전문성의 결여), ③ 업무수행상의 문제점(당해기관에 대한 감사보다는 소속기관 및 산하단체에 대한 감사 치중), ④ 자체감사 여건상의 문제점(기관장의 자체감사의 중요성에 대한 인식 부족, 감사인력의 적정규모 미확보, 감사인력에 대한 근무평정과 전보 우대 미이행 등 동기부여상의 문제점, 감사여비 부족 등 감사활동에 대한 지원의 부족), ⑤ 감사기관 간 연계 미흡(감사원감사와 자체감사 사이의 관계에 대한 규정 결여 등)을 문제점으로 지적하고 있다. 그 이외에도 자체감사기구, 지방자치단체 자체감사제도와 관련한 선행 연구 등에서 상당한

4) 감사의 독립성은 그 내용과 형식에 따라 직무상 독립성(행정부, 입법부는 물론 정치권력으로부터의 독립을 의미하는 것으로 객관적이며 신뢰성 있는 감사업무 수행 및 처리를 보장하는 것), 인사상 독립성(감사기구의 장 및 감사요원의 채용, 관리상 독립성), 재정상 독립성(감사기구의 운영에 필요한 예산의 편성, 집행 등에 있어 독립성) 등으로 나눌 수 있는데 앞의 두 가지는 정치적 독립성으로 분류하기도 한다. 정치적 독립성은 특히 행정부 및 입법부로부터 독립해서 자주적인 위치를 갖는 것이 그 핵심이다.

문제점 지적이 있었다.

먼저 자체감사기구의 독립성 확보에 대한 문제점을 좀 더 살펴보면 ① 자체감사기구의 조직상 독립성 미흡(감사의 독립성에 대한 제도적 보장 미흡), ② 감사요원의 신분상 독립성 결여(승진제도상 승진 적체가 심하고 감사요원에 대한 별도심사가 이루어지지 않음), ③ 자체감사기구의 장의 낮은 직급으로 인한 업무상 독립성의 결여, ④ 자체감사요원의 순환보직에 따른 업무상 독립성의 결여(감사요원이 감사대상 부서로 언제 전보되어 근무하게 될 지 알 수 없는 상황에서 동료나 상사에게 인심을 잃기 쉽다는 이유 등), ⑤ 감사 부서의 축소 또는 규모 과소, ⑥ 감사 인력에 대한 동기 부여 미흡 등을 제시하고 있다. 이러한 문제점과 함께 감사연구원(2009b)이 실시한 자체감사기구 운영 실태조사[5]에 따르면 자체감사기구의 독립성과 관련하여 ① 일반부서 소속의 감사조직 운영 등 낮은 전담기구 설치율(56%), ② 내부 인사발령(91.7%)에 의한 감사책임자 임용, ③ 수감기관(부서)의 장보다 낮은 감사책임자의 직급(95.4%), ④ 감사요원에 대한 인사추천 및 사전 협의권 부재(45%), ⑤ 감사요원에 대한 인센티브 부족(인센티브 제공기관 46.7%) 등의 문제점을 보여주고 있다.

다음 전문성에 관하여도 김명수 외(2007)는 ① 감사기법·방법 등에 대한 전문성 결여, ② 집합적 의미의 감사반 전체의 전문성 미흡, ③ 자체감사기관의 전문성 확보 노력 미흡, ④ 감사요원에 대한 교육훈련 참여기회 부족, ⑤ 개인별 전문성에 따른 인력 배치 미흡 등의 문제점을 지적하고 있다. 앞에서 본 감사연구원(2009b)의 자체감사기구 운영 실태조사에서는 ① 감사책임자의 감사경력 부재(53.3%) 및 미흡(평균 경력 3.5년), ② 감사책임자 평균 재임기간 불과 1.7년, ③ 전문성 확보가 어려운 감사담당자 재직기간(약 2년), ④ 전문감사교육 이수 미흡(60%) 및 단기과정 위주 이수, ⑤ 낮은 전문자격증 보유율(있는 경우도 대부분 기사자격증) 등의 문제점 지적이 있었다.

자체감사기구의 독립성이나 전문성 문제 이외에도 효율성 제고가 필요하다는 지적도 있다. 감사연구원(2009)의 자체감사기구 운영 실태조사에서 나타난 것을 보면 ① 감사계획의 독자적 결정권 미흡(3개 기관만 가짐), ② 하급기관 위주의 감사(본부감사비율 19.1%, 본부감사 지적 건수 35.2%), ③ 온정주의적 감사관

5) 행정부 소속기관(중앙행정기관, 지방자치단체, 특별지방행정기관 및 그 직속기관)만을 대상으로 자체감사조직이 설치된 기관에 대하여 2009년 3월 31일부터 4월 3일까지 전수조사(562개 기관).

행(경고 및 주의 조치비율이 전체 조치실적의 94.7%), ④ 감사기구 간 정보공유 미흡(64% 미공유), ⑤ 협력감사노력 부재(합동/교차 감사 수행 각 21개/7개 기관에 불과), ⑥ 감사결과의 공개 미흡(외부 공개율 34.3%), 공개 시에도 요약 공개 위주(21개 기관만 전문 공개) 등의 문제점을 보여주고 있다.

이상의 논의 등 지방자치단체 자체감사제도를 중심으로 한 기존 연구의 내용을 정리해보면 아래 <표 5-2>와 같다.

표 5-2 지방자치단체 자체감사제도에 관한 기존 연구 정리

연 구 자	문 제 점	개선 방안
부정방지 대책위원회 (1993)	○독립성에 대한 지적 - 감사업무의 독립성 결여 - 감사자 신분상의 독립성 결여	- 감사업무의 독립성 보장(독립성 명문화, 기관장 직속, 감사책임자의 직급을 일선부서장 직급과 같게, 감사부서장에게 감사요원 선발권 부여)
김명수 · 박준(1995)	○독립성에 대한 지적 - 감사업무의 독립성 결여: ① 감사의 독립성을 보장할 제도적 규정 결여, ② 감사책임자가 부기관장의 직속으로 독립성 저해, ③ 감사책임자의 낮은 직급 - 감사요원의 신분상의 독립성 결여: 다른 부서로의 빈번한 전보 - 감사인력에 대한 동기부여 장치 미흡	- ① 행정감사규정과 「지방자치법」 및 자체감사규칙에 감사의 독립성을 명문화, ② 자체감사기구를 기관장 직속으로 위치함, ③ 감사책임자의 직급을 일선 부서장의 직급과 동일하게 함, ④ 감사부서장에게 감사요원의 선발권을 부여 - 감사인력에 대한 인사상의 우대 및 감사활동비의 현실화
김홍식 (1996)	○독립성에 대한 지적 - 감사부서가 집행기관과 동일한 기관에 소속 - 감사요원의 순환보직 - 독립성 확보에 관한 법적 장치 미흡	- 감사위원회제도의 도입 - 자체감사부서 장의 선출방법 변경(주민직선, 지방의회선출, 단체장 지명 후 지방의회 동의) - 자체감사부서의 단체장 직속으로 전환 - 감사부서장의 직급 격상
김익식 외 (1995)	○자체감사기구 일반에 대한 문제점 지적(내용이 거의 동일) - 감사인력의 전문성 결여 - 단체장으로부터 독립된 감사기구 필요성 - 외부감사의 중복성, 감사범위의	- 감사의 독립성 확보(감사위원회제도 도입, 감사부서장의 선출) - 감사요원의 신분 보장
윤태범 외 (1995)		- 자체감사제도는 독립적, 전문성을 살려 합의제형의 감사위원회제를 제안

	포괄성 - 자체감사기구의 독립성 결여	- 감사전문직렬의 구성, 감사인사교류 및 교육 활성화 - 권역별 감사원 분원 설치, 감사활동협의회 구성으로 감사원과 중앙정부의 중복 감사를 조정
박재완(1998), 이주희(1998), 정기섭(1997)		- 우리나라 자치단체에 대한 고유의 외부감사기구 신설 또는 자체감사의 독립성을 주장
최유성 (1998)	○자체감사기구 일반에 대한 문제점 지적. 위 지적 외에도 - 조직개편으로 인한 자체감사부서의 축소 및 약화 - 감사업무의 독립성 확보를 위한 법적 뒷받침의 결여	- 자체감사부서의 조직 축소 및 위상 저하의 개선: 감사부서를 확대・격상 - 자체감사부서의 독립성에 관한 법적・제도적 보장
곽준열 (2000)	○독립성의 문제점 지적 - 제도적 독립성 미확보 - 조직상 독립성 미확보: 자체감사기구가 부단체장의 직속으로 인한 독립성 미흡 - 인력 충원 시 독립성 미확보: 감사책임자의 추천이나 의견을 참고하지 않음	- 시・도감사협의회 운영: 협의기구의 운영책임자는 행정자치부의 복무 감사관이 맡음, 임기는 4년 - 시・군감사협의회 운영: 협의회 의장은 4년의 임기로 지방의회의 동의를 얻어 외부 감사관련 전문가로 임명 - 감사절차와 감사결과 처리기준의 표준화제정 - 감사원의 상위감사강화와 감사기구 간 수직적 분업체계 확립
김성호 강재규 (2002)	○위 자체감사제도 일반에 대한 동일한 감사의 문제점 지적 이외에 - 감사기구의 감사대상범위 한정, 감사결과 조치의 실효성 미흡 - 주민감사청구제의 효과성 미흡	- 자체감사의 독임제를 주장 - 다른 연구와 달리, 자체감사기구의 자치단체장 직속으로의 개편방안을 제안 - 또, 의회소속으로 개편하는 방안, 주민직선제로 개편하는 방안 등도 제안
한국지방 행정연구원 (2002)	- 자체감사기구가 독립성 미비(부단체장 아래 또는 기획실에 설치) - 감사인력의 적정인력 미배치 - 감사인력의 순환보직・전문성 미약 - 시・도의 기강감사에 대한 시・군・구와의 감사가능성에 대한 갈등 - 감사결과 조치의 부당경감, 집행율 저조	- 조직체계상 제도적, 인적 독립성 확보 - 전문성을 갖춘 감사요원 보임, 감사직렬화 등 인사제도 도입 - 독임제 및 감사직렬 독립 - 합법성감사에서 성과감사체제로 전환 - 국가감사 시행기관 간 감사사각・감사중복 예방대책 필요

미국정부 감사기준 (2003)	- 개인적 결함(personal impairment): 피감사기관의 친인척 관계, 재무적 이해관계, 운영관리의 영향력 행사, 편견 및 피감사기관의 사후 취업 노력(3.07) - 외부적 결함(external impairment): 감사범위의 인위적 간섭, 감사과정의 외부적 간섭, 감사기간의 제약, 감사인의 인사관리 간섭 및 고용상태의 위협(3.19) - 조직적 결함(organizational impairment): 감사책임자가 유권자에 의해 선출하거나 입법기관에 의해 선출·해임되는 경우, 또한 관련협의체에 의해 임명·해임되는 경우(3.24)	- 내부품질관리시스템의 구축(3.08): 개인적 결함을 확인하는 절차 구축, 감사절차 준수 여부의 모니터링 및 규율장치 마련, 행정윤리 확보 - 감사인의 외부압력(간섭)으로부터 보호, 감사인의 안정적인 고용, 감사요인의 합리적인 인사관리체계 구축(3.29) - 감사조직 장의 직위 해임에 대한 법령상 보호 장치 마련(3.25), 피감사부서의 관리기능으로부터 독립성 유지(3.27) - 감사결과 보고를 방해하지 못하도록 법령상 보호 장치 마련(3.25) - 감사조직에 자체 직원을 선발, 보유, 승진, 해고할 권한을 부여하는 방안(3.25) - 피감사기관의 관련기록 및 문서접근에 대한 법령상 보호 장치 마련(3.25)
정세욱 (2004)	○위 자체감사제도 일반에 대한 동일한 문제점 외에 - 지방의회의 행정사무감사권 및 조사권 미약으로 인한 자치단체장에 대한 감시, 통제 기능의 약화 - 전문가에 의한 회계감사 또는 사전에 회계출납에 대한 사전통제 등이 약한 점을 지적	- 감사공무원의 전문성을 위한 감사직렬의 운영 필요 - 정부합동감사를 대신하여 뉴욕시와 유사한 방식의 주민직선에 의한 감사관제도, 시·도에 의한 시·군·구 감사의 폐지 등을 제시

자료: 한국행정연구원(2007)을 재정리.

이러한 다양한 지적들에 대해 그동안 「공공감사에 관한 법률」의 제정 등을 통해 상당한 부분의 문제점들이 해소되었다. 즉 자체감사의 법적 근거와 자체감사기구의 설치·운영에 관한 기준, 자체감사기구 책임자 및 감사요원의 자격과 임용 절차, 감사원과 자체감사기구 등 감사기구 간의 협력관계 등에 관해 상세한 규정이 만들어지는 등 상당한 진전이 있었다.

그럼에도 불구하고 여기에는 자체감사제도가 안고 있는 본질적인 한계가 여전히 남아 있다고 하겠다. 즉 앞에서 언급된 다양한 지적들은 자체감사제도의 독립성과 전문성 및 운영상의 효율성과 관련된 지적들로 요약될 수 있다.

무엇보다 독립성에 관한 지적이 가장 많은 바 이것은 자체감사제도가 안고 있는 조직상의 특성(조직 내에 설치되고 그 기능을 수행해야 하는 점 등), 자체감사기구의 책임자 및 감사요원의 구성(감사 직렬화의 어려움, 감사요원의 충원 방법 및 전보제도 등)에 따른 한계 등에 기인한다고 보아야 할 것이다. 또 한편으로 자체감사제도가 안고 있는 전문성의 문제도 이러한 조직 특성에서 기인하는 바가 크다. 전문 감사요원 채용 등 전문성 확보도 현행 공무원제도(공기업 등 공공기관도 대동소이하다)와 관련되어 있어 근원적 해결이 쉽지 않다. 즉 우리나라의 현행 공무원제도는 미국처럼 전문직 채용 및 확보에 중점을 두는 직위분류제가 아니고 일반 행정가 채용 및 확보에 중점을 두는 계급제로서 여기에서는 전보와 승진이 일반화되어 있어 전문성 확보가 근원적으로 어렵다. 또한 감사직렬 등이 마련되고 직원 임면의 독자성이 허용되어야 하나 이러한 제도를 도입할 경우 전국적 통일성과 소규모 감사인력의 승진·전보 제한[6] 등으로 인한 인사운영상의 한계로 현행 제도 아래에서는 시행하기도 어렵다. 자체감사의 경우 설령 처음에 우수한 전문요원을 확보하였다 하더라도 감사대상이 기관 내로 제한되는 데 따라 감사활동·업무의 범위가 좁고 다른 기관과의 감사 비교가 용이하지 않은 점 등으로 인하여 전문성 확보·유지가 제한될 수밖에 없을 것이다. 더욱이 우리나라의 경우 감사요원을 독자적으로 채용하거나 운영할 수 있는 인사상, 예산상, 법제도상 지원이 되지 않는 현 상황에서 전문성의 확보는 근원적으로 제한적일 수밖에 없다.

6) 예를 들면 시·군·구의 경우 2~3명의 감사인력으로서 감사직렬이 적용된다면 전보가 허용되지 않고 승진 자리가 나기 어려워 인사적체가 명약관화해진다. 직위분류제가 아니므로 승진에 따른 보수 연계를 전제로 하고 있는 현행 공무원제도(계급제) 아래에서 승진이 되지 않는 것은 처우(보수)에 있어서도 불이익을 받는 요인이 된다.

제2절 자체감사제도와 외부감사제도의 상호작용

Ⅰ. 외부감사제도의 필요성

자체감사제도가 안고 있는 다양한 문제들에 대해서는 감사제도의 개선이나 운영상의 개선을 통해 많은 부분이 해소될 수 있을 것이고 실제로도 그렇게 되어왔다. 그러나 그럼에도 불구하고 앞에서 언급한 것처럼 현행 행정체제나 공무원제도 등 감사환경 상 자체감사제도의 개선에는 한계가 있을 수밖에 없다. 여기에서 외부감사제도의 필요성이 제기된다. 외부감사제도(기구)의 필요성을 요약하면 아래와 같다.

첫째, 자체감사제도가 안고 문제점과 한계(역량 부족 등)로 인한 외부감사제도의 보완 필요성이다. 자체감사제도는 독립성 결여와 전문성 부족 등으로 공정하고 객관적인 감사나 내부통제가 이루어지기 어렵다. 지방자치단체의 경우 핵심역량인 지방의회와 집행부에 의한 자체감사는 앞에서 언급하였듯이 지방자치단체의 행정이 주민관리, 지역개발, 환경, 세무, 건설, 산업, 교통, 관광 등 종합행정으로서 다양한 분야를 다루고 있는 데 비해 지방의회의원의 경우 전문성 부족,[7] 집행부에 의한 자체감사의 경우 감사기법·지식에 관한 전문성 부족[8]과 함께 독립성 결여[9]로 인한 형식적 감사가 가장 많이 지적되고 있다. 이러한 독립성의 결여와 전문성의 부족 등으로 인한 형식적 감사라는 비판은 비단 지방자치단체뿐만 아니라 중앙정부나 공공기관의 경우에도 대부분 그대로 적용되는 사항이다.

둘째, 통제의 효율성 측면에서 자체감사가 가지고 있는 인력이나 역량의 제한으로 인해 이를 보충할 필요가 있다는 것이다. 이는 외부감사제도에 대하여

7) 또한 지방의회의 전문성 부족과 함께 특정사항의 경우 지역 이해관계에 있어 독립적일 수 없다는 지방의회의 태생적 한계도 지적되고 있다.
8) 여기엔 다양한 분야의 전문가 채용의 어려움, 순환보직, 단기 근무, 교육기회의 부족 등이 그 원인으로 지적되고 있다.
9) 조직상 기관내부에 있고 감사대상부서의 장의 지휘를 받게 되는 등 조직구조상 문제, 순환보직으로 인한 정실 감사의 소지 등이 대표적 원인으로 지적되고 있다.

자체감사의 필요성으로도 적용될 수 있는 사항으로 외부감사제도와 내부(자체)감사제도 상호 간에 보완적인 기능을 갖게 됨을 보여주는 근거라 하겠다. 즉 자체감사제도든지 외부감사제도든지 간에 서로 간에 각각 행해지는 경우에 감사대상기관이나 감사수요에 비해 감사인력이나 역량은 부족할 수밖에 없기 때문에 필연적으로 감사 사각지대가 발생하게 된다. 이러한 결과는 의도적이든 아니든지 간에 발생할 수밖에 없다고 하겠다. 그러므로 이들 양 제도가 서로 보완할 이유가 생긴다. 자체감사제도의 입장에서는 외부감사제도가 이를 보완해주는 기능을 하게 되는 것이다.

셋째, 국가적 차원에서 보면 자체감사는 극히 부분적이고 기관 내부에 한정해서 이루어지는 제한적인 감사이므로 국가 전체적인 입장에서 조망하고 통할하는 감사가 필요해진다. 개별적으로는 효율적인 행정이나 업무집행이 국가전체의 입장에서 보면 오히려 그 반대의 역진효과를 나타낼 수도 있다. 또한 복지행정과 같이 전국적인 통일과 균형을 기하고 표준화된 행정집행이나 최소한의 수준을 갖추는 업무수행이 필요한 경우 이를 전체적인 입장에서 객관적으로 검증·분석하고 이를 판단하여, 조정·개선하는 기능을 수행할 외부감사제도가 필요해진다.

Ⅱ. 내·외부감사제도 간의 조정과 협력의 필요성

1. 개 요

이와 같이 행정기관 등의 내·외부 역량의 미약과 한편으로 독립성 결여 및 전문성 부족 등에 기인하는 자체감사제도의 부실, 국가 전체적인 입장에서 통제의 효율을 위한 내·외부감사제도의 보완 필요성,[10] 양 제도의 역할과 기

10) 체제운영의 신뢰성과 안전성을 확보하는 행정 가외성(administrative redundancy)의 관점에서 보면 내·외부감사제도의 중첩성(overlapping)·중복성(duplication) 현상도 필요하다고 하겠다. 중첩성은 어떤 행정기능이 특정 행정조직에 분할·분화되지 않고 여러 행정기관들이 중첩적으로 상호 의존성을 가지면서 공동관리하는 현상으로서 자체 내에 발생하는 오류를 미리 진단할 수 있고 발생한 오류도 최소한 할 수 있는 것이다. 중복성은 동일한 행정기능을 여러 행정기관들이 독자적인 상태에서 수행하는 것으로서 한 기관의 역할이 다른 기관의 역할과 완전히 분리·독립되어 있어야만 하나의 장치가 고장나도 다른 장치가 이를 대체할 수 있는 것이다(신형균, 2008:175-176).

능에 있어서 고유한 존립의 필요성 등은 필연적으로 양 제도의 병립을 인정하게 된다.

그러나 동일한 감사대상기관 및 업무를 두고 이루어지는 내·외부감사제도는 다음과 같은 문제를 또 안게 된다. 첫째, 외부통제제도로서 외부감사제도는 행정기관 등의 효율적 행정수행과 책임성을 확보하기 위해 필요하나 지나친 행정통제는 외부의 타율적 통제이므로 지방자치 등 제도의 본질을 침해할 뿐만 아니라 업무 창의성을 저해하는 등 행정효율을 떨어뜨리게 된다는 문제를 야기한다. 둘째, 동일한 감사대상기관 및 업무에 대한 내·외부감사제도의 병립은 필연적으로 감사 중복이 발생하거나 감사 사각지대가 발생하는 등의 국가감사체계 상 감사 효율성의 문제를 가져오게 된다. 셋째, 실질적인 감사를 수행하는 데 있어서 감사원과 자체감사기구가 감사대상기관과 대상업무 등이 동일함에도 불구하고 동일한 수감기관의 동일한 업무에 대하여 감사기준이나 감사결과의 처리에 현격한 차이를 보인다면[11] 불공평한 처리라고 생각하거나 억울함을 느낄 수 있을 것이다. 여기에는 한편으로 감사기관의 전문성 정도에 따라서도 감사의 질이 달라지는 데 따른 감사결과의 처리가 가져오는 문제점도 포함된다고 하겠다. 이는 감사원과 자체감사기구 간의 감사업무 협조 및 전문성 제고를 위한 인적 자원 및 정보 등의 교류 필요성으로 이어진다고 하겠다.[12]

따라서 국정의 원활한 수행을 뒷받침하기 위한 국가 감사체계의 효율적 운영을 위해서는 이러한 내부(자체)감사제도와 외부감사제도 간의 조화로운 운영을 가져오는 바람직한 관계 정립이 필요하다고 하겠다.

2. 양 제도간의 관계에 대한 이론적 모형

(1) 양 제도의 관계를 형성하는 결정요소들

내부감사제도(기구)와 외부감사제도(기구) 간의 관계를 결정하는 요소로는 크게 보아 외부감사제도의 중심기구인 국가최고감사기구(감사원)의 위상과 내

---

11) 예를 들면 동일 유사 지적사항에 대하여 감사원은 중징계, 자체감사기구는 불문 또는 주의 등으로 처리하는 경우 등이다.

12) 합동감사나 감사전문교육의 실시, 감사인력의 상호파견, 공동세미나, 협의체를 통한 정기협의 등이 그 예가 되겠다.

부감사기구의 거버넌스 체계 두 가지로 볼 수 있다(박희정, 2010: 1-26).

먼저 국가 최고감사기구의 위상과 관련하여 내부감사기구와의 협력관계를 보면 국가최고감사기구의 유형을 형식상의 소속에 따르면 입법부형, 독립기관형, 행정부형 등으로 구분할 수 있다. 일반적으로 형식상 입법부형(의회 소속형) 감사원 체제를 취한 국가들(미국, 영국, 캐나다, 호주 등 주로 영연방)에서는 삼권분립의 원칙에 따라 감사원이 행정부의 내부감사기구와 독립적으로 운영되며 필요한 경우 비공식적으로 교류와 협력이 이루어진다. 즉 국가 최고감사기구는 감사결과로서 행하는 권고로 행정부에 직접적인 이행을 강요할 수 없고, 단지 행정부에게 책임을 물을 수 있는 등으로 행정부의 자체감사기구와 법적으로 명시적 관계를 가지지는 않으나 비공식적으로 조정 및 협력을 위한 다양한 기제를 가질 수 있다. 또한 독립기관형(프랑스, 터키, 콜롬비아 등)은 법원형태로 운영되는 경우가 많은 바 그 위원들은 피감사자에게 처벌과 권고를 할 수 있는 법관들로서 특성상 매우 형식적인 사법체계와 광범위한 견제와 균형 장치를 가지고 있어 감사원과 자체감사기구 간 협력뿐만 아니라 체계적 커뮤니케이션도 거의 이루어지지 않는다. 그러나 행정부형(행정부 소속형)의 감사원(우리나라, 독일, 인도네시아, 일본, 네덜란드 등)은 감사원의 일부 업무가 내부감사기구와 중복적으로 수행되고 있기 때문에 감사원과 내부감사기구 간 협력 및 조정의 필요성이 높은 편이다.

다음 현재 각국의 정부에서 나타나는 내부감사기구의 거버넌스 체계를 보면 분권형(각 부처가 자기 책임하에 회계 및 재정통제를 수행하는 체계로 영미계 국가들), 집권형(재무부가 각 부처와 지방에 재정통제관을 파견하여 사전통제에 관여하는 제3자 사전적 방식으로 프랑스, 스페인 등), 혼합형(큰 부처나 기관은 내부감사기구가, 작은 부처나 기관에는 재무위원회사무처가 내부감사 서비스를 제공하는 캐나다가 대표적 사례)으로 구분할 수 있다. 따라서 재무부 등 내부감사 정책을 총괄하는 기관 중심의 집권적 구조를 취한 나라일수록 내부감사에 대한 국가 최고감사기구(감사원)의 역할이 줄어들 수밖에 없다.

우리나라의 경우 내부감사기구가 각 부처 및 기관별로 설치·운영되는 분권형 체제를 갖고 있는데다가 감사원이 대통령 직속의 독립기구로서 직무감찰 기능까지 수행하고 있어 기획재정부 등이 적극적으로 내부감사 정책을 총괄하는 기능을 수행할 수 없었다. 이로 인해 그동안 우리나라의 내부감사기구들은 독립성과 전문성이 확보되지 않은 가운데 자체감사기능이 형해화 되었다는 비판을 받아왔다. 그러나 2010년 7월 1일 「공공감사에 관한 법률」이 제정·시행됨으로써 외부감사제도를 대표하는 국가 최고감사기구인 감사원이 내부감사를 총괄하는 기관으로서 적극적인 내부감사 정책을 수립·집행하고 자체감사활동을 지원할 수 있는 제도적 틀이 마련되었고, 이는 OECD 국가들에서는 유례가 없는 강력한 국가감사체계가 구축된 것이다.

(2) 자체감사기구에 대한 감사원(국가 최고감사기구: 외부감사기구)의 역할 모형

INTOSAI는 국가 최고감사기구의 역할에 대한 기준, 지침 등을 통해 자체감사에 대한 국가 최고감사기구인 감사원의 적극적인 역할을 주문하고 있는바, 자체감사기구에 대한 감사원의 역할을 다음과 같이 4가지 형태로 제시한다(박희정·허명순, 2009). 즉 '감시자', '협력자', '촉진자', '조정자'로서의 역할이다.

가) 감시자로서의 역할

감사원이 외부감사기구로서 국가 및 공공기관에 대한 감사를 실시함과 동시에 각 자체감사기구에 대한 점검 등을 통해 자체감사활동을 총괄·조정하는

그림 5-1 자체감사기구에 대한 감사원의 역할

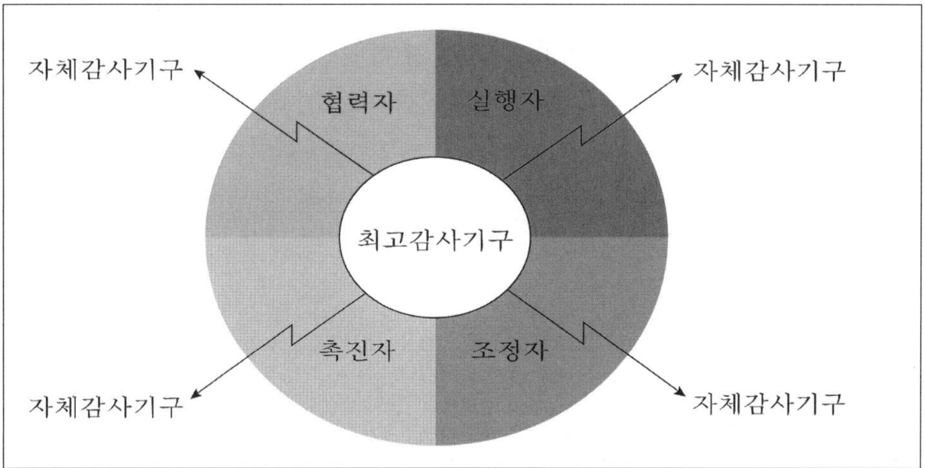

자료: 박희정·허명순(2009).

것이다.[13)]

나) 협력자로서의 역할

감사원이 자체감사기구와 동반자적 관계 속에서 위임 등을 통해 자체감사기구와 공공감사업무를 적극적으로 분담하고 조정·협력하는 것이다.[14)]

다) 촉진자로서의 역할

감사원이 자체감사기구의 운영 내실을 위해 지침, 컨설팅 등을 통해 자체감사를 직접 또는 간접적으로 지원하는 것이다.[15)]

라) 조정자로서의 역할

감사원이 최고 감사기구로서 내·외부감사기구 간, 내부감사기구 간 감사활동을 조정함으로써 공공감사의 효율성을 제고하는 것이다.[16)]

박희정(2010: 12-15)은 앞에서 본 최고감사기구의 위상(행정부형, 입법부형, 독립기관형 또는 사법부형)과 내부감사기구의 운영체제(분권형, 혼합형, 집권형)의 차이로 인해 최고감사기구와 내부감사기구 간 관계에 있어서 다음 [그림 5-2]와 같이 다양한 패턴을 보여주고 있다.

Type Ⅰ 그룹(예: 프랑스, 스페인, 포르투갈 등)은 감사원이 회계법원 형태로 운영되며 내부감사는 재무부 소속 회계통제관이 회계통제 위주의 기능을 수행한다. 이 경우에 감사원은 독립적 기구로서 회계관이나 회계 관련자에게 책임을 묻는 내부감사의 감시자 역할을 주로 수행하므로 내·외부 감사기구 간 적극적인 조정 및 협력이 이루어지지 않는 것이 일반적이다.

Type Ⅱ 그룹(예: 캐나다)은 감사원이 의회 책무성체계와 직접 관련되어 독

---

13) INTOSAI는 '77년 발표한 최고감사기구의 국제기준(ISSAI, 리마선언)을 통해 최고감사기구는 자체감사기구가 효율적으로 운영되고 있는지 점검할 의무가 있다고 역설했다(박희정, 2010: 11).

14) 위 리마선언에서도 같은 취지의 선언이 있었다.

15) INTOSAI는 「공공부문 내부통제에 관한 가이드라인」('04년)을 통해 최고감사기구는 정부부처 내 내부통제시스템이 효과적으로 작동할 수 있도록 지원해야 하고, 특히 일부 국가의 자체감사기구가 독립성을 확보하지 못하고 있거나 기능이 부실하므로, 최고감사기구는 자체감사기구의 독립성을 위협하지 않는 선에서 인사파견, 강연회 개최, 인력양성훈련 지원, 자료공유, 감사방법론 개발 등 자체감사기구의 원활한 작동을 최대한 지원해야 한다고 강조하고 있다(박희정, 2010: 11-12).

16) 위 리마선언(제3조)에서도 외부감사기구로서 최고감사기구는 자체감사기구와의 적절한 업무분담을 위해 노력하여야 한다고 하였다.

그림 5-2 감사원과 자체(내부)감사기구 간 관계모형

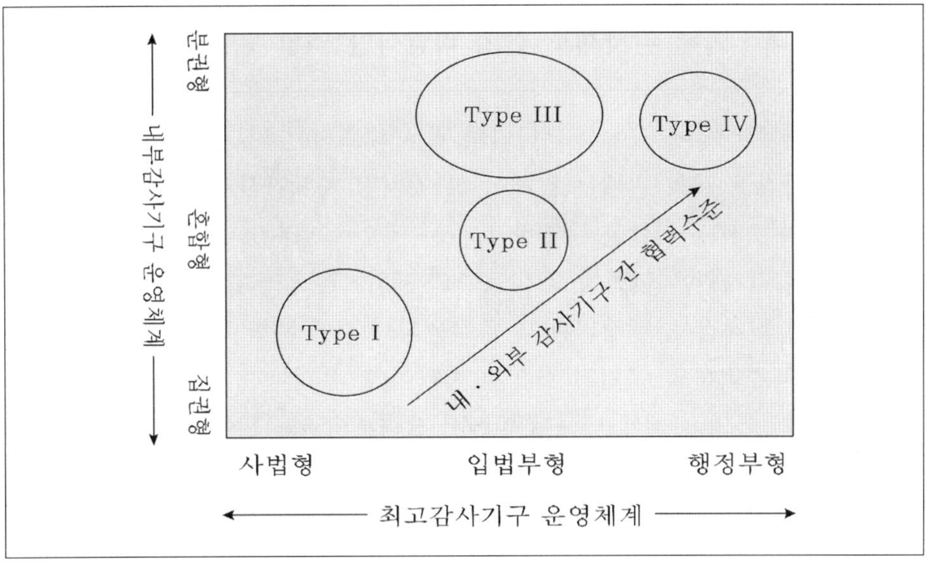

자료: 박희정(2010).

임제로 운영되며 내부감사는 대규모 부처의 경우에는 부기관장 소속의 내부감사기구가 자기 책임하에 운영되나 소규모 부처의 경우 재무위원회(각 부처 장관합동의회로서 내부감사 총괄) 사무처가 감사서비스를 제공하는 특이한 형태이다. 이 경우 재무위원회가 내부감사정책을 수립·집행하므로 감사원의 역할은 제한적이다.

Type Ⅲ 그룹(예: 영미계, 독일, 네덜란드, 일본 등 아시아 국가)은 감사원이 의회 책무성 체계 하에서 정부지출을 감사하여 의회에 보고하는 의무를 지며 통상 독임제 또는 위원회 형태로 운영된다. 내부감사기구는 각 부처별로 자기 책임 하에 내부감사기구를 두는 분권적 형태를 띤다. 감사원은 비공식적인 틀 속에서 주로 협력적·지원적 기능을 담당하게 된다.

Type Ⅳ 그룹(예: 한국, 칠레 등)은 매우 드문 형태이나 감사원이 정부와 의회의 책무성체계와 중복적으로 연계되어 감사와 직무감찰을 동시에 수행한다. 내부감사기구는 각 부처별로 자기 책임 하에 내부감사기구를 두고 있으나 감사원이 공식적·비공식적 제도적 틀 내에서 내부감사 정책을 총괄하고 적극적으로 조정하는 기능을 가지고 있다.

Ⅲ. 내 · 외부 감사제도 간의 바람직한 역할 분담

국가감사체계 상에 있어 우리나라의 경우 대표적인 외부감사기구인 감사원과 자체감사기구 간의 관계는 앞에서 본 것처럼 자체감사기구에 대하여 감사원이 '조정자'로서의 역할을 수행하고 있는 것으로 나타났다.

우리나라 감사원은 헌법에 의거 국가의 세입 · 세출의 결산, 국가 및 법률이 정한 단체의 회계검사, 행정기관 및 공무원의 직무에 관한 감찰을 그 권한으로 하는 대통령 소속하의 독립된 합의제 기관이다. 우리나라 감사원은 자체감사기구와 감사원과의 관계에 대하여 앞에서 살펴본 Type Ⅰ, Ⅱ, Ⅲ과는 달리 행정부 내에서 상급기관이 수행하는 감찰기능을 보유함으로써 전형적인 행정부형 최고감사기구의 특성을 갖고 있다. 뿐만 아니라 실제 운영면에서 있어서는 국회의 감사요구를 의무적으로 수행한 후 감사결과를 국회에 보고해야하는[17] 등 의회 책무성체계 속에서 핵심적인 기능을 수행하고 있다. 그리고 설립당시 합법성감사를 주로 하던 감사원은 세계 감사경향의 변화에 맞춰 3E(Economy, Efficiency, Effectiveness)를 내용으로 하는 성과감사를 수행하는 등 감사원의 기능과 역할이 계속 확대되고 있다.[18]

한편 정부의 내부감사기능은 각 부처별로 내부감사기구를 설치하고 있는 분산형 체계를 갖고 있어 그동안 감사원이 내부규칙(「자체감사의 지원 및 협의 등에 관한 규칙」, 감사원 규칙 제11호)에 의거 자체감사계획의 수립과 합동감사 실시 등에 관한 사항을 협의하기 위해 감사활동협의회를 설치 · 운영하고 자체감사 운영심사를 통해 매년 자체감사 활동을 평가하여 개선방안을 제시하는 등 정부 내부감사에 대하여 제한적으로 총괄 · 조정을 수행해왔다. 그러나 자체감사의 부실로 비리와 부정부패가 줄어들지 않고 있는 등 자체감사를 내실화할 필요성이 제기됨에 따라 이를 지원하고자 2010년 2월 「공공감사에 관한

17) 감사원이 국회의 감사요구를 의무적으로 수행하고 요구를 받은 때로부터 3월 이내에 처리하여 보고해야 하는 의무를 진다는 점에서 입법례를 찾기 어렵고, 감사원의 감사결정권을 침해한 것으로 삼권분립원칙상 위헌 소지가 있다는 주장이 제기되고 있다.

18) 여기에는 「국가재정법」 등의 개정으로 공공부문의 복식부기 발생주의 회계제도 도입과 각 부처의 성과보고서에 대한 성과검사업무가 추가되는 등의 변화도 그 영향이 있다.

법률」이 제정되어 같은 해 7월 1일 시행이 되었다.

「공공감사에 관한 법률」의 제정·시행으로 감사원이 정부의 내부감사에 대한 조정자로서의 역할을 법적으로 부여받기에 이르러 앞으로 내부감사정책에 대한 감사원의 보다 적극적인 관여와 지원이 이루어질 것으로 예상된다. 이것은 단순한 조정자에 그치는 것이 위에서 예시된 역할들을 거의 담게 된다.

그 구체적 내용을 보면 첫째, 감사활동조정협의회를 구성하여[19] 감사원 감사와 자체감사의 감사계획 수립 및 조정 협의, 제도개선·발전에 관한 사항을 협의·조정하는 한편, 위탁감사 및 대행감사를 활성화함으로써 공공감사체계를 보다 효율화하고, 중복감사 및 감사사각지대를 해소하는 등으로 행정의 비효율성 제거를 도모한다. 여기에는 감사원과 자체감사기구 간 역할분담(예컨대 자체감사기구는 내부감찰 및 합법성 감사에 주력하고 감사원은 거시적, 국가적 관점에서 성과감사 등에 치중)을 통한 감사의 효율화를 도모하는 것도 포함될 수 있다. 둘째, 매년 각 감사대상기관(중앙부처, 지방자치단체, 공공기관 등)의 자체감사활동에 대하여 감사 및 자체감사활동 심사를 실시하여 우수기관에 대한 감사면제, 포상 등 인센티브를 제공하고 부진기관에 대하여 감사책임자 해임권고 등의 조치를 함으로써 직접적인 감시자로서의 기능을 수행하게 된다. 셋째, 감사원은 매년 감사대상기관의 장으로 하여금 자체감사 개선대책을 수립하도록 하고 감사원은 이를 종합하여 감사활동 개선 종합대책을 마련·시행함으로써 국가 전반에 걸쳐 자체감사활동을 총괄·조정하는 역할을 담당하게 된다. 넷째, 감사원은 감사정보시스템의 구축·운영, 공공감시기준의 제공, 전문감사교육 실시, 사업 및 위험평가기법의 개발, IT감사기법 등의 개발 및 매뉴얼 제작·보급 등 자체감사의 역량향상과 활동 지원을 통해 자체감사활동을 보다 적극적으로 지원·촉진하는 역할을 수행한다.

19) 종전과 이름은 같으나 종전에는 특별조사국장이 의장으로 행정안전부, 국세청, 서울특별시 등의 몇 개 기관감사책임자들로 구성되어 협의사항도 감사계획 협의에 그쳤으나 「공공감사에 관한 법률」에 의한 동 협의회는 20명 이내의 위원으로 구성하되 사무총장이 의장이고 감사대상기관 관계자들뿐만 아니라 관련 협의체추천인, 민간전문가도 참여하며, 감사계획 협의 외에 감사활동개선 종합대책, 감사기준 등의 협의 조정까지 광범위하게 다루는 법적기구이다(제31조).

Ⅳ. 소 결

우리나라뿐만 아니라 세계 공통적으로 국가감사체계는 내·외부감사제도를 모두 설치·운영하고 있다. 이는 양 제도가 가지고 있는 한계성과 상호 보완적 기능의 필요에 따른 것이라고 하겠다. 또 한편으로 동일한 감사대상 기관과 업무에 대하여 감사가 중첩적으로 이루어지는데, 국가 차원에서 감사자원이 중복 또는 낭비되거나 감사사각지대가 발생하는 것을 방지하여 효율적으로 운영되도록 국가감사체계의 관리·운영 상 감사기구 간의 협의·조정은 필연적이라고 할 것이다.

이러한 점에서 외부감사제도의 핵심으로 국가 최고감사기구인 감사원의 역할은 지대하다할 것이다. 우리나라의 경우 다행히 2010년 7월 1일 「공공감사에 관한 법률」이 제정·시행됨으로써 국가차원에서 자체감사기구의 역량강화를 도모함과 동시에 감사원이 국가 감사체계 안에서 자체감사기구에 대한 감시자로서뿐만 아니라 이를 지원·촉진하며 조정자의 역할을 수행할 수 있는 제도적·법적 장치를 마련하였다. 즉 앞에서 본 바와 같이 우리나라의 경우 감사원이 자체감사체계에 대하여 거의 모든 역할이 망라되는 다양한 역할을 원활히 수행할 수 있는 기반이 마련되었다고 할 것이다.

그러나 중요한 것은 국가감사체계 아래에서 외부감사기구요 국가 최고감사기구인 감사원에 의한 일방적인 조정, 지원 등이 아니라, 내부통제를 담당하고 있는 자체감사기구의 역량(특히 독립성, 전문성 측면) 강화에 대한 지속적인 자체노력 및 국가차원의 지원과 아울러 내·외부감사제도가 조화롭게 효율적으로 운영될 때(협력성, 경제성 측면), 국가의 역량이 최대한 발휘될 뿐만 아니라 국정 운영이 원활하게 추진되어 국가 행정 서비스의 질 향상과 자원의 효율적 운영을 가져오고 나아가 국가발전을 이루는 데 크게 기여할 수 있을 것이다.

참고문헌

1. 국내문헌

감사교육원(1997), 「성과감사과정 직무교육 교재」.
감사연구원(2008), 「세계 주요국의 최고 감사기구 비교 연구」, 내부자료.
감사연구원(2009a), 「자체감사기구 설치 및 운영현황 조사보고서」, 내부자료.
감사연구원(2009b), 「자체감사기구 운영 실태조사」.
감사연구원(2009c), 「제주특별자치도 감사위원회의 운영성과 평가」.
감사연구원(2010), 「북한의 감찰제도 연구」.
감사원(1982), 「감사학」(I).
감사원(1983), 「국정과 감사」.
감사원(2005), 「기관운영감사 매뉴얼」.
감사원(2006), 「2007년도 업무계획」, 내부자료.
감사원(2008a), 「감사 60년사」(I).
감사원(2008b), 「감사 60년사」(II).
감사원(2010a), 「공감법 이행준비실태 점검결과 보고」. 내부자료.
감사원(2010b), 「공공감사에 관한 법률 종합 설명자료」.
감사원(2011a), 「2010년도 감사연보」.
감사원(2011b), 「2011년도 업무계획」. 내부자료.
감사원(2011c), 「감사원 운영 기본계획(2011년~2014년)」, 내부자료.
감사원 평가연구원(2006), 「감사와 평가의 비교 분석 연구」, 내부자료.
기획재정부(2011), 「2008~2010 공공기관 선진화 백서」.
김명수(2007), 「정책평가와 공공감사 그리고 정부개혁과 반부패」, 서울: 대영문화사.
김명수 · 박준(1995), 「공공감사론」, 서울: 대영문화사.
김명수 외(2007), 「자체감사론」, 서울: 대영문화사.
김명수 외(2009), 「세계의 감사원」, 서울: 조명문화사.
김성준(2010), "감사원 감사역량 제고를 위한 종합분석형 감사의 정착", 「감사원장 취임 2주년 기념 워크숍 자료」, 13-26.
김인호(1995), 「경영학 연구 방법론」, 서울: 창지사.
김현구(2003), "정부업무 기관평가의 이론적 논고", 「한국행정학보」, 37권 제4호: 57-78.
김현구(2006), "'정부업무평가기본법'의 논리와 과제: 평가성공의 제도적 요인 분석", 「저액분석평가학회보」, 16권 제4호: 1-18.
내무부(1987), 「지방행정기구표」.
박병식(2003), "한국적 평가시스템 정립과 감사원의 과제", 「한국정책분석평가학회 정책학술세미나 자료집」, 71-102.

박재완(1997), "공공부문 생산성과 공공감사의 합리화 방안", 「공공부문 생산성 제고를 위한 연구(III)」, 한국조세연구원.

박주원(2000), 「지방자치단체의 감사제도에 관한 연구」, 고려대학교 법무대학원 석사학위논문.

박희정(2010), "감사원과 내부감사기구 간의 관계에 관한 연구", 「국정관리연구」 제5권 제1호(통권 8호).

박희정 · 허명순(2009), 「자체감사 내실운영을 위한 감사원의 지원방향」, 감사연구원, Executive Report 2009-11.

백상기 · 김정욱(1999), 「감사제도론」, 서울: 교보문고.

서우선(1992), 「지방의회운영방법론」, 서울: 법문사.

서울특별시(1987), 「서울특별시 조직변천사」.

서울특별시(2001a), 「서울특별시 조직변천사(I)」.

서울특별시(2001b), 「서울특별시 조직변천사(II)」.

신형균(2008), 「현대행정학의 이해」(개정증보판), 서울: 선학사.

유덕준(1999), 「지방자치단체 감사제도의 발전방안에 관한 연구: 감사제도의 실태분석을 중심으로」, 단국대학교 정책경영대학원 석사학위논문.

윤영일(2003), 「공공감사제도론」, 서울: 구암.

이종수 · 윤영진 외(2005), 「새행정학」(4정판), 서울: 대영문화사.

이주희(2010), 「지방행정감사론」, 서울: 기문당.

정세욱(1985), "현대감사에 있어서의 감사기준의 문제", 「감사」, 감사원.

정창수(1996), 「사회과학 방법론」, 서울: 대영문화사.

제갈돈 · 송건섭(2008), "정부업무평가제도의 발전을 위한 메타평가모형 구축방안", 「한국정책학회보」, 17권 제1호: 1-26.

조형석(2008), 「감사원 성과감사의 메타평가에 관한 연구: 인식조사와 내용분석을 중심으로」, 성균관대학교 국정관리대학원 박사학위청구논문.

(주)와이즈인터넷(2010), 「멕시코, 칠레, 아르헨티나, 독일의 국가감사체계 사례연구」, 감사연구원 용역보고서.

총무처(1980), 「정부조직변천사」.

한국지방행정연구원(1988), 「지방자치제하의 지방자치단체 감사제도에 관한 연구」, 연구보고서 제34권.

한국지방행정연구원(2002), 「지방자치단체 감사실효성 확보방안」.

한국행정연구원(2007), 「효율적인 국가감사체계 확립을 위한 지방감사제도 구축방안에 관한 연구」.

한상국(2011), 「대만의 감찰제도」, 감사연구원용역보고서.

행정안전부(2010), 「지방공기업 현황: 지방공사 · 공단」.

2. 국외문헌

Chancellor of the Exchequer(1980), 「The Role of the Comtroller and Auditor General」, London: Her Majesty' Stationery Office.

Office of the Auditor General of Canada(1981), 「An Approach to Comprehensive Auditing」.

USGAO(2003), 「Government Auditing Standards」.

Andrew, P. Cortell and Peterson, Susan(2001), 「Limiting the Unintended Consequences of Institutional Change. Comparative Political Science」, 34(7).

Arens, A. Elder, R. and Beasley, M.(2010), 「Auditing and Assurance Services」, 13th ed., NJ: Prentice-Hall, Inc.

Barton & Chapell(1985), 「Public administration: The work of government」, USA: Scott, Foresman & Company.

Bennison, Richard(2007), 「Generating Value from the Audit: A survey of small and medium-sized companies」, UK: KPMC

Cooper, Terry. (1990). 「The Responsible Administrator」. San Francisco, CA: Jossey-Bass Publishers.

DFID(2005), "Working with Supreme Audit Institutions", 「How to note」, July 2005.

Kim, Hyunku(2005), "The Conflict between Auditing and Evaluation: Theoretical Perspective and the Korean Experience", 「Paper Presented ant the 6th Global Forum on Reinventing Governments」, May 24-27, Seoul, Korea.

INTOSAI(2004), 「Implementation Guidelines for Performance Auditing Standards : Standards and guidelines for Performance Auditing based on INTOSAI's Auditing Standards and Practical Experience」.

제2편

지방자치단체 감사제도론

제 1 장

지방자치단체 감사제도 이해

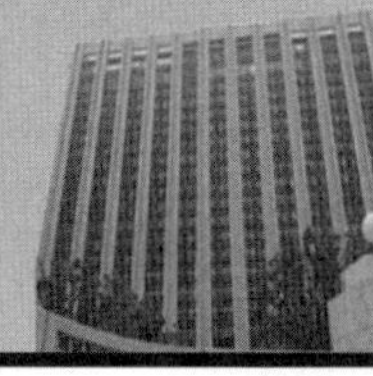

제1절 지방자치단체 감사제도 개편논의 배경

Ⅰ. 지방자치단체 감사제도의 중요성

2011년 올해는 1995년 7월 지방자치의 원년을 연지 꼭 16년이 되는 해이다. 그동안 중앙정부는 지방자치단체에 대해 실질적인 지방자치제의 정착을 지원하고자 인사, 재정, 각종 인・허가 등 많은 분야에서 권한을 대폭 이양 또는 위임하여 왔다.[1]

2010년을 기준으로 할 때 지방예산(교육예산 포함)은 188조 2,260억 원으로서 국가 전체 예산 438조 5,604억 원의 41.7%를 차지하고 있고(기획재정부, 2010), 공무원 수는 280,849명으로서 전체 공무원 979,583명의 28.6%를 차지하고 있어 지방자치단체의 예산 및 인력은 국가경영에 있어 중요한 위치를 차지하고 있다(행정안전부, 2010).

그러나 이러한 지방분권의 진전[2]에 따라 지방자치단체의 자율성과 독립성

1) 정부는 2008년 말 현재 6,369건의 지방이양대상사무를 발굴하고, 1,568건을 이양하는 것으로 확정하였고 2009년 상반기에도 486개 사무를 이양하는 것으로 확정한 바 있다[대통령소속지방분권촉진위원회. 지방이양대상사무발굴현황(2008. 12. 31) 및 2009. 7. 10. 보도자료].

2) 지방자치단체의 책임성에 대한 요청은 분권화가 진행될수록 더욱 증대된다고 한다(이승종, 2005).

은 확대된 반면, 지방행정의 책임성과 효율성, 갈등 관리 능력은 대체로 미흡한 것으로 평가되고 있다(안국찬, 2003; 김호섭 외, 2002; 류춘호, 2010; 공병천, 2009). 더욱이 불법적 예산집행과 지방 공무원의 비리 등 불미스런 사건들이 반복적으로 재발하고 있고 때로는 오히려 늘어나는 것처럼 보이기도 하여, 지방자치제도 활성화에 중대한 장애요인으로 나타나고 있다.[3] 이로 인해 심지어 '권한은 있으나 책임과 통제는 없는 지방자치'라는 비난까지 받고 있다.[4]

이러한 문제 발생을 사전에 예방하거나, 강력한 사후처리로 재발을 방지하기 위한 제도 정비 노력[5] 중 하나가 지방자치단체에 대한 통제제도[6]로서 감사제도이다.

그러나 최근 「공공감사에 관한 법률」이 제정·시행되었음에도 불구하고 그 내재적 한계 때문에[7] 현행 감사제도는 지방자치단체의 비리 발생을 효과적으로 억제하지 못하고 있는 것으로 평가되고 있다. 이것은 지방자치단체 감사에 관한 기존의 연구들이 대체로 이러한 현행 감사제도와 관련된 문제점들을 공통적으로 지적하고 있다. 즉 자체 감사의 경우 감사기구가 지방자치단체장에게 예속되어 있고, 신분이 제대로 보장되지 않아 독립성이 결여되어 있으며, 감사요원의 순환보직과 자격요건 결여, 감사경험 부족 등으로 인해 전문성이 미흡하며, 지방의회도 의원들의 전문성이 결여되어 행정통제의 실효성을 거두지 못하고 있다는 지적이 많다.[8]

---

3) 이승종(2005)은 지방자치제의 긍정적 효과로 탈권위주의, 고객지향행정, 여론행정 내지는 참여행정의 강조, 주민의 정치 효능감의 증대 등 지방의 공공의사결정과정이 보다 민주적인 변화를 보이고 있다고 한다. 그리고 부정적인 영향으로는 선거로 인한 낭비와 분열, 지역과 지역, 중앙과 지방자치단체 간의 갈등, 지역부패구조의 형성, 참여요구 확대에 따른 행정의 중립성 또는 효율성의 저하, 지방의회와 단체장 간의 갈등으로 인한 부작용, 개발편향의 지방정책 등을 들고 있다.

4) 2009. 2. 24. SBS(8시 뉴스)보도: "지자체 여전히 흥청망청 … 감시기능 강화해야".

5) 주민소송제, 주민소환제, 주민투표제, 감사청구제 등 주민의 참여를 전제로 하는 제도와 지방자치단체에 대한 성과평가제도 등도 그 일환이라 하겠다.

6) 이승종(2005)은 지방자치단체의 책임성을 확보하기 위한 전략으로 통제강화와 지방자치단체의 역량강화를 제시하고, 전자에는 시장화(민간이양, 위탁 및 제3섹터의 확대 등), 내부통제(지방의회의 견제, 자체감사의 강화, 내부자고발 장려), 시민통제(주민참여의 제도화, 하부구역에 대한 수권, 행정정보의 공개 등), 중앙통제(규제, 재정통제, 평가활동, 감사 등)를 들고 있다. 후자로는 지방공직자(단체장, 지방의회, 공무원)의 능력과 태도를 들고 있다.

7) 참여정부에서 「공공감사에 관한 법률안」이 처음 제기되었으나 17대 국회폐회로 폐기되었다가 현정부들어서 보완을 통해 다시 추진되어 2010. 3. 22. 법률 제10163호로 공포되어 2010. 7. 1. 시행되었다. 그러나 현행 감사체계 내에서 독립성과 전문성을 보완(예: 감사책임자 공모, 일정 경력자 채용의무 등)하는 데 그치고 있어 근본적인 문제해결을 위한 제도 개혁은 아니라고 하겠다.

더욱이 최근 우리나라에서 발생하고 있는 빠른 사회 변화, 정보화[9]와 세계화[10], 분권화[11] 사회의 도래에 따른 국가기능 및 체제 변화는 전통적인 감사업무(회계검사 및 직무감찰 등)의 개념과 성격에도 변화를 요구하고 있다. 또한 최근 국가권력구조 논의와 함께 정부형태에 대한 비판이 제기되면서 감사원의 회계검사기능을 국회로 이관하는 것 등 개헌론이 제기되고 있고, 국가행정효율에 대한 비판론이 제기되면서 국가경쟁력 확보와 주민편의를 위한 행정구역 개편론이 부상[12]하고 있다. 이는 감사원의 소속 문제와[13] 함께 '중앙감사원'(회계검사원 및 감찰원)으로서 뿐만 아니라 '지방감사원'의 기능을 모두 수행하고 있는 현행 우리나라 감사원의 기능 조정을 포함하는 등 지방자치단체에 대한 국가감사체계에 있어 감사기능 및 조직의 변경을 시도하는 것을 그 내용으로 담고 있다.[14] 즉 우리나라 지방자치단체의 운영을 활성화하는 동시에 지방자치단체 행정의 효율성과 책임성을 담보할 수 있는 감사제도 개편에 대한 고민이

8) 강원일보(2004. 11. 29.), "행정사무감사 문제 많다"; 국민일보(2008. 11. 19.), "지방의회, 구태 젖은 '행정감사' 한심" 등, 이외에 안국찬(2003), 김호섭 외(2002), 류춘호(2010), 공병천(2009) 외 다수 연구에서 문제를 지적한 바 있다.

9) 종래의 토지, 노동, 자본의 3대 기본요소를 중심으로 생산관계가 형성되는 경제체제와 인쇄매체를 기반으로 한 단면적 사회 · 법률관계가 형성되던 시대는 지나가고, 지식과 정보의 결합을 통해 형성된 무형자산을 중심으로 정보매체를 통한 다면적 관계가 사회와 국가질서의 주요기반을 형성하여 새로운 정치질서 및 법체계로의 변화를 요구하는 것을 의미 한다. 이에 따라 감사의 수행방법, 수행절차 내용에 있어 큰 변화가 예상된다.

10) 세계화는 모든 인간생활에 있어 무한경쟁을 요구하고 국가 간의 관계뿐만 아니라 국가 내부의 공공부문과 민간부문의 경계를 허물며 새로운 국가기능과 체제를 요구한다. 따라서 지방자치단체에 대한 감사 범위 및 개편을 논의함에 있어 유사 사례들에 대한 고찰 및 비교 연구가 더욱 강조될 것이다.

11) 중앙집권화로 유지되어 오던 각국은 계몽된 국민의 자치의식과 함께 주민의 직접 참여를 통한 지역 사정에 적합한 행정의 요구, 정부활동의 독점에 따른 폐해를 해소하는 방안으로 작은 정부의 지향과 함께 국가권한을 지방자치단체와 민간(민영화)에 넘기는 분권화가 하나의 세계적 흐름을 갖게 되었다. 이는 감사 주체 및 범위를 논의함에 있어 중요한 변수로 작용할 것이다.

12) 조선일보 사설(2009. 9. 15.), "대통령의 개헌 · 행정구역 · 선거구제 개편 언급"; 연합뉴스(2009. 10. 14 "이회창 '행정구역개편안, 시대적 역행'" 등. 국회는 2010. 9. 16. 대통령 직속 하에 ① 도의 폐지여부 검토, ② 시 · 군 · 구의 적정규모로의 통합 · 광역화, ③ 일반행정과 교육행정의 통합 및 경찰사무의 지방이양 등을 처리할 지방행정체제개편추진위원회의 설치(2014년 말까지 운영) 등을 내용으로 하는 「지방행정체재개편에 관한 특별법」을 통과시키고 본격적인 행정구역개편을 검토하도록 하였다.

13) 국회의장헌법연구자문위원회는 2009. 8. 31. 권력구조개편 방향으로 이원정부제(분권형대통령제)와 정 · 부통령 중임제, 국회양원제와 함께 감사원의 회계검사권 국회이관 등을 제안하였다(조선일보, 2009. 8. 31.).

14) 전국시도지사협의회 제18차 지방분권 정책포럼(2009. 9. 16.)에서 실질적 지방분권을 위한 개헌의 일환으로서 지자체에 대한 감사는 감사주체를 감사원 및 국회와 같은 헌법기관으로 한정하고, 감사원의 감사범위를 회계감사로 한정해야 한다는 주장이 제기됨.

필요한 시점이 되었다.

Ⅱ. 지방자치단체 감사제도 개편 논의 필요성

앞에서 언급하였듯이 최근 우리나라에서는 국가행정의 효율성 제고 측면에서, 국가권력구조 개편을 주 내용으로 하는 개헌논의와 국가경쟁력 확보와 주민편의를 위한 지방행정구역 개편론이 부상하고 있는데, 이러한 논의들은 감사원의 소속 문제와 함께 지방자치단체에 대한 감사기능 및 기구 형태에 대한 내용이 핵심사항들이다.[15)]

이러한 논의들은 정보화·세계화·분권화 사회 도래에 따른 현대사회의 구조 변화와 지방자치단체의 역할 및 범위 재편 등의 법제도 환경 변화와 함께 지방자치단체에 대한 감사기능의 변화를 요구한다고 하겠다. 뿐만 아니라 현행 지방자치단체 행정이 안고 있는 부정·부패와 비효율성, 책임성의 결여 등 다수의 문제점과 이를 사전에 예방하고 제어 또는 시정·개선하여야 할 통제제도로서 지방자치단체 감사제도가 제 역할을 하지 못하고 있는 감사의 부실 문제, 특히 자체감사의 독립성 결여, 전문성 부족에서 오는 문제와 외부 감사제도의 중복성과 감사기구 간 협력체계 결여 등 감사제도 상의 문제로 인하여 새로운 감사제도의 개편이 요망된다고 하겠다.

한편 그동안 이루어진 지방자치단체 감사제도에 대한 기존의 연구를 보면 국가 감사체계의 효율적 운용이란 차원에서 지방자치단체를 둘러싼 내·외부 감사제도 모두를 고려하여 감사가치(독립성, 전문성, 협력성, 경제성 등)와 감사제도 유형의 영향 관계를 분석하여 이상적인 감사제도 개편방안 등을 모색하는 연구는 시도된 바가 없었다.[16)]

---

15) 전국시도지사협의회 제18차 지방분권 정책포럼(2009. 9. 16.)에서 실질적 지방분권을 위한 개헌의 일환으로서 지자체에 대한 감사는 감사주체를 감사원 및 국회와 같은 헌법기관으로 한정하고, 감사원의 감사범위를 회계감사로 한정해야 한다는 주장이 제기되었다. 이외에도, 지방자치단체의 자체감사 기능과 자율성을 강조하는 류춘호(2010), 한국행정연구원(2007), 윤태범 외 (1995) 등의 연구에서도 감사원의 지방자치단체 감사범위를 제한적으로 할 것을 제시한 바 있다.

16) 자체감사제도의 문제점과 보완 또는 현행 내·외부 감사제도의 문제점에 대하여 독립성, 전문성을 중심으로 이를 강화할 수 있는 방안을 연구하는 데 그치고 감사가치와 감사제도와의 관계를 분석하거나 감사제도의 형성에 미치는 영향요소 및 영향정도 등을 분석,

따라서 지금의 시점에 있어 지방자치단체 행정의 효율성과 책임성을 확보하기 위한 바람직한 지방자치단체 감사가치를 가장 잘 구현할 수 있는 최적의 지방자치단체 감사제도 개편방안을 제2편에서 다루었다.

특히, 저자는 지방자치단체 감사제도를 둘러싼 중요 외부환경의 변화와 지방자치단체 행정 및 감사제도가 안고 있는 문제점 등으로 인하여 새로운 지방자치단체 감사제도의 형성 또는 변화가 불가피할 것으로 보고 이러한 지방자치단체 감사제도의 형성・변화에 있어 핵심 변수인 감사가치의 형성요인을 제2편에서 정리하였다. 나아가 이러한 감사가치가 지방자치단체 감사제도의 형성에 영향을 미치는 과정과 요인을 살펴봄으로써 궁극적으로 우리나라에 있어 최적의 지방자치단체 감사제도의 개편방안을 제시하는 것으로 이 책을 마무리하였다.

Ⅲ. 지방자치단체 감사제도 연구 사례

그동안 우리나라 지방자치단체 감사제도와 관련하여 이루어진 비교연구를 정리해 보면 대부분 일본, 미국, 프랑스, 영국 등을 중심으로 한 비교연구들이 주를 이루고 있다. 이를 구체적으로 살펴보면 우선, 이영조(1996)는 일본, 영국, 미국의 제도를 독립성, 전문성, 자율성, 공개성, 중복성, 근접성이라는 기본 가치를 기준으로 상호 비교 연구를 실시하였다. 박재완(1997)은 미국, 호주, 영국, 캐나다의 감사제도(기준)를 비교・분석하였고, 권영주(2004)는 일본과 우리나라의 제도 비교를 통해 지방자치단체 감사제도의 현황 및 문제점을 연구하였다. 조성호・윤희웅(2006) 역시 미국, 영국, 프랑스, 일본의 지방감사제도에 대한 제도 비교・분석 연구를 수행하였고, 공병천(2009)은 미국, 캐나다, 영국, 호주의 감사제도를 비교・분석하였다.

다음으로 감사가치에 대한 선행연구들을 보면 다음과 같이 정리할 수 있다. 회계감사의 중요 가치를 Richard(2007)는 영국의 중소기업자들에 대한 설문을 통해 신속성(speed), 협력 및 상호 작용(cooperation & interaction), 전문성(specialty)으로 제시한 바 있다. Ulfert(2005)는 민간 감사제도에 있어 중요시되어야 할

바람직한 감사제도 개편방안을 도출하는 등의 연구사례는 없었다.

기본 가치에 대한 연구에서, 증거주의, 정확성(accuracy), 신뢰성 등을 주요요소로 정리하였다.

한국행정연구원(2007)은 지방자치단체 감사업무 담당자 및 지방의회의원들을 대상으로 현재 우리나라 지방자치단체 감사제도에서 중요시되어야 할 가치에 대해 설문 조사를 하고 그 결과로 독립성 강화, 전문역량 강화, 협력성 강화를 주요 3대 감사 가치 기준으로 제시한 바 있다. 류춘호(2010)는 중앙감사와 지방감사 간의 관계분석에 있어 협력성, 독립성, 전문성을 주요 가치로 도출한 바 있고, 김용철(2007)은 지방자치단체 공공감사체계 개편방안을 제시함에 있어 협력성(중복성), 독립성(감사범위), 전문성 등을 주요 가치로 제시하였다. 이남구(2006)는 공공감사 개혁 기본 모형을 제시하면서 효율성, 독립성, 전문성을 강조하였고, 조성호・윤희웅(2006)은 우리나라 지방자치감사제도의 현황 분석 및 개선방안에서 독립성, 협력성(중복성), 전문성을 주요 가치로 제시하였다.

권영주(2004)는 일본과의 제도비교를 통한 제도 개선안 도출함에 있어 독립성, 전문성, 협력성(효율성)을 강조하였다. 정세욱(2004)역시 지방자치단체 감사현황 분석 및 개선방안 제시에 있어 독립성, 전문성, 협력성(효율성)을 제시하였다. 이와 유사하게 하상군(2004)도 감사 기능 및 제도 개편안 분석에 있어 독립성(법적지위), 전문성(인적역량), 협력성(연계성)을 제시하였고, 안국찬(2003)은 갈등 관리를 위한 지방행정감사체계 분석(문제점 분석)에 있어 효율성, 협력성, 전문성을 제시한 바 있다.

김호섭 외(2002)은 지방자치단체에 대한 감사제도에 대한 법적 한계 및 문제점 분석의 결론으로 효율성, 협력성을 보완내용으로 제시하였고, 한국지방행정연구원(2002) 역시 자율성, 협력성(중복성 및 효율성), 전문성, 독립성 등을 향후 강조해야 할 감사 가치로 제시한 바 있다. 이영조(1996)는 감사제도 현황(문제점) 및 개선방안 분석을 통해 독립성, 전문성, 협력성(중복성) 공개성, 접근성을 주요 가치로 제시했고, 윤태범 외(1995)는 지방자치감사제도 개선방안을 제시하면서 독립성, 전문성 등을 강조한 바 있다.

이상의 선행연구들을 정리해 보면 다음 <표 1-1>과 같이 정리할 수 있었다. 선행연구에서 감사 가치라는 개념으로 명시되어 기술 및 전개되지는 않았지만, 각 선행연구에서 강조하고 있는 지방자치단체 감사 기능 개선의 핵심사항들을 본 글에서 제시한 4대 감사 가치에 따라 분류해 보았다. 즉 각 선행연구들에서 강조한 지방자치단체 감사기능 개편(문제점)의 핵심사항을 요약하였다.

표 1-1 선행연구 요약 및 감사가치

연구자	주요 관점	감사가치
이영조(1996)	감사제도 현황(문제점) 및 개선방안 분석	독립성, 전문성, 협력성(중복성), 공개성, 접근성
박재완(1997)	주요 감사기준의 해외 사례 비교	독립성, 전문성, 협력성 외
권영주(2004)	일본과의 제도비교를 통한 제도 개선안 도출	독립성, 전문성, 협력성(효율성)
조성호・윤희웅(2006)	현황 분석 및 개선방안	독립성, 협력성(중복성), 전문성
공병천(2009)	정부 성과관리와 국가최고 감사기능 간의 관계설명	신뢰성, 합목적성, 전문성, 독립성
한국행정연구원(2007)	기능 및 조직 개편안 분석	독립성, 전문성, 협력성
류춘호(2010)	중앙감사와 지방감사 간의 관계분석	협력성, 독립성, 전문성
김용철(2007)	지방자치단체 공공감사체계 개편방안 제시	협력성(중복성), 독립성(감사범위), 전문성 등
이남구(2006)	공공감사 개혁 기본 모형제시	효율성, 독립성, 전문성
정세욱(2004)	지방자치단체 감사 현황 분석 및 개선방안 제시	독립성, 전문성, 협력성(효율성)
하상군(2004)	감사 기능 및 제도 개편안 분석	독립성(법적 지위), 전문성(인적 역량), 협력성(연계성)
안국찬(2003)	갈등 관리를 위한 지방행정감사체계 분석(문제점 분석)	효율성, 협력성, 전문성
김호섭 외(2002)	법적 한계 및 문제점 분석	효율성, 협력성
한국지방행정연구원(2002)	현황 및 문제점 분석	자율성, 협력성(중복성 및 효율성), 전문성, 독립성
윤태범 외(1995)	지방자치감사제도 개선방안 제시	독립성, 전문성 외

제2절 지방자치단체 역량과 행정통제

Ⅰ. 지방자치단체 역량의 의의

1. 지방자치단체 역량의 개념

지방화의 진전에 따라 지방자치단체의 변화는 지방자치단체의 생산성 제고 및 지역주민을 위한 행정서비스의 증대로 나타나게 된다. 지방화에 따른 지방분권과 중앙정부의 권한위임 등은 지방자치단체의 역량을 강화하는 차원에서 중요하게 다루어지고 있다. 그러나 지방자치라는 제도적 조건이 같다고 하더라도 지방자치단체 간에 역량의 차이가 발생하고 있고(임승빈, 2010), 이는 지방자치단체의 생산성 제고 및 효율적인 주민행정서비스 제공에 차이를 가져다준다는 것은 국내·외의 연구에서 많이 지적되고 있다. 따라서 이러한 지방자치단체의 역량은 지방자치의 성공과 실패를 가져오는 데 있어서나 중앙과 지방자치단체 간의 관계를 규명하는 데 있어서 중요한 요소가 된다[17]는 점에서 이를 살펴볼 필요가 있다고 하겠다.

일반적으로 사전적 의미에서의 역량의 개념은 '일을 해낼 수 있는 능력 또는 그 능력의 정도'를 말한다. 그러나 역량을 한마디로 정의하기는 어려우며 용어 사용의 통일 또한 이루어지지 않았다.[18]

일반적으로 역량 개념은 1973년 McClelland에 의하여 처음 소개된 것으로 알려지고 있다(박우성, 2002).[19] 그는 역량을 업무성과와 관련된 광범위한 심리

17) 분권에 반대하는 집권세력의 중요논리 중의 하나가 지방자치단체의 역량부족이다(이승종, 2005). 또한 지방자치단체의 역량부족은 분권에 대한 반대논리로서뿐만 아니라 지방자치단체에 대한 중앙통제의 논리로도 인용될 수 있다.

18) 역량이란 용어는 capacity, competence, capability 등으로 혼재되어 사용되고 있으며 개념상 명확한 구분이나 체계가 이루어지지 못하고 있다.

19) 역량이라는 개념은 1973년 하버드 대학의 심리학자였던 맥클러랜드(David McClelland)가 "지능에 대한 역량의 우위성"이라는 논문을 발표하면서 심리학 분야에 역량의 개념이 도입되었다. 이후 기업경영, 인적자원관리, 산업조직연구 분야 등에서 연구되고 있으며, 공공부문에 있어서는 미국이나 영국의 신공공관리론의 도입에 따른 성과달성을 위한 수

적 또는 행동적 특성으로 정의하였는데, 후속 연구들은 이렇듯 개인의 내적특성에 초점을 맞춘 개념정의를 기본적으로 수용하면서도 개념의 정치화 내지는 범위의 확장을 추구함으로써 역량개념의 변화가 이루어졌다. Spencer & Spencer(1993)는 역량을 조직 또는 직무에서 효과적이고 탁월한 수행의 원인이 되는 개인의 잠재적 또는 내적인 특성으로 파악함으로써 McClelland의 기본개념을 따르면서도 역량을 내적 특징(underlying characteristics), 성과의 원인(casually related), 그리고 준거기준(criterion related) 등의 개념을 통해 보다 구체화시켰다. Mirabile(1997)는 역량을 우수 성과자와 보통 성과자를 구별해 주는 지식, 기술, 능력, 및 기타 특성이라고 규정한다. Sparrow(1996)는 역량의 개념을 조직역량, 관리역량, 개인역량 등의 세 가지 유형으로 세분화함으로써 개인역량 이외의 요소를 역량개념에 포함시켰다.[20]

이와 같이 외국의 경우, 역량의 개념은 초기에 개인의 내적 특징에 한정하는 의미로 규정되다가 연구의 진전에 따라 조직의 역량을 포함하는 것으로 확장되는 모습을 보인다. 그러나 국내의 경우, 공공부문의 역량에 관한 한 역량개념은 처음부터 확장적인 의미로 사용되었다. 지방자치단체의 역량에 대한 초기연구라 할 수 있는 최봉기 외(1993)는 역량을 지방자치의 이념 및 제도를 스스로 실현하고 정착시킬 수 있는 지방자치단체의 능력이라고 정의한 바 있다. 이와 유사하게 김병국·권오철(1999)도 역량을 단순히 개인의 업무수행능력으로 파악하기보다는 "지방자치단체가 정책이나 프로그램을 수행하는 데 요구되는 조직차원에서의 능력과 의지"로 정의하였다. 이승종(2005)은 지방자치단체의 역량을 지방자치단체를 구성하는 지방공직자의 역량으로 본다.[21]

이상에서 제시한 개념화의 논의는 대체로 두 가지로 요약된다. 하나는, 대부분의 연구가 개인의 능력이나 잠재적 특성 등과 같은 인적역량을 기본적인 역량요소로 수용하는 공통점을 보인다는 점이며, 다른 하나는, 인적 역량을 역

단으로서의 역량연구가 진행되고 있다. 특히 우리나라는 분권과 행정혁신을 위한 역량강화의 중요성 인식과 더불어 최근 공공부문에서의 논의가 진행되고 있다.

20) 여기에서 조직역량은 조직의 전반적 자원과 능력이고, 관리역량은 조직 밖에서 활동될 수 있도록 구체적으로 정의된 역량(예컨대, 직업 또는 부문의 지식, 기술, 행동 등)이며, 개인역량은 직무수행과 관련된 조직 내 개인의 행동양태이다. 이와 유사하게 UNDP(1998)에서는 기능을 효율적으로 그리고 지속적으로 수행할 수 있는 개인 및 조직의 능력이라고 정의하였다.

21) 지방공직자인 단체장, 지방의회의원, 지방행정공무원의 업무능력과 태도를 포함한다.

량의 기본요소로 수용하면서도 역량의 개념을 개인적 내적특성으로 한정하기보다는 조직의 전반적 자원과 능력을 의미하는 물적(物的) 역량으로까지 확대하고 있다는 점이다. 어쨌든 역량이란 한마디로 정의하기 어려운 정형화 되지 않은 무형의 실체로서 고정 불변의 어떤 것이 아니란 점은 분명하다.

한편 「지방자치법」상의 지방자치단체는 일정한 지역적 범위를 그 구역으로 하고 구역 내 주민들에 의해 선출된 기관이 자주적으로 지역적 사무를 처리할 수 있는 권능을 가지는 법인격 있는 단체를 의미한다. 지방자치단체는 일정한 구역을 그 구성요소로 하고 그 구역 내의 주민에 대하여 지배권을 가진 공공단체라는 의미에서 국가와 유사하다고도 생각할 수 있다(최봉기 외, 1993).

이와 같이 지방자치단체의 규정과 역량의 의미를 종합할 경우 지방자치단체 역량이란 「지방자치법」상의 지방자치단체의 혁신적 업무수행과 성과 달성을 위한 인적, 물적 환경적 능력의 정도이다.[22]

이러한 판단에 기초하여 본 연구는 역량 개념을 일단 "조직의 목적달성을 위한 조직 및 구성원의 특성으로서 인적 역량과 물적 역량을 포괄하는 것"으로 정의해 둔다. 마찬가지 맥락에서 지방자치단체의 역량은 지방자치단체의 목적달성을 위해 필요한 지방자치단체 조직 및 공직자의 물적, 인적역량으로 이해한다.[23]

2. 지방자치단체 역량의 구성요소

지방자치단체 역량(연구)의 구성요소는 내적 역량과 외적 역량을 포괄하는 광의의 역량 개념으로 나타낼 수 있다. 구조화 이론이 추구하는 거시적 현상의 미시적 기초를 바탕으로 하여, 역량의 개별 변수들 간의 활발한 상호작용의 결과 거시적 현상으로 역량이 구현된다는 점에 착안하여 기든스의 구조화 이론을 적용하는 경우 지방자치단체 역량의 구성요소는 인적역량과 재정적 역량, 그리고 조직구조 역량과 외부 환경적 요소로 구성된다.[24]

22) 기든스의 구조화 이론을 적용하여 보면 인적·물적 요소인 내부역량과 정치, 사회, 문화 등 외부요인과의 상호작용의 결과 역량강화가 구현된다(McClelland, 1973).

23) 한편 전반적으로 지방자치단체의 역량의 중요성에 비추어 볼 때 지방자치단체의 역량에 관한 연구는 절대적인 양에 있어서 과소할 뿐만 아니라, 역량의 개념화마저 미진하여 관련 연구의 진전에 장애가 되고 있다는 점이 지적되고 있기도 하다(이승종, 2005).

24) 그 외에도 조직 관리적 차원의 논의와 역량이론으로서의 논의로 구분할 수 있는데 역량

상기의 개념 정의와 학자들의 제 견해를 토대로 본 지방자치단체 역량의 범위 및 구성요소를 다음과 같이 역량의 범위를 포괄적으로 규정하여 지방자치단체 내부 역량과 외부 역량으로 구분할 수 있겠다. 내부 역량은 다시 인적 역량과 내부구조 역량(재정역량, 조직구조 역량)으로 구분하며, 외부 역량은 시민집단과 정치・경제・사회・문화 등 지방자치단체 외부 환경요인 등을 구성요소로 한다. 즉 지방자치단체 역량의 범위설정과 역량의 구성요소 간의 상호작용적인 관계를 통하여 발현된 것이 지방자치단체의 역량으로 표현될 수 있다고 하겠다.[25)]

일반적으로 초기 수준의 역량연구에서 주로 핵심역량으로 다루었던 것은 인적역량인데, 이는 지방자치단체 고위공직자인 지방의회의원, (부)단체장 등을 대상으로 엘리트 수준인 구성원들의 관리능력, 리더십, 혁신의지, 비전제시 등과 같은 미래지향적이고 변화지향적이며 행정쇄신을 추진하는 원동력으로서 사람에 관한 것이다.

내부구조역량 중 조직구조역량은 지방자치단체 조직의 새로운 관리방안의 도입, 활용여부 등을 뜻하고, 재정역량은 지방자치단체의 재정의 안정성과 건전성 측면에서 재정자립도 등을 뜻한다. 그리고 외부구조적 역량으로서 시민

이론은 인적역량과 구조역량과의 관계정도에 따라 핵심역량이론, 지적 자산이론으로 분류된다. 또한 조직능력이론과 지방자치단체의 자치역량에 대한 관련 논의를 통하여 구성된다. 조직관리론적 입장에서의 구성변수들은 구조, 과업, 기술, 인간(Leavitt, 1966), 행위자, 목표, 위치(positioning), 구조(Marcus, 1988)이며, 목표, 문화, 기수, 구조, 행태(Harrison & etc., 1987) 등으로 조직운영 구성요소를 구분하여 영역화하고 있다. 일반적으로 조직구성원의 능력에 초점이 두어지는 핵심역량 이론적 입장에서 역량의 구성변수들을 살펴보면, 직무수행능력, 변동대응 능력, 의사소통, 직무/조직에 대한 이해, 적극적 태도, 확신/의지, 과업기술(task skills), 상황관리기술(contingency management skills), 과업관리기술(task management skills), 역할/직무환경기술(role/job environment skills) 통찰과 예견력, 업무실행능력을 변수로 한다. 이는 조직 구성원의 역량에 초점을 두고 있는 입장이다(권오철, 2004). 자치역량이론은 지방자치단체의 전반적인 역량을 구조적 측면에서의 역량과 기능적 측면에서의 역량으로 나누어 제시되는 바, 구조적 역량은 세부능력으로서 권력구조 능력, 조직구조 능력, 인력구조 능력, 재정구조 능력으로, 기능적 역량은 여론수렴 및 문제 인지 능력, 행정관리 및 서비스 제공 능력, 정보관리 능력, 변화관리 능력 등으로 세부 능력을 구분하고 있다(최봉기 외, 1993). 이외에도 역량에 관한 이론적 검토는 지적 자본이론, 조직능력이론 등에서 역량의 구성요소와 역량의 범위를 논의하고 있다(김병국・권오철, 1999).

25) 이를 기든스의 구조화 이론을 적용해 설명하면 지방자치단체의 역량은 지방자치단체 밖에 외재하는 고정 불변의 어떤 것이 아니라 구성변수들 간의 상호작용의 결과로 나타난 거시적인 구조화의 맥락을 통해 재생산된 결과라는 것이다. 따라서 지방자치단체의 역량 발휘는 지방자치단체의 효율적 운영과 주민 서비스 향상을 통하여 지방자치단체가 달성하고자 하는 목표달성 정도와 주민만족도로 평가될 수 있을 것이다(최미옥, 2004).

그림 1-1 지방자치단체의 역량 구조 모형

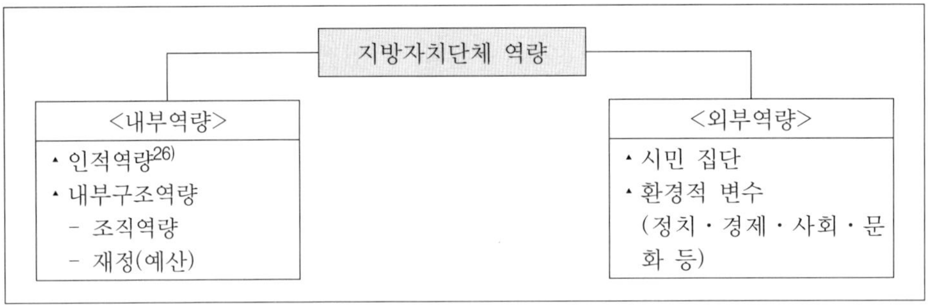

집단, 정치 · 경제 · 사회 · 문화 등 환경적 변수를 고려하는 포괄적역량 모형을 구축해 볼 수 있겠다. 이를 정리하면 위 [그림 1-1]과 같다.[27]

이러한 지방자치단체의 역량에 대한 논의는 지방분권과 중앙집권의 관계 즉, 지방자치단체에 어느 정도의 자율성을 허용할 것인지 지방자치제의 범위 · 정도의 논거 또는 기준이 된다는 점이고, 나아가 지방자치단체에 대한 외부 통제의 필요성 및 정도와 연계되는 데 그 의의가 있다고 하겠다.

Ⅱ. 중앙집권과 지방분권

1. 중앙집권과 지방분권의 개념

중앙집권이나 지방분권은 집권과 분권의 한 형태이다. 집권(centralization)은 행정권한, 즉 정책의 결정권이 조직 내에 있어서는 상층부에, 조직 간에 있어서는 상급조직에 집중되어 있는 조직형태를 말하고, 분권(decentralization)은 그

26) 본 연구에서는 인적역량을 내적역량으로서 가장 강력한 구성요소인 지방자치단체장과 지방의회를 묶어 “지방자치단체 주체”와 구성원을 내용으로 하는 “인적 자원”으로 나누어 분석을 실시하였다.

27) 본 연구에서는 지방자치단체 역량 구성요소 중 “외부역량”은 그 내용 또는 구성요소를 규정하기가 쉽지 않을 뿐만 아니라 다양한 외부 환경요인과 지방자치단체와 국가 간의 관계 등 복잡한 변수를 고려해야 하는 반면에 그 영향 정도가 다양하여 분석이 용이하지 아니한 면도 있으나, “내부역량”은 구성요소가 상대적으로 간결하면서도 지방자치단체 역량을 결정하는 중요 요소라는 점에서 “내부역량”을 절대적인 요소로 보아 “내부역량”을 중심으로 분석을 실시하였다.

반대의 조직형태를 말한다(이규환, 2006). 이를 중앙정부와 지방자치단체에 적용하면 중앙집권과 지방분권이 된다. 중앙집권이란 “정책결정권한이 중앙정부에 집중되고, 지방분권이란 정책결정권한이 지방자치단체에 많이 분산되는 조직형태”이다. 이는 중앙정부의 지방자치단체에 대한 통제력의 범위, 정도와 이에 대응하는 지방자치단체의 자주성의 범위, 정도에서 그 기준을 찾을 수 있다. 그러나 중앙집권이나 지방분권은 절대적 기준이 아니라 그 나라의 정치·경제·사회적 환경에 따라 달리 평가될 수 있으며, 그런 점에서 상대적이라고 하겠다. 이에 따라 중앙과 지방 간의 통합성을 강조하느냐 또는 지방자치단체의 자율성을 강조하느냐에 따라 집권강조론 또는 분권강조론으로 나누어질 수 있다고 하겠다(이승종, 2005).

2. 중앙집권과 지방분권의 장단점

오늘날 행정기능이 양적으로 확대되고 질적으로 고도화됨에 따라 이를 효율적으로 수행하기 위해서 지역적인 분담이 필요하게 되는 바, 즉 중앙과 지방 간의 수직적 분업의 필요성이 증대되고 있다. 뿐만 아니라 역사적 연혁에 기반하여 지방자치와 민주주의를 뒷받침하는 주요한 사상이란 점에서 그 필요성을 찾을 수 있다. 이는 중앙집권과 지방분권의 장단점에서 논의되기도 한다. 즉 중앙집권의 경우 ① 국가적 위기에 대한 신속한 대처, ② 경제발전과 국민형성에 유리, ③ 지역 간의 격차 해소에 효과적, ④ 전국적 또는 광역적 규모의 사업에 적합, ⑤ 행정의 통일성, 전문성, 능률성의 확보 등의 장점이 있는 것으로 알려져 있다(이규환, 2006). 반면에 지방분권의 경우에는 ① 주민으로부터의 민주주의를 실현시키므로 민주주의와 능률의 요구를 동시에 충족시키는 행정의 사회적 능률 증진, ② 지방정치와 행정에 대한 주민통제를 강화하고 행정의 민주화를 실현하는 주민통제를 통한 행정의 민주성 실현, ③ 주민참여를 통해 정치훈련을 가능하게 하고 지역개발 및 사업 등에 주민의 아이디어와 욕구를 반영함으로써 주민참여에 의한 행정의 민주화 달성, ④ 중앙정부에 의한 획일적 행정의 폐단을 막고 지역실정과 여건(농어촌, 공업지역, 관광지역 등)에 맞는 행정의 수행, ⑤ 지방공무원의 주체적 의사결정이나 창의적인 업무수행을 통한 사기진작 및 능력제고, ⑥ 번잡한 의사결정절차(중앙정부의 승인 등)의 생략을 통한 신속한 행정처리, ⑦ 중앙부처별로 기능적으로 분리되는 지역단위 행정의 종합·조정이 가능하다는 등의 장점이 있다.

이상에서 중앙집권은 행정의 통일성 및 효율성을 보장한다면 지방분권은 민주정치의 실현과 행정의 실질적 효과를 거두는 반드시 필요한 제도라고 하겠다. 즉 중앙집권이나 지방분권은 나름대로의 장단점을 가지고 있고 환경적 요인, 지방자치단체의 역량 등에 따라 그 가치가 달라질 수 있게 된다. 과도한 중앙집권은 행정의 지역적 특수성을 무시하고 획일적으로 처리하게 되며, 주민 참여에 의한 자율적 통제의 약화를 가져오게 되는 반면, 그 반대로 과도한 지방분권은 통일적인 행정수행의 장애(예: 최소한의 복지서비스 수준의 확보 등), 국가적인 차원에서 자원운용의 효율성 저해 등의 문제를 가져오게 된다고 하겠다. 환언하면 지방분권을 통한 지방자치가 지방자치단체로 하여금 국가로부터 단절된 독립성을 유지하는 것을 의미하는 것이 아니라 국가 통합성 확보 차원에서 중앙의 통제권이 부정되어서는 안 된다. 반면에 국가의 통합성 확보를 빌미로 지방의 자율권을 보장하지 않는 과도한 중앙통제도 배제되어야 할 것이다(이승종, 2005).

따라서 현대 행정에 있어서 가장 바람직한 것은 집권화와 분권화의 균형으로서 행정을 기획, 집행, 평가의 과정으로 본다면 중요한 기획이나 방향은 중앙에서 결정하고, 집행은 지방자치단체에 맡기며, 그 집행의 평가는 다시 중앙정부가 담당하는 경우에 서로 보완성을 가지고 균형과 조화를 이룰 수 있다는 것이다(이규환, 2006; 이승종, 2005). 이는 곧 지방자치단체에 대한 중앙정부의 통제를 필요로 하는 주요한 논거의 하나가 된다고 하겠다. 즉 지방자치단체의 행정에 설령 부정부패나 비효율성 등의 아무런 문제가 없다고 하더라도 중앙정부에 의한 통제의 필요성이 제기된다는 점에서 의의가 있다고 하겠다.

그러나 지방자치단체가 안고 있는 내부통제의 취약성이나 부정부패 및 비효율의 문제는 또 다른 외부통제의 필요성에 대한 논의를 필연적으로 가져오게 된다.

Ⅲ. 지방자치단체에 대한 내·외부통제

지방자치단체 행정에 대한 통제는 "주체와 영향력행사 방향 기준"에 따라 외부통제와 내부통제로 구분된다. 외부통제는 국회와 사법부, 감사원 등 행정구조 외부의 사람이나 기관에 의한 통제이고, 내부통제는 내부 조직·조직 구성원에 의한 통제이다(윤은기, 2007). 지방자치단체의 경우 내부통제는 지방자치단체의 장과 조직 구성원 등에 의해 이루어지는 것으로 지방자치단체의 장에 의한 업무통제(지시, 평가, 감독 등), 감사관실에 의한 자체감사, 지방의회에 의한 통제 등으로 구분될 수 있다. 외부통제는 국가에 의해 이루어지는 중앙통제로서 입법통제, 사법통제, 행정통제 등 크게 세 가지로 구분될 수 있다. 그 이외의 외부통제로서 시민에 의한 통제,[28] 이익단체에 의한 통제,[29] 여론과 매스컴에 의한 통제,[30] 옴부즈만 제도를 통한 통제[31]로 구분될 수 있다(이종수 외, 2005).[32]

1. 내부통제(Internal Control)

내부통제는 내부적 공식적 통계와 비공식적 통계로 구분된다. 내부적 공식적 통제는 "행정수반(지방자치단체장)에 의한 통제"와 "관료제 계서구조에 의한 통제"가 포함된다(이종수 외, 2005). 내부적 비공식적 통제는 행정인의 자율적 통제가 포함된다. 내부적 공식적 통제에서, 행정수반(지방자치단체의 장)에 의한 통제의 경우는 행정수반(지방자치단체의 장)이 행정 전반을 지휘 감독하는 책무와 권한이 부여받고, "공무원임명권, 기구개편권, 준입법권(규칙, 훈령 제정권 등), 행정개혁권, 정책결정권 및 리더십에 의한 권한 행사"를 통하여 행정을 통제하는 것이다. "관료제 계서구조에 의한 통제"는 감독관청과 특정부처에 의해

28) 일반 국민에 의한 직접적인 행정의 통제를 의미한다. 통제방법으로는 "선거권의 행사, 민원실 운영, 반상회, 공청회 등의 각종 주민 참여 제도, 시민운동단체"에 의한 행정통제 등이 포함된다.

29) 이익집단의 정치적인 요구를 통한 행정의 통제를 의미한다.

30) 사회 이슈의 공중의 제화를 통한 행정의 통제를 추구하는 것이다.

31) 의회나 사법부의 행정통제 기능의 보완적인 제도 방안으로 국민의 이익을 보호하려는 행정통제 방법으로 간주되고 있다.

32) 여기서는 중요 외부통제인 입법통제, 사법통제, 행정통제를 중심으로 논의하고자 한다.

행정업무를 통제하는 것이다. 지방자치단체의 경우 이에는 내부의 자체감사(감사관실)에 의한 통제가 주 내용을 이루게 된다. 내부적 비공식적 통제는 행정인이 직업윤리의 기준에 따라 자기를 규제하는 자율적 통제의 경우로, 내부적, 자율적, 비공식적 통제로 인식되고 있다(Harmon, 1981). 이외에도 지방자치단체에서 주요한 통제기능은 지방의회가 수행하게 된다. 지방자치단체의 장(집행부)의 입장에서 보면 지방의회는 외부통제 기능을 수행한다고 볼 수 있으나 지방자치단체 전체의 입장에서는 내부통제라고 하겠다. 지방의회는 당해 지방자치단체의 최고 의사결정기관으로서 지방자치단체 행정의 감독기관으로서 지방자치단체장의 주요한 정책사항 및 예산을 심의・의결하고, 행정집행상황에 대한 지도, 감독, 비판, 조언 등 감시 및 감독권을 가지고 있을 뿐만 아니라 지방자치단체의 중요한 정책, 사업, 계획 등에 대한 의결권을 가지고 있다. 또한 지방자치단체 사무 중 특정사안에 대한 조사뿐만 아니라 사무전반에 대한 감사를 할 수 있으며 지방자치단체의 장 및 관계 공무원으로 하여금 행정처리 상황을 보고하게 하거나 질문답변을 요구할 수 있는 등 행정사무 감시・감사권과 출석・답변 요구권을 가지고 있다(이규환, 2006).

그러나 이러한 내부 통제는 무엇보다 자율적이고 직접적인 행정통제를 통해 문제의 구체적 파악과 신속한 시정이 가능하다는 장점에도 불구하고 자체감사기구의 독립성의 결여, 지방의회의 전문성 부족, 행정 감시 및 감독의 온정적 접근 등으로 그 실효성이 떨어진다는 평가를 받아 왔다.

2. 외부통제(External Control)로서의 중앙통제

(1) 중앙통제의 의의

중앙통제(central control)는 지방자치단체에 대한 중앙정부의 통제를 말하며 행정법 분야에서는 지도와 감독이라는 표현을 사용하기도 한다. 또한 중앙통제라는 용어 대신 지방자치단체에 대한 관여라는 용어를 사용하는 경우(최유성, 2000)도 있는데 이 경우에도 의미상의 차이는 거의 없다고 할 수 있다. 행정학 분야에서는 통제의 개념은 중앙정부와 지방자치단체의 관계에서 양자가 다양한 방법으로 접촉, 교섭, 지도, 조정, 원조, 지원, 협력하는 모든 과정을 뜻하며 중앙정부가 행사하는 권력적 감독 지휘만을 의미하는 것은 아니다(이광종,

1998). Dunshire(1987)는 통제의 개념을 단순히 중앙정부의 정책을 부과하고 지방자치단체의 잘못을 시정하는 것뿐만이 아니라, 지방자치단체에 대한 행정상의 기준을 설정하고 기준과 실제와의 차이를 감축 또는 제거하는 것도 포함하는 것으로 이해한다. 행정법 분야의 정의도 유사한데 홍정선(2000)은 통제를 국가작용의 적법성 및 타당성의 확보를 위한 국가작용으로서 협력과 감독을 포괄하는 개념으로 본다. 따라서 중앙정부의 지방자치단체에 대한 통제는 공공서비스의 효율적 제공을 위해 중앙정부와 지방자치단체가 관계를 맺는 방식이며(이달곤, 2003), 반드시 중앙정부에 의한 일방적 지시, 명령만을 의미하는 것은 아니다.

중앙정부의 지방자치단체에 대한 통제는 다양한 방법으로 분류할 수 있는데 우리나라에서 자주 사용하는 방법 중 하나는 통제방식의 성격에 따른 권력적 통제와 비권력적 통제로 구분하는 것이다. 하지만 권력적통제와 비권력적 통제는 상대적인 개념으로서 명확하게 구분하기 어려운 측면이 있다. 행정법학적 접근에서는 권력적 통제를 지방자치단체의 행정사무처리에 대해 중앙정부가 개별적 직접적인 영향을 미치는 것으로 정의하면서 허가, 취소, 지휘, 명령, 임면, 지정, 인정, 대행, 집행 등이 여기에 해당한다고 보고 있다. 우리나라에서 권력적 통제 혹은 비권력적 통제라는 분류방식이 자주 사용되는 것은 강력한 중앙집권의 전통과 일천한 지방자치의 역사에 기인한 것으로 볼 수 있다(최창수, 2004). 아래에는 권력분립적인 관점에서 분류되는 입법통제, 사법통제, 행정통제를 살펴보고자 한다.

(2) 중앙통제의 유형

가) 입법통제(legislative control)

입법부의 통제수단으로 “입법심의, 공공정책의 결정, 예산심의, 각종 상임위원회의 활동, 국정조사 및 국정감사 활동, 임명동의 및 해임건의 또는 탄핵권, 기구개혁, 청원제도” 등이 포함된다. 여기서 지방자치단체 행정에 대한 입법통제로서 중요한 것은 입법심의와 국정감사 및 조사라고 하겠다. 입법심의는 국가의 입법기관인 국회가 지방자치단체에 대하여 행하는 통제로서, 주로 입법절차를 통하여 이루어지며 중앙통제의 기본적 방식으로 중앙정부가 지방자치단체의 권한 범위를 법령으로 정하여 그 범위 안에서 권한을 행사하도록 하는 것이다. 우리나라의 중앙통제는 기본적으로 법률의 형식으로 행사되는바 헌법 제 118조 제2항에 "지방자치단체의 조직과 운영에 관한 사항은 법률로 정한다"고 하여 지방자치단체의 모든 권한과 의무가 「지방자치법」 등 법률로서 규정되어 있다. 다음으로 중요한 입법통제는 국회에 의한 국정감사를 통한 통제이다. 즉 국회는 매년 광역지방자치단체의 행정에 대하여 정기적인 국정감사를 실시하고 있고, 필요한 경우 개별 사안에 대하여 국정조사를 실시할 수도 있도록 되어 있다. 그러나 입법통제는 실제로 통제가 효율적이지 못하다는 평가를 받는다. 정치인들에 의한 지방자치단체에 대한 행정통제가 잘 이루어지지 않는 이유로는 ① 정치인들은 행정상의 절약과 능률에 큰 관심이 없기 때문에 행정적 낭비요인에서 개인적 이권의 추구, ② 관료의 전반적인 정책이나 프로그램보다는 의원들의 재선과 관련된 정책과 사업에 관심, ③ 관료들이 해야 하는 것과 정치인들이 하도록 요구하는 것의 차이 등의 요인들이 포함된다(Barton & Chapell, 1985).

나) 사법통제(judicial control)

사법적 통제는 국가의 사법기관인 법원이 지방자치단체에 대하여 행하는 통제로서 쟁송절차를 통하여 이루어지는 통제를 말한다. 즉 사법통제는 사법부에 의해 "행정에 의한 위법 부당한 권익 침해의 구제 또는 행정명령의 위헌, 위법여부"를 심사함으로써 지방자치단체의 행정을 통제하는 것이다. 사법통제의 수단으로는 행정소송의 심판, 명령, 규칙, 처분의 심사 등이 포함된다. 이를 구체적으로 보면 지방자치단체가 법률을 위반하는 경우에 그를 시정하기 위하여 취해지는 것으로 입법적 통제와 상호보완관계에 있다고 하겠다. 이러한 사법적 통제는 행정활동에 대한 사후적 통제로서 행정행위에 대한 합법성을 보장하는 특징을 갖고 있다. 그러나 오늘날 사법적 통제는 각국에서 중앙통제의 방식으로서 퇴색하는 추세에 있는바, ① 사후적, 소극적 통제이며 사후구제에 불과하고, ② 수속 절차가 복잡하고 당사자에게 과중한 경비부담을 주며, ③ 구제에 장시간을 요하고, ④ 행정처분을 무효로 하거나 취소, 정지시킬 수 있을 뿐이지 적극적으로 행정행위를 하도록 요구할 수 없으며, ⑤ 고도의 전문기술이 요구되는 자치행정은 그 분야의 전문가가 아닌 법관이 판단하기 때문에 법적 형식논리에 치우쳐 실질적인 구제가 어렵다는 점 등이 그 이유이다(이규환, 2006).

다) 행정통제(administrative control)

행정적 통제는 국가의 행정기관인 행정부가 지방자치단체에 대하여 행하는 통제로서 행정절차를 통하여 이루어지는 통제를 말한다(이규환, 2006). 이는 지방자치단체의 활동이 국가 전체의 발전에 이바지하도록 그 방향을 설정하고 진행을 유도하고 결과를 확인하는 것을 말한다. 여기에는 승인, 지원(행·재정), 행정지도, 감독, 평가 및 감사 등이 포함된다. 행정 통제는 오늘날 중앙통제 가운데 가장 광범위하고 중요한 방식이 되었는바, 이는 중앙정부와 지방자치단체가 처리해야할 행정기능이 양적으로 확대되었을 뿐만 아니라 질적으로도 복잡하고 고도화되었기 때문이다. 입법적 통제가 환경의 변화에 대한 적응력이 떨어지고 사법적 통제는 사후적 통제라는 근본적인 한계 때문에 사태변화에 신속히 대응할 수 없는 반면 행정통제는 전문적인 지식과 기술을 바탕으로 신속한 대응을 할 수 있다는 점에서 가장 효과적이라는 평가를 받는다. 그러나 행정통제가 지나치면, 지방자치의 본질을 훼손하고 행정능률을 저하시키며 지방행정의 의욕과 창의력을 저해하게 된다.

행정통제의 장단점을 보면 장점으로는 ① 지방행정을 수행하는 데 요구되는 지식과 기술을 지방자치단체에게 보충해주고, ② 지방행정과정에서 예상되는 과오를 미연에 방지하거나 교정할 수 있으며, ③ 지방자치단체 간의 행정수준의 차이를 완화하여 국민생활의 균형을 유지하는 데 도움이 되고, ④ 지방자치단체가 치안, 위생, 보건 등 중요한 행정사무를 소홀히 다루지 못하도록 하며, ⑤ 지방자치단체의 기능 확대에 따른 재원부족을 지원 받을 수 있게 하는 점 등이다. 단점으로는 ① 행정통제가 지나치면 지방자치의 본질을 훼손하게 되고, ② 지나친 관여는 지방자치단체의 사기 및 행정능률 저하를 가져오며, ③ 지방의 특수성에 맞는 행정이 어렵게 되고, ④ 지방주민들의 요구를 충족시키기 어렵다는 점 등이다. 결론적으로 지방자치단체의 효율적 행정수행을 확보하기 위해 중앙통제가 필요하나 지나친 행정통제는 지방자치의 본질을 침해할 뿐만 아니라 행정효율을 떨어뜨리게 된다는 것이다.

한편 중앙통제로서의 행정통제는 우리나라의 경우 ① 행정전반에 관한 통제(행정사무 전반에 관한 조언, 권고, 지도 및 자료 제출 요구 등),[33] ② 인사・조직상 통제(부단체장 임명, 국가직 공무원 임명, 정원 기준 제정 등), ③ 재정 통제(국고보조금, 교부세 교부, 기채 승인 등), ④ 감사에 의한 통제(감사원, 행정안전부, 중앙행정기관에 의한 감사 등) 등이 이루어지고 있다.

3. 지방자치단체에 대한 통제로서 외부 감사제도의 필요성

우리나라에서 1995년 지방자치제가 실시된 이래 지방자치단체는 다양해진 주민들의 요구에 책임 있게 대응해야 한다는 요구가 증가하고 있으며, 또한 오늘날과 같이 무한경쟁시대에 지방자치단체가 국제적 경쟁력을 갖추기 위해서는 공공부문의 효율성을 확보해야 한다. 즉 지방자치단체는 지방행정에 있어서 책임성을 확보해야 하고, 효율성을 증진해야 한다(Damilker, 1986). 지방자치단체에 대한 통제수단으로서 내부 감사 또한 이러한 두 가지 목적을 가지고 이루어져야 한다. 그러나 우리나라의 지방자치단체의 내부 감사 운영실태를 보면 이러한 목적을 충분히 달성하고 있다고 할 수는 없다. 우선 우리나라의 지방자치단체의 역량 측면에서 기존 선행연구 특히 최봉기 외(1993), 김병국・권오철(1999), 최영출(2003), 최길수(2005) 등은 우리나라 지방자치단체의 변화역량 또는 혁신역량의 부족을 언급하고 있다. 지방자치단체의 역량요소 중 외부 역량요인인 시민사회와의 협력 역량 역시 우리나라의 지방자치단체의 현실은 높지 않은 수준으로 지적되고 있다(이승종, 2005).

이와 같이 지방자치단체들의 내・외부 역량에 대한 비판적인 시각에서 내부역량증대를 위한 다양한 전략들이 논의되고 있는 것이 현실이다(정광호, 2007).

또한 지방자치단체의 내부 감사제도 분야는 특히 전문성과 엄격성이 요구되는 분야이기에 지방자치단체의 핵심역량이 요구되는 분야라고 볼 수 있다. 그러나 아직 우리나라의 지방자치단체 역량 중 내부 감사 및 내부 통제를 위한 역량이 상대적으로 낮게 평가되고 있다. 이러한 문제 때문에 현행 지방자치 내부통제 및 감사제도에 있어 문제로 제기되고 있는 것이 바로 자체감사의 형식성 문제이다(권영주, 2004). 이를 구체적으로 보면 다음과 같다.

자체감사에는 지방의회에 의한 감사와 행정조직 내부에 의한 감사가 있다.

---

33) 「지방자치법」 제155조 제1항 참조.

따라서 이들을 나누어서 감사의 문제점을 지적하면 다음과 같다.

첫째, 지방의회 감사와 관련된 가장 큰 문제점은 지방의원들의 감사에 대한 전문성이 부족하다는 것이다. 행정사무감사와 조사는 고도의 전문성을 요하는 것으로 무엇보다도 지방의원들의 자질 향상은 효과적인 조사 및 감사를 위한 필수적인 요소이다. 특히, 지방자치단체의 행정업무는 매우 복잡·다양하여 이에 대한 감사에는 상당 수준의 전문지식이 요구되지만 지난 몇 년간의 지방의회 운영과정에서 행정사무감사 및 조사에 대한 비판을 보면, 직접 감사 및 조사에 참여했던 지방의원의 지방행정에 대한 지식과 경험의 부족 그리고 감사 및 조사기법의 미숙 등으로 인해 실질적이고 효율적인 감사를 수행하지 못했다는 점에 의견이 일치되고 있다.

둘째, 행정조직 내부에서의 감사에 의한 감사도 많은 문제점을 안고 있다. 서울특별시(본청)의 경우 자체감사기구를 보면 2010년 12월말 현재 서울특별시장·행정1부시장 밑에 감사관[34]을 두고 그 밑에 3담당관 18팀 및 1단(정원 148명) 체제를 갖추고 있다.

2005년~2006년 서울특별시 감사활동을 보면, 아래 <표 1-2>과 같이 감사활동에 동원된 연인원은 32,973명이며, 실지감사, 시책 및 특명사항조사, 진정민원조사, 기강감찰, 감찰활동 등 업무전반에 걸쳐 이루어졌다.

표 1-2 연도별 감사활동별 인력운용 현황

구 분	연인원(명)		구성비(%)	
	2005년도	2006년도	2005년도	2006년도
합 계	**20,086**	**12,887**	**100.0**	**100.0**
실지감사	4,872	3,452	24.0	12.8
기강감사	2,573	447	13.0	3.5
감찰활동	10,136	3,553	51.0	27.6
안전·시민·기타감사	2,505	5,435	12.0	42.1

자료: 2005, 2007 서울특별시 감사연보.

34) 감사관은 지방이사관 또는 지방부이사관으로서 감사사무에 관하여 행정1부시장을 보좌한다. 감사관 아래에 감사담당관 및 조사담당관, 민원담당관을 두고, 각 담당관은 지방부이사관 또는 지방서기관으로 운용하며, 담당관 소속하에 사무관 또는 사무관 상당 공무원을 팀장으로 지정하여 담당관을 보좌하고 관련 업무를 총괄하게 할 수 있다(서울특별시행정기구설치조례시행규칙 제8조).

이렇게 방대하게 행정조직 내부에서의 감사관에 의한 감사가 이루어짐에도 불구하고 형식적이라는 비판이 있다.[35] 여기서 형식적이라는 것은 독립성 부족과 전문성 결여를 말한다. 독립성 결여로 인해 현재 지방자치단체의 해당기관에 대한 감사는 소극적, 온정적으로 행해지고 있어 실제로는 거의 유명무실하고, 소속기관과 산하단체에 대한 감사에 대해서만 적극적인 행태를 보이고 있다(송재구, 2001)고 한다.[36] 다시 말하면 자체감사요원이 감사대상기관과 이해관계 내지는 친분관계를 갖고 있다는 점이다. 즉, 대부분의 지방자치단체의 감사요원들은 당해 기관의 집행부서로부터 충원되고 있으며 이들은 일정 기간의 근무 후, 다시 당해 기관 내의 다른 부서로 전보되도록 되어 있다. 이러한 구조는 당해 기관 내의 감사부서와 감사대상부서 간에 인적 교류를 제도화한 것으로, 이로 말미암아 실제로 감사자와 피감사자 사이에는 긴밀한 유대 관계가 형성되어 있는 경우가 많다. 이러한 경우, 감사조직이나 감사요원들에 대한 외부적 간섭이나 압력이 있는 경우 독립적 감사는 사실상 불가능하다.

이와 같은 독립성 부족과 함께, 행정조직 내부에 의한 감사가 형식적이라는 근거로 자체감사요원들이 전문성을 결하고 있다는 것이다. 실제로, 일정한 전문성을 확보하고 있는 감사원의 감사관을 제외한 일반공무원들에 대한 감사에서는 특히 세무 행정과 같이 세분화, 전문화된 분야에서는 거의 실질적인 감사가 이뤄지지 못하고 있다. 현재의 우리나라 자체감사인력 충원방식으로는 감사 대상업무에 관한 지식을 소유한 사람이나 기타 감사와 관련된 여러 전문분야에 관한 지식을 소유한 인재를 확보하는 데에는 많은 문제가 있다. 현재 자체감사기능에 대한 기관장의 관심이 높아져 자체 감사 부서가 확충되는 등 자체감사의 질을 높이기 위한 방안들이 강구되고 있기는 하지만,[37] 감사요원들의

35) 선행연구를 보면 자체감사의 경우 감사기구가 지방자치단체장에게 예속되어 있고, 신분이 제대로 보장되지 않아 독립성이 결여되어 있으며, 감사요원의 순환보직과 자격요건 결여, 감사경험 부족 등으로 인해 전문성이 미흡하며, 지방의회도 의원들의 전문성이 결여되어 행정통제의 실효성을 거두지 못하고 있다는 지적이 많다[안국찬(2003), 김호섭 외(2002), 류춘호(2010), 공병천(2009), 감사연구원(2010), 한국지방행정연구원(2002)].

36) 위에서 예를 든 서울특별시에서 실시한 2005~2006년도 감사에서 17회의 종합감사가 실시되었으나, 본청에 대한 감사는 없고 모두가 사업소 또는 지방공기업에 대한 감사이었다.(서울특별시, 2005, 2007 감사연보); 한국행정학회 공공감사연구회(2006, 20-23)도 지방자치단체에서 본청보다는 소속기관이나 하급기관에 대한 감사에 치중하는 데 대한 문제점을 지적하고 있다.

37) 지방자치단체 자체감사기구의 장에 대해서는 광역자치단체와 인구 30만 이상의 기초자치단체의 경우 2011년 6월말까지 하도록 되어 있는 「공공감사에 관한 법률」에 따라 외

충원이 근본적으로 감사라는 전문지식을 갖춘 사람들이 아닌 당해 기관의 일반공무원들 중에서 선발되기 때문에 감사요원의 전문성을 기대하기란 사실상 불가능하다는 평가까지 있다(최영배, 2003).[38]

마지막으로 지방의회에 의한 내부 통제 메커니즘의 경우 역시 많은 한계점이 지적되고 있다. 가장 큰 문제가 바로 지방의회의 전문성에 대한 문제이다. 지방의회의 전문성이 상대적으로 미약하고, 특정사항의 경우 지역 이해관계에 있어 독립적일 수 없다는 지방의회의 태생적 한계 때문에, 지방자치단체에 대한 외부 통제의 필요성이 제기된다.

Ⅳ. 소 결

이와 같이 우리나라 지방자치단체의 내・외부 역량의 미약과 한편으로 독립성 결여, 전문성 부족 등에 기인하는 자체감사제도의 부실은 곧 외부 감사제도의 필요성 논리로 직결될 수 있다. 즉 지방자치단체들의 자율적 내부 감사 및 통제[39] 메커니즘이 작동을 하지 않거나 형식적으로 운영이 될 경우 이를 견제하기 위한 외부 통제제도로서 외부 감사제도가 필연적으로 요구되게 되는 것이다. 그러나 외부 통제제도로서 외부 감사제도는 지방자치단체의 효율적 행정수행과 책임성을 확보하기 위해 필요하나 지나친 행정통제는 지방자치의 본질을 침해할 뿐만 아니라 행정효율을 떨어뜨리게 된다는 점에서 양자 간 조화를 이룰 필요가 있다 할 것이다.

부전문가 등을 공모(개방형)하여 임명하고 있어 독립성과 함께 전문성을 갖추기 위한 노력이 이루어지고 있으나, 감사직원에 대해서는 대략적인 자격기준이 정해져 있지만 구체적인 충원 노력은 이루어지지 않고 있다고 하겠다.

38) 이러한 내부 감사제도의 형식성을 통제 또는 견제할 수 있는 제도로 앞서 언급한 지방자치단체의 외부 역량인 시민사회(주민)에 의한 감사제도이다. 하지만 우리나라의 지방자치단체의 주민감사제도 역시 그 수준이 아주 미약한 수준이다(권영주, 2004).

39) 행정의 책임성을 확보하는 기제로는 행정조직을 기준으로 내적 통제와 외적 통제가 있다(Mosher, 1968). 내적 통제란 행정기관이나 관료 스스로에 의한 통제를 말한다. 시청을 기준으로 내적 통제란 시장, 상관 또는 감사부서에 의한 통제와 사회적 규범에 의한 통제로 나누어 볼 수 있다. 사회적 규범에 의한 통제는 사회화된 학습 및 가치관이 관료 스스로를 구속하는 자율적 통제(자율성)를 말하며 직업적 전문성에 의한 통제도 포함한다(Cooper, 1990). 외적 통제란 행정기관 외부에 의한 통제를 말한다. 시청의 차원에서 외적 통제란 상위정부, 시의회, 시민 및 시민단체, 정당, 여론기관 등에 의한 통제를 말한다(최승범, 2002).

한편 앞에서도 언급하였듯이 지방자치단체에 대하여 국가에 의한 중앙통제가 지방자치단체를 국가에 예속시키려는 수직적 관계를 설정하려는 데 목적이 있는 것이 아니라 양자가 대등한 관계에서 국가기능을 조화롭고 효율적으로 수행하는 것을 목적으로 하는 외부 통제의 필요성이 인정된다. 따라서 이와 같이 국가와 지방자치단체 간의 원만한 협력관계를 전제로 하여도 외부 통제의 필요성이 있게 되므로, 위와 같은 지방자치단체의 역량 부족과 내부 통제(감사)의 부실과 함께 외부통제로서 외부 감사제도의 운영은 내부 감사제도와의 상호보완적인 기능을 수행하는 병립적 존립이 인정된다고 하겠다.

제3절 지방자치단체 감사제도

Ⅰ. 지방자치단체 감사의 의의

'감사'란 법령이나 계약 등에 의거 임명된 감사인이 조직체의 운영이나 활동, 회계 등 부여된 감사범위에서 설정된 판단기준 아래 독립적으로 제반 정보, 자료, 기록 등을 수집하고 평가, 확인, 분석하며 증거에 의거하여 입증된 조사결과를 보고·처리하는 체계적인 처리과정을 의미한다(오영균·김용훈, 2006). 즉 감사는 사후적발, 소극적·통제적 기능과 사전예방, 적극적·지원적 기능의 상호보완적인 작용을 통해 피감사자의 적정한 업무처리를 유도하고, 위임자의 이익을 보호해 줌으로써 정부에 대한 국민의 신뢰를 높이는 작용이라 할 수 있다(한국행정연구원, 2007).

이를 공공부문에 적용하면 "공공감사"[40]라 한다. 공공감사는 피감기관과 그 소속직원들이 수행하는 제반 활동의 합법성과 경제성·능률성·효과성을 감사하는 것으로, 회계질서의 적정성을 확보하고 개선을 기하며, 행정시책의 철저한 실현을 목표로 행정의 능률화를 추구하고 있다. 동시에 공무원의 기강유지를 도모함으로써 국가(지방자치단체)기능이 효율적으로 수행될 수 있도록 국가

40) 2010. 7. 1. 시행된 「공공감사에 관한 법률」에서는 중앙행정기관, 지방자치단체 및 공공기관에 적용되는 감사를 "공공감사"로 보고 있다.

(지방자치단체)행정의 적정성을 확보하고 국민(주민)복지 향상에 목적을 둔 행정작용이라고 하겠다.

이러한 공공감사의 목적은 한 마디로 감사를 통해 행정이 합법적, 효율적, 효과적, 성과 지향적으로 수행되고 있는지를 판단하고 결과에 대해 책임을 물음으로써, 공공행정의 책임성을 확보하는 것이다. 지방자치단체에 대한 감사도 이러한 공공감사의 기본 목적이 지방자치단체에 구현되는 것을 의미하므로 그 대상에서만 차이가 있을 뿐 감사의 목적이나 필요성 등은 중앙정부에 대한 감사와 차이가 없다고 하겠으나, 감사원, 중앙정부 등 국가기관에 의한 외부감사가 이루어진다는 점에서 차이가 있다(한국행정연구원, 2007). 이러한 지방자치단체에 대한 감사는 지방자치단체의 자율적인 통제를 전제로 하는 자체(내부) 감사제도와 국가에 의한 외부 통제로서 이루어지는 외부 감사제도가 있다. 여기서는 자체감사제도 및 외부 감사제도의 의의를 살펴본다.

1. 지방자치단체 자체감사(Internal Audit)제도의 의의

(1) 자체감사제도의 개념

우리나라에서 공공감사는 앞에서 언급되었듯이 피감사기관과 그 소속직원들이 수행하고 있는 제반 활동의 합법성 및 경제적 능률성·효과성을 감사(조사)하는 것으로, 행정시책의 철저한 실현을 목표로 행정의 능률화를 추구하고, 회계 질서의 적정 및 개선을 기하며, 공무원의 기강 유지를 도모함과 동시에 국가 및 지방 기능의 효율적인 수행의 지원을 목표로 중앙행정 및 지방행정의 적정성을 확보하고,[41] 국민복지 향상의 디딤돌을 마련하는 데에 그 목적을 둔 행정작용이다.

공공감사체계에서 자체감사에 대한 법적 정의를 보면, 2010. 7. 1. 시행된 「공공감사에 관한 법률안」 제2조에서는 자체감사를 "중앙행정기관, 지방자치단체 및 공공기관의 감사기구의 장이 그 소속되어 있는 기관(그 소속 기관 및

41) 지방감사는 이러한 감사의 기본 목적이 지방자치단체에 대해 구현되는 것을 의미하므로 그 대상에 있어서만 차이가 있을 뿐, 감사의 목적이나 필요성은 중앙정부에 대한 감사와 동일하다. 다만, 지방자치단체에 대한 감사는 중앙감사와는 달리, 지방자치단체의 '자체감사' 이외에 중앙행정부처 등 국가기관에 의한 '외부감사'가 이루어진다는 점에서 별도의 의의가 있다.

소관 단체를 포함한다) 및 그 기관에 속한 자의 모든 업무와 활동 등을 조사·점검·확인·분석·검증하고 그 결과를 처리하는 것을 말한다."라고 규정하고 있고, 감사원의 「자체감사의 지원 및 협의 등에 관한 규칙」 제2조는 자체감사를 "감사원의 감사를 받는 기관의 장이 실시하는 회계감사와 직무감찰"로 정의하고 있다.

위 「공공감사에 관한 법률」에 따라 새로 전부 개정된 「지방자치단체에 대한 행정감사규정」(대통령령 제22439호, 2010. 10. 13. 시행: 이하 "행정감사규정"으로 약칭함) 제2조는 감사를 "주무부장관, 행정안전부장관, 특별시장·광역시장·도지사가 「지방자치법」 제167조 … 의 규정에 따라 감사대상사무에 관한 업무와 활동 등을 조사·점검·확인·분석·검증하고 그 결과를 처리하는 것"이라고 규정하고 있다. 따라서 지방자치단체의 자체감사는 해당 지방자치단체 내부에서 시행하는 '내부감사'이며, 지방자치단체가 당해기관 또는 하급기관의 사무와 그 소속공무원의 직무에 대한 감사로서 '행정감사'와 동일한 것으로 인식된다. 위 행정감사규정 제3조에는 감사의 종류로 정부합동감사, 시도종합감사, 특정감사(특정한 분야에 대한 감사), 복무감사(감사대상 지방자치단체 소속공무원의 감사대상사무와 관련하여 법령·직무상 명령 준수 여부 등 복무에 대하여 실시하는 감사) 등을 규정하고 있다.[42]

요약하면, 공공감사체계에 있어서 자체감사는 행정기관의 내부통제감사로서 조직 목표의 달성과 업무관리의 경제성 및 능률성을 향상시키는 데 그 목적이 있으며, 조직 내부에 대한 회계 및 행정사무감사, 감찰 및 조사, 결산검사와 그 소속 기관에 대한 감사(감찰) 등의 활동을 포함한다.[43]

(2) 자체감사제도의 기능

지방자치단체 자체감사의 주된 목적은 지방자치단체 스스로가 건전한 행정작용을 유지함으로써 궁극적으로 주민의 이익을 확보하는 것이다. 그 외에도 지방자치단체의 자체감사는 ① 정책효과에 대해 평가하고 이를 통해 문제점과 원인을 규명하여 차후의 정책결정이나 기존 정책의 시정 및 개선에 필요한 정

42) 여기에 단체장과 지방의원 등 민선공직자로서 정책결정자인 이들의 비리에 대한 감사는 포함하지 않는다.

43) 안영훈(2009)은 자체감사와 내부통제 등은 "총체적 내부경영(행정)시스템=내부통제+자체감사+감찰활동"의 관계가 있다고 주장한다.

보를 제공해 주어 지방자치단체의 전반적인 정책 결정 능력을 향상시키고, ② 지방자치단체가 부여된 직무를 적정한 방법으로 충분히 달성하고 있는지를 규명 및 파악함으로써 지역주민에 대한 지방자치단체의 책임성을 제고하며, ③ 지방자치단체의 보유자원의 활용실태를 경제적, 능률적, 효과적 관점에서 점검하고 이를 통해 궁극적으로 지역 자원의 합리적 이용을 도모하고자 하는 등의 목적을 가지고 있다.

앞에서 언급하였듯이 자체감사는 총체적 내부행정시스템의 구성요소이므로 근본적으로 지방자치단체의 경우에도 내부통제시스템을 진단・평가하여 사전에 위험요소를 파악하여 단체장 및 소속기관(조직)에 경보를 발하고, 사후에도 신속하게 위험요소를 발굴・시정하는 등으로 건강한 조직운영과 행정시스템의 효율적 관리에 기여하는 역할을 수행해야 한다.

2. 외부감사제도의 의의

국가와 지방자치단체의 관계를 보면, 지방자치단체는 국가가 국가전체 행정 통일성의 입장에서 제정한 법률의 범위 내에서 자체 법규를 제정할 수 있는 자율권을 가지고 국가가 제정한 법률을 준수할 의무를 갖게 되는 반면, 국가는 이를 감시할 권한과 책임을 갖는다. 또한 국가는 국가재원의 많은 부분을 교부금과 보조금을 포함하는 다양한 방법으로 지방자치단체의 재정에 지원을 한다. 지방자치단체의 행정업무 수행에 있어 이와 같은 중앙정부의 재정지원은 큰 재원으로 활용되고 있다.

이와 같은 "책임과 의무의 관계"와 "재정지원자와 수령자의 관계"가 국가가 지방자치단체에 대한 통제 및 감독과 감사를 시행할 근거를 제공한다. 따라서 국가는 지방자치제의 건전한 육성과 국가 전체의 안정적 발전을 달성하기 위해 지방자치단체 자체의 자율적인 통제를 적극 지원하는 한편 적절한 감시를 수행하는 데 지방자치단체에 대한 감사의 의의가 있다고 하겠다. 이를 좀 더 자세히 기술하면 다음과 같다.

(1) 국가 행정체제 내의 지방행정

현재 우리나라는 지방자치제도의 실험적 단계를 넘어서 다양성과 자율성에 바탕을 둔 완전한 정착과 도약의 단계로 나아가야 할 과제를 안고 있다. 중앙정부와 지방자치단체 간의 기능 분담과 그 정착이 요구되는 데도 자치권의 범위와 한계에 대한 논란과 불균형적 관행의 시정 문제 등이 쟁점으로 남아 있다. 이는 소위 지방고권(地方高權)이라고 일컬어질 정도로 지방자치제 아래에서 지방행정은 국가와는 무관하게 독자적으로 운영되어야 하는 것으로 중앙정부와의 극단적인 분립을 요구하는 편향적인 이해가 기존의 국가에 의해 이루어지는 지방자치단체 감독에 대한 지나친 거부를 야기하는 근본적인 원인이 되고 있다.

그러나 바람직한 지방자치제는 비록 지방자치제 아래에서 지방자치단체가 국가로부터 독립된 별개의 법인격 주체라고 하더라도 그 권력은 국가로부터 전래된 것으로 보아야 하고(안용식 외, 2006), 따라서 국가로부터의 일정한 범위의 감독은 법리상 지극히 당연하다고 하겠다. 즉 국가의 정체와 기본 질서의 틀 안에서 국가가 지향하는 궁극적 목적을 달성하기 위해 행정의 통일성과 형평성, 효율성 등을 고려한 국가 경영의 기본 이념 안에서 운영되어야 할 것이다. 환언하면 지방자치제는 국가와 지방자치단체 간의 법률우위와 법률유보의 국가적 틀 안에서 가능한 것이지 국가의 기본적 가치판단의 틀인 국가법령과 별개의 새로운 체계를 수립하는 것은 아니라 하겠다.

따라서 지방자치단체에 대한 국가의 감사가 지방자치제의 본질을 훼손하는 감사가 되어서는 안 되겠으나 감사원 감사와 같은 국가적 감사의 권능을 근본적으로 부인할 수는 없을 것이다.[44]

(2) 국가위임사무에 대한 국가적 감독권

지방사무에 대한 국가적 차원의 감사와 관련하여 지방자체가 달성하고 있는 사무 가운데 각종 국가위임사무는 단순한 지방고유의 자치사무[45]에 대한 감독과는 다른 국가적 차원의 관여를 요구한다는 점이 고려되어야 한다.

일반적으로 국가의 보통지방행정기관이 별도로 설치되어 있지 않은[46] 현재

44) 2005. 6. 전국시장・군수협의회에서 감사원의 지방자치단체 감사에 대해 감사거부 성명을 발표하고, 헌법재판소에 권한쟁의심판청구를 하였으나, 헌법재판소에서 지방자치단체(자치사무 포함)에 대한 감사원 감사는 합헌이라는 결정을 한 바 있음(2005헌라3).

45) 자치사무에 대해서는 「지방자치법」 제9조에 그 예시를 두고 있으나 구체적으로 자치사무의 범위를 법으로 정한 것이 없고 학설로도 정리되지 않고 논란 상태에 있다.

46) 환경부, 노동부, 병무청, 국토해양부 등 일부 국가기관의 경우 특별지방행정기관을 두고

의 행정구도하에서 지방자치단체의 행정기관은 국가위임사무 처리에 있어 국가의 지방사무 처리를 위한 일선행정기관으로서의 지위를 같이 갖게 된다. 이 경우 국가의 감독은 행정조직법상 상·하 관청 간의 관계에서의 지휘·감독과 기본적으로 같다. 즉 지방자치제 아래에서도 국가위임사무의 경우 위임과 그에 근거한 감독이라고 하는 통상적인 행정조직법상의 틀이 중앙행정기관과 지방자치단체의 기관 사이에서 여전히 적용된다고 하겠다.

(3) 지방의 재정 의존에 따른 국가적 감사권

지방자치제 아래에서도 지방자치단체의 재정은 여전히 국가재정에 대해 크게 의존하고 있다는 점도 국가의 지방자치단체에 대한 감사에서 고려되어야 할 사항이다. 2008년도를 기준으로 할 때 절반에 가까운 국가 총 재원의 49% 상당을 지방자치단체가 집행하고 있다. 국가의 재정은 국가 공동체적 차원의 판단기준에 적합하게 사용되어야 함이 원칙이며 설령 그것이 지방자치단체로 재원이 전이되었다고 하더라도 그것만으로 국가적 통제의 근거를 배제하진 못한다.

국가의 재정 지원이 있는 곳에는 그러한 지원의 목적을 적절하게 달성하고 있는가 하는 검토와 감독이 따르는 것은 당연한 이치이다. 이 점은 감사원의 지방자치단체에 대한 회계검사권의 주된 논리적 근거가 될 수 있으며 실질적으로 국가와 지방자치단체에 대한 감사의 핵심적 근거 중 하나이다.

(4) 자체감사제도의 한계 등에 따른 국가적 감사권 행사의 필요성

외부 감사제도로서 지방자치단체 행정에 대한 국가적 감사권의 개입은 위에서 언급하였듯이 국가운영의 전체적인 차원에서 지방자치단체의 자치권 행사와 조화를 이루면서 행정의 효율성과 통일성을 기하고자 하는 데 있어서 필요한 것으로 그 정당성이 인정된다. 그러나 이러한 논거 이외에도 지방자치단체 행정에 대한 국가적 감사권의 행사는 지방자치단체가 운영하는 자체감사제도가 독립성과 전문성 등의 부족으로 지방자치단체 스스로 건전한 행정작용을 유지함으로써 궁극적으로 주민의 이익을 확보한다는 자체감사의 주된 목적을 온전히 수행하지 못할 때에 불가피하게 개입하게 된다는 논거를 갖는다. 즉 지

있으나 업무 전부를 처리하지 못하고 있는 등으로 지방자치단체에서도 업무의 상당 부분을 맡고 있다.

방자치단체의 자체감사제도가 ① 정책효과에 대한 평가를 통한 지방자치단체의 전반적인 정책 결정 능력 향상, ② 지방자치단체가 부여된 직무 수행실태를 파악함으로써 지역주민에 대한 지방자치단체의 책임성 제고, ③ 지방자치단체의 보유자원의 활용실태를 점검하고 이를 통한 지역 자원의 합리적 이용 도모 등의 감사목적을 제대로 수행하지 못할 때 외부 감사제도의 개입을 허용하게 된다고 하겠다.

환언하면 자체감사제도는 총체적 내부행정시스템의 구성요소이므로 근본적으로 지방자치단체의 경우에도 내부통제시스템을 진단·평가하여 사전에 위험요소를 파악하여 단체장 및 소속기관(조직)에 경보를 발하고, 사후에도 신속하게 위험요소를 발굴·시정하는 등으로 건강한 조직운영과 행정시스템의 효율적 관리에 기여하는 역할을 수행하는 한편, 지방자치단체의 독선이나 위법행위를 방지함으로써 건전한 지방행정의 수행을 지원해야 한다.

그러나 이러한 자체감사제도가 독립성을 결여하거나 전문성 미흡 등의 결함으로 인해 지방자치단체장의 독선이나 독주를 막지 못하고, 부정부패 및 행정의 비효율을 해소하지 못하는 등 주어진 역할을 제대로 수행하지 못할 경우에 불가피하게 외부 감사제도의 개입을 필요로 하게 된다. 이는 앞에서 언급하였듯이 실증적으로도 내부 감사제도의 취약점으로 제기되고 있는 데서 그 타당성이 있다고 하겠다.

한편 외부 감사제도는 내부 감사제도와의 중첩성을 통해 감사 사각지대와 같은 행정 리스크를 해소하는 기능도 갖게 된다. 일반적으로 내부 감사제도는 광범한 대상 기관과 업무를 가지고 있으면서 한정된 인적·물적 자원을 가지고 있는 외부 감사제도가 수행하지 못하는 부분을 보충하는 반면, 외부 감사제도는 내부 감사제도가 독립성(예: 본청에 대한 감사의 어려움)과 전문성 부족 등으로 수행하지 못하는 부분에 대한 감사를 실시함으로써 양 제도는 상호 보완적이고 감사의 사각지대를 해소할 수 있게 된다. 이는 외부 감사제도가 다양하게 이루어지는 데 따른 감사의 중복이라는 역기능이 없다면,[47] 이러한 감사중복(redundancy)은 감사의 순기능으로서 인정되어야 할 부분이라고 하겠다.

47) 현재 우리나라의 경우 지방자치단체에 대한 외부 감사제도는 국회 국정감사, 감사원 감사, 행정안전부 및 중앙부처에 의한 중앙감사 등 다양하게 이루어지고 있어 중복감사의 문제가 심각한 것으로 받아들여지고 있다. 이를 제도면에서 보면 일본의 경우와 유사하다고 하겠다.

Ⅱ. 우리나라 지방자치단체 감사제도와 법적 근거

1. 지방자치단체에 대한 현행 우리나라 감사체계

지방자치단체에 대한 우리나라의 현행 감사체계를 보면 국가적 감사와 자치적 감사로 나눌 수 있다.

국가적 감사는 헌법 및 「국정감사 및 조사에 관한 법률」에 근거하여 국회에 의해 이루어지는 국정감사, 헌법 및 감사원법에 근거하여 감사원에 의해 이루어지는 감사원 감사, 「지방자치단체에 대한 행정감사규정」 및 「행정권한의 위임 및 위탁에 관한 규정」에 근거하여 중앙부처에 의해 이루어지는 중앙부처 행정감사가 있다.

또한 국가위임사무의 경우 광역자치단체인 시·도에 의해 기초자치단체인 시·군·구에 대해 이루어지는 국가위임사무 감사도 여기에 포함된다. 자치적 감사는 「지방자치법」에 근거하여 지방의회에 이루어지는 행정감사 및 조사, 지방자치단체 조례 및 규칙에 근거하여 지방자치단체 자체감사부서인 감사관실 등에 의해 이루어지는 자체감사가 있다. 이를 정리하면 아래 [그림 1-2]와 같다.

그림 1-2 지방자치단체에 대한 현행 감사체계

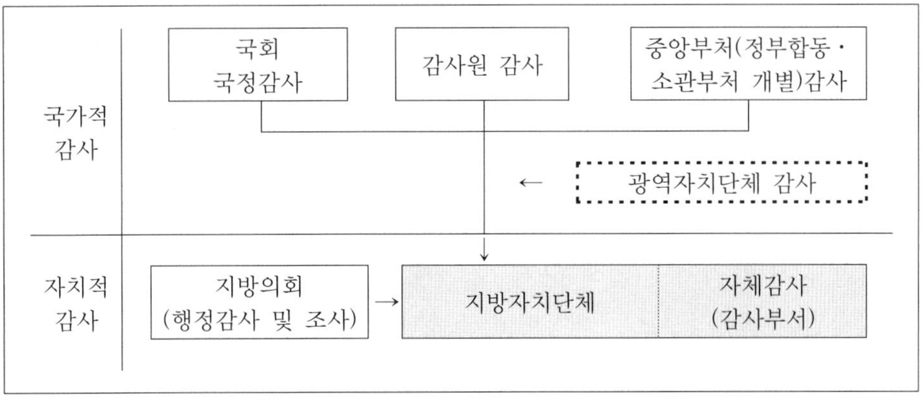

자료: 한국행정연구원(2007).

2. 지방자치단체에 대한 국가적 차원의 감사와 법적 근거

(1) 국회 국정감사와 법적 근거

지방자치단체에 대한 국회 국정감사의 법적 근거는 헌법 제61조, 국회법 제127조,「국정감사 및 조사에 관한 법률」제7조(감사의 대상) 제2호와 제4호 및 제7조의2,「지방자치법」제41조 제3항 등이다.

가)「국정감사 및 조사에 관한 법률」제7조(감사의 대상)

① 동법 제7조 제2호는 국정감사 및 조사의 대상을 "지방자치단체 중 특별시·광역시·도. 다만, 그 감사범위는 국가위임사무와 국가가 보조금 등 예산을 지원하는 사업으로 한다."고 규정하고 있다. 이 조항에 의하면 지방자치단체 중 서울특별시·광역시·도는 국회 국정감사 및 조사의 대상이 되며 국정감사 및 조사는 국가위임사무와 국가가 보조금 등 예산을 지원하는 사업에 한해 감사대상으로 할 수 있다.

② 동법 제7조 제4호는 국정감사 및 조사의 대상에 대해 "제1호(정부조직법 기타 법률에 의하여 설치된 국가기관) 내지 제3호 외의 지방행정기관, 지방자치단체, 감사원법에 의한 감사원의 감사대상기관. 다만, 이 경우 본회의가 특히 필요하다고 결의를 한 경우에 한한다."고 규정되어 있다. 따라서 국회 본회의에서 특히 필요하다고 의결할 경우 시·군·구(자치구)에 대해서도 국정감사를 실시할 수 있다.

나)「국정감사 및 조사에 관한 법률」제7조의2(지방자치단체에 대한 감사)

동법 제7조의2에서는 "지방자치단체에 대한 감사는 2이상의 위원회가 합동으로 반을 구성하여 이를 행할 수 있다."고 규정함으로써 지방자치단체에 대한 국정감사의 간접적인 근거를 제시하고 있다.

(2) 감사원 감사와 법적 근거

감사원은 법률상으로는 대통령에 소속되어 있으나 직무상 독립된 지위를 가지고 있는 국가의 최고 감사기관으로서 국가기관(중앙정부)은 물론 지방자치단체와 기타 법률상 규정된 기관의 회계검사와 그 사무 및 소속 공무원의 직무를 감찰하여 행정운영의 개선 및 향상을 기함을 그 주된 임무로 하고 있다. 이러한 지방자치단체에 대한 감사원 감사의 법적 근거는 헌법 제97조, 감사원법 제22조(필요적 검사사항)와 제23조(선택적 검사사항), 같은 법 제24조(감찰사항) 제1항 등이다.

헌법 제97조에는 "국가의 세입·세출의 결산, 국가 및 법률이 정한 단체의 회계검사와 행정기관 및 공무원의 직무에 관한 감찰을 하기 위하여 대통령 소속하에 감사원을 둔다."고 규정하여 국가(중앙정부)뿐만 아니라 지방자치단체에 대한 감사원의 감사권을 명시하고 있다.[48]

가) 회계검사(감사원법 제22조 및 제23조)

① 필요적 검사사항: 감사원법 제22조 제1항의 1~4호에서 "필요적 검사사항"을 규정하고 있는 바, 이 가운데 제2호(지방자치단체의 회계)와 제4호(지방자치단체가 자본금의 1/2 이상을 출자한 법인의 회계)가 해당 규정이다.

② 선택적 검사사항: 감사원법 제23조 제1항에 규정된 지방자치단체 관련 사항은 다음과 같다.

㉠ 국가기관 이외의 각 지방자치단체를 위하여 취급하는 지방자치단체의 현금, 물품 또는 유가증권의 수불

㉡ 지방자치단체가 직접 또는 간접으로 보조금, 장려금, 조성금 및 출연금 등을 교부하거나 대부금 등 재정 원조를 공여한 자의 회계

㉢ 제2호에 규정된 자가 그 보조금·장려금·조성금 및 출연금 등을 다시 교부한 자의 회계

㉣ 국가 또는 지방자치단체가 자본금의 일부를 출자한 자의 회계

㉤ 제4호 또는 제22조 제1항 제3호에 규정된 자가 출자한 자의 회계

㉥ 국가 또는 지방자치단체가 채무를 보증한 자의 회계

㉦ 민법 또는 상법 외의 다른 법률에 의하여 설립되고 그 임원의 전부 또는 일부나 대표자가 국가 또는 지방자치단체에 의하여 임명되거나 임명 승인되는 단체 등의 회계

48) 헌법에 '지방자치단체'를 명시하지 않았기 때문에 감사원법에 지방자치단체를 감사대상으로 한 것은 위헌이라는 극단적인 주장[정세욱(2004): p. 33; 조성호·윤희웅(2006): p. 15]도 있으나 이는 "… 법률이 정한 단체"로 명확하며 학설이나 헌법재판소 심판에서도 인정하고 있음.

ⓞ 국가·지방자치단체·제2호 내지 제6호 또는 전조 제1항 제3호 및 제4호에 규정된 자와 계약을 체결한 자와 그 계약에 관련된 사항에 관한 회계

ⓧ 「국가재정법」 제5조의 적용을 받는 기금을 관리하는 자의 회계

ⓨ 제9호의 규정에 의한 자가 그 기금에서 다시 출연 및 보조한 단체 등의 회계

나) 직무감찰(감사원법 제24조)

회계검사의 대상이 지방자치단체의 예산과 다소라도 관련이 있는 단체나 기업을 총망라하고 있는 데 비해 직무감찰의 대상은 매우 제한적이다.

① 정부조직법 기타 법률에 의하여 설치된 행정기관의 사무와 그에 소속한 공무원의 직무(지방자치단체의 국가사무 및 지방자치단체에 소속된 국가공무원 포함)

② 지방자치단체의 사무와 그에 소속된 지방공무원의 직무

③ 지방자치단체가 자본금의 1/2 이상을 출자한 법인과, 민법 또는 상법 외의 다른 법률에 의하여 설립되고 그 임원의 전부 또는 일부나 대표자가 국가 또는 지방자치단체에 의하여 임명되거나 임명 승인되는 단체 등의 사무와 그에 소속한 임원 및 감사원의 대상이 되는 회계사무와 직접 또는 간접으로 관련이 있는 직원의 직무

④ 법령에 의해 국가 또는 지방자치단체가 위탁하거나 대행하게 한 사무와 기타 법령에 의하여 공무원의 신분을 가지거나 공무원에 준하는 자의 직무

(3) 중앙부처 및 광역시·도 행정감사와 법적 근거

1962년 3월 행정감사규정의 제정과 함께 시작된 "행정감사"는 중앙행정기관이 그 하급기관의 업무운영의 적정성을 파악하여 정부시책의 모든 단계에서의 적정한 운영여부를 분석, 평가하고 이에 대한 시정 또는 개선방향을 제시하는 것을 목적으로 한다.[49] 이러한 행정감사는 행정전반에 대하여 실시하는 '종합감사', 특정 행정운영사항에 대해 실시하는 '특정감사'와 '복무감사'로 구분되며, 직무감찰과 회계검사의 양 기능을 다 포함하는 포괄적 자체 감사의 의미를 가진다. 또한 하급기관에는 당해 중앙부처 소관사항을 수임 처리하는 지방자치

49) 「공공감사에 관한 법률」이 제정·시행됨에 따라 2010. 10. 13. 「지방자치단체에 대한 행정감사규정」으로 전부개정 시행되었다.

단체까지를 포함하므로 지방자치단체의 집행기관 역시 감사대상에 포함된다.

현행 행정감사는 중앙 각 부처의 감사 중복을 피하기 위하여 행정안전부장관이 감사를 조정·통제하도록 되어 있다. 특히 지방자치단체에 대해서는 행정안전부 주관으로 중앙부처의 전문직으로 구성된 합동감사반을 편성하여 2년 주기로 광역시·도의 행정 전반에 대한 종합감사를 실시하고 있다.

이처럼 지방자치단체에 대하여 중앙부처 등이 행하는 행정감사의 법적 근거는 「지방자치법」 제158조 및 제167조 제1항, 제171조, 제175조와 「지방자치단체에 대한 행정감사규정」 제2조, 「행정권한의 위임 및 위탁에 관한 규정」 제9조 등이다.

가) 중앙부처와 광역시·도에 의한 감사(「지방자치법」 제167조 제1항)

「지방자치법」 제167조 제1항(국가사무나 시·도 사무 처리의 지도·감독)에 의하면 "지방자치단체 또는 그 장이 위임 받아 처리하는 국가사무에 관하여 시·도에서는 주무부장관의 지도 감독을, 시·군 및 자치구에서는 1차로 시·도 지사의, 2차로 주무부 장관의 지도 감독을 받는다."라고 규정하고 있다. 이러한 「지방자치법」 제167조 제1항은 지방자치단체에 위임된 단체위임사무, 지방자치단체의 장에게 위임된 기관위임사무에 대한 감독기관을 시·도에 있어서는 주무부장관, 시·군·구에 있어서는 1차로 시·도지사, 2차로 주무부장관으로 정해져 있다. 이 조항에서의 시·도지사는 국가의 보통지방행정기관으로서의 지위에 있다.

그리고 「지방자치법」 제10장에서는 "서울특별시 등 대도시와 제주특별자치도의 행정특례" 장을 두고 서울특별시와 제주특별자치도에 대하여는 동법 제174조(특례의 인정)에서 "서울특별시의 지위·조직 및 운영에 대하여는 수도로서의 특수성을 고려하여 법률로 정하는 바에 따라 특례를 둘 수 있다", "제주특별자치도의 지위·조직 및 행정·재정 등의 운영에 대하여는 행정체제의 특수성을 고려하여 법률로 정하는 바에 따라 특례를 둘 수 있다"고 각각 규정하여 특례를 인정할 수 있도록 되어 있다. 또한 동법 제175조(대도시에 대한 특례 인정)에서 "서울특별시와 광역시를 제외한 인구 50만 이상 대도시의 행정, 재정운영 및 국가의 지도·감독에 대하여는 그 특성을 고려하여 관계 법률로 정하는 바에 따라 특례를 둘 수 있다."고 규정함으로써 대도시에 대하여 특례를 둘 수 있도록 규정하고 있다. 이로써 특별시·광역시와 제주특별자치도 및 대도시에 대하여는 국가의 지도·감독에 대한 특례를 법률로써 둘 수 있게 되었다.

우리나라에서는 국가사무를 지방과 관련하여 수행하는 것은 건설, 병무 등 특별지방행정관청이 설치, 운영되고 있는 분야를 제외하고는 지방자치단체의 구역 내에서 시행되는 국가사무는 원칙적으로 지방자치단체의 장에게 위임하여 처리한다.[50] 그리고 지방자치단체의 장은 국가사무를 위임받아 처리하는 범위 내에서는 국가의 지방행정관청으로서의 지위에 서게 됨으로써 이때 중앙행정기관(시·군·구에 있어서는 시·도지사)과의 관계에 있어서는 상·하 관청 간의 관계가 되어 지도감독을 받게 된다.

나) 행정안전부장관의 감사(「지방자치법」 제171조)

「지방자치법」 제171조(지방자치단체의 자치사무에 대한 감사)에 따르면 행정안전부장관이나 시·도지사는 지방자치단체(지방자치단체)의 자치사무에 관하여 보고를 받거나 서류·장부 또는 회계를 감사할 수 있다. 이 경우 감사는 법령위반사항에 한하여 실시하도록 하고 있다. 이 「지방자치법」 제171조는 지방자치단체의 자치사무에도 국가의 감독권이 미치는 근거를 규정한 것으로, 행정안전부장관 또는 시·도지사는 지방자치단체의 자치사무에 관하여 보고를 받거나 서류 및 장부 또는 회계를 감사할 수 있도록 규정하고 있다.

감사의 경우에는 행정안전부장관은 시·도에 대하여, 시·도지사는 시·군·구에 대하여 그 지방자치단체의 자치사무 전반에 대한 행정감사와 회계검사를 할 수 있되 법령 위반사항에 한하여 할 수 있으므로 제한적인 감사권을 가진 것으로 보아야 할 것이다.[51] 즉 지방자치단체 또는 그 장이 위임받아 처리하는 국가사무 및 시·군과 자치구 및 그 장이 위임받아 처리하는 시·도 사무는 행정안전부장관과 주무부장관 등 중앙행정기관과 시·도지사(시·군·구의 경우)의 포괄적인 감사대상이 되고, 자치사무에 대하여는 법령위반사항에

---

50) 「지방자치법」 제102조(국가사무의 위임) 시·도와 시·군 및 자치구에서 시행하는 국가사무는 법령에 다른 규정이 없으면 시·도지사와 시장·군수 및 자치구의 구청장에게 위임하여 행한다.

51) 최근(2009. 5. 28.) 법령위반사항이 아닌 지방자치단체(서울특별시와의 다툼이었음) 자치사무에 대한 행정안전부장관의 포괄적 감사(종합감사)는 위헌이라는 헌법재판소의 심판(2006헌라6)이 있었다.

한하여 제한적인 감사대상이 된다 하겠다.

한편「지방자치법」제171조에서 규정한 국가감독권의 행사는 제167조에 규정한 국가위임사무에 대한 감독권과는 달리 ① 자치사무에 대한 국가의 감독기관을 지방자치단체에 대한 종합적인 감독기관인 행정안전부장관으로 제한하고 있고, ② 감독의 범위를 자치사무에 대하여 보고를 받거나 서류・장부・회계를 감사할 수 있되, 감사의 경우는 법령위반사항에 한하여 실시할 수 있도록 되어 있다.[52)]

다) 행정기관의 감사(「지방자치단체에 대한 행정감사규정」 제2조)

「지방자치단체에 대한 행정감사규정」 제1조(목적)에서는 "「지방자치법」 제167조, 제171조 및 제171조의2(「지방교육자치에 관한 법률」 제3조에서 준용하는 경우를 포함한다)에 따라 지방자치단체 및 시・도 교육청에 대하여 실시하는 감사의 절차와 방법 등에 관한 사항을 규정함을 목적으로 한다."라고 규정하고 있다. 그리고 그 제2조(정의)에서는 행정감사에 대한 정의를 "주무부장관, 행정안전부장관, 특별시장・광역시장・도지사가 「지방자치법」 제167조…(중간생략)의 규정에 따라 감사대상사무에 관한 업무와 활동 등을 조사・점검・확인・분석・검증하고 그 결과를 처리하는 것"으로 규정하고 있다.

라) 권한의 위임・위탁에 따른 감사(「행정권한의 위임 및 위탁에 관한 규정」 제9조)

「행정권한의 위임 및 위탁에 관한 규정」(2009. 10. 1. 개정 대통령령 제21763호) 제9조(권한의 위임・위탁에 따른 감사)에서는 지방자치단체의 집행기관을 포함한 각 행정기관이 하급기관에 사무를 위임하거나 위탁한 경우의 감사에 대한 법적 근거를 제시하고 있는 바, "위임기관 및 위탁기관은 위임 및 위탁사무의 처리에 있어 적정성을 확보하기 위하여 필요한 경우에는 수임기관 및 수탁기관의 수임 및 수탁사무 처리의 상황을 수시로 감사할 수 있다."고 규정하고 있다.

마) 지방자치단체에 대한 정부합동감사(「지방자치단체에 대한 행정감사규정」 제9조)

본 규정은 지방자치제 실시 이후 중복감사 등 비능률적인 중앙행정기관의

---

52) 1994. 3. 16. 개정 법률 제4741호 제158조(지방자치단체의 자치사무에 대한 감사) 단서 신설.

감사제도에 대한 불만을 개선하는 차원에서 신설된 정부합동감사의 법적 근거이다.[53]

① 주무부장관, 행정안전부장관이 지방자치단체에 대하여 감사를 하려는 경우에는 감사사항, 감사의 목적 및 필요성, 감사의 종류와 감사대상 지방자치단체, 감사의 범위, 감사기간 및 그 밖에 감사에 필요한 사항을 포함하는 연간 감사계획을 미리 수립하여 지체 없이 행정안전부장관에게 통보하여야 한다(「지방자치단체에 대한 행정감사규정」 제4조).

② 주무부장관, 행정안전부장관은 연간 감사계획에 따라 감사를 실시하되, 정부합동감사는 2년의 범위에서 주무부장관, 행정안전부장관이 정하는 기간마다 정기적으로 실시한다(「지방자치단체에 대한 행정감사규정」 제9조).

③ 주무부장관, 행정안전부장관은 감사를 효율적으로 실시하기 위하여 필요하다고 인정되는 때에는 각 주무부장관 소속 공무원과 행정안전부 소속공무원으로 구성되는 감사반을 편성・운영할 수 있다(「지방자치단체에 대한 행정감사규정」 제8조).

3. 지방자치단체에 대한 자치적 차원의 감사와 법적 근거

(1) 지방자치단체 자체감사와 법적 근거

지방자치단체의 자체감사는 「지방자치단체에 대한 행정감사규정」(대통령령 제22439호)에 준하여 운영되고 있으며, 적용범위・감사대상기관・감사종류・운영절차・감사공무원의 자격 및 특전 등의 구체적인 내용은 각급 지방자치단체의 조례 및 감사규칙에 규정하여 지방자치단체별로 수행되고 있다.[54]

지방자치단체가 국가사무의 처리기관인 입장에서는 행정감사규정이 자체감사의 근거규정이 되겠으나 지방자치단체의 자치사무에 대해서는 지방자치단체의 조례 또는 규칙으로 되어 있는 자체감사법규를 근거로 지방자치단체별로 감사부서를 두고 감사를 수행하고 있다. 이러한 자체감사는 일종의 내부감사수단으로서 지방자치단체장의 일반적인 지휘감독권에 의하여 그 적정성 여부

53) 1998. 9. 12. 신설(대통령령 제15879호).
54) 예를 들면 1979. 11. 6. 제정된 「서울특별시 행정감사규칙」(서울특별시 규칙 제1112호), 2009. 9. 30. 제정된 「제주특별자치도감사위원회 구성 및 운영에 관한 조례」(제주특별자치도조례 제524-4호)

와 소속 공무원의 기강 위배 여부 등을 점검하여 그 내용을 최고 관리층에 보고하고 필요한 경우 그에 상응한 행정적·재정적·신분상 조치 등을 건의하는 것을 그 임무로 한다.

현행 각 지방자치단체 자체감사규칙은 일반적으로 행정안전부(시·도의 경우), 또는 시·도(시·군·구의 경우)에서 시달한 준칙에 따라서 각각 제정한 것으로 제주특별자치도를 제외하고는 그 내용이 대체로 비슷하며 중앙행정기관의 자체감사에 관해 규정한 행정감사규정의 내용을 준용하고 있다고 하겠다.

(2) 지방의회에 의한 "행정사무감사 및 조사"와 법적 근거

지방의회의 감사와 관련된 법령으로는 「지방자치법」 제41조(행정사무 감사권 및 조사권) 제1항과 제3항의 '지방의회에 의한 행정사무감사 및 조사권'과 동법 제42조(행정사무처리상황의 보고와 질문응답) 및 동법 제134조(결산)의 '지방의회의 결산확인 권한'을 들 수 있다.

가) 지방의회에 의한 행정사무 감사권 및 조사권(「지방자치법」 제41조)

지방의회는 매년 1회 그 지방자치단체의 사무에 대하여 시·도에서는 10일의 범위에서, 시·군 및 자치구에서는 7일의 범위에서 감사를 실시하고, 지방자치단체의 사무 중 특정 사안에 관하여 재적의원 3분의 1 이상의 연서로 발의하여 본회의 의결로 본회의나 위원회에서 조사하게 할 수 있다.[55]

특히, 지방자치단체 및 그 장이 위임받아 처리하는 국가사무와 시·도의 사무에 대하여 국회와 시·도의회가 직접 감사하기로 한 사무 외에는 그 감사를 각각 해당 시·도의회와 시·군 및 자치구의회가 할 수 있다. 이 경우 국회와 시·도의회는 그 감사결과에 대하여 그 지방의회에 필요한 자료를 요구할 수 있다.[56] 위 「지방자치법」 제41조는 지방의회의 집행기관에 대한 행정감시 수단으로서의 감사권 및 조사권에 관하여 규정하고 있다. 최초의 「지방자치법」에서는 지방의회에 집행기관의 업무에 관한 일반적·포괄적 감사권을 인정하였다.

그러다가 다른 감사기관 또는 자체감사와의 중복문제, 의회의 감사권 남용으로 인한 행정마비 등의 우려가 있어 1988년 「지방자치법」 전문개정 시 지방의회에 행정사무조사권만을 인정하고 재판과 진행 중인 범죄수사, 소추에는

55) 「지방자치법」 제41조 제1항 및 제2항.

56) 「지방자치법」 제41조 제3항.

간섭할 수 없도록 하였다. 그 후 1989. 12. 30. 제7차 개정(법률 제4162호)에서 다시 행정감사권까지 인정함과 아울러 지방자치단체의 장이나 보조기관의 출석·증언, 의견진술을 요구할 수 있게 하고 감사 및 조사에 필요한 사항은 조례로 정하도록 함으로써 지방의회의 집행기관에 대한 행정통제권을 강화하였다. 또한 1994. 3. 16. 개정(법률 제4741호)에서는 행정감사 기능의 실효성을 확보하기 위하여 정당한 이유 없이 출석하지 않거나 증언 또는 진술을 거부하는 때에는 「지방자치법」 제41조 제5항에 따라 과태료(500만 원 이하)를 부과할 수 있도록 하고, 허위증언을 한 자에 대하여는 고발할 수 있도록 하는 등 행정감사 기능에 대한 실효성 확보조항을 신설하였다.[57]

나) 행정사무처리상황의 보고와 질문·응답(「지방자치법」 제42조)

「지방자치법」 제42조는 지방의회에 대하여 집행책임자인 자치단체장과 기타 집행기관이 질문에 응답하거나 의견을 제시할 수 있고, 지방의회는 지방자치단체의 공익에 관련된 사건에 대하여 지방자치단체의 장 기타 관계 공무원을 출석시켜 답변을 들을 수 있다고 규정하고 있다. 이는 지방자치단체의 장이 모든 행정사무처리상황을 지방의회나 위원회에 보고하거나 의견을 진술하고, 거기에 질문과 응답을 하게 함으로써 상호 이해와 행정신뢰의 촉진 및 통제가 잘 이루어지도록 하여 주민의 이익에 부합되도록 하기 위한 것이다.

이러한 것은 외국의 예에서도 찾아보기 힘든 것으로 지방의회 권한의 확대나 강화라기보다는 행정에 대한 조사를 보다 분명하게 하여 그 기능을 충실하게 이행하도록 한다는 취지이다. 특히 제42조 제1항에서 의회의 요구가 없이도 지방자치단체의 장 또는 관계공무원이 자진하여 행정사무의 처리상황을 보고하거나 의견을 진술하고 질문에 응답할 수 있도록 함으로써 이는 책임행정 실현의 길을 열어준 것으로 평가되고 있다(한국행정연구원, 2007).

다) 지방의회의 결산승인(「지방자치법」 제134조)

「지방자치법」 제134조의 규정에 따라 지방자치단체의 장은 출납 폐쇄 후 80일 이내에 결산서와 증빙서류를 작성하고 지방의회가 선임한 검사위원의 검

57) 지방의회에 의한 감사 및 조사의 절차와 증거 확보 등에 있어서는 「국정감사 및 조사에 관한 법률」과 「국회에서의 증언·감정 등에 관한 법률」에 준하여 대통령령으로 정하도록 되어 있다.

사의견서를 첨부하여 다음 연도 지방의회의 승인을 받도록 되어 있다. 그리고 승인을 받으면 5일 이내에 시·도에서는 행정안전부장관에게, 시·군 및 자치구에서는 시·도지사에게 각각 보고하고 그 내용을 고시하도록 되어 있다.

표 1-3 지방자치단체 감사제도의 법적 근거

주 체	종 류	내 용	주기	법적 근거	비 고
국 회	국정감사	소관상임위별 관련정책	1년	헌법, 국회법, 「국정감사 및 조사에 관한 법률」, 「지방자치법」	시·도 대상(3~5개 위원회)
	국정조사	특위나 상임위별 특정사안조사	수시		
감사원	재무감사	회계사항	1-3년	헌법, 감사원법	
	기관운영감사	회계·사무 등 종합사항			
	성과감사	특정사업 등의 성과	수시		
	특정감사	특정사안 및 직무감찰			
행정부처[58]	정부합동종합감사	국가위임사무, 자치사무(법령위반사항), 회계 및 정책	2년	정부조직법, 「지방자치법」, 「행정권한의 위임 및 위탁에 관한 규정」 등	
	부분감사	부처 업무계통	수시		
	수시감사	취약업무 및 기강	수시		
	대행감사	감사원이 대행요청 및 위탁한 사항	수시	감사원법	
	기강감사	직무감찰(총리실)	수시	국가공무원법 등	
지방의회	행정사무감사	자치사무 및 위임사무(국회 직접 감사사항 제외) 전반의 정책	1년(10일)	「지방자치법」	시·군·구 7일
	행정사무조사	특정사안	수시		
	결산검사	세입·세출 결산	1년(20일)		
자치단체	자체감사	자체 업무·회계 및 직무감찰	수시	행정감사규정, 조례, 감사규칙	

자료: 한국지방행정연구원(2002) 및 감사원 내부자료 등에 의거 재구성.

58) 그 외 보안감사(국정원: 보안업무규정), 호적감사(법원: 호적법) 등도 있으나 이는 일반적 감사와 성격을 달리하므로 본 연구에서는 제외함.

참고로 일본의 경우를 보면 일본 자치법 제223조에서 출납장(도·도·부·현) 또는 수입액(시·정·촌)이 매 회계연도에 결산서를 작성하여 출납폐쇄 후 3일 이내에 증빙서류와 함께 지방자치단체의 장에게 제출하도록 되어 있다. 그리고 자치단체의 장은 이것을 감사위원(지방자치단체 자체감사기구)의 심사를 받아 감사위원회의 의견서를 첨부하여 지방의회의 승인을 받게 되며, 결산승인 시기는 우리나라와 같다(한국행정연구원, 2007). 이상에서 기술한 우리나라 지방자치단체에 대한 현행 감사제도의 법적 근거를 정리하면 <표 1-3>와 같다.

Ⅲ. 감사제도 유형

지방자치단체 감사제도 개선방안에 대한 기존의 연구들을 종합해 보면 대체로 내부 감사제도(기구)와 외부 감사기제도(기구)로 나누어 5가지 종류로 구분할 수 있겠다. 즉 내부 감사제도(기구)의 경우 소속형태에 따라 지방자치단체장소속형, 지방의회소속형, 독립기관형으로 하여 감사위원(독임제, 감사관) 또는 감사위원회제를 제시하고 있고, 외부 감사제도(기구)의 경우 프랑스식 지방감사원제나 영국식 지방감사위원회제를 제시하고 있다(한국행정연구원, 2007, 정부혁신위원회, 2006). 내부(자체) 감사제도로는 단체장소속형, 지방의회소속형, 독립기관형의 3가지 유형이 주로 언급되고 있다. 우선 단체장소속형은 지방자치단체장 소속으로 자체 감사기구를 두는 형태이며, 감사기구의 장을 지방의회의 동의를 얻어 단체장이 임명하거나 일정 자격을 가진 자로 공모(개방형)하고 있다. 다음으로 지방의회소속형은 지방의회 소속으로 자체 감사기구를 두는 형태로서 감사기구의 장을 단체장소속형처럼 지방의회의 추천으로 단체장이 임명하거나 일정 자격을 가진 자로 공모(개방형)하거나 선거로 취임한다. 독립기관형은 자체 감사기구를 단체장이나 지방의회 어디에도 소속되지 않고 독립적으로 설치하는 형태이며, 감사기구의 장을 일정 자격을 가진 자로 공모(개방형)하거나 선거로 취임한다. 외부 감사제도로는 지방감사원제, 지방감사위원회제, 국가감사원제의 세 가지 유형이 주로 나타나고 있다. 우선 지방감사원제는 전국적으로 단일화된 지방감사원을 두는 형태로서, 현재의 감사원의 분원이나 별도의 독립된 감사원을 두되 중앙 감사원과 연계하는 형태이다.

표 1-4 지방자치단체에 대한 내·외부 감사제도 유형(정리)

구 분	감사제도 유형	내 용
내부 (자체) 감사제도	단체장 소속형	• 지방자치단체장 소속으로 자체 감사기구를 두는 형태 • 감사기구의 장을 지방의회의 동의를 얻어 단체장이 임명하거나 일정 자격을 가진 자로 공모(개방형)
	지방의회 소속형	• 지방의회 소속으로 자체 감사기구를 두는 형태 • 감사기구의 장을 단체장 소속형처럼 지방의회의 추천으로 단체장이 임명하거나 일정 자격을 가진 자로 공모(개방형 또는 선거로 취임[59])
	독립기관형	• 자체 감사기구를 단체장이나 지방의회 어디에도 소속되지 않고 독립적으로 설치하는 형태 • 감사기구의 장을 일정 자격을 가진 자로 공모(개방형 또는 선거로 취임)
외부 감사 제도[60]	지방감사원제	• 전국적으로 단일화된 지방감사원을 두는 형태 • 현재의 감사원의 분원이나 별도의 독립된 감사원을 두되 중앙 감사원과 연계하는 형태(예: 프랑스 지방감사원[61])
	지방 감사위원회제	• 일정 지역(예: 광역자치단체 또는 수개의 자치단체별)마다 설치하되 관계기관의 추천 등을 통해 임명된 다수의 감사위원으로 구성 • 실질적인 감사는 감사위원회와 별도로 설치된 사무국(감사단)에서 실시하는 형태(예: 영국의 지방감사위원회[62])
	국가감사원제도	• 헌법기관 또는 부처 차원의 독립된 국가기관으로서의 감사원이 지방자치단체에 대한 직접 감사(현행 우리나라 감사원과 동일 또는 유사)

자료: 한국행정연구원(2007), 염차배(2010a) 재구성.

다음으로 지방감사위원회제는 일정 지역마다 설치하되 관계기관의 추천 등을 통해 임명된 다수의 감사위원으로 구성하며, 실질적인 감사는 감사위원회와 별도로 설치된 사무국(감사단)에서 실시하는 형태이다.

마지막으로 국가감사원제도는 선행연구에서는 잘 검토되지 않고 있으나 본 연구에서 대안으로 검토하고자 하는 것이다. 이는 헌법기관 또는 부처 차원의 독립된 국가기관으로서의 감사원이 지방자치단체에 대해 직접 감사하는 형태

59) 선거제도는 검토될 수 있는 방안이나 우리나라에선 다소 급진적인 제도로 보임.
60) 외부 감사제도(기구)는 이름에 '지방'이 들어가나 모두 국가에 의해 구성·조직되는 국가조직임.
61) "제2편 제2장 주요국의 지방자치단체 감사제도 고찰, 제3절 프랑스" 참조.
62) "제2편 제2장 주요국의 지방자치단체 감사제도 고찰, 제1절 영국" 참조.

로 현행 우리나라의 감사원과 동일 또는 유사한 제도로 이해하면 된다.[63] 우리나라 현행 감사원은 다른 나라와 비교하였을 때 중앙회계검사원과 지방(자치단체)감사원을 겸하는 형태로 운영되고 있다.[64] 이를 정리하면 <표 1-4>와 같다.

제4절 지방자치단체 감사가치

국가 및 지방자치단체 등 공공기관의 감사제도(기구)가 지향해야할 이념적 가치를 감사가치라고 할 때 이는 감사제도의 형성에도 적용될 수 있을 것이다. 이러한 의미에서 지방자치단체 감사가치는 지방자치단체 감사제도가 지향해야 할 이념적 가치, 나아가 감사제도를 형성하는 데 있어서 지향해야할 이념적 가치라고 할 수 있겠다.

앞의 선행연구에 대한 검토에서 살펴보았듯이 지방자치단체 감사가치에 대한 연구를 종합해 보면 독립성, 전문성, 협력성이 공통적으로 언급되고 있고, 그 외에 부분적으로 효율성, 공개성 등이 언급되고 있다.

한편 1977년 페루의 리마에서 개최된 제9차 세계최고감사기구(INTOSAI) 총회에서 채택된 리마선언은 최고감사기구가 나아가야 할 기본원칙을 설정하였는바, 감사기관의 독립성, 전문성, 실효성 및 공개성 등이었다. 또한 이를 구체화한 것으로 2005년 제18차 총회에서 발표한 '전략계획 2005-2010'인 바, 독립성(independence), 전문성(professionalism), 정합성(integrity), 신뢰성(credibility), 포괄성(inclusiveness), 협력성(cooperation), 혁신성(innovation) 등이 제시되었다. 이러한 가치관은 최고 감사기구뿐만 아니라 국가감사체계 내에서 각 감사기구들이 추구해야 할 가치들로서도 충분히 의미가 있을 것이다. 이를 종합할 때 앞으로 우리나라 국가감사체계가 지향하여야 할 가치로는 '독립성', '전문성', '협력성', 등이라 하겠다.

한편 감사제도의 형성을 전제로 하여 바람직한 감사제도를 설계하는 관점

63) 주정부에 대해서 직접 감사를 하고 있는 스페인감사원도 이 유형에 속한다고 하겠다.

64) 여기에 역사적 연유로 감찰원의 기능까지 함께 가지고 있어 세계에서 유례를 찾아보기 어려운 독특한 유형이다.

에서는 새로운 감사제도(기구)의 신설이나 변화 또는 아웃소싱 등 새로운 제도(기구)의 신설이나 도입·운영 등에 따라 발생할 비용을 고려하지 않을 수 없다. 이는 기존 제도를 운영하는 것을 포함한다고 하겠다. 따라서 본 연구에서는 기존 연구에서 언급된 위 독립성, 전문성, 협력성 등의 감사가치 이외에 '경제성'[65]을 추가하여 4가지 감사가치를 주로 검토하고자 한다. 이러한 감사가치들은 국가감사제도이든 지방자치단체 감사제도이든 모두 지향하여야 할 감사가치라고 하겠다.

아래에서는 지방자치단체 감사제도의 형성을 도모하는 데 있어 검토되어야 할 감사가치로서 이상의 4가지 감사가치를 중심으로 상술하고자 한다.

Ⅰ. 독 립 성

재정 집행 작용 내부의 사후적 내부통제기능으로 발전해온 감사기능의 역사적 유래에도 불구하고 현대 입헌민주체제에서 감사의 본질적 기능은 국가 및 지방자치단체의 재정 건전성과 효율성을 도모하고 정책의 실효성과 책임성을 강화하기 위한 종합적인 감독 및 지원기능으로 전환되고 있다.

그러나 감사기관은 행정부(집행부)로부터 직무상 그 기능이 독립되어야만 이러한 통제로서의 기능을 제대로 발휘할 수 있을 뿐만 아니라 궁극적으로 감사기관으로서 객관성·책임성·신뢰성 등을 확보할 수 있게 된다.

각종 선행연구를 보면 지방자치단체 자체감사기구의 독립성을 강화하기 위한 방안으로 ① 법적 독립성 명문화, ② 지방의회의 동의를 얻어 기관장 직속으로 감사기구의 설치 또는 독립된 감사위원회 설치, ③ 감사기구 장의 직급 격상 및 신분보장, ④ 감사요원의 신분보장, ⑤ 감사기구의 장에게 감사요원의 선발권 부여, ⑥ 감사요원에 대한 인사우대 및 감사활동비 현실화 등이 제시되고 있는바(한국행정연구원, 2007), 이것이 곧 독립성을 판단하는 구성요소도 된

65) 새로운 감사제도를 도입하거나 감사기구를 설치·운영할 경우 막대한 비용 수반이 요구되는 바 이는 지방자치단체 및 중앙정부의 제정 부담이 될 수 있기 때문에, 재정부담을 최소화는 방향으로 지방자치단체 감사제도가 운영되어져야 한다는 의미에서 향후 우리나라 지방자치단체 감사제도 개편을 할 때에 중요시 되어야 할 새로운 감사가치로서 경제성을 고려하여야 한다는 점에서 본 연구에서는 이를 추가하였다.

다 하겠다.

또한 INTOSAI 감사기준에 따르면 어떠한 형태의 정부이든 감사는 반드시 독립적이고 객관적이어야 한다고 지적하고 이는 입법부와 행정부로부터 충분한 정도의 독립성을 유지해야 한다고 규정하고 있다(INTOSAI 감사기준 2.2.2, 2.2.3). 이에 따라 독립성을 유지하는 세부방안으로 ① 감사기관의 장에 대한 임기를 정하거나 정년 책정, ② 감사기관의 장의 해임이나 면직에 대한 특별한 절차 규정 마련, ③ 감사기관을 합의제로 구성, ④ 감사관의 임무를 명확하게 하고 수감기관 업무수행에 관여 배제, ⑤ 내부적인 품질확인 방안(감사확인제도) 마련, 감사요원 통제장치 마련 등을 제시하고 있다(INTOSAI 감사기준 2.2.21 등).

국내연구진들의 선행연구 분석을 보면 류춘호(2010), 김용철(2007), 한국행정연구원(2007), 이남구(2006), 조성호 · 윤희웅(2006), 권영주(2004), 하상군(2004), 정세욱(2004), 한국지방행정연구원(2002), 박재완(1997), 이영조(1996), 윤태범(1995) 등 많은 연구진들이 우리나라 지방자치단체 감사제도에 있어서 독립성을 강조한 바 있다.

이를 종합해 보면 일반적으로 기관의 독립성은 조직의 독립, 구성원의 신분상의 독립을 기초로 한 기능상의 독립을 의미한다고 하겠다. 새로운 국가감사체계에서 감사원을 비롯한 감사기관은 이러한 기본원칙에 충실한 체제를 갖추어야 한다.

조직의 독립은 재정집행을 담당하는 행정부(집행부)로부터의 독립이다. 동시에 의회나 사법기관에 소속되더라도 그 소속의 의미는 행정부(집행부)로부터의 독립을 추구하기 위한 수단이므로 의회나 사법기관에 조직적으로 종속되는 것을 의미하는 것이 아니다. 또한 감사기구를 구성하는 구성원과 소속직원의 신분상(인사상)의 독립 또한 감사의 독립성을 보장하는 요건이다. 이를 구체적으로 보면 ① 감사기구의 장 및 감사요원의 임용요건 · 절차(자격, 임기, 정년, 면직요건 등)의 마련, ② 인사우대조치를 마련하는 것 등이다. 그 외에도 감사활동에 필요한 예산이 충분히 제공되고 또한 자율성이 보장되어야 한다는 점에서 예산상의 독립도 필요하다고 하겠다.

그러나 감사기관의 독립의 핵심은 기능상(직무상)의 독립이다. 직무수행과 관련하여 원칙적으로 감사기관은 최대한의 독립성을 가져야 하며 소속형태나 견제와 균형의 원리 같은 헌법원칙도 감사기관의 직무상의 독립성을 훼손하는 근거가 될 수 없다고 하겠다.

Ⅱ. 전 문 성

새로운 국내·외 질서의 형성에 따라 효율적이고 책임감 있는 국정(지방자치단체)운영에 기여하는 감사기관은 종합적이고 체계적으로 국정(지방자치단체)운영을 이해하고 평가할 수 있는 전문적 능력을 갖추는 것이 필수적이다.

구체적인 내용을 보면 우선 전문자격제 도입에 대한 논의가 있다. 감사업무의 특수성과 전문성을 감안하여 해당분야에 대한 업무 수행여부를 물을 수 있는 특정 자격제도를 신설하고 이의 자격취득이 있는 자만이 해당업무를 수행할 수 있도록 하는 제도이다. 최근 들어 공공기관의 감사자격제와 전문성의 논의와 더불어 지방자치단체의 감사제도의 전문성 제고를 위한 좋은 제도 사례로 논의되고 있다.

다음으로 생각해볼 수 있는 대안은 전문직렬제이다. 직렬(series of classes, 職列)제도는 직무의 종류는 유사하나, 그 곤란성·책임성의 정도가 상이한 직위의 군(群)을 말한다. 즉 직무는 같은 종류에 해당되지만 의무와 책임의 수준이나 곤란성이 서로 다른 직급들을 모아놓은 것을 말한다. 따라서 감사행정 업무의 특수성을 감안하여 행정조직 내에서 특수한 직군을 만들어 경력관리가 체계적으로 이루어질 수 있도록 함으로서 그 전문성을 제고하고자 하는 방법이라 할 수 있다.

다음의 방법은 순환보직체계로 되어 있는 우리나라 공무원 인사체계의 현실을 감안하여 순환 보직자들을 대상으로 체계적인 교육을 통해 해당업무 인력들의 역량을 강화시킴으로써 지방자치단체 감사업무에 대한 전문성을 제고하고자 하는 현실론적 대안을 들 수 있을 것이다.

마지막으로 전문성 제고를 위한 대안으로 성과평가 강화를 통한 업무 수행체계의 전문성 제고를 그 대안으로 들 수 있다. 감사업무에 대한 성과평가 체계를 강화하고 그 평가 방법을 구체화, 체계화함으로서, 지방자치단체 감사업무 수행자들의 내부경쟁 제고 및 성과관리 체계 강화를 통한 전문성 강화 방법이다. 이 방법 역시 새로운 제도를 만들기 보다는 현재의 공무원 인사제도의 변화를 최소화하는 범위에서 전문성을 제고할 수 있는 현실론적 방법이라 할 수 있다.

국내 연구진들에 대한 선행연구 분석에서 보면 류춘호(2010), 김용철(2007), 한국행정연구원(2007), 이남구(2006), 조성호・윤희웅(2006), 권영주(2004), 정세욱(2004), 안국찬(2003), 한국지방행정연구원(2002), 박재완(1997), 이영조(1996), 윤태범(1995) 등이 우리나라의 지방자치단체 감사제도에 있어 전문성이 매우 중요함을 강조한 바 있다.

Ⅲ. 협 력 성

여기에서 협력성은 감사기관이 행정에 대한 견제 또는 통제기관으로서의 역할을 하지만 다른 측면에서 국정운영의 효율적 운영이라는 총체적 입장에서 볼 때 이를 감시기능을 책임지고 있는 주요 기관의 하나로서 의회와 행정부 등과의 관계에 있어서의 협력성과, 국가감사체계 내에서 효율적 감사기능의 수행이라는 측면에서 협력의 필요성 두 가지로 요약될 수 있다.

우선 새로운 감사체계는 행정에 대한 통제기관으로서 회계검사를 비롯한 재정집행에 대한 통제를 기본적으로 수행하면서 정책・기관운영에 대한 평가 및 자문, 보고 등을 통해 국가(지방자치단체)작용의 효율성과 책임성을 강화하는 기능을 수행하게 된다. 통제는 불법 및 부당한 국가(지방자치단체) 작용을 제거하기 위한 소극적 목적 외에도 국가(지방자치단체)가 필요로 하는 영역을 적극적으로 개발하고 국가작용의 효율성을 증대하기 위해 위험부담이 많지만 국가(지방자치단체)기능개선에 기여할 수 있는 영역에 적극적으로 관여하는 적극적 목적도 가진다고 하겠다. 이는 리마선언 제12조에서 의회와 행정부에 법안과 재무관련 규정에 대한 의견을 포함하여 전문적인 지식을 공유하도록 하고 있는 것이나, 같은 선언 제16조에서 의회와 일반국민에 대한 독자적인 보고권의 인정은 감사결과의 실효성을 담보하여 국민과 의회의 정치적 통제와 감사의 책임성의 기초가 된다.

또한 감사기구들은 전체 국가감사체계 내에서 서로 정보공유와 활용을 바탕으로 협력적인 체제를 구축하는 것이 필요할 뿐만 아니라, 감사중복과 사각지대 방지[66]를 위한 감사계획 및 감사활동의 사전 조정과 협력도 국가감사체계의 효율적 운영을 위해서 필수 불가결하다 하겠다. 이는 분권화를 추구하는 현재의 국가감사체계 내에서 지방자치단체에 대한 감사의 경우에도 내부통제를 본질로 하는 자체감사기구와 외부통제를 본질로 하는 감사원 간에 그 기능분담을 통한 새로운 협력체제를 구축할 필요가 있게 됨을 보여준다.

이러한 국가감사체계 내에서 감사기구 간의 원활한 협력체제 유지는 국가 전체적으로 감사중복을 막아 수감기관의 부담을 최소화할 뿐만 아니라 감사사각지대를 없애고 선택과 집중의 원리에 다른 감사활동 및 감사기구 간 적정한 기능 분담 등으로 감사기관의 감사기능의 효율을 극대화함으로써 종국적으로 국가감사체계의 효율화를 가져오게 되고, 이는 나아가 국가 발전과 경쟁력 향상에 기여하게 되는 것이다.

국내 연구진들에 대한 선행연구 분석에서는 류춘호(2010), 김용철(2007), 한국행정연구원(2007), 조성호・윤희웅(2006), 권영주(2004), 정세욱(2004), 안국찬(2003), 한국지방행정연구원(2002), 박재완(1997), 이영조(1996), 윤태범(1995), 김호섭 외(2002) 등의 연구진들이 우리나라의 지방자치단체 감사제도에 있어 협력성이 강조되어야 함을 제시한 바 있다.

Ⅳ. 경 제 성

본 연구에서는 기존연구에서 강조한 지방자치감사기능 개선 및 개편을 위한 논의에서 제기된 독립성, 전문성, 협력성 외에 경제성을 핵심 감사가치로 추가하였다.

새로운 감사제도를 도입하거나 감사기구를 설치・운영할 경우 막대한 비용 수반이 요구되는바 이는 지방자치단체 및 중앙정부의 제정 부담이 될 수 있기 때문에,[67] 재정부담을 최소화하는 방안에서 지방자치단체 감사제도가 운영되

66) 행정학에서 강조되고 있는 가외성(redundancy)의 논리가 강조되어야 하는 부문이다. 즉 지방자치단체감사에 있어 중요 핵심사항이 서로 빠짐없이 점검되기 위해서는 이중적인 예방장치가 구현되어야 함을 의미한다. 이는 비효율성을 의미하는 중복성의 개념과는 다르다고 보아야 한다.

67) 특히 우리나라는 지방자립도가 낮고 지방재정문제 최근 사회적 이슈로 대두되고 있는 상황에서, 기존 선행연구에서 언급된 감사가치 외에 지방자치단체 감사제도 개편에 따라

어져야 한다는 의미에서 향후 우리나라 지방자치단체 감사제도 개편에서 중요시 되어야 할 새로운 감사가치로서 경제성을 제시하였다.

제도의 경제성 논리를 언급함에 있어 가장 많이 논의되는 대안들로는 제도신설, 기존체계 유지 및 보완(강화), 아웃소싱(감사위탁) 등이 있다. 제도(기구) 신설의 경우 하나의 설계된 제도의 목적 취지 달성을 위한 전담 기구를 신규로 만들어 운영을 하는 경우를 의미한다.

따라서 초기에 투입되는 자원의 크기는 다른 대안들보다 상대적으로 크다 할 수 있다. 하지만 제도의 목적했던 결과를 달성하는 데 그만큼 효과적일 수 있다는 점에서, 전체적인 경제성을 고려해볼 때 그 필요성이 강조될 수도 있는 대안이다.

다음의 대안은 기존의 제도(기구)를 개편하거나 보완(강화)하는 방안이다. 이는 제도변화의 혼란과 행정공백을 최소화 하며 업무의 연속성을 강조할 경우 좋은 대안일 수 있다. 하지만 제도의 일부 수정을 통해 얻을 수 있는 효과에 대해서는 많은 논란이 있을 수 있다.

한편 행정관리론이 강조되고 행정 효율성 논리가 강조됨에 따라 최근 강조되고 있는 방법이 바로 아웃소싱(감사위탁)이다. 즉 민간 부문에 해당업무를 가장 저렴한 가격에 가장 잘 할 수 있는 자(기구)를 찾아 해당업무를 위탁하는 방식이다.

다만 행정업무의 특수성(공익성, 비밀 유지 필요성 등)[68]에 따라 일부 해당업무의 경우 그 제한이 가해질 수 있다는 점이 한계점이다.

하지만 국가감사업무의 주요 목적을 회계검사 쪽에 중점을 두고 있는 국가들(특히 미국)은 국가 감사의 회계검사부문을 일반회계 전문가(회계사)에게 업무 위탁을 하는 경우가 많기 때문에 우리나라의 지방자치단체 감사제도 개편시 고려해 볼 수 있는 대안이다.[69]

수반되는 경제적 측면도 중요한 요소로 보아 본 연구에서 분석하였다.

68) 민간 또는 시장에서 정부보다 높은 책임성을 확보할 수 있느냐의 문제가 있고, 민간의 역할을 강조하는 경우에도 공익과 관련한 기능수행에 대한 공공통제기능까지 시장에 완전히 맡기는 것은 삼가는 것이 좋다는 견해가 있다(윤성식, 2002; 이승종, 2005).

69) 그러나 본 연구에서는 지방자치단체에 대한 통제제도로서 내부 감사와 외부 감사제도 모두가 필요함을 전제로 검토하므로 아웃소싱을 하나의 정책대안으로서 이해관계자 등의 의견에 대한 설문조사는 실시하되 실질적 대안(감사제도 개편방안)을 검토하는 데 있어서는 제외한다.

이상에서 논의된 지방자치단체 감사제도와 관련하여 감사 핵심가치와 그 구성요소를 정리하면 아래 <표 1-5>와 같다.

표 1-5 지방자치단체 감사 핵심 가치의 개념 및 주요 구성요소

감사가치	개 념	구성요소
독립성	감사기구 및 감사인의 독립성 확보	• 인사상 독립성(공모제, 임기제, 정년, 인사우대제도, 면직요건 설정 등) • 조직상 독립성(소속, 보고 지휘체계상 독립 등) • 직무상 독립성(감사계획수립, 처리 등 감사활동상 독립) • 예산상 독립성(재정적 독립)
전문성	감사인의 전문성 확보	• 전문 자격제(공인감사사 등) 도입 • 전문 직렬제(감사직렬) 도입 • 전문 인력·역량(교육) 강화 및 성과 평가제 강화
협력성	감사 중복성 배제 및 사각지대 방지(redundancy) 등을 위한 감사기구 간 협력 체제 구축	• 중앙감사기구의 통·폐합(국회, 감사원, 중앙행정기관의 감사기능 통합) • 국가·지방감사기능 분화(감사원-성과감사, 자체감사-합법성감사 등) • 감사 계층제 실시(광역-감사원, 중앙행정기관, 기초-광역자치단체 등) • 감사 협력·조정기구 설치·운영
경제성	감사기구의 신설 및 새로운 제도 도입 등에 따른 비용 발생 정도	• 새로운 제도도입·기구의 설치·운영(이에 따른 경제적 부담의 정도) • 기존 제도·기구 보강(이에 따른 비용부담) • 아웃소싱(외부위탁)(이에 따른 비용부담)

자료: 한국행정연구원(2007), 염차배(2010a) 재구성.

제5절 지방자치단체 감사제도 주요 환경 변화

Ⅰ. 감사원의 소속변경 논의

1. 개헌론의 대두와 주요 논의 내용

1987년 6월 민주화 항쟁의 결과 1980년 헌법체제가 무너지고 명실상부한 자유 민주헌정이 탄생하면서 우리 사회는 비로소 해방이후 민주화 투쟁의 결실을 맺게 되는 전환점을 맞게 되었다. 그러나 1987년 헌법이 민주화의 종결을 의미하는 것은 아니며 정치・경제・사회・문화의 모든 영역에서 권위주의적 잔재를 제거하는 과제가 남겨져 있어 정치적 민주화를 헌정체제 속에 담는 새로운 국가헌정 패러다임의 제도화가 요구되고 있다. 또한 급격하게 이루어진 민주화는 사회통제의 구심점을 잃었을 뿐 아니라 사회 다원화를 촉진하여 계층・세대・지역 간 갈등을 심화시켰고, 이를 극복하는 데 주요한 역할을 해야 할 정치는 사회적 갈등의 심화에 대한 대응을 이념대립의 구도로 진행하여 합의정치나 타협정치의 문화를 착근시키지 못해 헌정체제의 안정을 가져오지 못하였다. 더욱이 확대된 시민사회의 정치적 욕구에 비해 전근대적인 정당 조직을 가진 정당제도와 지역주의를 확대 재생산하는 선거제도 및 문화는 정치적 의사결정을 비효율성과 비민주성을 노정시키고 있다.

이에 따라 1987년 헌법을 민주화의 완성을 위한 과도헌법으로 보고 새로운 정치현실에 맞게 새 헌법을 만들고자 하는 개헌론이 정치권을 중심으로 노무현정부의 출범과 함께 본격적으로 제기되었다. 노무현 정부 출범 이전의 1987년 체제의 3기까지는 유신체제의 정치적 극복과정으로 김영삼 정부와 김대중 정부는 어느 정도 개혁적 성과를 거두었으나 그 실현과정에서 여전히 권위주의적 폐해를 답습하고 있었다. 문민정부와 국민의 정부에서의 국가정보원에 의한 도청사건과 예산전용사건 등에서 보듯이 권력형기관(국가정보원, 검찰, 경찰, 국세청 등)을 이용한 권위주의적 지배의 관행을 극복하지 못했다. 이는 절차적 민주주의를 실현하지 못하고 국민의 정치적 참여나 대의민주주의 체제에 바탕을 둔 정치단체 및 국가권력, 국민 간 합리적 소통을 어렵게 함으로써 여야, 대통령과 국회 간의 합리적 정치 운영은 일반화된 여소야대의 정국 아래에서 극한의 대립으로 달려 종국에는 국정의 난맥 또는 공백을 가져왔다.

이러한 각종 갈등의 확대 재생산과 제도적 비효율 및 비민주성, 헌정구조의 불안정성은 민주화 전환 이후의 민주주의 제도화를 위한 유력한 수단으로 새로운 헌정 패러다임의 구축을 위해 권력구조 및 감사체계 개편 등을 중심으로 한 개헌을 추구하게 되었다(한국공법학회, 2006).

노무현 전 대통령은 2007. 1. 9. 대국민담화를 통해서 대통령 단임제가 그동안 장기집권을 막는 장치로 운용되어 왔으나 장기집권의 우려는 불식된 반면 대통령의 국정수행이 다음 선거를 통해 평가받지 못하고, 국가적 전략과제나 미래과제들이 일관성과 연속성을 갖고 추진되기 어려우며, 특히 임기 후반기에는 책임 있는 국정운영을 더욱 어렵게 만들어 국가적 위기를 초래하기도 하는 등 무엇보다 대통령의 책임정치를 훼손하고 있다고 보았다. 이에 따라 대통령의 국정 수행 책임성과 안정성을 제고하고, 국가적 전략과제에 대한 일관성과 연속성을 확보하기 위해 5년 단임제를 임기 4년에 1회에 한해 연임하는 것을 내용으로 하는 대통령 연임제 개헌만 제안하는 소위 '원포인트 개헌' 제안을 하였다.[70)]

이러한 대통령의 개헌 제안이 정략적이라는 여야 간의 논쟁에 휘말려 실제로는 발의가 되지 못했으나 국회에서 이를 논의하기로 합의함에 따라 18대 여야의원 159명으로 국회 '미래한국헌법연구회'를 구성하여 2008. 7. 16. 창립기념식 및 창립기념 토론회(주제: 정부형태)를 갖는 등 개헌세미나 및 토론회를 개최하여 오고 있다.[71)] 또한 김형오 국회의장이 2008년 7월 18대 국회 개원사를 통해 밝힌 '헌법연구자문위원회'가 2008. 9. 4. 국회의장 자문기구로 발족하여 2009. 8. 31. 그 동안의 활동결과에 대한 최종보고서를 발표하였는바, 권력구조 개편방향으로 이원정부제(분권형 대통령제)와 정·부통령 중임제, 국회양원제, 감사원의 국회이관 등을 제안하였다.[72)] 그리고 2009. 9. 15. 이명박 대통령은

70) YTN, 2009. 1. 9. 이외에도 개헌 제안 이유로 국회의원과 대통령의 임기가 일치되어 선거를 같은 해에 실시할 수 있으므로 선거를 실시하는 데 따른 국력소모를 줄일 수 있다는 것도 주요 이유 중의 하나이었다.

71) http://www.fkcc.or.kr/

한국・일본 기자들과의 언론 인터뷰에서 권력구조 개편 등에 한정하는 ‘제한적 개헌론’을 제기함으로써[73] 정계・학계・언론 등에서 개헌론이 더욱 활발히 논의되고 있다.

이러한 개헌논의에 따라 국가 권력구조가 어떻게 개편되느냐에 따라 국가 감사체계의 변화도 불가피할 것으로 보인다. 특히 지방자치제를 저해하는 것으로 인식되는 제도들에 대한 재검토가 있게 될 것으로 보인다. 즉 세계적으로 전례가 없는 국회의 중앙행정기관 및 지방자치단체에 대한 국정감사제도의 존・폐 문제나, 중앙행정기관 및 상급자치단체의 지방자치단체에 대한 감사제도 등의 존속여부 등에 관한 논의 등 근본적인 국가감사체계에 대한 논의가 뒤따르게 될 것이다.

2. 감사원의 기능 및 소속 변경 논의

우리나라의 최고 감사기구인 감사원의 기능이 세계에서 유래를 찾기 어려울 정도로 중앙회계감사원, 직무감찰원, 지방감사원의 3대 기능을 다 수행하는 통합형의 독특한 감사기관으로 운영되는 한편, 헌법개정 등 헌정의 변화에 따라 그 소속이 바뀔 경우 기능도 달라질 소지가 있다. 뿐만 아니라 그에 따라 지방자치단체에 대한 감사제도도 달라질 것으로 예상되므로 이를 감안한 지방자치단체 감사제도 개선방안의 검토도 나름의 의미가 있다고 하겠다.

기존의 지방자치단체 감사제도 개선방안의 경우 이러한 감사원의 기능변화를 염두에 두지 않은 일반적인 분석이었다. 따라서 개헌으로 인하여 감사원의 소속형태가 어떻게 되느냐에 따라 지방자치단체 감사제도의 모습을 그려보면 다음과 같이 예측될 수 있겠다(염차배, 2010a).

(1) 행정부형 감사원과 지방자치단체 감사제도

먼저 감사원이 현행대로 행정부 소속으로 유지될 경우 지방자치단체 감사체계는 내부 감사제도의 경우 ‘단체장 소속의 인사독립형 감사제도’가, 외부감사제도의 경우 감사원 지방분원을 설치하거나 감사원과 강력한 연계를 갖는

72) 조선일보, 2009. 8. 31. 보도 등.

73) 연합뉴스, 2009. 9. 15.: 이외에도 선거구제 개편을 제기하였다.

지방감사원을 설치 · 운영하는 '지방감사원제'가 가장 가능성이 있고 현실적으로도 우수할 것으로 판단된다. 행정부형 감사원으로 감사원이 그 기능을 현행대로 유지한다면 특별한 변화가 없을 것이기 때문이다. 다만 직무감찰 기능과 관련하여 별도의 직무감찰원을 설치하거나 행정부 내부 감찰기능으로 귀속시킬 소지를 전혀 배제할 수 없다고는 하겠으나, 이는 현재로선 우리의 정치 · 사회 · 문화적 현실을 볼 때 현행 감사원이 통합체제로 운영됨에 따라 발전되어 왔던 감사경험과 두 기능의 통합 활용과 같은 노하우의 축적 등 통합체제가 가지는 순기능을 경시하는 것으로 국가적으로도 득보다 실이 클 것으로 보여 직무감찰 기능의 분리는 불필요할 것으로 보인다.[74]

감사원의 직무감찰 기능을 분리할 경우 종래 심계원과 감찰위원회의 중복감사 문제 등이 재연될 소지가 크며(감사원, 2008a), 특히 지방자치단체 감사체계와 관련하여 직무감찰 기능을 연방국가에 있어 주정부처럼 지방자치단체에 완전히 귀속시키지 않는 한[75] 별도의 감찰기구가 하나 더 만들어 지는 것은 그렇지 않아도 중복감사 문제를 심각하게 받아들이고 있는 지방자치단체에 상급사정기관의 추가 신설로 수감부담을 가중하게 되어 감사제도의 개선과는 역행되는 조치로 받아들여질 것이기 때문이다.

(2) 입법부형 감사원과 지방자치단체 감사제도

감사원이 헌법 개정으로 인하여 영 · 미 계통의 감사원처럼 국회 소속으로 되는 경우, 지방자치단체감사에 대한 외부 감사제도는 역시 현행 감사원의 분원으로 지방감사원을 두는 것과 별도의 지방감사원을 두는 방안이 있을 수 있을 것이다.[76] 그러나 이때에도 협력성의 관점에서 프랑스의 중앙회계 검사원과

74) 우리나라의 경우 감사원이 회계검사기능과 직무감찰기능을 통합체제로 운영하게 된 것은 역사적인 연유에 기인하지만 오랜 기간 직무감찰과 회계검사를 통합체제로 발전시킴으로써 축적된 조직문화적 시너지 효과가 상당하므로 치밀한 준비 작업 없이 직무감찰 기능 전체를 감사원으로부터 분리시키는 것은 바람직하지 못하다고 한다(한국공법학회, 2006).

75) 미국의 경우 주정부가 연방정부보다 우선 성립하였고 그 지위도 연방정부와 대등한 입장에 있으며, 연방헌법 상 열거되지 않거나 헌법에 근거하여 법률로 규정되지 않은 권한은 주정부의 권한으로 되어 있어 주정부나 지방자치단체에 대한 일반적인 감사권(감찰권 포함)은 주정부가 가진다. 연방정부가 재정지원을 한 부분에 대하여도 연방의회의 요청 등 특별한 사유가 없는 한 주정부의 단일감사에 맡기고 있다.

76) 감사원이 입법부(국회) 소속으로 되는 경우 지방감사원과 연계하는 것이 맞지 않는다는 주장도 있을 수 있으나, 오스트리아 감사원(연방제국가, 입법부형 감사원)처럼 중앙감사

지방회계 검사원과의 관계처럼 지방감사원은 중앙감사원과 인사·운영 등의 면에서 밀접히 연계되는 형태로 설치·운영되는 것이 바람직할 것이다.

한편 이 경우 현재 감사원의 직무감찰 기능은 법이론적으로나 그 기능상 행정부로 귀속될 수밖에 없기 때문에[77] 지방자치단체로서는 독립된 형태의 감찰기관의 감사를 추가로 받아야 하는 형태를 띠게 될 것이다. 즉 회계검사는 감사원(또는 지방감사원)이, 직무감찰은 중앙감찰기관이 행하는 이원화된 감사체계가 될 것이다. 이 경우 감사원의 감사와 중앙감찰기관의 직무감찰이 이론적으로는 그 기능이 구분되나 현실적으로는 지방자치단체에 대한 중복감사의 문제가 야기될 소지가 크다.

한편 지방분권화와 관련하여 감찰기능을 자체감사에 맡길 것인지 여부는 지방분권화의 논리뿐만 아니라 지방자치단체의 부정·부패정도, 자체감사기구의 실효성에 대한 평가, 지방행정에 대한 주민 여론 등을 종합적으로 고려하여 결정할 입법정책적 문제라 하겠다.

(3) 독립기관형 감사원과 지방자치단체 감사제도

감사원을 헌법개정으로 독립기관으로 할 경우 그 유형은 크게 두 가지가 된다. 하나는 일본처럼 삼권분립의 원칙에 따른 기본적 권력구조를 전제로 행정부에 소속되기는 하지만 행정부의 수반을 정점으로 하는 통상적 행정구조로부터 독립되어 있는 '행정기관적 독립기관형'이며, 다른 하나는 프랑스와 독일처럼 행정부와 조직적으로 완전히 분리되어 사법부와 유사한 독립된 기관에 의해 감사기능을 담당하게 되는 '준사법적 독립기관형'이다(한국공법학회, 2006).

프랑스의 경우 회계검사원은 학설과 판례로 법원의 성격을 가진 회계법원으로서 인정되고 있고 그 구성원들도 법관으로서의 자격과 신분보장이 되고 있다(프랑스 재정법전 L112-1조 제2항). 독일도 연방회계검사원의 구성원에 대해 법관법을 준용하고 있고(독일기본법 제114조 제2항, 독일 회계검사원법 제3조 제4항), 일반적으로 독립기관형이라면 준사법적 독립기관형을 의미한다고 하겠다.

원이 주정부 및 지방자치단체에 대한 감사를 담당하고 있는 입법례에서 보듯이 이는 법이론적 문제가 아니라 입법정책적 문제로 보인다(감사원, 2008b).

77) 직무감찰은 지휘감독권의 행사나 인사권의 행사와 밀접한 관련을 가지는 것으로서 행정부의 자기 통제의 의미를 가지기 때문에 권력분립의 원칙상 행정부의 권한으로 본다(한국공법학회, 2006).

감사원이 헌법 개정으로 독립기관으로 될 경우 감사원의 독립성은 크게 강화되지만 감사원의 현재 직무상 기능은 큰 변화가 없을 것으로 여겨진다. 직무감찰기능은 확대될지언정 줄어들 이유는 없는 것으로 판단되고(한국공법학회, 2006), 지방자치단체에 대한 감사권도 굳이 바뀔 이유가 없어져 보인다. 설령 현재의 감사원과 분리된 별도의 지방감사원을 설립하더라도 감사원의 분원 형태로 지방감사원을 설립하거나, 앞에서 논의된 것처럼 독립된 지방감사원이 프랑스처럼 중앙감사원과 인사・운영 면에서 밀접한 연계를 가지도록 하는 것이 바람직한 형태가 될 것이다.

Ⅱ. 지방행정체제 개편 추진

1. 추진 배경 및 주요 내용

지방행정체제에 대한 개편 논의는 1994년 내무부 공무원을 중심으로 시작되었으며, 2005년에 들어서 정치권 중심의 논의로 확산되었다. 당시 노무현 대통령이 중대선거구 개편을 주장하자 이에 대한 대응으로서 한나라당에서 지방행정체제 개편안을 들고 나옴으로써 지방행정체제 개편 논의는 정치권의 논의로 부각되었다. 2005년에 국회가 지방행정체제 개편 특별위원회를 구성하여 2006년 지방선거전에 개편을 마무리하려고 시도하였으나 여론의 반대에 부딪혀 실패하였다.

정치권에서 새롭게 지방행정체제 개편 논의가 불거진 것은 2008년 8월 28일 민주당에서 도폐지 자치계층 1계층화, 통합광역시 70개 전후로 지방행정체제의 개편을 제안한 것에서 비롯되었다. 이에 대해서 한나라당의 일부의원이 적극적으로 동조하였고 2008년 9월 25일 이명박 대통령과 정세균 민주당 대표의 회동에서 지방행정체제 개편을 8대 합의사항에 포함시켰다. 또한 이명박 정부의 100대 국정과제에도 포함을 시켰다. 이어서 한나라당의 권경석의원이 2008년 11월 3일 지방행정체제에 관한 특별법을 발의하였다. 또한 12월 12일에는 민주당의 우윤근 의원이 유사한 내용의 법률안을 발의하였다. 그 이후에도 수차례에 걸쳐 유사한 법률안이 제출되었고,[78] 이를 통합・조정한 법률안이 마련되어 2010년 9월 16일『지방행정체제 개편에 관한 특별법』이 제정되었다.

이에 대해서 지방자치를 전문적으로 연구하는 대부분의 학자나 전문가들은 이러한 정치권의 무리한 지방행정체제 개편이 회복하기 어려운 부작용을 낳을 우려가 있으며, 국가의 근간을 흔들 수 있는 중요한 문제이므로 신중을 기해야 한다는 입장이다(김석태, 2010; 김현조 외, 2009; 박기춘·한상연, 2010; 서재호·이승종, 2009; 심익섭·김승열, 2010; 윤종진, 2010; 이기우, 2010; 조성호, 2009; 최봉기, 2010; 최우동, 2010; 한국지방행정연구원, 2010). 즉 대부분 지방행정체제 개편에 반대하거나 그 필요성은 인정하더라도 구체적인 방향에 있어서는 정치권의 주장과는 크게 다르고, 국가의 근간에 해당하는 논의인 만큼 충분한 논의와 효과에 대한 검증을 거쳐서 구체적인 방안을 찾아내어야 한다는 입장이다.

한편 2010년 9월 16일『지방행정체제 개편에 관한 특별법』이 제정[79]되었지만, 위에서 언급한 많은 고려 사항 때문에 대부분의 결정사항은 지방행정체제 개편추진위원회(법률 제6조부터 제10조까지)에 위임을 해 놓은 상태이다. 즉, 지방행정체제 개편의 체계적인 추진을 위하여 대통령 직속으로 지방행정체제 개편추진위원회를 두고, 개편추진위원회는 2012년 6월 30일까지 지방행정체제 개편에 관한 종합적인 기본계획을 대통령과 국회에 제출하도록 하며, 2014년 12월 31일까지 존속하도록 하여, 본 법안에서는 지방행정개편방안만을 제시하였을 뿐 사실상 구체적인 시행방안은 모두 동 위원회에 위임을 한 상태이다.

2. 주요 쟁점과 감사제도

정치권의 주장은 매우 다양하지만 핵심은 "도폐지, 시·군·통합"으로 표현된다. 자치행정계층을 1계층 축소하고, 시·군을 통합하여 통합광역시로 재편성하여 종래 도가 하던 기능을 대신하여 여러 개의 도 기능을 하는 통합시로 분산시키는 것이다. 도를 여러 개로 분할하여 16개의 시·도를 60~70개의 광역시로 통합하여 통합광역시가 종전의 시·군이 수행하던 기능을 흡수하고 종전의 시·군을 폐지한다는 것을 의미하는 "도 분할, 시·군·구의 폐지"를 통해 적정규모의 유지와 행정단계의 축소를 통해 행정의 효율성과 주민 편의

78) 2009. 3. 31.(이명수의원 등), 2009. 6. 24.(박기춘의원 등), 2009. 6. 25.(허태열의원 등), 2009. 10. 30.(백재현의원 및 최인기의원 등) 등(제294회 정기회 국회본회의회의록 제3호).
79) 2010. 10. 1. 법률 제10397호로 공포, 시행; <부록 1> 참조.

성을 도모하고자 한다. 이로써 광역자치단체는 상대적으로 너무 크고 기초자치단체는 인구 감소 등으로 상대적으로 작은 문제와 광역자치단체와 기초자치단체 간 그 기능의 모호성, 중복성[80] 등이 해소되어 행정효율을 기할 수 있다고 본다. 또한, 행정기구에 불과한 읍・면・동에 준자치 기능을 부여함으로써 주민자치제의 순기능을 살린다는 것이 정치권의 행정구역개편 추진의 핵심인 것 같다(윤종진, 2010; 허태열, 2010).

한편 반대론자들은 오히려 동경, 북경, 상해 등과 같이 인구 1천만이 넘는 대도시를 중심으로 규모의 경쟁을 펼치는 세계적인 조류[81]에 어긋나게 도를 폐지하는 것과, 그렇지 않아도 주민자치제를 실시하기에는 외국에 비해 규모가 큰 시・군・구를 통합해서 덩치를 키우는 것은 주민자치제에 반하는 것으로 현실을 무시한 것이라는 주장을 제기한다. 또한 행정의 비효율 문제는 국가와 도, 시・군 간에 중복된 기능을 정리하는 기능 개편으로 해결할 문제이지 구역 개편의 문제는 아니라고 주장한다. 오히려 현재 국가의 기능이 과중하여 기능마비가 나타나고 있으므로 국가적 기능을 도(道)로 대폭적인 이양을 하고 현재 도의 기능을 시・군으로 이양하는 지방분권이 요구된다고 한다. 무엇보다 행정체제 개편을 행정 효율성에 치우쳐 지방행정의 민주성, 형평성을 제대로 고려하지 않은 것으로 결국 지방자치를 훼손할 소지가 있는 것으로 보는 등의 입장이다(김석태, 2010; 이기우, 2010; 조성호, 2009).

이러한 지방행정체제 개편논의는 중앙과 지방과의 권력관계에도 영향을 미치게 되고 궁극적으로는 지방자치단체 감사제도에도 영향을 미친다고 하겠다. 즉 다단계인 현행 행정구조가 1단계 축소되고 중규모의 다수의 지방자치단체가 출현하게 되어 이에 따른 중앙정부와 지방자치단체 간의 권한위임의 범위[82]에 변화가 있게 된다면 결국 지방자치단체에 대한 감사의 범위와 감사제도의 위상도 달라지게 된다고 하겠다. 특히 기초지방자치단체의 경우 유명무실화 되어 있는 자체(내부)감사가 어느 정도의 규모의 조직 및 인력, 예산을 확보할 수 있게 됨으로써 상당한 수준의 독립성과 전문성을 갖춘 감사기구를 설

80) 도와 시・군의 기능이 대부분 중복되어 낭비와 갈등이 유발되므로 행정체제를 개편해야 한다는 주장

81) 우리나라는 서울특별시, 경기도만 이들과 비슷한 규모이다.

82) 일반적으로 지방자치단체에 권한이 많아지면 그 권한 행사에 대한 감사대상이 넓어지고 책임의 범위 또한 넓어진다고 볼 수 있다.

치, 운영할 수 있는 제도적 여건이 형성될 수 있고, 이는 외부 감사제도(특히 중앙정부 합동감사)와의 관계도 재설정을 할 여지가 있게 된다고 하겠다.

결국 현재 추진되고 있는 지방행정구역 개편은 국가권력의 배분문제와 직결되며 이는 중앙집권적 또는 지방분권적 이념가치 등에 따라 지방자치제뿐만 아니라 지방자치단체 감사제도에 심대한 영향을 미치게 된다고 볼 수 있다.

제 2 장

주요국의 지방자치단체 감사제도

각국의 제도는 그 나라의 역사, 문화, 법제, 삶의 수준, 가치관 등 여러 요소에 의해 결정되는 것이므로 이를 비교하거나 도입하는 것은 매우 신중함을 요하게 된다. 그럼에도 불구하고 외국의 사례를 살펴봄으로써 우리들에게 필요한 시사점을 찾는 것은 우리나라 제도의 발전을 가져오는 데 주요한 기틀이 될 수 있다. 특히 주요 선진국들의 사례는 대부분 이미 시행착오를 겪고 이루어진 것이 많으므로 이를 통해서 발전적인 방향을 모색할 수 있는 좋은 착안점을 얻을 수 있다. 여기서 살펴보고자 하는 지방자치단체에 대한 주요 선진국의 감사체계는 본 연구와 관련하여 ① 지역별 독립형 지방감사위원회를 두고 있는 영국(국가: 입법부형 감사원), ② 주정부를 중심으로 독립된 다양한 자체감사기구를 두고 있는 미국(국가: 입법부형 감사원), ③ 지역별로 법원의 성격을 갖는 별도의 지방감사원을 두고 있는 프랑스(국가: 독립기관형 감사원), ④ 우리나라와 유사하면서 자체감사의 경우 외부감사인제도를 도입하고 있는 일본(국가: 형식상 행정부형/사실상 독립기관형 감사원) 등 다른 유형을 가진 대표적인 나라들로서 중앙감사원과 지방자치단체에 대한 감사기구와의 관계와 새로운 감사패러다임의 감사가치로 평가되는 독립성 · 전문성 · 협력성을 중심으로 살펴보고자 한다.

제1절 영 국

Ⅰ. 개 관

영국의 공공감사제도는 1314년 재무감사관(Auditor of the Exchequer)에 대한 기록이 있은 이후, 엘리자베스 1세 치세인 1559년 국고출납감사관(Auditors of the Imprest), 1780년 법률에 의한 공공회계감사위원제(Commissioners for the Auditing the Public Accounts)를 거쳐, 1866년 당시 재무장관 글래드스톤이 「재무 및 회계검사부 설치법」을 제정하여 모든 정부부처의 출납계정인 연간회계규정의 작성을 의무화하고 회계감사총감(CAG: Comptroller and Auditor General)을 신설한 후, 1983년 국가감사법(National Audit Act)이 제정되면서 중앙감사제도가 오늘날의 국가감사원(NAO: National Audit Office)으로 재편되었다.

그림 2-1 영국의 중앙 및 지방감사제도

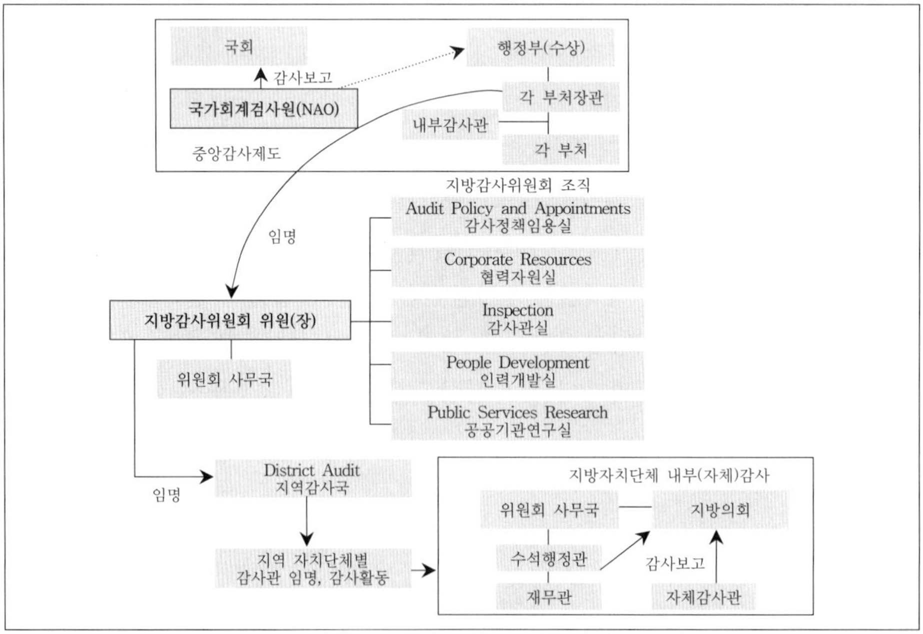

자료: 한국행정연구원(2007).

지방자치단체에 대해서는 1840년대부터 각 지방감사국(Distrct Audit)에 의해서 지방감사를 시행해 오다가 중앙정부와 마찬가지로 1983년부터 각 지역별로 지방감사위원회(Audit Commission)를 설치・운영하여 오고 있는 바, 영국의 국가감사원(NAO)과 지방감사위원회(Audit Commission)는 조직, 기능에 있어 독립된 지위로 분리 운영되고 있다. 영국의 중앙 및 지방 감사제도를 도식화하면 [그림 2-1]과 같다. 이하에서 이에 대해 구체적으로 살펴보도록 한다.

Ⅱ. 중앙감사제도

1. 국가감사원(NAO) 및 자체감사기구 현황

1983년 국가감사원법을 제정하여 종전의 회계감사총감(CAG)은 하원 소속의 공무원으로 국가감사원장 직무를 수행하게 되었다. 국가감사원은 법률상 하원 소속이 아닌 독립기관이지만 실질적으로는 의회와 밀접한 관련이 있어 의회의 직속기관과 다름이 없고, 특히 내각책임제의 특성상 하원 결산위원회의 강력한 후원을 받고 있다. 그리고 최근 1998년 스코틀랜드법(Scotland Act)과 웨일즈법(Wales Act)이 각각 제정되어 잉글랜드지역과 별도의 감사원 조직이 구성되었고, 북아일랜드지역은 지역의 정치적 특수성으로 인하여 1921년부터 북아일랜드 감사원(Northern Ireland Audit Office)이 의회의 책임 아래 별도로 운영되고 있다. 또한 2000년도에 「정부자원 및 회계법」(Government Resources and Accounts Act)이 제정되어 자원예산제가 도입되고 예산관련법제의 개혁을 추진하여 발생주의회계제도로 전환되고 회계감사총감의 조사권한도 강화되었다.

그러나 지방분권 이후에도 외교, 국방, 사회복지, 중앙재정과세권, 잉글랜드지역의 중앙정부의 지출과 관련한 회계검사권과, 각 지방자치단체에 대한 정액교부금(Block Grant)과 영국 전역을 대상으로 활동하는 공공기관의 회계검사 및 성과감사는 국가감사원이 담당한다.

한편 영국은 중앙부처 감사기구로서 국가감사원 이외에 각 중앙부처・청에 수상 소속기구로 자체(내부)감사기구(Inspectorate)를 설치하고 주로 회계・인

사・직무감찰을 수행하게 하고 있다.[1)]

2. 국가감사원(NAO)의 조직

(1) 법적 근거

국가감사원장(회계감사총감)과 국가감사원의 조직 및 직무범위, 권한 등에 관한 근거 법률은 「국가감사원법」(National Audit Act: 1983년), 「회계감사총국법」(Exchequer and Audit Departments Act: 1986년, 1921년), 「정부자원 및 회계감사법」(Government Resources and Accounts Act: 2000년) 등 세 가지가 있다.

(2) 국가감사원장의 임명

국가감사원장(회계감사총감)은 과거에는 국왕이 임명하였지만 1983년 국가감사법이 제정된 이후 야당 중심의 공공회계감사위원회 위원장의 동의 아래 수상이 임명제청을 하면 하원의 형식적 승인 거쳐 국왕이 임명한다. 해임은 양원의 동의 아래에 국왕에 의해서만 해임될 수 있고, 직무수행에 있어 직원의 채용, 급여, 등급 등에 있어 독자적인 인사권을 행사하며, 임기는 종신직이다.

(3) 국가감사원 직원의 임용

국가감사원 직원은 1983년 이전까지는 국가공무원이었으나 국가감사원이 설치되면서 직업공무원이 아니면서 퇴직연금과 신분 등에 있어서는 직업공무원규정에 준한 혜택을 받고 있다. 기본적으로 전문감사관은 공인회계사(Chartered Accountant)의 자격을 갖추어야 하며, 개방형 전문 직렬로 관리되고 있는 등 별도의 임용기준과 절차, 훈련기관이 운영되는바 모든 인사관리는 국가감사원의 재량적 인사권에 속한다.

3. 국가감사원의 감사방법

국가감사원이 시행하는 주요한 임무는 ① 중앙정부와 특정 공공기관에 대

1) 직무감찰은 주로 인사감찰이며 조직, 직급관리, 조직구조의 효율성, 업무의 능률적 수행 등이 대상이며 부패나 무사안일에 대한 직무감찰은 제한적으로 운영된다.

한 회계감사, 즉 재무감사(Financial Audit)를 실시하며, ② 재정지출에 관한 경제성 · 효율성 · 효과성에 대한 평가, 즉 성과감사(Value for Money Examination)를 실시한다.

재무감사는 세출감사와 세입감사로 구분하여 재무회계실무위원회가 제정한 회계기준에 따라서 시행되며 주로 피감기관의 자체감사 결과에 대한 상위 감사체제로 국가감사국의 조사 및 평가로 이루어진다. 성과감사는 국가나 특정 공공기관의 직무수행이 재정집행의 경제성, 효율성, 효과성을 구현하였는가에 대한 검사를 하는 것으로 중앙행정기관을 대상으로 실시되는바 매년 60편 안팎의 감사보고서가 발간된다.

Ⅲ. 지방자치단체 감사제도

1. 지방감사위원회(Audit Commission) 현황

영국의 지방자치단체에 대한 감사제도는 17세기 잉글랜드에서 처음으로 지방세를 징수하면서부터 지방자치단체의 재정을 위해 징수한 세금 사용에 대한 적정성 검사를 외부감사와 같은 안전장치를 통해서 이루어져야 한다는 원칙이 받아들여지고, 1845년 보다 조직적인 감사방식이 도입되고 지방감사국(District Audit)이 설립되어 구빈법(Poor Act)에 의한 재정지원을 받는 기관들에 대하여 회계검사를 실시하였다.

1972년 하원은 지방자치단체가 지방감사국 또는 민간회계사로부터 감사를 받을지를 선택할 수 있도록 하다가, 1982년 보수당정부에 의해 지방자치단체 감사를 전담하는 오늘날의 지방감사위원회(Audit Commission)를 설치하고 이들이 지방자치단체 운영전반에 대한 감사를 실시할 수 있도록 하였다.

지방감사위원회는 잉글랜드와 웨일즈 지방의 자치단체를 감사하는 단일조직의 독립기구(독립공법인체: Independent Public Body)로서 1983년부터 감사업무를 시작하였고, 국가감사원, 중앙정부, 각 지방자치단체로부터 독립된 직무를 수행한다. 즉 외부감사기관의 선정과 감사실시를 주관하고 예산 및 재정운영에 관한 권고와 지원기능을 중시하며 합법성 감사보다는 효과성 감사에 더 중점을 두고 있다.

지방감사위원회는 1990년부터 역할이 확대되어 국민보건의료서비스기관(NHS), 공공기금신탁(Trusts) 등 기타 관할지역 공공기관에 대해서 감사를 실시하게 되었고, 1992년 지방자치단체법에 의해 지방자치단체의 성과를 비교하는 연례지표를 작성하는 책임을 맡게 되었으며, 현재 13,000여 개의 기관을 감사대상으로 하고 있다.

2. 지방자치단체 자체(내부)감사제도

지방자치단체의 내부감사제도는 집행기관 공무원에 의한 책임제도로 운영되는 바, 수석행정관, 재정담당국장, 재무관리관 등이 재정・회계를 책임지고 있을 뿐만 아니라 내부감사와 통제기능을 수행하고 있다.

1988년 지방재정법의 개정을 통해 재무책임자(일반적으로 재정국장)인 수석재무관(Chief Finance Officer)은 반드시 회계사로 임명하도록 하였고, 불법적인 재정사용이 발생한 경우 지방감사위원회에 고지할 의무를 부여하여 독임제형 감사책임원칙을 준수하도록 하고 있다. 수석재무관은 집행기관의 재정국장을 맡고 있기 때문에 재무책임자로서 모든 지방의원, 외부감사관 등에게 재정운영보고서를 제출하도록 의무화되어 있으며, 주로 공공재무회계사협회(Chartered Institute of Public Finance and Accountancy: CIPFA)에 소속된 전문회계사로서 기본조건을 갖추어야 한다. 이들은 개방형 전문직 채용방식으로 운영되어 개방성과 전문성 확보를 하고, 독임제 형태의 자율적 재정 책임을 기반으로 독자적인 재정감독권을 행사할 수 있도록 하였다. 한편 수석행정관은 행정적인 업무를 감독하는 감독관(Monitoring Officer or Property Officer)을 지명하는 바, 보통 법무담당관(Chief Legal Officer) 또는 지방자치단체 사무변호사(Council Solicitor) 등이 지명된다.

3. 지방감사위원회의 조직과 기능

지방감사위원회는 지방감사원장, 부위원장, 지방자치단체와 보건의료・회계・노동분야, 민간기업 등을 대표하는 17명의 지방감사위원들로 구성되고, 환경부장관 및 보건부장관 등 중앙정부에서 임명한다. 지방감사위원회의 지휘를 받아 실질적으로 감사를 실시하는 지방감사국은 5개 지역(북부지역, 중앙지역, 웨일즈지역, 런던과 남동부지역, 남서부지역)에 설치되어 있고, 스코틀랜드의 경우는 스코틀랜드 지방자치단체 감사위원회(Commission for Local Authority Accountants in Scotland)가 담당하고 있으며, 웨일즈는 2005년 웨일즈감사원(Wales Audit Office)이 설치되어 지방감사위원회의 역할과 책임을 맡고 있다.

모든 지방자치단체는 지방감사위원회가 시행하는 외부감사를 받도록 의무화되어 있어 이에 따라 감사가 실시되고 있는 바, 지방감사위원회는 잉글랜드와 웨일즈 등 각 지역에 속하는 지방감사국의 감사관을 임명하고 감사관의 감사시행강령(Code of Audit Practice)을 제정하여 감사기준을 제시하고 있다. 그 외 지방자치단체가 제공하는 공공서비스의 경제성 · 효율성 · 효과성을 제고하기 위한 전국적 수준의 연구와 연례 지방자치단체의 성과비교지표를 결정한다. 지방감사위원회는 중앙정부로부터 독립적으로 활동하며 재정수입은 대부분 지방자치단체에 대한 감사활동으로 받는 비용으로 충당한다. 지방감사위원회 소속 직원 수는 2,500여 명이고 업무를 총괄하는 사무국장(Chief Executive)과 6개 실장(Managing Directors)으로 구성되어 있다. 영국 지방감사위원회는 보건 및 환경 등의 지원을 받는 부분에 대해서는 이들 지원부처와 합동으로 감사에 관한 기본계획서를 만들어 감사를 시행하는 것이 특징이라 하겠다.

4. 지방감사위원회의 감사방법

지방감사위원회는 각 지방자치단체 및 지방행정기관에 대하여 외부감사관(External Auditors)을 임명하여 감사시행강령에 따라서 감사를 실시하도록 하고, 감사업무수행에 따른 비용은 피감기관으로부터 받는다. 감사는 주로 지방자치단체의 성과에 대한 감사가 중심이 되며 잉글랜드지역의 경우 감사대상기관을 A(41개 지방자치단체), B(연간 수입 및 지출액이 10만 파운드를 초과하는 500여개 지방자치단체), C(기타) 그룹별로 구분하여 시행하고 있다. Group A는 성과감사대상기관이고, Group B는 내부감사에 의한 자체감사 결과를 존중하고 지방감사위원회가 상위감사를 실시하는 방식으로 진행하며, Group C는 기초적인 감사로서 총괄감사를 실시한다.

외부감사관은 지방자치단체에 대한 감사를 수행할 경우 독립기관인 지방감사위원회가 임명한 외부감사관이 수행하는 바, 약 70% 정도는 지방감사국이, 나머지는 주요 공인회계회사(Major Firms of Chartered Accountants)가 감사를 실시한다. 감사관들은 준사법적인 권한을 가지고 불법 또는 부정지출 등에 대해 조사권을 발동하며 법원으로부터 허가를 받아 책임자로부터 부당지출에 대한 변상을 청구하여 징수할 수 있다. 내부감사(Internal Audit)는 일반적으로 재무관(Treasurer)의 감독 아래 이루어지는데 외부감사와 같은 방법으로 이루어진다.

영국 지방감사위원회는 독특하게 지방자치단체 이외에 보건, 환경 등 지방소재 국가기관에 대하여도 감사를 실시하고 있는 바, 재무제표의 적정성을 검토하는 증명감사(Certification Audit)나 재무제표감사(Financial Statement Audit)와 성과감사(Value for Money Audit)를 실시하고 있으며 최근에는 성과감사에 치중하고 있다.

영국 지방감사위원회는 1998년부터 지방자치단체의 '최고가치성과관리제도(Best Value: BV)'에 대하여 다른 감독기관과 함께 지방자치단체가 양질의 공공서비스를 제공하도록 하는 감독 역할을 담당하고 있다. 즉 지방자치단체 등이 수립하는 성과달성을 위한 종합계획서에서 활용되는 공공기관들의 성과지표들의 내용과 범위를 검토하고, 이를 기준으로 성과감사를 실시한 후 연례보고서를 발간하게 된다. 이러한 과정은 포괄적인 감사방법인 분석(Analysis), 감사(Audit) 및 조사(Inspection)를 통해 이루어진다.

Ⅳ. 감사 가치 구현 노력

1. 독 립 성

지방감사위원회는 지방감사원장, 부위원장, 지방자치단체와 보건의료・회계・노동분야, 민간기업 등을 대표하는 17명의 지방감사위원들로 구성되고, 환경부장관 및 보건부장관 등 중앙정부에서 임명한다. 지방감사위원회는 중앙정부로부터 독립적으로 활동하며 재정수입은 대부분 지방자치단체에 대한 감사활동으로 받는 비용으로 충당한다. 지방감사위원회 소속 직원 수는 2,500여 명이고 업무를 총괄하는 사무국장(Chief Executive)과 6개 실장(Managing Directors)으로 구성되어 있다.

지방자치단체 자체 감사를 책임지고 있는 수석재무관은 독임제 형태의 자율적 재정 책임을 기반으로 하여 독자적인 재정감독권을 행사할 수 있도록 하되, 지방자치단체에 불법적인 재정사용이 있는 경우에 지방감사위원회에 고지하도록 함으로써 최종적인 감사책임은 지방감사위원회가 지도록 하였다. 그 외에도 감독관(Monitoring Officer or Property Officer)은 1989년 지방자치단체법 제5조에 근거하여 수석행정관이 지명하는데, 수석행정관은 지방의회에 대하여 집행기관의 업무상황을 보고하는 내부 감독관으로서 이들은 보통 법무담당관 또는 지방자치단체 사무변호사 등을 의무적으로 감독관으로 임명해야 한다.

2. 전 문 성

영국의 경우 지방자치단체 감사기구의 감사공무원은 공공재무회계사협회(영국 CIPFA) 등으로부터 전문자격증(공인회계사 등)을 취득한 자와 감사 유경험자를 채용요건으로 하여 개방형 전문직으로 채용하는 등 전문성 확보에 주력하고 있다. 즉 이들은 주로 공공재무회계사협회(Chartered Institute of Public Finance and Accountancy: CIPFA)에 소속된 전문직 자격자로서 기본조건을 갖추어야 한다.

3. 협 력 성

감사기구 간 협력체제로서는 국가회계검사원장을 위원장으로, 지방감사위원회위원장, 각 지방자치단체 회계감사원(Northern Ireland Audit Office, Scotland Audit Office, Wales Audit Office)의 총감들 등으로 구성되는 공공감사포럼(Public Audit Forum)이라는 협의체를 운영하고 있다. 그 외에도 감사 관련 이해당사자들의 협의기구로 피감기관인 정부부처 및 지방자치단체 대표와 대형회계법인, 소비자단체 대표가 매년 3회 이상 정기회를 가지는 감사협의회(Consultative Forum)가 있다.

4. 경 제 성

영국의 감사제도는 전통적으로 의회와 밀접한 관계를 가지고 있고, 지방자치단체에 대한 감사에 있어서도 동일하다. 이러한 맥락에서, 지방감사국의 설치에 따라 요구되는 추가 비용을 최소화하기 위한 인력의 공유노력이 있다.

Ⅴ. 영국 감사체계의 특징

1. 의회 소속의 중앙감사기구

영국의 국가감사원(NAO)은 법률상으로는 의회 직속이 아닌 독립기관이지만 감사원장이 하원 소속 공무원이고 실질적으로도 의회와 밀접하게 관련되어 있어 의회의 직속기관이나 다름없다. 이는 행정부가 강력한 의원내각제 아래에서 상급기관의 감찰보다는 의회통제와 선거를 통한 간접적이고 민주적인 통제방식에 보다 익숙해지고 있고, 각 부처장관도 직무감찰을 통한 교정보다는 의회의 통제와 선거를 통한 심판에 더 의존하고 있는 데서 기인하는 바 크다.

2. 중앙감사기구와 별도의 지방감사위원회 운영

지방자치단체를 대상으로 감사기능을 수행하는 영국의 지방감사위원회는 중앙정부가 임명권을 갖되, 지역사회를 대표하는 각 계층의 대표자들을 위원으로 선임하여 합의형 감사위원회로 운영하고 있다. 그리고 지방감사위원회를 보조하기 위하여 각 지역별 지방감사국을 설치하여 지방자치단체를 개별적으로 담당하는 책임담당제 방식의 감사시스템을 운영하고 있다. 감사방법도 평가 및 성과감사를 중심으로 하고 있으며 주로 자체 감찰활동과 회계결과의 확인이 이루어지면 상급감사 및 외부감사로서 지방감사위원회의 감사가 이루어진다.

3. 별도의 감찰제도

중앙정부에서는 각 성·청에 설치되어 수상 직속으로 편재된 감찰관에 의해 공통적으로 수행되는 인사감찰을 비롯하여 각 기관의 사정에 따라 회계, 인사, 직무에 대한 감찰을 수행한다. 지방자치단체는 수석행정관을 중심으로 한 자체 감찰활동제도가 운영되나 주로 행정기관 내부의 효율적 행정관리를 위한 내부통제로서 운영되며, 정원 및 직급관리, 조직 및 업무의 효율성 등에 관한 감찰이 이루어지고 부패나 무사안일 등 대인감찰은 제한적으로 이루어진다.

4. 중앙정부와의 감사협력 관계유지

지방감사위원회는 중앙정부와 별도로 독립되어 지방자치단체를 감사하는 감사기구이지만 실제 그 구성원인 감사위원의 임용에는 중앙정부가 임명권을 행사한다.[2] 이를 통해 중앙정부가 직접적으로 소관업무에 지도·감독하던 것을 간접적인 지원형태로 전환하게 된다. 한편 국가감사원장과 각 지방감사위원회위원장 등이 참석하는 공공감사포럼 등을 통해 국가 전체적인 감사체계의 운영과 관련하여 통일성을 유지하고 정보교환을 하는 등 감사관계기구 간 협력 관계를 유지하고 있다.

제2절 미 국

Ⅰ. 개 관

연방정부 수준에서 보면 회계검사와 성과감사 등은 의회 소속의 연방회계검사원(GAO)이 수행하고, 행정기관에 대한 직무감찰은 대통령이 임명하는 자

2) 구성원의 임명권이 국가에 있어 영국의 지방감사위원회와 프랑스의 지방감사원은 그 명칭과 달리 국가기관으로 분류된다.

그림 2-2 미국의 연방 및 지방 감사제도

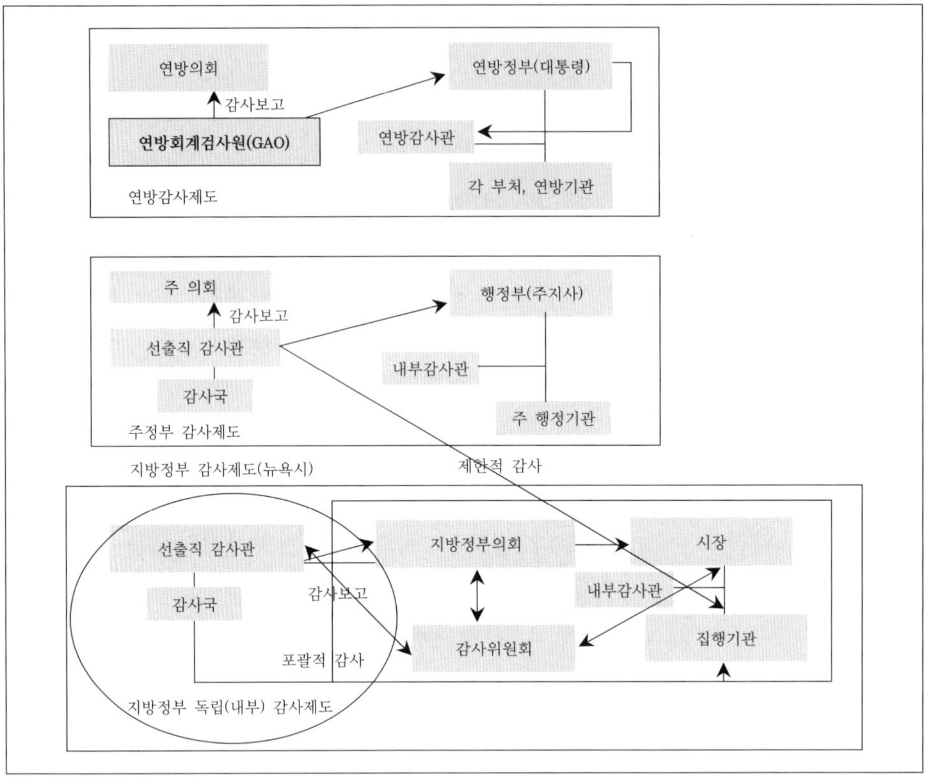

자료: 한국행정연구원(2007).

체 감찰관(Inspector General)이 수행한다.

주정부나 지방자치단체에서도 이와 같이 권력분립의 원칙에 충실하게 감사제도가 운영되는바, 집행부를 감시하기 위한 감사관이 주민 직선으로 선출되거나 지방의회의 동의 또는 직접 임명됨으로 의회와 집행부를 동시에 감사하는 제3의 독립형을 주로 취하고 있다.

미국은 연방정부에 대한 주의 독립성이 세계 어느 나라보다 강하다. 이는 그 성립 역사성과 관련이 있는 것으로서 헌법에 연방정부의 권한으로 규정하지 아니한 사항은 주정부의 권한으로 인정되는데서 잘 나타나고 있다. 또한 각 주정부별로 다양한 특성을 가지고 있어 자치행정의 행태와 내용 등이 다양함에 따라 감사체계도 역시 다양하게 형성되어 운영되고 있다. 따라서 통일된 지방자치단체 감사체계를 찾기가 어렵다. 그럼에도 불구하고 미국의 중앙 및 지방 감사제도를 도식화하면 [그림 2-2]와 같이 정리할 수 있다. 이하에서는 이에 대해 구체적으로 살펴보도록 한다.

Ⅱ. 연방감사제도

1. 연방회계검사원(GAO) 및 자체감사기구(IG) 현황

미국의 연방회계제도는 1789년 헌법과 각종 법률이 마련되고 「재무성법」(The Treasury Act)이 공포되면서 성립되었고, 이후 대통령의 예산권이 강화되면서 영국 모델을 근간으로 1921년 「예산회계법」(Budget and Accounting Act: BAA)이 제정되면서 재무성 관하에 예산국(Bureau of Budget)과 연방회계검사원(General Accounting Office)이 발족되었다. 초기의 연방회계검사원은 정밀회계를 통하여 행정부를 견제하고 감사결과를 의회에 보고하는 것이 주된 기능이었다.

연방회계검사원은 철저한 권력분립 원칙 아래 행정부의 예산집행이나 정책추진 결과에 대한 심사를 통하여 대통령을 견제하고 있고 연방의회도 예산공청회, 특별조사 등을 통해 행정기관의 활동을 일상적으로 감시하고 조사하고 있다.

1940년부터 연방회계검사원은 종합감사(Comprehensive Audits) 프로그램을 도입하여 행정기관이 준수해야 할 회계원칙을 제정하고 이에 근거하여 행정효과성 등을 검사하기 시작했고, 1966년 이후에는 정책지향적인 기법을 도입하면서 사업평가와 정책분석을 시행하여 업무의 10% 정도는 회계검사업무로, 80% 정도는 사업평가로 구성되었다. 또한 2004. 7. 6. 기관명을 GAO(General Accounting Office)에서 GAO(Government Accountability Office)로 바꾸고 정부기능의 책임성 확보 지원과 연방의회에 대한 지원강화로 기관운영방향을 전환하고 연방의회가 요구하는 사항(90% 정도)을 주된 업무로 수행하고 있다. 현재 14개의 팀과 수석업무지원과 및 법무실장 등의 조직과 13개 지역사무소를 두고 있다.

미국 연방정부는 행정부 소속으로 대통령이 상원의 동의를 얻어 임명하는 '자체(내부)감찰관'(Inspector General: 차관보급)은 대부분 정치적 배경과는 무관한 변호사, 공인회계사, GAO 출신 공무원 등 전문가들로 임명하게 되어 있다. 이들은 감사에 필요한 정보 및 자료 접근권, 수집권 및 소환권을 가지고 있으며, 자체감사 인력에 대한 포괄적인 임면권도 행사한다. 이는 자체감사계획의 수립, 실시 및 결과처리 등 직무수행에 있어서 해당 소속기관장의 지휘 및 감독을 받지 않는 철저한 독립성을 법적으로 보장받고 있다. 이러한 자체감찰관제는 「단일감사법」(Single Audit Act)의 제정과 관련하여 1978년 「자체감찰관법」(Inspector General Act)이 제정되면서 각 행정부처를 감사하는 행정부 자체감찰관제로 운영되고 있는바, 주로 공무원에 대한 직무감찰을 중심으로 운영되며 비위와 부패를 적발하여 시정 조치하는 기능을 수행한다. 자체감찰관은 매 6월마다 연방의회에 활동 상황을 보고하도록 되어 있으며 임명 시 전국자체감사관협회(IIA: Institute of Internal Auditors)가 주관하는 전문자격증을 갖추고 있어야 한다.

2. 연방회계검사원(GAO)의 조직

(1) 법적 근거

미국 연방회계검사원은 1921년 「예산회계법」(BAA)에 근거하여 회계검사원으로 탄생하였고, 역할과 기능에 관한 법으로는 1950년 「예산회계절차법」(Budget and Accounting Procedures Act), 1980년 「연방회계검사법」(General Accounting Act) 등이 있다.

(2) 연방회계검사원장의 임명

연방회계검사원장(Comptroller General of the United States)은 그 소속이 의회에 속하지만 15년의 임기의 단임제로 독임제형 기관장이며 후보자선정을 위한 양원특별위원회[3]에서 3명의 후보자를 추천하면 대통령이 지명하여 상원의 인준을 얻어 임명하도록 되어 있다. 탄핵이나 양원의 합동결의와 대통령의 재가 없이는 해임되지 않으며 법적으로는 정년이 없으나 70세 이후엔 은퇴할 수 있다.

---

3) 하원의장, 상원임시의장, 양원의 다수당 및 소수당 원내총무, 하원의 정부활동위원회 및 상원의 정부문제위원회의 위원장과 소수당 간사 등 10명으로 구성됨.

(3) 연방회계검사원 직원의 임용

1980년 「연방회계검사원직원법」(GAO Personnel Act)에 의하여 연방회계검사원장이 간부와 직원을 임용 및 해임, 업무배정, 보수지급 등을 독자적으로 하는 독립적인 인사권을 가진다. 다만 부원장은 원장과 같은 임명절차와 임기를 가지고 있으며 임명 시 감사원장이 추천위원회의 일원으로 참가하는 것만 다르다.

3. 연방회계검사원의 감사방법

연방회계검사원은 의회에 소속되어 있어 감사의 90% 정도가 의회가 요구하는 사안들이며 정부의 프로그램이나 활동을 조사하고 평가하는 것이 그 주 임무이다. 연방의회의 감사방향은 초기의 전통적인 합법성감사로부터 시작되었으나 개별지출행위에 대한 통제로 인한 행정부의 반발과 1930년대 뉴딜 정책 등으로 인한 개별회계서류에 대한 형식적 합법성 감사에 대한 인력부족 등으로 1940년대 말 종합감사(Comprehensive Audits) 프로그램을 도입하여 행정부가 해야 할 회계원칙을 규정하여 기본적인 회계검사는 행정부 스스로가 하고 연방회계검사원은 재정관리제도의 적정성과 행정효과성 검토 등에 중점을 두는 것으로 전환하였다.

1966년 GAO 직원이 4,000명 수준으로 줄고 새로 Elmer Staats 원장이 취임하여 기존의 효율성 및 행정평가 이외에 사업평가와 정책분석을 도입하여 '문제의 발견과 지적'은 물론 정책결정자나 국민에게 세금과 시간이 낭비되지 않도록 '권고'하는 새로운 역할이 추가되었다. 이러한 역할로 인하여 GAO는 의회와의 관계가 긴밀해져 1969년 GAO 보고서의 10% 정도만 의회의 요구에 의하든 것이 최근에는 80% 정도가 의회의 요구사항과 관련되는 것이 되었다. 한편 GAO는 포괄적인 회계검사와 함께 정책분석 및 경영평가와 같은 성과감사에 대부분 업무를 집중하고 있으며, 직무감찰은 회계와 관련된 부정행위, 직권남용, 낭비 등에 대하여 제한적으로 실시한다.

Ⅲ. 지방자치단체 감사제도

미국은 연방정부에 대한 주의 독립성이 세계 어느 나라보다 강하다. 이는 그 성립 역사성과 관련이 있는 것으로서 헌법에 연방정부의 권한으로 규정하지 아니한 사항은 주정부의 권한으로 인정되는 데서 잘 나타나고 있으며, 또한 각 주정부별로도 면적, 기후, 인구, 문화 등에 있어서 다양한 특성을 가지고 있어 그 정부형태 등 자치활동의 행태와 내용 등이 다양함에 따라 감사체계도 다양하게 형성되어 운영되고 있다. 따라서 통일된 지방자치단체 감사체계를 찾기가 어려우며 이는 역사적・정치적・문화적 산물임을 체득하게 된다. 다만 뉴욕주정부 등 특정 사례를 살펴봄으로써 국가적 특성을 다소나마 이해하게 되는 계기가 된다고 하겠다. 한편 미국의 주정부 감사원 등은 주로 재무감사(Financial Audit)와 「단일감사법」에 의한 단일감사(Single Audit) 또는 합법성 감사(Compliance Audit)는 대부분 실시하고 있으나 성과감사(Performance Audit)는 워싱턴 주 등 몇 개 주에서만 실시하는 데 그치고 있다.

1. 뉴욕주정부 및 뉴욕시 감사제도 현황

뉴욕주정부는 주의회의 추천으로 주지사가 임명한 선출직 감사관(Comtroller and Attorney General)이 주헌법에 따라 관하 지방자치단체에 대해서 독립된 지위에서 감사를 실시하고 있다. 그리고 내부 자체감사기구인 주정부 회계감사관실(State Controller's Office)은 선거민, 연방 및 주정부의 기금배분과 관련된 회계검사를 담당하며, 지방자치단체에 대한 감사에는 재무감사, 성과감사, 단일감사 세 종류가 있다.[4] 한편, County나 시 등의 지방자치단체는 별도의 자체감사관을 두어 내부통제활동을 병행하게 하거나, 자체감사관을 따로 두지 않는 경우 대규모 사업이 있을 때마다 공인회계사 등과 감사용역계약을 맺는 외부감사방식을 주로 이용하고 있다.[5]

4) 워싱턴주의 경우에는 주민 선거에 의해 뽑힌 주감사원장이 관하 지방자치단체뿐만 아니라 주정부 본부에 대한 자체감사까지 실시하고 있으며, 현재 Brian Sonntag 주감사원장은 1992년부터 5선째 근무하고 있다(http://www.sao.wa.gov/EN/About/Pages/BrianSontag.sapx).

뉴욕시의 경우 자체감사기구는 뉴욕시 자치헌장 제91조 등에 근거하여 주민직선으로 뽑힌 선출직 감사관(Comptroller)으로 하여금 재무감사를 포함한 모든 감사를 실시하도록 하고 있다. 위 선출직 감사관 외에 시장에 소속된 내부감사기구로서 뉴욕시헌장 제9조의e(시장의 일반적 권한)에 따라 시 행정업무의 효과적인 수행을 위하여 내부감사관을 두고 있다. 뉴욕시에는 뉴욕시헌장 제97조(시의회 감사위원회의 구성 및 감사, Audit Committee)의 규정에 따라 감사위원회를 운영하고 있는데 이는 시장, 시감사관, 시의회 시민변호관, 시감사관이 추천하는 2명과 시장이 임명한 민간인 4명 등으로 구성하여 시 감사방향의 설정과 기관 간 협조 등 기본적인 사항을 다룬다.

2. 지방자치단체 감사기구의 감사방법

(1) 감사기준

미국 공인회계사협회는 일반회계원칙(Generally Accepted Auditing Standard: GAAS)에 의한 감사기준을 제정하고 있고, 연방회계검사원에서는 정부감사기준(Government Auditing Standards: GAS: 일명 Yellow Book)[6]을 발행하고 있다. 정부감사기준은 법률이나 계약 등으로 강제되지 않는 한 적용되지 않는 경우도 있다. 1984년 「단일감사법」에 따르면 감사인이 단일감사를 실시할 경우 감사기준은 정부감사기준을 따르도록 되어 있다. 한편 주정부나 지방자치단체가 연방정부로부터 50만 달러 이상의 보조금을 받은 경우 감사의 대상이 되도록 하고 그에 대한 감사를 실시할 때 중복성을 피하기 위하여 종전 보조금 형태별로 감사를 받던 것을 보조금을 받는 기관의 전체적 사항을 통합하여 외부감사기관에서 정부감사기준에 따라 정규적으로 감사를 하도록 1984년 단일감사법을 제정하여 시행하고 있다. 이는 ① 연방정부로부터 재정지원을 받는 주정부 또는 지방자치단체가 받는 감사에 대해서 중복성을 피하고, ② 감사자료의 효과적이고 효율적인 사용을 촉진시키며, ③ 연방정부의 주무부처에게 적

---

5) 워싱턴주 킹카운티의 경우 별도의 선거직 감사관을 두고 시 등 지방자치단체를 제외한 카운티 본부 및 관하 직속기관에 대한 감사를 실시하도록 하고 있다(http://www.kingcounty.gov/operations/auditor.aspx).

6) 감사기준은 일반기준, 실시기준, 보고기준으로 분류되고, 실시기준과 보고기준은 다시 재무감사용과 성과감사용으로 구분된다.

절한 정책 정보를 제공함으로써 감사에 대한 신뢰성과 적실성을 보장하도록 하기 위함이다.

(2) 감사방법

주정부 및 지방자치단체에 대한 감사에는 재무(제표)감사, 성과감사, 단일감사의 세 종류가 있다. 제무감사는 일반회계원칙(GAAS)에 의해 공정하고 타당하게 재무제표가 작성되었는가를 검사하는 것으로 대부분의 주정부, 지방자치단체가 법률(조례, 규칙)로 이를 의무화하고 있으며, 성과감사는 경제성・효율성・효과성 감사를 총칭하는 것으로 특정부서에 한정되어 이루어지며, 단일감사는 지방자치단체 이외에 비과세법인, 고등교육기관에까지 확대 적용하고 연방정부로부터 감사가 요구되는 보조금의 기준을 50만 달러로 인상하여 수감부담을 줄이는 한편 주요 사항 위주로 감사를 실시하도록 하고 있다. 단일감사는 재무제표에 대한 것뿐만 아니라 내부통제의 평가보고 및 법규 준수 여부 등에 관한 보고를 감사인에게 요구하고 있다.

Ⅳ. 감사 가치 구현 노력

1. 독 립 성

연방정부로부터 독립적인 법적 지위를 갖는 주정부와 지방자치단체 감사기관은 주정부 행정기관과 관할지역의 소속 지방자치단체에 대하여 감사를 실시한다. 미국은 지방자치의 특성이 강하여 지방자치단체들의 외부감사제도는 기관마다 다양하고 감사기구의 장을 선거직으로 하거나 임명방식에 독립적인 절차와 신분을 보장하는 외부감사제도를 두는 경우가 많다.

2. 전 문 성

지방자치단체 감사기구의 감사공무원은 전국내부감사관협회(미국 IIA) 등으로부터 전문자격증(공인회계사 등)을 취득한 자와 감사 유경험자를 채용요건으로 하여 개방형 전문직으로 채용하는 등 전문성 확보에 주력하고 있다.

또한 단일감사법에 의한 단일감사제 등을 통해서 일정한 자격을 갖춘 감사 전문가에 의한 감사가 정형화 되고, 표준화된 감사기준에 의거해서 감사를 실시하게 되어 정부 전체의 입장에서 많은 낭비적 요소가 제거되었다는 평가를 받고 있으며, 전국 내부감사관협회의 동료평가(peer review)를 정기적으로 받는 등 전문적인 감사가 실시되고 있다.

3. 협 력 성

미국은 연방정부 외에는 주정부나 지방자치단체에 대한 감사를 의회의 요구 등 특별한 사항이 있는 경우가 아니면 연방회계검사원에 의한 직접적인 감사는 실시하지 않고 있으며, 연방보조금이 지원된 경우에도 단일감사법에 의한 통합감사를 실시하도록 하여 그 결과를 중앙정부가 보고 받는 형태를 취함으로써 중복감사나 수감부담의 문제를 해소하고 있다.

4. 경 제 성

미국의 지방자치단체에 대한 감사제도는 아주 다양하게 나타나고 있으나, 대부분은 감사제도의 운영을 위한 비용발생을 최소화하기 위한 노력을 하고 있다. 행정부 내 내부 인력을 최대한 활용하거나, 외부 전문인력을 일반계약 형태로 활용하고 있다는 점이 그 좋은 사례라 볼 수 있다.

Ⅴ. 미국 감사체계의 특징

1. 회계감사기구의 중립성 보장체제 유지

연방정부 수준에서 보면 회계검사와 성과감사 등은 의회 소속의 연방회계검사원이 수행하고, 행정기관에 대한 직무감찰은 대통령이 임명하는 자체 감찰관(Inspector General)이 수행한다. 주정부나 지방자치단체에서도 이와 같이 권력분립의 원칙에 충실하게 감사제도가 운영되는바, 집행부를 감시하기 위한 감사관이 주민 직선으로 선출되거나 지방의회의 동의 또는 직접 임명됨으로써 의회와 집행부를 동시에 감사하는 제3의 독립형을 주로 취하고 있다.

2. 기관장 소속 내부감사제도의 운영

연방정부의 경우 1978년에 감찰총감법이 제정되어 연방수준의 직무감찰제도가 행정부 아래에 자체감찰관제도로 마련되어 대통령 직속기관으로 운영되고 있고, 지방자치단체의 경우 시장 등 집행기관에는 지방의회가 선출한 감사관이나 주민직선에 의한 선출직 감사관 이외에 집행부 자체 내에 행정책임자인 시장 등 집행기관을 보좌하여 행정효율성을 높이기 위하여 별도의 내부감사관을 임명하여 운영하고 있다. 이는 감사의 중복성 등 부작용을 고려하기보다 행정효율성을 더 중시하는 형태라 할 수 있다.

3. 단일감사제의 지향

앞에서도 언급하였듯이 단일감사법은 감사의 중복으로 인한 수감기관의 불필요한 업무부담과 과중한 감사비용을 줄이기 위한 획기적인 개선책으로 채택되었다. 현실적으로는 ① 단일감사에 대한 개념 정의의 불분명, ② 감사보고서 의견의 추상성, 불분명성 등의 비판도 있기는 하나, 단일감사제를 시행함으로써 ① 일정한 자격을 갖춘 감사 전문가에 의한 감사가 정형화되고, ② 표준화된 감사기준에 의거해서 감사를 실시하게 되어 정부 전체의 입장에 많은 낭비적 요소가 제거되었다는 평가를 받고 있다.

제3절 프 랑 스

Ⅰ. 개 관

프랑스 감사체계는 중앙정부의 행정부에 소속되어 있으나 업무상 독립적인 지위를 갖고 회계법원의 역할을 수행하는 중앙회계검사원(Cour des Comptes: Court of Accounting)[7]과 프랑스 본토 22개 광역행정권으로 구성된 지역(Region)별로 조직되어 있는 22개 기관 및 프랑스령 해외영토에 10개 기관 등 총 32개의 지방회계검사원(Chambre Regionale des Cours de Comptes)으로 구성되어 있다. 감사의 기능과 조직체계상 프랑스 중앙회계검사원장이 지방회계검사원장을 임명하고, 중앙회계검사원이 재정 및 회계업무에 있어 지방회계검사원의 상급법원의 역할을 수행하는 등 양자가 유기적인 관계에 있는 것이 그 특색이다.

지방자치단체에 대한 외부 감사제도로서는 위 지방회계검사원이 전담을 한다. 그리고 내부 감사제도로서는 회계관(Comptable)에 의한 감사와 지방의회에 의한 자체감사가 있다. 이들 국가회계관은 1982년 신「지방자치법」제정 이후 지방자치단체에 대한 사전적 재정감독을 철폐하면서 사무권한도 대폭 축소되었는데, 기초자치단체 수준에서는 예산수입관으로서, 광역자치단체수준에서는 일반재무지출관의 지위를 갖는다.

이들은 국가 임명도지사 및 지방회계검사원이 지방자치단체의 예산집행 이후에 대한 감사와 수지균형 상태를 점검하는 것과 달리 예산 수립 직전에 내부적으로 실질적인 균형예산을 수립하여 의결하였는지 바로 현장에서 감사기능을 수행하게 된다. 그리고 현장에서 의무적으로 예산지출을 집행해야만 하는 항목에 대해서 지방자치단체들이 이를 예산에 계정하지 않았거나 집행을 하지 않을 경우를 대비하여 사전감사를 시행한다.[8] 한편 지방의회는 통합「지

7) 프랑스의 경우 중앙회계검사원이 법원의 형태로 설치, 운영되고 있어 회계법원으로 번역하기도 하나 각국의 감사원을 비교한다는 의미에서 중앙회계검사원으로 번역함.

8) 이러한 기능은 우리나라의 경우 예산편성, 집행을 총괄하고 있는 부처의 기획관리실장의 역할과 유사하다.

그림 2-3 프랑스의 중앙 및 지방 감사제도

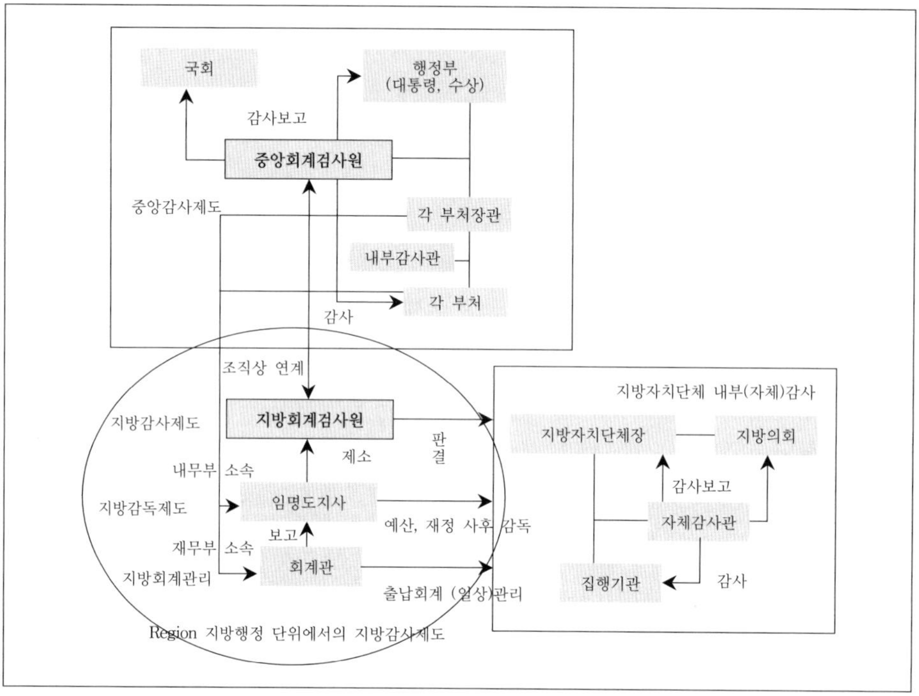

자료: 한국행정연구원(2007).

방자치법」에 규정된 결산승인권, 출납회계조사권 등을 발동하여 자체감사를 실시할 수 있다(한국행정연구원, 2007). 그러나 프랑스의 경우 내부 감사제도는 미약하여 사실상 감사는 외부 감사제도인 지방회계검사원에 맡겨져 있다고 해도 과언이 아니다. 프랑스의 중앙 및 지방 감사제도를 도식화하면 위 [그림 2-3]과 같으며, 이하에서 이에 대해 구체적으로 살펴보도록 한다.

Ⅱ. 중앙감사제도

1. 중앙회계검사원 및 자체감사기구 현황

프랑스 중앙회계검사원은 회계법원의 성격을 갖고 1807. 9. 16. 법률에 의해 창설되었다. 이는 임명직 도지사가 행사하던 지방자치단체에 대한 회계감사권을 도위원회에 위임하고 지방자치단체가 상고를 통해 이의를 제기하는 경우 이에 대한 최종판결법원으로서 그 기능을 하다가 1946년 및 1958년 헌법 제47조의 규정에 따라 행정부에 소속하나 헌법상 독립기관으로서의 지위를 부여받았고, 2001년 재정법 관련 조직법에 따라 국가회계의 적법성·진실성의 증명 의무를 회계검사원에 부여하고 이 증명결과를 결산보고서에 첨부하여 국회에 제출하도록 함으로써 전년도 결산 승인을 하는 회계증명제도를 시행하고 있으며, 현재 예산법에 따라 국가예산의 집행에 대해 행정부와 의회를 지원하고 있다.

그리고 행정 각 부별로 재정집행에 대한 사전적 통제를 하기 위하여 재정경제고용부장관에 의해 지명되는 재정감사관을 두고 있는바, 각부의 예산요구안에 대해 검토하고 그 지출예정서 등에 대해 검사하는 권한을 가진다. 이는 행정각부에서 활동한다는 점에서 자체감사기구라고 할 수 있으나 재정경제고용부장관에 의해 지명된다는 점에서 이의가 있을 수도 있다. 한편 재정경제부에는 장관의 제청으로 대통령이 임명한 재무감찰총국장을 두어 장관의 명령에 따라 지방자치단체를 제외한 국가기관, 금융기관, 국고보조기관 등을 순회하면서 감사하고 있다. 재무감찰총국은 재정경제부 각 총국이 실시한 자체감사에 대한 2차 자체감사를 실시하게 되며 주로 비밀활동적인 불시 감찰활동 또는 특명사항에 대한 감사 등이 주 임무가 된다. 이들 재정감사관의 연차보고서와 재무감찰총국의 보고서는 중앙회계검사원에 제출된다(한국공법학회, 2006: 99-101).

2. 중앙회계검사원의 조직

(1) 조직과 구성

중앙회계검사원은 감사원장 밑에 각 부 의장(7명), 지역회계검사원장(25명)[9]이 있고, 감사원장의 행정업무를 지원하는 사무국에 사무국장과 사무차장(2명)이 있다. 감사업무를 담당하는 감사직원은 감사위원(수석감사관), 특별감사위원(특별감사관), 주감사관, 부감사관 등이며 회계법원으로서의 객관성을 유지하기 위해 업무 조정을 하는 총감찰관(부장검사), 주검사, 부검사(2명)가 있다. 각 부 의장은 1997. 9. 12. 수상령에 의해 감사대상 부처별로 업무를 분장하고 있다.

9) 지방감사원장이 아닌 중앙회계검사원의 지역사무소장 격임.

(2) 감사원장의 임명

프랑스 중앙회계검사원장은 감사원의 제1인자이면서 감사원이 법원의 성격을 가지고 있어서 법원장 또는 제1재판관이라고도 부른다. 중앙회계검사원장은 대통령이 정치가 또는 고위 공무원 중에서 독자적으로 임명하며 특별한 자격요건은 없다. 임기는 따로 없으며 정년이 68세이다. 합의제로 운영되는 전체 감사단의 의장으로서 회의를 주재하며 지방회계검사원의 최고위원회 의장직도 겸직한다.

감사원장은 감사원 전반의 조직・인사・행정권 등을 행사하며 감사원 운영 전반에 대한 방향을 설정하고, 총검찰관과의 협의하에 감사원 업무의 배정하며, 각 부 의장들의 제안에 따라 연간 업무계획 등을 수립하는 등 감사원 전체를 통할한다.

(3) 감사원 구성 및 직원 임용

중앙회계검사원의 감사위원들은 재판관, 조사법관, 감사관 등으로 불리며 전문직 공무원으로 종신직 판사와 같은 독립적 지위를 갖는다. 감사위원은 감사원장, 각부의 의장, 수석감사관 등으로 구성되며 대통령 임석 국무회의를 통해 대통령이 임명한다. 주감사관과 부감사관 등은 수상과 재정경제고용부장관의 제청과 연서로 대통령이 임명한다.

각 부서 7명의 의장은 감사원장과 같이 국무회의 결정에 의해서 대통령이 임명하지만 감사위원(수석감사관)으로서 최소 3년 이상 중앙회계검사원에서 근무한 경력을 필요로 하며, 각 부서에서 이루어지는 판결에 대하여 가부동수인 경우 최종결정권을 가진다.

총검찰관은 중앙회계검사원장과 같은 절차에 따라서 회계검사원 내부의 검찰관 중에서 선임하며, 국무회의에서 대통령이 임명하고 의전상 회계검사원장과 동격으로 직무상 독립성을 갖는다. 총검찰관은 차장검찰관(주검사, 1명)과 부검사(2명)의 보좌를 받아 회계사의 회계처리업무를 감독하고 관계 행정기관에 회계법원의 결정사항을 통보한다. 또한 감사원의 업무조직에 대한 의견제시 및 업무수행 감시를 하고 각종 위원회에 참가한다.

총검찰관은 감사원 내의 유일한 행정부 대표자로서 법적인 어려움이 있는 서류 검토에 있어 법 수호자로서의 역할을 수행하며 법규의 통일성을 확보하기 위해 각 부서 간 조정역할도 수행한다. 검찰관은 사법처리사항(변상판정, 벌금 등)에 대해서는 기소자 역할을, 행정처리사항(통보 등)에 대해서는 조정자의 역할[10]을 하며 기본적으로 정부의 입장을 대변하기 위한 기관이며 감사원의 독주를 견제하는 기능을 수행하고 있다.

3. 중앙회계검사원의 감사방법

중앙회계검사원은 법률에 의하여 실질적인 중앙행정기관 및 그 산하기관에 대한 감사와 법인 등에 대한 경영감사를 실시한다. 감사는 각급기관의 회계담당관(약 4,000명)으로부터 모든 계산서 및 증빙서류 원본을 제출받아 감사원 내부 서면감사로 이루어지며, 특별히 확인이 필요한 경우에는 담당감사관이 수시로 실지감사를 실시하는 등 합법성 감사를 실시한다.[11] 또한 감사대상기관의 주요 기능별로 전담감사관을 지정하여 상시 사업추진 및 예산집행 실태를 파악하여 회계감사와 성과감사(3~6개월)를 동시에 실시하기도 한다.

중앙회계검사원은 공공회계에 대한 재판관할권을 가진 회계법원으로서의 성격과 회계감사를 통하여 의회와 행정부를 지원하는 업무를 수행하므로 감사결과의 처리는 사법적 처리와 관계기관 통보(행정상 개입이라 한다)로 이루어지고 보고서를 통해 대통령과 의회의 업무를 지원한다.

Ⅲ. 지방자치단체 감사제도

1. 지방회계검사원 현황

프랑스는 1982년에 새로운 「지방자치법」을 제정하면서 국가가 지방자치단체에 행사하던 사전, 사후 감독권 중 사전감독권을 폐지하고 지방자치단체 대한 예산 및 회계감사를 중심으로 하는 감독제도로 전환하고 1983년부터 프랑스 전국에 26개(본토 22, 해외영토 4)의 회계검사원을 설치, 운영하다가 현재는

10) 우리나라 감사원의 심의실(조정담당관실)의 역할과 비슷한 것으로 보인다.
11) 지출관 단위로 3~5년의 집행사항 전수를 조사하여 책임유무를 판결하도록 되어 있으나, 실제는 인력부족 등으로 1/4 정도를 표본추출하여 실시하고 있다.

해외영토 6개가 증설되어 32개가 되었다. 1994년에는 재정법 법전을 통합하고 지방회계검사원이 경영(성과)감사와 예산 및 재정활동에 대한 통제·감독 기능을 수행하도록 하고 있다.

따라서 지방회계검사원은 지방에 소재한 국가기관인 반면, 지방자치단체에 대해서도 중앙의 회계검사원과 별도로 자율적인 의사와 독립적인 계획수립 아래 예산과 재정운영에 대한 적법한 통제기능을 수행하고 있다. 지방회계검사원은 지방자치단체뿐만 아니라 지방자치단체의 관할하에 있는 공공병원, 학교, 지방공사 및 지방자치단체 보조기관 등에 대한 감사를 실시한다.

2. 지방자치단체 내부(자체)감사

1982년 새로운 「지방자치법」 제정 이후 지방자치단체에 대한 사전적 재정감독을 철폐하면서 지방소재 국가회계관의 사무권한도 대폭 축소되었다. 이들 국가공무원은 기초 자치단체 수준에서는 '예산수입관'의 지위이고 광역(도, 지역) 자치단체의 수준에서는 '일반재무지출관'의 지위를 가지고 예산 수립 직전에 내부적으로 실질적인 균형예산을 수립하여 의결하였는지 여부에 대해 바로 현장에서 감사기능을 수행하거나 사전감사를 하며, 일정비율 이상 적자예산을 편성할 경우에는 시정명령을 할 수 있다.

3. 지방회계검사원의 조직

지방회계검사원은 관할지역의 크기와 그 행정구역 내 지방자치단체의 수에 따라 조직 및 구성원이 상이하다. 이는 원장을 포함해서 1개 이상의 과로 조직되어 있으며, 평균 40~50명의 감사관이 활동하고 있다. 지방회계검사원장은 감사위원(수석감사관)의 경력을 가진 자 중에서 중앙회계검사원장의 제청에 의해서 대통령이 임명한다.

지방회계검사원의 감사관은 기본적으로 프랑스 고위공무원단 합격연수원인 국립행정학교(ENA) 출신을 대상으로 임용후보자를 선발하되,[12] 일부는 30

---

12) 1995년 기준 감사관들의 전직 구성비를 보면 58.4%가 국립행정학교 및 재무직 경력공무원 출신으로 나타남(한국행정연구원, 2007: 70. 재인용).

세 이상으로 5년 이상의 경력직 공무원, 군인, 판·검사, 지방자치단체 공무원 등을 대상으로 선발하며 2006년 말 현재 정원은 1,131명이다. 국립행정학교 출신의 감사관들은 공법, 재정 및 경제를 전공한 10위권 내의 우수인력이다. 임용 후에는 전문성 습득을 위하여 4~7년 동안 같은 분야에 근무하게 하고 4년 근무 후 2년 정도는 다른 정부부처나 공공기관에 파견 근무하게 하여 다양한 업무에 대한 전문성을 축적하도록 하고 있다.

4. 지방회계검사원의 감사방법

1982년 종전 지방자치단체의 재정적 행위에 대해 도 행정단위에 파견되어 있던 임명도지사가 지방자치단체에 대한 사전 승인, 사후 취소권 등 사전·사후 통제를 하던 것을 새로운 「지방자치법」의 제정으로 국가의 지방자치단체에 대한 직접적인 사전통제권을 폐지하고 지방회계검사원에 의한 감사권을 통해 행사하도록 하였다. 지방회계검사원은 ① 예산이 정해진 기간 내에 의결되지 않았을 때, ② 예산의 수입과 지출이 불균형적 상태로 의결되었을 때, ③ 결산이 적자의 상태로 판명되었을 때, ④ 지방자치단체가 의무적인 지출계정을 예산에 편성하지 않았을 때 사전 관여를 통해 시정조치를 할 수 있다. 또한 지방자치단체 및 산하 공공기관의 출납회계관(대행자 포함) 등이 시행한 결산을 서면과 실지감사를 통해 확인한다. 대부분의 감사는 모든 계산서 및 증빙서류원본을 제출받아 지방회계검사원 내부에서 서면감사(필요시 실지감사)를 하고 있고, 한편으로 주요기관별 전담감사관을 지정하여 상시 사업추진 및 예산집행 실태를 파악하면서 회계감사 및 성과감사를 동시에 수행한다.

그리고 예산집행 전에 시행하는 사전통제와 달리 재정운영에 관한 통제는 예산(대부금, 기금, 유가증권 등)을 집행하는 과정에서 이루어지며 지급명령자나 지방의회가 선택한 결정에 대해 지방회계검사원은 자유재량적 성격의 주관적 판단을 가능한 한 배제하고 결정에 대한 실수를 주로 지적하는 과정통제로서의 재정통제를 시행한다. 감사주기는 약 4년이나 규모가 큰 지방자치단체는 이보다 짧다.

Ⅳ. 감사 가치 구현 노력

1. 독 립 성

조직 직제 상 행정부에 소속되어 있어, 지방회계검사원장은 감사위원(수석감사관)의 경력을 가진 자 중에서 중앙회계검사원장의 제청에 의해서 대통령이 임명한다. 하지만 업무상 행정부로부터 독립적인 지위를 갖출 수 있도록 법원의 형태를 취하고 있다.

2. 전 문 성

지방회계검사원의 감사관은 기본적으로 프랑스 고위공무원단 합격연수원인 국립행정학교(ENA) 출신을 대상으로 임용후보자를 선발하되,[13] 일부는 30세 이상으로 5년 이상의 경력직 공무원, 군인, 판・검사, 지방자치단체 공무원 등을 대상으로 선발한다.

임용 후에는 전문성 습득을 위하여 4~7년 동안 같은 분야에 근무하게 하고 4년 근무 후 2년 정도는 다른 정부부처나 공공기관에 파견 근무하게 하여 다양한 업무에 대한 전문성을 축적하도록 하고 있다.

3. 협 력 성

지방회계검사원은 중앙회계검사원과 실질적(업무지휘권, 인사권)으로 수직적 상하관계를 취하고 있어 협력성이 아주 높다. 중앙회계검사원은 지방회계검사원에 대해 통제권과 최종 판결권을 가지고 있어, 지방회계검사원의 판결에 불복이 발생한 경우 중앙회계검사원에 재심을 청구하면 중앙회계검사원이 판결을 하게 되고 이는 재정 및 회계분야에서는 상급법원으로서 최종판결 역할을

13) 1995년 기준 감사관들의 전직 구성비를 보면 58.4%가 국립행정학교 및 재무직 경력공무원 출신으로 나타난다(한국행정연구원, 2007).

한다.

4. 경 제 성

지방회계검사원은 지방자치 이후 지역을 행정관할구역으로 설정하고 중앙회계검사원으로부터 감사권을 이관 받아 감사업무를 시행함으로써 그만큼 비용 발생 가능성은 크다고 볼 수 있다.

V. 프랑스 감사체계의 특징

1. 감사기관 및 감사관의 강력한 독립적 지위 유지

프랑스 헌법에 따라 중앙회계검사원은 회계법원으로서 예산법의 집행을 감독하여 의회와 정부를 지원하며, 지방회계검사원은 법원의 지위에서 중앙회계검사원과 별도의 독립적 운영체제와 법적 권한을 갖고 필요시 정부와 의회의 요구에 부응하여 지방자치단체 및 특별지방행정기관 등을 포함한 모든 지방공공기관에 대한 회계검사를 실시한다.

프랑스 지방회계검사원의 감사관은 영미법계 국가의 감사관과 달리 사법적 지위를 가진 일종의 재정법관이다. 이러한 감사관의 지위는 감사관직의 독립성과 전문적 권한을 보장해 주고 있다. 감사관의 독립적 지위는 국가감사관 및 지방감사관으로 구분하지 않기 때문에 전국적으로 동일한 인사 체제 아래에서 운영되고, 이는 분야별 경험을 통해서 얻은 감사의 전문지식을 공유하면서 감사 이외에 정책평가 등 행정전문가로서의 전문지식을 최대한 활용할 수 있게 된다. 또한, 프랑스 본토의 경우 22개의 지방회계검사원이 총 66,000여 개의 지방자치단체 및 소속 공공기관, 특별지방행정기관[14]에 대한 감사를 실시하고 있다. 지방회계검사원 당 평균 3,000여 개의 기관을 감사하는 데 있어 독임제 형태의 감사책임제가 활성화되고 있다.

14) 보건・사회분야, 건설분야, 주택분야 및 교육분야에서 지방자치단체의 통제 아래 있는 기관

2. 사후감사에 근거한 지방자치단체 감사제도

1982년 새로운 「지방자치법」의 제정과 함께 국가가 지방자치단체에 대하여 사전적, 사후적 전방위 감독권을 행사하던 것을 축소하고 지방자치단체의 자율성을 존중하는 차원에서 사전감독제도를 폐지하였다. 이러한 사전감독제 폐지를 보완하고 지방자치단체의 자율성을 살리면서도 효과적인 감독방식을 도입하기 위해서 예산 및 회계감사에 초점을 둔 사후감독제도로 전환하고 지방자치단체 및 산하 공공기관에 대한 전담감사기관으로 광역행정권 중심으로 지역별 지방회계검사원을 설치하여 선택적 감사제도[15]를 시행하게 하였다.

3. 자체(내부)감사기구에 의한 통합 감찰업무 수행

프랑스는 중앙행정 각 부처에 장관 직속으로 내부(자체)감사기구에 의한 통합 감찰제도를 시행하고 있다. 내부 감사기구는 행정부처의 일반 국으로부터 독립되어 상위에 위치하면서 감찰업무를 전담하는 감찰단으로 운영되며 직무상의 자율성, 독립성이 확보된 기구로서 기관장을 보좌한다.

지방자치단체의 경우에도 이와 마찬가지로 단체장의 직접적인 통제를 받는 내부(자체)감사기구가 있으며 이는 행정비용의 효율성 향상 등을 위한 감찰기구로서 활용되고, 일반적인 회계감사와 재정운영의 합법성 감사는 지방회계검사원이 전담하고 있다. 이러한 각 공공행정기관의 자체(내부)감사기구에 의한 통합 감찰업무는 자체평가, 자체회계감사 등 자율성과 기관장의 책임성 확보를 위한 통합적 감사업무로서 중앙회계검사원과 지방회계검사원의 감사기능과 연계하여 보완적 역할을 수행하는바, 이는 자체감사기구의 감사직원들이 별도의 전국적 감사직렬로 관리, 운영되고 있기 때문에 가능한 것으로 평가된다.

---

15) 지방회계검사원이 설치된 후 피감기관의 수는 급증하였으나 지방회계검사원의 인력은 제대로 충원이 되지 않게 되자 이에 대한 해결방안으로 지방회계검사원은 감사방식을 정책적 우선순위에 따라 일반 분야보다 정보화 분야에 초점을 두고 정책적인 선별감사를 시행하게 되었다.

4. 국가 및 지방자치단체 감사기구 간 긴밀한 유대 체제 구축

프랑스의 경우 중앙회계검사원은 지방회계검사원의 불복사건에 대한 최종심인 상급법원으로서 상·하 관계를 형성하고 있고, 지방회계검사원장은 중앙회계검사원의 감사위원(수석감사관) 중에서 중앙회계검사원장의 추천으로 대통령이 임명하도록 되어 있으며, 지방회계검사원장은 형식적으로 중앙회계검사원의 수석감사관직을 겸직하고 있어 양자는 인사권에 있어서 종속관계를 형성하고 있고, 중앙회계검사원의 총검찰관은 지방회계검사원의 검찰관을 검사동일체의 원칙에 입각하여 직접 지휘하고 있는 등 중앙회계검사원과 지방회계검사원은 법적, 행정적으로 수직적 관계에 있다. 즉, 국가 및 지방자치단체 감사기구 간에는 긴밀한 유대 체제를 구축하고 있다고 하겠다.

제4절 일 본

Ⅰ. 개 관

일본의 중앙회계검사원은 우리나라의 감사원과 유사하게 국회로부터 독립된 헌법기관으로서 법률이 정한 기관의 회계를 검사하고 감독하는 임무를 맡고 있다. 그러나 일본 중앙회계검사원은 우리나라의 감사원과 달리 국가기관 및 지방자치단체에 대한 직무감찰은 실시하지 않는다. 중앙회계검사원은 국가회계와 정부관계기관 등 국가가 출자 또는 보조하고 있는 도·도·부·현, 시·정·촌 및 각종 법인이 감사대상기관이 된다. 일본 중앙회계검사원의 검사의 초점은 주로 회계검사 및 결산확인이다. 감사대상기관은 우리나라 감사원처럼 '필요적 검사대상'과 '선택적 검사대상'으로 구분하여 실시한다.

지방자치단체에 대하여는 제2차 세계대전 이전에 자체감사를 행하는 것 이외에 특별한 감사기관이 없이 통상 중앙정부가 총괄적인 지도감독을 행하여 왔으나, 제2차 세계대전 이후 1946년에 추진된 지방제도 개혁과 함께 지방의회

그림 2-4 일본의 중앙 및 지방 감사제도

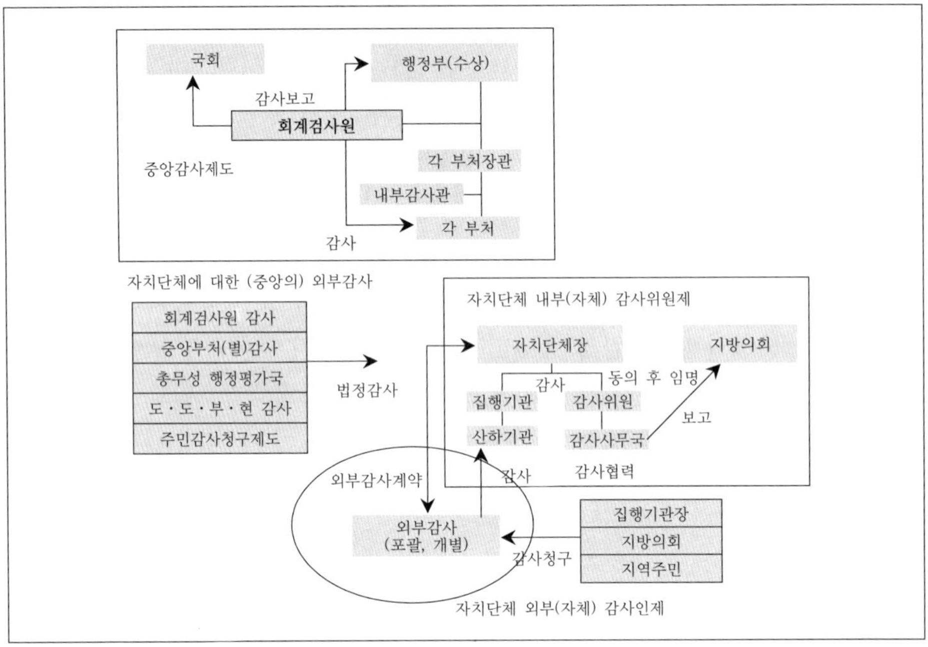

자료: 한국행정연구원(2007).

의 감사권한이 부활되면서 감사위원제도가 신설되었다.

그 후 1999년 「지방분권일괄법」 제정 및 「지방자치법」의 개정으로 국가의 기관위임사무가 폐지되면서 국가의 포괄적인 지도감독권이 크게 정비되었고, 중앙감사기관(중앙회계검사원 및 중앙부처)의 감사와 상급지방자치단체(도・도・부・현)의 감사가 약화되면서 각 지방자치단체는 기존의 감사위원제도 외에 독자적인 외부 감사제도를 도입하여 운영하고 있다. 일본의 중앙 및 지방감사제도를 도식화 하면 위 [그림 2-4]와 같다. 이하에서 자세히 설명하도록 한다.

Ⅱ. 중앙감사제도

1. 중앙회계검사원 및 자체감사기구 현황

일본의 중앙회계검사원은 중앙부처와 국가의 재정지원을 받는 지방자치단체 및 공공기관을 대상으로 '필요적 검사대상'과 '선택적 검사대상'으로 나누어 회계검사를 실시한다. 필요적 검사대상은 주로 국가기관과 국가가 출자한 공공법인(135개) 등이며, 선택적 검사대상은 국가로부터 직접 또는 간접으로 보조금·대부금 등의 재정지원을 받거나 자본금의 1/2 미만 출자한 단체 등이나 대부분 전자[16]에 속한 것으로, 중앙회계검사원이 필요하다고 인정하는 때에 검사할 수 있는 것이나 이를 검사하려고 할 때는 검사관회의의 의결이 필요하며 사전에 그 취지를 상대방에게 통보하여야 한다.

한편 각 중앙부처에는 내부감사관을 두고 자체감사를 실시하게 하고 있으며, 일반적인 직무감찰은 총무성의 행정평가국[17]이 담당하고 있다.

2. 중앙회계검사원의 조직 및 기능

일본의 중앙회계검사원은 넓은 의미에서 행정부 소속이지만 내각으로부터 독립된 지위를 인정받고 있다. 이러한 독립성 보장을 위한 장치의 일환으로 검사위원회의 구성요원인 검사관(원장포함 3인)은 국회의 동의를 얻어 내각이 임명하되 천황의 인증을 받도록 되어 있다. 그 내부조직을 보면 일선감사국의 경우 5개국 900여 명으로 구성되어 있고 각 국은 2명의 심의관, 과장급이 지휘하는 10명의 행정반 및 7개 과로 편성되어 평균 1개 과에 27명이 소속되어 있는 등 전형적인 대국다과주의(大局多課主義) 체제이다.

한편 중앙회계검사원은 국가기관 및 지방자치단체와 공공기관에 대한 회계검사를 실시하는 한편, 내각이 작성한 국가의 수입 및 지출의 결산을 검사하고 이에 의한 검사보고를 첨부하여 내각에 송부하는 업무를 수행한다.

3. 중앙회계검사원의 감사방법

중앙회계검사원은 헌법 제90조의 규정에 따라 국가기관과 산하 공공기관에 대한 회계검사를 실시하는 한편, 국가의 수입과 지출을 검사하여 그 결과를 내

16) 2002년말 현재: 계속 지정단체(도·도·부·현 등) 61개 단체, 연도한정단체(시·장·촌 등) 5,942개 단체.

17) 2000년에 종전의 자치성과 우정성 및 총무처를 총무성으로 통합하고 2001년부터 행정감찰국을 행정평가국으로, 행정감찰관을 행정평가감사관으로 변경하였다.

각에 제출하면 내각은 다음연도에 그 결산과 중앙회계검사원의 결산검사결과 보고서를 국회에 제출하여 심사를 받는다.

Ⅲ. 지방자치단체 감사제도

1. 지방자치단체 감사제도 개요

종전 중앙정부의 총괄적 지도감독을 받아 오면서 특별한 자체감사제도가 없던 일본의 지방자치단체는 1999년 지방분권일괄법 제정 및 「지방자치법」의 개정으로 국가의 기관위임사무가 폐지되면서 국가의 포괄적인 지도감독권이 크게 정비되었고, 중앙감사기관과 상급지방자치단체의 감사가 약화되면서 각 지방자치단체는 기존의 감사위원제도 외에 독자적인 외부 감사제도를 도입하여 운영하는 등 자율성이 확대되고 있으나, 아직도 다중적인 감사체계가 남아 있어 중복감사가 허용되고 있다.

2. 중앙회계검사원의 지방자치단체 감사

일본에서 지방자치단체를 대상으로 하는 핵심적인 감사는 중앙회계검사원에 의한 감사로 헌법 제90조에 근거하여 재정 중심의 감사를 수행하는바, 감사의 종류는 「지방자치법」에 따라 정기감사, 월례출납검사, 결산심사, 기금운용상황심사 등이 있다. 그 외에도 「지방자치법」에 따라 주민감사청구에 의한 감사와 의회 및 장관・지방자치단체장의 요구에 의한 감사 등이 있다.

중앙회계검사원의 감사는 주로 지방자치단체의 회계에 관한 것으로 지방자치단체가 중앙정부로부터 보조금을 교부받은 사업에 국한되는바, 지방자치단체가 중앙정부가 제시한 보조금 신청요강에 따라 보조금을 신청하고 배분된 보조금을 집행함에 따라 제출하는 실적보고서를 기초로 회계검사를 수행한다. 이때 회계경리의 감독과 결산의 확인작업이라는 두 가지 직무가 수행된다. 그 외에 ① 국가 등에 손해를 입힌 예산집행 책임자에 대한 변상책임 유무판정 및 징계처분 요구, ② 국가의 회계경리 취급상 손해를 입었다는 이해관계인에 대한 심사, ③ 회계담당직원에 대한 범죄 발견 시 검찰청 통보 등의 업무를 수행한다.

3. 국가기관에 의한 지방자치단체 감사

일본에서 지방자치단체를 대상으로 하는 핵심적인 감사는 중앙회계검사원에 의한 감사로 헌법 제90조에 근거하여 재정 중심의 감사를 수행하는바, 감사의 종류는 「지방자치법」에 따라 정기감사, 월례출납검사, 결산심사, 기금운용상황심사 등이 있다. 그 외에도 「지방자치법」에 따라 주민감사청구에 의한 감사와 의회 및 장관·지방자치단체장의 요구에 의한 감사 등이 있다.

중앙회계검사원의 감사는 주로 지방자치단체의 회계에 관한 것으로 지방자치단체가 중앙정부로부터 보조금을 교부받은 사업에 국한된다. 즉 지방자치단체가 중앙정부가 제시한 보조금 신청요강에 따라 보조금을 신청하고 배분된 보조금을 집행함에 따라 제출하는 실적보고서를 기초로 회계검사를 수행한다. 이때 회계경리의 감독과 결산의 확인 작업이라는 두 가지 직무가 수행 된다. 그 외에도 다수의 국가기관에 의한 지방자치단체 감사제도가 존재한다. 이를 정리하면 아래 <표 2-1>과 같이 정리할 수 있으며, 이하에서 이를 구체적으로 살펴보도록 한다.

표 2-1 일본의 국가기관에 의한 지방자치단체 감사제도

감사종류	대상	내용	근거
국회 국정조사	지방자치단체 전체	국정전반, 다만 특정한 사안에 한정	일본국헌법
각 중앙부처의 통제	지방자치단체 전체	보조금 집행의 합목적성 평가	사안별 개별 법률
총무성 행정평가국 행정평가	문제가 발생된 지방자치단체	특별히 문제점이나 민원이 제기된 사항	「지방자치법」
상급자치단체(도·도·부·현) 감사	시·정·촌	보조금을 지급한 것에 대한 관리차원의 상급기관 감독 감사, 중앙정부 법정수탁사무 대행감사	「지방분권일괄법」

자료: 염차배(2010a) 재구성.

(1) 국회에 의한 국정조사

명치유신 이후 구헌법에서는 국정조사권에 대한 명문규정이 없이 의회법에 따라 일정한 범위 내에서 제한적인 국정조사가 인정되었으나, 현재는 일본국헌법 제62조와 국회법에서 상하 양 의원(위원회 포함)의 국정조사권을 인정하고 있다. 국정조사의 범위에 대해서는 명확히 규정하고 있지 않으나 국정조사의 본질상 국정전반이 대상이 될 수가 있되 특정한 사안에 한정되어 이루어진다고 하겠다. 대상기관은 지방자치단체도 포함되나 실제 이루어진 예는 사실상 없다.

(2) 각 중앙부처에 의한 통제

소관 중앙부처에 의한 지방자치단체에 대한 감사는 해당기관에서 지원한 보조금이 원래의 목적에 맞게 사용되었는지를 평가하기 위해서 실시되며, 중복감사를 막기 위해 중앙회계검사원의 감사가 있는 해에는 부처간 업무조정을 통해 이를 피하고 있다. 다만 중앙회계검사원의 감사가 재무감사인데 비해 중앙부처에 의한 감사는 주로 행정지도적 차원에서 실시되는 점이 다르다. 더욱이 1999년 지방분권일괄법이 제정됨에 따라 국가와 지방자치단체 간에 새로운 관계가 형성되고 기관위임사무제도가 폐지됨으로써 중앙정부의 포괄적 지도감독권도 폐지되고, 관여의 일반원칙에 기초한 새로운 사무구분(자치사무와 법정수탁사무)이 이루어짐으로써 국가의 지방자치단체에 대한 통제 또는 관여가 개별 법률적 근거[18]에 의하여 제한적으로 행해지게 되었다.

(3) 총무성 행정평가국의 행정평가

총무성 행정평가국의 평가감시대상기관은 각 중앙부처이나 이와 관련된 평가감시대상기관으로 지방자치단체가 포함된다. 그러나 그 범위는 특별히 여론에 부각된 문제점이나 민원을 제기된 사항 등 특정사안으로서 중앙부처와 특별히 관련이 있는 부수적인 사항에 한하여 이루어진다.

행정평가국의 지방자치단체에 대한 행정감사는 정기적으로 이루어지지 않을 뿐만 아니라 감사횟수나 선정기준도 정해져 있지 않고, 언론에 부각된 문제점이나 민원 사항 현지조사가 그 기본이다. 행정감사의 경우 경제성·효율성·효과성·형평성 등이 강조되고 있다.

---

18) 예를 들면 국가의 관여절차와 소송절차가 규정으로 정해진다.

(4) 상급자치단체인 도·도·부·현의 시·정·촌에 대한 감사

도·도·부·현이 ·시·정·촌에 대하여 행하는 감사는 i) 개별 중앙부처의 전문분야에 따라서 시·정·촌에 대한 감사를 수행할 때의 입회, ii) 시·정·촌에 보조금을 지급한 것에 대한 관리차원에서의 상급기관 감독 감사, iii) 중앙정부의 법정수탁사무를 시행하는 것에 대한 대행감사의 경우이다.

지방분권일괄법 제정 이후에는 감사경향이 적발·감독 차원에서 지도·점검으로, 위반사항의 지적보다는 운영 합리화를 위한 지도·조언·정보제공 등으로 바뀌어 협력·지원기관으로서의 역할을 수행하고 있다.

4. 지방자치단체 자체감사제도

표 2-2 일본의 지방자치단체 자체 감사제도

감사종류	주요 내용	근거
내부 감사제 (감사위원제)	- 회계검사뿐만 아니라 일반 행정감사를 포함 - 지방자치단체장으로부터 독립한 감사기구로서 단체장의 지휘감독을 받지 않으며, 독임제(또는 합의제) 업무 수행 - 독립성, 전문성, 투명성 확보를 위한 제도적 장치가 마련	「지방자치법」
외부감사제도 (아웃소싱)[19]	- 지방자치단체의 장이 외부감사계약에 따라 변호사, 공인회계사 등 일정한 자격을 구비하고 있는 외부전문가를 활용	「지방자치법」 외부감사계약
지방의회의 감시권	- 감시권 : 지방자치단체 내부에 관한 것으로 지방행정의 실상을 파악 - 조사권 : 대외적으로 실상을 조사하는 권한으로서 벌칙에 의하여 실효성이 담보	「지방자치법」
주민감사 청구제도	- 직접청구감사 : 지방자치단체사무에 관한 감사를 감사위원에게 청구 - 주민감사청구 : 집행기관 또는 지방공무원의 위법한 재무회계상의 행위나 태만한 사실에 대해서 감사위원에게 예방·시정을 요구	「지방자치법」

자료: 염차배(2010a) 재구성.

19) 이는 법형식적으로는 외부 감사제도로 분류하는 것이 타당하나, 실질적으로는 자체(내부)감사제도의 대안으로 제시된 제도로서 내부 감사제도의 하나로 보아 여기에서 설명하는 것이 이해하기 편리할 것이다.

중앙정부에 의한 행정부처의 자율성 감사 이외에 지방자치단체 내부의 감사제도 역시 <표 2-2>와 같이 복잡하게 되어 있다.

(1) 내부감사제도(감사위원제)

가) 감사위원의 선임 및 조직

일본 「지방자치법」에 따르면 보통자치단체는 특별집행기관으로 감사위원을 두도록 되어 있어(「지방자치법」 제195조의1) 이에 따라 독임제 집행기관으로서 도・도・부・현 및 시・정・촌 등 지방자치단체에 반드시 두고 있다.[20] 내부감사위원이 수행하는 감사범위는 회계검사뿐만 아니라 일반행정감사를 포함한다.

감사위원은 인격이 고결하고 재무관리 등 자치단체 업무에 뛰어난 식견을 가진 자(소위 '식견위원')와 지방의회의원 중(소위 '의선위원')에서 지방의회의 동의를 얻어 지방자치단체장이 선임한다. 감사위원의 정수는 도・도・부・현과 인구 25만 이상의 시에는 보통 4인, 기타 시에는 2~3인, 정・촌의 경우 2인으로 규정되어 있다.

의선의원의 경우 감사위원 정수가 4인인 경우 1~2인, 3인 이내인 경우 1인으로 제한되며, 식견의원의 경우에도 감사위원 정수가 3인인 경우 2인 이상, 2인인 경우 1인 이상으로 선임 전 5년 간 지방자치단체의 직원이 아닌 자로 임명할 수 있다. 감사위원의 임기는 식견의원은 4년, 의선의원은 의원의 임기로 하고 있고 자치단체장의 승인을 얻어 퇴직할 수 있다(「지방자치법」 제198조). 또한 도・도・부・현과 인구 25만 이상의 시에는 식견위원 가운데 적어도 1인 이상은 상근으로 하였고 그 외의 지방자치단체의 경우에는 식견위원을 상근감사위원으로 할 수 있도록 규정하였다(「지방자치법」 제196조). 감사위원 정수가 2인 이상인 경우 식견위원 가운데 1인을 대표감사위원으로 선임하도록 하였고 대표감사위원은 사무국 직원의 임면과 기타 감사위원에 관한 사무를 처리하도록 되어 있다(「지방자치법」 제199조의3).

감사위원은 직무수행에 있어 지방자치단체장으로부터 독립한 감사기구로서 단체장의 지휘감독을 받지 않으며, 독임제로 업무 수행을 한다. 1997년 「지

20) 1963년 「지방자치법」 개정으로 종전 도・도・부・현에만 두던 것을 시・정・촌에까지 확대되었다.

방자치법」의 개정으로 감사위원을 파면할 경우에는 지방의회에서 공청회를 개최하고 지방의회의 동의를 얻도록 하였고, 감사위원이 직무를 수행할 때 공정하고 공평할 것을 요구하는 공정불편성과 직무상 획득한 비밀에 대한 비밀엄수의무를 명문화하는 등으로 감사위원제도의 독립성, 전문성, 투명성 확보를 위한 제도적 장치가 마련되었다.

한편 감사위원을 보좌하기 위하여 도・도・부・현에서는 반드시, 시・정・촌에서는 조례가 정하는 바에 따라 감사사무국을 둘 수 있도록 하고 사무국이 없는 감사위원의 경우 이를 보좌하는 직원을 두도록 규정하고 있다(「지방자치법」 제200조).

나) 감사방법

감사위원에 의한 감사는 의무적 감사로서 ① 지방자치단체의 재무에 관한 사무의 집행 및 경영에 관한 사업의 관리에 대하여 매 회계연도마다 1회 이상 정기적으로 감사를 행하고 그 결과를 지방의회, 단체장 및 각 관계위원회에 보고, 공표하는 '정기감사'와, ② 매 월례일을 정하여 현금출납상황을 검사하는 '월례출납검사', ③ 매 회계연도 지방자치단체장이 의회에 제출하여 승인을 받는 결산에 대한 사전 심사를 하는 '결산심사', ④ 매 회계연도 기금의 운용상황에 대하여 결산심사에 준하여 행하는 '기금운용상황 심사'가 있다. 그리고 감사위원이 필요하다고 인정하는 경우 언제라도 사무집행 및 경영 사업관리에 관한 감사를 할 수 있는 '임시감사'(「지방자치법」 제199조의1), 보조금 등 지방자치단체 재정지원단체에 대한 '재정원조단체 감사'(「지방자치법」 제199조의7), 지방자치단체 지정금융기관에 대한 감사(「지방자치법」 제235조의2) 등 수시감사가 있다.

그 외에 주민의 주민직접청구감사(「지방자치법」 제75조)[21]와 주민감사청구에 의한 감사(「지방자치법」 제242조),[22] 지방의회의 요구에 의한 감사(「지방자치법」 제98조의2),[23] 장관・지방자치단체장의 요구에 의한 감사(「지방자치법」 제199조의

21) 선거권자 총수의 50분의 1 이상의 연서로 그 대표자가 당해 자치단체사무에 관한 감사를 청구하는 것이다.

22) 당해 지방자치단체의 장, 지방의회 의원, 공무원 등의 재정상 손실 또는 위법・부당한 공금 부과, 재산관리 태만 등의 사유가 있을 때 감사위원에게 주민 1인 이상이 감사청구를 하는 것으로 재정과 관련되는 사항에 국한 되는 점에서 주민의 직접청구 감사와 다르다.

23) 지방의회는 감사위원에게 당해 지방자치단체의 사무에 관하여 감사를 요구하고 결과보

6) 등 다양한 감사제도가 있다.

(2) 외부감사제도

가) 외부감사인 제도의 현황 및 조직

지방자치단체의 외부감사제도는 1997년 「지방자치법」의 일부 개정으로 제도화 되어 1998. 10. 1.부터 시행되었는데 외부감사계약에 근거한 감사를 규정하고 있다. 이는 기존의 감사위원제와 별도로 변호사, 공인회계사 등 일정한 자격을 구비하고 있는 외부전문가와 지방자치단체의 장이 외부감사계약을 체결하여 지방자치단체를 감사하는 제도로서 일본에서 외부감사제도를 도입하게 된 배경은 ① 일본의 지방분권화 추진에 따른 중앙정부와 지방자치단체 간의 역할분담의 재조정에 대응하기 위한 조치, ② 지방자치단체들의 부정지출행위가 적발되는 데 따른 주민의 신뢰성 회복을 위해, ③ 감사위원제도 등 지방자치단체 내부감사제도의 한계에 따른 제도적 보완 등이다.

외부감사인의 자격은 보통지방공공단체의 재무관리, 사업경영관리, 기타 행정운영에 관하여 탁월한 식견을 가지는 자로서 변호사, 공인회계사, 감사관련 경력이 10년 이상인 자 등으로 규정되어 있다(「지방자치법」 제252조의28). 이러한 자격을 갖춘 외부감사인은 당해 지방자치단체와 포괄외부감사계약 또는 개별외부감사계약을 체결하여 감사를 실시한다.

나) 외부감사인의 감사방법

외부감사는 계약에 의한 포괄외부감사와 개별외부감사 두 가지가 있다. 계약에 의한 포괄외부감사는 매 회계연도마다 지방자치단체의 장이 외부감사인과 감사계약을 체결하되 법인·단체가 아닌 자연인과 하며, 지방자치단체의 재무에 관한 사무의 집행 및 경영에 관한 감사를 한다. 이를 의무로 하는 곳은 상급지방자치단체인 도·도·부·현과 정령지정도시, 중핵도시, 조례로 이를 도입하고 있는 지방자치단체 등이다. 포괄외부감사인은 계약기간 내에 감사결과 보고서를 지방자치단체장, 지방의회, 감사위원 및 관련 위원회 등에 제출해야 한다. 또한 자체 내부감사기구의 감사위원과 협력하여 관계자 출두 및 증빙제출 등을 요구할 수 있다.

고를 청구할 수 있다.

개별외부감사는 지방자치단체장이 감사자격자인 자연인과 특정한 사안에 대하여 감사계약을 체결할 수 있는바, 주민・지방의회・지방자치단체의 장 등이 이를 활용하여 감사청구를 할 수 있는 감사방법이다. 이는 내부감사기구의 감사위원을 대신하는 것이므로 조례에 근거가 있어야 한다.

(3) 지방의회의 감시권

지방의회가 집행기관을 감시, 견제하는 권한으로 '감시권'이 있는데 이는 구체적으로 검사권과 감사청구권을 의미한다(「지방자치법」 제98조). 이와 유사한 것으로 지방의회의 '조사권'이 인정된다(「지방자치법」 제100조). 지방의회의 감시권은 지방자치단체 내부에 관한 것으로 지방행정의 실상을 파악하는데 목적이 있는 반면, 조사권은 대외적으로 실상을 조사하는 권한으로서 감시권과 달리 벌칙에 의하여 실효성이 담보되고 있다.

5. 주민감사청구제도

지방자치단체에 대한 주민감사청구제도는 일본 「지방자치법」 제75조에 근거한 직접청구감사와 동법 제242조에 근거하는 주민감사청구로 나뉜다. 전자는 선거권자 총수의 50분의 1 이상의 연서로 그 대표자가 당해 지방자치단체 사무에 관한 감사를 감사위원에게 청구하는 것이고, 후자는 지방자치단체의 주민 1인 이상이 집행기관 또는 지방공무원의 위법・한 재무회계상의 행위나 태만한 사실에 대해서 감사위원에게 예방・시정을 요구하는 제도이다. 양자는 감사청구 대상 사무의 범위와 청구권자의 요건에서 차이가 있다.

Ⅳ. 감사 가치 구현 노력

1. 독 립 성

행정부에 의한 감사가 주를 이루고 있어 독립성이 상대적으로 미약하다고 볼 수 있다. 반면, 지방자치단체 자체감사의 경우는 독임제(또는 합의제)를 취하는 방식으로 독립성을 담보하기 위해 노력은 하고 있지만 다른 나라의 경우에 비해서는 상대적으로 독립성이 낮다고 볼 수 있다.

2. 전 문 성

외부의 전문인력을 활용하기 위한 제도적 노력은 있지만, 전문가를 양성하기 위한 교육프로그램은 상대적으로 미약하다. 즉 「지방자치법」(제252조의28)에 외부감사인의 자격을 지방자치단체의 재무관리, 사무의 경영관리, 기타 행정운영에 관하여 정통한 식견을 지닌 자로 규정하고, 정령에서는 변호사, 공인회계사, 통산 10년 이상의 행정실무경험자, 세무관련 업무종사자로 규정하고 있을 뿐만 아니라 형벌을 받은 자나 징계 면직자 등에 대한 임용결격요건에 관한 규정도 두어 우수하고 특별한 신분상 문제가 없는 전문가를 확보하도록 하고 있다.

3. 협 력 성

중앙회계검사원의 감사결과는 수상과 국회에 보고하고 있고, 지방자치단체의 자체감사기구의 감사결과도 단체장과 지방의회에 제출하는 것뿐만 아니라 대외 공표도 하고 있다. 그리고 감사기구 간의 관계는 1995년 지방분권추진법 이후 지방자치단체는 상·하 개념이 없어짐에 따라 감사도 상호 역할 분담의 형태로 이루어지고 있고, 내부감사인과 외부감사인 간에도 서로 보완적인 관계로서 외부감사인은 내부감사인의 기능이 미흡할 때 보충적으로 이루어지는 형태를 띠고 있다. 그러나 일본의 감사체계는 감사활동의 협력 측면에서 보면 전반적인 기능분담보다는 감사의 중복성이 상당히 인정되는 등 다른 선진국들에 비해 미흡한 편이다.

4. 경 제 성

일본의 지방자치단체에 대한 감사는 중앙회계검사원, 중앙부처, 총무성의 행정평가국에 의한 직무감찰, 상급자치단체의 감사 등 국가기관에 의한 감사뿐만 아니라 자체 감사제도로서도 내부 감사위원제도와 외부감사인제도를 인정하고 있고 그밖에 지방의회의 감시권, 주민청구감사, 장관・지방자치단체장의 청구감사 등 다수의 감사가 시행되고 있을 뿐 아니라 이들 간에 상당한 범위에서 감사의 중복성이 허용되는 등 다수의 감사기구가 인정되고 있어 경제성에 있어서는 미약하다고 하겠다.

Ⅴ. 일본 감사체계의 특징

1. 분권형 지방감사체계의 지향

일본 지방감사제도를 보면 앞에서 언급하였듯이 1995년 지방분권추진법 이후 상급 지방자치단체인 도・도・부・현과 기초자치단체인 시・정・촌과는 종전의 상・하 관계가 아닌 대등한 관계로서 상호역할을 분담한다는 관점에서 협력적 파트너십을 구축해 가고 있는 것으로 평가된다. 과거 사무검사 또는 감사로 표현하던 용어도 지도, 점검으로 변화하고 있으며 감사대상도 국가가 보조금 등 재정지원을 하는 사무에 대한 회계검사로 한정하고 있다.

2. 자체감사기구의 자율성・독립성 인정

지방자치단체의 내부감사제도인 감사위원제는 법령 등에 의거 지방자치단체의 운영이나 사무의 적정성을 확인하는데 그 목적을 두고 있으며, 조직의 내부사정에 정통한 감사인이 감사를 하기 때문에 조직의 내부 문제점을 사전에 예방하거나 조기 발견하는 등의 장점을 가지고 행해진다. 감사위원제는 1995년 지방분권추진법 제정 이후 지방자치단체에 대하여 종전의 국가에 의한 관여를 축소하는 한편 자치단체 자체 점검 기능을 강화하는 일환으로 더욱 보강되었다.

한편 자체감사위원은 직무수행에 있어 지방자치단체의 장으로부터도 독립한 집행기관이기 때문에 지방자치단체장의 지휘나 감독을 받지 않는다. 감사위원은 심신 장애로 직무수행을 할 수 없는 경우나 직무상 위반 등의 문제로 직무수행에 적합하지 않을 때에 지방의회의 공청회와 동의를 얻은 경우에 한하여 단체장이 파면할 수 있도록 함으로써 신분상의 독립도 보장하고 있다. 자체감사인의 업무처리는 독자적인 판단과 책임 아래 수행된다.

그러나 정기감사와 임시감사, 주민·지방의회청구·장관 및 지방자치단체장 청구 감사 등 대부분의 감사의 결과에 관한 보고의 결정 등이 합의제로 처리되도록 하고 있어 독임제에 의한 감사책임제 특성은 상당히 제한적이라고 하겠다.

3. 내부 및 외부감사제도 운영 등 감사의 중복성 인정

일본의 지방자치단체에 대한 감사는 중앙회계검사원, 중앙부처, 총무성의 행정평가국에 의한 직무감찰, 상급자치단체의 감사 등 국가기관에 의한 감사뿐만 아니라 자체 감사제도로서도 내부 감사위원제도와 외부감사인제도를 인정하고 있고 그밖에 지방의회의 감시권, 주민청구감사, 장관·지방자치단체장의 청구감사 등 다수의 감사가 시행되고 있을 뿐 아니라 이들 간에 상당한 범위에서 감사의 중복성이 허용되고 있어 오히려 문제점으로 지적되고 있다.

제5절 해외사례의 시사점

Ⅰ. 독립성을 갖춘 지방감사기구 설치·운영

먼저, 각 나라마다 나름대로 감사기구의 독립성을 확보하기 위한 제도적 노력을 기울이고 있고 상당한 성과도 거두고 있다는 점이다.

영국의 경우 대처수상이 집권하면서 1982년 지방자치단체재정법에 근거하여 지방자치단체에 대한 일상감사기구로서 지역사회의 이해관계자들이 중심이 되어 구성원이 되고 실무적인 처리는 감사관을 배치한 지방감사국에서 전담하도록 하는 독립된 지방감사위원회를 설립하였다. 지방감사위원회의 구성원은 지역사회의 기업체, 지방자치단체, 노동조합 등으로부터 추천된 인사를 중앙정부에서 임명하는 중앙정부기구로 유지하고 있다. 또한 1988년부터는 새로운 지방감사위원회법에 의해서 모든 지방자치단체가 지방감사위원회를 통해서 외부감사를 받도록 감사시스템을 통합시켰다. 이로써 영국은 중앙정부가 직접 감사를 하지 않고도 지방자치단체와 지역 주민들의 추천에 따른 자율적인 감사시스템을 구성하도록 하여 자연스러운 계층감사와 지방분권화에 맞는 단일 감사체제를 구축하였다고 하겠다.

미국의 경우 전국적으로 통일된 형태를 갖지 않고 주정부와 지방자치단체에 따라 다양한 형태의 감사제도를 유지하고 있으나 공통된 현상은 권력분립의 원칙에 충실하게 감사제도가 운영되는바, 집행부를 감시하기 위한 감사관이 주민 직선으로 선출되거나 지방의회의 동의 또는 지방의회에 의해 직접 임명됨으로써 의회와 집행부를 동시에 감사하는 제3의 독립형을 주로 취하고 있어 감사기구는 독립성을 갖추고 있다고 하겠다.

프랑스는 1982년 신「지방자치법」 제정으로 새로운 지방분권 정책이 추진되면서 국가가 지방자치단체에 대해 행사하던 사전통제제도를 폐지하고, 중앙회계검사원과 지방의 감사관이 행사하던 이중적 감독권을 통합적인 절차로 간소화하면서 지방회계검사원을 설립, 이를 활용하여 재정건전성을 확보하고 효과적인 예산수립 및 집행을 위해 사후통제방식으로 전환하였다. 그 동안 지방자치단체에 행사하던 모든 감독제도를 간소화하여 사후적으로 합법성 감독제도를 중심으로 지방자치단체의 재정결정권에 대한 책임성을 확보할 수 있도록 의사결정의 사전 자율권을 최대한 보장하는 대신 사후적으로 그 적법성과 성과주의적 예산집행 활동을 권장하도록 하였다. 임명도지사는 예산수립 및 집행과정에 문제가 발생하면 예산과 재정문제는 지방회계검사원에, 행정행위는 행정법원에 제소하여 법원의 판결을 받도록 하였고, 예산 및 재정에 대한 불법행위 등이 지적되면 지방회계검사원이 이를 변경 또는 수정토록 하였다. 이러한 과정에서 임명도지사와 지방회계검사원은 재정분야에 대해 긴밀한 협력을 유지하며 지방자치단체에 대해 조력자, 전문적 지원자의 역할을 수행할 수 있게 되었다. 따라서 이들 국가에서는 공통적으로 지방자치단체 감사기구가 감사책임자의 선임이나 직원의 임용 등 인사와 예산, 감사활동이나 결과처리 등에 있어 상당한 독립성을 갖는다고 하겠다.

Ⅱ. 감사 전문인력에 의한 지방감사제도 운영

다음으로 우수한 인력을 확보하고 이를 유지하기 위한 임용, 교육훈련 및 신분보장 등에 대한 제도를 두고 있다는 점이다.

영국과 미국의 경우 지방자치단체 감사기구의 감사공무원은 공공재무회계사협회(영국 CIPFA)나 전국내부감사관협회(미국 IIA) 등으로부터 전문자격증(공인회계사 등)을 취득한 자와 감사 유경험자를 채용요건으로 하여 개방형 전문직으로 채용하는 등 전문성 확보에 주력하고 있다.

프랑스의 경우에는 기본적으로 2/3는 국립행정학교에서 공법(公法), 재정 및 경제 분야 전공자로서 10위권 이내의 우수한 성적자를 감사인으로 신규임용하고, 나머지 1/3은 재경부 등 정부기관 근무경력이 있는 공무원이나 전문가를 별정직 등으로 채용하며, 감사관은 다른 부처 공무원에 비해 2배 수준의 보수를 지급한다. 또한 법관으로서의 신분보장뿐만 아니라 정년·징계절차에 의하지 않고는 직무와 신분을 훼손시킬 수 없도록 하고 종신직으로 신분보장과 독립성을 보장하고 있다. 전문성을 확보하도록 하기 위해 4~7년 동안 동일업무를 담당하게 하되 4년 근무 후 2년 정도는 다른 정부부처, 공공기관에 파견근무케 한다.

일본의 경우 「지방자치법」(제252조의28)에 외부감사인의 자격을 지방자치단체의 재무관리, 사무의 경영관리, 기타 행정운영에 관하여 정통한 식견을 지닌 자로 규정하고 정령에서는 변호사, 공인회계사, 통산 10년 이상의 행정실무경험자, 세무관련 업무종사자로 규정하고 있을 뿐만 아니라 형벌을 받은 자나 징계 면직자 등에 대한 임용결격요건에 관한 규정도 두어 우수하고 특별한 신분상 문제가 없는 전문가를 확보하도록 하고 있다. 각국의 예를 보면 전문자격자나 유경력자의 채용, 일정한 기간 계속 근무제도의 유지 등을 통해 전문성을 확보하기 위한 노력을 하고 있다고 하겠다.

Ⅲ. 중복감사 등 부작용해소와 효율성 증진을 위한 감사기구 협력체제 유지

영국의 경우 지방감사위원회는 중앙정부와 별도로 독립되어 지방자치단체를 감사하는 감사기구이지만 실제 그 구성원인 감사위원의 임용에는 중앙정부가 임명권을 행사한다. 이를 통해 중앙정부가 직접적으로 소관업무에 지도·감독하던 것을 간접적인 지원형태로 전환하게 되어 중앙정부에 의한 개입을 배제한다. 한편 국가회계검사원장과 각 지방감사위원회위원장 등이 참석하는 공공감사포럼 등을 통해 국가 전체적인 감사체계의 운영과 관련하여 통일성을 유지하고 정보교환을 하는 등 감사관계기구 간 협력관계를 유지하고 있다. 지방감사위원회는 감사방법도 평가 및 성과감사를 중심으로 하고 있으며, 주로 내부에서 자체적으로 감찰활동과 회계결과의 확인이 이루어지면 상급감사 및 외부감사로서 지방감사위원회의 감사가 이루어져 지방자치단체의 자율성을 존중하는 한편 중복감사를 막고 있다.

미국은 연방정부의 주정부나 지방자치단체에 대한 감사를 의회의 요구 등 특별한 사항이 있는 경우가 아니면 연방회계검사원에 의한 직접적인 감사는 실시하지 않고 있으며, 연방보조금이 지원된 경우에도 50만 달러 이상인 경우에 주정부나 외부감사인 등에 의해 단일감사법에 의한 통합감사를 실시하도록 하여 그 결과를 중앙정부가 보고 받는 형태를 취함으로써 중복감사나 수감기관의 감사부담 문제를 해소하고 있다.

프랑스의 경우 1982년 새로운 「지방자치법」의 제정과 함께 국가가 지방자치단체에 대하여 사전적, 사후적 전방위 감독권을 행사하던 것을 축소하고 지방자치단체의 자율성을 존중하는 차원에서 사전감독제도를 폐지하였다. 이러한 사전감독제 폐지를 보완하고 지방자치단체의 자율성을 살리면서도 효과적인 감독방식을 도입하기 위해서 예산 및 회계감사에 초점을 둔 사후감독제도로 전환하고 지방자치단체 및 산하 공공기관에 대한 전담감사기관으로 광역행정권 중심으로 지역별 지방회계검사원을 설치하였다. 지방자치단체의 경우 단체장의 직접적인 통제를 받는 내부(자체)감사기구가 있으며 이는 행정비용의 효율성 향상 등을 위한 감찰기구로서 활용되고, 일반적인 회계감사와 재정운영의 합법성 감사는 지방회계검사원이 전담하는 등 역할 분담을 하고 있다. 한편 중앙회계검사원과 지방회계검사원과의 관계를 보면 중앙회계검사원은 지방회계검사원의 불복사건에 대한 최종심인 상급법원으로서의 지위에 있고, 지방회계검사원장은 중앙회계검사원의 감사위원(수석감사관) 중에서 중앙회계검사원장의 추천으로 대통령이 임명하되, 지방회계검사원장은 형식적으로 중앙회계검사원의 수석감사관직을 겸직하고 있어 양자는 인사권에 있어서 종속관계를 형성하고 있고, 중앙회계검사원의 총검찰관은 지방회계검사원의 검찰관을 검사동일체의 원칙에 입각하여 직접 지휘하고 있어 중앙회계검사원과 지방회계검사원은 법적, 행정적으로 수직적 관계에 있는 등 밀접한 관계를 유지하고 있다.

일본의 경우 1995년「지방분권추진법」시행으로 상급 지방자치단체인 도·도·부·현과 기초자치단체인 시·정·촌과는 종전의 상·하 관계가 아닌 대등한 관계로서 상호역할을 분담하고, 지방자치단체에 독립성과 신분이 보장된 내부 감사위원제를 두어 지방자치단체에 대한 국가에 의한 관여를 축소하는 한편 자치단체 자체 점검 기능을 강화하였다. 그러나 중앙회계검사원, 중앙부처, 총무성의 행정평가국에 의한 직무감찰, 상급자치단체의 감사 등 국가기관에 의한 감사와 자체 감사제도로서 내부 감사위원제도와 외부감사인제도, 지방의회의 감시권 및 주민·장관·지방자치단체장의 청구감사 등 다수의 감사가 시행되고 있어 감사의 중복성이 허용되는 등의 문제점이 지적되고 있다. 이는 우리나라와 유사한 형태를 취하고 있는 일본의 예에서 보듯 협력성의 문제가 우리에게도 크게 다가올 소지가 있다고 하겠다.[24] 이상의 각국의 제도와 그 특성을 정리하면 다음의 <표 2-3>과 같다.

24) 단지 우리나라의 경우에는 지난 해 7월 1일 시행된「공공감사에 관한 법률」에 따라 관계기관 감사활동의 조정을 위해 감사활동조정협의회를 법정기구로 두도록 하여 많은 부분의 문제가 해소될 것으로 기대된다.

표 2-3 해외 지방자치단체 감사제도 비교표(요약)

구 분			국 가				
			영 국	미 국	프랑스	일 본	한 국
감사제도	국가		국가회계검사원	연방회계검사원	중앙회계검사원	중앙회계검사원	국가감사원
	지방	외부	지방감사위원회	주(state)·지방자치단체에 따라 다양[25]	지방회계검사원	중앙회계검사원 등[26]	국가감사원 등[27]
		내부	수석재무관제 (회계집행자)	선출직·임명직 감사관 등	회계관제 (회계집행자)[28]	감사위원제	단체장 소속 감사(담당)관[29]
법제도기반			국가회계검사법/지방자치단체법, 조례	예산회계법/주헌법 및 단일감사법, 자치헌장	헌법/「지방자치법」, 재정법	헌법/「지방자치법」, 조례 등	헌법, 감사원법/「지방자치법」, 조례 등
지방자치단체 감사가치	독립성		지역사회 각계 대표자(17명)를 감사위원으로 관계 중앙정부가 임명/합의제 운영, 지방감사국 책임감사제	선거 또는 독립적인 절차 등에 의한 임용, 신분보장	지방회계검사원장을 대통령이 임명/ 법적으로 행정부로부터 독립된 법원형태	단체장과 독립된 감사기구/ 상대적으로 독립성 미약	단체장이 소속 공무원 중에서 임명[30]
	전문성		전문자격증(공인회계사)을 가진 자와 유경험자 공개채용	전문자격자 및 유경험자 공개채용/동료평가실시	국립행정학교 출신자·관련 경력자 채용/ 4~7년 같은 분야 근무	외부 전문인력 활용/내부 역량 강화 프로그램 미약	일정 유자격자 (주로 경력) 채용
	협력성		공공감사포럼, 감사협의회 등 협의체 운영	단일감사법에 의한 통합감사	업무지휘권, 인사권으로 수직적 상하 관계	내부감사인과 외부감사인과 보완적 관계/ 중복성 인정	공공감사협의회 설치·운영
	경제성		인력 공유를 통한 기존 제도 강화	내부인력 활용 또는 아웃소싱	다수의 지방 감사원 설치로 비용 발생 가능성은 큼	다양한 감사기구 설치·중복 운영으로 경제성 미약	다양한 감사기구 설치·중복 운영허용(일본과 유사)

25) 주정부에 대한 연방회계검사원의 직접적인 감사는 없고, 주(state)·지방자치단체별로 다양한 외·내부감사제도 운영

26) 국회 국정조사, 중앙회계검사원의 국가사무 감사, 중앙부처 감사, 총무성 감사, 상급지방자치단체(도·도·부·현) 감사 등의 외부 감사도 있고, 회계사 등 외부인에게 아웃소싱(감사위탁)도 할 수 있다.

27) 국회 국정감사, 감사원 감사, 중앙정부 행정감사, 상급자치단체 등에 의한 감사 등 다양

하다. 일본과 유사하나 우리나라의 경우 아웃소싱을 인정하지 않는 점에서 차이가 있다.

28) 그 외에 통합「지방자치법」에 따라 지방의회의 결산승인 및 출납회계조사권 활동 등이 있다.

29) 제주특별자치도는 단체장 소속형에 독립기관형을 가미한 특수한 형태(일본의 감사위원제와 유사)이다.

30) 「공공감사에 관한 법률」 시행으로 일정 규모이상 기관의 경우 일정 자격자 공개모집토록 하여 독립성이 보완되도록 하였다.

제 3 장

지방자치단체 감사제도 모형 형성

제1절 지방자치단체 감사제도 형성모형 이해

제2편에서는 지방자치단체 감사제도를 둘러싼 중요 외부환경과 지방자치단체의 내재적 역량 등을 포함하여 핵심 영향요소(변수)인 감사가치의 형성요인이 무엇이고, 그 감사가치와 이를 구성하는 세부요소가 어떻게 지방자치단체 감사제도의 형성과 변화에 영향을 미치는지를 살펴봄으로써, 궁극적으로 우리나라에 있어 최적의 지방자치단체 감사제도의 개편방안을 제시하기위해 지방자치단체 감사제도의 형성과정을 쉽게 이해할 수 있도록 '지방자치단체 감사제도 형성 모형'을 제시했다. 즉 지방자치단체 감사제도를 둘러싼 외부환경 변화와 지방자치단체의 내부역량 등을 포함하여 감사제도에 영향을 미치는 핵심요소로서 감사가치를 도출, 재정립해보고자 한다.

'지방자치단체 감사제도 형성 모형'은 크게 자치단체 감사가치, 외부환경변화, 자치단체 역량을 외부 구성요소로 설정을 하였고, 내부의 자치단체 감사제도형성과정은 내부감사제도와 외부 감사제도로 구분하여 설계를 하였다. 따라서 본 모형을 통해 지방자치단체 감사제도의 외부구성요소를 쉽게 이해할 수 있으며, 지방자치단체 구성상의 내·외부 감사제도 형성과정 모두를 이해 할 수 있다는 점이 저자가 제시한 '지방자치단체 감사제도 형성 모형'의 장점이다([그림 3-1] 참조).

그림 3-1 지방자치단체 감사제도 형성 모형

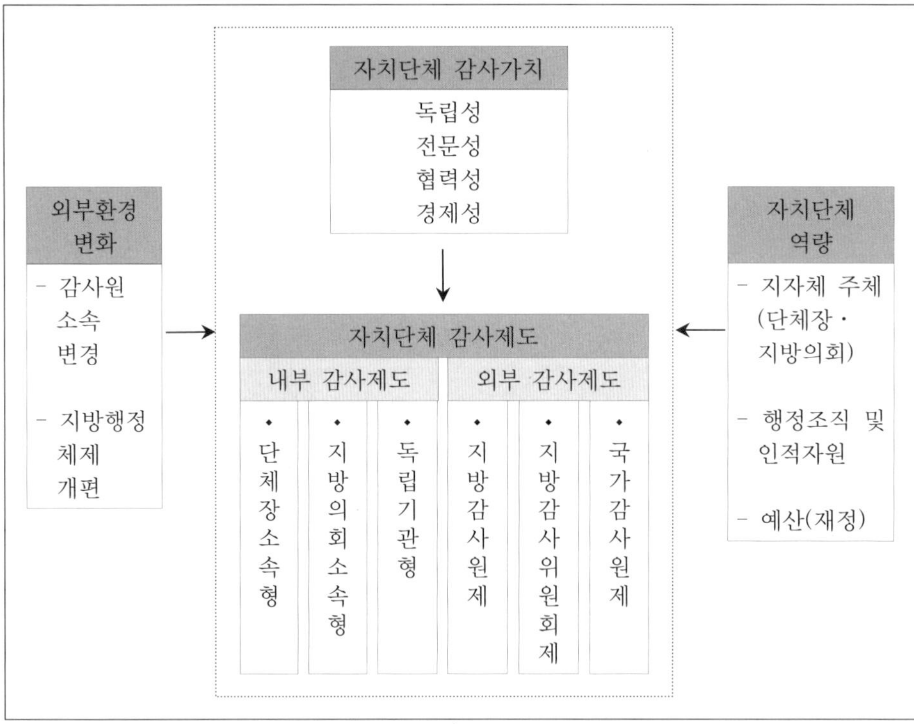

‘지방자치단체 감사제도 형성 모형’을 통해 저자는 지방자치단체 감사제도가 설계되어 만들어지고 변화되는 과정을 제시하고자 한다. 특히, 지방자치단체 감사제도에 영향을 미치는 중요 영향요소와 이들 간의 관계가 무엇인지 보여주고, 이들이 제도를 형성하는데 어떠한 영향을 미치는지를 본 모형을 통해 독자들에게 보여주도록 한다.

지방자치단체 감사제도 형성 모형을 좀 더 구체적으로 본다면, 우선 지방자치단체 감사가치의 중요성을 인식해야 한다. 앞서 언급한 바와 같이 지방자치단체의 감사제도 형성과 변화에 가장 큰 영향을 주는 감사가치와 이를 구현하기 위한 대안들은 우리나라의 지방자치단체 감사제도 형성과정을 이해하는데 있어 아주 중요한 요인들이다(염차배 · 진상기, 2010). 지방자치단체 감사제도의 형성 및 변화에 영향을 미치는 핵심영향요소로서 감사가치의 내용과 그 세부 구성요소가 무엇인지가 ‘지방자치단체 감사제도 형성 모형’을 통해 이해 될 수 있도록 구성하였다.

다음으로 중요한 '지방자치단체 감사제도 형성 모형'의 구성요소인, 지방자치단체 감사제도는 아래 <표 3-1>과 같이 정리될 수 있다. 즉, 내부 감사제도는 단체장소속형, 지방의회소속형, 독립기관형의 3가지 유형으로, 외부 감사제도로는 지방감사원제, 지방감사위원회제, 국가감사원제의 3가지 유형으로 간략히 정리할 수 있다.

'지방자치단체 감사제도 형성 모형'은 지방자치단체 감사제도의 형성과 변화에 영향을 미치는 중요 영향요소로 크게 지방자치단체 내부역량과 외부환경, 감사가치로 보고 이들이 서로 연관관계를 가지면서 영향을 미친다고 가정

표 3-1 지방자치단체에 대한 내·외부 감사제도 유형

구분	감사기구 유형	내 용
내부 (자체) 감사 제도	단체장 소속형	• 지방자치단체장 소속으로 자체 감사기구를 두는 형태(현행) • 감사기구의 장을 지방의회의 동의를 얻어 단체장이 임명하거나 일정 자격을 가진 자로 공모(개방형)
	지방의회 소속형	• 지방의회 소속으로 자체 감사기구를 두는 형태 • 감사기구의 장을 단체장 소속형처럼 지방의회의 추천으로 단체장이 임명하거나 일정 자격을 가진 자로 공모(개방형 또는 선거로 취임)
	독립기관형	• 자체 감사기구를 단체장이나 지방의회 어디에도 소속되지 않고 독립적으로 설치하는 형태 • 감사기구의 장을 일정 자격을 가진 자로 공모(개방형 또는 선거로 취임)
외부 감사 제도	지방감사원제	• 전국적으로 단일화된 지방감사원을 두는 형태 • 현재의 감사원의 분원이나 별도의 독립된 감사원을 두되 중앙 감사원과 연계하는 형태(예: 프랑스 지방감사원)
	지방감사 위원회제	• 일정 지역(예: 광역자치단체 또는 수개의 자치단체별)마다 설치하되 관계기관의 추천 등을 통해 임명된 다수의 감사위원으로 구성 • 실질적인 감사는 감사위원회와 별도로 설치된 사무국(감사단)에서 실시하는 형태(예: 영국의 지방감사위원회)
	국가감사원	• 헌법기관 또는 부처 차원의 독립된 국가기관으로서의 감사원이 지방자치단체에 대한 직접 감사(현행 감사원과 동일 또는 유사)

주) 외부 감사기구는 이름은 '지방'이 들어가는 것도 국가에 의해 구성·조직되는 국가 조직임.

하여 설계되었다. 그 중에서 감사가치의 경우 지방자치단체 감사제도의 형성에 있어 핵심 요소로 보아 이에 초점을 두고 논의를 하였다[1].

마지막으로 '지방자치단체 감사제도 형성 모형'은 앞서 언급한바와 같이 내부(자체) 감사제도[2]와 외부 감사제도[3]의 양립을 전제로 하여 설계되어 있다. 즉, 외부 감사제도는 지방자치단체의 외부에서 단체장의 행정권한을 견제하고 객관적인 입장에서 감사를 한다는 점에서 그 목적과 존재 의의가 있는 반면, 내부(자체)감사제도는 행정기관의 내부통제감사로서 조직목표의 달성과 업무관리의 경제성 및 능률성을 향상시키는 데 그 목적과 존재의의가 있다(안영훈, 2009)는 점을 반영한 것이다.

제2절 지방자치단체 감사제도 형성 모형 구성요소

Ⅰ. 외부환경 변화

1. 감사원의 소속변경

외부환경을 정치・법제 등 사회규범 면에서 보면 정치적 환경과 밀접하게 관련이 되어 있어 정권 혹은 정부의 교체, 최근 논의되고 있는 헌법 개정 등이 대표적인 사례라 볼 수 있다. 현재 지방자치단체에 대한 감사는 여러 기관에 의해 이루어지고 있는데 그 근거가 되는 법률은 감사 주체에 따라 약간씩 달리하고 있다. 즉 헌법과 법률에 따라 국회, 감사원, 중앙부처에 의한 국가적 감사와 지방의회, 자치단체의 자체감사부서에 의한 자치 감사가 이루어지고

1) 외부환경과 지방자치단체 내부역량이 감사제도의 형성뿐만 아니라 감사가치 형성에도 어느 정도 영향을 미친다고 보나 외부환경과 지방자치단체 역량은 지방자치단체 감사제도의 형성 또는 변화의 동인은 되나 감사제도를 설계하는데 있어서 구체적인 정책대안은 감사가치를 통해서 제시된다고 보고 감사가치를 중심으로 감사제도의 형성과정과 제도개편방안 도출을 모색하였다.

2) 내부감사제도는 소속형태에 따라 단체장소속형, 지방의회소속형, 독립기관형으로 나누어 분석한다.

3) 외부감사제도는 지방감사원제, 지방감사위원회제, 현행과 같은 국가감사원제 등 3종류로 나누어 분석한다.

있다.

이러한 다양한 형태로 구성된 국가감사체계는 개헌 등 큰 정치·법제 등 변화가 있을 경우 변화가 있을 것으로 보인다. 특히 최근 논의되는 개헌방향을 볼 때 어떤 형태로든지 지방자치단체 감사제도에 있어 외부감사의 중추적 기능을 하는 감사원의 기능 및 소속변경 등과 관련하여 큰 변화가 예상된다. 즉 감사원이 현행대로 대통령 직속의 행정부형으로 존속하느냐, 아니면 입법부형 또는 독립기관형으로 변경되느냐에 따라 그 기능과 권한 등이 크게 조정될 수 있고, 이는 지방자치단체 감사제도에 대한 변화를 불가피하게 가져올 것이다. 더불어 중첩적으로 이루어지고 있는 국회 국정감사, 중앙행정부처 등에 의한 상급기관 감사 등도 재정비가 불가피할 것으로 보인다. 따라서 감사원의 소속변경 등은 지방자치단체 감사제도에 있어 중요한 외부환경 요소이다.

2. 지방행정체제 개편

지방자치단체의 감사제도의 설정에 있어 중요한 환경요인 중 하나가 바로 중앙정부와 지방자치단체간, 광역지방자치단체와 기초지방자치단체 간의 권력관계이다. 중앙정부와 지방자치단체, 광역과 기초 간의 권한위임·배분 정도에 따라 관련 지방자치단체에 대한 감사의 범위와 감사제도의 위상이 달라지기 때문이다. 이는 국가권력의 배분문제와 직결되는 것으로서, 중앙집권적 또는 분권적 이념 가치에 따라 달라지는 문제라고 볼 수 있다. 일반적으로 지방자치단체에 권한이 많아지면, 그 권한 행사에 대한 감사대상이 넓어지고 책임의 범위 역시 커진다고 볼 수 있다.

한편 현재 추진되고 있는 지방행정구역개편이 광역·기초의 다층제 행정구조에서 이를 통합하는 단층제의 단순구조로 변화되는 경우 지방자치단체 감사제도의 내용과 내·외부 감사제도 간 위상 및 권한의 범위 등이 달라질 소지가 있다. 앞에서 언급하였듯이 2010년 9월 16일 지방행정체제 개편에 관한 특별법이 제정되었지만 지방행정체제개편의 체계적인 추진을 위하여 대통령 직속으로 지방행정체제 개편추진위원회를 두고, 개편추진위원회는 2012년 6월 30일까지 지방행정체제 개편에 관한 종합적인 기본계획을 대통령과 국회에 제출하도록 하며, 2014년 12월 31일까지 존속하도록 하였다. 즉 본 법률에서는 지방행정체제 개편방안만을 제시하였을 뿐 구체적인 시행방안은 모두 동 위원회에 위임을 한 상태이기 때문에, 향후 지방행정체계의 개편방향에 따라 지방자치단체의 감사체계는 많은 영향을 받게 될 것이기에, '지방자치단체 감사제도 형성 모형'에 이를 중요한 외부환경 요소로 설정하였다.

Ⅱ. 지방자치단체 역량

1. 지방자치단체 주체

행위자 변수 중 지방자치단체 주체변수는 지방자치단체 감사제도의 직접 운영자 및 당사자를 의미한다. 행위자 중에서 제도형성 및 변화에 가장 큰 이해관계를 가지고 있는 행위자이다. 따라서 '지방자치단체 감사제도 형성 모형'에서는 지방자치단체 감사제도의 주체인 지방자치단체장을 핵심 구성 요소로 설정하였다. 지방자치단체장은 지방행정부의 집행전반에 대한 관리 감독권을 가지고 있는 주체이면서, 동시에 지방의회 및 중앙정부로부터 감사의 대상이 되는 이중적 위치에 있다.

다음으로 중요한 행위자로는 지방의회를 설정할 수 있다. 지방의회는 지방자치단체에 대해 예산 및 집행과정에 대한 견제 권한을 가지고 있다는 점에서 또한 중요한 행위자로 볼 수 있다.[4)]

2. 행정조직 및 인적 자원

지방자치단체의 감사기구의 소속형태에 따라 감사의 범위 및 권한에 있어 큰 변화를 보이고 있기 때문에 이에 대한 고려도 필요하다. 자체감사기구의 경우 소속형태에 따라 지방자치단체장소속형, 지방의회소속형, 독립기관형으로 하여 감사위원(독임제, 감사관) 또는 감사위원회제가 제시되고 있다[5)](한국행정연

4) 지역의 전문가 및 NGO 역시 지방자치단체의 감사제도에 있어 중요한 역할자라고 볼 수 있으나, 미국 및 영국 등 선진국의 경우와 달리 우리나라의 경우, 직접적인 참여가 미미한 실정인 점을 감안하여 본 연구에서는 제외하였다.

5) 외부감사기구의 경우 프랑스식 지방감사원제나 영국식 지방감사위원회제가 제시되고 있다.

구원; 2007, 정부혁신위원회; 2006). 지방자치단체의 감사를 수행할 수 있는 전문인력은 감사제도의 전문성 확보를 위해 필수적인 요인이다. 즉 지방자치단체의 감사제도 설정에 있어서 요구되는 핵심자원 중의 하나이다. 따라서 '지방자치단체 감사제도 형성 모형'에 이를 포함하여 설계 하였다.

3. 예산(재정)

제도의 변화에 따라 조직 신설 및 전문인력 활용을 위해 필요한 자원이 바로 예산이다. 우리나라의 지방자치단체의 재정상태가 풍부하지 않은 상황에서 바람직한 지방자치단체의 감사제도 설계에 있어 예산(재정)자원은 중요한 정책자원이다. 이러한 이유에서 '지방자치단체 감사제도 형성 모형'에 예산(재정)자원을 포함하였다.

Ⅲ. 감사가치

앞에서 논의된 바와 같이 지방자치단체 감사제도에 영향을 미치는 중요 영향 요인 감사가치를 '지방자치단체 감사제도 형성 모형'에서 독립성(independence), 전문성(professionalism), 협력성(cooperation), 경제성(economy) 등 4가지로 정리하여 단순화하였다. 이는 국가 최고감사기구뿐만 아니라 국가감사체계 내에서 각 감사기구들이 추구해야 할 가치들로서도 충분히 의미가 있는 것이고 또한 앞으로 국가감사제도이든 지방자치단체 감사제도이든 우리나라 국가감사체계 모두가 지향하여야 할 감사가치라고 하겠다. 이를 상술하면 다음과 같다.

1. 독 립 성

재정 집행 작용 내부의 사후적 내부통제기능으로 발전해온 감사기능의 역사적 유래에도 불구하고 현대 입헌민주체제에서 감사의 본질적 기능은 국가 및 지방자치단체의 재정 건전성과 효율성을 도모하고 정책의 실효성과 책임성을 강화하기 위한 종합적인 감독 및 지원기능으로 전환되고 있다.

그러나 감사기관은 행정부(집행부)로부터 직무상 그 기능이 독립되어야만 이러한 통제로서의 기능을 제대로 발휘할 수 있을 뿐만 아니라 궁극적으로 감사기관으로서 객관성·책임성·신뢰성 등을 확보할 수 있게 된다. 오늘날 행정부(집행부)뿐만 아니라 입법부(의회)나 시민(이익단체, 언론 등)으로부터의 독립성도 중요하게 되고 있다.

저자는 선행연구 및 문헌 연구, 해외 사례 등을 종합한 결과, 지방자치단체 감사기구의 독립성을 감사기구가 조직구성의 독립성 및 감사인 신분보장 등을 통해 감사기구의 활동에 있어 외부로부터의 영향이 없도록 하는 것으로 보고, 감사기구의 독립성을 확보하는 방안으로 ① 인사상의 독립성(책임자 및 감사직원의 임용자격 및 채용방법, 전보, 우대제도 등을 도입·운영함으로써 인사상 독립성을 보장하는 방안), ② 직무상의 독립성(감사기구의 감사활동보고 및 결과처리 등에 있어 독립성을 인정하는 방안. 예컨대 감사책임자는 감사활동 및 결과처리 등에 있어 독자적인 판단에 의해 감사를 실시하고 그 결과에 대해서도 독립적인 판단과 책임 하에 처리하게 하는 등 직무활동에 있어 독립성을 보장하는 방안), ③ 조직(직제)상의 독립(감사기구의 소속 및 기구 구성에 있어서 독립성을 보장하는 방안. 예컨대 감사기구를 수감기관·부서와 독립된 기구로 설치·운영하는 방안), ④ 예산상의 독립성(감사기구 운영이나 감사활동에 소요되는 출장경비 등 예산의 편성·집행에 독립성을 부여하는 방안) 등을 그 구성요소로 하였다.

2. 전 문 성

새로운 국내·외 질서의 형성에 따라 효율적이고 책임감 있는 국정(지방자치단체)운영에 기여하는 감사기관은 종합적이고 체계적으로 국정(지방자치단체) 운영을 이해하고 평가할 수 있는 전문적 능력을 갖추는 것이 필수적이다.

저자는 전문성을 자격 있는 감사인의 채용이나 교육훈련 등을 통해 감사인의 전문성을 확보하고 나아가 감사활동 및 그 결과에 있어 전문성을 확보하는 것으로 보고, 전문성을 확보하는 방안으로 ① 전문자격제 도입(감사인이 되는데 필요한 전문자격이나 경력 등을 필요조건으로 하는 방안), ② 감사 전문직렬제 도입(감사인에 대해서는 별도의 특정한 '감사'직렬을 설치하여 채용, 승진, 전보 등 인사상 관리를 달리하는 방안), ③ 역량강화 프로그램 강화(신규자나 기존 구성원에 대해 교육 훈련 등의 역량 강화 프로그램을 통해 감사 전문역량을 고양하는 방안), ④ 감사성과 평가제도 강화(감사인에 대해 감사활동 및 결과 등에 대한 객관적이고 공정한 성과평가를 통해 전문성을 높이는 방안) 등 4가지를 그 구성요소로 하였다.

3. 협 력 성

감사기관이 행정에 대한 견제 또는 통제기관으로서의 역할을 하지만 국정운영의 효율적 운영이라는 상위관점에서 볼 때는 감사기능과 관련된 헌법기관 그리고 정부내 기관과의 협력성이 제기된다.

즉, 감시기능을 책임지고 있는 의회와 행정부와의 협력과 국가감사체계 내에서의 효율적 감사기능 수행을 위한 협력이 요구된다.

우선 새로운 감사체계는 행정에 대한 통제기관으로서 회계검사를 비롯한 재정집행에 대한 통제를 기본적으로 수행하면서 정책·기관운영에 대한 평가 및 자문, 보고 등을 통해 국가(지방자치단체)작용의 효율성과 책임성을 강화하는 기능을 수행하게 된다. 통제는 불법 및 부당한 국가(지방자치단체) 작용을 제거하기 위한 소극적 목적 외에도 국가(지방자치단체)가 필요로 하는 영역을 적극적으로 개발하고 국가작용의 효율성을 증대하기 위해 위험부담이 많지만 국가(지방자치단체)기능개선에 기여할 수 있는 영역에 적극적으로 관여하는 적극적 목적도 가진다고 하겠다.

또한 감사기구들은 전체 국가감사체계 내에서 서로 정보공유와 활용을 바탕으로 협력적인 체제를 구축하는 것이 필요할 뿐만 아니라, 감사중복과 사각지대 방지를 위한 감사계획 및 감사활동의 사전 조정과 협력도 국가감사체계의 효율적 운영을 위해서 필수 불가결하다 하겠다. 이는 분권화를 추구하는 현재의 국가 감사체계 내에서 지방자치단체에 대한 감사의 경우에도 내부통제를 본질로 하는 자체감사기구와 외부통제를 본질로 하는 감사원 간에 그 기능 분담을 통한 새로운 협력체제를 구축할 필요가 있게 됨을 보여준다.

이러한 국가감사체계 내에서 감사기구 간의 원활한 협력체제 유지는 국가 전체적으로 감사중복을 막아 수감기관의 부담을 최소화할 뿐만 아니라 감사사각지대를 없애고 선택과 집중의 원리에 다른 감사활동 및 감사기구 간 적정한 기능 분담 등으로 감사기관의 감사기능의 효율을 극대화함으로써 종국적으로 국가감사체계의 효율화를 가져오게 되고, 이는 나아가 국가 발전과 경쟁력 향상에 기여하게 되는 것이다.

저자는 협력성의 개념을 국가 감사체계 내에서 중복감사를 배제하고 역할 분담 등을 통해 효율적인 감사활동을 수행하기 위한 감사기구 간 협력체계 형성 정도로 보고, 이를 확보하기 위한 방안으로 ① 중앙감사기구 통·폐합(현재 우리나라의 경우 외부 감사제도에 있어서 시행되고 있는 국회의 국정감사, 감사원의 감사, 중앙부처에 의한 중앙행정기관 감사, 국가위임사무의 경우 광역지방자치단체에 의한 기초자치단체에 대한 감사 등을 국가 감사 전담기관인 감사원 감사 등으로 통·폐합하는 방안), ② 국가·지방감사기능 분화(중앙 감사기구는 성과감사를, 지방자치단체 자체감사기구는 합법성 감사 등으로 감사기구 간 역할 및 기능을 분화하는 방안), ③ 감사 계층제 실시(감사원 및 중앙부처는 상급 지방자치단체에 대해서, 광역지방자치단체는 기초지방자치단체에 대해서 감사를 실시하는 등으로 감사대상기관에 대한 감사기구 간 감사책임과 업무를 분담하는 방안. 앞의 ②국가·지방감사기능 분화와 비슷하나 앞의 것이 업무를 기준으로 기능분담을 한다면 이것은 수감기관을 기준으로 기능분담을 한다는데 차이가 있다), ④ 협력·조정기구 설치(감사의 중복이나 사각지대 방지를 위하여 감사기구 간 협력·조정기구를 설치하여 감사계획 및 활동 등에 대한 협력이나 조정을 기하는 방안) 등 4가지를 그 구성요소로 제시하였다.

4. 경 제 성

저자는 기존연구에서 강조한 지방자치감사기능 개선 및 개편을 위한 논의에서 제기된 독립성, 전문성, 협력성 외에 경제성을 핵심 감사가치로 추가하였다.

새로운 감사제도를 도입하거나 감사기구를 설치·운영할 경우 막대한 비용 수반이 요구되는바 이는 지방자치단체 및 중앙정부의 재정 부담이 될 수 있기 때문에, 재정부담을 최소화는 방안에서 지방자치단체 감사제도가 운영되어져야 한다는 의미에서 향후 우리나라 지방자치단체 감사제도 개편에서 중요시 되어야 할 새로운 감사가치로서 경제성을 제시하였다는 것은 앞에서 언급한 바와 같다.[6)]

---

6) 경제성을 검토할 때에는 신설조직의 경제성뿐만 아니라 기존 제도의 운영에 따른 경제성도 같이 검토하여 비교하여야 할 것이다.

저자는 경제성의 개념으로 국가 감사체계의 관점에서 새로운 제도를 도입하거나 기구를 설치·운영하는 경우 발생하는 비용효과 등 경제적 효율성 정도로 보고, 이를 확보하는 방안으로 ① 기존 조직의 유지·보강(기존 감사기구를 그대로 두거나 전문 감사인의 채용, 증원 등 인력 및 기구를 보강하는 방안), ② 기구 신설(새로운 감사조직을 신설하는 방안. 예컨대 현재의 내부 감사제도에 있어 현행 단체장소속형 감사기구에서 지방의회소속형으로 바꾸는 것 등), ③ 감사 위탁(아웃소싱: 현행 기구를 폐지하고 감사기능을 다른 감사기구에 위탁하거나 민간 감사전문기관에 위탁하는 방안)[7] 등을 그 구성요소로 보았다.

이상에서 논의한 지방자치단체 감사제도 개편에서 중요시 되어야 할 감사가치들과 그 구성요소를 정리하면 아래 <표 3-2>와 같다.

표 3-2 지방자치단체 감사 가치 및 구성요소

감사가치	개 념	구성 요소
독립성	• 감사기구의 독립성 확보 및 감사인 신분보장 등을 통해 감사기구의 활동에 있어 외부로부터의 영향이 없도록 함	• 인사상의 독립 • 직무상의 독립 • 조직(직제)상의 독립 • 예산상의 독립
전문성	• 감사인 전문성 확보 등을 통해 감사활동 및 그 결과에 있어 전문성을 확보함	• 감사 전문자격제도 도입 • 감사 전문직렬제도 도입 • 역량강화 프로그램(교육 등) 강화 • 감사성과평가제도 강화
협력성	• 국가 감사체계 내에서 중복감사를 배제하고 역할 분담 등을 통해 효율적인 감사활동을 수행하기 위한 감사기구 간 협력체계 형성 정도	• 중앙감사기구 통·폐합 • 국가·지방감사기능 분화 • 감사 계층제 실시 • 협력·조정기구 설치
경제성	• 국가 감사체계의 관점에서 새로운 제도를 도입하거나 기구를 설치·운영하는 경우 발생하는 비용효과 등 경제적 효율성 정도	• 기존 조직 유지·보강 • 기구 신설 • 감사위탁(아웃 소싱)

7) 미국의 지방자치단체나 일본의 지방자치단체에서 적용되고 있다.

제3절 지방자치단체 감사제도 형성과정 분석방법

Ⅰ. 계층분석(AHP)

계층분석(AHP: Analytic Hierarchy Process)기법은 의사결정의 전 과정을 여러 단계로 나눈 후 이를 단계별로 분석·해결함으로써 최종적인 의사결정에 이르는 방법으로, 복잡한 의사결정을 합리적·능률적으로 하기 위한 일환으로 1960년대 펜실베니아 대학 와튼 스쿨의 Thomas Satty 교수가 미 국무부의 무기통제 및 군비축소정책결정 시 고안하여 이후 발전되어온 수학적 근거를 바탕으로 한 과학적 의사결정 방법의 하나이다. AHP는 인간의 두뇌활동이 단계적으로 이루어진다는 점에 착안한 기법으로서 현존하는 의사결정기법 중 가장 광범위하게 지지를 받고 있는 기법 중 하나이다(박용성·박태근, 2001).

AHP는 논리적인 방법으로 개인의 판단과 가치를 결합하고 문제의 해결 및 분석을 하는 분석방법으로서, 그 AHP 조사 대상을 선정함에 있어 선별적 선택이 있어야 한다. AHP는 표본추출을 통한 모집단의 추정을 하는 분석 방법이 아니고, 해당분야의 전문가 또는 당사자들로서의 직결된 이해를 가진 개인 또는 집단들이 어떻게 해당 문제에 대한 계층 구조를 구성하고 이를 판단하는지를 분석하는 방법이다.

따라서 일반인들을 대상으로 대규모 설문이 아닌 이해관계 당사자 또는 해당 집단의 주요 의사결정 층 또는 전문가 집단 등의 해당문제를 구성하고 판단함에 있어 중요한 판단을 할 수 있는 인사들을 대상으로 조사를 실시하였다. 문제와 직결된 핵심인사들의 경험, 지식, 논리, 직관을 바탕으로 분석을 실시함으로써 그 설명력[8]을 증대시킬 수 있다(조근태, 2003).

---

8) Satty(2001)는 국가의 대규모 정책결정 및 기업의 의사결정과정은 표본을 통한 분석기법으로 설명함에는 그 한계가 있다고 보고 있다. 모집단 추정 통계들은 모집단이 정규 분포와 선형적 관계를 그 기본가정으로 하고 있다는 점에서, 정보를 독식하고 있는 소수의 주요 핵심인사들이 내리는 주요 결정과정을 분석함에는 새로운 기법이 필요하다고 지적을 하였고 대안적 분석 방법으로 AHP 기법을 제시하고 있다.

AHP는 여러 측면에서 그 효용성이 있다, 우선 그룹사고 과정에 하나의 원리를 제공함으로써 그룹의 효과적인 의사결정을 도출해 낼 수 있고, 복잡하고 조직화되어 있지 않은 문제 상황을 그 구성요소로 세분화해 나가는 방법으로서 문제를 구성하는 요소나 변수들을 계층적 순서로 배열할 수 있게 해주고 이에 대해 상대적인 중요도와 가치의 정도를 수치화할 수 있어 분석적 도구로서의 활용도와 의사결정도구로서의 활용도를 모두 가지고 있는 기법이다(Satty & Vargas, 2001).

AHP에서 강조하고 있는 일관성 원리는 인간사고의 정성적 측면과 정량적인 측면을 결합시킬 수 있는 분석 방법이다. 문제와 계층을 규정할 때는 정성적이고, 판단이나 선호를 정확히 표현할 때는 정량적이다. 이 때문에 AHP는 복잡한 정치 및 사회경제적 문제를 해결할 수 있는 강력한 분석 도구로서 평가 되고 있다(Satty & Vargas, 2001).

계층분석을 실시함에 있어 분석의 성공여부는 비교 대안들을 찾아내고 이들간의 논리적 계층구조를 잘 구성하느냐에 달려 있다(진상기, 2008). 이를 위해 많은 연구에서 채용하고 있는 방법이 바로 계층분석(AHP)이다. 즉, 비교 대안들을 전문가들을 통해 도출해 내고 이들 간의 논리적 연계 및 계층 구조를 구성하는 방법으로서, 전문가들의 전문성 활용을 극대화 할 수 있는 방법으로 평가되고 있다.

이러한 장점 때문에 저자도 계층분석 모형을 활용하였다. 지방자치단체 감사제도의 형성 및 변화에 중요 영향요소인 외부 환경요인, 지방자치단체의 내재적 역량, 감사가치 등을 도출해 내고 영향요소 간의 관계를 밝히되, 특히 그 핵심적인 요소(변수)인 감사가치의 형성요인과 그 구성 요소들 간의 논리적 계층구조를 도출하며, 이를 중심으로 계층분석을 실시하였다. 다만, 국가수준의 제도연구를 설명함에 있어 개인단위의 계층분석을 실시하면서 발생할 수 있는 개체주의적 오류를 최소화하기 위해 핵심전문가와 인터뷰를 실시하여 추가 정보를 발굴하기 위해 노력하였다.[9]

---

9) 그럼에도 불구하고 개인을 분석수준을 하여 조직 기관의 설명을 하면서 발생할 수 있는 개체주의적 오류(individual fallacy)를 완전히 배제한 실험설계를 하지 못한 점은 본연구의 한계점으로 볼 수 있다.

Ⅱ. 연구 수행 및 분석 방법

지방자치단체 감사제도와 관련하여 이루어진 기존의 선행연구와 문헌연구, 주요국가의 감사제도 비교 등의 하드데이터 분석을 통해 지방자치단체 감사제도에 대해 영향을 미치는 외부환경요인, 지방자치단체의 내재적 역량, 감사가치 등의 영향요소를 조사하였다. 이와 같은 조사과정을 통해 중요 영향요소와 그 구성요소들에 대한 광범위한 조사를 실시하여, 중요 요소들이 빠지지 않도록 조사를 실시하였다.

이렇게 하여 지방자치단체 감사제도에 영향을 미치는 외부환경 요인, 지방자치단체 역량, 주요 감사가치 등의 변수와 그 구성요소들 간의 논리적 계층구조를 도출해 내었는바, 본 연구 분석의 핵심으로 중요 영향요소인 감사가치의 경우 아래 [그림 3-2]와 같이 계층분석 모형에 적합한 논리적 계층구조를 만

그림 3-2 지방자치단체 감사가치 형성 요인 계층구조

지방자치단체 감사가치

독립성	전문성	협력성	경제성
▸ 인사상의 독립성	▸ 전문 자격제도입	▸ 중앙 감사기구・기능(국회국정감사・행안부감사를 감사원감사로) 통폐합	▸ 기구(조직) 신설[10]
▸ 직무상의 독립성	▸ 감사 전문 직렬제 도입	▸ 국가-지방 감사 기능 분화(국가-성과・정책감사, 지방-합법성감사 분담)	▸ 기존 조직 유지・보강[11]
▸ 조직(직제) 상의 독립성	▸ 인력・역량강화 프로그램(교육 등) 강화	▸ 감사 계층제 도입(국가-광역지자체, 광역지자체-기초지자체 분담)	▸ 아웃소싱[12](감사업무 외부 위탁)
▸ 예산상의 독립성	▸ 감사성과 평가제도 강화	▸ 감사기구 협력・조정기구 설치	

10) 내부감사제도로는 지방의회 소속 조직이나 독립기관형 조직 신설, 외부감사제도로는 지방감사원이나 지방감사위원회 신설이 있다.

들었다. 즉 독립성, 전문성, 협력성, 경제성 등 4가지 주요 감사가치에 대하여 앞의 변수에서 정의한 것처럼 각 감사가치별로 3~4개의 구성요소를 배치하여 계층분석(AHP)에 적합한 논리적 계층구조를 만들었다.

다음으로 지방자치단체 감사제도의 형성과 변화에 영향을 미치는 주요 변수(외부환경, 지방자치단체의 내재적 역량, 감사가치 등)와 핵심 변수인 감사가치와의 관계, 계층구조를 형성하고 있는 각 변수와 그 구성요소와의 관계 및 영향 정도 등을 밝혀보기 위해 아래 <표 3-3>과 같이 지방자치단체감사에 전문성이 있고, 해당분야 평균 10년 이상 동안 종사한 담당 공무원(감사원, 중앙정부 주무부처, 지방자치단체 감사실) 및 해당분야(국회정책보좌관, 지방의회의원, 학계 및 연구기관 종사자 등) 전문가 125명을 대상으로 지방자치단체 감사가치 등을 잘 구현할 수 있는 적합한 감사제도 유형에 대한 의견을 조사, 분석하는 계층분석(AHP)을 실시하였다. 그리고 계층분석의 신뢰성 제고를 위해 조사대상자 선정 시 전문가들을 중심으로 조사를 실시하도록 설계하였을 뿐만 아니라 수명의 핵심 전문가와 면접을 통해 조사결과를 보완하였다. 또한 Expert Choice 11.5를 활용하여 분석을 실시하고 일관성 분석을 통해 응답자 중 논리적 일관

표 3-3 계층분석(AHP) 조사 대상자 업무경력

구 분		전체 경력(평균)	감사 업무 경력(평균)
학계 및 연구기관		13년 8개월	11년 9개월
중앙정부 주무부처		22년 8개원	6년 9개월
국 회		5년 4개월	5년 4개월
감사원		19년 6개월	17년 8개월
지방의회	도시형 광역자치단체 의회	4년 3개월	3년
	복합형 광역자치단체 의회	2년 5개월	2년 5개월
지방정부	도시형 광역자치단체	21년 9개월	4년 1개월
	복합형 광역자치단체	24년 2개월	4년 8개월
평 균		**14년 3개월**	**7년 1개월**

11) 내부감사제도로는 현행 단체장 소속 조직 유지 또는 보강(조직 · 인력), 외부감사제도로는 현행 국가감사원 유지 또는 보강(조직 · 인력)이 있다.

12) 민간(회계법인 등) 또는 다른 공공감사기관에 감사업무를 위탁하는 것을 의미한다.

성지수(CR)가[13] 낮은 응답은 제거함으로써 분석의 신뢰성을 높이도록 노력하였다.

연구대상 집단을 위와 같이 8개 집단으로 선정한 것은 첫째, 이들이 감사제도의 설계 및 운영과 밀접한 관계를 맺고 있다는 것이다. 8개 집단 중 학계 및 연구기관을 제외하곤 직접적으로 감사를 수행하거나 감사를 받는 대상기관에 소속되어 있다.[14] 둘째, 이렇게 함으로써 지방자치단체 감사제도와 관련하여 각 이해집단 및 관련 분야 전문가들의 의견에 있어서 같은 점과 상이점 등을 비교 분석해볼 수 있게 되었다는 것이다. 지방자치단체의 경우 광역자치단체 중 도시형 행정을 수행하는 비교적 동질적인 행정을 수행하는 특·광역시(市)와 도시행정 이외에 주로 비도시형(농·어·축·산촌형) 행정을 포함하여 행정의 다양성을 특징으로 도(道)로 세분하여 좀 더 상세하게 비교 분석해보고자 하였다.

13) 일관성 지수가 0.1미만의 경우 응답의 논리적 일관성이 유지되어 신뢰할 수 있음을 의미하며, 0.1이상이 되면 응답의 논리성에 대해 재검토를 해보아야 한다는 의미에서 계층분석(AHP)의 임계치 역할을 한다. 하지만 임계치의 어느 수준까지를 채택할 수 있을 것인가에 대해서는 일부 논쟁이 있다(조근태, 2003).

14) 229쪽 "[그림 1-2] 지방자치단체에 대한 현행 감사체계" 참조.

제 4 장

지방자치단체 감사제도 형성과정 이해

제1절 지방자치단체 감사제도 형성 영향요인

Ⅰ. 지방자치단체 감사제도 형성에 영향을 미치는 요인

지방자치단체 감사제도를 둘러싼 중요 외부환경이 변화함에 따라 새로운 지방자치단체 감사제도의 형성 또는 변화가 불가피하다. 이러한 지방자치단체 감사제도의 형성·변화에 있어 중요한 영향요인과 핵심 변수인 감사가치의 구성요소를 규명하고, 나아가 이러한 감사가치가 지방자치단체 감사제도의 형성에 영향을 미치는 정도와 그 구성요소를 살펴봄으로써 궁극적으로 우리나라에 있어 최적의 지방자치단체 감사제도의 개편방안을 모색해 보는 것이 필요한 시점이다.

이를 위해 먼저 지방자치단체 감사제도 관련 전문가들을 대상으로 지방자치단체 감사제도의 변화에 있어 중요한 영향요인들에 대한 인식조사를 실시하였다. 즉 문헌연구와 기존 선행연구 분석, 해외사례분석을 통해 지방자치단체 감사제도 변화 요인들로 '외부환경 변화'와 '지방자치단체 역량' 그리고 '감사가치'로 도출해냈다.

이를 바탕으로 전문가들에게 각 해당 요인별로 지방자치단체 감사제도 형성에 미치는 영향의 정도를 6점 만점의 리커트 척도를 활용한 인식조사를 실

표 4-1 지방자치단체 감사제도 형성 영향요인 분석 결과 요약

(6점 만점)

구 분		외부환경	지방자치 단체 역량	감사가치
학계 및 연구기관		4.31	3.93	4.50
중앙정부 주무부처		3.8	3.80	4.80
국 회		3.62	3.12	3.25
감사원		4.40	4.30	4.50
지방의회	도시형 광역자치단체 의회	3.50	3.83	3.83
	복합형 광역자치단체 의회	4.00	3.83	4.00
지방정부	도시형 광역자치단체	3.3	3.70	4.00
	복합형 광역자치단체	4.00	3.83	4.83
전 체		**3.86**	**3.79**	**4.21**

시하였다. 그리고 기타의 의견을 묻는 개방형 설문지를 추가하여 지방자치단체 감사제도 형성에 중요한 요인들의 영향요인에 대하여 분석을 실시하였는바, 그 결과를 요약해보면 위 <표 4-1>과 같다.

전문가들이 보는 우리나라 지방자치단체의 감사제도 형성에 있어 가장 중요한 요인으로는 6점 만점에 4.21점을 부여한 '감사가치'가 가장 중요한 요인으로 도출되었고, 다음으로 '외부환경 변화'(3.86)와 '지방자치단체 역량'(3.79)이 비슷하게 나타났음을 분석결과 알 수 있었다.

'감사가치'에 대하여 조사대상집단별로 응답내용을 보면 국회(3.25)[1)]와 도시형 광역단체 의회(3.83)를 제외한 모든 조사대상 집단이 모두 4점 이상의 점수를 부여하여, 감사가치 요인이 지방자치단체 감사제도의 형성에 중요한 역할을 하고 있음을 밝히고 있었다. 도시형 광역단체 의회는 높은 점수는 주지 않았지만 감사가치를 지방자치단체 역량과 같은 점수(3.83)를 부여하면서 가장 중요한 요소로 나타내고 있다. 또한 복합형 광역단체 의회는 감사가치 외에 동일한 수준에서 감사원 소속 변경과 지방행정체제 개편을 주요 내용으로 하는

1) 지방행정체계 개편을 주도적으로 추진하고 있는 국회 행정안전위원회 소속 보좌관들이므로 지방행정체계 개편을 주요 구성요소로 하는 외부환경요인에 많은 점수를 부여한 것으로 보임.

외부환경 요소가 지방자치단체 감사제도의 형성에 가장 중요한 요인으로 보고 이에 최고점수로서 동일한 4점을 부여하였다. 국회의 경우 외부환경요인을 가장 중요한 요인(3.62)으로 제시를 하고는 있지만, 이와 비슷한 수준에서 지방자치단체의 역량과 감사가치(3.25)에 역시 그 중요성을 부여하고 있음을 분석결과 알 수 있었다. 감사원은 외부환경요인(4.4), 지방자치단체(4.3), 감사가치(4.5)에 모두 골고루 높은 점수를 부여하여 3가지 요소가 모두 중요함을 강조하고 있는 것을 분석결과 알 수 있었다. 기타 의견으로는 시민들의 감사기관에 대한 인식(1명), 권한이양 및 지방분권(1명), 주민의 감사에 대한 인식(1명), 여론(2명), 단체장 의지(2명), 단체장 책임성 확보(1명), 윤리의식(1명) 등이 있었다.[2]

본 연구에서는 분석결과를 좀 더 면밀히 보고자 아래 [그림 4-1]과 같이 이해집단(조사대상집단)별 지방자치단체 감사제도 형성 영향요인에 대한 인식차이를 도식화해 보았다.

그림 4-1 조사대상집단별 지방자치단체 감사제도 형성 영향요인 인식 차이

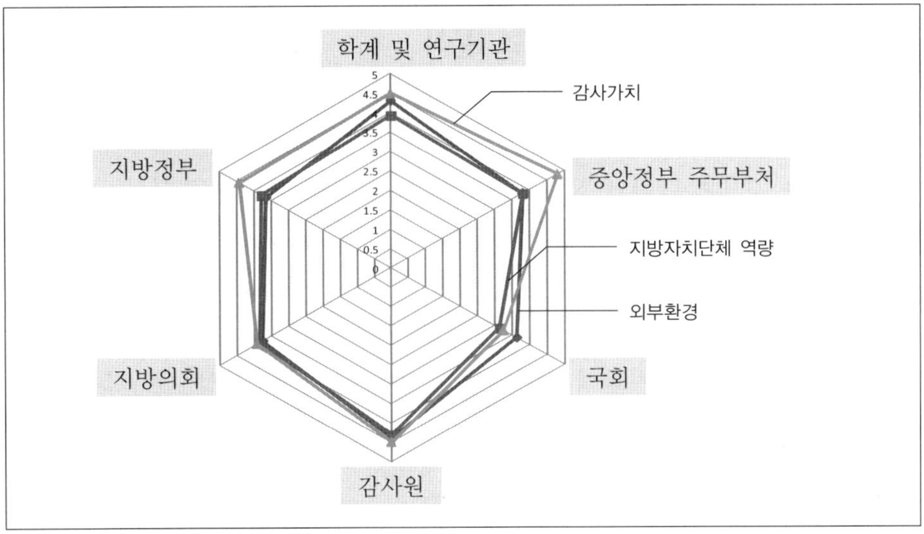

2) 여기서 '시민들의 감사기관에 대한 인식', '주민의 감사에 대한 인식', '여론' 등은 주민의 관점에서 볼 수 있는 외부환경요인으로서 검토해 볼 필요는 있겠으나 그 의견이 극히 적은 수에 그쳐 미미한 것으로 보인다. 그리고 '단체장 의지' 및 '단체장 책임성 확보'는 본 논문에서 분석하는 영향요인인 '지자체의 역량'에 포함되는 사항이라 하겠고, '권한 이양 및 지방분권'은 영향요인으로서 환경요인인 '지방행정체제 개편'이나 감사가치 중 '협력성'과 관련이 깊다고 하겠다.

조사 대상집단 중 도시형 광역단체 의회와 복합형 광역단체 의회는 지방의회로 통합하였고, 도시형 광역지방자치단체와 복합형 광역지방자치단체는 지방자치단체로 통합하여 이해관계자 집단을 단순화하고 그 차이를 분석하였다. 그 결과를 보면 국회를 제외한 중앙정부 주무부처, 학계 및 연구기관, 지방자치단체 지방의회가 모두 감사가치의 중요성을 강조하고 있음을 알 수 있었다.

이상의 분석결과를 종합하면 앞선 연구 설계 및 연구 분석의 틀에서 가정했던 것과 일치하는 결과 즉, 감사가치가 우리나라 지방자치단체 감사제도 형성 및 변화에 가장 중요한 요인으로 도출되었다는 점에서 그 의미가 크다고 볼 수 있다. 따라서 본 연구에서는 향후 우리나라 지방자치단체 감사제도 개편방안을 논의함에 있어 감사가치를 주요 변수로 하여 분석 설명하도록 한다.

그리고 본 장에서는 먼저, 지방자치단체 감사제도 개편방안을 분석하기 전에 감사제도 형성에 영향을 미치는 3대 요소로서 인식 조사된 외부환경변화, 지방자치단체 역량, 감사가치 등에 대한 세부 구성요소를 분석하고자 한다.

Ⅱ. 외부환경변화 구성요소 분석

여기서는 지방자치단체의 감사제도의 중요한 요소이자 제도변화에 가장 큰 영향을 주는 것으로 나타난 '외부환경변화' 변수에 대한 분석을 실시하였다. 앞선 감사제도 형성요인 분석방법과 동일한 방법으로 지방자치단체 감사제도 관련 전문가들을 대상으로 6점 만점의 리커트 척도 방식의 인식도 조사를 실시하였다. 즉, '감사원 소속 변경'[3]과 '지방행정체제 개편'[4]을 주요 내용으로 하는 외부환경변화가 지방자치단체 감사제도 형성에 얼마나 영향을 주는지를 각 구

3) 감사원이 현행대로 대통령 직속의 행정부형으로 존속하느냐, 아니면 입법부형 또는 독립기관형으로 변경되느냐에 따라 그 기능과 권한 등이 크게 조정될 수 있고, 이는 지방자치단체 감사제도에 대한 변화를 불가피하게 가져올 것이다. 더불어 중첩적으로 이루어지고 있는 국회 국정감사, 중앙행정부처 등에 의한 상급기관 감사 등도 재정비가 불가피할 것으로 보인다. 따라서 감사원의 소속변경 등을 지방자치단체 감사제도에 있어 중요한 외부환경 변수로 설정하였다.

4) 지방자치단체의 감사제도의 설정에 있어 중요한 환경요인 중 하나가 바로 중앙정부와 지방자치단체간, 광역지방자치단체와 기초지방자치단체 간의 권력관계이다. 중앙정부와 지방자치단체, 광역과 기초 간의 권한위임·배분 정도에 따라 관련 지방자치단체에 대한 감사의 범위와 감사제도의 위상이 달라지기 때문이다. 이는 국가권력의 배분문제와 직결되는 것으로서, 중앙집권적 또는 분권적 이념 가치에 따라 달라지는 문제라고 볼 수 있다.

표 4-2 외부환경 변화 구성요소 분석 결과 요약

(6점 만점)

구 분		감사원 소속 변경 논의	지방행정체제 개편 추진
학계 및 연구기관		3.12	4.00
중앙정부 주무부처		3.30	3.90
국 회		3.50	4.12
감사원		4.70	4.20
지방 의회	도시형 광역자치단체 의회	3.83	3.66
	복합형 광역자치단체 의회	3.83	4.00
지방 정부	도시형 광역자치단체	3.90	3.60
	복합형 광역자치단체	3.66	4.00
전 체		**3.73**	**3.93**

성요소별로 조사를 실시하였다.

분석결과를 보면, 위 <표 4-2>와 같이 '지방행정체제 개편'(3.93)이 '감사원 소속변경'(3.73) 요인보다 다소 높은 수준에서 감사제도 형성에 많은 영향을 주고 있는 것으로 조사되어졌다.

이를 조사대상집단별로 나누어 살펴보면, 도시형 광역단체 의회(3.83)와, 도시형 광역지방자치단체(3.90)는 감사원 소속변경 논의가 지방행정체제 개편 논의보다 지방자치단체 감사제도 형성에 상대적으로 더 중요한 요인으로 밝히고 있다. 감사원의 경우(4.70) 역시 이들과 동일한 분석결과를 보이고 있지만, 감사원 자신들의 문제에 대해 더 중요성을 보였다는 점에서 그 한계가 있다고 볼 수 있다.

그 외의 조사대상 집단(학계 및 연구기관 종사자, 중앙정부 주무부처, 국회, 복합형 광역단체 의회, 복합형 광역지방자치단체)은 외부환경요소 중 지방행정체제 개편을 감사원 소속 변경보다 상대적으로 더 중요한 영향요인으로 응답했다. 그 중 특히 국회는 다른 연구 대상 집단 보다 더 높은 수준(4.12)에서 지방행정체제 개편 요인이 우리나라 지방자치단체 감사제도 및 가치 형성에 중요한 요인으로 보고 있음을 분석결과 알 수 있었다. 이는 설문대상인 국회(행정안전위원회)가 지방행정체제 개편을 주도하고 있는 데서 높은 비중을 둔 것이 아닌가 추론된다.[5] 기타 의견으로는 자치단체장의 개인적 성향(1명), 주민의식(2명), 법

제도적 뒷받침(1명), 감사결과에 대한 책임성 확보(1명), 중앙정부 주무부처 개편(1명), 헌법개정(1명), 정치적 상황 변화(1명), 외부통제(1명), 감사중요성 인식(1명), 지방분권 고도화(3명), 국가권력 통치구조 변화(1명) 등이 있었다.[6]

여기에서도 분석결과를 좀 더 면밀히 보고자 아래 [그림 4-2]와 같이 이해집단(조사대상집단)별 외부환경변화 구성요소에 대한 인식차이를 도식해 보았다. 앞에서와 같이 조사대상집단 중 도시형 광역단체 의회와 복합형 광역단체 의회는 지방의회로 통합하였고, 도시형 광역지방자치단체와 복합형 광역지방자치단체는 지방자치단체로 통합하여 이해관계자 집단을 단순화하여 그 차이를 분석하였다.

앞서 잠시 언급한 바와 같이 6개 집단별 선호도를 보면 학계 및 연구기관과 중앙정부 주무부처, 국회는 명확히 지방행정체제 개편 추진에 대한 중요성을 강조한 반면, 감사원은 감사원 소속 변경이 중요함을 강조하고 있었다.

그림 4-2 조사대상 집단별 외부환경변화 구성요소 인식 차이

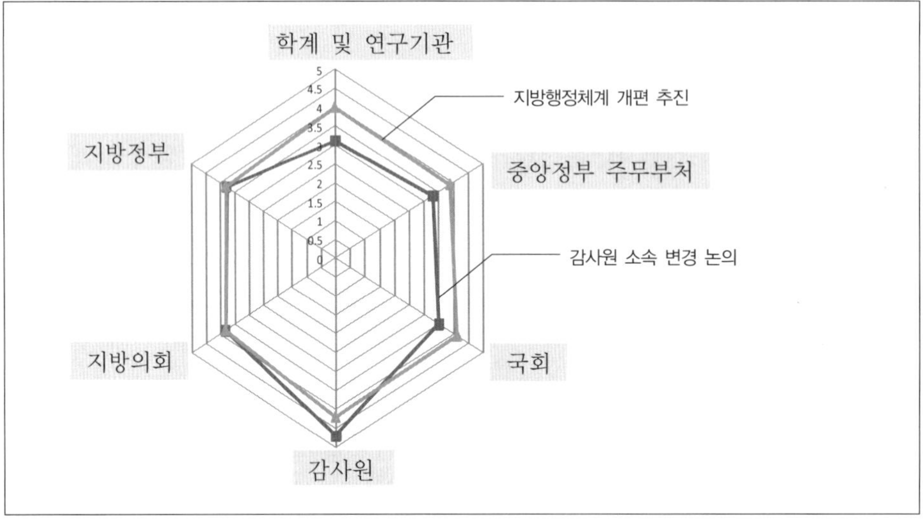

5) 앞의 제3장 제2절 2. 지방행정체계개편 내용 참조.

6) 자치단체장의 개인적 성향은 '지자체 역량'에, 헌법개정이나 국가권력 통치구조 변화, 지방분권 고도화 등은 감사원의 소속변경이나 행정체계 개편 또는 감사가치 중 '협력성'에 포함될 수 있는 사항이다. 나머지는 막연하거나 극히 미미한 의견이다.

다만 지방자치단체 감사제도의 당사자인 지방자치단체와 지방의회의 경우는 외부환경요인 두 가지 모두에 대해 그 중요성을 강조하고 있음을 알 수 있었다. 따라서 지방자치단체 감사제도의 직접적인 이해관계자인 지방의회와 지방자치단체는 환경변화에 있어 다른 조사대상집단보다 민감해 하고 있고 혼란스러워 하고 있음을 본 조사 결과를 통해 간접적으로 알 수 있었다.

Ⅲ. 지방자치단체 역량 구성요소 분석

다음으로 '지방자치단체 역량' 변수가 감사제도 형성에 미치는 영향정도를 알아보기 위해 앞선 분석과 동일한 방법으로 구성요소에 대한 조사를 실시하였다. 즉 '지방자치단체 주체',[7] '행정 조직[8] 및 인적자원', '예산(재정)'[9]으로 대표되는 지방자치단체 역량의 구성요소들이 어느 정도의 영향을 주고 있는 지를 분석하였다.

분석결과를 보면 다음 <표 4-3>과 같이 8개 조사대상 집단 모두가 '지방자치단체 주체'('지자체 주체'로 약칭) 즉 지방자치단체의 단체장과 지방의회가 가장 중요한 요인(4.46)이고 이들이 제도 형성 및 변화에 있어 중요한 역할자임을 지적하고 있었다.

---

7) 행위자 변수 중 지방자치단체 주체변수는 지방자치단체 감사제도의 직접 운영자 및 당사자를 의미한다. 행위자 중에서 제도형성 및 변화에 가장 큰 이해관계를 가지고 있는 행위자라고 볼 수 있다. 본 연구에서는 지방자치단체 감사제도의 주체인 지방자치단체장을 분석 변수로 선정하였다. 지방자치단체장은 지방행정부의 집행전반에 대한 관리 감독권을 가지고 있는 주체이면서, 동시에 지방의회 및 중앙정부로부터 감사의 대상이 되는 이중적 위치에 있다. 다음으로 중요한 행위자로는 지방의회를 설정할 수 있다. 지방의회는 지방자치단체에 대해 예산 및 집행과정에 대한 견제 권한을 가지고 있다는 점에서 또한 중요한 행위자로 볼 수 있다.

8) 지방자치단체의 감사기구의 소속형태에 따라 감사의 범위 및 권한에 있어 큰 변화를 보이고 있기 때문에 이에 대한 고려도 필요하다. 자체감사기구의 경우 소속형태에 따라 지방자치단체장 소속형, 지방의회 소속형, 독립기관형으로 하여 감사위원(독임제, 감사관) 또는 감사위원회제가 제시되고 있다(한국행정연구원; 2007, 정부혁신위원회; 2006).

9) 지방자치단체의 감사를 수행할 수 있는 전문 인력은 감사제도의 전문성 확보를 위해 필수적인 요인이다. 즉 지방자치단체의 감사제도 설정에 있어서 요구되는 핵심자원 중의 하나이다. 따라서 본 연구 설계에 포함하여 분석을 실시하였다. 제도의 변화에 따라 조직 신설 및 전문인력 활용을 위해 필요한 자원이 바로 예산이다. 우리나라의 지방자치단체의 재정상태가 풍부하지 않은 상황에서 바람직한 지방자치단체의 감사제도 설계에 있어 예산(재정)자원은 중요한 정책자원이다. 이러한 이유에서 본 연구 설계에 예산(재정)자원을 포함하였다.

표 4-3 지방자치단체 역량 구성요소 분석 결과 요약

(6점 만점)

구 분		지자체 주체 (단체장, 지방의회)	행정조직 및 인적자원	예산(재정)
학계 및 연구기관		4.62	3.62	3.06
중앙정부 주무부처		4.20	4.10	4.20
국 회		4.62	3.00	3.87
감사원		5.50	4.20	3.40
지방 의회	도시형 광역단체 의회	4.16	3.50	3.33
	복합형 광역단체 의회	4.00	3.83	4.00
지방 정부	도시형 광역지방자치단체	4.30	4.20	4.10
	복합형 광역지방자치단체	4.33	4.33	3.16
전 체		**4.46**	**3.84**	**3.64**

그 외에 중앙정부 주무부처(4.20)와 복합형 광역단체 의회(4.00)는 '예산(재정)' 요인을 그리고 복합형 광역지방자치단체(4.33)는 '행정조직 및 인적자원'을 '지자체 주체'와 같은 비중으로 가장 중요한 요인으로 보고 있었다. 이는 중앙정부 주무부처의 경우 지방자치단체를 총괄하는 입장에서 '지자체 역량' 이외에 '행정조직 및 인적자원'과 '예산(재정)' 등의 중요 요소가 고르게 다 필요하다고 보는 데 기인하는 것 같다. 지방자치단체의 경우 '지자체 역량' 이외에 다른 요인을 중요한 요인으로 보는 것은 지방자치단체가 직면하고 있는 상이한 감사행정 여건과 관련이 깊은 것으로 추정된다.[10)]

기타 의견으로는 감사부서의 조직 내 위상(1명), 주민의식(1명), 단체장과 의회간의 상호통제와 견제(1명)가 조사되었다.[11)]

여기에서도 분석결과를 좀 더 면밀히 보고자 다음 [그림 4-3]과 같이 이해집단(조사대상집단)별 지방자치단체 역량 구성요소에 대한 인식차이를 도식해 보았다.

앞에서와 같이 조사대상집단 중 도시형 광역단체 의회와 복합형 광역단체

10) 예컨대 경기도의 경우 광활한 지역과 대상기관을 관장하는데 비해 감사인원 수나 전문성 등에 애로를 느끼는 것으로 보인다.

11) '감사부서의 조직 내 위상'은 '행정조직 및 인적자원'에, '단체장과 의회 간의 상호 통제와 견제'는 '지자체 역량'에 포함될 수 있을 것 같다.

그림 4-3 조사대상집단별 지방자치단체 역량 구성요소 인식 차이

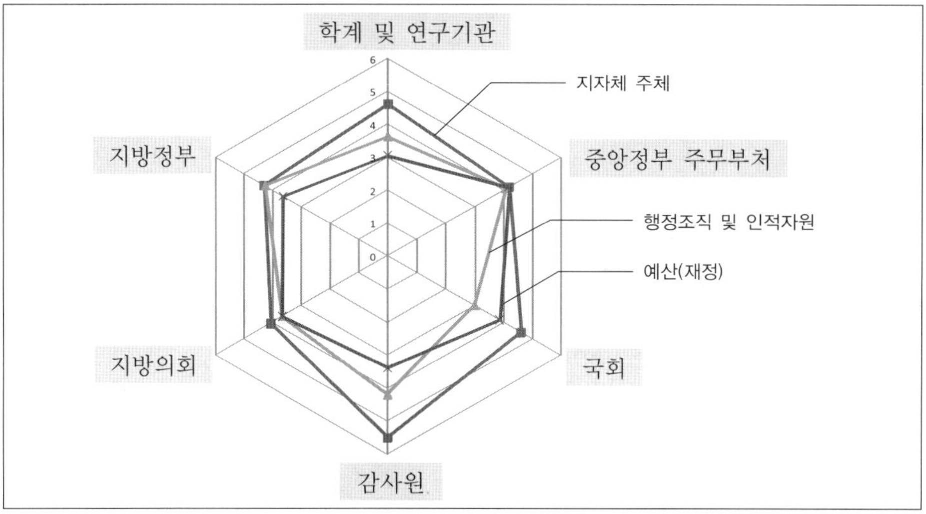

의회는 지방의회로 통합하였고, 도시형 광역지방자치단체와 복합형 광역지방자치단체는 지방자치단체로 통합하여 이해관계자 집단을 단순화하여 그 차이를 분석하였다.

앞서 언급한 바와 같이 6개 집단별 선호도를 보면 6개 이해관계집단 모두 지방자치단체의 주체(단체장 및 지방의회)의 중요성을 강조하고 있었다. 다만 중앙정부 주무부처는 세 가지 구성요소를 거의 비슷하게 강조하고 있었고('지자체 주체' 및 '예산(재정)'이 각각 4.20, '행정조직 및 인적자원'이 4.10), 지방자치단체는 '지자체 주체'와 '행정조직 및 인적자원'이 비슷하게 강조하고 있었으며, 지방자치단체는 '행정조직 및 인적자원'과 '예산(재정)'이 비슷하게 강조하고 있었다.

제2절 지방자치단체 감사가치 구성요소 분석

다음으로 지방자치단체 감사제도 형성에 가장 큰 영향을 주고 있는 핵심요소로 조사된 '감사가치'에 대한 분석을 실시하였다. 앞 절에서처럼 선행연구를 통해 도출한 지방자치단체 4대 감사가치(독립성, 전문성, 협력성, 경제성)가 우리

나라 지방자치단체 감사제도 형성에 미치는 영향정도를 전문가 집단을 대상으로 6점 만점 리커트 척도 방식을 활용해 조사하였다. '독립성',[12] '전문성',[13] '협력성',[14] '경제성'[15]을 주요 구성요소로 하는 감사가치별 영향도 분석결과를 보면 아래 <표 4-4>와 같이 정리할 수 있었다.

이를 보면 8개 조사대상 집단 모두 '독립성'(4.89)을 가장 중요한 요인으로 보고 있었으며, 도시형 광역지방자치단체(4.30)는 독립성과 동일한 수준에서 '전문성'을 강조하고 있음을 알 수 있었다. 결국 지방자치단체 감사제도에 있어 독립적인 감사활동이 보장될 수 있는 지가 가장 핵심적인 성공요인임을 분석결과를 통해 유추해 낼 수 있었다.

이를 감사가치 각 구성 요소별로 조사대상집단별 응답내용을 보면, '독립성'에 대해서는 복합형 광역지방자치단체(5.5)와 복합형 광역단체 의회(5.16), 감사원(5.1)이 평균(4.89)보다 높게 나타나 다른 조사대상 집단보다 상대적으로 높이 평가하고 있음을 알 수 있었다. 감사원의 경우 지방자치단체에 대해 국가감사

표 4-4 지방자치단체 감사가치 구성요소 분석 결과 요약

(6점 만점)

구 분		독립성	전문성	협력성	경제성
학계 및 연구기관		4.93	4.12	3.68	3.00
중앙정부 주무부처		4.80	4.50	3.90	3.90
국 회		4.50	4.25	3.37	2.62
감사원		5.10	4.10	3.60	3.20
지방의회	도시형 광역자치단체 의회	4.83	4.33	3.33	3.16
	복합형 광역자치단체 의회	5.16	4.16	3.83	3.50
지방정부	도시형 광역자치단체	4.30	4.30	3.80	3.70
	복합형 광역자치단체	5.50	4.83	3.66	3.83
전 체		**4.89**	**4.32**	**3.65**	**3.36**

12) 감사기구의 독립성 확보 및 감사인 신분보장 등을 통해 감사기구의 활동에 있어 외부로부터의 영향이 없도록 함을 의미한다.
13) 감사인 전문성 확보 등을 통해 감사활동 및 그 결과에 있어 전문성을 확보함을 의미한다.
14) 국가 감사체계 내에서 중복감사를 배제하고 역할 분담 등을 통해 효율적인 감사활동을 수행하기 위한 감사기구 간 협력체계 형성 정도를 의미한다.
15) 국가 감사체계의 관점에서 새로운 제도를 도입하거나 기구를 설치·운영하는 경우 발생하는 비용효과 등 경제적 효율성 정도를 의미한다.

체계를 총괄하고 있는 입장에서 일정한 역할을 담당해야 할 지방자치단체가 안고 있는 문제점으로 독립성이 가장 크다는 인식을 가지고 있어 독립성을 매우 중요한 가치로 보고 있는 것으로 보인다.[16] 그리고 복합형 광역지방자치단체와 복합형 광역단체 의회의 경우 농어촌지역의 경우 자체감사기구의 독립성이 약하다고 느끼는 데서 나타나는 반응으로 보인다.

다음으로 '전문성' 요소를 구체적으로 보면, 복합형 광역지방자치단체(4.83)는 중앙정부 주무부처(4.5)가 상대적으로 다른 연구 대상 집단보다 높게 평가하고 있음을 알 수 있었다.

'협력성' 요소(평균 3.65)에 있어서는 지방행정업무를 관장하는 중앙정부 주무부처가 업무 특성상 가장 높은 수준인 3.90점을 부여하여 다른 조사 대상집단에 비해 협력성을 강조하고 있는 것으로 분석되어졌고, 복합형 광역단체 의회(3.83)와 도시형 광역지방자치단체(3.80)가 그 뒤를 잇고 있는데 이는 일선감사 현장의 경험에서 그 필요성을 느끼는 데서 기인하는 것 같다.

마지막으로 '경제성' 요소(평균 3.36)에 있어서도 역시 지방자치단체의 재정업무 및 직제업무를 주관하는 주관부처인 중앙정부 주무부처가 다른 조사 대상 집단보다 민감하게 반응하여 3.90점으로 상대적으로 높은 점수를 부여하고 있고, 그 뒤를 복합형 광역지방자치단체(3.83), 도시형 광역지방자치단체(3.70), 복합형 광역단체 의회(3.50)가 잇고 있음을 분석결과 알 수 있었다. 이는 직접적으로 감사기관의 신설 등에 따라 재정부담을 해야 하는 일선 당사자들의 입장 차이에서 기인하는 것 같다. 또 하나의 특징으로는 지방자치단체가 지방의회보다 상대적으로 높은 수준의 점수에서 경제성을 강조하고 있음을 보이고 있었다. 이도 역시 지방 재정 및 직제를 직접 담당하는 지방자치단체가 지방의회보다 경제성에 대해 더 많은 고민을 하고 있음을 간접적으로 추론해 볼 수 있는 분석결과이다.

기타 의견으로는 투명성(2명), 감사기구 실효성, 적시성(2명), 사전예방의 추가(1명) 사항들이 조사결과 나타났다.[17]

여기에서도 분석결과를 좀 더 면밀히 보고자 다음 [그림 4-4]와 같이 이

16) 이는 감사원이 「공공감사에 관한 법률」의 제정을 추진한 배경으로 자체감사기구, 특히 지방자치단체 자체감사기구의 독립성 확보를 제시하고 있는 것과 일맥상통한다고 하겠다.

17) 이러한 요소들도 고려해 볼 필요는 있다고 하겠으나 본질적 요소로 보기에는 상대적으로 미약하다고 하겠다.

그림 4-4 조사대상집단별 지방자치단체 감사가치 구성요소 인식차이

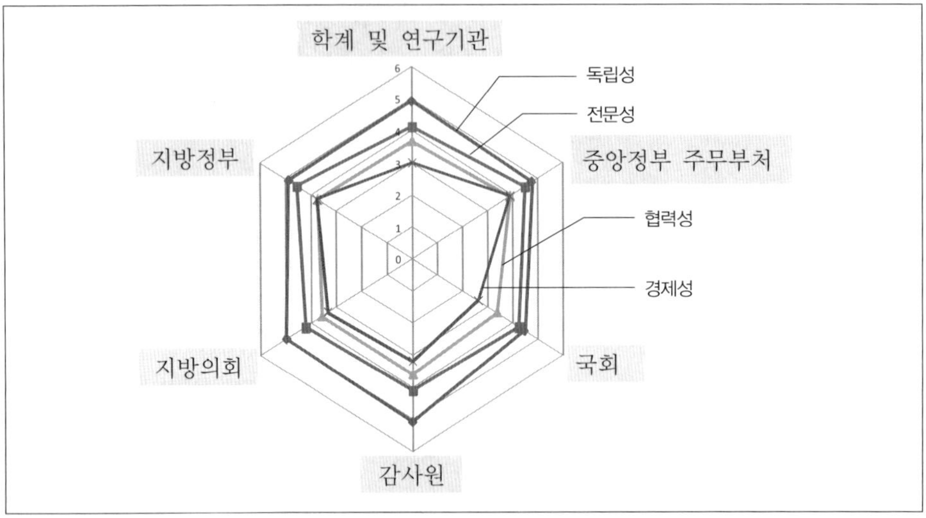

해집단(조사대상집단)별 지방자치단체 감사가치의 구성요소에 대한 인식차이를 도식해 보았다.

앞에서와 마찬가지로 조사대상집단 중 도시형 광역단체 의회와 복합형 광역단체 의회는 지방의회로 통합하였고, 도시형 광역지방자치단체와 복합형 광역지방자치단체는 지방자치단체로 통합하여 이해관계자 집단을 단순화하여 그 차이를 분석하였다.

그 결과를 보면 앞의 <표 4-4>의 분석에서와 같이 조사대상집단 모두 1순위로 독립성, 2순위로 전문성 가치의 중요성을 강조하고 있었다. 다만 3~4순위의 경우 대체로 협력성이 3순위, 경제성이 4순위로 강조되었으나 각 이해 집단별 이해에 따라 3순위와 4순위의 차이 정도가 달라지고 있음을 알 수 있었다. 특히 중앙정부 주무부처와 지방자치단체는 3~4위의 순위가 같거나 비슷하게 나타났다. 이는 이후 제6장 감사가치의 감사제도 형성 영향 분석에서 좀 더 깊이 다루었다.

제3절 소 결

우리나라의 지방자치단체 감사제도 형성에 가장 중요한 요인에 대하여 전문가 의견조사를 실시하였다. 외부환경변화, 지자체 역량, 감사가치 등 3대 중요항목에 대하여 지방자치단체 감사제도 형성에 미치는 정도를 설문조사를 통해 분석을 실시하였다. 총 75명, 8개 조사대상집단의 응답 내용을 분석하였다.

우선 3대 요소 중 가장 영향도가 높은 요인으로는 감사가치로 조사되었다. 다음으로 외부환경변화, 지방자치단체 역량 순으로 영향이 큰 것으로 나타났다. 그 과정에서 조사대상집단의 이해관계에 따라 일부 우선순위가 달리 나타나고 있음을 또한 분석 결과를 통해 알 수 있었다. 즉 대부분의 조사대상집단들이 감사가치를 가장 영향이 큰 것으로 보았으나, 국회는 외부환경변화를 감사가치보다 다소 높게 보았고, 복합형 광역단체 의회는 외부환경변화와 감사가치를 같은 정도로 중요하게 보았다.

이러한 분석결과에서 향후 우리나라의 지방자치단체의 감사제도를 재구성함에 있어 가장 심도 있게 논의되어야 할 부문이 바로 감사가치 요소라는 것을 분석결과를 통해 추론해 낼 수 있었다.

다음 이러한 감사제도를 형성하는 데 영향을 주는 외부환경과 지방자치단체 역량의 구성요소, 감사가치의 세부 구성요소 등을 각각 분석하였다. 그 결과 외부환경변화의 경우에는 '지방행정체제 개편' 추진이 '감사원 소속 변경' 요소보다 약간 중요한 변수로 분석되었으나 크게 차이는 없었다. 그 과정에서 조사대상집단의 이해관계에 따라 우선순위가 달리 나타나고 있었는데, 감사원, 도시형 광역단체 의회, 도시형 광역지방자치단체가 지방행정체제 개편 추진보다 감사원 소속변경 논의를 더 중요하게 보았다.

다음 지방자치단체 역량 변수는 '지방자치단체 주체'(단체장, 지방의회), '행정조직 및 인적자원', '예산(재정)' 순으로 감사제도 형성에 영향을 미치는 주요 요소임을 보여주었고, 8개 조사대상집단 모두가 '지방자치단체 주체'를 가장 비중이 높은 것으로 선택하였다. 다만 세부적으로는 중앙정부 주무부처와 복합형 광역단체 의회는 예산(재정)과 지방자치단체 주체를, 복합형 광역지방자치단체는 행정조직 및 인적자원과 지방자치단체 주체를 같은 비중으로 보았다.

끝으로 감사제도 형성에 미치는 핵심 요소인 감사가치의 중요도 분석을 한 결과 4대 감사가치가 독립성, 전문성, 협력성, 경제성 순으로 영향을 미치는 것으로 나타났다. 그리고 구성요소별로 조사대상집단의 응답내용을 보면 8개 조사대상집단 모두 독립성을 1순위, 전문성을 2순위로 선택하였으나 협력성과 경제성은 조사대상집단별로 우선순위에 있어 다소의 차이를 보였다. 즉 중앙정부 주무부처는 협력성과 경제성을 같은 비중으로, 복합형 광역지방자치단체는 경제성을 협력성보다 더 중요시하였다.

제 5 장

감사가치와 지방자치단체 감사제도 형성

제1절 내 · 외부 감사제도와 감사가치

Ⅰ. 지방자치단체 내 · 외부 감사제도의 관계

지방자치단체 감사제도 가운데 내부 감사제도와 외부 감사제도 중 어느 것에 더 우선순위를 두어야 할 것인가에 대한 설문에 다음 <표 5-1>과 같이 8개 조사대상집단의 평균은 내부 감사제도(0.588)를 외부 감사제도(0.411)보다 더 높게 치고 있었다. 이를 조사대상집단별로 보면 지방자치단체 감사제도에 대한 인식이 각 주체별로 상이하게 나타나고 있었다. 즉 지방자치단체 행정에 대한 법적 감사권한을 가지고 있는 중앙정부 주무부처(0.768)와 국회(0.775), 감사원(0.807)은 모두 외부 감사제도(각각 0.232, 0.225, 0.193)보다 내부 감사제도의 중요성을 훨씬 더 크게 강조한 것으로 분석결과 알 수 있었다. 또한 지방의회(도시형 광역단체 의회 0.624, 복합형 광역단체 의회 0.722) 역시 내부 감사제도의 중요성을 외부 감사제도보다 월등히 높게 강조한 것으로 분석결과 알 수 있었다.

반면에 외부 감사기구(제도)에 대하여 수감기관의 위치에 있으면서 자체 감사를 책임지고 있는 지방자치단체(도시형 광역지방자치단체 0.652, 복합형 광역지방자치단체 0.800)는 오히려 외부 감사제도의 중요성을 강조하고 있는 것으로

표 5-1 내·외부 감사제도 우위비교 분석 결과 요약

구 분		가중치	
		내부 감사제도	외부 감사제도
학계 및 연구기관		0.465	0.536
중앙정부 주무부처		0.768	0.232
국 회		0.775	0.225
감사원		0.807	0.193
지방의회	도시형 광역자치단체 의회	0.624	0.376
	복합형 광역자치단체 의회	0.722	0.278
지방정부	도시형 광역자치단체	0.348	0.652
	복합형 광역자치단체	0.200	0.800
전 체		**0.588**	**0.411**

나타나고 있었다. 또한 비교적 객관적 위치에 있는 학계 및 연구기관은 내·외부 감사제도 우위 분석에 있어 내부 감사제도(0.465)에 비해 다소 외부 감사제도(0.536)의 중요성을 더 강조하였다.

이는 외부 감사·감독기관들은 외부 감사·감독기관에 의한 타율적인 시정·치유보다는 지방자치단체 자체(내부) 감사제도의 독립성에 문제가 있음에도 불구하고 내부 감사제도의 자율적인 시정·치유기능에 그 중요성을 두고 기대하는 반면, 직접적인 감사대상이면서 지방자치단체 자체감사를 책임지고 있는 지방자치단체 집행부에 소속한 지방자치단체 감사담당공무원들은 자율적인 내부 시정·치유기능의 실효성에 의문을 가지는데 그 이유가 있는 것으로 보여 상당히 흥미로운 결과라고 하겠다. 한편 감사제도의 평가에 비교적 객관적 위치에 있는 학계 및 연구기관이 내부 감사제도보다는 외부 감사제도에 더 중요성을 두는 것은 내부 감사제도에 대한 불신을 나타낸 반면, 외부 감사제도의 필요성에 대한 강조로 보인다.

그러나 이 분석결과를 종합적으로 보면 내부 감사제도가 외부 감사제도에 비해 크지는 않지만 상대적 중요도를 나타내고 있음을 분석결과 알 수 있었다. 즉 지방자치단체의 감사제도에 있어 외부 감사제도의 중요성이 배제되지는 않음에도 불구하고 내부 감사제도의 필요성이 강조되는 한편, 양 제도의 병립적

이고 균형적인 완비가 필요함을 분석결과 유추할 수 있었다. 또한 입장 차이에 따라 우선순위에 대한 인식 정도도 상당히 차이가 있음을 보여주었다.

Ⅱ. 감사가치의 중요성

내・외부 감사제도에 대한 4가지 감사가치(독립성, 전문성, 협력성, 경제성)에 대한 우선순위 분석을 실시한 결과, 각 이해관계자들의 감사가치에 대한 중요도 AHP 분석을 통해 그들이 각자 추구하고자 하는 지방자치단체의 감사가치를 간접적으로 분석해 볼 수 있었다.

내부 감사제도와 외부 감사제도로 나누어 감사가치에 대한 우선순위 설문과 설문결과에 대한 분석을 실시하였다. 그 분석결과는 아래 <표 5-2>와 같다.

먼저 내부 감사제도에 대한 감사가치 우선순위 분석에서는 모든 조사대상 집단들이 독립성(0.521)을 강조하고 있음을 알 수 있었다[1]. 다만 복합형 광역지방자치단체(0.324) 및 도시형 광역단체 의회(0.322), 복합형 광역단체 의회(0.335)

표 5-2 내・외부 감사제도 감사가치 우위비교 분석결과 요약

구 분		내부 감사제도				외부 감사제도			
		독립성	전문성	협력성	경제성	독립성	전문성	협력성	경제성
학계 및 연구기관		0.528	0.154	0.225	0.090	0.401	0.260	0.206	0.134
중앙정부 주무부처		0.553	0.306	0.063	0.078	0.245	0.489	0.143	0.123
국 회		0.635	0.240	0.076	0.049	0.502	0.335	0.121	0.043
감사원		0.520	0.266	0.140	0.075	0.520	0.336	0.088	0.056
지방의회	도시형 광역자치단체 의회	0.508	0.322	0.119	0.050	0.604	0.212	0.132	0.052
	복합형 광역자치단체 의회	0.496	0.335	0.076	0.093	0.267	0.507	0.095	0.131
지방정부	도시형 광역자치단체	0.575	0.239	0.115	0.071	0.190	0.564	0.160	0.086
	복합형 광역자치단체	0.359	0.324	0.149	0.169	0.316	0.286	0.160	0.238
전 체		**0.521**	**0.273**	**0.120**	**0.084**	**0.380**	**0.373**	**0.138**	**0.107**

1) 이는 앞서 실시된 <표 5-4>의 지방자치단체 감사가치 구성요소 분석 결과와 일치한다. 즉 8개 조사대상집단 모두가 지방자치단체 감사가치 구성요소 중 독립성의 중요성이 가장 높다고 답한 결과(4.89/6)와 일치하고 있어 조사 분석의 일관성을 보여 주고 있다.

등의 지방자치단체들이 상대적으로 전문성을 강조하고 있음이 본 분석결과의 특징이라 할 수 있다. 이는 내부 감사제도에 있어 문제점으로 관련 연구에서나 사회・언론 등에서 독립성과 전문성 두 가지가 가장 문제점으로서 중요한 쟁점으로 다루어져 온 것과 일맥상통한다고 하겠다.

다음 순위로는 협력성(0.120)과 경제성(0.084)이 선택되었으나 그 비중이 낮았다. 특이한 것은 협력성의 경우 복합형 광역지방자치단체(0.149)와 감사원(0.140)이 다른 집단에 비해 상대적으로 중시하고 있었고, 경제성의 경우 복합형 광역지방자치단체(0.169)가 다른 집단에 비해 상대적으로 중시하고 있었다.

외부 감사제도에 대한 감사가치 우위비교 분석에서도 내부 감사제도와 마찬가지로 독립성(0.380)이 가장 우선시 되고 있으나 그 다음으로 전문성(0.373)이 독립성과 비슷하게 중시되는 것으로 나타났다. 이는 외부 감사제도에서는 내부 감사제도와 같이 독립성이 중요시 되고는 있지만 내부 감사제도에서 만큼은 독립성 문제가 크게 제기되지 않고 있음을 보여 준다고 하겠다.

이를 조사대상집단별로 보면 중앙정부 주무부처(0.489)와 복합형 광역단체 의회(0.507), 도시형 광역지방자치단체(0.564)가 전문성을 가장 중요한 외부 감사가치로 제시한 반면, 나머지 조사대상집단들은 모두 독립성을 중요한 감사가치로 분석되었다.

또한 전문성 감사가치는 내부 감사제도(0.273)에서보다 외부 감사제도(0.374)에서 상대적으로 더 중요시되고 있음을 분석결과 알 수 있었다. 독립성 가치의 경우 외부 감사제도의 경우 보다 내부 감사제도에서 상대적으로 더욱 중요시되고 있음을 분석결과 알 수 있었다.

이처럼 외부 감사제도에 있어서 독립성에 비해 상대적으로 전문성이 많이 강조되고 있고, 특히 수감기관에서 더 강조되고 있다는 점은 현장 행정의 내용을 잘 아는 수감기관의 관점에서 볼 때 외부 감사기관이 대상기관의 업무에 대한 이해도 등 전문성이 부족하다고 느끼는 데서 기인하는 것 같다.

한편 다음 순위로 선택된 협력성(0.138)과 경제성(0.107)의 경우 외부 감사제도가 내부 감사제도(각각 0.120, 0.084)에 비해 더 중요시되고 있음을 알 수 있었다. 외부 감사제도는 감사 중복 및 사각지대의 해소 등 다른 감사기구와의 협력체계 구축, 새로운 제도 설정 시 경제적 부담 등을 더 고려해야 한다는 입장을 가지는 것으로 추론된다. 이는 협력성의 경우 도시형 광역지방자치단체

(0.160) 및 복합형 광역지방자치단체(0.160), 중앙정부 주무부처(0.143)가, 경제성의 경우 학계・연구기관(0.134)을 제외하고 복합형 광역지방자치단체(0.238), 복합형 광역단체 의회(0.131), 중앙정부 주무부처(0.123)가 높게 인식하고 있는 것은 행정 현장에 있는 수감기관 등이 필요성을 더 느끼고 있는 것으로 보인다.

제2절 감사가치의 내부 감사제도 형성 이해

Ⅰ. 독립성 구성요소

지방자치단체 내부 감사제도에 있어 독립성 확보를 위한 정책대안(구성요소)으로 전문가들의 우선순위 의견조사결과 아래 <표 5-3>과 같이 분석・정리되었다.

독립성을 구성하는 '인사 독립', '직무 독립', '조직 독립', '예산 독립' 등 4가지 구성요소 중 인사 독립(0.431)이 가장 우선시 되어야 함을 알 수 있었다. 그리고 그 다음 직무 독립(0.264), 조직 독립(0.221) 순으로 조사 되었다. 그러나

표 5-3 독립성(내부 감사제도) 확보 방안 우선순위 분석 결과 요약

구분		가중치			
		인사 독립	직무 독립	조직 독립	예산 독립
학계 및 연구기관		0.457	0.259	0.186	0.098
중앙정부 주무부처		0.310	0.124	0.485	0.081
국 회		0.524	0.195	0.182	0.099
감사원		0.380	0.410	0.144	0.066
지방의회	도시형 광역자치단체 의회	0.360	0.435	0.153	0.052
	복합형 광역자치단체 의회	0.417	0.225	0.213	0.145
지방정부	도시형 광역자치단체	0.585	0.222	0.144	0.048
	복합형 광역자치단체	0.418	0.247	0.261	0.074
전 체		0.431	0.264	0.221	0.082

이에 대한 각 조사대상 집단들의 생각에는 차이가 있음을 분석결과 알 수 있었다. 특히 중앙정부 주무부처의 경우 지방자치단체의 행정업무 감사권한을 가진 중앙부처로서 특히 조직 독립(0.485)과 인사 독립(0.310)을 강조하고 있음이 그 특징으로 나타나고 있다. 이는 중앙정부 주무부처의 조직 및 인사 업무의 전문성에 따른 귀인 현상으로 설명할 수 있을 것이다(김동수, 2005). 도시형 광역단체 의회의 경우 지방자치단체 내부 감사제도의 독립성 제고를 위해 직무 독립(0.435)을 인사 직무(0.360)보다 높은 가장 중요한 요소로 제시하고 있는 것이 또 하나의 특징으로 분석결과 나타났다. 이는 도시형 광역단체 의회 의원들이 현재의 지방자치단체감사관실이 직무상 소속기관장으로부터의 직무상 독립성을 제대로 갖추지 못하고 있다고 느끼는 데 기인하는 것 같다.

Ⅱ. 전문성 구성요소

지방자치단체 내부 감사제도에 있어 전문성을 확보하기 위한 정책대안(구성요소)으로 전문가들의 우선순위 의견 조사결과 아래 <표 5-4>와 같이 분석·정리되었다.

표 5-4 전문성(내부 감사제도) 확보 방안 우선순위 분석 결과 요약

구 분		가 중 치			
		전문 자격제 도입	전문 직렬제 도입	인력·역량 강화	성과 평가 강화
학계 및 연구기관		0.264	0.483	0.096	0.157
중앙정부 주무부처		0.166	0.173	0.230	0.431
국 회		0.320	0.355	0.112	0.213
감사원		0.167	0.480	0.143	0.209
지방의회	도시형 광역자치단체 의회	0.070	0.229	0.356	0.345
	복합형 광역자치단체 의회	0.298	0.234	0.127	0.341
지방정부	도시형 광역자치단체	0.354	0.362	0.182	0.102
	복합형 광역자치단체	0.280	0.233	0.243	0.243
전 체		**0.239**	**0.318**	**0.186**	**0.255**

전문성을 구성하는 ‘전문 자격제 도입’, ‘전문 직렬제(감사직) 도입’, ‘인력 · 역량 강화’, ‘성과평가 강화’ 등 4가지 구성요소 중에서 전문 직렬제 도입(0.318), 성과평가 강화(0.255)를 통한 성과관리 강화, 전문 자격제 도입(0.239), 인력 · 역량(교육 등) 강화(0.186) 순으로 조사되었다.

전문성 가치에 대한 우선순위 분석에서도 역시 각 조사대상집단들의 의견에 있어서 다소 차이가 있음을 알 수 있었다. 학계 및 연구기관(0.483)과 감사원(0.480), 국회(0.355), 도시형 광역지방자치단체(0.362)의 경우에는 전문 직렬제(감사직렬) 도입을 가장 좋은 대안으로 제시하고 있는 반면에, 중앙정부 주무부처(0.431)와 복합형 광역단체 의회(0.341)는 내부 성과 평가체계를 통한 성과관리 강화 방안을 가장 좋은 대안으로 생각하고 있었다. 또한 복합형 광역지방자치단체의 경우에는 전문 자격제 도입을 통한 전문성 제고를 가장 좋은 대안으로 보고 있음을 분석결과 알 수 있었다.

이를 종합해보면 대체로 단기적인 대안이랄 수 있는 성과평가나 교육 등의 방법보다는 감사 전문 직렬제나 전문 자격제와 같은 제도적 방안을 선호하는 것으로 보인다.

Ⅲ. 협력성 구성요소

지방자치단체 내부 감사제도에 있어 협력성을 확보하기 위한 정책대안(구성요소)으로 전문가들의 우선순위 의견조사결과 다음 <표 5-5>와 같이 분석 · 정리되었다.

협력성을 구성하는 ‘중앙 감사기구(제도) 통합’, ‘국가 · 지방 감사기능 분화’, ‘감사 계층제 도입’, ‘감사기구 간 협력 · 조정기구 신설’ 등 4가지 구성요소 중에서 국가 · 지방감사기능 분화(0.368)가 가장 높은 우선순위를 나타냈고, 다음으로 감사 계층제 도입(0.221), 중앙감사기구(제도) 통합(0.215), 감사기구 간 협력 · 조정기구 신설(0.195) 순으로 조사되었다.

이는 감사기구(제도) 통합이라는 제도적 해결보다는 현 제도 아래에서 운영상 해결책인 국가 · 지방 감사기능 분화, 감사 계층제 도입을 선택한 것으로 아마도 중앙감사기구(제도)의 통합은 개헌 등을 전제로 하는 것으로 현실성이 떨

표 5-5 협력성(내부 감사제도) 확보 방안 우선순위 분석 결과 요약

구 분		가 중 치			
		중앙감사 기구(제도)통합	국가·지방 감사기능 분화	감사계층제 도입	협력·조정 기구 신설
학계 및 연구기관		0.201	0.313	0.191	0.296
중앙정부 주무부처		0.055	0.362	0.294	0.289
국 회		0.142	0.390	0.251	0.218
감사원		0.145	0.321	0.296	0.240
지방의회	도시형 광역자치단체 의회	0.568	0.248	0.120	0.065
	복합형 광역자치단체 의회	0.224	0.511	0.137	0.127
지방정부	도시형 광역자치단체	0.200	0.464	0.228	0.108
	복합형 광역자치단체	0.183	0.336	0.256	0.223
전 체		**0.215**	**0.368**	**0.221**	**0.195**

어진다고 보는 데서 기인하는 것 같다.

각 정책대안별 이해관계자들의 의견을 보면 일부 상충하여 나타나고 있음을 알 수 있었다. 도시형 광역단체 의회는 다른 조사대상집단과 달리 중앙감사기구(제도) 통합(0.568)을 협력성 제고를 위한 가장 중요한 수단으로 선택했고, 복합형 광역단체 의회는 국가·지방감사 기능 분화(0.511)에 높은 우선순위를 보여주었다. 감사 계층제 도입대안에 대해서는 중앙정부 주무부처(0.294)와 감사원(0.296)이 상대적으로 높이 평가하고 있음을 분석결과 알 수 있었다. 협력·조정기구 신설 대안에 대해서는 학계 및 연구기관(0.296)과 중앙정부 주무부처(0.289)가 다른 집단에 비해 상대적으로 우선순위를 높이 평가하고 있음을 분석결과 알 수 있었다.

Ⅳ. 경제성 구성요소

지방자치단체 내부 감사제도에 있어 경제성을 확보하기 위한 정책대안(구성요소)으로 전문가들의 우선순위 의견조사결과 다음 <표 5-6>과 같이 분석·정리되었다.

표 5-6 경제성(내부 감사제도) 확보 방안 우선순위 분석 결과 요약

구 분		가 중 치			
		단체장 소속 유지	지방의회 소속 신설	독립기관 신설	아웃소싱 (감사위탁)
학계 및 연구기관		0.216	0.203	0.355	0.225
중앙정부 주무부처		0.191	0.175	0.403	0.230
국 회		0.240	0.382	0.208	0.170
감사원		0.132	0.144	0.473	0.251
지방의회	도시형 광역자치단체 의회	0.213	0.336	0.202	0.248
	복합형 광역자치단체 의회	0.084	0.495	0.241	0.180
지방정부	도시형 광역자치단체	0.305	0.135	0.434	0.122
	복합형 광역자치단체	0.334	0.098	0.435	0.133
전 체		**0.214**	**0.246**	**0.344**	**0.194**

경제성을 구성하는 '현행 단체장 소속 유지', '지방의회 소속 신설', '독립기관 신설', '아웃소싱(감사위탁)' 등 4가지 요소 중에서 독립기관의 신설(0.344)이 가장 높은 정책대안으로 도출되었다. 내부 감사제도의 경우 독립기관의 신설에 있어 경제적 비용이 적게 들면서, 상대적으로 높은 성과를 나타낼 수 있을 것이라는 기대에서 도출되어진 결과로 보인다.[2)]

다음 순으로 지방의회 소속으로 내부 감사제도를 신설하는 방안이 0.246의 가중치를 보이고 있다. 특히 국회(0.382)와 지방의회인 도시형 광역단체 의회(0.336), 복합형 광역단체 의회(0.495)가 공통되게 가장 선호하는 대안으로 이 안을 제시하고 있는 반면에, 지방자치단체인 도시형 광역지방자치단체(0.434)와 복합형 광역지방자치단체(0.435), 중앙부처인 중앙정부 주무부처(0.403)는 독립기관 신설 대안을 가장 우선순위가 높은 정책대안으로 제시하고 있어 조사대상 집단별로 상이한 대안을 선택하고 있었다.[3)]

2) 어쨌든 이러한 분석결과는 기존 조직의 유지나 아웃소싱(감사위탁)보다 새로운 기관의 신설이 더 경제적이라는 선호로서 일반적인 상식과는 다른 것으로 보여 앞으로 더 깊은 연구가 필요할 것 같다.

3) 지방자치단체가 앞에서 본 감사가치에 있어서는 경제성을 중요한 가치로 인식하고 있으면서도, 감사제도를 선택할 때에는 가장 비용이 많이 들어 경제성면에서 가장 취약할 것으로 보이는 독립기관형을 선택하는 것은 일면 직역별 이기주의라 할 만하다고 하겠다.

이는 의회와 집행부간의 상충된 이해관계에 따라 상호 정책연대를 이루는 전형적인 정책네트워크가 나타나고 있음을 간접적으로 볼 수 있는 사례라고 볼 수 있다.

한편 감사원의 경우에는 귀인이론에 따라 설명될 수 있는 업무 귀인성에 따라 자신들의 업무 형태와 가장 유사한 독립기관 신설(0.473) 대안을 가장 우선순위가 높은 대안으로 제시하고 있음을 분석결과 알 수 있었다.

제3절 감사가치의 외부 감사제도 형성 이해

Ⅰ. 독립성 구성요소

지방자치단체의 외부 감사제도에 있어 독립성을 확보하기 위한 정책대안(구성요소)으로 전문가들의 우선순위 조사결과 아래 <표 5-7>과 같이 분석·정리되었다.

표 5-7 독립성(외부 감사제도) 확보 방안 우선순위 분석 결과 요약

구 분		가 중 치			
		인사 독립	직무 독립	조직 독립	예산 독립
학계 및 연구기관		0.418	0.193	0.189	0.200
중앙정부 주무부처		0.282	0.219	0.396	0.103
국 회		0.508	0.227	0.169	0.096
감사원		0.292	0.403	0.196	0.109
지방의회	도시형 광역자치단체 의회	0.396	0.414	0.140	0.050
	복합형 광역자치단체 의회	0.416	0.147	0.248	0.189
지방정부	도시형 광역자치단체	0.250	0.318	0.325	0.107
	복합형 광역자치단체	0.240	0.209	0.274	0.277
전 체		0.350	0.266	0.242	0.141

독립성을 구성하는 '인사 독립', '직무 독립', '조직 독립', '예산 독립' 등 4가지 구성요소 중에서 인사독립권 강화(0.350)가 가장 중요시 되었고, 다음으로 직무 독립(0.266), 조직 독립(0.242), 예산 독립(0.141) 순으로 조사되었다.

그러나 각 이해집단별로 그 분석내용은 매우 상이하게 나타나고 있음을 분석결과 알 수 있었다. 이는 내부 감사제도에 있어 독립성 가치를 제고하기 위한 방안에 대한 의견과 같은 순위를 가졌다.

그러나 조사대상집단 간의 의견은 내부 감사제도의 경우와 달리 상당히 다른 의견을 보이고 있다. 내부 감사제도의 경우에는 중앙정부 주무부처(조직 독립)와 도시형 광역단체 의회(직무 독립)를 제외하곤 모두 인사 독립을 최우선 대안으로 선택하였으나, 외부 감사제도의 경우에는 중앙정부 주무부처와 도시형 광역지방자치단체는 조직 독립을 중시한 반면, 감사원과 도시형 광역단체 의회는 직무 독립을 중시했으며, 복합형 광역지방자치단체의 경우는 예산 독립을 선결과제로 생각하고 있음을 분석결과 알 수 있었다. 이는 외부 감사제도의 독립성을 확보하기 위한 대안에 대해 내부 감사제도와 달리 다양한 관점이 존재함을 알 수 있었다.[4)]

Ⅱ. 전문성 구성요소

지방자치단체의 외부 감사제도에 있어 전문성 제고를 위해, 정책대안(구성요소)에 대한 전문가들의 우선순위 조사결과 다음 <표 5-8>과 같이 분석·정리되었다.

전문성을 구성하는 '전문 자격제 도입', '전문 직렬제(감사직렬) 도입', '인력 역량(교육) 강화', '성과평가 강화' 등 4가지 구성요소 중에서 전문자격제 도입과 전문직렬제(감사직렬) 도입이 모두 가중치 0.291로 대안 중 가장 우선순위가 높은 대안으로 제시되었다.

다음으로 성과평가 강화(0.240), 인력 역량 강화(0.177) 순으로 나타났음을 알 수 있었다. 이는 내부 감사제도에서 전문 직렬제 도입(0.318), 성과평가 강화

4) 이는 내부 감사제도와 달리 외부 감사제도(기구)는 국회, 감사원, 중앙정부 주무부처 등 다양한 입장을 가진 이해관계집단이 관여하고 있어 통일된 관점을 갖기가 쉽지 않은 데에도 그 원인이 있는 것 같다.

표 5-8 전문성(외부 감사제도) 확보 방안 우선순위 분석 결과 요약

구 분		가 중 치			
		전문 자격제 도입	전문 직렬제 도입	인력·역량 강화	성과 평가 강화
학계 및 연구기관		0.356	0.321	0.145	0.178
중앙정부 주무부처		0.202	0.194	0.279	0.325
국 회		0.297	0.318	0.100	0.285
감사원		0.315	0.219	0.198	0.268
지방의회	도시형 광역자치단체 의회	0.247	0.535	0.135	0.082
	복합형 광역자치단체 의회	0.326	0.217	0.153	0.304
지방정부	도시형 광역자치단체	0.428	0.325	0.136	0.111
	복합형 광역자치단체	0.156	0.202	0.270	0.373
전 체		0.291	0.291	0.177	0.240

(0.255)를 통한 성과관리 강화, 전문 자격제 도입(0.239), 인력·역량(교육 등) 강화(0.186) 순으로 나타났던 것과 전체적으로는 비슷한 의견이었다.

그러나 조사대상집단별로는 독립성과 마찬가지로 다양한 의견을 보였다. 즉 학계 및 연구기관(0.356), 감사원(0.315), 복합형 광역단체 의회(0.326), 도시형 광역지방자치단체(0.428)는 전문 자격제 도입을 가장 선호하는 대안으로 선택하였고, 국회(0.318), 도시형 광역단체 의회(0.535)는 전문 직렬제 도입을, 중앙정부 주무부처(0.325), 복합형 광역지방자치단체(0.373)는 성과 평가 강화를 가장 선호하는 대안으로 각각 선택하였다. 한편 내부 감사제도의 전문성 제고를 위한 방안으로서의 전문자격제 도입(0.239)은 외부 감사제도에 있어서는 그 중요성이 상대적으로 높게(0.291) 나타나고 있음을 분석결과 알 수 있었다.

Ⅲ. 협력성 구성요소

지방자치단체의 외부 감사제도에 있어 협력성을 확보하기 위한 정책대안(구성요소)으로 전문가의 의견조사결과 다음 <표 5-9>와 같이 분석·정리되었다.

표 5-9 협력성(외부 감사제도) 확보 방안 우선순위 분석 결과 요약

구 분		가 중 치			
		중앙감사 기구(제도) 통합	국가 · 지방 감사기능 분화	감사계층제 도입	협력 · 조정기구 신설
학계 및 연구기관		0.175	0.268	0.284	0.274
중앙정부 주무부처		0.108	0.436	0.235	0.221
국 회		0.155	0.463	0.225	0.156
감사원		0.125	0.379	0.270	0.226
지방 의회	도시형 광역자치단체 의회	0.537	0.285	0.108	0.069
	복합형 광역자치단체 의회	0.225	0.466	0.123	0.186
지방 정부	도시형 광역자치단체	0.159	0.325	0.257	0.260
	복합형 광역자치단체	0.211	0.286	0.168	0.334
전 체		**0.212**	**0.363**	**0.208**	**0.216**

협력성을 구성하는 '중앙감사기구(제도) 통합', '국가 · 지방 감사기능 분화', '감사 계층제 도입', '감사기구 간 협력 · 조정 기구 신설' 등 4가지 요소 중에서 국가 · 지방감사기능 분화(0.363)가 가장 우선순위가 높은 것으로 조사되어, 내부 감사제도의 협력성 제고를 위한 대안 조사결과와 같은 결과를 나타내고 있었다.

다음으로는 협력 · 조정기구 신설(0.216), 중앙감사기구(제도) 통합(0.212),[5] 감사계층제 도입(0.208) 순으로 조사되었다.

이는 내부 감사제도에 있어 국가 · 지방감사기능 분화를 제외하고 감사 계층제 도입(0.221), 중앙감사기구(제도) 통합(0.215), 감사기구 간 협력 · 조정기구 신설(0.195) 순으로 선택된 것과 2, 4위가 바뀌는 다소 다른 결과를 나타내었다.

조사대상집단별 분석결과를 보면, 중앙감사기구(제도) 통합에 대해서는 도시형 광역단체 의회가 내부 감사제도의 협력성 제고 분석결과(0.568)와 동일한 수준에서 가장 선호하고 있는 정책대안(0.537)으로 제시하고 있었다. 국가 · 지방감사기능 분화의 경우 중앙정부 주무부처, 국회, 감사원, 복합형 광역단체 의

5) 통합이 되는 경우 가장 그 효과가 클 것으로 보이나 조사대상집단들은 실현가능성이 낮다고 보는 것 같다.

회, 도시형 광역지방자치단체가 모두 가장 높은 우선순위 대안으로 제시하였다. 하지만 그중에 복합형 광역단체 의회(0.466)와 국회(0.463), 중앙정부 주무부처(0.436)가 상대적으로 더 높은 가중치를 보여주고 있었다. 감사계층제 도입대안에 있어서는 학계 및 연구기관(0.284)이 상대적으로 높은 가중치를 제시하고 있는 것이 특징이었다. 또한 복합형 광역지방자치단체의 경우는 협력·조정기구 신설(0.334)을 정책대안으로 제시하고 있는 여타 조사대상집단들과 차별화된 전략을 제시하고 있었다. 이는 광역단체들이 겪고 있는 행정조직체계의 복잡성에서 기인한 문제로 볼 수 있다. 즉 넓은 지역의 행정을 관장해야 하고 많은 기초 자치단체 및 중앙정부와의 중간연결 매개역할을 해야 하는 광역단체에서는 외부 감사제도의 협력성 제고를 위해서 상대적으로 협력·조정기구의 신설이 절실히 요구되고 있다고 볼 수 있음을 본 조사 결과에서 추론할 수 있었다.

Ⅳ. 경제성 구성요소

지방자치단체의 외부 감사제도에 있어 경제성을 확보하기 위한 정책대안(구성요소)으로 전문가들의 우선순위 조사결과 다음 <표 5-10>과 같이 분석·정리되었다.

경제성을 구성하는 '지방감사원 제도 도입', '지방 감사위원회제 도입', '현행 국가 감사원체제 유지', '아웃소싱(감사위탁)' 등 4가지 구성요소 중에서 다른 대안들에 비해 아웃소싱[6](0.258)이 근소한 차이로 우선순위가 높은 정책대안으로 제시되었다. 하지만, 앞선 분석들과는 달리 외부 감사제도의 경제성 확보를 위한 정책대안은 아주 모호하고 상호 이해의 차이가 많이 발생하고 있음을 알 수 있었다.

즉 지방감사원제도 도입, 지방감사위원회제도 도입, 현행 국가감사원체제 유지, 아웃소싱 대안들이 모두 0.021점 내에서 근소한 차이를 보이고 있음을 알 수 있었다. 이는 향후 지방자치단체의 외부감사제도 개선에 있어 경제성 가치 부문에서 가장 큰 갈등이 발생할 수 있음을 예상할 수 있는 분석결과라고

6) 여기서 아웃소싱은 민간회계법인 등에 감사위탁을 하는 경우가 대표적이라 하겠다.

표 5-10 경제성(외부 감사제도) 확보 방안 우선순위 분석 결과 요약

구 분		가 중 치			
		지방감사원 제도 도입	지방감사위원회 제도 도입	국가감사원 체제 유지	아웃소싱
학계 및 연구기관		0.170	0.308	0.185	0.337
중앙정부 주무부처		0.146	0.390	0.267	0.197
국 회		0.112	0.183	0.294	0.411
감사원		0.477	0.210	0.194	0.119
지방 의회	도시형 광역자치단체 의회	0.123	0.072	0.351	0.454
	복합형 광역자치단체 의회	0.294	0.319	0.203	0.184
지방 정부	도시형 광역자치단체	0.442	0.263	0.198	0.098
	복합형 광역자치단체	0.129	0.242	0.365	0.264
전 체		**0.236**	**0.248**	**0.257**	**0.258**

볼 수 있다.

학계 및 연구기관(0.337)과 국회(0.411), 도시형 광역단체 의회(0.454)는 외부 감사제도의 과감한 아웃소싱을 통해 그 경제성을 확보할 수 있다고 본 반면, 감사원과 도시형 광역지방자치단체는 지방감사제도 도입을 가장 우선하는 정책대안으로 보고 있었다. 반면에 중앙정부 주무부처와 복합형 광역단체 의회는 지방감사위원회 제도 도입을 경제성 가치의 구현을 위한 가장 좋은 대안으로 제시하고 있었다. 마지막으로 복합형 광역지방자치단체는 현행 국가감사원 체제 유지를 외부 감사제도의 경제성가치 구현을 위한 가장 우선순위 높은 정책 대안으로 제시하고 있는 것으로 분석되었다. 앞서 언급한바와 같이, 외부 감사제도의 경제성 가치 분석결과를 종합해 보면 이해관계자들 간의 정책연대를 찾아볼 수 없는 정책 우선순위는 혼재현상이 나타나고 있는 것이 특징이었다.[7)]

7) 이는 경제성 개념에 대한 정확한 정립이 이루어지지 못한 데에서 또한 그 원인을 찾아볼 수 있을 것이다. 따라서 향후 외부 감사제도의 개편에 있어 중요한 감사가치인 경제성 가치에 대한 이론적 연구가 더욱 심도 있게 이루어 져야 함을 본 연구에서는 강조할 수 있다.

제4절 소 결

지방자치단체의 감사가치 구현을 위한 조사대상집단별 계층분석결과를 요약해 보면 아래 <표 5-11>과 같은 계층구조 모형을 도출해 낼 수 있었다.

표 5-11 감사가치의 감사제도 형성 영향 분석결과 요약

감사가치	정책 대안	내부 감사제도 (0.588)	외부 감사제도 (0.411)	
독립성		**0.522**	**0.380**	
	인사 독립	0.431	0.350	
	직무 독립	0.264	0.266	
	조직 독립	0.221	0.242	
	예산 독립	0.082	0.141	
전문성		**0.273**	**0.373**	
	전문 자격제 도입	0.239	0.291	
	전문 직렬제 도입	0.318	0.291	
	인력 · 역량 강화	0.186	0.177	
	성과 평가 강화	0.255	0.240	
협력성		**0.120**	**0.138**	
	중앙감사기구(제도) 통합	0.215	0.212	
	국가 · 지방감사기능 분화	0.368	0.363	
	감사계층제 도입	0.221	0.208	
	협력 · 조정기구 신설	0.195	0.216	
경제성		**0.084**	**0.107**	
	단체장소속 유지	0.214	지방감사원제도 도입	0.236
	지방의회소속형 신설	0.246	지방감사위원회제도 도입	0.248
	독립기관 신설	0.344	국가감사원제 유지	0.257
	아웃소싱(감사위탁)	0.194	아웃소싱(감사위탁)	0.258

내부 감사제도(0.588)와 외부 감사제도(0.411)의 가중치는 전자가 후자보다 다소 높으나 크게 차이가 없어 그 모두 정책적 중요성이 강조되고 있음을 알 수 있었다. 앞선 조사대상집단별 분석결과에서 조사대상집단별로 내부 감사제도의 중요성을 강조하거나 외부 감사제도의 중요성을 강조하기도 하였지만 전체적인 분석결과를 보면, 내・외부 감사제도가 모두 유사한 수준에서의 가중치를 보이고 있었다.

따라서 우리나라의 지방자치단체 감사제도를 정비함에 있어 내부 및 외부 감사제도의 병립적이고 보완적인 관계를 고려하고, 양 제도의 독특한 특징을 잘 살릴 수 있는 방안이 필요함을 결론지을 수 있었다. 즉 어느 한쪽에 편향된 지방자치단체 감사제도 개편방안 논의는 우리나라의 현실에 있어서는 위험성이 있음을 알 수 있었다.

그리고 지방자치단체 감사제도의 4가지 감사가치에 대한 우선순위 분석결과를 보면 내부 감사제도 형성요인과 외부 감사제도 형성요인에 있어 감사가치의 우선순위에 차이가 있음을 알 수 있었다. 내부 감사제도 형성에는 독립성을 가장 큰 우선가치로, 다음으로 전문성, 협력성 가치를 중요시하고 있는 것으로 조사되었다. 반면에 외부 감사제도 형성에는 전문성과 독립성이 각각 0.373과 0.380으로 유사한 수준의 가중치를 보이고 있어 내부 감사제도에 비해 상대적으로 외부 감사제도는 전문성에 대한 중요성을 강조하고 있음을 알 수 있었다.

이러한 차이는 내부 감사제도와 외부 감사제도가 추구하는 목적과 그 특성에 따라 나타나는 차이라고 볼 수 있다. 즉 지방자치단체의 내부에 존재하면서, 지방자치단체 사무 처리에 상대적으로 많은 정보를 가지고 접근하는 내부 감사제도는 전문성 보다는 지방자치단체(집행부)로 부터의 독립적인 감사활동이 더욱 중요한 고려사항으로 여겨지고 있음을 분석결과 유추할 수 있었다.

이에 비해 외부 감사제도의 경우 독립성 외에 지방행정업무에 대한 객관적인 감사를 위한 전문성이 또한 중요시되는 감사가치로 고려되고 있음을 분석결과 알 수 있었다. 또한 지방자치단체 외부 감사제도를 고려할 때에는 내부 감사제도에 비해 상대적으로 협력성과 경제성의 가치에 대한 고려가 더 요구되고 있음을 분석결과 알 수 있었다. 이는 외부 감사제도의 특징상 지방자치단체 내부 감사제도와의 중복 문제 해결을 위한 상호 협력성이 고려되어야 함이 그 주요 이유라 볼 수 있다.

또한 지방자치단체 외부 감사제도 형성에 있어서는 지방자치단체 밖의 새로운 감사업무를 수행하기 위한 기능이 추가된다는 점에서 경제성 가치 역시 상대적으로 높게 고려되어야 할 감사가치로 조사되었다고 볼 수 있다.

한편 4대 감사가치의 세부 구성요소별로 우선순위를 보면 독립성의 경우 내·외부 감사제도 모두 인사독립, 직무독립, 조직독립, 예산독립 순으로 중요성을 나타내고 있다. 그러나 조사대상집단별로 보면 내부 감사제도는 대체로 그 우선순위가 일치하고 있으나 외부 감사제도는 상당히 다양한 의견을 보이고 있었다. 내부 감사제도의 경우에는 중앙정부 주무부처(조직 독립)와 도시형 광역단체 의회(직무 독립)를 제외하곤 모두 인사 독립을 최우선 대안으로 선택하였으나, 외부 감사제도의 경우에는 중앙정부 주무부처와 도시형 광역지방자치단체는 조직 독립을 중시한 반면, 감사원과 도시형 광역단체 의회는 직무 독립을 중시했으며, 복합형 광역지방자치단체의 경우는 예산 독립을 선결과제로 생각하고 있음을 분석결과 알 수 있었다. 이는 외부 감사제도의 독립성을 확보하기 위한 대안에 대해 내부 감사제도와 달리 다양한 관점이 존재함을 보여주었다.

전문성의 경우에는 내부 감사제도와 외부 감사제도 모두 전문 직렬제 도입이 가장 선호하는 요소이나 그 다음 요소들은 우선순위를 약간 달리하고 있는바, 전자는 전문 직렬제 도입, 성과평가 강화, 전문 자격제 도입, 인력·역량 강화 순으로 선호되는 한편, 외부 감사제도는 전문 직렬제 도입과 전문 자격제 도입이 같고 다음 순위로 성과 평가 강화, 인력·역량 강화가 선호되었다. 또한 독립성의 경우와 마찬가지로 외부 감사제도의 경우에는 조사대상집단별로 중요성에 대하여 상당한 인식차이가 있었다. 즉 학계 및 연구기관(0.356), 감사원(0.315), 복합형 광역단체 의회(0.326), 도시형 광역지방자치단체(0.428)는 전문 자격제 도입을 가장 선호하는 대안으로 선택하였고, 국회(0.318), 도시형 광역단체 의회(0.535)는 전문 직렬제 도입을, 중앙정부 주무부처(0.325), 복합형 광역지방자치단체(0.373)는 성과 평가 강화를 가장 선호하는 대안으로 선택하였다.

협력성의 경우에는 내부 감사제도와 외부 감사제도가 모두 국가·지방 감사기능 분화를 가장 높은 우선순위 대안으로 선택하였으나, 차순위에 있어서는 내부 감사제도는 감사계층제 도입, 중앙감사기구(제도) 통합, 협력·조정기구 신설 순으로 선호되었고, 외부 감사제도는 협력・조정기구 신설, 중앙감사기구(제도) 통합, 감사계층제 도입 순으로 선호되었다. 뿐만 아니라 외부 감사제도에 있어서는 가장 우선순위를 두는 대안에 대하여 조사대상집단별로 다양한 의견을 보였다. 중앙정부 주무부처, 국회, 감사원, 복합형 광역단체 의회, 도시형 광역지방자치단체 등이 국가・지방 감사 기능 분화를, 도시형 광역단체 의회는 중앙감사기구(제도) 통합을, 학계 및 연구기관은 감사계층제 도입을, 복합형 광역지방자치단체는 협력・조정기구 신설을 각각 가장 선호하는 대안으로 선택하였다.

경제성의 경우에는 내부 감사제도의 경우 독립기관 신설, 지방의회 소속형 신설, 단체장 소속유지, 아웃소싱(감사위탁) 순으로 선택되었고, 외부 감사제도는 아웃소싱(감사위탁), 국가감사원제, 지방감사위원회제 도입, 지방감사원제 도입 순으로 선택되는 등 상당히 다른 분석결과를 보였다. 특히 조사대상집단별로는 내부 감사제도에 있어서 주로 독립기관 신설과 지방의회소속형 신설을 가장 많이 선택하였으나, 외부 감사제도의 경우에는 정책 대안 선택에 아주 모호하고 상호 이해의 차이가 많이 발생하고 있었다. 즉 전체적으로 대안별로 근소한 차이밖에 없을 뿐 아니라, 학계 및 연구기관과 국회, 도시형 광역단체 의회는 아웃소싱을, 감사원과 도시형 광역지방자치단체는 지방감사제도 도입을, 중앙정부 주무부처와 복합형 광역단체 의회는 지방감사위원회 제도 도입을 경제성 가치의 구현을 위한 가장 좋은 대안으로 제시하고 있었다. 이는 향후 지방자치단체의 외부감사제도 개선에 있어 경제성 가치 부문에서 가장 큰 갈등이 발생할 수 있음을 예상할 수 있는 분석결과라고 볼 수 있다.

제 6 장

지방자치단체 감사제도 개편방안 제시

제1절 지방자치단체 감사제도 개편방안

Ⅰ. 지방자치단체 내부 감사제도 개편방안

지방자치단체 감사제도를 개편함에 있어 중요한 요소가 바로 감사제도(기구)의 유형을 어떻게 가지고 가느냐에 있다. 제4장 해외사례분석에서 알 수 있었듯이 감사제도(기구) 유형을 어떻게 가지고 가느냐에 따라, 감사가치가 달라지고 있음을 알 수 있었다. 또 그의 역의 관계로 해당국에서 강조해야할 감사가치에 따라 감사 제도의 유형이 달라짐을 역시 살펴 볼 수 있었다.

본 연구에서는 감사가치의 변화에 따라 지방자치단체 감사제도의 유형이 변화됨을 가정하고 연구 설계를 하였다. 또한 감사가치의 구현을 위해 가장 적합하다고 판단되는 감사제도(기구)의 유형을 전문가들을 대상으로 조사하였다.

내부 감사제도와 외부 감사제도 간의 감사가치 분석 결과에서 내·외부 감사제도의 병립적인 관계가 강조됨에 따라, 감사제도 유형분석에 있어서도 이들을 구분하여 분석을 실시하였다. 따라서 감사가치(독립성, 전문성, 협력성, 경제성)에 가중치를 주지 않고 현재 우리나라의 감사제도로 가장 적합하다고 판단되는 내부 감사제도 유형에 대한 조사대상집단의 선호에 대한 분석 결과 내부

감사제도로 가장 적합한 감사제도 유형 분석 결과를 요약해 보면 아래 <표 6-1>과 같다.[1)]

그 결과를 보면 단체장 소속형[2)], 지방의회소속형[3)], 독립기관형[4)]에 대한 조사대상집단별로 선호하는 것이 달라짐을 알 수 있었다. 즉 8개 설문조사대상 집단 모두 독립기관형(0.363)의 감사제도 유형을 우리나라 지방자치단체의 감사제도 유형으로 가장 적합하다고 보고 있음을 분석결과 알 수 있었다. 다음으로 단체장소속형(0.328)을, 그리고 마지막으로 지방의회소속형(0.309) 감사제도 유형이 우리나라 지방자치단체의 내부 감사제도로 유용하다고 보고 있는 것으로 나타났다.

표 6-1 지방자치단체 내부 감사제도 우선순위 분석 결과 요약

구 분		가 중 치		
		단체장소속형	지방의회소속형	독립기관형
학계 및 연구기관		0.321	0.321	0.359
중앙정부 주무부처		0.338	0.285	0.378
국 회		0.310	0.336	0.354
감사원		0.306	0.324	0.371
지방의회	도시형 광역자치단체 의회	0.341	0.309	0.350
	복합형 광역자치단체 의회	0.311	0.339	0.351
지방정부	도시형 광역자치단체	0.345	0.277	0.378
	복합형 광역자치단체	0.350	0.282	0.368
전 체		**0.328**	**0.309**	**0.363**

1) 내・외부 6개의 감사제도 유형에 대해 감사가치별로 1~6위까지 순위를 매긴 것을 점수로 환산(순위와 반대로 6~1점을 부여)한 결과를 내부 감사제도에 대해서만 나타낸 것이다. 외부 감사제도는 <표 7-2>임.

2) 지방자치단체장 소속으로 자체 감사기구를 두는 형태(현행)로 감사기구의 장을 지방의회의 동의를 얻어 단체장이 임명하거나 일정 자격을 가진 자로 공모(개방형)한다.

3) 지방의회 소속으로 자체 감사기구를 두는 형태로 감사기구의 장을 단체장 소속형처럼 지방의회의 추천으로 단체장이 임명하거나 일정 자격을 가진 자로 공모(개방형)한다.

4) 자체 감사기구를 단체장이나 지방의회 어디에도 소속되지 않고 독립적으로 설치하는 형태로 감사기구의 장을 일정 자격을 가진 자로 공모(개방형)한다.

Ⅱ. 지방자치단체 외부 감사제도 개편방안

다음으로 지방자치단체 외부 감사제도(기구) 유형에 대한 분석을 실시하였다. 분석 대상은 지방감사원제,[5] 지방감사위원회제,[6] 국가감사원[7]을 그 대상으로 하여 내부 감사제도(기구) 유형 분석과 동일한 방법으로 실시되었다. 즉 내부 감사제도와 마찬가지로 감사가치(독립성, 전문성, 협력성, 경제성)에 가중치를 주지 않고 현재 우리나라의 감사제도로 가장 적합하다고 판단되는 외부 감사제도 유형에 대한 조사대상집단의 선호에 대한 분석 결과 외부 감사제도로 가장 적합한 감사제도 유형 분석 결과를 요약해 보면 아래 <표 6-2>와 같다.

표 6-2 지방자치단체 외부 감사제도 우선순위 분석 결과 요약

구 분		가 중 치		
		지방감사원제	지방감사 위원회제	국가감사원
학계 및 연구기관		0.359	0.310	0.332
중앙정부 주무부처		0.232	0.339	0.340
국 회		0.337	0.320	0.344
감사원		0.359	0.282	0.359
지방 의회	도시형 광역자치단체 의회	0.337	0.313	0.351
	복합형 광역자치단체 의회	0.358	0.322	0.320
지방 정부	도시형 광역자치단체	0.357	0.327	0.316
	복합형 광역자치단체	0.331	0.346	0.324
전 체		**0.334**	**0.320**	**0.336**

5) 전국적으로 단일화된 지방감사원을 두는 형태로 현재의 감사원의 분원이나 별도의 독립된 감사원을 두되 중앙 감사원과 연계하는 형태(예: 프랑스 지방감사원)이다.

6) 일정 지역(예: 광역자치단체 또는 수개의 자치단체별)마다 설치하되 관계기관의 추천 등을 통해 임명된 다수의 감사 위원으로 구성되며, 실질적인 감사는 감사위원회와 별도로 설치된 사무국(감사단)에서 실시하는 형태(예: 영국의 지방감사위원회)이다.

7) 헌법기관 또는 부처 차원의 독립된 국가기관으로서의 감사원을 의미 한다.

분석결과를 보면, 전문가들은 전체적으로 국가감사원(0.336) 유형을 우리나라의 지방자치단체 외부 감사제도 유형으로 가장 적합하다고 보고 있다. 그러나 두 번째로 가중치가 높게 분석된 지방감사원제(0.334)와의 차이가 0.002로 아주 적게 나타나고 있음을 알 수 있었다. 따라서 향후 지방자치단체 외부감사제도 개편에 있어 두 제도 유형간의 많은 논의가 이루어 질수 있음을 예측해 볼 수 있었다.

이는 조사대상집단별로 보면 더 명확히 드러난다. 즉 학계 및 연구기관, 복합형 광역단체 의회, 도시형 광역지방자치단체는 지방감사원제를 선호하고 있는 반면, 국회, 중앙정부 주무부처, 도시형 광역단체 의회는 현행 국가감사원제를 선호하고 있었다. 그 이외에 감사원은 현행 국가감사원제와 지방감사원제를 동일하게 선호하였고, 복합형 광역지방자치단체는 지방감사위원회제를 선호하였다.

제2절 감사제도 유형별 감사가치 구현

Ⅰ. 내부 감사제도

앞 절에서는 우리나라 지방자치단체 감사제도(기구) 유형에 대하여 감사가치에 가중치를 고려하지 않았을 경우에 전문가들의 우선순위 선택에 대한 선호도 분석을 실시해 보았다. 본 연구에서는 앞선 연구 설계에서 가정했듯이 지방자치단체 감사제도에 감사가치가 중대한 영향을 미치고 있음을 전제로 하고 있다.

따라서 감사가치에 가중치를 부여하여 감사가치의 구현성을 바탕으로 각 감사제도 유형별 가중치 분석을 재실시하였다. 즉 제6장에서 분석되어진 감사가치에 대한 전문가들의 가중치를 활용하여 조사대상집단별로 감사가치가 가장 잘 구현될 수 있는 감사제도 유형을 선택하도록 하였다.[8)]

8) 제6장의 <표6-11>과 앞 절의 <표 7-1>과 <표 7-2>를 각각 결합한 것과 같다.

표 6-3 내부 감사제도 유형별 감사가치 구현 분석 결과 요약

<table>
<tr><th rowspan="2">감사기구유형</th><th rowspan="2" colspan="2">구 분</th><th colspan="4">감사가치</th></tr>
<tr><th>독립성
(0.521)</th><th>전문성
(0.273)</th><th>협력성
(0.120)</th><th>경제성
(0.084)</th></tr>
<tr><td rowspan="9">단체장
소속형</td><td colspan="2">학계 및 연구기관</td><td>0.276</td><td>0.170</td><td>0.081</td><td>0.060</td></tr>
<tr><td colspan="2">중앙정부 주무부처</td><td>0.296</td><td>0.163</td><td>0.091</td><td>0.069</td></tr>
<tr><td colspan="2">국 회</td><td>0.276</td><td>0.152</td><td>0.078</td><td>0.062</td></tr>
<tr><td colspan="2">감사원</td><td>0.300</td><td>0.175</td><td>0.076</td><td>0.057</td></tr>
<tr><td rowspan="2">지방
의회</td><td>도시형 광역자치단체 의회</td><td>0.290</td><td>0.185</td><td>0.088</td><td>0.062</td></tr>
<tr><td>복합형 광역자치단체 의회</td><td>0.283</td><td>0.155</td><td>0.081</td><td>0.060</td></tr>
<tr><td rowspan="2">지방
정부</td><td>도시형 광역자치단체</td><td>0.300</td><td>0.159</td><td>0.102</td><td>0.068</td></tr>
<tr><td>복합형 광역자치단체</td><td>0.350</td><td>0.186</td><td>0.084</td><td>0.063</td></tr>
<tr><td colspan="2">전 체</td><td>0.296</td><td>0.168</td><td>0.085</td><td>0.063</td></tr>
<tr><td rowspan="9">지방의회
소속형</td><td colspan="2">학계 및 연구기관</td><td>0.345</td><td>0.166</td><td>0.081</td><td>0.053</td></tr>
<tr><td colspan="2">중앙정부 주무부처</td><td>0.317</td><td>0.155</td><td>0.067</td><td>0.045</td></tr>
<tr><td colspan="2">국 회</td><td>0.372</td><td>0.174</td><td>0.082</td><td>0.055</td></tr>
<tr><td colspan="2">감사원</td><td>0.343</td><td>0.165</td><td>0.082</td><td>0.054</td></tr>
<tr><td rowspan="2">지방
의회</td><td>도시형 광역자치단체 의회</td><td>0.331</td><td>0.153</td><td>0.076</td><td>0.053</td></tr>
<tr><td>복합형 광역자치단체 의회</td><td>0.369</td><td>0.165</td><td>0.081</td><td>0.061</td></tr>
<tr><td rowspan="2">지방
정부</td><td>도시형 광역자치단체</td><td>0.292</td><td>0.145</td><td>0.064</td><td>0.049</td></tr>
<tr><td>복합형 광역자치단체</td><td>0.313</td><td>0.132</td><td>0.076</td><td>0.043</td></tr>
<tr><td colspan="2">전 체</td><td>0.335</td><td>0.157</td><td>0.076</td><td>0.052</td></tr>
<tr><td rowspan="9">독립
기관형</td><td colspan="2">학계 및 연구기관</td><td>0.421</td><td>0.210</td><td>0.079</td><td>0.055</td></tr>
<tr><td colspan="2">중앙정부 주무부처</td><td>0.429</td><td>0.227</td><td>0.082</td><td>0.054</td></tr>
<tr><td colspan="2">국 회</td><td>0.394</td><td>0.220</td><td>0.080</td><td>0.051</td></tr>
<tr><td colspan="2">감사원</td><td>0.399</td><td>0.206</td><td>0.082</td><td>0.057</td></tr>
<tr><td rowspan="2">지방
의회</td><td>도시형 광역자치단체 의회</td><td>0.422</td><td>0.208</td><td>0.076</td><td>0.053</td></tr>
<tr><td>복합형 광역자치단체 의회</td><td>0.389</td><td>0.226</td><td>0.077</td><td>0.047</td></tr>
<tr><td rowspan="2">지방
정부</td><td>도시형 광역자치단체</td><td>0.450</td><td>0.242</td><td>0.073</td><td>0.051</td></tr>
<tr><td>복합형 광역자치단체</td><td>0.380</td><td>0.227</td><td>0.080</td><td>0.062</td></tr>
<tr><td colspan="2">전 체</td><td>0.411</td><td>0.221</td><td>0.079</td><td>0.054</td></tr>
</table>

이에 따라 각 감사가치를 가장 구현할 수 있는 지방자치단체 내부 감사제도를 도출한 바, 그 분석결과를 정리하면 위 <표 6-3>과 같이 정리할 수 있었다.

분석결과를 보면, 내부 감사제도에서 중요시되어야할 감사가치 중 가장 높게 평가된 독립성(0.521)은 독립기관형(0.411)의 감사제도인 것으로 분석결과 알 수 있었다. 다음으로 가중치가 높게 평가된 감사가치인 전문성(0.273) 역시 독립기관형(0.221)의 감사제도에서 가장 잘 구현될 수 있는 것으로 분석되었다.

그 밖의 감사가치인 협력성(0.120), 경제성(0.084)이 가장 구현될 수 있는 내부 감사 제도 유형으로는 단체장소속형인 것으로 분석되었다. 또한 감사제도 유형별로 보면, 우리나라 지방자치단체 내부감사제도 가운데 3가지 유형 중 4대 감사가치를 전체적으로 가장 잘 구현(독립성: 0.411, 전문성: 0.211, 협력성: 0.079, 경제성: 0.054)할 수 있는 감사제도로는 독립기관형으로 도출되었다.

이는 앞 절에서 감사가치에 가중치를 고려하지 않은 우선순위 단순분석에서도 지방자치단체 내부 감사제도의 유형으로 독립기관형에 대해 8개 조사대상집단이 모두 동일하게 가장 높은 가중치를 부여하여 전체 가중치 0.363을 받은 결과와 맥을 같이 하고 있었다.

따라서 종합적인 분석결과에 따르면, 본 연구는 향후 우리나라의 지방자치단체 감사제도 개편 논의에 있어 독립기관형을 가장 좋은 대안으로 제시할 수

표 6-4 내부 감사제도 유형별 감사가치 구현 분석 결과 종합

구 분		감사제도 유형		
		단체장소속형	지방의회소속형	독립기관형
학계 및 연구기관		0.586	0.644	0.766
중앙정부 주무부처		0.620	0.585	0.792
국 회		0.568	0.682	0.745
감사원		0.608	0.644	0.744
지방의회	도시형 광역자치단체 의회	0.624	0.613	0.760
	복합형 광역자치단체 의회	0.579	0.677	0.740
지방정부	도시형 광역자치단체	0.628	0.551	0.817
	복합형 광역자치단체	0.684	0.563	0.749
전 체		**0.612**	**0.620**	**0.764**

있었다. 즉 내부 감사제도 유형에 대하여 조사대상집단별로 감사가치를 종합하면 위 <표 6-4>와 같이 독립기관형, 지방의회소속형, 단체장소속형의 순으로 나타났다.

이해관계집단별로 보면 1순위에 대하여는 독립기관형으로 의견이 일치하나 2~3순위에 대하여는 엇갈리고 있었다. 학계 및 연구기관, 국회, 감사원, 경남도의회가 지방의회소속형을 선호하는 반면, 중앙정부 주무부처, 도시형 광역단체 의회, 도시형 광역지방자치단체, 복합형 광역지방자치단체는 단체장소속형을 선호하였다.[9]

한편 본 연구에서는 분석결과를 좀 더 면밀히 보고자 이해집단(조사대상집단)별 내부 감사제도의 유형 선호 순위를 아래 [그림 6-1]과 같이 도식화해 보았다.

조사대상집단 중 도시형 광역단체 의회와 복합형 광역단체 의회는 지방의회로 통합하였고, 도시형 광역지방자치단체와 복합형 광역지방자치단체는 지방자치단체로 통합하여 이해관계자 집단을 단순화하여 그 차이를 분석하였다.

그림 6-1 조사 대상집단별 내부 감사제도 유형별 선호 차이

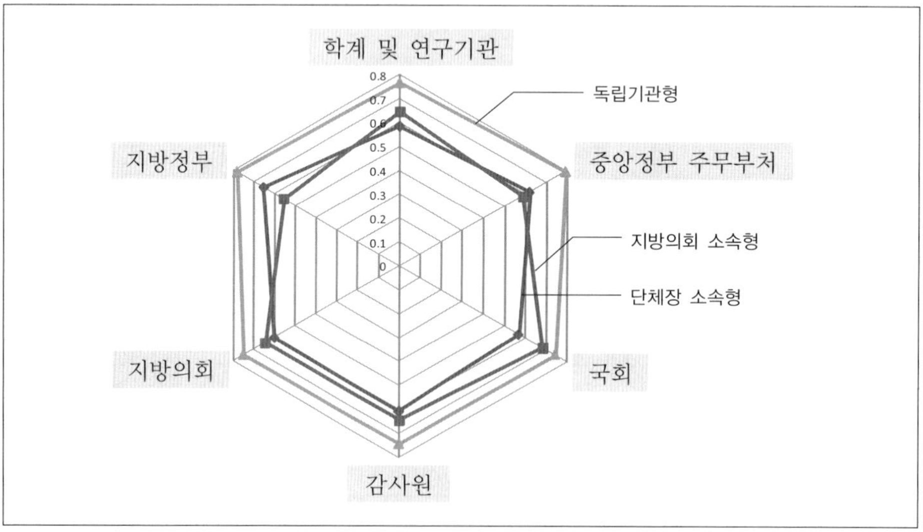

9) 도시형 광역단체 의회는 단체장소속형을 선택하였으나 지방의회소속형과 별차이가 없었다. 전반적으로 수감대상인 집행기관들은 단체장소속형을 선호하고 있었다.

분석결과를 보면 6개 이해관계 집단이 모두 내부 감사제도로 독립기관형을 가장 높이 선호하고 있음을 알 수 있었다.

다만 차선책의 대안인 단체장소속형은 중앙정부 주무부처와 지방자치단체가 선호한 반면, 지방의회 소속형은 지방의회와 국회에서 선호도를 표현하고 있어, 이해관계에 따른 제도 선호도가 구분화(segment) 되는 현상을 볼 수 있었다.

Ⅱ. 외부 감사제도

다음으로 우리나라 지방자치단체의 외부 감사제도(기구) 유형 중 감사가치에 가중치를 부여하였을 때 감사가치를 가장 잘 구현할 수 있는 유형을 전문가 분석을 통해 도출해 보았다. 앞선 방법과 동일하게 제6장에서 분석된 외부 감사제도의 감사가치 우선순위 분석결과를 활용한 대안별 가중치 분석을 실시하였다. 분석결과는 다음 <표 6-5>와 같이 정리되었다.

분석결과를 보면 지방감사원제가 가장 우선순위가 높은 대안으로 도출되었다.

우리나라 지방자치단체 외부 감사제도의 감사가치 중 가장 가중치가 높은 것으로 조사된 독립성(0.380)은 지방감사원제(0.262)에서 가장 구현될 수 있음을 분석결과 알 수 있었다.

협력성(0.138), 경제성(0.107)가치 역시 가장 잘 구현될 수 있는 감사제도 유형으로 지방감사원제(협력성 0.098, 경제성 0.074)로 분석되었다.[10] 다만 전문성(0.373)은 국가감사원제도(0.259)에서 가장 잘 구현될 수 있는 것으로 나타났다.

그러나 지방감사원제(0.257)와의 차이가 불과 0.002로 거의 비슷한 수준이었다. 또한 국가감사원제도는 지방감사원제와 동일한 수준에서 경제성 가치를 가장 잘 구현하고 있는 외부 감사제도로 분석되었다.[11]

---

10) 지방감사원제가 지방자치단체 감사를 전담한다는 점에서 자체감사기구와의 관계에서 협력성이 클 것으로 보이고, 국가(중앙)감사원과의 관계에서는 프랑스지방감사원처럼 지방감사원의 장이 국가감사원장에 의하여 임명되거나 현행 (국가)감사원의 분원형태로 운영되는 경우 감사활동의 일관성 유지 및 협력체계 형성에 유리할 것으로 보인다.

11) 지방감사원제나 지방감사위원회제는 새로운 기관의 신설로 경제성에 상당한 문제가 있을 것으로 보이는데도 조사대상집단들은 기존 제도를 그대로 유지하는 것을 전제로 한

표 6-5 외부 감사제도 유형별 감사가치 구현 분석 결과 요약

감사기구 유형	구 분		독립성 (0.380)	전문성 (0.373)	협력성 (0.138)	경제성 (0.107)
지방 감사원제	학계 및 연구기관		0.275	0.266	0.099	0.076
	중앙정부 주무부처		0.238	0.235	0.094	0.068
	국 회		0.234	0.246	0.095	0.076
	감사원		0.273	0.306	0.110	0.077
	지방 의회	도시형 광역자치단체 의회	0.249	0.256	0.094	0.072
		복합형 광역자치단체 의회	0.299	0.269	0.097	0.073
	지방 정부	도시형 광역자치단체	0.272	0.251	0.104	0.077
		복합형 광역자치단체	0.253	0.226	0.096	0.072
	전 체		**0.262**	**0.257**	**0.098**	**0.074**
지방감사 위원회제	학계 및 연구기관		0.282	0.222	0.084	0.058
	중앙정부 주무부처		0.263	0.228	0.096	0.073
	국 회		0.226	0.209	0.100	0.069
	감사원		0.214	0.224	0.086	0.062
	지방 의회	도시형 광역자치단체 의회	0.249	0.233	0.089	0.061
		복합형 광역자치단체 의회	0.251	0.216	0.093	0.070
	지방 정부	도시형 광역자치단체	0.241	0.245	0.092	0.071
		복합형 광역자치단체	0.298	0.266	0.094	0.065
	전 체		**0.253**	**0.230**	**0.092**	**0.066**
국가 감사원제	학계 및 연구기관		0.203	0.258	0.094	0.080
	중앙정부 주무부처		0.258	0.283	0.085	0.073
	국 회		0.299	0.291	0.082	0.069
	감사원		0.273	0.216	0.080	0.075
	지방 의회	도시형 광역자치단체 의회	0.262	0.256	0.094	0.081
		복합형 광역자치단체 의회	0.210	0.261	0.086	0.071
	지방 정부	도시형 광역자치단체	0.247	0.251	0.080	0.067
		복합형 광역자치단체	0.209	0.254	0.086	0.077
	전 체		**0.245**	**0.259**	**0.086**	**0.074**

현행 국가감사원제와 경제성 면에서는 큰 차이가 없을 것으로 응답하여 흥미로운 결과이었다.

이상의 분석결과를 종합해 보면, 우리나라의 지방자치단체 외부 감사제도의 유형으로 가장 적합한 형태는 지방감사원제로서 독립성(0.262), 전문성(0.257), 협력성(0.098), 경제성(0.074)의 가치를 모두 잘 구현할 수 있는 제도인 것으로 나타났다.

이와 같은 결과는 앞 절에서 실시된 우리나라 지방자치단체 외부 감사제도의 유형분석에서 가장 높은 가중치(0.336)로 국가감사원제도로 조사된 결과와 일부 불합치하는 결과이다. 하지만 앞서 언급한 바와 같이 국가감사원제도와 지방감사원제 간의 가중치 분석에서 전체 의견이 0.002로 그 차이가 아주 미미했다는 점에서 두 제도 간의 논쟁의 여지가 많음을 예측할 수 있었다(<표 6-2> 참조).

또한 지방자치단체 외부감사제도의 4대 감사가치를 가장 잘 구현할 수 있는지 여부를 조건으로 실시한 조사에서는 도리어 0.027의 근사한 차이로 지방감사원제가 우리나라의 현실에 가장 부합하는 제도로 조사, 분석되었다. 결국 외부 감사제도 유형에 대하여 조사대상집단별로 감사가치를 종합하면 아래 <표 6-6>과 같이 지방감사원제, 국가감사원제, 지방감사위원회제의 순으로 나타났다.

표 6-6 외부 감사제도 유형별 감사가치 구현 분석 결과 종합

구 분		감사제도 유형		
		지방감사원제	지방감사위원회제	국가감사원제
학계 및 연구기관		0.715	0.646	0.635
중앙정부 주무부처		0.635	0.661	0.700
국 회		0.651	0.604	0.741
감사원		0.766	0.586	0.644
지방의회	도시형 광역자치단체 의회	0.672	0.632	0.692
	복합형 광역자치단체 의회	0.738	0.630	0.629
지방정부	도시형 광역자치단체	0.704	0.648	0.645
	복합형 광역자치단체	0.647	0.723	0.626
전 체		**0.691**	**0.641**	**0.664**

그러나 이해관계집단별로 보면 내부 감사제도와 달리 선호 순위가 다양한 모습을 나타내고 있었다. 학계 및 연구기관, 감사원, 복합형 광역단체 의회, 도시형 광역지방자치단체가 1순위로 지방감사원제를 선호한 반면, 중앙정부 주무부처, 국회, 도시형 광역단체 의회는 국가감사원제를 1순위로 선호하였고, 복합형 광역지방자치단체만 특이하게 지방감사위원회제를 가장 선호하였다.

앞으로 외부 감사제도 개편방안을 논의할 경우 이해관계집단별로 상당한 논란을 불러일으킬 수 있는 부분이 내부 감사제도보다는 외부 감사제도에 있음을 보여주는 흥미로운 분석결과라고 하겠다.

한편 본 연구에서는 분석결과를 좀 더 면밀히 보고자 이해집단(조사대상집단)별 외부 감사제도의 유형 선호 순위를 아래 [그림 6-2]와 같이 도식화해 보았다. 앞서 언급한 바와 같이 국회와 중앙정부 주무부처는 국가감사원제도를 선호한 반면, 감사원, 지방의회, 학계 및 연구기관, 지방자치단체가 지방감사원제도를 선호하는 것으로 조사되었다. 독특한 점은 지방자치단체가 지방감사원제도를 선호[12]한 것으로 조사되었음을 [그림 6-2]에서 알 수 있었다.

그림 6-2 조사 대상별 외부 감사제도 유형별 선호 차이

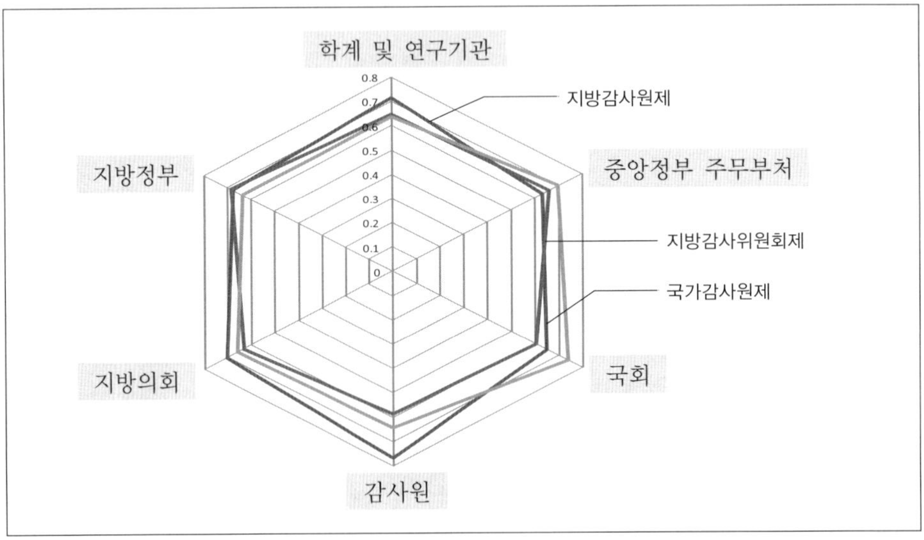

12) 새로운 기관의 신설을 전제로 하므로 경제성 면에서 다소 문제가 예상되는데도 독립성 면에서 이를 선택한 것으로 보임

제3절 소 결

이 장에서는 우리나라 지방자치단체 감사제도의 변화에 있어 내·외부 감사제도별로 선호되거나 감사가치를 잘 구현할 수 있는 것으로 가장 중요시되는 감사제도 유형에 대한 우선순위 분석을 실시하였다.

우선 감사가치(독립성, 전문성, 협력성, 경제성)에 가중치를 부여하지 않고 현재 우리나라의 감사제도로 가장 적합하다고 판단되는 내부 감사제도 유형에 대한 8개 조사대상집단의 선호도에 대한 분석 결과, 독립기관형(0.363), 단체장소속형(0.328), 지방의회소속형(0.309) 순으로 나타났다. 다음으로 감사가치에 가중치를 부여하여 분석한 결과, 독립기관형이 독립성, 전문성을 가장 잘 구현할 수 있는 감사제도 유형으로 분석되었다. 그 밖의 감사가치인 협력성, 경제성은 단체장소속형인 것으로 분석되었다. 그러나 4대 감사가치를 전체적으로 가장 잘 구현할 수 있는 감사제도 유형으로는 독립기관형(0.764), 지방의회소속형(0.620), 단체장소속형(0.612) 순으로 도출되었다. 이는 앞에서 감사가치에 가중치를 고려하지 않은 우선순위 단순분석에서도 지방자치단체 내부 감사제도의 유형으로 독립기관형에 대해 8개 조사대상집단이 모두 동일하게 가장 높은 가중치를 부여하여 전체 가중치 0.363을 받은 결과와 맥을 같이 하고 있었다. 이를 종합하면, 본 연구에서는 향후 우리나라의 지방자치단체 감사제도 개편 논의에 있어 독립기관형을 가장 좋은 대안으로 제시할 수 있었다.

외부 감사제도로는 감사가치에 가중치를 부여하지 않고 현재 우리나라의 감사제도로 가장 적합하다고 판단되는 외부 감사제도 유형에 대한 조사대상집단의 선호에 대한 분석 결과, 국가감사원(0.336), 지방감사원제(0.334), 지방감사위원회제(0.320) 순으로 분석되었다. 그러나 1위인 국가감사원제와 2위인 지방감사원제 간의 차이가 0.002로 아주 적게 나타나고 있어 향후 지방자치단체 외부감사제도 개편에 있어 두 제도 유형간의 많은 논의가 이루어 질수 있음을 예측해 볼 수 있었다. 이를 조사대상집단별로 보면 더 명확히 나타나는 바, 학계 및 연구기관, 복합형 광역단체 의회, 도시형 광역지방자치단체는 지방감사원제를, 국회, 중앙정부 주무부처, 도시형 광역단체 의회는 현행 국가감사원제를 각각 선호하고 있었다. 그리고 감사원은 현행 국가감사원제와 지방감사원제를 동일하게 선호하였고, 복합형 광역지방자치단체는 지방감사위원회제를 선호하였다. 다음으로 감사가치에 가중치를 부여하여 분석한 결과, 지방감사원제가 독립성, 협력성, 경제성이 가장 잘 구현될 수 있는 감사제도 유형으로 분석되었다. 다만 전문성은 국가감사원제도(0.259)에서 가장 잘 구현될 수 있는 것으로 나타났으나 지방감사원제(0.257)와의 차이가 불과 0.002로 거의 비슷한 수준이었다. 또한 국가감사원제도는 지방감사원제와 동일한 수준에서 경제성 가치를 가장 잘 구현하고 있는 외부 감사제도로 분석되었다. 이상의 분석결과를 종합해 보면, 우리나라의 지방자치단체 외부 감사제도의 유형으로 가장 적합한 형태는 지방감사원제(0.691)로서 독립성, 전문성, 협력성, 경제성의 가치를 모두 잘 구현할 수 있는 제도인 것으로 나타났다. 이는 감사가치에 가중치를 부여하지 않고 분석한 경우의 국가감사원제도가 선호된 것과 일부 불합치하는 결과이나 국가감사원제도와 지방감사원제 간의 가중치 분석에서 전체 의견이 0.002로 그 차이가 아주 미미했던 반면, 4대 감사가치를 가장 잘 구현할 수 있는지 여부를 조건으로 실시한 조사에서는 도리어 0.027의 근사한 차이로 지방감사원제가 우리나라의 현실에 가장 부합하는 제도로 조사, 분석되었다.[13] 결국 외부 감사제도 유형에 대하여 조사대상집단별로 감사가치를 종합하면 지방감사원제(0.691), 국가감사원제(0.664), 지방감사위원회제(0.641)의 순으로 나타났다. 그러나 이해관계집단별로 보면 내부 감사제도와 달리 선호 순위가 다양한 모습을 나타내고 있었다. 학계 및 연구기관, 감사원, 복합형 광역단체 의회, 도시형 광역지방자치단체가 1순위로 지방감사원제를 선호한 반면, 중앙정부 주무부처, 국회, 도시형 광역단체 의회는 국가감사원제를 1순위로 선호하였고, 복합형 광역지방자치단체만 특이하게 지방감사위원회제를 가장 선호하였다. 이는 앞으로 외부 감사제도 개편방안을 논의할 경우 이해관계집단별로 상당한 논란을 불러일으킬 수 있는 부분이 내부 감사제도 보다는 외부 감사제도에 있음을 보여주는 것이라고 하겠다.

이상을 종합하여 향후 우리나라 지방자치단체 내부감사제도의 설계 시 강력한 정책대안으로 본 연구는 '독립기관형'을 제안하는 바이다. 또한 외부 감사

13) 앞으로 외부 감사제도 개편 시 이 두 제도에 대한 논쟁이 많을 것으로 예측되는 점이다.

제도로는 감사가치에 가중치를 부여하지 않은 경우와 가중치를 부여한 경우에 우선순위에 있어 지방감사원제와 국가감사원제가 그 우선순위 상에서 일부 경합은 있지만,[14] 감사가치를 가장 잘 구현할 수 있는 감사제도 유형으로서 '지방감사원제'를 가장 최선의 대안으로 제시하고자 한다.

한편으로 이 분석 결과는 현행 지방자치단체 감사제도(외부 및 내부)에 있어서 개편이 불가피함으로 보여준 것이라고도 하겠다.

이상의 내용을 정리하면 우리나라 지방자치단체 감사제도 개편방안에 있어 다음과 같은 정책적 시사점을 도출해 볼 수 있다.

첫째, 우리나라 지방자치단체의 감사제도로서 내부 감사제도와 외부 감사제도는 보완적 역할을 하는 병립적 제도로서 운영되어져야 한다는 점에서 앞으로의 감사제도 개편을 검토하게 될 경우 외부 감사제도 일변도의 지방자치단체 감사제도 개편방안 논의를 지양하고 이들의 병존과 상호 보완적 역할을 전제로 한 논의가 이루어져야 한다는 것이다.

둘째, 지방자치단체 감사제도의 형성 및 변화에 외부환경요인과 지방자치단체의 내재적 역량, 감사가치 등의 변수가 주요 변수로서 작용하고, 그 중 감사가치가 가장 크게 영향을 미치는 핵심요소로서 확인되었다. 따라서 향후 감사제도의 개편을 고려할 경우 감사가치에 대한 심도 있는 검토는 물론이거니와 변수로 인정되는 외부환경요인(감사원 소속변경, 지방행정체제 개편)과 지방자치단체 역량(지방자치단체 주체, 행정조직 및 인적자원, 예산 등) 등도 필히 고려되어야 할 필요가 있다 할 것이다. 특히 외부환경요인으로서 개헌이 되는 경우 감사원의 소속 변경에 대한 논의는 불가피할 것으로 보이고 그럴 경우 감사원의 소속변경(행정부형, 입법부형, 독립기관형)이나 현재 추진되고 있는 지방행정체제 개편의 경우 현행 제도가 그대로 유지되지 않을 경우 행정 계층제의 축소 또는 간소화 등 현행 지방행정체제에 있어 지각변동을 가져오게 될 것이므로 지방자치단체 감사제도의 개편은 불가피하게 될 것으로 보여 진다. 이 경우 이러한 큰 외부환경의 변화를 고려한 지방자치단체 감사제도의 개편에 대한 심도 있는 검토가 이루어져야할 필요성이 있음에도 불구하고 본 연구에서 행

---

14) 내부·외부 감사제도를 불문하고 전체 6개 유형의 감사제도에 대하여 실시한 설문조사에서도 지방감사원제(0.691)와 국가감사원제(0.664)는 1위인 독립기관형(내부감사제도: 0.764)에 이어 근소한 점수 차로 각각 2위 및 3위로 선호되었다.

한 분석틀을 전제로 이러한 외부환경의 변화요인들이 지방자치단체 감사가치와 감사제도의 형성에 어떻게, 어느 정도 영향을 미치는지를 검토함으로써 감사제도 개편에 쉽게 반영할 수 있을 것으로 보인다.

셋째, 우리나라 지방자치단체의 감사제도에 있어 내부 감사제도 개편방안과 외부 감사제도 개편방안에 대한 검토를 할 경우 내부 감사제도에는 독립성이, 외부 감사제도에는 상대적으로 전문성이 강조되고 있는 등 감사제도별로 고려해야할 감사가치의 우선순위가 차이가 나고 있었는바, 이는 양 제도가 추구하는 목적과 운영 특성에 기인하는 것으로 보였다. 또한 감사가치별로 세부 구성요소(정책대안)에 대한 우선순위의 선택에 있어서도 내부 감사제도에 대해서는 대체로 8개 조사대상집단이 일치된 의견을 보이거나 큰 차이를 보이지 않는 반면, 외부 감사제도에 대해서는 조사대상집단별로 상당한 차이를 보이고 있어 이를 개편할 경우 논란의 소지가 많을 것으로 예상되므로, 앞으로 이러한 감사제도 개편을 할 때에 면밀한 고려가 필요할 것으로 사료된다.

마지막으로 4대 감사가치를 가장 구현할 수 있는 내・외부 감사제도(기구)별 제도유형을 분석한 결과, 분석대상으로 삼은 3가지의 내부 감사제도(단체장소속형, 지방의회소속형, 독립기관형) 중에는 8개 조사대상집단 모두가 일치되게 '독립기관형'을 선호하였고, 3가지의 외부 감사제도(지방감사원제, 지방감사위원회제, 국가감사원제) 중에는 '지방감사원제'를 선호하여, 앞으로 지방자치단체 감사제도 개편을 할 경우 내부 감사제도로는 독립기관형을, 외부 감사제도로는 지방감사원제를 정책대안으로 우선 고려할 수 있을 것이다. 다만 외부 감사제도의 경우 지방감사원제가 우선순위 선호에 있어 국가감사원제와 근소한 차이로 높게 나타나고 있어 향후 정책 대안 논의 시 현행 국가감사원제와의 선호에 대한 논란의 소지가 있음을 예측할 수 있으므로 이에 대한 정밀한 검토가 필요하다고 하겠다.[15)]

15) 지방감사원제가 가장 선호되는 대안으로 도출되었음에도 불구하고 국가감사원제와의 차이가 크지 않은 점과 우리나라의 행정환경이나 제도의 역사성, 행정조직문화 등을 고려할 때, 지방감사원이 국가감사원과 완전 독립된 형태로 하기 보다는 국가(중앙)감사원의 분원 형태로 하거나 독립된 경우라도 프랑스의 예처럼 국가(중앙)감사원과 인적인 면이나 운영상 밀접한 관계를 갖는 것이 바람직할 것으로 보이나[한국행정연구원(2007) 역시 같은 입장임], 이에 대해선 새로운 연구나 정책적 검토가 필요할 것 같다.

참고문헌

1. 국내문헌

강경근(2006a), “감사원 직무감찰기능의 체계화를 위한 법 · 제도적 방안 연구(I)”, 「계간 감사」 봄호: 68-71.

강경근(2006b), “감사원 직무감찰기능의 체계화를 위한 법 · 제도적 방안 연구(II)”, 「계간 감사」여름호: 78-83.

강형기(2003), “지방분권의 의의와 과제”, 「지방행정연구」 제17권 제1호.

감사교육원(2006), 「감사원법의 이해」, 감사교육원.

감사원(2005a), 「미국 감사원의 감사운영 분석보고서」, 감사원 내부자료.

감사원(2005b), 「선진국(영국)의 국가감사체계에 대한 국외정책연수 결과보고」, 감사원 내부자료.

감사원(2007), 「해외 감사관련 자료집」, 감사원 내부자료.

감사원(2008a), 「감사 60년사(I, II)」, 감사원.

감사원(2008b), 「외국 감사원 법령집」, 감사원.

감사연구원(2008), 「지자체 등 자율적 감사체계 구축방안」, 감사연구원 내부자료.

감사연구원(2009a), 「제주특별자치도 감사위원회의 운영성과평가」, 감사연구원.

감사연구원(2009b), 「자체감사기구 운영 실태조사: Executive Report」, 감사연구원.

감사연구원(2010), 「자체감사기구 운영사례연구」, 감사연구원.

공병천(2009), “정부성과의 관리 실태 및 국가최고감사기구의 역할 -감사원 성과검사를 중심으로”, 「한국정책학회보」 제18권 제4호.

권영주(2004), “한국 지방자치단체 감사의 문제점과 개선방안: 일본과 비교의 관점에서”, 「한국지방자치학회보」 제16권 제1호.

권오철(2004), 「지방자치단체 업무프로세스 개선방안 연구-사회복지지원업무와 복합민원업무를 중심으로-」, 한국지방행정연구원.

권형둔(2008), “대통령 중임제 개헌은 필요한가?”, 「국회연구단체 미래한국헌법연구회 충청권 토론회 발표자료」, 감사원.

기획재정부(2010), “2010 나라살림”.

김동수(2005), 「우리나라 정보격차해소정책 집행모형 분석」, 성균관대학교 박사학위논문.

김명수 · 박준(1995), 「공공감사론」, 서울: 대영문화사.

김미나. (2003). “한국 게임산업정책의 제도적 지체와 경로의존적 변화”. 「한국정책학회보」, 제12권 제3호.

김병국 · 권오철(1999), “지방자치단체 역량평가를 위한 지표개발연구: 내부조직역량 평가체계 구축을 위한 시론”, 「한국지방자치학회보」 제11권 제4호.

김병국 · 송병주(2010), "한국의 시군 통합 사례분석과 정책과제", 「2010年 韓國地方行政硏究院-日本自治體國際化協會 共同 Seminar 발표자료」.

김병석(2009), "자체감사기구 운영실태: 감사원 감사결과 중심", 「공공감사체계 재정립을 위한 국정과제토론회 발표자료」, 감사원.

김병섭(2010), 「편견과 오류 줄이기」(제2판), 서울: 법문사.

김석태(2010), "이슈토론: 반대; "자율통합"의 성과와 "지방행정체제 개편" 전망", 「Korean Association of Governmental Studies」 제22권 제1호. 한국정부학회.

김성호(2009), "지방자치단체의 자체감사 운영실태와 과제", 「공공감사체계 재정립을 위한 국정과제토론회 발표자료」, 감사원.

김성호 · 소순창 · 안영훈(2004), 「지방자치단체 감사체계 개선에 관한 연구」, 정부혁신지방분권위원회.

김용철(2007). "현행 공공감사 체계에 관한 비판적 고찰: 지방자치 단체 감사를 중심으로", 「정책분석평가학회보」 제17권 제1호.

김윤권. (2006). "공식적 제도제약의 비의도적 결과: 고양시 산업육성의 법적제약을 중심으로", 「한국행정학보」, 제40권 제4호.

김종철(2008), "개헌론과 감사제도의 개혁", 「국회연구단체 미래한국헌법연구회 제9회 개헌세미나 발표자료」.

김태일 · 김선희(2006), "의료보험 급여제도의 경로의존에 관한 연구", 「한국정책과학학회보」, 제10권 제4호.

김판석(2000), "공무원 핵심역량강화를 위한 민 · 관의 교육훈련 협력방안", 「한국정책학회보」 제11권 제1호.

김학노(1996), 「지방행정의 이론과 실제」, 서울: 박영사.

김호섭 · 김성철 · 김병기 · 권혁성(2002), "자치단체에 대한 국정감사의 법적 한계와 역기능적 실태", 「한국행정학회보」, 제36권 제2호.

김현미(2008), "지방분권 없이 국가 경쟁력 없다", 「국회연구단체 미래한국헌법연구회 충청권 토론회 발표자료」.

김현조 외(2009), "지방자치행정의 활성화를 위한 지방행정체제 개편방향", 「경성통일논총」, 제25집 제4호, 경성대학교사회과학연구소.

남궁근(1998), 「비교정책연구」, 서울: 법문사.

노승용(2009), "자체감사기구의 기능 재정립과 감사원의 역할", 「공공감사체계 재정립을 위한 국정과제토론회 발표자료」, 감사원.

노화준 외(2004), 「시스템감사의 효율화 방안」, 감사원.

류춘호(2010), "지방자치와 중앙정부의 지방감사에 관한 연구", 「한국정책학회 하계대회 국제학술회의」, 한국정책학회.

문태곤(2008), 「영국의 공공감사제도: 영국 감사원과 감사위원회를 중심으로」, 서울: 한국행정DB센터.

박기춘 · 한상연(2010), "지방행정체제개편 논의현황 및 추진방향", 「한국지방자치학회보」 제22권 제1호, 한국지방자치학회.

박용성 · 박태근(2001), 「AHP를 위한 의사결정론」, 서울: 자유아카데미.

박우성(2002), "역량중심의 인적자원관리 혁신방안에 대한 연구", 「기업경영연구」 제8권 제1호, 경희대학교.

박재완(1997), "한국의 공공감사기준 모형", 「1999년 한국정책학회 하계학술대회 발표논문집」.

박 준(2007), 「발전과정과 영 · 미 감사사례를 통해 본 성과감사 소고」, 감사원 평가연구원.

방민석 · 김정해(2003), "대기업규제정책에 대한 신제도주의적 분석: 정책변화의 경로의존성을 중심으로", 「한국행정학보」, 제37권 제4호.

배응환(2001), "환경변화, 제도변화, 그리고 정책변화: 신제도주의 접근방법을 중심으로", 「행정논총」, 제39권 제2호.

백상기 · 김정욱(1999), 「감사제도론」, 서울: 교보문고.

서울특별시(2005, 2007), 「감사연보」.

서재호 · 이승종(2009), 「지방행정체제 개편론」, 서울: 법문사.

송동수(2006), "감사제도의 독립성에 관한 연구: 한국 감사원과 독일 연방회계검사원(BRH)을 중심으로", 「공법연구」 제31권 제4호.

송재구(2001), 「한국지방자치단체의 감사제도 개선방안에 관한 연구」, 한양대학교 박사학위 논문.

심상용(2005), "과거 성장전략의 경로의존성과 혁신주도 동반성장의 과제에 대한 연구". 「한국정책학회보」, 제14권 제4호.

심익섭 · 김승열(2010), "지방행정체제 개편의 이념적 고찰", 「복지행정연구」, 제26권, 안양대학복지행정연구소.

안국찬(2003), "지방자치단체 간 갈등의 해소방안에 관한 연구: 전라북도의 행정감사업무를 중심으로", 「한국행정학회 추계학술대회」, 한국행정학회.

염차배(2010a), 「지방자치단체에 대한 효율적인 감사체계 연구」, 국장급 국외연수보고서.

염차배(2010b), "지방자치 감사제도 선진화를 위한 비교연구", 「행정학 공동학술대회 발표논문집」, 서울행정학회.

염차배 · 진상기(2010), "우리나라 지방자치단체 감사체계 개편대안 비교분석: 제도비교 및 계층분석을 중심으로", 「한국정책학회보」 제19권 제4호.

염재호 · 홍성만 · 왕재선(2004), "정부관료제의 역사적 형성과 제도변화: 중앙행정기관 조직시스템 변화에 대한 역사적 제도주의 접근을 중심으로", 「정부학연구」, 제10권 제1호.

안영훈(2009), "글로벌 스탠더드에 기반한 중앙정부 자체감사의 과제", 「공공감사체계 재정립을 위한 국정과제토론회 발표자료」, 감사원.

안용식 외(2006), 「지방행정론」, 서울: 대영문화사.

오동석(2008), "'헌법개정'과 지방자치", 「국회연구단체 미래한국헌법연구회 제2회 개헌 세미나 발표자료」.

오영균 · 김용훈(2006), "분권적 지방감사체계 구축에 관한 연구", 「한국사회와 행정연구」, 제17권 제2호.

오연천(2008), "국회와 정부간 재정권한의 합리적 조정방안", 「제헌 60주년 기념 학술대회 발표자료」.

유덕준(1999), 「지방자치단체 감사제도의 발전방안에 관한 연구: 감사제도의 실태분석을 중심으로」, 단국대학교 정책경영대학원 석사학위논문.

유재원 · 손화정(2010), "지방행정체제 개편: 발상의 전환", 「지방행정연구」 제24권 제4호, 한국지방행정연구원.

유지태(2000), 「지방자치단체의 감사제도에 관한 연구」, 고려대학교 법무대학원 석사학위논문.

윤두섭 · 이승종(2004), "지방정부의 혁신역량에 관한 연구", 「한국행정학회 동계학술대회 발표논문」.

윤성식(2002), 「정부개혁의 비전과 전략」, 서울: 열린책들.

윤은기(2007), "GAO(Government Accountability Office)의 행정통제의 기능에 관한 연구", 「동계학술대회자료집」, 한국행정학회.

윤종진(2010), "이슈토론: 찬성; 지역의 미래를 담을 지방행정체제 개편", 「Korean Association of Governmental Studies」 제22권 제1호. 한국정부학회.

윤태범 외(1995), 「지방화시대의 지방감사체계 개선방안 연구」, 경기개발연구원.

이경옥(1997), "일본 주민감사 청구제도에 관한 고찰", 「자치연구」21, 한국지방자치연구소.

이광종(1998), 「행정책임론」. 서울: 대영문화사.

이국운(2008), "자치본위의 헌법개정", 「국회연구단체 미래한국헌법연구회 제2회 개헌 세미나 발표자료」.

이규환(2006), 「한국지방행정학」(제2신정판), 서울: 법문사.

이기우(2010), 「지방행정체제 개편 특별법 문제있다」, 경기개발연구원.

이남구(2006), 「시스템감사의 성공적 정착을 위한 개선과제에 관한 연구」, 감사원 감사교육원.

이달곤(2003), 「지방정부론」. 서울: 법문사.

이승종(2003), "바람직한 정부혁신 전략", 「한국행정학회 학술세미나 발표논문」.

이승종(2004), "지방차원의 정책혁신 확산과 시간: 지방행정정보공개조례의 사례 연구", 「한국지방자치학회보」 제16권 제1호.

이승종(2005), 「지방자치론」(제2판), 서울: 박영사.

이승종 · 김흥식(1998), "지방자치행정 혁신에 관한 국제비교연구: 단체장의 정책행태상의 특성을 중심으로", 「한국지방자치학회보」 제10권 제1호.

이영조(1996), "지방자치단체의 감사의 자치화 방안", 「한국지방자치학회보」, 제8권 제2

호.
이종수(2004), “한국 지방자치단체의 혁신에 관한 실증분석: 혁신패턴, 정책행위자 및 영향요인을 중심으로”, 「한국행정학보」 제38권 제5호.
이종수 외(2005), “지방환경행정감사제도의 발전방안”, 「지방자치」. 10월호
이주희(2010), 「지방행정감사론」, 서울: 기문당.
이창우 외(2007), 「회계감사」 제3판, 서울: 경문사.
이혜승·조형석(2009), “자체감사기구 역량 강화를 위한 핵심과제”, 「공공감사체계 재정립을 위한 국정과제토론회 발표자료」, 감사원.
이효익(2010), 「회계감사론」, 서울: 신영사.
임도빈(2005), “시간관리측면에서 본 조직분석: P청 사례”, 「한국행정학회 춘계학술대회」, 한국행정학회.
임승빈(2010), 「지방자치론」(제4판), 서울: 법문사.
장영수·차진아(2009), 「감사원의 직무상 독립성 확보방안: 감사원의 소속과 관련하여」, 감사원 연구용역보고서.
장정훈(1999), 「조직문화 변화를 위한 수행공학 실천가의 역할 및 역량 정의에 대한 델파이 연구」, 이화여자대학교 일반대학원 석사학위논문.
정광호(2007), “사회자본과 지방자치단체 역량의 관계: 이론 틀과 경험적 논의”, 「한국행정학회 춘계학술대회」.
정부혁신위원회(2006), “지방감사제도 개선방안 검토자료”.
정세욱(2004), “지방자치단체의 감사체계 연구: 공공감사에 관한 법률안을 중심으로”, 「지방감사개선대토론회 자료집」.
정용덕(2001), 「현대국가의 행정학」, 서울: 법문사.
정용덕(2009), “행정(학)에서의 실용과 이념,” 「한국행정학보」, 제43권 제1호.
정용덕(2010), 「행정이론과 철학 강의노트」.
정용덕 외(1999), 「신제도주의 연구」, 서울: 대영문화사.
정우일(2004), 「행정통제론」(신정판), 서울: 박영사.
조성규(2008), “지방분권과 헌법개정의 과제”, 「국회연구단체 미래한국헌법연구회 호남권 토론회 발표자료」.
조성호(2009), “21세기 한국의 지방행정체제 개편방안”, 「지방행정체제 개편방안의 모색을 위한 정책토론회 자료집」.
조성호·윤희웅(2006), “지방의 자율성 확보를 위한 지방감사체계 개선방안”, 「CEO Report」, 경기개발연구원.
조성호·윤희웅(2008), “지방분권시대의 지방감사체계 개선방안에 관한 연구”, 「정부와 정책」, 제1권 제1호: 83-109.
주경일·이병량·함요상(2004), “우리나라 정부관료제의 인사체제에 대한 역사적 고찰: 공직구조를 중심으로” 「정부학 연구」, 제10권 제1호.
진상기(2008), 「한국의 국제정보격차해소정책 네트워크 분석: ODA 패러다임변화를 중

심으로」, 성균관대학교 박사학위 논문.
총무처직무분석기획단 편(1997), 「신정부혁신론: OECD 국가를 중심으로」, 서울: 동명사.
최길수(2005), "지방정부의 자치역량강화에 관한 연구", 「한국지방자치학회 동계학술대회 발표논문」.
최미옥(2004), "지방정부역량연구와 구조화 이론", 「동계학술대회집」, 한국행정학회.
최봉기(2010), "지방행정체제개편에 대한 여야 정당안의 비판적 검토와 개편방향", 「한국지방자치학회보」, 제22권 제2호, 한국지방자치학회.
최봉기 외(1993), "지방정부의 자치역량 강화방안: 분석틀의 구성을 중심으로", 「대구·경북행정학회보」 5.
최승범(2002), "한국의 지방관료제: 자율, 통제와 책임성(Bureaucracy in Korean Local Government : Autonomy, Control and Responsibility)", 「한국행정학보」 제36권 제1호(2002 봄).
최영배(2003), 「지방자치단체에 대한 감사제도의 개선방안 연구: 서울특별시를 중심으로」서울시립대학교 도시관리과학대학원 석사학위논문.
최영출(2003), "지방분권화에 따른 지방정부의 역량강화", 「지방행정연구」 제17권 제2호, 서울: 한국지방행정연구원.
최우동(2010), "지방행정체제 개편의 기본문제", 「동아법학」, 제49호, 동아대학교법학연구소.
최유성(2000), "지방자치단체 자체감사제도의 개선방안", 「한국행정연구」. 제7권 제3호.
최창수(2004), "민선단체장체제의 출범과 중앙통제수단의 변화(Elected Mayor System and Change of National Government's Control Devices over Local Governments)", 「한국행정학보」 제38권 제3호.
하상군(2004), "지방자치단체의 자체감사기능 개선방안", 「지방행정연구」, 제18권 제2호.
하연섭(2004), 「제도분석-이론과 쟁점-」, 서울: 다산문화사.
한국공법학회(2006), 「감사환경변화에 대응한 감사원의 역할 등에 관한 연구」. 서울: 한국공법학회.
한국지방행정연구원(1988), 「지방자치제하의 지방자치단체 감사제도에 관한 연구」.
한국지방행정연구원(2002), 「지방자치단체 감사 실효성 확보방안」, 서울: 한국지방행정연구원.
한국지방행정연구원(2010), 「지방행정체제 개편 선진사례에서 길을 찾다」, 서울: 매일경제신문사.
한국행정연구원(2007), 「효율적인 국가감사체계 확립을 위한 지방감사제도 구축방안에 관한 연구」, 서울: 한국행정연구원.
한국행정학회 공공감사연구회(2006), 「자체감사기구 운영 표준모델 개발에 관한 연구」, 서울: 감사원 용역보고서.

행정안전부(2010), 「전체 공무원 정원 분석표」, 내부자료.
허태열(2010), “국가경쟁력 제고와 지방분권의 밑거름, 「지방행정체제 개편에 관한 특별법」 제정의 의미와 과제”, 「국회보」 2010년 11월.
홍정선(2000), 「지방자치법학」, 서울: 법영사.

2. 국외문헌

AAA(1973), Committee on Basic Auditing Concepts, 「A statement of Basic Auditing Concepts, Studies in Accounting Research」, No. 6, FL: Sarasota.
Andrew, P. Cortell and Peterson, Susan(2001), 「Limiting the Unintended Consequences of Institutional Change. Comparative Political Science」, 34(7).
Arens, A. Elder, R. and Beasley, M.(2010), 「Auditing and Assurance Services」, 13th ed., NJ: Prentice-Hall, Inc.
Barton & Chapell(1985), 「Public administration: The work of government」, USA: Scott, Foresman & Company.
Bennison, Richard(2007), 「Generating Value from the Audit: A survey of small and medium-sized companies」, UK: KPMC
Cooper, Terry. (1990). 「The Responsible Administrator」. San Francisco, CA: Jossey-Bass Publishers.
Dunshire, A.(1987). “Testing Theories: the Contribution of Bureaumetrics”, in Lane, Jan-Erik ed., 「Bureaucracy and Public Choice」. London: Sage.
Damilker, R. P. Van & Robinson, C. (1986), 「Auditing in the States: A Summary」, National State Auditors Association.
GAO(2007), 「Government Auditing Standards」(GAO-07-731G).
Harrison D. S., Haug, R. T., Baker, G. H., and Moore, G. L.,(1987), “Continuous Improvement Planning: Case Study of Basic Process Reengineering”, 「Journal of Management in Engineering」, ASCE, Vol.13, No. 4.
Harmon, Michael M. (1981), 「Action Theory for Public Administration」, New York: Longman.
IIA(2009), 「International Standards for the Professional Practice of Internal Auditing(standards)」.
INTOSAI(2001), 「Code of Ethics and Auditing Standards」.
Ikenberry, G. John(1988), Conclusion: An Institutional Approach to American Foreign Economic Policy, 「International Organization」, 42(1).
Knapp, Michael C.(2006), 「Contemporary Auditing」, USA: Tomson South-Western.
Kelly, Janet M. & Rivenbark, William C.(2003), 「Performance Budgeting for State and Local Government」, NY: M. E. Sharpe Inc.
Light, C. Paul(1993), 「Monitoring Government: Inspectors General and the Search for

Accountability」, Washington, D.C.: Brookings Institution.

Leavitt, Harold J.(1966), “Some effects of certain communication patterns on group performance”, 「The Journal of Abnormal and Social Psychology」, Vol 46(1).

Marcus, S. (1988), “SALT: A Knowledge-Acquisition Tool for Propose-and-Revise Systems”. In Marcus, S., editor, 「Automating Knowledge Acquisition for Expert Systems」, pages 81-123. Boston: Kluwer Academic Publishers.

McClelland, D. C.(1973), 「Testing for competence rather than intelligence」, American Psychologist, 28/1.

Mirabile, R. (1997), “Everything you Wanted to Know about Competency Modeling”, 「Training & Development」. 51(8).

Mosher(1968), 「Democracy and the public service」, Oxford University Press.

O’connor, Karen & Sabato, Larry J.(2000), 「American Government: Continuity and Change」, USA: Addison Wesley Longman Inc.

O’connor, Karen & Sabato, Larry J.(2008), 「American Government: Continuity and Change」, USA: Pearson Education Inc.

OECD(1996), 「Government in Transition: Public Management Reforms in OECD Countries」, Paris: OECD.

Petersen, John E. & Strachota, Dennis R.(eds.)(1993), 「Local Governance Finance: Concept and Practices」, Chicago: Government Finance Officers Association.

Prahalad & Hamel(1990), “The Core Competence of the Corporation”, 「Harvard Business Review」.

Ragin, Charles(1987), 「The Comparative Method: Moving Beyond Qualitative and Quantitative Strategies」.

Raimondo, Henry J.(1992), 「Economics of State and Local Government」, NY: Prager Publishers.

Satty, T. L. & Vargas, L.G.(2001), 「Models, Methods, Concepts & Applications of the Analytic Hierarchy Process」: Kluwer Academic Publisher.

Shah, Anwar(ed.)(2006a), 「Local Governance in Developing Countries」, Washington, D.C.: The World Bank.

Shah, Anwar(ed.)(2006b), 「Local Governance in Industrial Countries」, Washington, D.C.: The World Bank.

Shah, Anwar(ed.)(2007), 「Local Public Financial Management」, Washington, D.C.: The World Bank.

Smith, Kevin B.(ed.)(2008), 「State and Local Government: 2007-2008 Edition」, Washington, D.C.: CQ Press.

Sparrow, P. R(1996), “Competency based pay too good to be true”, 「People Management」 Dec., 5.

Spencer L. M and S. M. Spencer(1993), 「Competence at Work」, NY: John Wiley & Sons.

Ulfert(2005), “How to Survive an Audit”. PM Hut. Retrieved

UNDP(1998), 『HUMAN DEVELOPMENT REPORT 1998』, NY: UNDP

3. 기 타

○ 영국 국가회계검사원 및 지방감사위원회 등
- National Audit Office: http://www.nao.org.uk/
- Audit Commission for Local Authorities and the National Health Services in England and Wales: http://www.audit-commission.gov.uk/
- Scotland Audit Office: http://www.audit-scotland.gov.uk/
- Wales Audit Office: http://www.wao.gov.uk/
- Public Audit Forum: http://www.public-audit-forum.gov.uk/

○ 미국 연방회계검사원 및 내부감사협회 등
- Government Accountability Office: http://www.gao.gov/
- Institute of Internal Auditors: http://www.theiia.org/
- New York State Comptroller(뉴욕주감사원): http://www.osc.state.ny.us/
- New York State Inspector General(뉴욕주감찰관): http://www.ig.state. ny.us/
- Washington State Auditor(와싱턴주감사원): http://www.sao.wa.gov/
- King County Auditor: http://www.kingcounty.gov/operations/auditor. aspx
- Seattle City Auditor(와싱턴주 시애틀시 감사관): http://seattle.gov/audit

○ 프랑스 국가회계검사원 및 지방회계검사원 : Cour des Comptes(Court of Accounts and Regional Court of Accounts): http://www.ccomptes.fr/

○ 일본회계검사원(會計檢査院) : Board of Audit: http://www.jbaudit.go.jp/

부 록

1. 「지방행정체제 개편에 관한 특별법」 주요내용
2. 감사원법
3. 공공감사에 관한 법률
4. 공공기관의 운영에 관한 법률
5. 중앙행정기관 및 지방자치단체 자체감사기준(감사원 규칙)
6. 지방자치단체에 대한 행정감사규정(대통령령)
7. 서울특별시행정감사규칙
8. 경기도감사규칙

1. 「지방행정체제 개편에 관한 특별법」 주요내용[1)]

1. 제정이유

현재의 지방행정체제는 농경시대였던 100여 년 전에 정해진 것으로서 그 동안의 교통·통신·인터넷 등의 발전에 따른 주민의 생활·문화·경제권의 변화를 반영하지 못하여 주민 불편을 심화시키고, 다단계 행정계층구조로 인한 행정혼선과 예산·인력·시간적 낭비를 초래하고 있으며, 인구의 도시집중으로 인한 지방자치단체 간 지역 역량과 격차를 심화시키는 등 행정환경의 급속한 변화를 반영시키지 못하는 문제점이 있었다. 따라서 지방자치단체 역량을 대폭 확충하고, 지방자치단체 간의 불균형을 최소화하기 위하여 고비용·저효율·다층구조의 현행 지방행정체제의 문제점을 전면 개선함으로써 주민편익을 증진하고 행정의 효율성을 높이며, 실효성 있는 지방분권과 지방자치의 정착을 도모하고, 세계화 추세에 맞는 지역단위 경쟁력 확보를 통해 국가경쟁력을 제고하려는 것이다.

2. 주요내용

(1) 지방행정체제 개편추진위원회의 설치(법률 제6조부터 제10조까지)

지방행정체제 개편의 체계적인 추진을 위하여 대통령 소속으로 지방행정체제 개편추진위원회를 두고, 개편추진위원회는 2012년 6월 30일까지 지방행정체제 개편에 관한 종합적인 기본계획을 대통령과 국회에 제출하도록 하며, 2014년 12월 31일까지 존속하도록 하였다.

(2) 특별시 및 광역시의 개편(법률 제12조 및 제13조)

특별시 및 광역시는 지방자치단체로 존치하되, 관할구역 안의 구 중에서 인구 또는 면적이 과소한 구는 적정 규모로 통합하도록 하고, 개편추진위원회는 구와 군의 지위, 기능 등에 관한 개편방안을 대통령과 국회에 보고하도록 하였다.

1) http://cafe.naver.com/south88/1254

(3) 도의 지위 및 기능 재정립(법률 제14조)

도는 지방자치단체로 존치하되, 개편추진위원회는 시・군의 통합 등과 관련하여 도의 지위 및 기능 재정립 등을 포함한 도의 개편방안을 마련하여 2014년 동시지방선거일 1년 전까지 대통령과 국회에 보고하도록 하고, 도의 지위 및 기능 재정립에 관하여는 따로 법률로 정하도록 하였다.

(4) 시・군・구의 개편(법률 제15조)

국가는 시・군・구의 인구, 지리적 여건, 생활・경제권, 발전가능성, 지역의 특수성, 역사・문화적 동질성 등을 종합적으로 고려하여 통합이 필요한 지역에 대해서는 지방자치단체 간 통합을 지원하도록 하고, 시・군・구의 통합에 있어서는 시・도 및 시・군・구 관할구역의 경계에 제한을 받지 아니하도록 하였다.

(5) 시・군・구의 통합절차(법률 제17조)

개편추진위원회는 시・군・구의 통합을 위한 기준을 작성・공표하고, 지방자치단체의 장, 지방의회 또는 일정 수 이상의 주민은 인근 지방자치단체와의 통합을 개편추진위원회에 건의할 수 있도록 하며, 개편추진위원회는 시・군・구 통합방안을 마련하여 대통령과 국회에 보고하고, 이에 따라 행정안전부장관은 지방자치단체 간 통합을 해당 지방자치단체의 장에게 권고할 수 있도록 하였다.

(6) 통합추진공동위원회의 설치(법률 제18조)

지방자치단체의 통합의사가 확인된 경우에는 통합 대상인 관계 지방자치단체의 장은 명칭, 청사 소재지 등 통합에 관한 세부사항을 심의하기 위하여 공동으로 통합추진공동위원회를 설치하도록 하였다.

(7) 주민자치회의 설치(법률 제20조부터 제22조까지)

풀뿌리자치의 활성화와 민주적 참여의식 고양을 위하여 읍・면・동에 해당 행정구역 내의 주민으로 구성되는 주민자치회를 둘 수 있도록 하고, 주민자치회의 설치 및 운영에 관하여 필요한 사항은 따로 법률로 정하도록 하였다.

(8) 통합 지방자치단체에 대한 특례(법률 제23조부터 제32조까지)

통합 지방자치단체에 대하여 불이익배제, 공무원에 대한 공정한 처우보장, 통합비용 및 절감예산 지원, 특정 지역 개발을 위한 지구·지역 등의 우선 지정, 종전 보통교부세의 4년간 보장, 교부세 외의 추가적인 재정지원 등의 특례를 부여하였다.

(9) 대도시에 대한 사무특례(법률 제33조)

특별시와 광역시가 아닌 인구 50만 및 100만 이상 대도시의 행정·재정운영 및 지도·감독에 대하여는 그 특성을 고려하여 관계 법률이 정하는 바에 따라 특례를 둘 수 있도록 하되, 인구 30만 이상인 지방자치단체로서 면적이 1천 제곱킬로미터 이상인 경우에는 이를 인구 50만 이상 대도시로 보도록 하였다.

(10) 대도시에 대한 재정특례(법률 제36조)

특별시와 광역시가 아닌 인구 50만 및 100만 이상 대도시의 경우에는 「지방재정법」에 따른 재정보전금과 별도로 해당 시에서 징수하는 도세 중 100분의 10 이하의 범위에서 일정비율을 추가로 확보하여 해당 시에 직접 교부하도록 하였다.

(11) 특별지방행정기관 사무의 이양 특례(법률 제39조)

특별지방행정기관을 관장하는 중앙행정기관의 장은 이 법 시행일로부터 1년 이내에 특별지방행정기관의 사무를 지방자치단체에 이양하기 위한 사무이양계획을 개편추진위원회에 제출하도록 하였다.

(12) 교육자치와 자치경찰(법률 제40조)

국가는 교육자치와 지방자치의 통합을 위해 노력하고 자치경찰제를 실시하도록 하며, 교육자치와 자치경찰의 실시에 관하여는 따로 법률로 정하도록 하였다.

2. 감사원법

제1장 조 직〈개정 2009.1.30〉

제1절 총 칙〈개정 2009.1.30〉

제1조(목적) 이 법은 감사원의 조직, 직무 범위, 감사위원의 임용자격, 감사 대상 기관 및 공무원의 범위와 그 밖에 필요한 사항을 규정함을 목적으로 한다.

[전문개정 2009.1.30]

제2조(지위) ① 감사원은 대통령에 소속하되, 직무에 관하여는 독립의 지위를 가진다.

② 감사원 소속 공무원의 임면(任免), 조직 및 예산의 편성에 있어서는 감사원의 독립성이 최대한 존중되어야 한다.

[전문개정 2009.1.30]

제3조(구성) 감사원은 감사원장(이하 "원장"이라 한다)을 포함한 7명의 감사위원으로 구성한다.

[전문개정 2009.1.30]

제4조(원장) ① 원장은 국회의 동의를 받아 대통령이 임명한다.

② 원장은 감사원을 대표하며 소속 공무원을 지휘하고 감독한다.

③ 원장이 사고(事故)로 인하여 직무를 수행할 수 없을 때에는 감사위원으로 최장기간 재직한 감사위원이 그 직무를 대행한다. 다만, 재직기간이 같은 감사위원이 2명 이상인 경우에는 연장자가 그 직무를 대행한다.

④ 원장의 자문에 응하게 하기 위하여 감사원에 자문기관을 둘 수 있다.

⑤ 제4항에 따른 자문기관의 구성 및 운영에 관한 사항은 감사원규칙으로 정한다.

[전문개정 2009.1.30]

제2절 감사위원〈개정 2009.1.30〉

제5조(임명 및 보수) ① 감사위원은 원장의 제청으로 대통령이 임명한다.

② 감사위원은 정무직으로 하고 그 보수는 차관의 보수와 같은 액수로 한다. 다만, 원장인 감사위원의 보수는 국무총리의 보수와 국무위원의 보수의 범위에서 대통령령으로 정한다.

[전문개정 2009.1.30]

제6조(임기 및 정년) ① 감사위원의 임기는 4년으로 한다.

② 감사위원의 정년은 65세로 한다. 다만, 원장인 감사위원의 정년은 70세로 한다.

[전문개정 2009.1.30]

제7조(임용자격) 감사위원은 다음 각 호의 어느 하나에 해당하는 사람 중에서 임명한다.

1. 「국가공무원법」 제2조의2에 따른 고위공무원단(제17조의2에 따른 고위감사공무원단을 포함한다)에 속하는 공무원 또는 3급 이상 공무원으로 8년 이상 재직한 사람
2. 판사·검사·군법무관 또는 변호사로 10년 이상 재직한 사람
3. 공인된 대학에서 부교수 이상으로 8년 이상 재직한 사람
4. 「자본시장과 금융투자업에 관한 법률」 제9조 제15항 제3호에 따른 주권상장법인 또는 「정부투자기관 관리기본법」 제2조 제1항에 따른 정부투자기관에서 20년 이상 근무한 사람으로서 임원으로 5년 이상 재직한 사람

[전문개정 2009.1.30]

제8조(신분보장) ① 감사위원은 다음 각 호의 어느 하나에 해당하는 경우가 아니면 본인의 의사에 반하여 면직되지 아니한다.

1. 탄핵결정이나 금고 이상의 형의 선고를 받았을 때
2. 장기(長期)의 심신쇠약으로 직무를 수행할 수 없게 된 때

② 제1항 제1호의 경우에는 당연히 퇴직되며, 같은 항 제2호의 경우에는 감사위원회의의 의결을 거쳐 원장의 제청으로 대통령이 퇴직을 명한다.

[전문개정 2009.1.30]

제9조(겸직 등의 금지) 감사위원은 재직 중 다음 각 호의 어느 하나의 직을 겸하거나 영리를 목적으로 하는 사업을 할 수 없다.

1. 국회 또는 지방의회의 의원의 직
2. 행정부서의 공무원의 직

3. 이 법에 따라 감사의 대상이 되는 단체의 임직원의 직
4. 그 밖에 보수를 받는 직

[전문개정 2009.1.30]

제10조(정치운동의 금지) 감사위원은 정당에 가입하거나 정치운동에 관여할 수 없다.

[전문개정 2009.1.30]

제 3 절　감사위원회의〈개정 2009.1.30〉

제11조(의장 및 의결) ① 감사위원회의는 원장을 포함한 감사위원 전원으로 구성하며, 원장이 의장이 된다.

② 감사위원회의는 재적 감사위원 과반수의 찬성으로 의결한다.

[전문개정 2009.1.30]

제12조(의결사항) ① 다음 각 호의 사항은 감사위원회의에서 결정한다.

1. 감사원의 감사정책 및 주요 감사계획에 관한 사항
2. 제21조에 따른 결산의 확인에 관한 사항
3. 제31조에 따른 변상책임의 판정에 관한 사항
4. 제32조에 따른 징계 및 문책 처분의 요구에 관한 사항
5. 제33조에 따른 시정 등의 요구에 관한 사항
6. 제34조에 따른 개선 요구에 관한 사항
7. 제34조의2 제1항에 따른 권고 등에 관한 사항
8. 제36조·제38조 및 제39조에 따른 재심의에 관한 사항
9. 제41조에 따른 결산검사보고 및 제42조에 따른 수시보고(隨時報告)에 관한 사항
10. 제46조에 따른 심사청구결정에 관한 사항
11. 제49조에 따른 의견 표시 등에 관한 사항
12. 감사원규칙의 제정 및 개정·폐지에 관한 사항
13. 감사원의 예산 요구 및 결산에 관한 사항
14. 제28조에 따른 감사의 생략에 관한 사항
15. 제50조의2에 따른 감사사무의 대행에 관한 사항
16. 그 밖에 원장이 회의에 부친 사항

② 제1항 제5호·제7호·제8호·제10호 및 제11호의 사항 중 경미한 것으로서 감사원규칙으로 정하는 사항은 원장이 처리한다.
[전문개정 2009.1.30]

제12조의2(분과위원회 등) ① 감사위원회의에는 분과위원회 및 소위원회를 둘 수 있다.
② 제1항에 따른 분과위원회 및 소위원회의 구성과 운영에 관한 사항은 감사원규칙으로 정한다.
[전문개정 2009.1.30]

제13조(의안의 작성 등) ① 사무총장은 원장의 명을 받아 의안(議案)을 작성하고 감사위원회의에 출석하여 의안을 설명하고 의견을 진술하며 회의에 관한 사무를 처리한다.
② 의안과 관계있는 직원은 감사위원회의의 승인을 받아 감사위원회의에 출석하여 의견을 진술할 수 있다.
[전문개정 2009.1.30]

제13조의2(관계인의 진술권) 감사위원회의는 제12조 제1항 제3호 및 제8호의 사항을 심의하려는 경우에는 감사원규칙으로 정하는 바에 따라 상대방 및 그 밖의 관계인에게 서면, 전자문서 또는 구술로 의견을 진술할 기회를 주어야 한다.
[전문개정 2009.1.30]

제14조(증인과 감정인) ① 감사위원회의는 심의에 필요하다고 인정하면 관계인 또는 증인을 출석시켜 신문(訊問)할 수 있으며, 학식·경험이 있는 자에게 감정(鑑定)을 위촉할 수 있다.
② 제1항의 증인 또는 감정인에 관하여는 「형사소송법」 제1편 제12장 및 제13장을 각각 준용한다. 다만, 같은 법 제151조와 구인(拘引)에 관한 규정은 준용하지 아니한다.
[전문개정 2009.1.30]

제15조(감사위원의 제척) ① 감사위원은 다음 각 호의 사항에 관한 심의에 관여할 수 없다.
1. 자기와 관계있는 사항
2. 친족관계가 있거나 이러한 관계가 있었던 사람과 관계있는 사항

3. 감사위원이 해당 안건과 관계있는 사람의 증인 또는 감정인으로 된 사항
4. 감사위원이 감사위원으로 임명되기 전에 조사 또는 검사에 관여한 사항

② 감사위원이 탄핵소추의 의결을 받았거나 형사재판에 계속(係屬)되었을 때에는 그 탄핵의 결정 또는 재판이 확정될 때까지 그 권한 행사가 정지된다.

[전문개정 2009.1.30]

제 4 절 사무처〈개정 2009.1.30〉

제16조(직무 및 조직) ① 원장의 지휘·감독하에 회계검사, 감찰, 심사결정 및 감사원에 관한 행정사무를 처리하기 위하여 감사원에 사무처를 둔다.

② 사무처에 실장·국장을 두되 필요한 경우에는 그 밑에 감사원규칙으로 정하는 보조기관을 둘 수 있다. 이 경우 실장·국장의 명칭은 감사원규칙으로 정하는 바에 따라 본부장·단장·부장·팀장 등으로 다르게 정할 수 있으며, 명칭을 다르게 정한 보조기관은 이 법을 적용할 때 실장·국장으로 본다.

③ 제2항에 따른 실장·국장, 그 밖의 보조기관의 설치와 사무분장은 감사원규칙으로 정한다.

④ 원장·사무총장·실장·국장 밑에 정책의 기획, 계획의 입안, 연구·조사, 심사·평가 및 홍보 등을 통하여 그를 보좌하는 보좌기관을 감사원규칙으로 정하는 바에 따라 둘 수 있다.

[전문개정 2009.1.30]

제16조의2(개방형 직위) ① 원장은 다음 각 호의 어느 하나의 직위에 대하여는 개방형 직위로 지정하여 운영할 수 있다. 다만, 감사원규칙에 따라 고위감사공무원단에 속하는 공무원으로 임명할 수 있는 직위(실장·국장 밑에 두는 보조기관은 제외한다) 중 계약직공무원으로도 임명할 수 있는 직위는 개방형 직위로 본다.

1. 전문성이 특히 요구되어 공직 내부 또는 외부에서 적격자를 임용할 필요가 있는 직위
2. 효율적인 업무수행을 위하여 공직 내부 또는 외부에서 적격자를 임용할 필요가 있는 직위

② 원장은 제1항에 따른 개방형 직위에 대하여는 직위별로 직무의 내용·특성 등을 고려하여 직무수행 요건을 설정하고 그 요건을 갖춘 사람을 임용하

거나 임용제청하여야 한다.

③ 개방형 직위를 지정 또는 변경하거나 직위별 직무수행 요건을 설정 또는 변경하려는 경우에는 감사위원회의의 의결을 거쳐야 한다.

④ 개방형 직위의 운영 등에 관하여 필요한 사항은 감사원규칙으로 정한다.

[전문개정 2009.1.30]

제16조의3(공모 직위) ① 원장은 업무를 효율적으로 수행하기 위하여 감사원 내부 또는 외부의 공무원 중 적격자를 임용할 필요가 있는 직위는 공모 직위로 지정하여 운영할 수 있다.

② 원장은 제1항에 따른 공모 직위에 대하여는 직위별로 직무의 내용·특성 등을 고려하여 직무수행 요건을 설정하고 그 요건을 갖춘 사람을 임용하거나 임용제청하여야 한다.

③ 공모 직위를 지정 또는 변경하거나 직위별 직무수행 요건을 설정 또는 변경하려는 경우에는 감사위원회의의 의결을 거쳐야 한다.

④ 공모 직위의 운영 등에 관하여 필요한 사항은 감사원규칙으로 정한다.

[전문개정 2009.1.30]

제17조(직원) ① 사무처에 사무총장 1명, 사무차장 2명과 그 밖에 필요한 직원을 둔다.

② 직원의 정원은 예산의 범위에서 대통령의 승인을 받아 감사원규칙으로 정한다.

[전문개정 2009.1.30]

제17조의2(고위감사공무원단의 구성·운영) ① 고위감사공무원의 인사관리를 효율적으로 함으로써 감사의 전문성과 책임성을 높이기 위하여 고위감사공무원단을 구성한다.

② "고위감사공무원단"이란 다음 각 호의 군(群)을 말한다.

1. 직무의 곤란성과 책임도가 높은 감사원 사무차장·감사교육원장·감사연구원장·실장·국장
2. 제1호에 상당하는 보좌기관
3. 감사원규칙으로 고위감사공무원단에 속하는 공무원으로 임명하도록 정한 직위에 임용되어 재직 중이거나 파견·휴직 등으로 인사관리되고 있는 일반직공무원·별정직공무원 및 계약직공무원

③ 원장은 고위감사공무원단에 속하는 공무원의 능력과 자질을 설정하고 이를 기준으로 고위감사공무원단 직위에 임용되려는 공무원을 평가하여 고위감사공무원단 직위에의 신규채용, 승진임용 등 인사관리에 활용할 수 있다.

④ 제2항에 따른 인사관리의 구체적 범위, 제3항에 따른 능력과 자질의 내용, 평가대상자의 범위, 평가방법 및 평가 결과의 활용 등에 관하여 필요한 사항은 감사원규칙으로 정한다.

⑤ 제1항 및 제2항에 따라 구성된 고위감사공무원단에 대하여 이 법에 특별한 규정이 있는 경우를 제외하고는 「국가공무원법」의 고위공무원단 관련 규정을 준용한다. 이 경우 "고위공무원단"은 "고위감사공무원단"으로 본다.

[전문개정 2009.1.30]

제17조의3(적격심사) ① 고위감사공무원단에 속하는 일반직공무원은 다음 각 호의 어느 하나에 해당하는 경우에는 고위감사공무원으로서 적격한지 여부를 심사(이하 "적격심사"라 한다) 받아야 한다.

1. 고위감사공무원단에 속하는 공무원으로 임용된 날부터 매 5년이 되는 때. 다만, 그 기간에 제16조의2에 따른 개방형 직위 또는 제16조의3에 따른 공모 직위에 임용된 자는 그 임용일부터 5년이 되는 때를 말한다.
2. 연속하여 2년 이상 근무성적 평정에서 최하위등급의 평정을 받거나 총 3년 이상 최하위등급의 평정을 받은 때
3. 감사원규칙으로 정하는 정당한 사유 없이 직위를 부여받지 못한 기간이 총 2년이 된 때

② 제1항 제1호에 따른 적격심사는 그 사유가 발생한 날부터 6개월 이내에 실시하여야 하며, 제1항 제2호 및 제3호에 따른 적격심사는 그 사유가 발생한 날부터 3개월 이내에 실시하여야 한다.

③ 적격심사는 근무성적과 능력 평정에 의하되, 다음 각 호의 어느 하나에 해당하는 사람으로서 감사원규칙으로 정하는 바에 따라 고위감사공무원의 직무를 계속 수행하는 것이 곤란하다고 판단되는 사람을 부적격자로 결정한다.

1. 제1항 제1호의 사유에 해당하는 사람으로서 근무성적 또는 무보직기간 등이 제1항 제2호 또는 제3호의 사유에 상당하는 사람
2. 제1항 제2호 또는 제3호의 사유에 해당하는 사람

④ 적격심사를 위하여 감사원에 고위감사공무원단 적격심사위원회를 둔다.
⑤ 고위감사공무원단 적격심사위원회는 감사원 소속 정무직공무원, 고위감사공무원단에 속하는 공무원, 감사원장이 위촉하는 외부 인사 등 5명 이상으로 구성하며 위원장은 감사원장이 된다.
⑥ 고위감사공무원단 적격심사위원회의 구성·운영 및 적격심사 결과의 활용 등에 관하여 필요한 사항은 감사원규칙으로 정한다.
[전문개정 2009.1.30]

제18조(직원의 임면) ① 사무총장, 고위감사공무원단에 속하는 공무원 및 4급 이상의 공무원은 감사위원회의의 의결을 거쳐 원장의 제청으로 대통령이 임면한다.
② 5급 공무원은 원장의 제청으로 대통령이 임면하며, 6급 이하의 공무원은 원장이 행한다.
③ 감사원 소속 직원의 인사사무감사는 「국가공무원법」 제17조 제1항에도 불구하고 원장의 명을 받아 사무총장이 실시하고, 감사 결과는 감사원이 정하는 바에 따라 처리한다.
[전문개정 2009.1.30]

제18조의2(징계위원회의 설치 등) ① 감사원 소속 직원의 징계처분을 의결하기 위하여 감사원에 징계위원회를 두되, 징계위원회의 구성, 종류, 권한, 심의절차, 그 밖에 필요한 사항은 감사원규칙으로 정한다.
② 직원의 징계는 징계위원회의 의결을 거쳐 원장이 한다. 다만, 고위감사공무원단에 속하는 공무원 또는 5급 이상의 직원에 대한 파면 및 해임은 징계위원회의 의결을 거쳐 원장의 제청으로 대통령이 한다.
[전문개정 2009.1.30]

제19조(사무총장 및 사무차장) ① 사무총장은 정무직으로, 사무차장은 별정직으로 한다.
② 사무총장은 원장의 명을 받아 사무처의 사무를 관장하며 소속 직원을 지휘하고 감독한다.
③ 사무차장은 사무총장을 보좌하고 사무총장이 사고로 인하여 직무를 수행할 수 없을 때에는 그 직무를 대행한다.
④ 사무총장의 봉급은 차관의 봉급과 같은 액수로 하고, 사무차장의 봉급은

차관보의 봉급과 같은 액수로 한다.

[전문개정 2009.1.30]

제 5 절 감사교육원〈개정 2009.1.30〉

제19조의2(직무 및 조직) ① 감사원 소속 직원 및 이 법에 따른 감사대상 기관의 감사 또는 회계업무 종사자에 대한 교육을 위하여 감사원에 감사교육원을 둔다.

② 감사교육원의 조직과 운영에 필요한 사항은 감사원규칙으로 정한다.

[전문개정 2009.1.30]

제19조의3(직원) ① 감사교육원에 교육원장 1명과 그 밖에 필요한 직원을 둔다.

② 교육원장은 고위감사공무원단에 속하는 일반직공무원으로 임명한다.

③ 직원의 정원·임면 등에 관하여는 제16조의2, 제16조의3, 제17조 제2항 및 제18조 제1항·제2항을 준용한다.

[전문개정 2009.1.30]

제 6 절 감사연구원〈개정 2009.1.30〉

제19조의4(직무 및 조직) ① 감사대상 기관의 주요 정책·사업·기관운영 등의 회계검사, 성과감사 및 직무감찰과 관련된 감사제도 및 방법 등을 연구하고 개발하기 위하여 감사원에 감사연구원을 둔다.

② 감사연구원은 각종 감사제도와 방법에 관한 조사·연구 등 감사 인프라의 구축에 관한 지원을 할 수 있다.

③ 감사연구원의 조직과 운영에 필요한 사항은 감사원규칙으로 정한다.

[전문개정 2009.1.30]

제19조의5(직원) ① 감사연구원에 연구원장 1명과 그 밖에 필요한 직원을 둔다.

② 연구원장은 고위감사공무원단에 속하는 일반직공무원 또는 계약직공무원으로 임명한다.

③ 직원의 정원·임면 등에 관하여는 제16조의2, 제16조의3, 제17조 제2항 및 제18조 제1항·제2항을 준용한다.

[전문개정 2009.1.30]

제2장 권　　한〈개정 2009.1.30〉

제1절 총　　칙〈개정 2009.1.30〉

제20조(임무) 감사원은 국가의 세입·세출의 결산검사를 하고, 이 법 및 다른 법률에서 정하는 회계를 상시 검사·감독하여 그 적정을 기하며, 행정기관 및 공무원의 직무를 감찰하여 행정 운영의 개선과 향상을 기한다.
[전문개정 2009.1.30]

제2절 결산의 확인 및 회계검사의 범위〈개정 2009.1.30〉

제21조(결산의 확인) 감사원은 회계검사의 결과에 따라 국가의 세입·세출의 결산을 확인한다.
[전문개정 2009.1.30]

제22조(필요적 검사사항) ① 감사원은 다음 각 호의 사항을 검사한다.
1. 국가의 회계
2. 지방자치단체의 회계
3. 한국은행의 회계와 국가 또는 지방자치단체가 자본금의 2분의 1 이상을 출자한 법인의 회계
4. 다른 법률에 따라 감사원의 회계검사를 받도록 규정된 단체 등의 회계

② 제1항과 제23조에 따른 회계검사에는 수입과 지출, 재산(물품·유가증권·권리 등을 포함한다)의 취득·보관·관리 및 처분 등의 검사를 포함한다.
[전문개정 2009.1.30]

제23조(선택적 검사사항) 감사원은 필요하다고 인정하거나 국무총리의 요구가 있는 경우에는 다음 각 호의 사항을 검사할 수 있다.
1. 국가기관 또는 지방자치단체 외의 자가 국가 또는 지방자치단체를 위하여 취급하는 국가 또는 지방자치단체의 현금·물품 또는 유가증권의 출납
2. 국가 또는 지방자치단체가 직접 또는 간접으로 보조금·장려금·조성금 및 출연금 등을 교부(交付)하거나 대부금 등 재정 원조를 제공한 자의 회계
3. 제2호에 규정된 자가 그 보조금·장려금·조성금 및 출연금 등을 다시

교부한 자의 회계
4. 국가 또는 지방자치단체가 자본금의 일부를 출자한 자의 회계
5. 제4호 또는 제22조 제1항 제3호에 규정된 자가 출자한 자의 회계
6. 국가 또는 지방자치단체가 채무를 보증한 자의 회계
7. 「민법」 또는 「상법」 외의 다른 법률에 따라 설립되고 그 임원의 전부 또는 일부나 대표자가 국가 또는 지방자치단체에 의하여 임명되거나 임명 승인되는 단체 등의 회계
8. 국가, 지방자치단체, 제2호부터 제6호까지 또는 제22조 제1항 제3호·제4호에 규정된 자와 계약을 체결한 자의 그 계약에 관련된 사항에 관한 회계
9. 「국가재정법」 제5조의 적용을 받는 기금을 관리하는 자의 회계
10. 제9호에 따른 자가 그 기금에서 다시 출연 및 보조한 단체 등의 회계

[전문개정 2009.1.30]

제 3 절　직무감찰의 범위〈개정 2009.1.30〉

제24조(감찰 사항) ① 감사원은 다음 각 호의 사항을 감찰한다.
1. 「정부조직법」 및 그 밖의 법률에 따라 설치된 행정기관의 사무와 그에 소속한 공무원의 직무
2. 지방자치단체의 사무와 그에 소속한 지방공무원의 직무
3. 제22조 제1항 제3호 및 제23조 제7호에 규정된 자의 사무와 그에 소속한 임원 및 감사원의 검사대상이 되는 회계사무와 직접 또는 간접으로 관련이 있는 직원의 직무
4. 법령에 따라 국가 또는 지방자치단체가 위탁하거나 대행하게 한 사무와 그 밖의 법령에 따라 공무원의 신분을 가지거나 공무원에 준하는 자의 직무

② 제1항 제1호의 행정기관에는 군기관과 교육기관을 포함한다. 다만, 군기관에는 소장급 이하의 장교가 지휘하는 전투를 주된 임무로 하는 부대 및 중령급 이하의 장교가 지휘하는 부대는 제외한다.

③ 제1항의 공무원에는 국회·법원 및 헌법재판소에 소속한 공무원은 제외한다.

④ 제1항에 따라 감찰을 하려는 경우 다음 각 호의 어느 하나에 해당하는

사항은 감찰할 수 없다.

1. 국무총리로부터 국가기밀에 속한다는 소명이 있는 사항
2. 국방부장관으로부터 군기밀이거나 작전상 지장이 있다는 소명이 있는 사항

[전문개정 2009.1.30]

제 4 절 감사방법〈개정 2009.1.30〉

제25조(계산서 등의 제출) ① 감사원의 회계검사 및 직무감찰(이하 "감사"라 한다)을 받는 자는 감사원규칙으로 정하는 바에 따라 계산서·증거서류·조서 및 그 밖의 자료를 감사원에 제출(「정보통신망 이용촉진 및 정보보호 등에 관한 법률」에 따른 정보통신망을 이용한 제출을 포함한다. 이하 같다)하여야 한다.

② 제1항의 계산서 및 증거서류 등을 제출하기 곤란할 때에는 이를 갈음하여 감사원이 지정하는 다른 자료를 제출할 수 있다.

[전문개정 2009.1.30]

제26조(서면감사·실지감사) 감사원은 제25조에 따라 제출된 서류에 의하여 상시 서면감사를 하는 외에 필요한 경우에는 직원을 현지에 파견하여 실지감사(實地監査)를 할 수 있다.

[전문개정 2009.1.30]

제27조(출석답변·자료제출·봉인 등) ① 감사원은 감사에 필요하면 다음 각 호의 조치를 할 수 있다.

1. 관계자 또는 감사사항과 관련이 있다고 인정된 자의 출석·답변의 요구(「정보통신망 이용촉진 및 정보보호 등에 관한 법률」에 따른 정보통신망을 이용한 요구를 포함한다. 이하 같다)
2. 증명서, 변명서, 그 밖의 관계 문서 및 장부, 물품 등의 제출 요구
3. 창고, 금고, 문서 및 장부, 물품 등의 봉인

② 감사원은 이 법에 따른 회계검사와 감사대상 기관인 금융기관에 대한 감사를 위하여 필요하면 다른 법률의 규정에도 불구하고 인적 사항을 적은 문서(「정보통신망 이용촉진 및 정보보호 등에 관한 법률」에 따른 전자문서를 포함한다. 이하 같다)에 의하여 금융기관의 특정 점포에 금융거래의 내용에

관한 정보 또는 자료의 제출을 요구할 수 있으며, 해당 금융기관에 종사하는 자는 이를 거부하지 못한다.

③ 제1항 제3호에 따른 봉인 및 제2항에 따른 금융거래의 내용에 관한 정보 또는 자료의 제출 요구는 감사에 필요한 최소한도에 그쳐야 한다.

④ 제2항 및 제3항에 따라 금융거래의 내용에 관한 정보 또는 자료를 받은 자는 그 정보 또는 자료를 다른 사람에게 제공 또는 누설하거나 해당 목적 외의 용도로 이용하여서는 아니 된다.

⑤ 감사원은 감사를 위하여 제출받은 개인의 신상이나 사생활에 관한 정보 또는 자료를 해당 감사 목적 외의 용도로 이용하여서는 아니 된다. 다만, 본인 또는 자료를 제출한 기관의 장의 동의가 있는 경우에는 그러하지 아니하다.

[전문개정 2009.1.30]

第28조(감사의 생략) ① 감사원은 각 중앙관서·지방자치단체 및 정부투자기관의 장이 실시한 자체감사(自體監査)의 결과를 심사하여 자체감사가 적정하게 수행되고 있다고 인정하면 결산 확인 등에 지장이 없는 범위에서 일부 기관에 대한 감사의 일부 또는 전부를 하지 아니할 수 있다.

② 감사원은 제1항에 따라 감사를 하지 아니하기로 결정하면 이를 해당 기관의 장에게 통보(「정보통신망 이용촉진 및 정보보호 등에 관한 법률」에 따른 정보통신망을 이용한 통보를 포함한다. 이하 같다)하여야 한다.

③ 감사원은 제1항에 따라 감사를 하지 아니하기로 결정하면 해당 기관의 장에게 자체감사 방법에 관한 의견을 제시할 수 있다.

④ 제1항에 따른 기관의 장은 특별한 사유가 없으면 제3항에 따른 감사원의 의견을 채택하여야 한다.

⑤ 제1항에 따른 기관의 장은 감사원이 정하는 바에 따라 자체감사의 결과를 감사원에 보고(「정보통신망 이용촉진 및 정보보호 등에 관한 법률」에 따른 정보통신망을 이용한 보고를 포함한다. 이하 같다)하여야 한다.

⑥ 감사원은 제1항에 따라 감사를 하지 아니하기로 결정한 기관에 대하여도 특별한 사유가 있으면 직접 감사를 실시하거나 계산서류 등의 제출을 요구할 수 있으며, 자체감사가 적정하게 실시되지 아니하고 있다고 인정할 때에는 제1항의 결정을 취소할 수 있다.

[전문개정 2009.1.30]

제 5 절 통보와 협력〈개정 2009.1.30〉

제29조(범죄 및 망실·훼손 등의 통보) ① 제22조 및 제23조에 따라 감사원의 감사를 받는 기관 등의 장은 다음 각 호의 어느 하나의 사항이 있을 때에는 지체 없이 소속 장관 또는 감독기관의 장을 거쳐 그 사실을 감사원에 통보하여야 한다.

1. 회계관계직원 및 제24조에 따라 감사원의 감찰을 받는 자의 직무에 관한 범죄의 사실이 발견되었을 때 및 징계처분이 있는 때
2. 현금·물품·유가증권이나 그 밖의 재산을 망실(亡失) 또는 훼손한 사실이 발견된 때

② 제1항의 통보의 절차 및 범위는 감사원규칙으로 정한다.

[전문개정 2009.1.30]

제30조(관계 기관의 협조) 감사원은 국가 또는 지방자치단체의 기관, 그 밖의 감사대상 기관의 장에게 감사에 필요한 협조와 지원 및 그 소속 공무원 또는 임직원의 파견을 요구할 수 있다.

[전문개정 2009.1.30]

제30조의2(자체감사의 지원 등) ① 감사원은 자체감사업무의 발전과 효율적인 감사업무의 수행을 위하여 필요한 지원을 할 수 있다.

② 중앙행정기관, 지방자치단체(특별시·광역시·도 및 특별자치도만 해당한다) 및 정부투자기관의 장은 필요한 경우에 감사의 중복을 피하기 위하여 감사계획 등에 관하여 감사원과 협의한다.

③ 감사원은 감사 결과 제2항에 따른 기관의 감사 책임자가 감사업무를 현저하게 게을리하고 있다고 인정되는 경우에는 해당 임용권자 또는 임용제청권자에게 그 교체를 권고할 수 있다.

[전문개정 2009.1.30]

제 6 절 감사 결과의 처리〈개정 2009.1.30〉

제31조(변상책임의 판정 등) ① 감사원은 감사 결과에 따라 따로 법률에서 정하는 바에 따라 회계관계직원 등(제23조 제7호에 해당하는 자 중 제22조 제1항 제3호 및 제4호 또는 제23조 제1호부터 제6호까지 및 제8호부터 제10호

까지에 해당하지 아니한 자의 소속 직원은 제외한다)에 대한 변상책임의 유무를 심리(審理)하고 판정한다.

② 감사원은 제1항에 따라 변상책임이 있다고 판정하면 변상책임자, 변상액 및 변상의 이유를 분명히 밝힌 변상판정서를 소속 장관(국가기관만 해당한다. 이하 같다), 감독기관의 장(국가기관 외의 경우에만 해당한다. 이하 같다) 또는 해당 기관의 장(소속 장관 또는 감독기관의 장이 없거나 분명하지 아니한 경우에만 해당한다. 이하 같다)에게 송부하여야 한다.

③ 제2항의 변상판정서를 받은 소속 장관, 감독기관의 장 또는 해당 기관의 장은 그 송부를 받은 날부터 20일 이내에 변상판정서를 해당 변상책임자에게 교부하여 감사원이 정한 날까지 변상하게 하여야 한다.

④ 변상책임자가 다음 각 호의 어느 하나에 해당하는 경우에는 변상판정서를 받은 소속 장관, 감독기관의 장 또는 해당 기관의 장은 감사원규칙으로 정하는 바에 따라 공고하여야 하며, 그 공고한 날부터 10일이 지나면 변상판정서가 송달된 것으로 본다.

1. 변상책임자가 판정문서의 수령을 거부하였을 때
2. 변상책임자의 주소 또는 거소가 분명하지 아니하거나 변상책임자가 국내에 있지 아니한 때

⑤ 변상책임자가 감사원이 정한 날까지 변상의 책임을 이행하지 아니하였을 때에는 소속 장관 또는 감독기관의 장은 관계 세무서장에게 위탁하여 「국세징수법」 중 체납처분의 규정을 준용하여 이를 집행한다.

⑥ 제5항의 위탁을 받은 세무서장이 그 사무를 집행할 때에는 제5항의 소속 장관 또는 감독기관의 장의 감독을 받는다.

⑦ 소속 장관 또는 감독기관의 장이 없거나 분명하지 아니한 경우에는 원장이 제5항에 따른 권한을 행사하며, 제6항에 따른 세무서장에 대한 감독을 한다.

[전문개정 2009.1.30]

제32조(징계 요구 등) ① 감사원은 「국가공무원법」과 그 밖의 법령에 규정된 징계 사유에 해당하거나 정당한 사유 없이 이 법에 따른 감사를 거부하거나 자료의 제출을 게을리한 공무원에 대하여 그 소속 장관 또는 임용권자에게 징계를 요구할 수 있다.

② 제1항에 따른 징계 요구 중 파면 요구를 받은 소속 장관 또는 임용권자

는 그 요구를 받은 날부터 10일 이내에 해당 징계위원회 또는 인사위원회등(이하 "징계위원회등"이라 한다)에 그 의결을 요구하여야 하며, 중앙징계위원회의 의결 결과에 관하여는 행정안전부장관이, 그 밖의 징계위원회등의 의결 결과에 관하여는 해당 징계위원회등이 설치된 기관의 장이 그 의결이 있은 날부터 15일 이내에 감사원에 통보하여야 한다.

③ 감사원은 제1항에 따라 파면 요구를 한 사항이 파면 의결이 되지 아니한 경우에는 제2항의 통보를 받은 날부터 1개월 이내에 해당 징계위원회등이 설치된 기관의 바로 위 상급기관에 설치된 징계위원회등(바로 위 상급기관에 설치된 징계위원회등이 없는 경우에는 해당 징계위원회등)에 직접 그 심의 또는 재심의를 요구할 수 있다.

④ 제3항의 심의 또는 재심의 요구를 받은 해당 징계위원회등은 그 요구를 받은 날부터 1개월 이내에 심의 또는 재심의 의결을 하고 그 결과를 지체없이 해당 징계위원회등의 위원장이 감사원에 통보하여야 한다.

⑤ 감사원으로부터 제1항에 따른 파면 요구를 받아 집행한 파면에 대한 소청(訴請) 제기로 소청심사위원회 등에서 심사 결정을 한 경우에는 해당 소청심사위원회의 위원장 등은 그 결정 결과를 그 결정이 있은 날부터 15일 이내에 감사원에 통보하여야 한다.

⑥ 감사원은 제5항의 통보를 받은 날부터 1개월 이내에 그 소청심사위원회등이 설치된 기관의 장을 거쳐 소청심사위원회 등에 그 재심을 요구할 수 있다.

⑦ 제2항부터 제6항까지의 규정에 따른 기간에는 그 징계 의결이나 소청 결정은 집행이 정지된다.

⑧ 감사원은 법령에서 정하는 징계 규정의 적용을 받지 아니하는 사람으로서 법령 또는 소속 단체 등이 정한 문책 사유에 해당한 사람 또는 정당한 사유 없이 이 법에 따른 감사를 거부하거나 자료의 제출을 게을리한 사람에 대하여 그 감독기관의 장 또는 해당 기관의 장에게 문책을 요구할 수 있다.

⑨ 제8항의 경우에 감사원은 법령 또는 소속 단체 등이 정한 문책에 관한 규정의 적용을 받지 아니하는 단체 등의 임원이나 직원의 비위(非違)가 뚜렷하다고 인정하면 그 임용권자 또는 임용제청권자에게 해임을 요구할 수 있다.

⑩ 제1항 또는 제8항에 따라 징계 요구 또는 문책 요구를 할 때에는 그 종류를 지정할 수 있다. 문책의 종류는 징계의 종류에 준한다.

⑪ 제1항·제8항 또는 제9항에 따라 징계 요구 또는 문책 요구나 해임 요구를 받은 기관의 장은 감사원이 정한 날까지 해당 절차에 따라 처분을 하여야 한다.

[전문개정 2009.1.30]

제32조의2(징계·문책 사유의 시효 정지 등) ① 감사원이 조사 중인 특정 사건에 대하여는 제2항에 따른 조사 개시의 통보를 받은 날부터 징계 또는 문책 절차를 진행하지 못한다.

② 감사원은 특정 사건의 조사를 시작한 때와 마친 때에는 10일 이내에 소속 기관의 장에게 해당 사실을 통보하여야 한다.

③ 제1항 및 제2항에 따라 징계 또는 문책 절차를 진행하지 못하여 법령 또는 소속 단체 등이 정한 징계 또는 문책 사유의 시효기간이 끝나거나 그 남은 기간이 1개월 미만인 경우에는 그 시효기간은 제2항에 따른 조사 종료의 통보를 받은 날 또는 제32조 제1항 또는 제8항에 따라 징계 또는 문책 요구를 받은 날(제36조 제2항에 따라 재심의를 청구하는 경우에는 재심의 결정을 통보받은 날)부터 1개월이 지난 날에 끝나는 것으로 본다.

[전문개정 2009.1.30]

제33조(시정 등의 요구) ① 감사원은 감사 결과 위법 또는 부당하다고 인정되는 사실이 있을 때에는 소속 장관, 감독기관의 장 또는 해당 기관의 장에게 시정·주의 등을 요구할 수 있다.

② 제1항의 요구가 있으면 소속 장관, 감독기관의 장 또는 해당 기관의 장은 감사원이 정한 날까지 이를 이행하여야 한다.

[전문개정 2009.1.30]

제34조(개선 등의 요구) ① 감사원은 감사 결과 법령상·제도상 또는 행정상 모순이 있거나 그 밖에 개선할 사항이 있다고 인정할 때에는 국무총리, 소속 장관, 감독기관의 장 또는 해당 기관의 장에게 법령 등의 제정·개정 또는 폐지를 위한 조치나 제도상 또는 행정상의 개선을 요구할 수 있다.

② 제1항에 따라 요구를 받은 기관의 장은 그 조치 또는 개선의 결과를 감사원에 통지(「정보통신망 이용촉진 및 정보보호 등에 관한 법률」에 따른 정

보통신망을 이용한 통지를 포함한다. 이하 같다)하여야 한다.
[전문개정 2009.1.30]

제34조의2(권고 등) ① 감사원은 감사 결과 다음 각 호의 어느 하나에 해당하는 경우에는 소속 장관, 감독기관의 장 또는 해당 기관의 장에게 그 개선 등에 관한 사항을 권고하거나 통보할 수 있다.
1. 제32조, 제33조 및 제34조에 따른 요구를 하는 것이 부적절한 경우
2. 관계 기관의 장이 자율적으로 처리할 필요가 있다고 인정되는 경우
3. 행정운영 등의 경제성·효율성 및 공정성 등을 위하여 필요하다고 인정되는 경우

② 제1항에 따른 권고 또는 통보를 받은 소속 장관, 감독기관의 장 또는 해당 기관의 장은 그 처리 결과를 감사원에 통보하여야 한다.
[전문개정 2009.1.30]

제35조(고발) 감사원은 감사 결과 범죄 혐의가 있다고 인정할 때에는 이를 수사기관에 고발하여야 한다.
[전문개정 2009.1.30]

제7절 재심의(再審議)〈개정 2009.1.30〉

제36조(재심의 청구) ① 제31조에 따른 변상 판정에 대하여 위법 또는 부당하다고 인정하는 본인, 소속 장관, 감독기관의 장 또는 해당 기관의 장은 변상 판정서가 도달한 날부터 3개월 이내에 감사원에 재심의를 청구할 수 있다.
② 감사원으로부터 제32조, 제33조 및 제34조에 따른 처분을 요구받은 소속 장관, 임용권자나 임용제청권자, 감독기관의 장 또는 해당 기관의 장은 그 요구가 위법 또는 부당하다고 인정할 때에는 그 요구를 받은 날부터 1개월 이내에 감사원에 재심의를 청구할 수 있다.
③ 제1항에 따른 변상 판정에 대한 재심의 청구는 집행정지의 효력이 없다.
[전문개정 2009.1.30]

제37조(재심의 청구의 방법) ① 재심의를 청구할 때에는 재심의청구서에 의하여 한다.
② 제1항의 청구서에는 청구의 내용과 그 이유를 명백히 하고 계산서 및 증거서류 등을 첨부하여 감사원에 제출하여야 한다.

[전문개정 2009.1.30]

제38조(재심의 청구의 처리) ① 감사원은 재심의 청구가 필요한 요건을 갖추지 못하였을 때에는 이를 각하한다.

② 감사원은 재심의 청구가 이유 없다고 인정하면 이를 기각하고 재심의 청구가 이유 있다고 인정하면 원처분의 요구를 취소하거나 그 내용을 변경한다.

③ 감사원이 재심의 청구를 수리(受理)하였을 때에는 특별한 사유가 없으면 수리한 날부터 2개월 이내에 처리하여야 한다.

[전문개정 2009.1.30]

제39조(직권 재심의) 감사원은 판정을 한 날부터 2년 이내에 계산서 및 증거서류 등의 오류·누락 등으로 그 판정이 위법 또는 부당함을 발견하였을 때에는 이를 직권으로 재심의할 수 있다.

[전문개정 2009.1.30]

제40조(재심의의 효력) ① 청구에 따라 재심의한 사건에 대하여는 또다시 재심의를 청구할 수 없다. 다만, 감사원이 직권으로 재심의한 것에 대하여는 재심의를 청구할 수 있다.

② 감사원의 재심의 판결에 대하여는 감사원을 당사자로 하여 행정소송을 제기할 수 있다. 다만, 그 효력을 정지하는 가처분결정은 할 수 없다.

[전문개정 2009.1.30]

제8절　감사보고〈개정 2009.1.30〉

제41조(검사보고 사항) 「헌법」 제99조에 따라 작성하는 검사보고에는 다음 각 호의 사항을 적어야 한다.

1. 국가의 세입·세출의 결산의 확인
2. 국가의 세입·세출의 결산금액과 한국은행이 제출하는 결산서의 금액과의 부합 여부
3. 회계검사의 결과 법령 또는 예산에 위배된 사항 및 부당 사항의 유무
4. 예비비의 지출로서 국회의 승인을 받지 아니한 것의 유무
5. 유책(有責) 판정과 그 집행 상황
6. 징계 또는 문책 처분을 요구한 사항 및 그 결과
7. 시정을 요구한 사항 및 그 결과

8. 개선을 요구한 사항 및 그 결과
9. 권고 또는 통보한 사항 및 그 결과
10. 그 밖에 감사원이 필요하다고 인정한 사항
[전문개정 2009.1.30]

제42조(수시보고) 감사원은 제41조에 따른 결산검사보고를 하며, 그 외에 감사 결과 중요하다고 인정되는 사항에 관하여 수시로 대통령에게 보고한다. 감사원의 중요한 처분 요구에 대하여 두 번 이상 독촉을 받고도 이를 집행하지 아니한 사항에 관하여도 또한 같다.
[전문개정 2009.1.30]

제3장 심사청구〈개정 2009.1.30〉

제43조(심사의 청구) ① 감사원의 감사를 받는 자의 직무에 관한 처분이나 그 밖의 행위에 관하여 이해관계가 있는 자는 감사원에 그 심사의 청구를 할 수 있다.
② 제1항의 심사청구는 감사원규칙으로 정하는 바에 따라 청구의 취지와 이유를 적은 심사청구서로 하되 청구의 원인이 되는 처분이나 그 밖의 행위를 한 기관(이하 "관계기관"이라 한다)의 장을 거쳐 이를 제출하여야 한다.
③ 제2항의 경우에 청구서를 접수한 관계기관의 장이 이를 1개월 이내에 감사원에 송부하지 아니한 경우에는 그 관계기관을 거치지 아니하고 감사원에 직접 심사를 청구할 수 있다.
[전문개정 2009.1.30]

제44조(제척기간) ① 이해관계인은 심사청구의 원인이 되는 행위가 있음을 안 날부터 90일 이내에, 그 행위가 있은 날부터 180일 이내에 심사의 청구를 하여야 한다.
② 제1항의 기간은 불변기간(不變期間)으로 한다.
[전문개정 2009.1.30]

제45조(심사청구의 심리) 심사청구의 심리는 심사청구서와 그 밖에 관계기관이 제출한 문서에 의하여 한다. 다만, 감사원은 필요하다고 인정하면 심사청구자나 관계자에 대하여 자료의 제출 또는 의견의 진술을 요구하거나 필요

한 조사를 할 수 있다.

[전문개정 2009.1.30]

제46조(심사청구에 대한 결정) ① 감사원은 심사의 청구가 제43조 및 제44조와 감사원규칙으로 정하는 요건과 절차를 갖추지 못한 경우에는 이를 각하한다. 이해관계인이 아닌 자가 제출한 경우에도 또한 같다.

② 감사원은 심리 결과 심사청구의 이유가 있다고 인정하는 경우에는 관계기관의 장에게 시정이나 그 밖에 필요한 조치를 요구하고, 심사청구의 이유가 없다고 인정한 경우에는 이를 기각한다.

③ 제1항 및 제2항의 결정은 특별한 사유가 없으면 그 청구를 접수한 날부터 3개월 이내에 하여야 한다.

④ 제2항의 결정을 하였을 때에는 7일 이내에 심사청구자와 관계기관의 장에게 심사결정서 등본을 첨부하여 통지하여야 한다.

[전문개정 2009.1.30]

제46조의2(행정소송과의 관계) 청구인은 제43조 및 제46조에 따른 심사청구 및 결정을 거친 행정기관의 장의 처분에 대하여는 해당 처분청을 당사자로 하여 해당 결정의 통지를 받은 날부터 90일 이내에 행정소송을 제기할 수 있다.

[전문개정 2009.1.30]

제47조(관계기관의 조치) 관계기관의 장은 제46조에 따른 시정이나 그 밖에 필요한 조치를 요구하는 결정의 통지를 받으면 그 결정에 따른 조치를 하여야 한다.

[전문개정 2009.1.30]

제48조(일사부재리) 제46조에 따른 심사결정이 있은 사항에 대하여는 다시 심사를 청구할 수 없다. 다만, 각하한 사항에 대하여는 그러하지 아니하다.

[전문개정 2009.1.30]

제4장 보　칙〈개정 2009.1.30〉

제49조(회계 관계 법령 등에 대한 의견 표시 등) ① 국가의 각 기관은 다음 각 호의 경우에는 미리 해당 법령안을 감사원에 보내 그 의견을 구하여야 한다.

1. 국가의 회계 관계 법령을 제정하거나 개정·폐지하려는 경우
2. 국가의 현금, 물품 및 유가증권의 출납 부기(簿記)에 관한 법령을 제정하거나 개정·폐지하려는 경우
3. 감사원의 감사를 받도록 하거나 배제·제한하는 등의 감사원의 권한에 관한 법령을 제정하거나 개정·폐지하려는 경우
4. 자체감사 업무에 관한 법령을 제정하거나 개정·폐지하려는 경우

② 감사원의 감사를 받는 회계사무 담당자가 그 직무를 집행하면서 회계 관계 법령의 해석상 의문점에 관하여 감사원에 의견을 구할 경우 감사원은 이에 대하여 해석·답변하여야 한다.

[전문개정 2009.1.30]

제50조(감사대상 기관 외의 자에 대한 협조 요구) ① 감사원은 필요한 경우에는 이 법에 따른 감사대상 기관 외의 자에 대하여 자료를 제출하거나 출석하여 답변할 것을 요구할 수 있다.

② 제1항의 요구는 감사에 필요한 최소한도에 그쳐야 한다.

③ 제1항의 요구를 받은 자는 정당한 사유가 없으면 그 요구에 따라야 한다.

[전문개정 2009.1.30]

제50조의2(감사사무의 대행) 감사원은 필요하다고 인정하면 감사원규칙으로 정하는 바에 따라 일부 감사대상 기관에 대한 감사사무(사실의 조사·확인 및 분석 등의 사무로서 국민의 권리·의무와 직접 관계되지 아니하는 사무로 한정한다) 중 일부를 각 중앙관서, 지방자치단체 및 정부투자기관의 장에게 대행하게 하고 그 결과를 제출하게 할 수 있다.

[전문개정 2009.1.30]

제51조(벌칙) ① 다음 각 호의 어느 하나에 해당하는 자는 1년 이하의 징역 또는 500만원 이하의 벌금에 처한다.

1. 이 법에 따른 감사를 받는 자로서 감사를 거부하거나 자료제출 요구에 따르지 아니한 자
2. 이 법에 따른 감사를 방해한 자
3. 제27조 제2항 및 제50조에 따른 정보 또는 자료의 제출이나 출석하여 답변할 것을 요구받고도 정당한 사유 없이 이에 따르지 아니한 자

② 제27조 제4항을 위반한 자는 3년 이하의 징역 또는 2천만원 이하의 벌금

에 처한다.

③ 제2항의 징역과 벌금은 병과(併科)할 수 있다.

[전문개정 2009.1.30]

제52조(감사원규칙) 감사원은 감사에 관한 절차, 감사원의 내부 규율과 감사사무 처리에 관한 규칙을 제정할 수 있다.

[전문개정 2009.1.30]

附 則 〈제1495호, 1963.12.13〉

① **(施行日)** 이 法은 1963年 12月 17日부터 施行한다.

② **(廢止法律)** 法律 第1286號 監査院法은 이 法 施行과 동시에 이를 廢止한다.

③ **(經過規定)** 이 法 施行전에 監査院法에 의하여 행하여진 모든 行爲는 이 法에 의하여 행하여진 것으로 본다.

④ **(이 法 施行당시의 公務員)** 이 法 施行당시의 1級 내지 5級公務員은 각각 이 法에 의하여 任命된 것으로 본다.

附 則 〈제2245호, 1970.12.31〉

① **(施行日)** 이 法은 公布한 날로부터 施行한다.

② **(經過措置)** 이 法 施行당시의 監査委員은 第3條의 規定에 의한 定員에 불구하고 任期滿了時까지 在任한다.

附 則 〈제2446호, 1973.1.25〉

① **(施行日)** 이 法은 公布한 날로부터 施行한다.

② **(다른 法律과의 관계)** 監査院의 監査를 排除하거나 制限하는 다른 法律의 규정은 이 法의 施行日로부터 그 效力을 상실한다. 다만, 國家情報院法 및 軍需品管理法의 규정은 예외로 한다.<개정 1995.1.5, 1999.1.21>

③ **(局등의 存續에 관한 經過措置등)** 이 法 施行당시 종전의 규정에 의하여 설치된 局, 室, 課는 이 法 第16條 第2項의 규정에 의한 規則에 의하여 설치된 것으로 보며, 이 法 施行당시의 事務次長은 第19條 第1項의 규정에 의한 別定職으로 이 法 施行日에 任命된 것으로 본다.

附 則 〈제4937호, 1995.1.5〉

① (施行日) 이 法은 公布한 날부터 施行한다.

② (審査請求期間에 관한 經過措置) 이 法 施行전에 행하여진 처분에 대한 審査請求期間은 종전의 規定에 의한다.

③ (行政訴訟과의 관계에 관한 經過措置) 이 法 施行전에 監査院의 審査請求 및 決定을 거친 行政機關의 長의 처분에 대하여는 종전의 規定에 의한다.

附 則(國家情報院法) 〈제5681호, 1999.1.21〉

第1條(施行日) 이 法은 公布한 날부터 施行한다.

第2條 省略

第3條(다른 法律의 改正) ① 乃至 ⑪ 省略

⑫ 監査院法중 다음과 같이 改正한다.

法律 第2446號 監査院法中改正法律 附則 第2項 但書중 "國家安全企劃部法"을 "國家情報院法"으로 한다.

⑬ 乃至 ⑭ 省略

第4條(다른 法令과의 關係) 이 法 施行당시 다른 法令에서 國家安全企劃部法을 인용한 경우에는 國家情報院法을, 國家安全企劃部를 인용한 경우에는 國家情報院을, 國家安全企劃部長을 인용한 경우에는 國家情報院長을 각각 인용한 것으로 본다.

附 則 〈제5998호, 1999.8.31〉

① (施行日) 이 法은 公布한 날부터 施行한다.

② (院長의 停年에 관한 經過措置) 이 法 施行당시의 院長에 대하여는 第6條第2項 但書의 改正規定은 이를 적용하지 아니한다.

③ (懲戒 또는 問責事由의 時效에 관한 經過措置) 이 法 施行당시 時效期間이 1月 미만인 懲戒 또는 問責事由에 대하여는 第32條의2의 改正規定은 이를 적용하지 아니한다.

附 則(基金管理基本法) 〈제6101호, 1999.12.31〉

第1條(施行日) 이 法은 2000年 1月 1日부터 施行한다. <但書 省略>

第2條 省略

第3條(다른 法律의 改正) ① 乃至 ⑲ 省略

⑳ 監査院法중 다음과 같이 改正한다.

第23條 第9號중 "基金管理基本法 第2條"를 "基金管理基本法 第2條의2"로 한다.

㉑ 및 ㉒ 생략

第4條 省略

부 칙(국가공무원법) 〈제6622호, 2002.1.19〉

제1조(시행일) 이 법은 공포한 날부터 시행한다. <단서 생략>

제2조 생략

제3조(다른 법률의 개정) ① 생략

② 감사원법중 다음과 같이 개정한다.

제5조 제2항중 "監査委員의 報酬"를 "監査委員은 政務職으로 하고 그 보수"로 한다.

③ 내지 ⑥ 생략

부 칙 〈제7176호, 2004.3.5〉

이 법은 공포한 날부터 시행한다.

부 칙(민법) 〈제7427호, 2005.3.31〉

제1조(시행일) 이 법은 공포한 날부터 시행한다. 다만, …생략… 부칙 제7조(제2항 및 제29항을 제외한다)의 규정은 2008년 1월 1일부터 시행한다.

제2조 내지 제6조 생략

제7조(다른 법률의 개정) ① 내지 ③ 생략

④ 감사원법 일부를 다음과 같이 개정한다.

제15조 제1항 제2호 중 "親族·戶主·家族"을 "친족"으로 한다.

⑤ 내지 ㉙ 생략

부 칙 〈제7521호, 2005.5.26〉

이 법은 공포한 날부터 시행한다.

부 칙(국가재정법) 〈제8050호, 2006.10.4〉

제1조(시행일) 이 법은 2007년 1월 1일부터 시행한다. <단서 생략>

제2조 내지 제10조 생략

제11조(다른 법률의 개정) ① 감사원법 일부를 다음과 같이 개정한다.

제23조 제1항 제9호 중 "基金管理基本法 第2條의2"를 "「국가재정법」 제5조"로 한다.

② 내지 ㊾ 생략

제12조 생략

부 칙 〈제8132호, 2006.12.28〉

제1조(시행일) 이 법은 2007년 7월 1일부터 시행한다. 다만, 제16조의 개정규정은 공포한 날부터 시행한다.

제2조(감사위원 임용자격에 관한 경과조치) 이 법 시행 전에 1급 이상의 공무원으로 재직한 경력이 있는 자를 감사위원으로 임명하는 경우 그 임용자격은 제7조 제1호의 개정규정에 불구하고 종전의 규정에 따른다.

제3조(고위감사공무원단에 속하게 되는 공무원에 대한 경과조치) ① 이 법 시행 당시 감사원 사무차장·감사교육원장·평가연구원장·실장·국장 및 이에 상당하는 보좌기관과 감사원규칙에서 고위감사공무원단에 속하는 공무원으로 보하도록 정한 직위에 임용되어 재직 중이거나 파견·휴직 등으로 인사관리되고 있는 1급 내지 3급의 일반직공무원과 이에 상당하는 별정직공무원 및 계약직공무원은 이 법 시행일부터 이 법에 따른 고위감사공무원단에 속하는 것으로 본다.

② 이 법 시행 당시 종전의 규정에 따른 임용절차가 진행 중인 경우 이미 진행된 임용절차는 이 법에 따라 임용절차가 진행된 것으로 본다.

제4조(적격심사에 관한 경과조치) 부칙 제3조 제1항에 해당하는 자에 대하여 제17조의3 제1항 제1호 본문의 규정을 적용함에 있어서는 이 법 시행일을

임용된 날로 본다.

제5조(다른 법률과의 관계) 이 법 시행 당시 종전의 감사원 소속의 1급 내지 3급의 일반직공무원이나 이에 상당하는 별정직공무원 또는 계약직공무원을 다른 법률(「국가공무원법」을 제외한다)에서 규정하고 있는 자격요건 등에 해당하도록 하는 것이 해당 법률의 취지에 명백히 반하지 아니하는 한 그 자격요건 등에는 이 법에 따른 고위감사공무원단에 속하는 일반직공무원·별정직공무원 또는 계약직공무원이 포함되는 것으로 본다.

부 칙(자본시장과 금융투자업에 관한 법률) 〈제8635호, 2007.8.3〉

제1조(시행일) 이 법은 공포 후 1년 6개월이 경과한 날부터 시행한다. <단서 생략>

제2조 내지 제41조 생략

제42조(다른 법률의 개정) ① 내지 ㉔ 생략

㉕ 감사원법 일부를 다음과 같이 개정한다.

제7조 제5호 중 "「증권거래법」 제2조 제13항 제3호 및 동조 제15항의 규정에 의한 주권상장법인·협회등록법인"을 "「자본시장과 금융투자업에 관한 법률」 제9조 제15항 제3호에 따른 주권상장법인"으로 한다.

㉖내지 ㊼ 생략

제43조 및 제44조 생략

부 칙 〈제8875호, 2008.2.29〉

이 법은 공포한 날부터 시행한다.

부 칙 〈제9399호, 2009.1.30〉

이 법은 공포한 날부터 시행한다. 다만, 제7조 제4호의 개정규정(「자본시장과 금융투자업에 관한 법률」 제9조 제15항 제3호에 따른 주권상장법인 부분만 해당한다)은 2009년 2월 4일부터 시행한다.

3. 공공감사에 관한 법률

제1장 총 칙

제1조(목적) 이 법은 중앙행정기관, 지방자치단체 및 공공기관의 자체감사기구의 구성 및 운영 등에 관한 기본적인 사항과 효율적인 감사체계의 확립에 필요한 사항을 정함으로써 중앙행정기관, 지방자치단체 및 공공기관의 내부통제제도를 내실화하고 그 운영의 적정성, 공정성 및 국민에 대한 책임성을 확보하는 데 이바지함을 목적으로 한다.

제2조(정의) 이 법에서 사용하는 용어의 뜻은 다음과 같다.

1. "자체감사"란 중앙행정기관, 지방자치단체 및 공공기관의 감사기구의 장이 그 소속되어 있는 기관(그 소속 기관 및 소관 단체를 포함한다) 및 그 기관에 속한 자의 모든 업무와 활동 등을 조사·점검·확인·분석·검증하고 그 결과를 처리하는 것을 말한다.
2. "중앙행정기관"이란 「정부조직법」 제2조에 따른 부·처·청과 감사원, 국가인권위원회, 국민권익위원회, 공정거래위원회, 금융위원회, 방송통신위원회 및 그 밖에 대통령령으로 정하는 기관을 말한다.
3. "지방자치단체"란 특별시·광역시·도(제주특별자치도를 제외한다. 이하 같다)·시·군·자치구 및 특별시·광역시·도의 교육청을 말한다.
4. "공공기관"이란 「공공기관의 운영에 관한 법률」 제4조에 따라 지정된 기관(같은 법 제5조 제4항에 따른 기타공공기관으로서 직원의 정원이 100명 미만인 기관은 제외한다)과 「감사원법」 제22조 제1항 및 제23조에 따른 감사원 감사의 대상기관으로서 대통령령으로 정하는 기관 또는 단체를 말한다.
5. "자체감사기구"란 중앙행정기관, 지방자치단체 및 공공기관에 설치되어 자체감사를 수행하는 기관 또는 부서를 말한다.
6. "감사기구의 장"이란 자체감사기구의 업무를 총괄하고 감사담당자를 지휘·감독하는 사람 및 제6조 제1항에 따른 합의제감사기구를 말한다.
7. "감사담당자"란 자체감사기구에 소속되어 감사활동을 수행하는 사람을 말한다.

제 3 조(적용 범위) ① 이 법은 자체감사활동 및 이에 따른 감사활동체계 등에 관하여 중앙행정기관, 지방자치단체 및 공공기관(이하 "중앙행정기관등"이라 한다)에 대하여 적용한다. 다만, 다른 법률에 자체감사기구의 설치에 관하여 특별한 규정이 있는 중앙행정기관등에 대하여는 제5조 제2항을 적용하지 아니한다.

② 제33조, 제34조 및 제36조 제2항은 「지방자치법」 제167조에 따른 위임사무의 감사, 같은 법 제171조에 따른 자치사무의 감사 및 「물품관리법」 제7조 제3항 제1호에 따른 감사에 대하여 적용한다. 이 경우 제33조 및 제36조 제2항 중 "감사기구의 장"은 "중앙행정기관등의 장"으로 본다.

제 4 조(다른 법령과의 관계) 중앙행정기관등의 자체감사기구의 운영 및 감사활동체계 등에 관하여 다른 법령에 이 법과 다른 규정이 있는 경우에는 이 법에 따른다.

제 2 장 자체감사의 운영

제 1 절 자체감사기구

제 5 조(자체감사기구의 설치) ① 중앙행정기관등에는 자체감사기구를 둔다. 다만, 중앙행정기관등의 규모, 관장 사무 또는 자체감사 대상기관의 수 등을 고려하여 관계 법령에서 정하는 경우에는 자체감사업무를 전담하여 수행하는 자체감사기구로 두어야 한다.

② 중앙행정기관등은 관계 법령, 조례 또는 정관으로 정하는 바에 따라 자체감사기구를 합의제감사기구로 둘 수 있다.

③ 중앙행정기관등은 자체감사에 관하여 중앙행정기관등의 장 또는 감사기구의 장의 자문에 응하게 하기 위하여 대통령령으로 정하는 바에 따라 감사자문위원회를 둘 수 있다.

제 6 조(합의제감사기구의 운영) ① 제5조 제2항에 따른 합의제감사기구는 위원장 1명을 포함한 3명 이상 7명 이하의 위원으로 구성한다.

② 합의제감사기구 위원의 임용, 임기, 자격, 직급, 결격사유 및 직무 등에 관한 사항은 제8조부터 제15조까지, 제20조, 제28조 제2항, 제29조, 제38조

제3항 및 제39조 제5항의 감사기구의 장에 관한 규정을 준용한다. 다만, 공공기관의 합의제감사기구의 위원에 대하여는 제8조부터 제11조까지 및 제13조부터 제15조까지의 규정을 준용하지 아니한다.

③ 제1항 및 제2항에서 규정한 사항 외에 합의제감사기구의 구성·운영 등에 필요한 사항은 대통령령으로 정한다.

제7조(감사기구의 장의 독립성 보장) ① 중앙행정기관등의 감사기구의 장은 자체감사활동에서 독립성이 최대한 보장되어야 한다.

② 중앙행정기관 및 지방자치단체의 감사기구의 장은 감사활동의 독립성이 보장될 수 있도록 관계 법령에서 정하는 바에 따라 그 소속이 적정하게 정하여져야 한다.

제2절 감사기구의 장

제8조(감사기구의 장의 임용) ① 제5조 제1항에 따라 자체감사를 전담하는 자체감사기구를 두는 중앙행정기관 및 지방자치단체의 장은 감사기구의 장을 개방형 직위로 임용한다. 이 경우 감사기구의 장의 임용에 관하여는 「국가공무원법」 제28조의4 제2항·제4항 또는 「지방공무원법」 제29조의4 제2항·제4항·제5항을 준용한다.

② 중앙행정기관의 장 및 지방자치단체의 장은 제1항에 따라 감사기구의 장을 임용하거나 임용제청할 때에는 관계 법령에서 정하는 바에 따라 그 적격 여부를 공정하게 심사하기 위한 합의제 기구를 설치·운영하고, 그 심사를 거쳐야 한다.

제9조(감사기구의 장의 임기) ① 제8조 제1항에 따라 개방형 직위로 하는 중앙행정기관 및 지방자치단체의 감사기구의 장의 임기는 5년의 범위에서 임용권자가 정하되, 최소한 2년 이상으로 하여야 한다.

② 중앙행정기관 및 지방자치단체의 감사기구의 장의 임용권자는 개방형직위에 임용된 감사기구의 장에 대하여 제39조 제1항에 따른 심사결과 및 직무수행 실적을 고려하여 계속 근무하게 하여야 할 필요가 있는 경우에는 총 임용기간이 5년을 넘지 아니하는 범위에서 제1항에 따른 임용기간을 연장할 수 있다. 이 경우 제8조 제1항 후단 및 제2항에 따른 임용절차를 거치지 아니할 수 있다.

제10조(감사기구의 장의 신분보장) 중앙행정기관 및 지방자치단체의 감사기구의 장의 임용권자는 감사기구의 장이 다음 각 호의 어느 하나에 해당하는 경우를 제외하고는 임기(감사기구의 장이 개방형 직위가 아닌 경우에는 2년을 말한다) 내에 그의 의사에 반하여 채용계약을 해지하거나 다른 직위에 임용할 수 없다.

1. 신체상 또는 정신상의 장애로 직무를 수행할 수 없게 된 경우
2. 승진임용의 경우
3. 휴직의 경우
4. 제15조에 따른 결격사유에 해당하는 경우
5. 제39조 제5항에 따른 교체권고의 대상이 된 경우
6. 징계처분이나 직위해제처분을 받은 경우

제11조(감사기구의 장의 자격) ① 제5조 제1항에 따라 자체감사를 전담하는 자체감사기구를 두는 중앙행정기관 및 지방자치단체의 감사기구의 장은 다음 각 호의 사람 중에서 임용한다.

1. 중앙행정기관 또는 지방자치단체에서 감사・수사・법무, 예산・회계, 조사・기획・평가 등의 업무(이하 이 조에서 "감사 관련 업무"라 한다)를 3년 이상 담당한 사람으로서 5급 이상 또는 이에 상당하는 공무원으로 근무한 경력이 있는 사람
2. 판사, 검사, 변호사 또는 공인회계사로서 3년 이상 근무한 경력이 있는 사람
3. 「고등교육법」 제2조 제1호부터 제5호까지의 규정에 따른 학교에서 감사 관련 업무와 직접 관련이 있는 분야에서 조교수 이상으로 3년 이상 재직한 경력이 있는 사람
4. 공공기관 또는 「자본시장과 금융투자업에 관한 법률」 제9조 제5항 제4호에 따른 주권상장법인에서 감사 관련 업무를 3년 이상 담당한 사람으로서 임용예정직위에 상당하는 부서의 책임자 이상으로 근무한 경력이 있는 사람
5. 공공 또는 민간연구기관에서 감사 관련 업무를 3년 이상 담당한 사람으로서 임용예정직위에 상당하는 부서의 책임자 이상으로 근무한 경력이 있는 사람

6. 그 밖에 해당 기관의 관장 사무에 따라 기술·보건·세무 또는 환경 등의 분야에 전문성을 갖춘 사람으로서 대통령령으로 정하는 자격을 가진 사람

② 제5조 제1항에 따라 자체감사를 전담하는 자체감사기구를 두지 아니하는 중앙행정기관 및 지방자치단체의 감사기구의 장의 자격은 기관의 규모, 관장 사무와 자체감사기구가 자체감사업무와 같이 수행하는 업무 등을 고려하여 대통령령으로 정한다.

제12조(감사기구의 장의 임무 등) ① 감사기구의 장은 제37조에 따른 감사기준과 감사활동수칙을 준수하고, 자체감사 대상기관의 회계와 사무 및 그 소속 공무원이나 직원의 직무를 독립적으로 감사한다.

② 감사기구의 장은 자체감사 대상기관 소속 공무원이나 직원의 부정·비리 행위를 예방하기 위하여 노력하여야 한다.

제13조(겸직 등의 금지) ① 중앙행정기관 및 지방자치단체의 감사기구의 장은 소관 자체감사 대상기관의 공무원 또는 임직원의 직(職)을 겸하거나, 공무 외에 영리를 목적으로 하는 업무에 종사하지 못하며, 소속 기관장의 허가 없이 다른 직무를 겸할 수 없다.

② 제1항에 따른 영리를 목적으로 하는 업무의 한계는 「국가공무원법」 제64조 제2항 및 「지방공무원법」 제56조 제2항을 준용한다.

제14조(감사기구의 장의 직급) 중앙행정기관 및 지방자치단체의 감사기구의 장의 직급은 자체감사 대상기관의 수, 소속 공무원의 규모, 예산 규모 및 업무량 등을 고려하여 해당 자체감사기구의 규모에 따라 업무수행의 독립성이 보장되도록 관계 법령 또는 조례에 따라 적정하게 부여하여야 한다.

제15조(결격사유) ① 다음 각 호의 사람은 중앙행정기관 및 지방자치단체의 감사기구의 장이 될 수 없다.

1. 감사기구의 장을 임용하려는 중앙행정기관 및 지방자치단체의 주요 업무와 밀접한 관련이 있는 법인 또는 단체의 임직원으로 근무하다가 퇴직한 후 2년이 지나지 아니한 사람
2. 정직 이상의 징계 또는 문책(제4호에 따른 징계 또는 문책은 제외한다)을 받은 날부터 3년(파면 또는 문책에 따른 퇴직의 경우에는 5년으로 한다)이 지나지 아니한 사람

3. 정직 미만의 징계 또는 문책(제4호에 따른 징계 또는 문책은 제외한다)을 받은 날부터 2년이 지나지 아니한 사람
4. 「형법」 제129조부터 제133조까지, 제355조 및 제356조에 해당하는 행위로 징계, 문책 또는 벌금 이상의 형벌을 받은 사람

② 중앙행정기관 및 지방자치단체의 감사기구의 장이 제1항 각 호에 해당하게 되거나, 임명 당시 그에 해당하였던 것으로 밝혀지면 그 직에서 교체된다.
③ 제1항 제1호에 따른 주요 업무와 밀접한 관련성의 범위에 관한 사항은 대통령령으로 정한다.

제 3 절　감사담당자

제16조(감사담당자의 임용)　① 중앙행정기관 및 지방자치단체의 장은 감사업무에 대한 전문성과 그 직무수행에 필요한 자질과 적성을 갖춘 사람을 감사담당자로 임용하여야 한다. 이 경우 감사담당자가 갖추어야 하는 최소한의 자격요건은 대통령령으로 정한다.
② 중앙행정기관 및 지방자치단체의 장이 감사담당자를 임용할 때에는 해당 감사기구의 장 또는 제5조 제2항에 따른 합의제감사기구의 의견을 들어야 하고, 감사담당자의 장기근속 방안을 마련하여야 한다.

제17조(결격사유)　다음 각 호의 사람은 중앙행정기관 및 지방자치단체의 감사담당자가 될 수 없다.

1. 「국가공무원법」 제33조 각 호 또는 「지방공무원법」 제31조 각 호의 어느 하나에 해당하는 사람
2. 정직 이상의 징계 또는 문책(제4호에 따른 징계 또는 문책은 제외한다)을 받은 날부터 3년(파면 또는 문책에 따른 퇴직의 경우에는 5년으로 한다)이 지나지 아니한 사람
3. 정직 미만의 징계 또는 문책(제4호에 따른 징계 또는 문책은 제외한다)을 받은 날부터 2년이 지나지 아니한 사람
4. 「형법」 제129조부터 제133조까지, 제355조 및 제356조에 해당하는 행위로 징계, 문책 또는 벌금 이상의 형벌을 받은 사람

제18조(감사담당자의 우대)　중앙행정기관등의 장은 관계 법령, 자치법규 또는 정관 등에서 정하는 바에 따라 감사담당자에 대하여 근무성적평정, 임용 등

에서 우대할 수 있다.

제 3 장 자체감사활동

제19조(자체감사계획의 수립 · 실시) ① 감사기구의 장은 자체감사 대상기관에 대한 감사계획을 수립하여 자체감사를 하여야 한다.

② 제1항에 따라 하는 자체감사의 종류, 감사계획의 수립, 자체감사 대상기관에 대한 감사계획 통보 등에 관하여 필요한 사항은 대통령령으로 정한다.

제20조(자료 제출 요구) ① 감사기구의 장은 자체감사를 위하여 필요할 때에는 자체감사 대상기관 또는 그 소속 공무원이나 직원에 대하여 다음 각 호의 조치를 할 수 있다.

1. 출석 · 답변의 요구(「정보통신망 이용촉진 및 정보보호 등에 관한 법률」에 따른 정보통신망을 이용한 요구를 포함한다)
2. 관계 서류 · 장부 및 물품 등의 제출 요구
3. 전산정보시스템에 입력된 자료의 조사
4. 금고 · 창고 · 장부 및 물품 등의 봉인 요구

② 제1항 각 호에 따른 조치는 감사에 필요한 최소한도에 그쳐야 한다.

③ 제1항 각 호에 따른 조치를 요구받은 자체감사 대상기관 및 그 소속 공무원이나 직원은 정당한 사유가 없으면 그 요구에 따라야 한다.

④ 중앙행정기관등의 장은 자체감사 대상기관이 아닌 중앙행정기관등이 보유한 자료 또는 정보를 이용하지 아니하면 감사를 할 수 없는 경우 해당 중앙행정기관등의 장에게 필요한 자료 또는 정보의 제출을 요청할 수 있다.

⑤ 감사기구의 장 및 감사담당자는 감사를 위하여 제출받은 정보 또는 자료를 감사 목적 외의 용도로 이용할 수 없다.

제21조(실지감사) 감사기구의 장은 자체감사 대상기관에 감사담당자를 보내 실지감사를 할 수 있다.

제22조(일상감사) ① 감사기구의 장은 자체감사기구가 소속된 기관의 주요 업무 집행에 앞서 그 업무의 적법성 · 타당성 등을 점검 · 심사하는 일상감사를 하여야 한다.

② 감사기구의 장은 제1항에 따른 일상감사에 따라 확인된 사항에 대하여는

자체감사를 하지 아니할 수 있다.

③ 제1항에 따른 일상감사의 대상·기준 및 절차 등에 관하여 필요한 사항은 대통령령으로 정한다.

제23조(감사결과의 통보 및 처리) ① 중앙행정기관등의 장(감사기구의 장이 해당 기관의 집행기관과 독립하여 설치되어 있는 공공기관의 경우에는 감사기구의 장을 말한다. 이하 이 조와 제24조, 제25조, 제32조 및 제34조에서 같다)은 특별한 사정이 없으면 자체감사가 종료된 후 60일 이내에 그 감사결과를 자체감사 대상기관의 장 및 감사원에 통보하여야 한다. 이 경우 감사원에 대한 통보는 특별시·광역시·도의 경우에는 행정안전부장관을, 시·군·자치구의 경우에는 특별시·광역시·도와 행정안전부장관을, 특별시·광역시·도 교육청의 경우에는 교육과학기술부장관을, 공공기관의 경우에는 해당 공공기관의 업무를 관장하는 행정기관(이하 "주무기관"이라 한다)의 장을 각각 거쳐야 한다.

② 제1항에 따른 감사결과에는 「회계관계직원 등의 책임에 관한 법률」 제6조에 따른 변상명령, 징계·문책, 시정, 주의, 개선, 권고, 고발 등의 처분 요구 또는 조치사항이 포함되어야 한다.

③ 제1항에 따라 감사결과를 통보받은 자체감사 대상기관의 장은 정당한 사유가 없으면 감사결과의 조치사항을 이행하고 그 이행결과를 자체감사를 한 중앙행정기관등의 장에게 통보하여야 하며, 그 이행결과를 통보받은 중앙행정기관등의 장은 그 내용을 검토한 후 검토한 내용과 함께 이행결과를 감사원에 지체 없이 통보하여야 한다. 이 경우 감사원에 대한 통보에 관하여는 제1항 후단을 준용한다.

④ 중앙행정기관등의 장은 감사과정에서 자체감사 대상기관이 아닌 기관의 장의 권한에 속하는 사항으로서 위법 또는 부당하다고 인정되는 사실을 발견한 경우에는 감사 종료 후 지체 없이 관련 사실을 해당 기관 및 감사원에 통보하여야 한다.

제24조(징계 또는 문책사유의 시효정지) ① 중앙행정기관등의 장은 특정사건에 대한 조사를 개시한 때와 이를 종료한 때에는 10일 이내에 자체감사 대상기관의 장에게 그 사실을 통보하여야 한다.

② 제1항에 따라 조사 개시의 통보를 받은 기관·단체의 장은 감사가 진행

중인 특정사건에 대하여는 제1항에 따른 조사 개시의 통보를 받은 날부터 징계 또는 문책 절차를 진행하지 못한다.

③ 제2항에 따라 징계 또는 문책 절차를 진행하지 못하여 법령 또는 해당 기관·단체가 정한 징계 또는 문책 사유의 시효기간이 만료되거나 시효의 남은 기간이 1개월에 못 미치게 될 때에는 그 시효기간은 제1항에 따른 조사종료의 통보를 받은 날 또는 제23조 제2항에 따라 처분 요구 또는 조치사항을 통보받은 날(제25조 제1항에 따라 재심의를 신청하였을 때에는 그 결과를 통보받은 날을 말한다)부터 1개월이 경과한 날에 만료되는 것으로 본다.

제25조(재심의신청 등) ① 자체감사를 한 중앙행정기관등의 장으로부터 감사결과를 통보받은 자체감사 대상기관의 장은 그 감사결과가 위법 또는 부당하다고 인정할 때에는 그 통보를 받은 날부터 1개월 이내에 통보를 한 중앙행정기관등의 장에게 재심의를 신청할 수 있다. 다만, 변상명령에 대한 불복에 관하여는 「회계관계직원 등의 책임에 관한 법률」 제6조 제3항부터 제5항까지의 규정에 따른다.

② 제1항에 따른 재심의를 신청하는 경우에는 신청이유와 내용을 분명히 밝히고 필요한 증거자료가 있으면 첨부하여야 한다.

③ 제1항에 따라 재심의를 신청받은 중앙행정기관등의 장은 지체 없이 자체감사기구에 재심의신청을 검토하게 하여야 한다. 이 경우 재심의신청이 요건을 갖추지 못하였을 때에는 각하한다.

④ 중앙행정기관등의 장은 제1항에 따른 재심의신청이 이유가 없다고 인정될 때에는 기각하고, 이유가 있다고 인정될 때에는 그 감사결과를 취소하거나 변경하여야 한다.

⑤ 제1항에 따른 재심의신청을 받은 중앙행정기관등의 장은 특별한 사정이 없으면 재심의신청을 접수한 날부터 2개월 이내에 처리하여야 한다.

⑥ 그 밖에 재심의 사건의 심리와 처리 등에 필요한 사항은 대통령령으로 정한다.

제26조(감사결과의 공개) 중앙행정기관등의 감사결과는 원칙적으로 공개한다. 다만, 「공공기관의 정보공개에 관한 법률」 제9조 제1항 각 호의 어느 하나에 해당하는 정보는 공개하지 아니할 수 있다.

제27조(외부전문가 등의 참여) ① 감사기구의 장은 회계·보건·환경·건설 등

전문지식이나 실무경험 등이 요구되는 분야를 감사하는 경우 외부 전문기관 또는 외부전문가를 감사에 참여시킬 수 있다.

② 제1항에 따라 감사에 참여하는 외부 전문기관 또는 외부전문가에게는 예산의 범위에서 수당, 여비 및 그 밖에 필요한 경비를 지급할 수 있다.

③ 제1항에 따라 감사에 참여하는 외부전문가는 제20조부터 제22조까지 및 제29조를 적용할 때에는 감사담당자로 본다.

제28조(감사활동에 필요한 예산 편성) ① 중앙행정기관등의 장은 자체감사기구의 감사활동에 관한 예산을 편성할 때에는 자체감사기구의 독립성을 최대한 존중하여야 한다.

② 감사기구의 장 및 감사담당자에게는 대통령령으로 정하는 바에 따라 예산의 범위에서 수당과 그 밖에 자체감사에 필요한 경비를 지급할 수 있다.

제29조(비밀유지 의무) 감사기구의 장 및 감사담당자와 그 직에 있었던 자는 직무상 알게 된 비밀을 누설하여서는 아니 된다.

제30조(자체감사기구 간의 협조) ① 감사기구의 장은 감사활동에 필요한 경우 다른 중앙행정기관등의 감사기구의 장에게 협조를 요청할 수 있다.

② 제1항에 따른 요청을 받은 감사기구의 장은 이에 협조하도록 노력하여야 한다.

제 4 장 감사활동체계의 개선

제31조(감사활동조정협의회의 설치) ① 감사원 감사(감사원이 「감사원법」에 따라 하는 감사를 말한다. 이하 같다), 자체감사 및 그 밖에 중앙행정기관등이 「감사원법」 외의 개별 관계 법령에 따라 하는 감사(이하 "감사원 감사등"이라 한다)제도의 개선·발전에 관한 사항을 협의·조정하기 위하여 감사원에 감사활동조정협의회(이하 "협의회"라 한다)를 둔다.

② 협의회는 다음 각 호의 사항을 협의·조정한다.

1. 제30조에 따른 자체감사기구 간의 협조
2. 제32조에 따른 감사활동개선 종합대책
3. 제33조에 따른 중복감사 금지 및 제34조에 따른 감사계획 협의
4. 제37조에 따른 감사기준 등에 관한 사항

5. 그 밖에 자체감사기구 운영 및 효율적인 자체감사활동의 추진과 관련하여 위원장이 필요하다고 인정하는 사항

③ 협의회는 위원장 1명을 포함한 20명 이내의 위원으로 구성한다.

④ 협의회의 위원장은 감사원 사무총장이 되며, 위원은 다음 각 호의 사람이 된다.

1. 행정안전부장관이 추천하는 중앙행정기관의 감사기구의 장 3명
2. 「지방자치법」 제165조 제1항 제1호부터 제4호까지 및 「지방교육자치에 관한 법률」 제42조 제1항에 따른 협의체에서 각각 추천하는 지방자치단체의 감사기구의 장 각 1명
3. 기획재정부장관이 추천하는 공공기관의 감사기구의 장 3명
4. 감사업무에 관한 전문지식과 경험이 풍부한 사람 중에서 기획재정부장관 및 행정안전부장관이 각각 추천하는 민간전문가 각 1명
5. 감사원장이 지명하는 고위감사공무원단에 속하는 공무원 3명
6. 감사업무에 관한 전문지식과 경험이 풍부한 사람 중에서 감사원장이 위촉하는 사람

⑤ 제1항부터 제4항까지에서 규정한 사항 외에 협의회의 구성·운영 등에 필요한 사항은 감사원규칙으로 정한다.

제32조(감사활동개선 종합대책 등) ① 중앙행정기관등의 장은 효율적인 자체감사제도의 운영과 자체감사의 성과를 높이기 위하여 자체감사 개선대책을 수립·시행한다.

② 감사원은 제1항에 따른 자체감사 개선대책을 종합하여 협의회의 협의·조정을 거쳐 감사활동개선 종합대책을 수립·시행한다.

③ 중앙행정기관등의 장은 자체감사기구의 운영과 자체감사활동 추진 시 제2항에 따른 감사활동개선 종합대책을 준수하도록 노력하여야 한다.

제33조(중복감사 금지) 감사기구의 장은 이미 감사원 감사등이 실시된 사안에 관하여는 새로운 사실이 발견되거나 중요한 사항이 누락된 경우 등 대통령령으로 정하는 경우를 제외하고는 자체감사기구의 자체감사 대상에서 제외하고 종전의 감사결과를 활용하여야 한다.

제34조(감사계획 협의) ① 감사원과 중앙행정가관등의 장은 필요한 경우 중복감사를 방지하고 감사의 효율성을 높이기 위하여 감사계획 등에 관하여 협

의한다.

② 제1항에 따른 감사계획 등의 협의 절차·방법 등에 관하여 필요한 사항은 대통령령으로 정한다.

제35조(감사원 감사의 대행) ① 감사원은 감사원 감사등의 효율성을 높이고 중복감사를 방지하기 위하여 감사원 감사사무(사실의 조사·확인 및 분석 등의 사무로서 국민의 권리·의무와 직접 관계되지 아니하는 사무로 한정한다) 중 일부를 자체감사기구로 하여금 대행하게 하고 그 결과를 제출하게 할 수 있다.

② 제1항에 따라 감사를 받은 기관에 대하여는 감사원 감사의 전부 또는 일부를 하지 아니할 수 있다.

③ 감사원은 제1항에 따른 감사 대행의 활성화계획을 수립·시행한다.

④ 제1항부터 제3항까지의 규정에 따른 감사의 대행, 감사원 감사의 생략, 감사 대행의 활성화계획 수립 등에 필요한 사항은 감사원규칙으로 정한다.

제36조(감사정보시스템) ① 감사원은 감사 관련 지식과 경험을 공유하고 중복감사방지 등 중앙행정기관등의 자체감사체계 효율화를 위하여 감사정보시스템을 구축·운영할 수 있다.

② 감사기구의 장은 감사계획, 감사결과, 이행결과 등 대통령령으로 정하는 감사활동정보를 감사정보시스템에 입력·관리하여야 하고, 감사원은 그 정보의 공동활용방안을 마련하여야 한다.

③ 제1항에 따른 감사정보시스템의 구축·운영 등에 필요한 사항은 대통령령으로 정한다.

제37조(감사기준 등) 감사원은 이 법에서 규정한 사항 외에 중앙행정기관 및 지방자치단체의 감사기구의 장 및 감사담당자가 자체감사활동을 할 때에 일반적으로 준수하여야 할 감사기준 및 감사활동수칙을 협의회의 협의·조정을 거쳐 감사원규칙으로 정할 수 있다.

제 5 장　자체감사활동의 지원

제38조(감사원의 자체감사활동 지원 등) ① 감사원은 자체감사활동의 발전과 효율적인 수행을 위하여 감사계획이나 감사방법에 대한 자문에 응하는 등

필요한 지원을 한다.

② 중앙행정기관등의 장은 필요한 경우 감사원에 감사인력 지원을 요청할 수 있고, 감사원은 감사원의 감사활동에 지장이 없는 범위에서 지원한다.

③ 감사원은 감사 및 회계 분야에 대한 교육 등 감사기구의 장 및 감사담당자의 전문성을 향상시키는 데에 필요한 교육을 한다.

④ 제1항 및 제2항에서 규정한 사항 외의 자체감사기구 지원에 관한 사항과 제3항에 따른 감사전문교육의 내용·방법 등에 관하여 필요한 사항은 감사원규칙으로 정한다.

第39조(자체감사활동의 심사) ① 감사원은 자체감사기구의 운영실태, 제37조에 따른 감사기준 및 감사활동수칙의 준수 여부, 자체감사활동, 감사결과 및 그 처리 등을 심사할 수 있다.

② 감사원은 제1항에 따른 심사사무의 일부를 다음 각 호의 구분에 따른 소관 기관으로 하여금 각각 수행하게 하고 그 결과를 통보하게 할 수 있다.

1. 특별시·광역시 및 도: 행정안전부장관
2. 특별시·광역시 및 도 교육청: 교육과학기술부장관
3. 시·군 및 자치구: 행정안전부장관·특별시장·광역시장 또는 도지사
4. 공공기관: 주무기관의 장

③ 감사원은 제1항에 따른 심사 결과 자체감사기구의 운영 개선이 필요하다고 인정되는 기관에 대하여는 자체감사 관련 규정의 제정·개정 및 제도의 개선 등의 조치를 하도록 요구할 수 있다.

④ 감사원은 제1항에 따른 심사 결과 자체감사가 적정하게 실시되고 있다고 인정할 때에는 결산 확인 등에 지장이 없는 범위에서 감사원 감사의 전부 또는 일부를 하지 아니할 수 있다.

⑤ 감사원은 제1항에 따른 심사 결과 감사기구의 장이 감사업무를 현저하게 게을리하고 있다고 인정할 때에는 해당 감사기구의 장의 임용권자 또는 임용제청권자에게 감사기구의 장의 교체를 권고할 수 있다.

⑥ 감사원은 제1항 및 제3항에 따른 심사 결과 등을 국회에 보고하여야 한다.

⑦ 제1항에 따른 심사의 기준, 방법 및 절차와 제5항에 따른 감사기구의 장의 교체권고 등에 필요한 사항은 감사원규칙으로 정한다.

제6장 벌　칙

제40조(벌칙) 제29조에 따른 비밀유지 의무를 위반한 사람은 3년 이하의 징역 또는 2천만원 이하의 벌금에 처한다.

제41조(과태료) ① 다음 각 호의 어느 하나에 해당하는 사람에게는 500만원 이하의 과태료를 부과한다.

1. 자체감사를 받는 사람으로서 정당한 사유 없이 감사를 거부하거나 자료의 제출요구에 따르지 아니한 사람
2. 정당한 사유 없이 자체감사활동을 방해한 사람

② 제1항에 따른 과태료는 자체감사기구가 소속된 중앙행정기관등의 장(공공기관의 경우에는 주무기관의 장을 말한다)이 부과·징수한다.

부　칙 〈제10163호, 2010.3.22〉

제1조(시행일) 이 법은 2010년 7월 1일부터 시행한다. 다만, 제22조 및 제27조 제3항 중 제22조를 인용하는 부분은 이 법 시행 후 1년이 경과한 날부터 시행한다.

제2조(감사결과의 통보 및 처리 등에 관한 적용례) 제23조부터 제25조까지의 규정은 이 법 시행 후 최초로 하는 자체감사부터 적용한다.

제3조(기존 자체감사기구 등에 대한 경과조치) ① 이 법 시행 당시 자체감사기구는 이 법에 따른 자체감사기구로 본다. 다만, 중앙행정기관등의 장은 이 법 시행 후 2년 이내에 이 법의 규정에 맞게 자체감사기구를 설치하여야 한다.

② 이 법 시행 당시 감사기구의 장은 이 법에 따른 감사기구의 장으로 본다. 다만, 감사기구의 장 또는 합의제감사기구의 위원의 임용권자 또는 임용제청권자는 이 법 시행 후 1년 이내에 이 법의 규정에 맞게 감사기구의 장 또는 합의제감사기구의 위원을 임용하거나 임용제청하여야 하며, 이 법에 따라 최초로 임용되는 감사기구의 장 또는 합의제감사기구의 위원은 「정부조직법」 제2조 제8항에 따른 계약직공무원의 비율에 포함하지 아니한다.

제4조(기존 감사기구의 장 또는 합의제감사기구의 위원의 임기에 관한 경과조치) 이 법 시행 당시 감사기구의 장 또는 합의제감사기구의 위원이 개방형 직위인 경우 그 임기는 종전 임기의 남은 기간으로 한다.

4. 공공기관의 운영에 관한 법률

제1장 총　　칙

제1조(목적) 이 법은 공공기관의 운영에 관한 기본적인 사항과 자율경영 및 책임경영체제의 확립에 관하여 필요한 사항을 정하여 경영을 합리화하고 운영의 투명성을 제고함으로써 공공기관의 대국민 서비스 증진에 기여함을 목적으로 한다.

제2조(적용 대상 등) ① 이 법은 제4조 내지 제6조의 규정에 따라 지정·고시된 공공기관에 대하여 적용한다.

② 공공기관에 대하여 다른 법률에 이 법과 다른 규정이 있을 경우 이 법에서 그 법률을 따르도록 한 때를 제외하고는 이 법을 우선하여 적용한다.

제3조(자율적 운영의 보장) 정부는 공공기관의 책임경영체제를 확립하기 위하여 공공기관의 자율적 운영을 보장하여야 한다.

제4조(공공기관) ① 기획재정부장관은 국가·지방자치단체가 아닌 법인·단체 또는 기관(이하 "기관"이라 한다)으로서 다음 각 호의 어느 하나에 해당하는 기관을 공공기관으로 지정할 수 있다.<개정 2008.2.29>

1. 다른 법률에 따라 직접 설립되고 정부가 출연한 기관
2. 정부지원액(법령에 따라 직접 정부의 업무를 위탁받거나 독점적 사업권을 부여받은 기관의 경우에는 그 위탁업무나 독점적 사업으로 인한 수입액을 포함한다. 이하 같다)이 총수입액의 2분의 1을 초과하는 기관
3. 정부가 100분의 50 이상의 지분을 가지고 있거나 100분의 30 이상의 지분을 가지고 임원 임명권한 행사 등을 통하여 당해 기관의 정책 결정에 사실상 지배력을 확보하고 있는 기관
4. 정부와 제1호 내지 제3호의 어느 하나에 해당하는 기관이 합하여 100분의 50 이상의 지분을 가지고 있거나 100분의 30 이상의 지분을 가지고 임원 임명권한 행사 등을 통하여 당해 기관의 정책 결정에 사실상 지배력을 확보하고 있는 기관
5. 제1호 내지 제4호의 어느 하나에 해당하는 기관이 단독으로 또는 두개 이상의 기관이 합하여 100분의 50 이상의 지분을 가지고 있거나 100분의

30 이상의 지분을 가지고 임원 임명권한 행사 등을 통하여 당해 기관의 정책 결정에 사실상 지배력을 확보하고 있는 기관

6. 제1호 내지 제4호의 어느 하나에 해당하는 기관이 설립하고, 정부 또는 설립 기관이 출연한 기관

② 제1항의 규정에 불구하고 기획재정부장관은 다음 각 호의 어느 하나에 해당하는 기관을 공공기관으로 지정할 수 없다.<개정 2007.12.14, 2008.2.29>

1. 구성원 상호 간의 상호부조·복리증진·권익향상 또는 영업질서 유지 등을 목적으로 설립된 기관
2. 지방자치단체가 설립하고, 그 운영에 관여하는 기관
3. 「방송법」에 따른 한국방송공사와 「한국교육방송공사법」에 따른 한국교육방송공사

③ 제1항 제2호의 규정에 따른 정부지원액과 총수입액의 산정 기준·방법 및 동항 제3호 내지 제5호의 규정에 따른 사실상 지배력 확보의 기준에 관하여 필요한 사항은 대통령령으로 정한다.

제 5 조(공공기관의 구분) ① 기획재정부장관은 공공기관을 공기업·준정부기관과 기타공공기관으로 구분하여 지정하되, 공기업과 준정부기관은 직원 정원이 50인 이상인 공공기관 중에서 지정한다.<개정 2008.2.29>

② 기획재정부장관은 제1항의 규정에 따라 공기업과 준정부기관을 지정하는 경우 공기업은 자체수입액이 총수입액의 2분의 1 이상인 기관 중에서 지정하고, 준정부기관은 공기업이 아닌 공공기관 중에서 지정한다.<개정 2008.2.29>

③ 기획재정부장관은 제1항 및 제2항의 규정에 따른 공기업과 준정부기관을 다음 각 호의 구분에 따라 세분하여 지정한다.<개정 2008.2.29>

1. 공기업
   가. 시장형 공기업: 자산규모가 2조원 이상이고, 총수입액 중 자체수입액이 대통령령이 정하는 기준 이상인 공기업
   나. 준시장형 공기업: 시장형 공기업이 아닌 공기업
2. 준정부기관
   가. 기금관리형 준정부기관: 「국가재정법」에 따라 기금을 관리하거나 기금의 관리를 위탁받은 준정부기관

나. 위탁집행형 준정부기관: 기금관리형 준정부기관이 아닌 준정부기관

④ 기획재정부장관은 공공기관 중 제2항의 규정에 따른 공기업과 준정부기관을 제외한 기관을 기타공공기관으로 지정한다.<개정 2008.2.29>

⑤ 제2항 및 제3항의 규정에 따른 자체수입액 및 총수입액의 구체적인 산정기준과 방법은 대통령령으로 정한다.

제6조(공공기관 등의 지정 절차) ① 기획재정부장관은 매 회계연도 개시 후 1개월 이내에 공공기관을 새로 지정하거나, 지정을 해제하거나, 구분을 변경하여 지정한다. 다만, 회계연도 중이라도 다음 각 호의 구분에 따라 공공기관을 새로 지정하거나, 지정을 해제하거나, 구분을 변경하여 지정할 수 있다.<개정 2009.12.29>

1. 제4조 제1항 각 호의 요건에 해당하는 기관이 신설된 경우: 신규 지정
2. 공공기관으로 지정된 기관이 민영화, 기관의 통합·폐지·분할 또는 관련 법령의 개정·폐지 등에 따라 이 법의 적용을 받을 필요가 없게 되거나 그 지정을 변경할 필요가 발생한 경우: 지정 해제 또는 구분 변경 지정

② 기획재정부장관은 제1항의 규정에 따라 공기업·준정부기관과 기타공공기관을 새로 지정하거나 지정해제 또는 변경지정하는 때에는 관계 법령에 따라 그 공기업·준정부기관과 기타공공기관의 업무를 관장하는 행정기관(이하 "주무기관"이라 한다)의 장과 협의한 후, 제8조의 규정에 따른 공공기관운영위원회의 심의·의결을 거쳐야 한다.<개정 2008.2.29>

③ 기획재정부장관은 제1항 및 제2항의 규정에 따라 공기업·준정부기관과 기타공공기관을 새로 지정하거나 지정해제 또는 변경지정할 경우 이를 고시하여야 한다. 이 경우 필요하다고 인정하는 때에는 기존의 공기업·준정부기관과 기타공공기관을 함께 고시할 수 있다.<개정 2008.2.29>

④ 공기업·준정부기관과 기타공공기관의 지정(변경지정을 포함한다)·지정해제와 고시 절차 등에 관하여 필요한 사항은 대통령령으로 정한다.

제7조(기관 신설에 대한 심사) ① 주무기관의 장은 법률에 따라 다음 각 호의 어느 하나에 해당하는 기관을 신설하고자 할 때에는 그 법률안을 입법예고하기 전에 기획재정부장관에게 그 기관 신설의 타당성에 대하여 심사를 요청하여야 한다.<개정 2008.2.29>

1. 법률안에 정부의 출연근거가 규정되어 있는 기관

2. 정부지원액이 총수입액의 2분의 1을 초과할 것으로 추계되는 기관
3. 법률안에 정부가 단독으로 또는 정부와 공공기관이 합하여 자본금의 100분의 30 이상을 출자하는 것으로 규정되어 있는 기관

② 제1항의 규정에 따라 심사를 요청받은 기획재정부장관은 제8조의 규정에 따른 공공기관운영위원회의 심의·의결을 거쳐 기관 신설 및 재정지원 등의 필요성과 효과 등을 심사하고, 그 결과를 주무기관의 장에게 통보하여야 한다.<개정 2008.2.29>

③ 제1항 및 제2항의 규정에 따른 기관 신설의 타당성 심사 등에 관하여 필요한 사항은 대통령령으로 정한다.

제 2 장 공공기관운영위원회

제 8 조(공공기관운영위원회의 설치) 공공기관의 운영에 관하여 다음 각 호에 관한 사항을 심의·의결하기 위하여 기획재정부장관 소속하에 공공기관운영위원회(이하 "운영위원회"라 한다)를 둔다.<개정 2008.2.29, 2008.12.31, 2009.12.29>

1. 제4조 내지 제6조의 규정에 따른 공기업·준정부기관과 기타공공기관의 지정, 지정해제와 변경지정
2. 제7조의 규정에 따른 기관의 신설 심사
3. 제11조 제1항 제13호에 따른 공공기관의 경영공시
4. 제12조 제3항에 따른 공시의무 등의 위반에 대한 인사상 조치 등
5. 제14조의 규정에 따른 공공기관의 기능조정 등
6. 제15조의 규정에 따른 공공기관의 혁신지원 등
7. 제21조 제2항 단서에 따른 시장형 공기업과 준시장형 공기업의 선임비상임이사 임명
8. 제25조 및 제26조의 규정에 따른 공기업·준정부기관의 임원 임명 등
9. 제33조에 따른 보수지침
10. 제35조 제2항의 규정에 따른 공기업·준정부기관의 임원에 대한 해임이나 해임 건의 등
11. 제36조의 규정에 따른 비상임이사·감사에 대한 직무수행실적 평가 등

12. 제48조의 규정에 따른 공기업·준정부기관의 경영실적 평가 등
13. 제50조의 규정에 따른 공기업·준정부기관의 경영지침
14. 제51조 제4항의 규정에 따른 공기업·준정부기관에 대한 감독의 적정성 여부의 점검과 개선
15. 그 밖에 공공기관의 운영과 관련하여 대통령령이 정하는 사항

제9조(운영위원회의 구성) ① 운영위원회는 위원장 1인 및 다음 각 호의 위원으로 구성하되, 기획재정부장관이 위원장이 된다.<개정 2008.2.29>

1. 국무총리실의 차관급 공무원으로서 국무총리실장이 지명하는 공무원 1인
2. 대통령령이 정하는 관계 행정기관의 차관·차장 또는 이에 상당하는 공무원
3. 제2호에 해당하지 아니하는 주무기관의 차관·차장 또는 이에 상당하는 공무원
4. 공공기관의 운영과 경영관리에 관하여 학식과 경험이 풍부하고 중립적인 사람으로서 법조계·경제계·언론계·학계 및 노동계 등 다양한 분야에서 기획재정부장관의 추천으로 대통령이 위촉하는 11인 이내의 사람

② 제1항 제4호의 규정에 따른 위원의 임기는 3년으로 하되, 연임할 수 있다.

③ 제1항 제4호의 규정에 따른 위원은 공공기관의 자율·책임경영체제 확립 및 경영효율성 제고를 위하여 그 양심에 따라 성실히 직무를 수행하여야 한다.

④ 제1항 제4호의 규정에 따른 위원은 다음 각 호의 어느 하나에 해당하는 경우 해촉될 수 있다.

1. 심신장애로 인하여 직무를 수행할 수 없게 된 때
2. 직무태만, 품위손상 그 밖의 사유로 인하여 위원으로 적합하지 아니하다고 인정된 때
3. 직무와 관련한 형사사건으로 기소된 때

⑤ 위원장은 제1항 제4호의 규정에 따른 위원이 제4항 각 호의 어느 하나에 해당하게 된 때에는 대통령에게 해촉을 건의할 수 있다. 다만, 제4항 제1호의 경우에는 해촉을 건의하여야 한다.

⑥ 운영위원회의 구성에 관하여 필요한 사항은 대통령령으로 정한다.

제10조(운영위원회의 회의) ① 운영위원회의 회의는 위원장을 포함하여 20인 이내의 위원으로 구성하되, 제9조 제1항 제2호 및 제3호에 해당하는 위원

중 운영위원회의 회의에 참석하는 위원은 위원장이 안건별로 지명하고, 동항 제4호에 해당하는 위원의 수가 회의 구성원의 과반수가 되도록 하여야 한다.<개정 2008.2.29>

② 운영위원회의 회의는 구성원 과반수의 출석으로 개의하고, 출석위원 과반수의 찬성으로 의결한다.

③ 감사원장과 관계 행정기관의 장은 운영위원회의 심의・의결과 관련하여 필요하다고 인정하는 경우 운영위원회에 의견을 제출할 수 있고, 운영위원회 위원장의 요청이나 운영위원회의 의결이 있을 때에는 소속 공무원으로 하여금 운영위원회에 출석하여 발언하게 할 수 있다.

④ 운영위원회의 사무를 처리하기 위하여 간사 1인을 두되, 간사는 위원장이 지명하는 고위공무원단 소속 공무원이 된다.

⑤ 운영위원회의 운영에 관하여 필요한 사항은 대통령령으로 정한다.

제 3 장 공공기관의 경영공시 등

제11조(경영공시) ① 공공기관은 다음 각 호의 사항을 공시하여야 한다. 다만, 주무기관의 장은 국가안보상 필요하다고 인정하는 경우 기획재정부장관과 협의하여 일부를 공시하지 아니하도록 할 수 있다.<개정 2008.2.29, 2008.12.31, 2009.12.29>

1. 경영목표와 예산 및 운영계획
2. 결산서
3. 임원 및 운영인력 현황
4. 인건비 예산과 집행 현황
5. 자회사와의 거래내역 및 인력교류 현황
6. 제13조 제2항의 규정에 따라 실시된 고객만족도 조사 결과
7. 제36조 제1항에 따른 감사나 감사위원회 감사위원의 직무수행실적 평가 결과
8. 제48조의 규정에 따른 경영실적 평가 결과(공기업・준정부기관에 한한다)
9. 정관・사채원부 및 이사회 회의록. 다만 이사회 회의록 중 경영 비밀에 관련된 사항은 「공공기관의 정보공개에 관한 법률」에 따라 공개하지 아

니할 수 있다.

10. 감사 또는 감사위원회의 감사보고서(지적사항 및 처분요구사항과 그에 대한 조치계획을 포함한다)
11. 주무기관의 장의 공공기관에 대한 감사결과(지적사항 및 처분요구사항과 그에 대한 조치계획을 포함한다)
12. 「감사원법」 제31조(변상책임의 판정등) 내지 제34조의2(권고등)의 규정에 따라 변상책임 판정, 징계·시정·개선 요구 등을 받거나 「국정감사 및 조사에 관한 법률」 제16조(감사 또는 조사결과에 대한 처리)의 규정에 따라 시정요구를 받은 경우 그 내용과 그에 대한 공공기관 등의 조치 사항
13. 그 밖에 공공기관의 경영에 관한 중요한 사항으로서 기획재정부장관이 운영위원회의 심의·의결을 거쳐 공시하도록 요청한 사항

② 공공기관은 제1항 각 호의 사항을 인터넷 홈페이지를 통하여 공시하여야 하고, 사무소에 필요한 서류를 비치하여야 한다.

③ 공공기관은 제1항의 규정에 따라 공시된 사항에 대한 열람이나 복사를 요구하는 자에 대하여 이를 열람하게 하거나 그 사본이나 복제물을 내주어야 한다. 이 경우 비용의 부담에 관하여는 「공공기관의 정보공개에 관한 법률」 제17조(비용부담)의 규정을 준용한다.

④ 공공기관의 경영공시에 관하여 필요한 사항은 대통령령으로 정한다.

제12조(통합공시) ① 기획재정부장관은 제11조 제1항의 규정에 따라 각 공공기관이 공시하는 사항 중 주요사항을 별도로 표준화하고 이를 통합하여 공시(이하 이 조에서 "통합공시"라 한다)할 수 있다.<개정 2008.2.29>

② 기획재정부장관은 공공기관에 통합공시를 하기 위하여 필요한 자료의 제출을 요청할 수 있고, 공공기관은 특별한 사정이 없는 한 이에 응하여야 한다.<개정 2008.2.29>

③ 기획재정부장관은 공공기관이 제11조의 규정에 따른 경영공시 의무 및 제1항의 규정에 따른 통합공시 의무를 성실하게 이행하지 않거나 허위의 사실을 공시한 때에는 당해 기관으로 하여금 해당 사실을 공고하고 허위사실 등을 시정하도록 명령할 수 있으며, 운영위원회의 심의·의결을 거쳐 주무기관의 장 또는 당해 공공기관의 장에게 관련자에 대한 인사상의 조치 등을 취하도록 요청할 수 있다.<개정 2008.2.29>

④ 통합공시의 기준과 방법 등에 관하여 필요한 사항은 대통령령으로 정한다.

第13조(고객헌장과 고객만족도 조사) ① 국민에게 직접 서비스를 제공하는 공공기관은 다음 각 호에 관한 사항이 포함된 고객헌장을 제정하여 공표하여야 한다.

1. 기본 임무
2. 제공하는 서비스의 내용과 바람직한 서비스의 수준
3. 제공하는 서비스에 대한 불만처리, 시정 절차 및 배상 등의 책임
4. 제공하는 서비스의 향상을 위한 노력 및 계획 등

② 국민에게 직접 서비스를 제공하는 공공기관은 그 공공기관의 서비스를 제공받는 국민을 대상으로 연 1회 이상 고객만족도 조사를 실시하여야 한다. 이 경우 기획재정부장관은 공공기관으로 하여금 고객만족도 조사를 통합하여 실시하게 하고, 그 결과를 종합하여 공표할 수 있다.<개정 2008.2.29>

③ 제1항 및 제2항의 규정에 따라 고객헌장을 제정하여 공표하거나 고객만족도 조사를 실시하여야 하는 공공기관의 범위, 고객헌장의 제정·공표, 고객만족도 조사의 절차·범위 등에 관하여 필요한 사항은 대통령령으로 정한다.

第14조(공공기관에 대한 기능조정 등) ① 기획재정부장관은 주무기관의 장과 협의한 후 운영위원회의 심의·의결을 거쳐 공공기관이 수행하는 기능의 적정성을 점검하고 기관통폐합·기능 재조정 및 민영화 등에 관한 계획을 수립하여야 한다.<개정 2008.2.29>

② 주무기관의 장은 제1항의 규정에 따라 수립된 계획을 집행하고, 그 실적에 관한 보고서를 기획재정부장관에게 제출하여야 한다.<개정 2008.2.29>

③ 기획재정부장관은 제2항의 규정에 따른 보고서의 내용을 분석하여 집행실태를 확인·점검한 후 필요한 때에는 운영위원회의 심의·의결을 거쳐 원활한 계획집행을 위하여 필요한 조치를 주무기관의 장에게 요구할 수 있다.<개정 2008.2.29>

④ 제1항 내지 제3항의 규정에 따른 계획의 수립 및 집행 등에 관하여 필요한 사항은 대통령령으로 정한다.

第15조(공공기관의 혁신) ① 공공기관은 경영효율성 제고 및 공공서비스 품질

개선을 위하여 지속적인 경영혁신을 추진하여야 한다.

② 기획재정부장관은 제1항의 규정에 따른 경영혁신을 지원하기 위하여 운영위원회의 심의·의결을 거쳐 관련 지침의 제정, 혁신수준의 진단 등 필요한 조치를 할 수 있다.<개정 2008.2.29>

제 4 장 공기업·준정부기관의 운영

제 1 절 정 관

第16조(정관의 기재사항) ① 공기업·준정부기관의 정관에는 다음 각 호에 관한 사항을 기재하여야 한다. 다만, 그 공기업·준정부기관의 형태와 특성 및 업무내용상 해당되지 아니하는 사항은 기재하지 아니할 수 있다.<개정 2008.12.31>

1. 목적
2. 명칭
3. 주된 사무소가 있는 곳
4. 자본금
5. 주식 또는 출자증권
6. 임원 및 직원에 관한 사항
7. 주주총회나 출자자총회
8. 이사회의 운영
9. 사업범위 및 내용과 그 집행
10. 회계
11. 공고의 방법
12. 사채의 발행
13. 정관의 변경
14. 그 밖에 대통령령이 정하는 사항

② 공기업·준정부기관은 제6조의 규정에 따라 공기업·준정부기관으로 지정된 후 3월 이내에 제1항의 규정에 따른 정관에 대하여 주무기관의 장의 인가를 받아야 한다. 인가받은 정관의 기재사항을 변경하는 경우에도 또한

같다.

제2절 이 사 회

제17조(이사회의 설치와 기능) ① 공기업·준정부기관에 다음 각 호의 사항을 심의·의결하기 위하여 이사회를 둔다.<개정 2010.5.17>

1. 경영목표, 예산, 운영계획 및 중장기재무관리계획
2. 예비비의 사용과 예산의 이월
3. 결산
4. 기본재산의 취득과 처분
5. 장기차입금의 차입 및 사채의 발행과 그 상환 계획
6. 생산 제품과 서비스의 판매가격
7. 잉여금의 처분
8. 다른 기업체 등에 대한 출자·출연
9. 다른 기업체 등에 대한 채무보증. 다만, 다른 법률에 따라 보증업무를 수행하는 공기업·준정부기관의 경우 그 사업 수행을 위한 채무보증은 제외한다.
10. 정관의 변경
11. 내규의 제정과 변경
12. 임원의 보수
13. 공기업·준정부기관의 장(이하 "기관장"이라 한다)이 필요하다고 인정하여 이사회의 심의·의결을 요청하는 사항
14. 그 밖에 이사회가 특히 필요하다고 인정하는 사항

② 기관장은 다음 각 호의 사항을 이사회에 보고하여야 한다.

1. 국정감사, 제43조 제1항의 규정에 따라 실시된 회계감사와 제52조의 규정에 따라 감사원이 실시한 감사에서 지적된 사항과 그에 대한 조치 계획 및 실적
2. 공기업·준정부기관의 단체협약 결과와 그에 따른 예산소요 추계(단체협약을 체결한 경우에 한한다)
3. 그 밖에 이사회가 기관장에게 보고하도록 요구하는 사항

③ 공기업·준정부기관의 설치·운영 등에 관하여 다른 법률에서 그 공기

업·준정부기관에 이사회를 두지 아니하고, 제1항의 규정에 따른 기능을 수행하는 다른 기구를 둔 경우에는 그 다른 기구를 명칭과 관계없이 이 법에 따른 이사회로 보고, 그 구성원은 이 법에 따른 이사로 보아 이 법을 적용한다.

제18조(구성) ① 이사회는 기관장을 포함한 15인 이내의 이사로 구성한다. 다만, 다음 각 호의 어느 하나에 해당하는 경우에는 15인을 초과할 수 있다.

1. 주주총회나 출자자총회 등 사원총회가 있는 공기업·준정부기관 중 다른 법률에 따라 지역이나 직종별 기관의 연합으로 설립된 공기업·준정부기관
2. 제6조의 규정에 따라 공기업·준정부기관으로 지정될 당시 이사 정수가 15인을 초과하는 경우. 다만, 제28조 제1항 단서의 규정에 따라 지정될 당시 재직 이사의 임기가 보장되는 기간 내에 한한다.
3. 제25조 제3항 후단의 규정에 따라 비상임이사를 선임함으로써 15인을 초과하는 경우

② 시장형 공기업과 자산규모가 2조원 이상인 준시장형 공기업의 이사회 의장은 제21조에 따른 선임비상임이사가 된다. 다만, 이사회 의장이 부득이한 사유로 그 직무를 수행할 수 없을 때에는 정관으로 정하는 바에 따라 비상임이사 중 1명이 그 직무를 대행한다.<개정 2009.12.29>

③ 제2항을 적용할 때에 제6조에 따라 시장형 공기업 또는 준시장형 공기업으로 지정될 당시 비상임이사가 없는 경우에는 제25조 제3항 후단에 따라 비상임이사가 선임되기 전까지 이사회 의장은 시장형 공기업 또는 준시장형 공기업 지정 당시의 법령에서 정한 자가 된다.<개정 2009.12.29>

④ 자산규모가 2조원 미만인 준시장형 공기업과 준정부기관의 이사회 의장은 기관장이 된다. 다만, 다른 법률에서 기관장과 이사회 의장의 겸임을 금지하는 경우에는 그 법률의 규정에 따른다.<개정 2009.12.29>

제19조(회의) ① 이사회의 회의는 이사회 의장이나 재적이사 3분의 1 이상의 요구로 소집하고, 이사회 의장이 그 회의를 주재한다.

② 이사회는 재적이사 과반수의 찬성으로 의결한다.

③ 이사회의 안건과 특별한 이해관계가 있는 기관장이나 이사는 그 안건의 의결에 참여할 수 없다. 이 경우 의결에 참여하지 못하는 이사 등은 제2항의 규정에 따른 재적이사 수에 포함되지 아니한다.

④ 감사는 이사회에 출석하여 의견을 진술할 수 있다.

⑤ 이사회의 통신수단에 의한 의결과 회의록 등에 관하여는 「상법」 제391조(이사회의 결의 방법)제2항, 동법 제391조의3(이사회의 의사록)제1항 및 제2항의 규정을 각각 준용한다.

제20조(위원회) ① 공기업의 이사회는 그 공기업의 정관에 따라 이사회에 위원회를 설치할 수 있다. 이 경우 위원회의 구성과 권한 등에 관한 사항은 「상법」 제393조의2(이사회내 위원회)의 규정을 준용한다.

② 시장형 공기업과 자산규모가 2조원 이상인 준시장형 공기업에는 제24조 제1항에 따른 감사를 갈음하여 제1항에 따른 위원회로서 이사회에 감사위원회를 설치하여야 한다. 다만, 새로 감사위원회를 설치하여야 하는 공기업에 감사가 있는 경우에는 그 감사의 임기가 종료된 후에 설치한다.<개정 2009.12.29>

③ 자산규모가 2조원 미만인 준시장형 공기업과 준정부기관은 다른 법률의 규정에 따라 감사위원회를 설치할 수 있다.<개정 2009.12.29>

④ 감사위원회의 구성 및 권한 등에 관하여는 이 법에서 규정한 것을 제외하고는 「상법」 제542조의11 및 제542조의12 제3항부터 제6항까지의 규정을 준용한다.<개정 2007.8.3, 2009.12.29>

⑤ 감사위원회는 제32조 제5항의 규정에 따라 업무와 회계에 대한 감사를 실시하고, 그 결과를 이사회에 보고하여야 한다.

제21조(선임비상임이사) ① 공기업·준정부기관에 선임비상임이사 1인을 둔다.

② 선임비상임이사는 비상임이사 중에서 호선(互選)한다. 다만, 시장형 공기업과 자산규모가 2조원 이상인 준시장형 공기업의 선임비상임이사는 비상임이사 중에서 기획재정부장관이 운영위원회의 심의·의결을 거쳐 임명한다.<개정 2008.2.29, 2009.12.29>

③ 선임비상임이사의 자격과 직무수행 등에 관하여 필요한 사항은 대통령령으로 정한다.

제22조(해임 요청 등) ① 이사회는 기관장이 법령이나 정관을 위반하는 행위를 하거나 그 직무를 게을리하는 등 기관장으로서의 직무수행에 현저한 지장이 있다고 판단되는 경우 이사회의 의결을 거쳐 주무기관의 장에게 그 기관장을 해임하거나 해임을 건의하도록 요청할 수 있다.

② 비상임이사는 필요하다고 인정하는 경우에는 비상임이사 2인 이상의 연서로 공기업·준정부기관의 운영과 관련하여 감사(監事)나 감사위원회에 특정사안에 대한 감사(監査)를 요청할 수 있다. 이 경우 감사나 감사위원회는 특별한 사정이 없는 한 이에 응하여야 한다.

③ 비상임이사는 기관장에게 이사로서의 업무수행에 필요한 자료를 요구할 수 있다. 이 경우 기관장은 특별한 사정이 없는 한 이에 응하여야 한다.

제23조(기금운용심의회) ① 기금관리형 준정부기관은 「국가재정법」 제74조(기금운용심의회)제1항 단서의 규정에 불구하고 그 준정부기관의 이사회와 분리된 기금운용에 관한 심의기구(이하 "기금운용심의회"라 한다)를 설치하여야 한다. 다만, 다른 법령에서 기금관리형 준정부기관에서 운용하는 기금에 대한 중요정책을 심의하기 위한 기구를 주무기관에 설치하도록 되어 있는 경우에는 그 기금관리형 준정부기관에 기금운용심의회를 설치하지 아니한다.

② 제1항 본문의 규정에 따른 기금운용심의회의 기능·구성 및 운영에 관한 사항은 「국가재정법」이 정하는 바에 따른다.

③ 기금관리형 준정부기관이 제1항의 규정에 따라 기금운용심의회를 설치하고, 다른 법령에서 제17조 제1항 각 호의 사항 중 일부를 기금운용심의회의 심의·의결사항으로 정하는 경우에는 그 사항을 제17조 제1항의 규정에 따른 심의·의결사항에서 제외할 수 있다.

제3절 임　　원

제24조(임원) ① 공기업·준정부기관에 임원으로 기관장을 포함한 이사와 감사를 둔다. 다만, 제20조 제2항 및 제3항의 규정에 따라 감사위원회를 두는 경우에는 감사를 두지 아니한다.

② 이사는 상임 및 비상임으로 구분한다.

③ 공기업 상임이사와 기관규모가 대통령령으로 정하는 기준 이상이거나 업무내용의 특수성을 감안하여 대통령령으로 정하는 준정부기관 상임이사의 정수는 기관장을 포함한 이사 정수의 2분의 1 미만으로 한다. 다만, 제6조에 따라 공기업·준정부기관으로 지정될 당시 상임이사의 정수가 기관장을 포함한 이사 정수의 2분의 1 이상인 경우 제28조 제1항 단서에 따라 임원의 임기가 보장되는 동안에는 상임이사의 정수는 기관장을 포함한 이사 정수의

2분의 1 이상으로 할 수 있다.<개정 2009.12.29>

④ 제3항 본문에 따른 준정부기관 이외의 준정부기관 상임이사의 정수는 기관장을 포함한 이사 정수의 3분의 2 미만으로 한다. 다만, 제6조에 따라 준정부기관으로 지정될 당시 상임이사의 정수가 기관장을 포함한 이사 정수의 3분의 2 이상인 경우 제28조 제1항 단서에 따라 임원의 임기가 보장되는 동안에는 상임이사의 정수는 기관장을 포함한 이사 정수의 3분의 2 이상으로 할 수 있다.<신설 2009.12.29>

⑤ 감사는 다른 법령이나 정관으로 정하는 바에 따라 상임 또는 비상임으로 한다.<신설 2009.12.29>

第25조(공기업 임원의 임면) ① 공기업의 장은 제29조의 규정에 따른 임원추천위원회(이하 "임원추천위원회"라 한다)가 복수로 추천하여 운영위원회의 심의·의결을 거친 사람 중에서 주무기관의 장의 제청으로 대통령이 임명한다. 다만, 기관 규모가 대통령령이 정하는 기준 이하인 공기업의 장은 임원추천위원회가 복수로 추천하여 운영위원회의 심의·의결을 거친 사람 중에서 주무기관의 장이 임명한다.

② 공기업의 상임이사는 공기업의 장이 임명한다. 다만, 제20조 제2항 및 제3항에 따른 감사위원회의 감사위원이 되는 상임이사(이하 "상임감사위원"이라 한다)는 제4항에서 정한 절차에 따라 대통령 또는 기획재정부장관이 임명한다.<개정 2009.12.29>

③ 공기업의 비상임이사는 임원추천위원회가 복수로 추천하는 경영에 관한 학식과 경험이 풍부한 사람(국·공립학교의 교원이 아닌 공무원을 제외한다) 중에서 운영위원회의 심의·의결을 거쳐 기획재정부장관이 임명한다. 이 경우 제6조의 규정에 따른 지정 당시 비상임이사가 없는 공기업은 지정 후 3월 이내에 비상임이사 2인 이상을 선임하여야 한다.<개정 2008.2.29>

④ 공기업의 감사는 임원추천위원회가 복수로 추천하여 운영위원회의 심의·의결을 거친 사람 중에서 기획재정부장관의 제청으로 대통령이 임명한다. 다만, 기관 규모가 대통령령이 정하는 기준 이하인 공기업의 감사는 임원추천위원회가 복수로 추천하여 운영위원회의 심의·의결을 거친 사람 중에서 기획재정부장관이 임명한다.<개정 2008.2.29>

⑤ 공기업의 장은 제22조 제1항·제35조 제3항 및 제48조 제8항에 따라 그

임명권자가 해임하거나 정관으로 정한 사유가 있는 경우를 제외하고는 임기 중 해임되지 아니한다.<개정 2008.12.31, 2009.3.25>

제26조(준정부기관 임원의 임면) ① 준정부기관의 장은 임원추천위원회가 복수로 추천한 사람 중에서 주무기관의 장이 임명한다. 다만, 기관 규모가 대통령령이 정하는 기준 이상이거나 업무내용의 특수성을 감안하여 대통령령이 정하는 준정부기관의 장은 임원추천위원회가 복수로 추천한 사람 중에서 주무기관의 장의 제청으로 대통령이 임명한다.

② 준정부기관의 상임이사는 준정부기관의 장이 임명하되, 다른 법령에서 상임이사에 대한 별도의 추천위원회를 두도록 정한 경우에 상임이사의 추천에 관하여는 그 법령의 규정에 따른다. 다만, 상임감사위원은 제4항에서 정한 절차에 따라 대통령 또는 기획재정부장관이 임명한다.<개정 2009.12.29>

③ 준정부기관의 비상임이사(다른 법령이나 준정부기관의 정관에 따라 당연히 비상임이사로 선임되는 사람은 제외한다. 이하 이 항에서 같다)는 주무기관의 장이 임명하되, 기관규모가 대통령령으로 정하는 기준 이상이거나 업무내용의 특수성을 감안하여 대통령령으로 정하는 준정부기관의 비상임이사는 임원추천위원회가 복수로 추천한 사람 중에서 주무기관의 장이 임명한다. 다만, 다른 법령에서 해당 준정부기관의 비상임이사에 대하여 별도의 추천 절차를 정하고 있는 경우에 비상임이사의 추천에 관하여는 그 법령의 규정에 따른다.<개정 2009.12.29>

④ 준정부기관의 감사는 임원추천위원회가 복수로 추천하여 운영위원회의 심의·의결을 거친 사람 중에서 기획재정부장관이 임명한다. 다만, 기관 규모가 대통령령이 정하는 기준 이상이거나 업무내용의 특수성을 감안하여 대통령령으로 정하는 준정부기관의 감사는 임원추천위원회가 복수로 추천하여 운영위원회의 심의·의결을 거친 사람 중에서 기획재정부장관의 제청으로 대통령이 임명한다.<개정 2008.2.29>

⑤ 준정부기관의 장의 임기보장에 관하여는 제25조 제5항을 준용한다. 이 경우 "공기업의 장"은 "준정부기관의 장"으로 본다.<개정 2009.12.29>

제27조(사원총회가 있는 공기업·준정부기관의 임원 선임에 관한 특례) 주주총회나 출자자총회 등 사원총회가 있는 공기업·준정부기관의 경우 다른 법령에서 임원의 선임과 관련하여 사원총회의 의결을 거치도록 한 경우에는 이

를 거쳐야 한다.

제28조(임기) ① 제25조 및 제26조의 규정에 따라 임명된 기관장의 임기는 3년으로 하고, 이사와 감사의 임기는 2년으로 한다. 다만, 제6조의 규정에 따라 공기업·준정부기관으로 지정될 당시 재직 중인 임원은 제25조 및 제26조의 규정에 따라 임명된 것으로 보되, 그 임기는 임기 개시 당시 법령 등에 따른다.

② 공기업·준정부기관의 임원은 1년을 단위로 연임될 수 있다. 이 경우 임원의 임명권자는 다음 각 호의 구분에 따른 사항을 고려하여 임원의 연임 여부를 결정한다.

1. 기관장: 제48조의 규정에 따른 경영실적 평가 결과
2. 상임이사: 제31조 제6항의 규정에 따라 체결된 성과계약 이행실적의 평가 결과와 그 밖의 직무수행실적
3. 비상임이사 및 감사: 제36조의 규정에 따른 직무수행실적의 평가 결과와 그 밖의 직무수행실적

③ 제2항의 규정에 따라 공기업·준정부기관의 임원이 연임되는 경우에는 임원추천위원회의 추천을 거치지 아니한다.

④ 제2항의 규정에 따라 기관장이 연임되는 경우에는 제31조 제3항의 규정에 따라 계약을 다시 체결하여야 한다. 이 경우 제31조 제2항의 규정에 따른 임원추천위원회의 협의를 거치지 아니한다.

⑤ 임기가 만료된 임원은 후임자가 임명될 때까지 직무를 수행한다.

제29조(임원추천위원회) ① 제25조·제26조에 따라 공기업·준정부기관의 임원 후보자를 추천하고, 제31조 제2항에 따른 기관장 후보자와의 계약안에 관한 사항의 협의 등을 수행하기 위하여 공기업·준정부기관에 임원추천위원회를 둔다.<개정 2009.12.29>

② 임원추천위원회는 그 공기업·준정부기관의 비상임이사와 이사회가 선임한 위원으로 구성한다.

③ 공기업·준정부기관의 임직원과 공무원은 임원추천위원회의 위원이 될 수 없다. 다만, 그 공기업·준정부기관의 비상임이사, 「교육공무원법」에 따른 교원과 그 준정부기관의 주무기관 소속 공무원은 그러하지 아니하다.

④ 이사회가 선임하는 위원의 정수는 임원추천위원회 위원 정수의 2분의 1

미만으로 한다. 다만, 임원추천위원회 구성 당시 비상임이사가 1명인 경우에는 이사회가 선임하는 위원의 정수를 2분의 1로 할 수 있다.<개정 2009.12.29>

⑤ 임원추천위원회의 위원장은 임원추천위원회 위원인 공기업·준정부기관의 비상임이사 중에서 임원추천위원회 위원의 호선으로 선출한다.

⑥ 임원추천위원회 구성 당시 비상임이사가 없는 공기업·준정부기관은 이사회가 선임한 외부위원으로 임원추천위원회를 구성하며, 위원장은 외부위원 중 호선으로 선출한다.

⑦ 임원추천위원회의 구성 및 운영 등에 관하여 필요한 사항은 대통령령으로 정한다.

제30조(임원후보자 추천 기준 등) ① 임원추천위원회는 기업 경영과 그 공기업·준정부기관의 업무에 관한 학식과 경험이 풍부하고, 최고경영자의 능력을 갖춘 사람을 기관장 후보자로 추천하여야 한다.

② 임원추천위원회는 공기업·준정부기관의 이사나 감사로서의 업무 수행에 필요한 학식과 경험이 풍부하고, 능력을 갖춘 사람을 공기업·준정부기관의 기관장이 아닌 이사나 감사 후보자로 추천하여야 한다.

③ 임원추천위원회는 임원후보자를 추천하고자 하는 경우 대통령령이 정하는 바에 따라 후보자를 공개모집할 수 있다.

제31조(기관장과의 계약 등) ① 제25조 제1항 및 제26조 제1항의 규정에 따른 기관장의 임명과 관련하여 이사회는 기관장이 임기 중 달성하여야 할 구체적 경영목표와 성과급 등에 관한 사항이 포함된 계약안을 작성하여 임원추천위원회에 통보하여야 한다. 이 경우 기관장은 계약안을 정하는 이사회에 참여할 수 없다.

② 임원추천위원회는 제1항의 규정에 따라 통보받은 계약안에 대하여 기관장 후보자로 추천하고자 하는 자와 계약 내용과 조건 등을 협의하고, 그 결과를 주무기관의 장에게 통보하여야 한다. 이 경우 임원추천위원회는 기관장 후보자와의 협의를 위하여 필요한 때에는 계약안의 내용이나 조건을 일부 변경할 수 있다.

③ 주무기관의 장은 제2항의 규정에 따라 협의된 계약안에 따라 기관장으로 임명되는 사람과 계약을 체결하되, 공기업의 장과 계약을 체결하는 경우 미

리 기획재정부장관과 협의하여야 한다. 이 경우 주무기관의 장은 기관장으로 임명되는 사람과 협의를 거쳐 계약의 내용이나 조건을 제1항 및 제2항의 규정에 따른 계약안과 달리 정할 수 있다.<개정 2008.2.29>

④ 기관장과 주무기관의 장은 제3항의 규정에 따라 계약을 체결한 후 불가피한 사정이 발생할 때에는 서로 협의하여 계약의 내용이나 조건을 변경할 수 있다. 다만, 주무기관의 장은 공기업의 장과 계약의 내용이나 조건을 변경하는 경우 미리 기획재정부장관과 협의하여야 한다.<개정 2008.2.29>

⑤ 주무기관의 장은 제6조의 규정에 따라 지정(변경지정을 제외한다)된 공기업·준정부기관의 지정 당시 기관장과 지정 후 3월 이내에 제3항의 규정에 따른 계약을 체결하여야 한다. 다만, 잔여 임기가 6월 미만인 경우에는 제3항의 규정에 따른 계약을 체결하지 아니한다.

⑥ 기관장은 해당 기관의 상임이사(상임감사위원은 제외한다. 이하 이 항에서 같다)와 성과계약을 체결하고, 그 이행실적을 평가할 수 있으며, 이행실적을 평가한 결과 그 실적이 저조한 경우 상임이사를 해임할 수 있다.<개정 2009.12.29>

제32조(임원의 직무 등) ① 기관장은 그 공기업·준정부기관을 대표하고 업무를 총괄하며, 임기 중 그 공기업·준정부기관의 경영성과에 대하여 책임을 진다.

② 기관장은 그 공기업·준정부기관의 이익과 자신의 이익이 상반되는 사항에 대하여는 공기업·준정부기관을 대표하지 못한다. 이 경우 감사 또는 감사위원회가 공기업·준정부기관을 대표한다.<개정 2009.12.29>

③ 기관장이 부득이한 사유로 그 직무를 수행할 수 없을 때에는 정관에서 정하는 바에 따라 상임이사 중 1인이 그 직무를 대행하고, 상임이사가 없거나 그 직무를 대행할 수 없을 때에는 정관이 정하는 임원이 그 직무를 대행한다.

④ 이사는 이사회에 부쳐진 안건을 심의하고, 의결에 참여한다.

⑤ 감사는 기획재정부장관이 정하는 감사기준에 따라 공기업·준정부기관의 업무와 회계를 감사하고, 그 의견을 이사회에 제출한다. 이 경우 감사원은 기획재정부장관에게 감사기준에 관하여 의견을 제시할 수 있다.<개정 2008.2.29>

⑥ 기관장은 감사 또는 감사위원회의 임무수행에 필요한 직원의 채용과 배치 등에 관하여 필요한 지원을 하여야 한다.<개정 2009.12.29>

第33조(임원의 보수기준) ① 공기업·준정부기관의 임원의 보수기준은 다음 각 호의 사항을 고려하여 기획재정부장관이 운영위원회의 심의·의결을 거쳐 정하는 보수지침에 따라 이사회에서 정한다.<개정 2008.12.31, 2009.12.29>

1. 기관장: 공기업·준정부기관의 경영성과와 제31조 제3항 및 제4항의 규정에 따른 계약의 내용과 이행 수준
2. 상임이사(상임감사위원은 제외한다): 제31조 제6항에 따른 성과계약 이행실적 평가 결과
3. 상임감사 및 상임감사위원: 제36조에 따른 직무수행실적 평가 결과

② 제1항의 규정에 따른 임원의 보수기준을 정하는 이사회에는 이해관계가 있는 임원은 참여할 수 없다.

③ 제1항의 규정에 불구하고 제6조의 규정에 따라 공기업·준정부기관으로 지정(변경지정을 제외한다)된 해의 임원의 보수는 지정 당시 법령 등에 따른다.

第34조(결격사유) ① 다음 각 호의 어느 하나에 해당하는 사람은 공기업·준정부기관의 임원이 될 수 없다.<개정 2008.12.31, 2009.3.25>

1. 「국가공무원법」 제33조(결격사유) 각 호의 어느 하나에 해당하는 사람
2. 제22조 제1항, 제31조 제6항, 제35조 제2항·제3항, 제36조 제2항 및 제48조 제4항·제8항에 따라 해임된 날부터 3년이 지나지 아니한 사람

② 임원이 제1항 각 호의 어느 하나에 해당하게 되거나 임명 당시 그에 해당한 자로 밝혀졌을 때에는 당연히 퇴직한다.

③ 제2항의 규정에 따라 퇴직한 임원이 퇴직 전에 관여한 행위는 그 효력을 잃지 아니한다.

第35조(이사와 감사의 책임 등) ① 「상법」 제382조의3(이사의 충실의무), 제382조의4(이사의 비밀유지의무), 제399조(회사에 대한 책임), 제400조(회사에 대한 책임의 면제) 및 제401조(제3자에 대한 책임)의 규정은 공기업·준정부기관의 이사에 관하여 각각 이를 준용하고, 「상법」 제414조(감사의 책임) 및 제415조(준용규정)의 규정 중 회사에 대한 책임의 면제에 관한 사항은

공기업·준정부기관의 감사(감사위원회의 감사위원을 포함한다. 이하 이 조에서 같다)에 관하여 이를 준용한다.

② 기획재정부장관은 비상임이사(준정부기관의 비상임이사는 제외한다. 이하 이 항에서 같다) 및 감사(상임감사위원을 포함한다. 이하 이 항에서 같다)가 제1항에 따른 의무와 책임 및 제32조에 따른 직무를 이행하지 아니하거나 게을리한 경우 운영위원회의 심의·의결을 거쳐 비상임이사 및 감사를 해임하거나 그 임명권자에게 해임을 건의할 수 있고, 그 공기업·준정부기관으로 하여금 손해배상을 청구하도록 요구할 수 있다.<개정 2009.12.29>

③ 주무기관의 장은 기관장, 상임이사(상임감사위원은 제외한다. 이하 이 항에서 같다) 및 준정부기관의 비상임이사가 제1항에 따른 의무와 책임 및 제32조에 따른 직무를 이행하지 아니하거나 이를 게을리한 경우 기관장, 상임이사 및 준정부기관의 비상임이사를 해임하거나 그 임명권자에게 해임을 건의·요구할 수 있고, 그 공기업·준정부기관으로 하여금 손해배상을 청구하도록 요구할 수 있다. 다만, 공기업의 기관장을 해임하거나 그 임명권자에게 해임을 건의하는 경우에는 운영위원회의 심의·의결을 거쳐야 한다.<개정 2009.12.29>

第36조(비상임이사와 감사에 대한 직무수행실적 평가) ① 기획재정부장관은 필요하다고 인정하는 경우에는 공기업·준정부기관의 비상임이사와 감사나 감사위원회 감사위원의 직무수행실적을 평가할 수 있다.<개정 2008.2.29>

② 기획재정부장관은 제1항의 규정에 따른 직무수행실적 평가 결과 그 실적이 저조한 비상임이사와 감사 또는 감사위원회 감사위원에 대하여 운영위원회의 심의·의결을 거쳐 해임하거나 그 임명권자에게 해임을 건의할 수 있다.<개정 2008.2.29>

③ 제1항의 규정에 따른 직무수행실적의 평가 기준과 방법은 운영위원회의 심의·의결을 거쳐 기획재정부장관이 정한다.<개정 2008.2.29>

第37조(임직원의 겸직제한) ① 공기업·준정부기관의 상임임원과 직원은 그 직무 외의 영리를 목적으로 하는 업무에 종사하지 못한다.

② 공기업·준정부기관의 상임임원이 그 임명권자나 제청권자의 허가를 받은 경우와 공기업·준정부기관의 직원이 기관장의 허가를 받은 경우 비영리 목적의 업무를 겸할 수 있다.

③ 제1항의 규정에 따른 영리를 목적으로 하는 업무의 범위는 대통령령으로 정한다.

제 4 절 예산회계

제38조(회계연도) 공기업·준정부기관의 회계연도는 정부의 회계연도에 따른다.

제39조(회계원칙 등) ① 공기업·준정부기관의 회계는 경영성과와 재산의 증감 및 변동 상태를 명백히 표시하기 위하여 그 발생 사실에 따라 처리한다.

② 공기업·준정부기관은 공정한 경쟁이나 계약의 적정한 이행을 해칠 것이 명백하다고 판단되는 사람·법인 또는 단체 등에 대하여 2년의 범위 내에서 일정기간 입찰참가자격을 제한할 수 있다.

③ 제1항과 제2항의 규정에 따른 회계처리의 원칙과 입찰참가자격의 제한기준 등에 관하여 필요한 사항은 기획재정부령으로 정한다.<개정 2008.2.29>

제39조의2(중장기재무관리계획의 수립 등) ① 다음 각 호의 어느 하나에 해당하는 기관의 장은 매년 해당 연도를 포함한 5회계연도 이상의 중장기재무관리계획(이하 "중장기재무관리계획"이라 한다)을 수립하고, 이사회의 의결을 거쳐 확정한 후 6월 30일까지 기획재정부장관과 주무기관의 장에게 제출하여야 한다.

1. 자산규모 2조원 이상인 공기업·준정부기관
2. 그 밖에 자산·부채규모 등을 고려하여 대통령령으로 정하는 기준에 해당하는 공기업·준정부기관

② 중장기재무관리계획에는 다음 각 호의 사항이 포함되어야 한다.

1. 제46조에 따른 경영목표
2. 사업계획 및 투자방향
3. 재무 전망과 근거 및 관리계획
4. 부채의 증감에 대한 전망과 근거 및 관리계획 등이 포함된 부채관리계획
5. 전년도 중장기재무관리계획 대비 변동사항, 변동요인 및 관리계획 등에 대한 평가·분석
6. 그 밖에 대통령령으로 정하는 사항

③ 중장기재무관리계획의 구체적인 작성방법 등에 관한 사항은 대통령령으로 정한다.

[본조신설 2010.5.17]

제40조(예산의 편성) ① 공기업·준정부기관의 예산은 예산총칙·추정손익계산서·추정대차대조표와 자금계획서로 구분하여 편성한다.

② 기관장은 제46조의 규정에 따른 경영목표와 제50조의 규정에 따른 경영지침에 따라 다음 회계연도의 예산안을 편성하고, 다음 회계연도 개시 전까지 그 공기업·준정부기관의 이사회에 제출하여야 한다.

③ 제2항의 규정에 따라 편성·제출한 예산안은 이사회의 의결로 확정된다. 다만, 다른 법률에서 공기업·준정부기관의 예산에 관하여 주주총회나 출자자총회 등 사원총회의 의결이나 제23조의 규정에 따른 기금운용심의회의 의결 등 별도의 절차를 거치도록 한 경우에는 이사회 의결후 이를 거쳐 확정하고, 준정부기관의 예산에 관하여 주무기관의 장의 승인을 거쳐 확정하도록 한 경우에는 이사회 의결을 거친 후 주무기관의 장의 승인을 얻어야 한다.

④ 제6조의 규정에 따라 공기업·준정부기관으로 지정될 당시 이미 확정되어 있는 예산은 제1항 내지 제3항의 규정에 따라 편성되어 확정된 것으로 본다.

⑤ 기관장은 공기업·준정부기관의 예산이 확정된 후 그 공기업·준정부기관의 경영목표가 변경되거나 그 밖의 불가피한 사유로 인하여 예산을 변경하고자 하는 경우에는 변경된 예산안을 작성하여 이사회에 제출하여야 한다. 이 경우 제3항의 규정은 변경된 예산안의 확정에 관하여 이를 준용한다.

⑥ 공기업·준정부기관은 제3항 내지 제5항의 규정에 따라 예산이 확정되거나 변경된 경우 지체 없이 기획재정부장관, 주무기관의 장 및 감사원장에게 그 내용을 보고하여야 한다. 다만, 제3항 단서의 규정에 따라 주무기관의 장의 승인을 얻은 경우에는 주무기관의 장에게 보고된 것으로 본다.<개정 2008.2.29>

제41조(준예산) ① 공기업·준정부기관은 천재지변 그 밖의 부득이한 사유로 회계연도 개시 전까지 그 공기업·준정부기관의 예산이 확정되지 아니한 경우에는 전 회계연도의 예산에 준하여 예산(이하 이 조에서 “준예산”이라 한다)을 편성하여 운용할 수 있다.

② 준예산은 그 회계연도의 예산이 확정된 경우에는 그 효력을 잃는다. 이 경우 준예산에 따라 집행된 예산은 이를 그 회계연도의 예산에 따라 집행된

것으로 본다.

제42조(운영계획의 수립) ① 공기업·준정부기관은 제40조 제3항 및 제4항의 규정에 따라 예산이 확정되는 경우 지체 없이 이사회의 의결을 거쳐 그 회계연도의 예산에 따른 운영계획을 수립하여야 한다. 다만, 제6조의 규정에 따라 공기업·준정부기관으로 지정될 당시 수립되어 있는 운영계획은 이 법에 따라 수립된 것으로 본다.

② 공기업·준정부기관이 제40조 제5항의 규정에 따라 확정된 예산을 변경한 경우에는 지체 없이 이사회의 의결을 거쳐 제1항의 규정에 따라 수립된 운영계획을 변경하여야 한다.

③ 공기업·준정부기관은 제1항 및 제2항의 규정에 따라 수립한 그 회계연도의 운영계획을 기획재정부장관(공기업의 경우에 한한다)과 주무기관의 장에게 제40조 제3항 내지 제5항의 규정에 따라 예산이 확정된 후 2월 이내에 제출하여야 한다.<개정 2008.2.29>

제43조(결산서의 제출) ① 공기업·준정부기관은 회계연도가 종료된 때에는 지체 없이 그 회계연도의 결산서를 작성하고, 감사원규칙이 정하는 바에 따라 다음 각 호의 어느 하나에 해당하는 자 중에서 선임한 회계감사인(이하 "회계감사인"이라 한다)의 회계감사를 받아야 한다. 이 경우 공기업·준정부기관은 매 회계연도 종료 후 감사원규칙으로 정하는 기간 내에 회계감사인에게 결산서를 제출하여야 한다.<개정 2009.3.25>

1. 「공인회계사법」 제23조에 따른 회계법인(이하 "회계법인"이라 한다)
2. 「주식회사의 외부감사에 관한 법률」 제3조 제1항 제3호에 따른 감사반(이하 "감사반"이라 한다)

② 공기업은 기획재정부장관에게, 준정부기관은 주무기관의 장에게 다음 연도 2월 말일까지 제1항에 따라 작성된 다음 각 호의 결산서를 각각 제출하고, 3월 말일까지 승인을 받아 결산을 확정하여야 한다. 다만, 주주총회나 출자자총회 등 사원총회가 있는 공기업·준정부기관의 경우에는 사원총회에서 결산을 의결·확정한다.<개정 2008.2.29, 2009.3.25, 2009.12.29>

1. 재무제표(회계감사인의 감사의견서를 포함한다)와 그 부속서류
2. 그 밖에 결산의 내용을 명확하게 하기 위하여 필요한 서류

③ 기획재정부장관과 주무기관의 장은 매년 5월 10일까지 제2항에 따라 확

정된 공기업·준정부기관의 결산서와 그 밖에 필요한 서류(이하 이 조에서 "결산서등"이라 한다)를 감사원에 제출하여야 한다.<개정 2008.2.29, 2009.12.29>

④ 제3항에 따라 결산서등을 제출받은 감사원은 그 공기업·준정부기관 중 「감사원법」 제22조 제1항 제3호에 따른 법인과 그 밖에 감사원규칙으로 정하는 공기업·준정부기관의 결산서등을 검사하고, 그 결과를 7월 31일까지 기획재정부장관에게 제출하여야 한다.<개정 2008.2.29, 2009.12.29>

⑤ 제1항의 규정에 따라 회계감사를 실시할 수 있는 회계법인과 감사반의 선정 기준 및 회계감사의 절차, 제4항의 규정에 따른 감사원의 결산감사에 관하여 필요한 사항은 감사원규칙으로 정한다.<개정 2009.3.25>

⑥ 기획재정부장관은 제3항에 따른 결산서등에 제4항에 따른 감사원의 검사결과를 첨부하여 국무회의에 보고하고, 8월 20일까지 국회에 제출하여야 한다.<개정 2008.2.29, 2009.12.29>

⑦ 제1항 내지 제6항의 규정에 불구하고 제6조의 규정에 따라 공기업·준정부기관으로 지정된 해에 실시하는 결산에 관하여는 지정 당시 법령에 따른다.

제43조의2(공기업의 자본금 전입 협의 등) ① 공기업은 이익준비금, 사업확장적립금 및 그 밖의 준비금 또는 적립금을 자본금으로 전입하고자 하는 때에는 이사회·주주총회 등 관련 절차를 거치기 전에 기획재정부장관과 미리 협의하여야 한다.

② 공기업은 제1항에 따라 이익준비금, 사업확장적립금 및 그 밖의 준비금 또는 적립금을 자본금으로 전입한 때에는 그 사실을 주무기관의 장에게 보고하여야 한다.

[본조신설 2011.7.25][종전 제43조의2는 제43조의3으로 이동 2011.7.25]

제43조의3(회계감사인의 선임 등) ① 공기업·준정부기관은 회계감사인을 선임하기 위하여 전문성과 독립성이 확보된 회계감사인선임위원회(제20조에 따른 감사위원회를 설치한 때에는 이를 회계감사인선임위원회로 본다)를 구성·운영하여야 한다. 이 경우 해당 공기업·준정부기관의 비상임이사는 모두 회계감사인선임위원회의 위원으로 선임되어야 한다.

② 제1항에 따른 회계감사인선임위원회의 구성·운영에 관한 사항은 대통령령으로 정한다.

③ 「주식회사의 외부감사에 관한 법률」 제3조 제3항부터 제5항까지, 제7항, 제4조 제7항 및 제6조 제1항은 회계감사인의 결격사유·자격·선임·권한 등에 관하여 각각 이를 준용한다. 이 경우 "감사인"은 각각 "회계감사인"으로, "회사"는 각각 "공기업·준정부기관"으로, "감사인선임위원회"는 각각 "회계감사인선임위원회"로 본다.

④ 회계감사인과 그에 소속된 공인회계사·직원 등은 공기업·준정부기관의 회계감사와 관련하여 그 직무상 알게 된 비밀을 누설하여서는 아니 된다. 다만, 다른 법률 또는 제43조 제5항에 따른 감사원규칙에 특별한 규정이 있는 경우에는 그러하지 아니하다.

[본조신설 2009.3.25][제43조의2에서 이동, 종전 제43조의3은 제43조의4로 이동 2011.7.25]

제43조의4(손해배상책임) 「주식회사의 외부감사에 관한 법률」 제17조 제1항부터 제5항까지 및 제7항은 회계감사인, 이사, 감사 또는 감사위원회 위원 등의 공기업·준정부기관 또는 제3자에 대한 손해배상책임에 관하여 준용한다. 이 경우 "감사인"은 각각 "회계감사인"으로, "회사"는 각각 "공기업·준정부기관"으로, "제4조"는 각각 "제43조"로 본다.

[본조신설 2009.3.25][제43조의3에서 이동 2011.7.25]

제44조(물품구매와 공사계약의 위탁) ① 공기업·준정부기관이 「중소기업제품 구매촉진 및 판로지원에 관한 법률」 제6조에 따른 중소기업자간 경쟁 제품을 「국가를 당사자로 하는 계약에 관한 법률」 제4조 제1항에 따라 기획재정부장관이 고시한 금액 이상 구매하는 경우에는 조달청장에게 구매를 위탁하거나, 「조달사업에 관한 법률」 제5조에 따른 계약방법에 따라 이를 구매하여야 한다. 다만, 구매하고자 하는 제품의 특수성·전문성 또는 안전성 등을 고려하여 기획재정부령으로 정하는 경우에는 그러하지 아니하다.<신설 2009.12.29>

② 공기업·준정부기관은 필요하다고 인정하는 때에는 수요물자 구매나 시설공사계약의 체결을 조달청장에게 위탁할 수 있다.

제45조(출자의 방법) 정부가 공기업·준정부기관의 자본금을 출자하는 경우에는 기획재정부장관이 그 납입시기와 방법을 정하여 이를 시행한다.<개정 2008.2.29>

제 5 절 경영평가와 감독

제46조(경영목표의 수립) ① 기관장은 사업내용과 경영환경, 제31조 제3항 및 제4항의 규정에 따라 체결한 계약의 내용 등을 고려하여 다음 연도를 포함한 5회계연도 이상의 중장기 경영목표를 설정하고, 이사회의 의결을 거쳐 확정한 후 매년 10월 31일까지 기획재정부장관과 주무기관의 장에게 제출하여야 한다.<개정 2008.2.29, 2010.5.17>

② 기관장은 제1항의 규정에 불구하고 제6조의 규정에 따라 공기업·준정부기관으로 지정(변경지정을 제외한다)된 해에는 지정 후 3월 이내에 당해 연도를 포함한 3회계연도 이상의 중장기 경영목표를 설정하고, 이사회의 의결을 거쳐 확정한 후 이를 기획재정부장관과 주무기관의 장에게 제출하여야 한다.<개정 2008.2.29>

③ 기관장이 제1항 및 제2항에 따라 수립된 경영목표를 변경하는 경우에는 그 변경 내용을 이사회 의결을 거쳐 확정한 후 지체 없이 기획재정부장관과 주무기관의 장에게 제출하여야 한다.<개정 2008.2.29, 2010.5.17>

④ 공기업·준정부기관의 경영환경·경제여건 및 국가정책방향 등을 고려하여 기획재정부장관은 공기업의 장에게, 주무기관의 장은 준정부기관의 장에게 각각 경영목표의 변경을 요구할 수 있다.<개정 2008.2.29>

제47조(경영실적 등의 보고) ① 공기업·준정부기관은 매년 3월 20일까지 전년도의 경영실적을 기재한 보고서(이하 "경영실적보고서"라 한다)와 제31조 제3항 및 제4항의 규정에 따라 기관장이 체결한 계약의 이행에 관한 보고서를 작성하여 기획재정부장관과 주무기관의 장에게 제출하여야 한다.<개정 2008.2.29>

② 제1항의 규정은 제6조의 규정에 따라 공기업·준정부기관으로 지정(변경지정을 제외한다)된 해에는 적용하지 아니한다.

③ 경영실적보고서에는 제43조 제1항에 따라 작성한 결산서를 첨부하여야 한다.<개정 2009.12.29>

제48조(경영실적 평가) ① 기획재정부장관은 제31조 제3항 및 제4항의 규정에 따른 계약의 이행에 관한 보고서, 제46조의 규정에 따른 경영목표와 경영실적보고서를 기초로 하여 공기업·준정부기관의 경영실적을 평가한다. 다만,

제6조의 규정에 따라 공기업·준정부기관으로 지정(변경지정을 제외한다)된 해에는 경영실적을 평가하지 아니한다.<개정 2008.2.29>

② 기획재정부장관은 제1항 본문의 규정에 따라 공기업·준정부기관의 경영실적을 평가하는 경우 「국가재정법」 제82조(기금운용의 평가)의 규정에 따라 기금운용평가를 받는 기관과 「과학기술기본법」 제32조(정부출연연구기관등의 육성) 제2항의 규정에 따라 평가를 받는 기관에 대하여는 그 평가결과를 활용한다.<개정 2008.2.29>

③ 기획재정부장관은 제1항에 따른 경영실적의 평가를 위하여 필요한 경우 공기업·준정부기관에 관련 자료의 제출을 요청할 수 있다.<개정 2008.2.29, 2008.12.31>

④ 공기업·준정부기관이 제31조 제3항 및 제4항에 따른 계약의 이행에 관한 보고서, 경영실적보고서 및 그 첨부서류를 제출하지 아니하거나 거짓으로 작성·제출한 경우에는 기획재정부장관은 운영위원회의 심의·의결을 거쳐 경영실적 평가 결과와 성과급을 수정하고, 해당 기관에 대하여 주의·경고 등의 조치를 취하거나 주무기관의 장 또는 기관장에게 관련자에 대한 인사상의 조치 등을 취하도록 요청하여야 한다. 이 경우 기획재정부장관은 감사 또는 감사위원회 감사위원이 관련 직무를 이행하지 아니하거나 게을리 하였다면 운영위원회의 심의·의결을 거쳐 해당 감사 또는 감사위원회 감사위원을 해임하거나 그 임명권자에게 해임을 건의할 수 있다.<신설 2008.12.31>

⑤ 제1항의 규정에 따른 경영실적의 평가 기준과 방법은 운영위원회의 심의·의결을 거쳐 기획재정부장관이 정하되, 공기업·준정부기관의 사업내용, 특성, 경영목표의 달성 정도와 능률성을 객관적으로 측정할 수 있도록 정하여야 한다.<개정 2008.2.29>

⑥ 기획재정부장관은 제1항에 따른 경영실적 평가의 효율적인 수행과 경영실적 평가에 관한 전문적·기술적인 연구 또는 자문을 위하여 공기업·준정부기관경영평가단(이하 "경영평가단"이라 한다)을 구성·운영할 수 있다. <신설 2009.3.25>

⑦ 기획재정부장관은 운영위원회의 심의·의결을 거쳐 매년 6월 20일까지 공기업·준정부기관의 경영실적 평가를 마치고, 그 결과를 국회와 대통령에

게 보고한다.<개정 2008.2.29>

⑧ 기획재정부장관은 제7항에 따른 경영실적 평가 결과 경영실적이 부진한 공기업·준정부기관에 대하여 운영위원회의 심의·의결을 거쳐 제25조 및 제26조의 규정에 따른 기관장·상임이사의 임명권자에게 그 해임을 건의하거나 요구할 수 있다.<개정 2008.2.29, 2008.12.31, 2009.3.25>

⑨ 기획재정부장관은 제1항에 따른 경영실적 평가 결과 인건비 과다편성 및 제50조 제1항에 따른 경영지침 위반으로 경영부실을 초래한 공기업·준정부기관에 대하여는 운영위원회의 심의·의결을 거쳐 향후 경영책임성 확보 및 경영개선을 위하여 필요한 인사상 또는 예산상의 조치 등을 취하도록 요청할 수 있다.<신설 2008.12.31>

⑩ 제1항에 따른 경영실적 평가의 절차, 경영실적 평가 결과에 따른 조치 및 경영평가단의 구성·운영 등에 관하여 필요한 사항은 대통령령으로 정한다.<개정 2009.3.25>

제49조(연차보고서의 작성) 기획재정부장관은 매년 경영실적보고서와 제48조의 규정에 따른 경영실적 평가 결과를 기초로 하여 공기업·준정부기관의 경영상황 등에 관한 연차보고서를 작성하고, 이를 공표할 수 있다.<개정 2008.2.29>

제50조(경영지침) ① 기획재정부장관은 공기업·준정부기관의 운영에 관한 일상적 사항과 관련하여 운영위원회의 심의·의결을 거쳐 다음 각 호의 사항에 관한 지침(이하 "경영지침"이라 한다)을 정하고, 이를 공기업·준정부기관 및 주무기관의 장에게 통보하여야 한다.<개정 2008.2.29>

1. 조직 운영과 정원·인사 관리에 관한 사항
2. 예산과 자금 운영에 관한 사항
3. 그 밖에 공기업·준정부기관의 재무건전성 확보를 위하여 기획재정부장관이 필요하다고 인정하는 사항

② 공기업·준정부기관의 투명하고 공정한 인사운영과 윤리경영 등을 위하여 필요한 경우 소관 정책을 관장하는 관계 행정기관의 장은 제1항의 규정에 따른 경영지침에 관한 의견을 기획재정부장관에게 제시할 수 있다.<개정 2008.2.29>

제51조(공기업·준정부기관에 대한 감독) ① 기획재정부장관과 주무기관의 장

은 공기업·준정부기관의 자율적 운영이 침해되지 아니하도록 이 법이나 다른 법령에서 그 내용과 범위를 구체적으로 명시한 경우에 한하여 감독한다.<개정 2008.2.29>

② 기획재정부장관은 공기업의 경영지침 이행에 관한 사항을 감독한다.<개정 2008.2.29>

③ 주무기관의 장은 다음 각 호의 사항에 대하여 공기업·준정부기관을 감독한다.

1. 법령에 따라 주무기관의 장이 공기업·준정부기관에 위탁한 사업이나 소관 업무와 직접 관련되는 사업의 적정한 수행에 관한 사항과 그 밖에 관계 법령에서 정하는 사항
2. 준정부기관의 경영지침 이행에 관한 사항

④ 기획재정부장관과 주무기관의 장은 제2항 및 제3항의 규정에 따라 행하는 감독의 적정성 여부를 대통령령이 정하는 바에 따라 점검하고, 운영위원회의 심의·의결을 거쳐 개선에 필요한 조치를 취하여야 한다.<개정 2008.2.29>

第52條(감사원 감사) ① 감사원은 「감사원법」에 따라 공기업·준정부기관의 업무와 회계에 관하여 감사를 실시할 수 있다.

② 감사원은 제1항의 규정에 따른 감사를 관계 행정기관의 장 등에게 위탁하거나 대행하게 할 수 있다.

③ 제2항의 규정에 따라 공기업·준정부기관에 대한 감사원 감사를 위탁하거나 대행하게 할 수 있는 관계 행정기관의 장 등의 범위와 감사 결과의 보고와 처리 등에 관하여 필요한 사항은 감사원규칙으로 정한다.

第52條의2(감사결과 등의 국회 제출) ① 공기업·준정부기관은 다음 각 호에 해당하는 사항을 국회 소관 상임위원회에 지체 없이 제출하여야 한다.

1. 감사나 감사위원회가 실시한 감사결과를 종합한 감사보고서
2. 제52조에 따라 감사원이 실시한 감사에서 지적된 사항과 처분요구사항 및 그에 대한 조치 계획

② 기획재정부장관은 제36조 제1항에 따라 실시한 감사나 감사위원회 감사위원의 직무수행실적 평가 결과를 국회에 지체 없이 제출하여야 한다.

[본조신설 2008.12.31]

제5장 보 칙

제53조(벌칙 적용에서의 공무원 의제) 공기업·준정부기관의 임직원, 운영위원회의 위원과 임원추천위원회의 위원으로서 공무원이 아닌 사람은 「형법」 제129조(수뢰, 사전수뢰) 내지 제132조(알선수뢰)의 적용에 있어서는 이를 공무원으로 본다.

제54조(소수주주권의 행사 등) 주식이 유가증권시장에 상장되지 아니한 공기업·준정부기관에 대한 소수주주권의 행사와 주주제안에 관하여는 「상법」 제542조의6을 준용한다.

[전문개정 2009.12.29]

제6장 벌 칙〈신설 2009.3.25〉

제55조(벌칙) ① 회계감사인, 회계감사인에 소속된 공인회계사, 감사 또는 회계감사인선임위원회의 위원(감사위원회가 설치된 경우에는 감사위원회의 위원을 말한다)이 그 직무에 관하여 부정한 청탁을 받고 금품이나 이익을 받거나 요구 또는 약속한 경우에는 3년 이하의 징역 또는 3천만원 이하의 벌금에 처한다. 다만, 벌금형에 처하는 경우 그 직무와 관련하여 얻는 경제적 이익의 5배에 해당하는 금액이 3천만원을 초과하면 그 직무와 관련하여 얻는 경제적 이익의 5배에 상당하는 금액 이하의 벌금에 처한다.

② 제1항에서 규정하는 금품이나 이익을 약속·제공 또는 제공의 의사를 표시한 자도 제1항과 같다.

③ 제1항과 제2항에서 규정하는 금품이나 이익은 몰수한다. 그 전부 또는 일부를 몰수할 수 없으면 그 가액(價額)을 추징한다.

[본조신설 2009.3.25]

제56조(벌칙) ① 「상법」 제635조 제1항에 규정된 자나 그 밖에 공기업·준정부기관의 회계업무를 담당하는 자가 제39조 제1항에 따른 회계처리의 원칙을 위반하여 거짓으로 재무제표를 작성·공시한 경우 5년 이하의 징역 또는 5천만원 이하의 벌금에 처한다.

② 「상법」 제635조 제1항에 규정된 자나 그 밖에 공기업·준정부기관의 회계업무를 담당하는 자, 회계감사인 또는 그에 소속된 공인회계사가 다음 각 호의 어느 하나에 해당하는 행위를 하면 3년 이하의 징역 또는 3천만원 이하의 벌금에 처한다.<개정 2011.7.25>

1. 정당한 사유 없이 회계감사인을 선임하지 아니한 경우
2. 감사의견서에 기재하여야 할 사항을 기재하지 아니하거나 거짓으로 기재를 한 경우
3. 제43조의3 제4항을 위반하여 비밀을 누설한 경우
4. 결산서를 작성하지 아니한 경우

③ 「상법」 제635조 제1항에 규정된 자나 그 밖에 공기업·준정부기관의 회계업무를 담당하는 자가 다음 각 호의 어느 하나에 해당하는 행위를 하면 2년 이하의 징역 또는 2천만원 이하의 벌금에 처한다.<개정 2011.7.25>

1. 회계감사인 또는 그에 소속된 공인회계사에게 거짓 자료를 제시하거나 거짓이나 그 밖의 부정한 방법으로 회계감사인의 정상적인 회계감사를 방해한 경우
2. 정당한 사유 없이 제43조의3 제3항에 따른 회계감사인의 열람, 등사, 자료제출 등의 요구 또는 조사를 거부·방해·기피하거나 관련 자료를 제출하지 아니한 경우
3. 제43조 제1항을 위반하여 회계감사인에게 결산서를 제출하지 아니한 경우

[본조신설 2009.3.25]

부 칙 〈제8258호, 2007.1.19〉

제1조(시행일) 이 법은 2007년 4월 1일부터 시행한다. 다만, 제9조의 규정에 따른 운영위원회의 구성과 이 법 시행 후 최초로 이 법의 적용을 받을 공기업·준정부기관과 기타공공기관의 지정에 필요한 행위는 이 법 시행 전에 할 수 있다.

제2조(다른 법률의 폐지) 다음 각 호의 법률은 이를 각각 폐지한다.

1. 「정부투자기관 관리기본법」
2. 「정부산하기관 관리기본법」

제3조(공공기관 등의 최초 지정 및 구분) ① 기획예산처장관은 이 법 시행과

동시에 주무기관의 장과의 협의와 운영위원회의 심의·의결을 거쳐 이 법의 적용을 받는 공기업·준정부기관 및 기타공공기관을 지정하여 고시한다.

② 기획예산처장관은 제1항의 규정에 따라 공기업·준정부기관을 최초로 지정하여 고시하는 경우에는 이 법 시행 당시 「정부투자기관 관리기본법」, 「정부산하기관 관리기본법」 및 「공기업의 경영구조개선 및 민영화에 관한 법률」의 적용 대상 기관 중 직원 정원이 50인 이상인 기관 중에서 지정하여 고시한다.

제 4 조(경과조치) ① 제9조 제2항의 규정에 불구하고 운영위원회의 위원 중 제9조 제1항 제4호의 규정에 따라 최초로 위촉되는 위원의 임기는 3년·2년·1년으로 각각 달리 정할 수 있다.

② 제31조 제5항의 규정에 불구하고 이 법 시행 후 최초로 지정되는 공기업 또는 준정부기관의 기관장이 임명 당시 임명과 관련하여 체결한 경영 및 성과에 관한 계약은 이 법에 따라 주무기관의 장과 기관장이 체결한 계약으로 본다.

③ 제46조 제2항의 규정에 불구하고 이 법 시행 후 최초로 지정되는 공기업 또는 준정부기관이 이 법 시행 당시 설정한 경영목표는 이 법에 따라 설정된 것으로 본다.

④ 제48조 제1항 단서의 규정에 불구하고 이 법 시행 후 최초로 지정되는 공기업·준정부기관의 경영실적 보고 및 경영실적 평가는 「정부투자기관 관리기본법」 및 「정부산하기관 관리기본법」의 관련 규정을 적용하여 이를 실시한다.

⑤ 이 법 시행 당시 종전의 정부투자기관운영위원회 및 정부산하기관운영위원회가 의결한 사항은 이 법에 따른 운영위원회가 의결한 것으로 본다.

제 5 조(다른 법령과의 관계) 이 법 시행 당시 다른 법령에서 정부투자기관 또는 정부산하기관을 인용하고 있는 경우에는 2009년 12월 31일까지는 각각 이 법 시행 당시 「정부투자기관 관리기본법」 또는 「정부산하기관 관리기본법」에 따라 정부투자기관 또는 정부산하기관으로 확정된 기관을 인용한 것으로 본다.<개정 2009.1.30>

부　칙(자본시장과 금융투자업에 관한 법률) 〈제8635호, 2007.8.3〉

제1조(시행일) 이 법은 공포 후 1년 6개월이 경과한 날부터 시행한다. <단서 생략>

제2조 내지 제41조 생략

제42조(다른 법률의 개정) ① 내지 ⑯ 생략

㊷ 공공기관의 운영에 관한 법률 일부를 다음과 같이 개정한다.

제20조 제4항 중 "「증권거래법」 제54조의6(감사위원회)"을 "「자본시장과 금융투자업에 관한 법률」 제26조(감사위원회의 설치)"로 한다.

제43조 및 제44조 생략

부　칙 〈제8696호, 2007.12.14〉

이 법은 공포한 날부터 시행한다.

부　칙(정부조직법) 〈제8852호, 2008.2.29〉

제1조(시행일) 이 법은 공포한 날부터 시행한다. 다만, 제31조 제1항의 개정규정 중 "식품산업진흥"에 관한 부분은 2008년 6월 28일부터 시행하고, 부칙 제6조에 따라 개정되는 법률 중 이 법의 시행 전에 공포되었으나 시행일이 도래하지 아니한 법률을 개정한 부분은 각각 해당 법률의 시행일부터 시행한다.

제2조부터 제5조까지 생략

제6조(다른 법률의 개정) ①부터 ⑭까지 생략

⑮ 공공기관의 운영에 관한 법률 일부를 다음과 같이 개정한다.

제4조 제1항 각 호 외의 부분・제2항 각 호 외의 부분, 제5조 제1항・제2항・제3항 각 호 외의 부분・제4항, 제6조 제1항부터 제3항까지, 제7조 제1항 각 호 외의 부분・제2항, 제8조 각 호 외의 부분, 제9조 제1항 제4호, 제11조 제1항 각 호 외의 부분, 같은 항 제10호, 제12조 제1항부터 제3항까지, 제13조 제2항 후단, 제14조 제1항부터 제3항까지, 제15조 제2항, 제21조 제2항 단서, 제25조 제3항 전단・제4항, 제26조 제4항, 제31조 제3항 전단・제4항 단서, 제35조 제2항, 제36조 제1항부터 제3항까지, 제40조 제6항 본문, 제

42조 제3항, 제46조 제1항부터 제4항까지, 제47조 제1항, 제48조 제1항부터 제6항까지, 제49조, 제50조 제1항 각 호 외의 부분 · 같은 항 제3호, 같은 조 제2항 및 제51조 제1항 · 제2항 · 제4항 중 "기획예산처장관"을 각각 "기획재정부장관"으로 한다.

제9조 제1항 각 호 외의 부분 중 "위원장 1인과 부위원장 1인 및"을 "위원장 1인 및"으로, "기획예산처장관이 위원장이 되고, 재정경제부장관이 지명하는 재정경제부차관이 부위원장이 된다"를 "기획재정부장관이 위원장이 된다"로 하고, 같은 항 제1호 중 "국무조정실"을 "국무총리실"로, "국무조정실장"을 "국무총리실장"으로 한다.

제10조 제1항 중 "위원장과 부위원장"을 "위원장"으로 한다.

제32조 제5항 전단 중 "기획예산처장관이 재정경제부장관과 협의하여"를 "기획재정부장관이"로 하고, 같은 항 후단 중 "기획예산처장관"을 "기획재정부장관"으로 한다.

제39조 제3항 중 "재정경제부령"을 "기획재정부령"으로 한다.

제43조 제2항 각 호 외의 부분 · 제3항 · 제4항 · 제6항 및 제45조 중 "재정경제부장관"을 각각 "기획재정부장관"으로 한다.

(696)부터 (760)까지 생략

제7조 생략

부 칙 〈제9277호, 2008.12.31〉

이 법은 공포 후 3개월이 경과한 날부터 시행한다.

부 칙 〈제9345호, 2009.1.30〉

이 법은 공포한 날부터 시행한다.

부 칙 〈제9513호, 2009.3.25〉

① (시행일) 이 법은 2010년 1월 1일부터 시행한다. 다만, 법률 제9277호 공공기관의 운영에 관한 법률 일부개정법률 제25조 · 제34조 및 제48조의 개정규정(이 법에 따라 개정된 부분에 한한다)은 공포 후 3개월이 경과한 날부터 시행한다.

② (회계감사, 회계감사인의 선임 및 회계감사인 등의 손해배상책임 등에 관한 적용례) 제43조·제43조의2 및 제43조의3의 개정규정은 2010회계연도 결산분부터 적용한다.

③ (경영평가단 구성·운영에 관한 적용례) 법률 제9277호 공공기관의 운영에 관한 법률 일부개정법률 제48조의 개정규정(이 법에 따라 개정된 부분에 한한다)은 이 법 시행 후 최초로 실시하는 경영실적 평가 분부터 적용한다.

부 칙 〈제9829호, 2009.12.29〉

① (시행일) 이 법은 공포한 날부터 시행한다. 다만, 제24조·제26조 제3항 및 제44조의 개정규정은 공포 후 3개월이 경과한 날부터 시행한다.

② (결산서의 제출에 관한 적용례) 제43조의 개정규정은 2010회계연도의 결산부터 적용한다.

③ (임원의 임면에 관한 경과조치) 이 법 시행 당시 공기업 및 준정부기관 임원의 임면절차가 진행되고 있는 경우에는 제25조 및 제26조의 개정규정에도 불구하고 종전의 규정에 따른다.

부 칙 〈제10286호, 2010.5.17〉

① (시행일) 이 법은 공포한 날부터 시행한다.

② (중장기재무관리계획의 수립 등에 관한 적용례) 제39조의2 및 제46조의 개정규정은 2012년에 수립하는 중장기재무관리계획 및 중장기 경영목표부터 각각 적용한다.

부 칙 〈제10896호, 2011.7.25〉

이 법은 공포한 날부터 시행한다.

5. 중앙행정기관 및 지방자치단체 자체감사기준

[시행 2010.12.17] [감사원규칙 제222호, 2010.12.17, 제정]

제1장 총　　칙

제1조(목적) 이 규칙은 「공공감사에 관한 법률」 제37조에 따라 중앙행정기관 및 지방자치단체의 감사기구의 장 및 감사담당자가 자체감사활동을 할 때에 일반적으로 준수하여야 할 사항을 규정함을 목적으로 한다.

제2조(정의) ① 이 규칙에서 사용하는 용어의 뜻은 다음과 같다.

1. "감사담당자등"이란 「공공감사에 관한 법률」(이하 "법"이라 한다) 제2조 제6호에 따른 감사기구의 장 및 법 제2조 제7호에 따른 감사담당자를 말한다.
2. "감사단"이란 일정한 감사과제를 공동으로 수행하기 위하여 감사기구의 장이 제13조 제2항에 따라 편성하는 복수의 감사담당자를 말한다.

② 그 밖에 이 규칙에 특별한 규정이 있는 용어를 제외하고는 법 및 같은 법 시행령(이하 "영"이라 한다)이 정하는 바에 따른다.

제3조(적용범위) ① 이 규칙은 중앙행정기관 및 지방자치단체에서 실시하는 자체감사에 대하여 적용한다.

② 이 규칙은 다른 법령에 저촉되지 아니 하는 범위 안에서 법 제35조 또는 「감사원법」 제50조의2에 따라 감사원 감사를 대행하거나 「공공기관의 운영에 관한 법률」 제52조에 따라 감사원 감사를 위탁받아 실시하는 감사에 대하여 준용한다.

제4조(자체감사활동의 목적과 방향) ① 자체감사활동은 감사대상기관의 모든 업무와 활동 등을 조사·점검·확인·분석·검증하여 내부통제를 내실 있게 수행하고 기관 운영의 적정성, 공정성 및 국민에 대한 책임성 확보를 목적으로 한다.

② 자체감사활동은 감사대상기관의 문제점을 미리 예방하고 발견된 문제점을 효과적으로 해결하는 데에 중점을 둔다.

제 2 장 일반기준

제 5 조(독립성) ① 감사기구의 장은 감사기구의 독립성이 보장되도록 다음 각 호의 노력을 하여야 한다.

1. 감사대상기관 또는 부서와 실질적으로 분리된 조직의 설치와 운영
2. 감사활동에 필요한 예산 확보
3. 감사담당자 우대조치 등을 통한 우수인력의 확보 및 교육훈련의 실시
4. 감사담당자에 대한 독자적인 평가와 성과 관리
5. 그 밖에 감사기구의 독립성 보장에 필요한 사항

② 감사기구의 장은 감사활동의 독립성이 보장되도록 다음 각 호의 사항을 준수하여야 한다.

1. 감사계획 수립, 감사대상의 선정 등 감사활동에 대한 외부간섭의 배제
2. 자율적인 판단에 따른 자체감사의 실시와 감사결과의 처리
3. 외부의 간섭이나 관여 없이 자체감사기구가 소속된 기관의 장(이하 "소속기관의 장"이라 한다)에게 감사 관련사항을 보고
4. 그 밖에 감사활동의 독립성 보장에 필요한 사항

③ 감사담당자등은 감사대상기관 또는 부서, 그 소속 직원 및 외부 이해관계자 등으로부터 감사의 독립성이 침해되지 않도록 하여야 한다.

④ 감사담당자등은 관계법령이 정하는 바에 따라 감사 외의 업무를 수행할 때에는 감사활동의 독립성이 침해될 정도로 과도하게 관여하여서는 아니 된다.

제 6 조(감사담당자등의 회피 등) ① 감사담당자등은 다음 각 호의 어느 하나에 해당하여 감사수행의 독립성을 유지하기 어렵다고 판단될 때에는 감사기구의 장은 소속기관의 장에게, 감사담당자는 감사기구의 장에게 지체 없이 보고하여야 한다.

1. 감사대상이 되는 기관, 부서 또는 업무와 관련이 있는 사람과 개인적인 연고나 이해관계 등이 있어 공정한 감사수행에 영향을 미칠 우려가 있는 경우
2. 감사대상이 되는 기관, 부서 또는 업무와 관련된 주요 의사결정과정에

직·간접적으로 관여한 경우

3. 그 밖에 공정한 감사수행이 어려운 특별한 사정이 있는 경우

② 소속기관의 장 또는 감사기구의 장은 제1항에 따른 보고를 받거나 감사담당자등이 제1항 각 호의 어느 하나에 해당한다고 인정하는 경우에는 해당 감사담당자등을 감사에서 제외하는 등 적정한 조치를 하여야 한다.

제7조(전문성) ① 감사담당자등은 감사원 및 감사·회계전문기관으로부터 감사계획 또는 방법에 대한 자문을 받거나 감사·회계교육을 이수하는 등 감사업무에 필요한 전문지식과 실무경험을 갖추어야 한다.

② 감사기구의 장은 우수한 전문인력을 감사담당자로 확보하기 위하여 노력하고, 감사담당자의 전문성이 최대한 발휘될 수 있도록 감사담당자의 전문지식과 실무경험 등을 고려하여 감사임무를 부여 하여야 한다.

③ 감사기구의 장은 감사담당자의 전문성을 높이기 위하여 감사원 감사 등에의 참여를 권장하고, 감사 회계전문기관의 감사·회계교육을 이수하도록 하거나 필요한 경우 자체적으로 실시하여야 한다.

④ 감사기구의 장은 전문지식이나 실무경험 등이 요구되는 분야를 감사할 때에는 외부 전문기관 또는 외부 전문가의 자문을 받거나 필요한 경우 감사에 참여시킬 수 있다.

제8조(감사자세) ① 감사담당자등은 관련 법령을 준수하고 그 직무를 성실하게 수행하여야 하며, 정당한 사유가 없는 한 감사기간 중에 개인적인 일을 도모하거나 출장지를 이탈하여서는 아니 된다.

② 감사담당자등은 감사를 받는 사람에게 위압감이나 불쾌감을 주는 언행을 하지 않도록 하여야 한다.

③ 감사담당자등은 감사업무를 공정하게 수행하고, 정치적 중립을 유지하여야 한다.

④ 감사담당자등은 선입견을 가지고 감사업무를 수행하거나 자의적으로 판단하여서는 아니 되며, 관계기관 등의 의견을 충분히 듣고 공정한 절차와 객관적 증거자료에 따라 감사결과를 도출하여야 한다.

⑤ 감사담당자등은 직무의 범위를 벗어나 자신의 지위나 권한을 이용하거나, 개인적인 일 또는 감사활동에 소요되는 비용을 감사대상기관의 직원 등 이해관계인에게 부담시켜서는 아니 된다.

⑥ 감사담당자등은 직무의 해당 여부와 상관없이 감사담당자등으로서의 품위를 손상하는 행위를 하여서는 아니 된다.

제9조(청렴의무 등) ① 감사담당자등은 감사대상기관의 직원 등 이해관계인과 일반국민으로부터 존경과 신뢰를 받을 수 있도록 높은 청렴성을 유지하여야 한다.

② 감사담당자등은 감사의 독립성이나 감사활동의 공정한 수행을 저해하는 청탁이나 압력 등이 있는 경우 감사기구의 장은 소속기관의 장에게, 감사담당자는 감사기구의 장에게 그 사실을 지체 없이 보고하여야 한다.

③ 제2항에 따른 보고를 받은 소속기관의 장 또는 감사기구의 장은 보고사실을 조사하여 적정한 조치를 하여야 한다.

제10조(보안유지 등) ① 감사담당자등과 그 직위에 있었던 자는 직무와 관련하여 알게 된 정보 또는 자료를 정당한 사유 없이 다른 사람에게 제공하거나 해당 목적 외의 용도로 이용하여서는 아니 된다.

② 감사담당자등은 감사와 관련된 정보가 감사목적과 관계없이 외부로 유출되지 않도록 정당한 주의의무를 다하여야 한다.

③ 감사담당자등과 그 직위에 있었던 자는 직무상 알게 된 비밀을 누설하여서는 아니 된다.

제3장 감사계획 수립기준

제11조(연간 감사계획수립 방법) ① 감사기구의 장은 영 제11조 제1항에 따른 연간 감사계획을 수립할 때에는 다음 각 호의 사항을 고려하여야 한다.

1. 법 제31조에 따른 감사활동조정협의회의 협의·조정 사항
2. 영 제18조 제2항에 따라 감사원이 자체감사계획 수립 등에 관하여 제시한 의견 및 회의 결과
3. 감사원 감사의 위탁 및 대행 사항
4. 감사원 감사 등을 포함한 감사대상기관 또는 부서에 대한 감사빈도 및 주기
5. 법 제22조에 따른 일상감사 등을 통하여 감사의 필요성이 있다고 인정되는 사항

6. 국회, 지방의회, 언론, 및 시민단체 등에서 감사의 필요성을 제기한 사항
7. 그 밖에 감사대상기관 또는 부서 및 그 소속 직원 등의 위법 또는 부당한 업무처리나 복무규정 위반 등이 우려되어 감사의 필요성이 있다고 인정되는 사항

② 감사기구의 장은 연간 감사계획을 효율적으로 수행하기 위하여 개별 감사사항 별로 감사계획의 수립, 감사실시 및 감사결과 처리 등을 주관할 감사담당자를 지정할 수 있다.

제12조(감사의 사전준비) ① 감사담당자등은 제13조에 따른 감사계획을 수립하거나 감사를 실시하기 전에 다음 각 호의 감사자료를 수집·분석하는 등 사전준비를 철저히 하여야 한다.

1. 관계법령 및 훈령 지침 예규 등 내부규정
2. 감사대상기관 또는 부서의 기능·조직·인력·예산 등 일반현황
3. 주요 업무계획 및 심사분석 결과
4. 성과계획서와 성과보고서
5. 언론보도사항, 국회 및 지방의회의 논의사항
6. 기존 감사결과 및 처분요구 집행상황
7. 그 밖에 민원, 감사정보, 감사대상 일부에 대한 표본조사 등 각종 감사자료

② 감사기구의 장은 제1항 각 호의 감사자료를 조사·확인하거나 감사대상의 문제점을 도출하기 위하여 필요한 경우 예비조사를 실시할 수 있다.

③ 감사기구의 장은 감사의 사전 준비를 위하여 법 제38조에 따라 감사원에 감사계획 또는 감사방법에 대한 자문 또는 인력지원을 요청하거나 외부전문가의 자문을 구할 수 있다.

제13조(감사계획의 수립 등) ① 감사기구의 장은 감사를 실시하기 전에 다음 각 호의 사항이 포함된 감사계획을 수립하여야 한다.

1. 영 제11조 제1항 제1호부터 제5호까지의 사항
2. 감사 착안사항 및 감사방법, 감사자료 확인결과
3. 감사단 편성 및 개인별 감사사무분장
4. 그 밖에 감사에 필요한 사항

② 감사기구의 장은 감사목적을 달성하고 감사성과를 확보할 수 있도록 감

사담당자의 전문지식 및 실무경험 등을 고려하여 제1항 제3호에 따른 감사단을 편성하고 개인별 감사사무분장을 정하여야 한다.

③ 감사기구의 장은 감사의 전문성과 효율성을 높이기 위하여 필요한 경우 감사기구가 소속된 기관(그 소속기관 및 소관단체를 포함한다)의 다른 부서의 직원을 감사단에 참여시킬 수 있다.

④ 감사기구의 장은 감사단에 포함된 감사담당자를 대상으로 다음 각 호의 사항에 관한 교육을 실시하여야 한다.

1. 제1항에 따른 감사계획
2. 감사대상기관 또는 부서의 주 기능 및 임무
3. 감사대상 업무의 특수성
4. 감사 착안사항 및 감사기법
5. 실지감사 시 주의사항
6. 그 밖에 감사수행에 필요한 사항

⑤ 감사기구의 장은 감사성과 확보 등을 위하여 필요한 경우 감사계획 등을 미리 공개하여 이해관계인 또는 일반국민의 의견을 수렴하고, 이를 감사자료로 활용할 수 있다.

제 4 장 감사실시 기준

제14조(감사계획의 주요내용 통보) 감사기구의 장은 영 제12조에 따라 감사계획의 주요내용을 통보할 때에는 다음 각 호의 사항을 포함하여 문서로 하여야 한다.

1. 감사대상
2. 감사범위
3. 감사기간 및 감사인원

제15조(자료제출요구 등의 방법) ① 감사담당자등은 법 제20조 제1항에 따라 자료제출요구 등을 할때에는 일시·장소·대상 등을 기재한 요구서를 발부하여야 한다. 다만, 실지감사 중이거나 긴급한 필요가 있는 경우에는 구두로 할 수 있다.

② 감사기구의 장은 법 제20조 제4항에 따라 자체감사 대상기관이 아닌 중

앙행정기관등에 자료 또는 정보를 제출하도록 요청할 때에는 다음 각 호의 사항이 포함된 요청서로 하여야 한다. 이 경우 요청 전에 해당 요청 내용을 소속 기관의 장에게 보고하여야 하며, 특히 긴급한 필요가 있는 경우에는 사후에 보고할 수 있다.

1. 자료 또는 정보가 필요한 자체감사의 명칭
2. 필요한 자료 또는 정보의 구체적 범위 및 이용 용도
3. 자료 또는 정보를 이용하지 아니하면 자체감사가 불가능한 사유

③ 제2항에 따라 자료 또는 정보를 제출받은 감사담당자등은 그 자료 또는 정보를 다른 사람에게 제공 또는 누설하거나 제2항 제3호에 따른 구체적 이용 용도 외로 이용하여서는 아니 된다.

제16조(실지감사의 실시) ① 감사기구의 장은 법 제21조에 따른 실지감사를 하고자 할 때에는 제14조 제3호에 따른 감사인원에 맞게 감사장을 설치하도록 하고, 감사에 필요한 자료를 가능한 한 미리 요구하여 구비하도록 하여야 한다.

② 감사기구의 장은 제13조 제1항에 따른 감사계획에 따라 감사를 실시하고, 불가피한 사유가 있어 이를 변경하고자 할 때에는 지체 없이 감사대상기관 또는 부서에 이를 통보하여야 한다.

③ 감사담당자등은 필요한 경우 감사대상기관이 보관하고 있는 현금・예금・유가증권 등의 시재액을 확인하여 관계 장부와의 부합 여부를 점검할 수 있다.

④ 감사담당자등은 실지감사 중에 감사대상기관 또는 부서의 일상 업무 수행에 지장을 주지 않도록 최대한 노력하여야 한다.

⑤ 감사담당자등은 감사대상기관 또는 부서의 직원이나 외부인이 감사 자료에 접근하지 못하도록 다음 각 호의 보안조치를 하여야 한다.

1. 감사장 내 서류보관함에 잠금장치 사용
2. 사무용 컴퓨터 및 이동식 저장장치에 암호 설정
3. 감사장 철수시 감사자료가 감사장 또는 컴퓨터 등에 남지 않도록 완전 파기
4. 그 밖에 감사자료의 유출을 방지하는데 필요한 보안조치

제17조(실지감사의 지휘와 책임 등) ① 감사기구의 장은 실지감사를 위하여 제

13조 제2항에 따라 감사단을 편성하고자 할 때에는 감사단장을 지정하여 감사단을 지휘・감독하도록 하여야 한다.

② 제1항에 따른 지휘・감독은 다음 각 호의 사항을 포함한다.

1. 감사목적과 임무의 주지
2. 감사기법의 지도 및 현장 교육
3. 감사업무 수행내용의 검토
4. 개인별 감사사무분장의 변경
5. 그 밖에 실지감사의 목적을 달성하는데 필요한 사항

③ 감사단장은 실지감사의 목적을 달성하기 위하여 제13조에 따른 감사계획을 변경할 필요가 있거나, 감사계획에 포함되지 않은 기관 또는 사항을 감사할 필요가 있는 경우에는 감사기구의 장에게 보고하고 그 지시에 따라야 한다.

④ 감사단장은 감사담당자가 고의 또는 중과실로 감사업무를 위법 또는 부당하게 수행한 때에는 연대하여 책임을 진다. 다만, 감사단장이 해당 감사담당자에 대한 지휘와 감독에 정당한 주의의무를 다한 경우에는 그러하지 아니한다.

제18조(실지감사 상황보고) ① 감사담당자는 실지감사 활동내역을 구체적으로 기록한 일일 감사실시 상황을 작성하여 감사단장에게 보고하고 그 지휘에 따라야 한다.

② 감사단장은 제1항에 따른 일일 감사실시상황을 종합하여 감사기구의 장에게 수시로 보고하여야 한다.

③ 감사담당자는 실지감사기간 중에 제13조 제1항 제3호에 따른 개인별 감사사무분장 외의 사항을 감사하고자 할 때에는 감사단장에게 보고하고 그 지시에 따라야 한다.

제19조(실지감사의 종결 등) ① 감사단장은 실지감사기간 내에 감사를 종결하여야 한다. 다만, 감사목적의 달성을 위하여 필요한 경우 감사기구의 장에게 사유를 보고하고 실지감사기간을 연장할 수 있다.

② 감사단장은 감사목적의 달성을 위하여 필요한 경우 실지감사 종료 전에 감사대상기관 또는 부서를 대상으로 주요 감사결과를 설명하고 이에 대한 의견을 들을 수 있다.

제20조(감사 중인 사건의 처리) ① 감사기구의 장은 감사의 실효성을 확보하기 위하여 감사 중에 있는 위법·부당사항에 대하여는 감사결과 처분요구 등이 있기 전에 감사대상기관 또는 부서에서 사전조치를 할 수 없도록 그 내용을 서면으로 작성하여 해당 감사대상기관의 장 또는 부서의 장에게 통보하여야 한다. 다만, 제25조 제4항에 따라 현지에서 시정조치하거나 사전조치를 해야 할 특별한 사정이 있는 경우 그러하지 아니하다.

② 감사기구의 장은 감사 중에 있는 사항으로서 범죄혐의가 있다고 인정되고 증거인멸이나 도피의 우려가 있는 경우에는 수사기관에 수사를 의뢰할 수 있다.

제21조(일상감사의 처리) ① 감사기구의 장은 집행부서의 장이 영 제13조 제2항 각 호에 따른 업무에 대하여 일상감사를 의뢰하지 않은 경우 집행부서의 장에게 일상감사를 의뢰하도록 할 수 있다.

② 감사담당자등은 일상감사의 처리를 위하여 필요한 경우 집행부서의 장 및 그 직원에 대하여 법 제20조 제1항 각 호에 따른 조치를 할 수 있다.

③ 제2항에 따른 조치를 요구받은 집행부서의 장 및 그 직원은 정당한 사유가 없는 한 그 요구에 따라야 한다.

④ 감사기구의 장은 영 제13조 제4항에 따라 통보받은 조치결과가 적정하지 않다고 판단되는 때에는 집행부서의 장에게 그 내용을 통보하고, 소속기관의 장에게 이를 보고하여야 한다.

⑤ 감사기구의 장은 일상감사의 접수·처리상황을 관리하기 위하여 일상감사처리대장을 작성·비치하여야 한다.

제 5 장 감사증거와 판단기준

제22조(증거서류의 확보 등) ① 감사담당자등은 감사결과 처리가 필요한 사항에 대하여는 그 입증을 위하여 필요한 관계서류 등의 등본 또는 사본을 징구하고, 그 대상이 물건이나 상태인 경우 사진 촬영 등의 방법으로 증거를 확보하여 추가적인 감사나 법적 분쟁 등이 발생하지 않도록 하여야 한다.

② 감사담당자등은 증거서류의 증거능력과 감사대상기관 또는 부서의 부담정도 등을 고려하여 적정하고도 충분한 증거를 확보하여야 한다.

③ 감사담당자등은 증거서류의 신빙성을 확보하기 위하여 증거서류의 출처와 근거를 명시하여야 한다. 다만, 비밀유지 등을 위하여 필요한 경우 출처를 명시하지 아니할 수 있다.

④ 감사담당자등은 증거인멸의 우려가 있는 경우 금고·창고·장부 및 물품 등을 봉인하는 등의 방법으로 즉시 증거를 확보하고, 필요한 경우 수사기관에 협조를 요청하는 등 증거 확보를 위한 조치를 하여야 한다.

제23조(확인서의 징구 등) ① 감사담당자등은 감사결과 처리가 필요한 사항의 증거를 보강하기 위하여 필요한 경우 관계자로부터 관련 사항에 대한 사실관계 등을 기술한 확인서를 받을 수 있다.

② 감사담당자등은 감사결과 처리가 필요한 사항이 변상명령, 징계 또는 문책사유에 해당하거나 그 밖에 중요한 사안에 관련된 관계자의 책임소재와 한계를 규명하고 행위의 동기, 배경 또는 변명을 듣기 위하여 필요한 경우에는 문답서를 작성한다.

③ 감사기구의 장은 감사결과 처리가 필요한 사항에 관하여 그 사유 및 개선방안 등을 듣기 위하여 필요한 경우 해당 사항의 특성을 고려하여 적정한 직위의 책임자에게 질문서를 발부하고 답변서를 징구한다. 다만, 실지감사 중인 때에는 감사단장이 질문서를 발부할 수 있다.

제24조(감사결과의 도출) ① 감사담당자등은 제22조 및 제23조에 따른 감사증거를 바탕으로 합법성, 경제성, 효율성, 효과성, 형평성 등을 종합적으로 검토하여 감사결과를 도출하여야 한다.

② 제1항에 따라 감사결과를 도출하면서 판단 근거가 상충되는 경우에는 다음 각 호의 사항을 고려하여 합리적으로 판단하여야 한다.

1. 법령 또는 제도의 취지
2. 감사대상기관 또는 부서의 임무
3. 감사대상 업무의 목적, 수행여건 및 환경
4. 그 밖에 업무를 수행하게 된 동기

제 6 장 감사결과 보고 및 처리 기준

제25조(감사결과의 처리기준 등) ① 감사기구의 장은 제24조에 따라 도출된 감

사결과를 다음 각 호의 기준에 따라 처리하여야 한다.

1. 변상명령: 「회계관계직원 등의 책임에 관한 법률」이 정하는 바에 따라 변상책임이 있는 경우
2. 징계 또는 문책요구: 「국가공무원법」과 그 밖의 법령에 규정된 징계 또는 문책 사유에 해당하거나 정당한 사유 없이 자체감사를 거부하거나 자료의 제출을 게을리한 경우
3. 시정요구: 감사 결과 위법 또는 부당하다고 인정되는 사실이 있어 추징·회수·환급·추급 또는 원상복구 등이 필요하다고 인정되는 경우
4. 주의요구: 감사 결과 위법 또는 부당하다고 인정되는 사실이 있으나 그 정도가 징계 또는 문책사유에 이르지 아니할 정도로 경미하거나, 감사대상기관 또는 부서에 대한 제재가 필요한 경우
5. 개선요구: 감사 결과 법령상·제도상 또는 행정상 모순이 있거나 그 밖에 개선할 사항이 있다고 인정되는 경우
6. 권고: 감사 결과 문제점이 인정되는 사실이 있어 그 대안을 제시하고 감사대상기관의 장 등으로 하여금 개선방안을 마련하도록 할 필요가 있는 경우
7. 통보: 감사 결과 비위 사실이나 위법 또는 부당하다고 인정되는 사실이 있으나 제2호부터 제5호까지의 요구를 하기에 부적합하여 각 기관 또는 부서에서 자율적으로 처리할 필요가 있다고 인정되는 경우
8. 고발: 감사 결과 범죄 혐의가 있다고 인정되는 경우

② 제1항 제4호에 따른 주의요구는 위법성 또는 부당성의 경중에 따라 각 기관의 특성을 고려하여 훈계, 경고 등으로 세분화할 수 있다.

③ 감사기구의 장은 손해의 보전 등을 위하여 시급하게 처리할 필요가 있거나 법적 쟁점 등으로 인하여 신중한 검토가 필요한 사항이 있을 경우에는 다른 감사결과와 분리하여 처리할 수 있다.

④ 감사기구의 장은 실지감사 중 경미한 사항으로서 제1항 제3호의 시정이 필요한 사항이 있는 때에는 현지에서 감사대상기관의 장에게 그 시정 등을 요구할 수 있다.

제26조(감사결과보고서의 작성 및 보고) ① 감사기구의 장은 감사가 종료된 후 다음 각 호의 사항을 포함한 감사결과보고서를 작성하여 소속기관의 장에

게 보고하여야 한다.

1. 감사목적 및 범위, 감사기간 등 감사실시개요
2. 제25조의 처리기준에 따른 감사결과 처분요구 및 조치사항
3. 감사대상기관이 아닌 기관의 장의 권한에 속하는 사항으로서 법 제23조 제4항에 따라 해당 기관에 통보할 사항
4. 감사결과에 대한 감사대상기관 또는 부서의 변명 또는 반론
5. 일반인에게 공개할 수 없는 정보가 있는 경우 그 사유 및 근거
6. 그 밖에 보고할 필요가 인정되는 사항

② 감사기구의 장은 다음 각 호의 요건에 맞게 제1항에 따른 감사결과보고서를 작성하여야 한다.

1. 어문규범에 맞도록 어휘를 선택하고 문장을 서술
2. 이해관계인이나 일반국민이 쉽게 이해할 수 있도록 서술
3. 내용에 모호함이 없도록 분명하게 서술
4. 논지의 일관성을 유지하고 앞뒤가 맞게 서술
5. 구체적으로 기술하되 장황하지 않도록 서술

제27조(감사결과의 중간 보고) ① 감사단장은 감사기간 중 또는 감사 종료 후 감사결과와 관련하여 긴급을 요하는 중요사항이 발생한 경우에는 지체 없이 감사기구의 장에게 그 내용 및 처리방향 등을 보고하여야 한다.

② 감사기구의 장은 필요한 경우 소속기관의 장에게 제1항에 따라 보고 받은 중요사항의 전부 또는 일부를 보고할 수 있으며, 보고를 받은 소속기관의 장은 적정한 조치를 하여야 한다.

제28조(감사결과의 통보 등) ① 감사기구의 장은 법 제23조 제1항에 따라 자체감사 대상기관에 감사결과를 통보할 때에는 다음 각 호의 사항을 포함한 시행문을 작성하여야 한다.

1. 제26조 제1항 제2호에 따른 감사결과 처분요구 및 조치사항
2. 감사결과 종류별 처리기한 및 결과 회보 의무
3. 법 제25조 및 영 제15조에 따른 재심의 신청에 대한 안내문

② 제1항 제2호에 따른 감사결과 종류별 처리기한 및 결과 회보 의무는 다음과 같다.

1. 변상명령: 변상책임자가 변상명령서를 받은 날로부터 3개월 안에 변상하

도록 조치하고 그 결과를 지체 없이 회보

2. 징계 또는 문책요구: 1개월 안에 징계의결을 요구하고, 그 의결 결과를 지체 없이 회보
3. 시정요구: 2개월 안에 처리하고 그 결과를 지체 없이 회보
4. 개선요구·권고·통보: 2개월 안에 집행 가능한 사항은 그 기간 내에 적정한 조치를 하고 그 결과를 지체 없이 회보, 집행에 2개월 이상이 소요되는 사항은 2개월 안에 추진일정 및 계획 등이 포함된 집행계획을 우선 회보한 후 집행계획에 따라 조치한 결과를 지체 없이 회보, 다만 징계조치 여부를 일임한 통보(인사자료) 사항은 1개월 안에 적정한 조치를 하고 그 결과를 지체 없이 회보

③ 감사기구의 장은 제23조에 따라 확인서, 답변서, 문답서를 징구하였으나 감사결과로 처리하지 않기로 결정한 사항 중 일반국민의 이해관계에 영향을 미치거나 공무원의 신분상·재산상 책임과 관련이 있는 중요한 사항에 대하여는 10일 이내에 관계기관 또는 관련자 등에게 그 사실을 통보하여야 한다.

第29조(감사결과의 공개) 법 제26조에 따라 감사결과를 공개하는 때에는 공개의 시기·방법 등을 미리 정하여 공표하고 이에 따라 공개하여야 한다.

제 7 장 감사결과의 사후관리 기준

第30조(재심의신청의 처리절차) ① 감사기구의 장은 법 제25조에 따른 재심의 신청을 받은 경우 공정한 처리를 위하여 해당 감사결과에 관여하지 않은 감사담당자가 처리하도록 하여야 한다.

② 감사기구의 장은 재심의신청의 처리에 필요한 경우 신청인 또는 관련자의 의견을 듣거나 보완 자료를 요청할 수 있다.

③ 감사기구의 장은 재심의신청의 처리 결과를 소속기관의 장에게 보고하고, 보고를 받은 소속기관의 장은 그 처리 결과를 재심의를 신청한 감사대상기관의 장에게 서면으로 통보하여야 한다.

第31조(이행결과의 확인) ① 감사기구의 장은 법 제23조 제3항에 따라 제출된 감사대상기관 또는 부서의 이행결과를 검토하고, 필요한 경우 보완자료를 요구하거나 이행을 독촉하여야 한다.

② 감사기구의 장은 감사결과 처분요구 및 조치사항에 대한 사후관리의 적정성 확보를 위하여 필요한 경우 현지 확인 점검을 실시할 수 있다.

③ 감사기구의 장은 감사결과를 통보받은 감사대상기관 또는 부서의 장이 제28조 제2항에 따른 처리기한 내에 적정한 조치를 하지 않는 경우 그 사유 및 조치계획서 등을 작성하여 통보하도록 할 수 있다.

④ 감사기구의 장은 감사대상기관 또는 부서의 장이 정당한 사유 없이 감사결과 처분요구 또는 조치사항을 이행하지 않는 때에는 감사를 실시할 수 있다.

제8장 보　　칙

제32조(회계감사기준의 준용) 기업회계기준 또는 이에 상당한 회계기준에 따라 처리되고 있는 업무에 대하여는 이 규칙에 저촉되지 아니하는 범위 안에서 공인회계사의 감사준거가 되는 회계감사기준을 준용할 수 있다.

제33조(세부사항 등) ① 감사원장은 이 규칙의 시행에 필요한 세부사항을 따로 정할 수 있다.

② 중앙행정기관 및 지방자치단체의 장은 이 규칙 및 제1항에 따라 감사원이 정한 세부사항에 저촉되지 아니하는 범위 안에서 이 규칙의 시행에 필요한 사항을 따로 정할 수 있다.

③ 감사담당자등이 자체감사를 수행함에 있어 이 규칙의 해석상 의문이 있는 경우 감사원에 의견을 구할 수 있고, 감사원은 이에 대하여 해석·답변한다.

부　칙 〈감사원규칙 제222호, 2010.12.17〉

제1조(시행일) 이 규칙은 공포한 날부터 시행한다.

6. 지방자치단체에 대한 행정감사규정

[대통령령 제22439호, 2010.10.13, 전부개정]

제1조(목적) 이 영은 「지방자치법」 제167조, 제171조 및 제171조의2(「지방교육자치에 관한 법률」 제3조에서 준용하는 경우를 포함한다)에 따라 지방자치단체 및 시·도교육청에 대하여 실시하는 감사의 절차와 방법 등에 관한 사항을 규정함을 목적으로 한다.

제2조(정의) 이 영에서 "감사"란 주무부장관, 행정안전부장관 또는 특별시장·광역시장·도지사(이하 "시·도지사"라 한다)가 「지방자치법」(이하 "법"이라 한다) 제167조, 제171조 및 제171조의2에 따라 다음 각 호의 사무(이하 "감사대상사무"라 한다)에 관한 업무와 활동 등을 조사·점검·확인·분석·검증하고 그 결과를 처리하는 것을 말한다.

1. 법 제167조 제1항에 따른 지방자치단체(제주특별자치도는 제외한다. 이하 같다)나 그 장이 위임받아 처리하는 국가사무
2. 법 제167조 제2항에 따른 시·군 및 자치구나 그 장이 위임받아 처리하는 특별시·광역시 또는 도의 사무
3. 법 제171조 제1항에 따른 지방자치단체의 자치사무

제3조(감사의 종류) 주무부장관, 행정안전부장관 또는 시·도지사가 실시하는 감사는 다음 각 호와 같이 구분한다.

1. 정부합동감사: 주무부장관과 행정안전부장관이 법 제171조의2 제2항에 따라 지방자치단체에 대하여 같은 기간 동안 함께 실시하는 감사
2. 시도종합감사: 시·도지사가 시·군 및 자치구의 감사대상사무 전반에 대하여 실시하는 감사
3. 특정감사: 주무부장관, 행정안전부장관 또는 시·도지사가 지방자치단체의 감사대상사무 중 특정한 분야에 대하여 실시하는 감사
4. 복무감사: 행정안전부장관 또는 시·도지사가 법 제167조, 제171조 및 제171조의2에 따른 감사대상 지방자치단체에 소속된 사람이 감사대상 사무와 관련하여 법령과 직무상 명령을 준수하는지 여부 등 그 복무에 대하여 실시하는 감사

제 4 조(감사계획의 수립 등) ① 주무부장관, 행정안전부장관 또는 시·도지사는 감사를 하려는 경우에는 다음 각 호의 사항을 포함하는 연간 감사계획을 미리 수립하여야 한다.

1. 감사사항
2. 감사의 목적 및 필요성
3. 감사의 종류와 감사대상 지방자치단체
4. 감사의 범위
5. 감사기간(감사활동 수행기간과 제18조 제2항에 따라 감사결과에 포함될 징계 등의 처분요구나 조치사항을 결정하는 기간을 말한다. 이하 같다)과 감사인원
6. 그 밖에 감사에 필요한 사항

② 주무부장관, 행정안전부장관 또는 시·도지사는 제1항에 따른 연간 감사계획에 포함되지 아니한 감사를 하려는 경우에는 제1항 각 호의 사항이 포함된 감사계획을 별도로 수립하여야 한다.

③ 주무부장관 또는 시·도지사는 제1항 및 제2항에 따라 감사계획을 수립한 때에는 지체 없이 행정안전부장관에게 통보하여야 한다.

제 5 조(감사계획의 통보) ① 주무부장관, 행정안전부장관 또는 시·도지사는 제4조 제1항에 따른 연간 감사계획의 주요 내용을 매년 1월 31일까지 감사대상 지방자치단체의 장에게 통보하여야 한다. 다만, 신속히 감사를 실시하여야 할 긴급한 사정이 있거나 감사의 실효성을 거두기 위하여 부득이한 경우에는 그러하지 아니하다.

② 주무부장관, 행정안전부장관 또는 시·도지사는 제1항에 따라 연간 감사계획을 통보한 후 이를 변경하였을 경우에는 지체 없이 그 내용을 감사대상 지방자치단체의 장에게 통보하여야 한다. 다만, 신속히 감사를 실시하여야 할 긴급한 사정이 있거나 감사의 실효성을 거두기 위하여 부득이한 경우에는 그러하지 아니하다.

제 6 조(감사계획의 협의 등) ① 주무부장관, 행정안전부장관 또는 시·도지사는 제4조에 따라 연간 감사계획을 수립하였을 때에는 「공공감사에 관한 법률」 제3조 제2항에 따라 감사원과 협의하여야 한다. 이미 수립한 감사계획 중 감사사항, 감사대상 지방자치단체, 감사의 범위, 감사기간 등 주요 내용

을 변경하였을 때에도 또한 같다.

② 행정안전부장관은 주무부장관 또는 시・도지사가 제4조 제2항에 따라 연간 감사계획과 별도로 수립한 감사계획에 대하여 다른 주무부장관 또는 시・도지사나 행정안전부장관이 실시하는 감사와의 중복 여부 등을 검토하여 해당 주무부장관에게 의견을 제시할 수 있다.

제7조(사전조사 등) ① 주무부장관 또는 시・도지사는 법 제167조에 따라 위임사무에 대한 감사를 실시하기 전에 감사대상 선정의 적정성, 문제점의 도출 및 취약 분야의 확인 등을 위하여 다음 각 호의 사항에 관한 사전 조사를 실시할 수 있다.

1. 감사대상과 관련된 자료 및 정보의 수집과 확인
2. 감사대상의 일부에 대한 표본조사

② 행정안전부장관 또는 시・도지사는 법 제171조 제2항에 따라 감사를 실시하기 전에 해당 지방자치단체의 자치사무 처리가 법령에 위반되는지 여부 등을 확인하기 위하여 필요하다고 인정되는 경우에는 다음 각 호의 업무를 수행할 수 있다.

1. 해당 지방자치단체에 소속된 사람이나 민원인, 그 밖의 제3자로부터 해당 지방자치단체의 사무처리가 법령에 위반된다는 정보가 수집된 경우 그 사실관계를 파악하기 위한 서류나 장부 등의 확인
2. 신문・방송 등 언론매체나 정보통신매체 등에 의하여 해당 지방자치단체의 사무처리가 법령에 위반되는 것으로 공개된 내용의 사실관계를 파악하기 위한 서류나 장부 등의 확인
3. 해당 지방자치단체의 자치사무 중 특정 분야에 관하여 제출받은 자료 및 해당 지방자치단체의 정보시스템에 입력된 자료 중 법령에 위반되거나 위반되는 것으로 의심할 만한 상당한 이유가 있는 사무에 대한 서류나 장부 등의 확인

③ 행정안전부장관 또는 시・도지사는 제2항에 따른 업무를 수행한 결과 해당 지방자치단체의 자치사무 처리가 법령을 위반하였거나 위반한 것으로 의심할 만한 상당한 이유가 있으면 그 사무를 감사대상으로 특정하여 미리 감사일정 등을 해당 지방자치단체의 장에게 통보하여야 한다.

제8조(감사반 편성・운영) ① 주무부장관, 행정안전부장관 또는 시・도지사는

제3조 각 호의 구분에 따른 감사를 효율적으로 실시하기 위하여 해당 기관 소속 공무원으로 구성되는 감사반을 편성·운영하여야 한다.

② 주무부장관과 행정안전부장관은 제3조 제1호 또는 제3호에 따른 감사를 효율적으로 수행하기 위하여 필요하다고 인정되는 때에는 각 주무부장관 소속 공무원과 행정안전부장관 소속 공무원으로 구성되는 감사반을 편성·운영할 수 있다.

제 9 조(감사의 주기) 주무부장관, 행정안전부장관 또는 시·도지사는 제4조의 연간 감사계획에 따라 감사를 실시하되, 정부합동감사와 시도종합감사는 2년의 범위에서 주무부장관, 행정안전부장관 또는 시·도지사가 정하는 기간마다 정기적으로 실시한다. 다만, 주무부장관, 행정안전부장관 및 시·도지사는 감사 인력, 감사대상 사무의 특성 및 감사대상 지방자치단체의 여건 등을 고려하여 정부합동감사와 시도종합감사의 실시 주기를 달리 정할 수 있다.

제10조(감사기간 및 활동의 연장) ① 주무부장관, 행정안전부장관 또는 시·도지사는 법 제167조, 제171조 및 제171조의2 제2항에 따라 감사를 하는 경우에는 제5조에 따라 통보된 감사기간에 하는 것을 원칙으로 한다. 다만, 그 감사기간 동안 감사를 마칠 수 없는 경우에는 감사대상 지방자치단체에 그 사유와 연장기간 등 필요한 사항을 통보한 후 감사기간을 연장하여 실시할 수 있다.

② 감사활동의 수행은 「국가공무원 복무규정」 제9조 및 「지방공무원 복무규정」 제2조에 따른 근무시간에 실시하는 것을 원칙으로 하되, 증거인멸 및 진술번복 방지 등 불가피한 사유가 있는 경우에는 시간을 연장하여 실시할 수 있다.

제11조(자료제출 요구) ① 주무부장관, 행정안전부장관 또는 시·도지사는 감사활동 수행기간 동안 필요하다고 인정되는 때에는 감사대상 지방자치단체나 그 소속 공무원 또는 그 밖에 감사사항과 관련이 있다고 인정되는 자에게 다음 각 호의 조치를 할 수 있다.

1. 출석·답변의 요구(「정보통신망 이용촉진 및 정보보호 등에 관한 법률」에 따른 정보통신망을 이용한 요구를 포함한다)
2. 관계 서류·장부 및 물품 등의 제출 요구

3. 전산정보시스템에 입력된 자료의 조사
4. 금고·창고·장부 및 물품 등의 봉인(封印) 요구

② 제1항 각 호에 따른 조치는 감사에 필요한 최소한도에 그쳐야 한다.

③ 제1항 각 호에 따른 조치를 요구받은 자는 정당한 사유가 없으면 그 요구에 따라야 한다.

④ 주무부장관, 행정안전부장관 또는 시·도지사는 감사대상 지방자치단체가 아닌 다른 중앙행정기관 또는 지방자치단체가 보유한 자료 또는 정보를 이용하지 아니하면 감사를 할 수 없는 경우 해당 중앙행정기관 또는 지방자치단체에 필요한 자료 또는 정보의 제출을 요청할 수 있다.

⑤ 주무부장관, 행정안전부장관 또는 시·도지사(감사활동을 수행하는 사람을 포함한다)는 감사를 위하여 제출받은 정보 또는 자료를 감사 목적 외의 용도로 이용해서는 아니 된다.

제12조(확인서의 요구) ① 제8조에 따른 감사반에 편성되어 감사활동을 수행하는 사람은 감사와 관련된 사항의 증거를 보강하기 위하여 필요한 경우에는 감사대상 지방자치단체나 그 소속 공무원 또는 그 밖에 감사사항과 관련이 있다고 인정되는 자로부터 사실관계 등을 적은 확인서를 받을 수 있다.

② 제8조에 따른 감사반에 편성되어 감사활동을 수행하는 사람은 감사를 수행하는 과정에서 확인된 사항이 징계 사유에 해당하거나, 그 밖의 중요한 사안에 관련된 자의 책임소재와 한계를 분명히 하고 행위의 동기·배경 또는 변명을 듣기 위하여 필요한 경우에는 관련자와의 문답서를 작성할 수 있다.

③ 주무부장관, 행정안전부장관 또는 시·도지사는 제8조에 따른 감사반의 감사활동 수행 결과, 감사대상 지방자치단체의 사무 중 위법·부당하다고 인정되는 사항 및 사무 처리의 내용이 분명하지 아니한 사항 등에 대하여 감사대상 지방자치단체의 장이나 그 소속 기관의 장, 그 밖에 해당 감사대상 사무와 관련이 있는 자로부터 설명이나 변명 등을 들을 필요가 있다고 인정되는 때에는 질문서를 보내고 답변서를 받을 수 있다.

제13조(외부 전문가 등의 자문) ① 주무부장관, 행정안전부장관 또는 시·도지사는 예산·회계·보건·환경·건설 등 전문지식이나 실무경험이 요구되는 경우에는 외부 전문기관이나 외부 전문가에게 자문할 수 있다.

② 제1항에 따라 자문에 응한 외부 전문기관이나 외부 전문가에게는 예산의

범위에서 수당, 여비 및 그 밖에 필요한 경비를 지급할 수 있다.

제14조(시·도지사 간 공동감사) ① 시·도지사는 감사대상사무를 공동으로 처리하는 시·군 및 자치구가 둘 이상인 경우로서 해당 시·군 및 자치구가 둘 이상의 시·도에 걸치는 경우에는 그 사무에 대하여 관계 시·도지사와 공동으로 감사를 할 수 있다. 이 경우 예산 규모 및 사무의 처리 분량 등에 비추어 주된 시·군 및 자치구를 관할하는 시·도지사가 감사를 주관하되, 관계 시·도지사와 따로 협의하는 경우에는 그에 따른다.

② 제1항의 감사를 하기 위한 감사반의 편성, 감사의 방법, 그 밖에 필요한 사항은 주된 시·군 및 자치구를 관할하는 시·도지사가 관계 시·도지사와 협의하여 정한다.

제15조(감사의 생략) 주무부장관, 행정안전부장관 또는 시·도지사는 감사대상 사무를 적법하고 공정하게 수행하기 위하여 노력한 감사대상 지방자치단체에 대해서는 감사의 전부 또는 일부를 하지 아니할 수 있다.

제16조(중복감사 금지) 법 제171조의2 제1항에서 "새로운 사실이 발견되거나 중요한 사항이 누락된 경우 등 대통령령으로 정하는 경우"란 다음 각 호의 어느 하나에 해당하는 경우를 말한다.

1. 새로운 증거 또는 사실이 발견된 경우
2. 감사 증거서류 등이 위조·변조되었음이 증명된 경우
3. 감사결과에 영향을 미칠 만한 중요한 사항이 누락된 경우

제17조(비밀유지 의무) 다음 각 호의 어느 하나에 해당하는 사람은 감사 업무와 관련하여 직무상 알게 된 비밀을 누설해서는 아니 된다.

1. 주무부장관, 행정안전부장관 또는 시·도지사
2. 제7조 제1항에 따른 사전조사 업무 및 같은 조 제2항에 따른 업무를 수행하는 사람
3. 제8조에 따른 감사반에 편성되어 감사를 수행하는 사람, 그 밖에 감사와 관련되는 업무를 수행하는 사람
4. 제1호부터 제3호까지의 직에 있었던 사람

제18조(감사결과의 통보 및 처리) ① 주무부장관, 행정안전부장관 또는 시·도지사는 감사활동 수행기간이 종료된 날부터 60일 이내에 제2항에 따라 감사결과에 포함될 징계 등의 처분요구나 조치사항을 결정하여야 하며, 그 결정

을 한 날부터 10일 이내에 감사결과를 감사대상 지방자치단체의 장에게 통보하여야 한다. 다만, 감사활동 수행기간이 종료된 날부터 60일 이내에 다른 감사를 하여야 하는 등 특별한 사유가 있는 경우에는 30일의 범위에서 제2항에 따라 감사결과에 포함될 징계 등의 처분요구나 조치사항 결정기한을 연장할 수 있다.

② 제1항에 따른 감사결과에는 징계, 문책, 시정, 주의, 개선, 권고 등의 처분요구나 조치사항이 포함되어야 한다.

③ 주무부장관, 행정안전부장관 또는 시·도지사가 제1항에 따라 감사결과를 감사대상 지방자치단체의 장에게 통보하면 「지방공무원법」 제73조 제3항에 따라 조사를 마쳤다는 사실을 알린 것으로 본다.

④ 감사대상 지방자치단체의 장은 제1항에 따라 감사결과를 통보받은 때에는 정당한 사유가 없으면 60일 이내에 감사결과의 조치사항을 이행하고, 그 이행결과를 해당 주무부장관, 행정안전부장관 또는 시·도지사에게 통보하여야 한다. 다만, 예산 등의 사유로 그 조치에 장기간이 필요한 사항인 때에는 앞으로 조치할 계획을 제출함으로써 이행결과 통보를 갈음할 수 있으며, 그 조치가 완료된 때에는 조치결과를 즉시 통보하여야 한다.

⑤ 주무부장관, 행정안전부장관 또는 시·도지사는 제4항 본문에 따라 이행결과를 통보받거나 같은 항 단서에 따라 조치결과를 통보받은 때에는 감사대상 지방자치단체의 이행결과 또는 조치결과의 적정성 등을 확인할 수 있다.

제19조(감사에 따른 제도개선 요청 등) 주무부장관, 행정안전부장관 또는 시·도지사는 감사결과 법령상, 제도상 또는 행정상 개선할 사항이 있다고 인정되는 때에는 그 사항을 관계 행정기관에 통보할 수 있다.

제20조(재심의 신청 등) ① 제18조에 따라 감사결과를 통보받은 감사대상 지방자치단체의 장은 그 처분요구나 조치사항이 위법 또는 부당하다고 인정할 때에는 그 통보를 받은 날부터 1개월 이내에 주무부장관, 행정안전부장관 또는 시·도지사에게 재심의를 신청할 수 있다.

② 제1항에 따른 재심의를 신청하는 경우에는 신청이유와 내용을 분명히 밝히고, 필요한 증거서류가 있으면 첨부하여야 한다.

③ 주무부장관, 행정안전부장관 또는 시·도지사는 제1항에 따라 재심의를

신청받은 때에는 지체 없이 재심의 신청 안건을 검토하여야 하고, 특별한 사유가 없으면 재심의 신청 안건을 접수한 날부터 2개월 이내에 처리하여야 한다.

④ 주무부장관, 행정안전부장관 또는 시・도지사는 제3항에 따라 재심의 신청 안건을 검토한 결과 다음 각 호의 어느 하나에 해당하는 때에는 재심의 신청을 각하하고, 이유가 없다고 인정될 때에는 기각하며, 이유가 있다고 인정될 때에는 그 감사결과를 취소하거나 변경하여야 한다.

1. 재심의 신청대상이 아니거나 재심의를 신청할 수 있는 자가 아닌 경우
2. 재심의 신청기간이 지난 경우
3. 재심의 신청에 따라 재심의한 사안인 경우
4. 「행정심판법」이나 그 밖의 법률에 따른 행정심판, 「감사원법」에 따른 심사청구 또는 소송 등을 통하여 확정된 사안인 경우
5. 그 밖에 재심의와 관련된 요건 및 절차를 갖추지 못한 경우

⑤ 주무부장관, 행정안전부장관 또는 시・도지사는 제4항 제5호의 경우 보정(補正)할 수 있다고 인정되는 때에는 적절한 기한을 정하여 그 보정을 요구할 수 있으며, 그 기간에 보정이 된 경우에는 적법한 재심의 신청이 된 것으로 본다. 다만, 정해진 기간 내에 보정이 이루어지지 아니한 때에는 재심의 신청을 각하한다.

⑥ 제1항에 따라 재심의를 신청한 감사대상 지방자치단체의 장은 주무부장관, 행정안전부장관 또는 시・도지사가 재심의 신청 안건을 처리하기 전에 재심의 신청을 취하할 수 있다.

제21조(직권 재심의) 주무부장관, 행정안전부장관 또는 시・도지사는 제18조에 따라 감사결과를 통보한 날부터 2년 이내에 증거서류 등의 오류・누락 등으로 그 처분요구나 조치사항이 위법 또는 부당함을 발견하였을 때에는 이를 직권으로 재심의할 수 있다.

제22조(시・도교육청 감사에의 준용) 시・도교육청(제주특별자치도교육청은 제외한다. 이하 이 조에서 같다)이나 그 장이 교육・과학・기술・체육, 그 밖의 학예(이하 이 조에서 "교육・학예"라 한다)에 관하여 위임받아 처리하는 국가사무 또는 교육・학예에 관한 자치사무를 대상으로 교육과학기술부장관이 실시하는 감사에 관하여는 제2조(제2호는 제외한다), 제3조(제2호는 제

외한다), 제4조 제1항 · 제2항, 제5조, 제6조 제1항, 제7조, 제8조 제1항, 제9조부터 제13조까지 및 제15조부터 제21조까지의 규정을 준용한다. 이 경우 "주무부장관, 행정안전부장관" · "주무부장관과 행정안전부장관" 또는 "행정안전부장관"은 각각 "교육과학기술부장관"으로, "지방자치단체"는 "시 · 도교육청"으로 보고, 제3조 제1호 중 "정부합동감사"는 "교육 · 학예에 관한 종합감사"로, "지방자치단체에 대하여 같은 기간 동안 함께"는 "교육 · 학예에 관한 국가위임사무 및 자치사무에 대하여 같은 시 · 도교육청을 대상으로 같은 기간 동안"으로 보며, 제9조 본문 중 "정부합동감사"는 "교육 · 학예에 관한 종합감사"로, "2년"은 "5년"으로 보고, 제9조 단서 중 "정부합동감사"는 "교육 · 학예에 관한 종합감사"로 본다.

부 칙 〈대통령령 제22439호, 2010.10.13〉

제1조(시행일) 이 영은 공포한 날부터 시행한다.

제2조(연간합동감사계획의 수립 및 통보에 관한 경과조치) 이 영 시행 당시 종전의 「행정감사규정」 제15조의2에 따른 연간합동감사계획은 제4조 제1항(제22조에서 준용하는 경우를 포함한다)의 개정규정에 따른 연간 감사계획으로 본다.

제3조(감사결과에 따른 조치 등에 관한 경과조치) ① 이 영 시행 전에 실시한 감사의 결과에 따른 징계나 그 밖의 필요한 조치 및 조치요구에 관하여는 법률 제10163호 공공감사에 관한 법률 부칙 제2조를 적용받는 경우를 제외하고는 종전의 「행정감사규정」 제27조 제1항 및 제2항에 따른다.

② 종전의 「행정감사규정」 제27조 제2항에 따라 감사실시기관이 요구한 사항에 대하여 이의가 있는 경우에는 법률 제10163호 공공감사에 관한 법률 부칙 제2조를 적용받는 경우를 제외하고는 제20조(제22조에서 준용하는 경우를 포함한다)의 개정규정에 따라 재심의를 신청할 수 있다.

③ 이 영 시행 당시 종전의 「행정감사규정」 제27조의2에 따라 제기된 이의신청은 제20조(제22조에서 준용하는 경우를 포함한다)의 개정규정에 따라 재심의를 신청한 것으로 본다.

제4조(다른 법령의 개정) ① 민원사무처리에 관한 법률 시행령 일부를 다음과 같이 개정한다.

제51조 제1항 중 "「행정감사규정」 제19조"를 "「지방자치단체에 대한 행정감사규정」 제11조 및 제12조"로 한다.

② 지방공무원 징계 및 소청 규정 일부를 다음과 같이 개정한다.

제16조의3을 다음과 같이 신설한다.

제16조의3(징계절차의 중지 등) 법 제73조 제1항에서 "각 행정기관에서 대통령령으로 정하는 바에 따라 조사 중인 사건"이란 「지방자치단체에 대한 행정감사규정」 제2조에 따른 감사 중인 사건을 말한다.

③ 「지방자치법」 시행령 일부를 다음과 같이 개정한다.

제21조 중 "「행정감사규정」"을 "「지방자치단체에 대한 행정감사규정」"으로 한다.

제113조를 삭제한다.

제 5 조(다른 법령의 개정에 따른 적용례) 부칙 제4조 제2항의 개정규정은 이 영 시행 후 최초로 「지방자치단체에 대한 행정감사규정」 제2조(제22조에서 준용하는 경우를 포함한다)의 개정규정에 따른 감사를 하는 경우부터 적용한다.

제 6 조(다른 법령과의 관계) 이 영 시행 당시 다른 법령에서 종전의 「행정감사규정」 또는 그 규정을 인용하고 있는 경우 이 영에 그에 해당하는 규정이 있으면 종전의 「행정감사규정」 또는 그 규정을 갈음하여 이 영 또는 이 영의 해당 규정을 인용한 것으로 본다.

7. 서울특별시행정감사규칙

[서울특별시규칙 제3592호, 2011. 8. 4, 전부개정]

제 1장 총　　칙

제 1 조(목적)　이 규칙은 「공공감사에 관한 법률」 및 같은 법 시행령, 「중앙행정기관 및 지방자치단체 자체감사기준」, 「지방자치법」, 「지방자치단체에 대한 행정감사규정」에 따라 서울특별시장이 그 소관사무에 대하여 실시하는 감사에 관하여 필요한 사항을 규정함을 목적으로 한다.

제 2 조(적용범위)　서울특별시장(이하 "시장"이라 한다)이 다음 각 호의 기관(이하 "감사대상기관"이라 한다)에 대하여 실시하는 감사에 관하여 다른 법령과 조례에 특별한 규정이 있는 경우를 제외하고는 이 규칙이 정하는 바에 따른다.

1. 서울특별시(이하 "시"라 한다) 본청 및 그 소속기관
2. 시금고 및 시비 보조단체 · 기관
3. 시에서 설립한 지방공사 · 공단과 시에서 출자 또는 출연한 법인
4. 자치구, 자치구금고 및 자치구비 보조단체 · 기관 (「지방자치법」 제167조부터 제171조까지의 규정에 따른 사항에 한한다)

제 3 조(감사의 종류)　이 규칙에서 사용하는 감사의 종류는 다음과 같다.

1. "종합감사"는 감사대상기관의 주기능 · 주임무 및 조직 · 인사 · 예산 등 업무전반의 적법성 · 타당성 등을 점검하기 위하여 실시하는 감사를 말하며, 각 기관별 종합감사의 주기는 별표와 같다.
2. "특정감사"는 특정한 업무 · 사업 · 자금 등에 대하여 문제점을 파악하여 원인과 책임 소재를 규명하고 개선대책을 마련하기 위하여 실시하는 감사를 말한다.
3. "재무감사"는 예산의 운용실태 및 회계처리의 적정성 여부 등에 대한 검토와 확인을 위주로 실시하는 감사를 말한다.
4. "성과감사"는 특정한 정책 · 사업 · 조직 · 기능 등에 대한 경제성 · 능률성 · 효과성의 분석과 평가를 위주로 실시하는 감사를 말한다.

5. "복무감사"는 감사 대상기관에 속한 사람의 복무의무 위반, 비위(非違)사실, 근무실태 점검 등을 목적으로 실시하는 감사를 말한다.

제 4 조(감사의 방법) ① 감사는 실지감사나 서면감사의 방법에 의한다.

② 감사에 소요되는 인력과 예산을 절약하고 중점감사를 통한 감사의 파급효과를 높이기 위하여 표본감사를 실시할 수 있다.

③ 제1항에 따른 실지감사는 감사대상기관 및 현장에 출장하여 실시하고, 서면감사는 감사대상기관으로부터 관계서류를 제출받아 이를 확인하는 방법으로 실시한다.

제 2 장 감사계획

제 5 조(감사계획의 수립 · 통보) ① 시장은 특별한 사정이 없는 한 다음 각 호의 사항을 포함한 연간감사계획을 매년 1월 31일까지 수립하여 감사대상기관에 통보하여야 한다.

1. 감사사항
2. 감사의 목적 및 필요성
3. 감사의 종류와 감사대상기관 또는 대상부서
4. 감사의 범위
5. 감사 실시 기간과 감사인원
6. 그 밖에 감사에 필요한 사항

② 시장은 제1항의 감사계획에 포함되지 아니한 감사를 하려는 경우에는 제1항 각 호의 사항이 포함된 감사계획을 별도로 수립하여야 한다.

③ 시장은 필요하다고 인정하면 제1항 또는 제2항에 따른 감사계획을 변경할 수 있다.

④ 제1항에 따라 감사대상기관에 통보하는 때에는 제1항 제1호, 제3호부터 제5호까지(이하 "감사계획의 주요내용"이라 한다)가 포함되어야 한다.

제 6 조(감사계획의 조정 등) ① 자치구 및 자체감사부서가 설치되어 있는 기관의 장은 해당기관 또는 그 소속기관에 대한 연간감사계획을 수립하여 별지 제1호서식 및 제2호서식에 따라 연도개시 15일전까지 시장에게 제출하여야 한다. 이미 제출한 연간감사계획 중 감사사항, 감사대상기관, 감사의 범위,

감사기간 등 주요 내용이 변경된 경우에는 별지 제1호서식 및 제2호서식에 따라 변경된 연간감사계획을 지체 없이 시장에게 제출하여야 한다.

② 시장은 제1항의 연간감사계획을 시의 감사계획과 중복여부 등을 검토하여 조정하거나 의견을 제시할 수 있다.

제7조(감사실시 통보) 감사기구의 장(「공공감사에 관한 법률」 제2조 제6호를 준용한다. 이하 같다.)은 제5조에 따라 감사를 실시하고자 할 때에는 감사예정일 7일전까지 감사계획의 주요내용을 감사대상기관에 통보하여야 한다. 다만, 신속히 감사를 실시하여야 할 긴급한 사정이 있거나 감사의 실효성을 거두기 위하여 부득이한 경우에는 그러하지 아니하다.

제8조(중복감사 지양) 시 또는 다른 행정감사에서 이미 감사한 사항에 대하여는 특별한 사유가 없는 한 감사대상에서 제외하고 필요한 경우에는 이미 행한 감사결과 보고서를 활용하여야 한다.

제9조(감사의 생략) ① 시장은 해당기관 및 그 소속기관의 업무에 대하여 감사원의 감사를 받은 경우에는 그 범위에서 해당연도에 한하여 감사의 전부 또는 일부를 실시하지 아니하게 할 수 있다.

② 평가결과 자정노력 및 자체 감사활동이 우수하다고 인정되는 기관 또는 분야에 대하여는 1년간 자체감사를 면제할 수 있다.

제10조(감사반의 편성 및 운영) ① 시장은 제3조 각 호의 감사를 효율적으로 실시하기 위하여 감사를 실시할 때마다 감사반을 편성·운영하여야 한다.

② 감사반은 감사반장과 감사공무원으로 구성하며, 매 감사 시마다 감사공무원의 경력, 전문분야, 그 밖의 사항 등을 고려하여 해당 감사를 효율적으로 수행할 수 있는 감사공무원으로 구성한다.

③ 감사의 성질상 필요하다고 인정하는 경우에는 감사공무원이 아닌 공무원을 감사반으로 편성할 수 있으며 전문성을 요하는 경우에는 외부전문기관 또는 외부전문가를 감사에 참여시킬 수 있다.

④ 제3항에 따라 감사에 참여하는 외부전문기관 또는 외부전문가에게는 예산의 범위에서 수당, 여비 및 그 밖에 필요한 경비를 지급할 수 있다. 이 경우 감사에 참여하는 외부전문가는 「공공감사에 관한 법률」 제20조부터 제22조까지 및 제29조를 적용할 때에는 감사공무원으로 본다.

제 3 장 감사의 실시

제11조(사전준비) ① 시장은 제5조에 따라 세부 감사계획을 수립하거나 감사를 실시하기 전에 다음 각 호의 감사자료를 수집·분석하는 등 사전준비를 철저히 하여야 한다.

1. 관계법령 및 훈령 지침 예규 등 내부 규정
2. 감사대상기관 또는 부서의 기능·조직·인력·예산 등 일반현황
3. 주요업무계획 및 심사분석 결과
4. 성과계획서와 성과보고서
5. 언론보도사항, 지방의회의 논의사항
6. 기존 감사결과 및 처분요구 집행상황
7. 그 밖에 민원, 감사정보, 감사대상 일부에 대한 표본조사 등 각종 감사자료

② 시장은 제1항 각 호의 감사자료를 조사·확인하거나 감사대상의 문제점을 도출하기 위하여 필요한 경우 예비조사를 실시할 수 있다.

③ 감사반장은 감사를 실시하기 전에 감사공무원에 대하여 감사계획, 감사대상기관의 주기능 및 임무, 감사대상 업무의 특수성 등에 대한 교육을 실시하여야 한다.

제12조(자료제출 요구) ① 감사기구의 장은 감사대상기관에 대하여 감사상 필요한 경우에는 다음의 사항을 요구할 수 있다.

1. 출석·답변의 요구(「정보통신망 이용촉진 및 정보보호 등에 관한 법률」에 따른 정보통신망을 이용한 요구를 포함한다)
2. 관계 서류·장부 및 물품 등의 제출
3. 전산정보시스템에 입력된 자료의 조사
4. 금고·창고·장부 및 물품 등의 봉인
5. 그 밖에 감사를 효율적으로 실시하기 위하여 필요하다고 인정되는 조치

② 제1항 각 호에 따른 조치를 요구 받은 감사대상기관 및 그 소속 공무원이나 직원은 정당한 사유가 없으면 그 요구에 따라야 한다.

제13조(증거서류의 확보 등) ① 감사담당자등(「중앙행정기관 및 지방자치단체

자체감사기준」 제2조 제1호를 준용한다. 이하 같다)은 감사결과 처리가 필요한 사항에 대하여는 그 입증을 위하여 필요한 관계서류 등의 등본 또는 사본을 징구하고, 그 대상이 물건이나 상태인 경우 사진 촬영 등의 방법으로 증거를 확보하여 추가적인 감사나 법적 분쟁 등이 발생하지 않도록 하여야 한다.

② 감사담당자등은 증거서류의 증거능력과 감사대상기관 또는 부서의 부담정도 등을 고려하여 적정하고도 충분한 증거를 확보하여야 한다.

③ 감사담당자등은 증거서류의 신빙성을 확보하기 위하여 증거서류의 출처와 근거를 명시하여야 한다. 다만, 비밀유지 등을 위하여 필요한 경우 출처를 명시하지 아니할 수 있다.

④ 감사담당자등은 증거인멸의 우려가 있는 경우 금고・창고・장부 및 물품등을 봉인하는 등의 방법으로 즉시 증거를 확보하고, 필요한 경우 수사기관에 협조를 요청하는 등 증거 확보를 위한 조치를 하여야 한다.

제14조(확인서의 징구 등) ① 감사담당자등은 감사결과 처리가 필요한 사항의 증거를 보강하기 위하여 필요한 경우 관계자로부터 관련사항에 대한 사실관계 등을 기술한 별지 제3호서식의 확인서를 받을 수 있다.

② 감사담당자등은 감사결과 처리가 필요한 사항이 변상명령, 징계 또는 문책사유에 해당하거나 그 밖에 중요한 사안에 관련된 관계자의 책임소재와 한계를 규명하고 행위의 동기, 배경 또는 변명을 듣기 위하여 필요한 경우에는 별지 제4호서식의 문답서를 작성한다.

③ 감사기구의 장은 감사결과 처리가 필요한 사항에 관하여 그 사유 및 개선방안 등을 듣기 위하여 필요한 경우 해당사항의 특성을 고려하여 적정한 직위의 책임자에게 별지 제5호서식의 질문서를 발부하고 답변서를 징구한다. 다만, 실지감사 중인 때에는 감사반장이 질문서를 발부할 수 있다.

제15조(현지 조치) 감사반장은 경미한 사항이거나 단시일 내에 해당 기관에서 시정할 수 있는 사항에 대하여는 감사기간 중 해당 기관의 장에게 즉시 그 시정을 요구할 수 있다.

제16조(감사실시 상황보고) ① 감사공무원은 별지 제6호서식에 따라 감사활동 내역을 구체적으로 기록한 일일 감사실시 상황을 작성하여 감사반장에게 보고하고 그 지휘를 따라야 한다.

② 감사반장은 제1항에 따른 일일 감사실시 상황을 종합하여 감사기구의 장에게 수시로 보고하여야 한다.

③ 감사공무원은 실지감사 기간 중에 감사사무 분담표에 기재된 외의 사항을 감사하고자 할 때에는 감사반장에게 보고하고 그 지시에 따라야 한다.

第17條(일상감사) ① 감사기구의 장은 자체감사기구가 소속된 기관의 주요 업무 집행에 앞서 그 업무의 적법성·타당성 등을 점검·심사하는 일상감사를 하여야 한다.

② 일상감사는 제3항에 따른 집행부서의 장이 제출한 서류 등에 따라 실시한다. 다만, 감사기구의 장이 필요하다고 인정할 때에는 감사공무원 등을 현지에 보내 실지감사를 할 수 있다.

③ 자체감사기구가 소속된 기관의 주요 정책 등을 집행하는 부서의 장(이하 "집행부서의 장"이라 한다)은 다음 각 호에 따른 업무의 수행에 앞서 감사기구의 장에게 일상감사를 의뢰하여야 한다.

1. 주요 정책의 집행업무
2. 계약업무
3. 예산관리 업무
4. 그 밖에 필요하다고 인정하는 업무

④ 집행부서의 장으로부터 일상감사를 의뢰받은 감사기구의 장은 일상감사 결과 위법 또는 부당하다고 인정되는 사실이 있는 경우에는 그에 대한 의견을 집행부서의 장에게 통보하여야 한다.

⑤ 집행부서의 장은 제4항에 따른 감사기구의 장의 의견에 대하여 적절한 조치를 하고 조치결과를 감사기구의 장에게 통보하여야 하며, 제3항 각 호에 따른 업무의 결재권자에게는 감사기구의 장의 의견과 이에 대한 조치결과를 보고하여야 한다.

⑥ 감사기구의 장은 일상감사의 접수·처리상황을 관리하기 위하여 일상감사처리대장을 작성·비치하여야 한다.

⑦ 이 규칙에서 규정한 사항 외에 일상감사의 대상·기준 및 절차 등에 관한 세부 사항은 시장이 별도로 정한다.

제 4 장 감사결과의 처리

제18조(감사결과의 보고) 감사기구의 장은 다음 각 호의 사항을 포함하여 특별한 사정이 없으면 감사가 종료된 후 60일 이내에 그 감사결과를 시장에게 보고하여야 한다.

1. 감사목적
2. 감사대상기관
3. 감사 실시 기간
4. 중점 감사사항
5. 감사반 편성
6. 지적사항 및 처분을 요하는 사항
7. 건의·시정 또는 개선을 요하는 사항
8. 모범이 되는 사항
9. 그 밖의 특기사항

제19조(감사결과 처분) ① 시장은 감사결과 개별 지적사항에 대하여 해당 지적사항의 내용에 적합한 처분을 하거나 처분요구(이하 "처분등"이라 한다)를 하여야 한다.

② 처분등의 종류는 다음과 같으며, 2개 이상의 처분등을 병과 할 수 있다.

1. 변상명령: 「회계관계직원 등의 책임에 관한 법률」이 정하는 바에 따라 변상책임이 있는 경우
2. 징계·징계부가금 또는 문책요구: 「지방공무원법」과 그 밖의 법령에 규정된 징계·징계부가금 또는 문책사유에 해당하거나 정당한 사유없이 자체감사를 거부하거나 자료의 제출을 게을리한 경우
3. 시정요구: 감사 결과 위법 또는 부당하다고 인정되는 사실이 있어 추징·회수·환급·추급 또는 원상복구 등이 필요하다고 인정되는 경우
4. 주의요구: 감사 결과 위법 또는 부당하다고 인정되는 사실이 있으나 그 정도가 징계 또는 문책사유에 이르지 아니할 정도로 경미하거나, 감사대상기관 또는 부서에 대한 제재가 필요한 경우
5. 개선요구: 감사 결과 법령상·제도상 또는 행정상 모순이 있거나 그 밖에

개선할 사항이 있다고 인정되는 경우

6. 권고: 감사 결과 문제점이 인정되는 사실이 있어 그 대안을 제시하고 감사대상기관의 장 등으로 하여금 개선방안을 마련하도록 할 필요가 있는 경우
7. 통보: 감사 결과 비위사실이나 위법 또는 부당하다고 인정되는 사실이 있으나 제2호부터 제5호까지의 요구를 하기에 부적합하여 각 기관 또는 부서에서 자율적으로 처리할 필요가 있다고 인정되는 경우
8. 고발: 감사 결과 범죄 혐의가 있다고 인정되는 경우

③ 제2항 제4호에 따른 주의요구는 위법성 또는 부당성의 경중에 따라 다음 각 호로 구분하여 처분 할 수 있다.

1. 훈계: 감사 결과 위법 또는 부당한 행위라고 인정되나 그 정도가 징계 또는 문책에 이르지 아니하는 경우
2. 경고·기관경고: 감사 결과 위법 또는 부당한 행위에 대해 당해 기관장 및 기관에 경계하도록 하는 경우로써 경고는 기관장에게, 기관경고는 기관에 적용한다.
3. 주의: 훈계의 내용보다 경미한 비위나 잘못에 대하여 각성 촉구가 필요한 경우

④ 시장은 제2항 제2호의 징계사유에 해당하는 공무원이 있는 경우 관할 인사위원회 또는 징계위원회에 징계의결을 요구하거나 감사대상기관의 장 또는 징계의결 요구권자에게 그 사실을 통보하거나 징계를 요구하도록 지시하여야 한다.

제20조(적극행정 면책) 시장은 감사결과 공무원 등이 국가 또는 공공의 이익을 증진하기 위하여 성실하고 능동적으로 업무를 처리하는 과정에서 부분적인 절차상 하자 등이 발생한 경우 제19조의 불이익한 처분등을 하지 아니하거나 감경할 수 있다. 이를 위한 구체적인 적용대상 및 요건, 운영절차 등은 훈령으로 정한다.

제21조(표창추천) 감사기구의 장은 감사대상기관의 공무원 또는 임직원으로서 부조리, 비능률요인의 제거 또는 행정능률의 향상 및 예산절감, 물자절약에 뚜렷한 공적이 있는 자에 대하여는 표창을 추천할 수 있다.

제22조(감사결과의 통보 등) 감사대상기관의 장 또는 관련기관의 장은 제19조

에 따른 처분등을 받은 때에는 그 내용에 따라 조치하고 다음 각 호의 기간 내에 그 결과를 시장에게 보고하여야 한다.

1. 변상명령: 변상책임자가 변상명령서를 받는 날로부터 3개월 이내 보고
2. 징계·징계부가금 또는 문책요구: 1개월 안에 징계의결을 요구하고 그 의결결과를 지체 없이 보고
3. 주의요구, 시정요구: 2개월 안에 처리하고 그 결과를 지체 없이 보고
4. 개선요구, 권고, 통보: 2개월 안에 집행 가능한 사항은 그 기간내 적정한 조치를 하고 그 결과를 지체 없이 보고. 다만, 집행에 2개월 이상이 소요되는 사항은 2개월 안에 추진일정 및 계획 등이 포함된 집행계획서를 우선 보고한 후 집행계획에 따라 조치한 결과를 지체 없이 보고

第23條(감사정보 관리) 감사기구의 장은 감사계획, 감사결과, 이행결과 등 「공공감사에 관한 법률 시행령」 제19조에서 정하는 감사활동 정보를 감사정보시스템에 입력·관리하여야 한다.

第24條(감사의 대행) 시장은 감사 등의 효율성을 높이고 중복감사를 방지하기 위하여 감사사무 중 일부를 자체감사기구로 하여금 대행하게 하고 그 결과를 제출하게 할 수 있다.

第25條(외부기관 수검보고) 감사대상기관의 장은 감사원·수사기관 등으로부터 감사 또는 수사를 받은 때에는 지체 없이 감사기구의 장에게 실시기관명·감사자 또는 수사자의 직무·성명·감사 또는 수사의 목적·예정기간 기타 참고사항을 별지 제7호서식 또는 별지 제8호서식에 의하여 "외부기관 감사(수사)실시 보고" 또는 "수사 동향보고"를 하여야 하며, 감사 또는 수사가 종료된 때에는 그 종료된 날로부터 10일 이내에 그 결과를 수검관계 자료와 함께 서면으로 시장에게 보고하여야 한다.

第26條(범죄 및 망실·훼손 등의 보고) 감사대상기관의 장은 다음 각 호의 사항이 있을 때에는 지체 없이 그 사실을 시장에게 보고하여야 한다.

1. 소속 공무원 또는 임·직원 등의 직무에 관한 범죄의 사실이 발견된 때(별지 제9호서식)
2. 현금, 물품, 유가증권, 그 밖의 재산을 망실 또는 훼손한 사실이 발견된 때(별지 제10호서식)

第27條(재심의신청 등) ① 시장으로부터 감사결과를 통보받은 감사대상기관의

장은 그 감사결과가 위법 또는 부당하다고 인정할 때에는 그 통보를 받은 날로부터 1개월 이내에 시장에게 별지 제11호 서식에 따라 재심의 신청이유와 내용을 명시하고 필요한 증거자료가 있을 때에는 이를 첨부하여 재심의 신청을 할 수 있다. 다만, 변상명령에 대한 불복에 관하여는 「회계관계직원 등의 책임에 관한 법률」 제6조 제3항부터 제5항까지의 규정에 따른다.

② 재심의신청에 대한 심의를 하기 위하여 서울특별시 재심의신청심의위원회(이하 "위원회"라 한다)를 둘 수 있으며 위원회는 위원장 1명을 포함한 7명 이내의 위원으로 구성한다.

③ 위원회의 위원장은 감사기구의 장이 되며, 위원은 감사기구 소속 담당관 및 관련 분야 과장급으로 하되, 위원회 개최시 마다 위원장이 임명한다.

④ 위원회는 「공공감사에 관한 법률 시행령」 제15조에 따라 재심의신청에 관한 사항을 심의하여 재심의 신청이 이유 없다고 인정될 때에는 이를 기각하고, 이유 있다고 인정될 때에는 처분요구를 취소하거나 변경하여야 한다.

⑤ 제1항에 따라 재심의 신청이 접수된 경우, 위원회는 특별한 사유가 없는 한 접수된 날로부터 2개월 이내에 처리하여야 한다.

제 5 장 감사공무원

제28조(감사공무원의 자격기준) ① 감사공무원을 선발함에 있어서는 공무원으로 2년 이상 근속한 사람 중 다음 각 호에 해당하는 사람을 우선하여 선발하여야 한다.

1. 공인회계사ㆍ세무사 등 감사업무 수행에 필요한 자격증 또는 감사 분야의 전문학사 이상의 학위를 소지한 사람
2. 「상훈법」, 「모범공무원규정」, 「정부표창규정」, 자치법규에서 정하는 바에 따라 서훈을 수여받거나 표창을 받은 사람
3. 그 밖에 감사기구의 장이 감사업무 수행에 필요한 전문성, 자질, 적성을 갖추었다고 인정하는 사람

② 다음 각 호에 해당하는 사람은 감사공무원으로 선발하여서는 아니 된다.

1. 「지방공무원법」 제31조 각 호의 어느 하나에 해당하는 사람
2. 정직 이상의 징계 또는 문책(제4호에 따른 징계 또는 문책은 제외한다)을

받은 날부터 3년(파면 또는 문책에 따른 퇴직의 경우에는 5년으로 한다)이 지나지 아니한 사람

3. 정직 미만의 징계 또는 문책(제4호에 따른 징계 또는 문책은 제외한다)을 받은 날부터 2년이 지나지 아니한 사람

4. 「형법」 제129조부터 제133조까지, 제355조 및 제356조에 해당하는 행위로 징계, 문책 또는 벌금 이상의 형벌을 받은 사람

제29조(감사공무원의 우대) ① 감사공무원으로서 1년 이상 근무한 사람에 대하여는 근무성적평정, 임용 등에 있어 우대할 수 있다.

② 감사공무원으로서 2년 이상 근무한 사람이 전보될 경우 시장은 본인의 희망을 우선적으로 참작하여야 한다.

제30조(감사공무원증) ① 감사공무원이 감사를 하고자 하는 때에는 그 신분을 증명하는 별지 제12호서식의 감사공무원증을 감사대상기관에 제시하여야 한다.

② 감사공무원증 발급대상은 감사기구에 소속되거나 파견된 5급 이하 공무원으로 한다.

③ 감사공무원증을 발급할 때에는 별지 제13호서식에 따른 감사공무원증 발급대장(이하 "대장"이라 한다)에 등록한 후에 발급하여야 한다.

④ 감사공무원증과 대장에 첨부한 사진은 동일한 것으로서 발급일 전 6개월 이내에 촬영한 것이어야 한다.

⑤ 감사공무원증의 분실·파손 또는 기재사항의 변동으로 재발급 받고자 하는 감사공무원은 그 사유가 발생한 날로부터 5일 이내에 별지 제14호서식에 따른 감사공무원증 재발급신청서를 제출하여야 한다.

⑥ 감사기구의 장은 제3항 및 제5항에 따른 발급 또는 재발급시에는 별지 제15호서식의 서약서를 받아야 하며 기존에 발급된 감사공무원증을 회수하여야 한다. 다만, 분실하였을 때에는 별지 제16호서식의 감사공무원증 분실확인서를 받고 대장에 기재·관리한다.

⑦ 감사공무원증을 발급받은 공무원이 퇴직 또는 전보되거나, 휴직 등 그 밖의 사유로 감사업무를 수행할 수 없을 때에는 감사공무원증을 반납하여야 한다.

제31조(서약서 제출 등) ① 감사기구에 소속된 공무원은 전입시에 감사기구의

장에게 별지 제17호서식의 서약서를 제출하여야 한다.

② 감사공무원은 감사, 조사, 민원조사 착수 이전에 감사기구의 장에게 별지 제18호서식의 서약서를 제출하여야 한다.

③ 감사공무원은 감사대상기관 직원이나 감사사항 관련자 중 친지 등 특수관계인이 있는 경우에는 실지감사 착수 이전에 감사기구의 장에게 별지 제19호서식의 특수관계인 신고서를 제출하여야 한다.

④ 감사공무원은 감사 착수 이후에 특수관계인이 있는 사실을 알게 된 때에는 지체 없이 감사반장에게 보고하고 감사 종료 후 3일 이내에 특수관계인 신고서를 감사기구의 장에게 제출하여야 한다.

제32조(준용) 이 규칙에 규정된 것 외에 감사에 필요한 사항은 「지방자치단체에 대한 행정감사규정」 및 「중앙행정기관 및 지방자치단체 자체감사기준」에 따른다.

부 칙 〈제3592호, 2011.8.4〉

이 규칙은 공포한 날부터 시행한다.

[별표 1] 감사대상기관별 종합감사 주기

[서식 1] 0000년도 연간감사계획 총괄표

[서식 2] 감사대상기관별 ○○감사 계획

[서식 3] 확인서

[서식 4] 문답서

[서식 5] 질문서

[서식 6] 일일 감사 실시 상황

[서식 7] 외부기관 감사(수사) 실시보고

[서식 8] 수사 동향보고

[서식 9] 범죄발생 보고

[서식 10] 망실·훼손 보고

[서식 11] 재 심 의 신 청 서

[서식 12] 감사공무원증

[서식 13] 감사공무원증 발급대장

[서식 14] 감사공무원증 (재)발급 신청서

8. 경기도감사규칙

(전부개정) 2011. 09. 15. 규칙 제3500호

제1장 총 칙

제1조(목적) 이 규칙은 「공공감사에 관한 법률」, 「지방자치법」 제167조 · 제171조 및 제171조의2, 「지방공기업법」 제73조 · 제74조 · 제77조의4 및 다른 법령에 따라 경기도지사가 실시하는 감사의 기준과 방법에 필요한 사항을 규정함을 목적으로 한다.

제2조(정의) 이 규칙에서 사용하는 용어의 뜻은 다음과 같다.

1. "감사담당자등"이란 감사관과 감사관에 소속되어 감사활동을 수행하는 감사담당자 및 경기도지사(이하 "도지사"라 한다)가 위촉한 민간전문감사관을 말한다.
2. "감사단"이란 일정한 감사과제를 공동으로 수행하기 위하여 감사관이 편성하는 복수의 담당자를 말한다.
3. "집행부서의 장"이란 도지사의 보조기관 및 소속기관의 실 · 과 단위의 장을 말한다.

제3조(적용범위) 도지사가 다음 각 호의 어느 하나에 해당하는 기관(이하 "감사대상기관"이라 한다)에 실시하는 감사는 다른 법령 및 조례에 규정된 것을 제외하고는 이 규칙이 정하는 바에 따른다.

1. 경기도(이하 "도"라 한다)의 본청, 직속기관 및 사업소
2. 「지방공기업법」에 따라 도가 설치한 지방공기업 및 도에서 출자 또는 출연한 단체 · 기관
3. 도비를 보조한 단체 · 기관(보조사업만 해당한다)
4. 도내 시 · 군의 본청, 직속기관 · 사업소, 출장소, 구청 및 읍 · 면 · 동

제4조(감사의 종류 등) ① 도지사가 실시하는 감사의 종류는 다음 각 호와 같다.

1. 종합감사: 감사대상기관의 주기능 · 주임무 및 조직 · 인사 · 예산 · 회계 등 업무 전반의 적법성과 타당성 등을 점검하기 위하여 실시하는 감사로

서 다음 각 목의 어느 하나에 해당하는 감사

가. 자체감사: 제3조 제1호에 해당하는 기관에 실시하는 감사

나. 공공기관 종합감사: 제3조 제2호에 해당하는 기관에 실시하는 감사

다. 시 · 군 종합감사: 제3조 제4호에 해당하는 기관에 실시하는 감사

2. 특정감사: 특정한 업무 · 사업 · 자금 등의 문제점을 파악하여 원인과 책임 소재를 규명하고 개선대책을 마련하기 위하여 실시하는 감사
3. 일상감사: 주요업무 집행에 앞서 그 업무의 적법성 · 타당성을 점검 · 심사하는 감사
4. 복무감사: 감사대상기관에 소속된 사람이 감사대상 사무와 관련하여 법령과 직무상 명령을 준수하는지 여부 및 복무의무 위반 · 비위사실 여부, 근무실태 점검 등을 목적으로 실시하는 감사

② 제1항 제2호 및 제4호에 따른 감사는 도지사의 지시 또는 감사관이 필요하다고 인정할 때에 실시한다.

제 2 장 일반기준

제 5 조(감사담당자등의 회피 등) 도지사는 감사담당자등이 다음 각 호의 어느 하나에 해당하는 경우에는 해당 감사담당자등을 감사에서 제외할 수 있다.

1. 감사대상이 되는 기관, 부서 또는 업무와 관련이 있는 사람과 개인적인 연고나 이해관계 등이 있어 공정한 감사수행에 영향을 미칠 우려가 있는 경우
2. 감사대상이 되는 기관 · 부서 또는 업무와 관련된 주요 의사결정과정에 직 · 간접적으로 관여한 경우
3. 그 밖에 공정한 감사수행이 어려운 특별한 사정이 있는 경우

제 6 조(청렴의무 등) ① 감사담당자등은 감사대상기관의 직원 등 이해관계인과 도민으로부터 존경과 신뢰를 받을 수 있도록 높은 청렴성을 유지하여야 한다.

② 감사담당자등은 감사의 독립성이나 감사활동의 공정한 수행을 방해하는 청탁이나 압력 등이 있는 경우 감사관은 도지사에게, 감사담당자는 감사관에게 그 사실을 지체 없이 보고하여야 한다.

③ 제2항에 따른 보고를 받은 도지사 또는 감사관은 보고사실을 조사하여 적정한 조치를 하여야 한다.

제 7 조(전문성의 확보) ① 감사관은 우수한 전문인력을 감사담당자로 확보하기 위하여 노력하고, 감사담당자의 전문성이 최대한 발휘될 수 있도록 감사담당자의 전문지식과 실무경험 등을 고려하여 감사임무를 부여하여야 한다.

② 감사관은 새로 감사담당자로 임명된 사람에게는 6개월 이내에 감사·회계관련 교육을 받게 하거나 필요한 경우에는 자체적으로 교육을 실시하는 등 감사업무에 필요한 전문지식을 갖춘 상태에서 감사에 임하도록 하여야 한다.

③ 감사관은 전문지식이나 실무경험 등이 요구되는 분야를 감사할 때에는 외부 전문기관 또는 외부 전문가에게 자문하거나 필요한 경우에는 감사에 참여시킬 수 있다.

제 8 조(보안유지 등) ① 감사담당자등과 그 직위에 있었던 사람은 직무와 관련하여 알게 된 정보나 자료를 정당한 사유 없이 다른 사람에게 제공하거나 해당 목적 외의 용도로 이용하여서는 아니 된다.

② 감사담당자등은 감사와 관련된 정보가 감사목적과 관계 없이 외부로 유출되지 않도록 상당한 주의의무를 다하여야 한다.

제 3 장 감사계획

제 9 조(연간 감사계획의 수립·통보) ① 도지사는 다음 각 호의 사항을 포함하여 연간 감사계획을 수립하여야 한다.

1. 감사의 종류와 감사대상기관 또는 대상부서
2. 감사실시 기간과 인원
3. 감사의 목적 및 필요성
4. 감사의 범위
5. 감사사항
6. 그 밖에 감사에 필요한 사항

② 도지사는 다음 해의 연간 감사계획을 수립하여 다음 해가 시작되기 전까지 감사원장과 행정안전부장관, 감사대상기관장에게 제출 또는 통보하여야

한다.

③ 도지사는 제2항에 따라 감사계획을 제출 또는 통보한 후 불가피한 사유로 이를 변경하였을 경우에는 지체 없이 감사원장과 행정안전부장관, 감사대상기관장에게 제출 또는 통보하여야 한다.

④ 시장·군수 및 공공기관의 장은 제1항에 따라 자체감사계획을 매년 1월 15일까지 도지사의 사전 조정을 받아 도지사 및 감사대상기관장에게 통보하여야 한다.

제10조(감사실시계획의 수립 등) ① 감사관은 제9조에 따라 감사를 실시하려는 때에는 다음 각 호의 사항이 포함된 감사실시계획을 수립하여야 한다.

1. 제9조 제1항 제1호부터 제5호까지의 사항
2. 감사 착안사항 및 감사방법, 감사 자료 확인결과
3. 감사단 편성 및 개인별 감사 사무 분장
4. 그 밖에 감사에 필요한 사항

② 감사관은 제1항에 따라 수립한 감사계획의 주요내용을 통보할 때에는 다음 각 호의 사항을 포함하여 감사예정일 7일 전까지 문서로 하여야 한다. 다만, 신속히 감사를 실시하여야 할 긴급한 사정이 있거나 감사의 실효성을 거두기 위하여 부득이한 경우에는 사전에 통보하지 않을 수 있다.

1. 감사대상
2. 감사기간 및 감사인원
3. 감사의 범위

제11조(감사의 주기 및 생략) ① 도지사는 제9조의 연간 감사계획에 따라 감사를 실시하되, 종합감사는 2년에 1회 이상 실시하는 것을 원칙으로 한다. 다만 감사인력, 감사대상 사무의 특성 및 감사대상기관의 여건 등에 따라 종합감사의 주기를 조정할 수 있다.

② 도지사는 감사 또는 청렴도 평가결과 우수기관과 새로운 감사기법 등의 도입을 통하여 감사대상사무를 적법하고 공정하게 수행하기 위하여 노력한 기관에 대해서는 일정기간 동안 감사의 전부 또는 일부를 하지 아니할 수 있다.

제12조(공개감사의 운영) ① 감사관은 감사성과 확보를 위하여 필요한 경우에는 감사실시계획을 정보공개시스템 등에 미리 공개하여 이해관계인 또는

도민의 의견을 수렴하고, 이를 감사 자료로 활용할 수 있다.

② 감사관은 제1항에 따라 접수된 감사 요망사항 등이 타당하다고 인정되면 그에 대한 감사를 실시하고 그 결과를 감사 종료 후 1개월 이내에 감사의견 제출자에게 문서로 알려야 한다.

제13조(감사의 대행) ① 도지사는 감사성과 확보 및 감사사항의 성질, 그 밖의 사정을 참작하여 직접 감사를 실시하지 아니하여도 감사목적을 달성할 수 있다고 인정하는 때에는 감사기관을 지정하여 감사를 실시하게 할 수 있다.

② 도지사가 제1항에 따라 감사기관을 지정하여 감사를 실시하게 하려면 감사사항·감사기준, 그 밖에 감사에 필요한 사항 등을 미리 통보하여야 한다.

③ 제2항에 따라 감사를 실시하는 자는 감사를 실시하면 그 결과를 지체없이 도지사에게 제출하여야 한다.

제 4 장 감사실시 기준

제14조(감사단의 구성 및 운영) ① 도지사는 감사담당자의 전문지식 및 실무경험 등을 고려하여 감사를 실시할 때마다 감사단을 편성하고 개인별 감사 사무 분장을 정하여야 한다.

② 제1항에 따라 감사단을 편성하는 때에는 단장과 감사담당자를 두되, 단장과 감사담당자는 감사관실 소속직원 중에서 도지사가 지정한다. 다만, 도지사는 감사의 전문성과 효율성을 높이기 위하여 필요한 경우에는 다른 부서의 직원을 감사단에 참여시킬 수 있다.

③ 감사관은 감사단에 포함된 감사담당자를 대상으로 다음 각 호의 교육을 실시하여야 한다.

1. 감사계획
2. 감사대상기관 또는 부서의 주 기능 및 임무
3. 감사대상 업무의 특수성
4. 감사 착안사항 및 감사기법
5. 실지감사 시 주의사항
6. 그 밖에 감사수행에 필요한 사항

④ 감사담당자등은 감사공무원의 신분을 표시하기 위하여 별지 제1호서식

에 따른 감사공무원증을 소지하여야 한다.

제15조(감사의 사전준비 등) ① 감사담당자등은 제10조에 따른 감사실시계획을 수립하거나 감사를 실시하기 전에 다음 각 호의 감사 자료를 수집·분석하는 등 사전준비를 철저히 하여야 한다.

1. 관계 법령 및 훈령·지침·예규 등 내부규정
2. 감사대상기관 또는 부서의 기능·조직·인력·예산 등 일반현황
3. 주요 업무계획 및 심사분석 결과
4. 성과계획서와 성과보고서
5. 언론보도사항, 국회 및 지방의회의 논의사항
6. 기존 감사결과 및 처분요구 집행상황
7. 그 밖에 민원, 감사정보, 감사대상 일부에 대한 표본조사 등 각종 감사자료

② 감사관은 제1항의 감사 자료를 조사·확인하거나 감사대상의 문제점을 도출 및 취약 분야의 확인 등을 위하여 사전 조사를 실시할 수 있다.

③ 감사관은 감사의 사전 준비 및 조사를 위하여 외부전문가에게 자문할 수 있다.

제16조(자료제출 요청) ① 도지사는 감사상 필요한 경우에는 감사대상기관에게 다음 각 호의 조치를 할 수 있다

1. 금고·창고·장부 및 물품 등의 봉인 또는 보관 요청
2. 관계 서류·장부 및 물품 등의 제출 요청
3. 진술서·경위서 또는 확인서의 제출 요청
4. 관계 공무원의 출석 및 답변 요구
5. 전산정보시스템에 입력된 자료의 조사
6. 그 밖에 감사를 효율적으로 실시하기 위하여 필요하다고 인정되는 조치

② 감사담당자등은 감사 자료의 제출을 요구할 때에는 일시·장소·대상 등을 기재한 요구서를 보내야 한다. 다만, 실지감사 중이거나 긴급한 필요가 있는 경우에는 구두로 할 수 있다.

③ 도지사는 「공공감사에 관한 법률」 제20조 제4항 및 「지방자치단체에 대한 행정감사규정」 제11조 제4항에 따라 감사대상기관이 아닌 중앙행정기관 및 공공기관 등에 자료 또는 정보를 제출하도록 요청할 때에는 다음 각 호

의 사항이 포함된 요청서로 하여야 한다.

1. 자료 또는 정보가 필요한 감사의 명칭
2. 필요한 자료 또는 정보의 구체적 범위 및 이용 용도

④ 감사담당자등은 제2항 및 제3항에 따라 제출받은 자료 또는 정보를 다른 사람에게 제공 또는 누설하거나 감사목적 외의 용도로 이용하여서는 아니 된다.

제17조(서면·실지감사의 실시) ① 감사단장은 서면감사를 할 경우를 제외하고, 필요할 때에는 현지에 출장하여 감사를 할 수 있다.

② 감사단장은 실지감사를 하려는 때에는 감사인원에 맞게 감사장을 설치하도록 하고, 감사에 필요한 자료를 가능한 한 미리 요구하여 구비하도록 하여야 한다.

③ 감사담당자등은 필요한 경우에는 감사대상기관이 보관하고 있는 현금·예금·유가증권 등의 현재액을 확인하여 관계 장부와 들어맞는 지를 점검할 수 있다.

④ 감사담당자등은 실지감사 중에 감사대상기관 또는 부서의 일상 업무 수행에 지장을 주지 않도록 최대한 노력하여야 한다.

⑤ 감사담당자등은 감사대상기관 또는 부서의 직원이나 외부인이 감사 자료에 접근하지 못하도록 다음 각 호의 보안조치를 하여야 한다.

1. 감사장 내 서류보관함에 잠금장치 사용
2. 사무용 컴퓨터 및 이동식 저장장치에 암호 설정
3. 감사장 철수시 감사 자료가 감사장 또는 컴퓨터 등에 남지 않도록 완전 파기
4. 그 밖에 감사 자료의 유출을 방지하는 데에 필요한 보안조치

제18조(실지감사의 종결 등) ① 감사단장은 실지감사기간 내에 감사를 종결하여야 한다. 다만, 감사목적의 달성을 위하여 필요한 경우에는 감사관에게 사유를 보고하고 실지감사 기간을 연장할 수 있다.

② 감사단장은 감사목적의 달성을 위하여 필요한 경우에는 실지감사 종료 전에 감사대상기관 또는 부서를 대상으로 주요 감사결과를 설명하고 이에 대한 의견을 들을 수 있다.

제19조(증거서류의 확보 등) ① 감사담당자등은 감사결과 처리가 필요한 사항

의 입증을 위하여 필요한 관계서류 등의 등본 또는 사본을 받고, 그 대상이 물건이나 상태인 경우에는 사진 촬영 등의 방법으로 증거를 확보하여 추가적인 감사나 법적 분쟁 등이 발생하지 않도록 하여야 한다.

② 감사담당자등은 증거서류의 증거능력과 감사대상기관 또는 부서의 부담 정도 등을 고려하여 적정하고도 충분한 증거를 확보하여야 한다.

③ 감사담당자등은 증거서류의 신뢰성을 확보하기 위하여 증거서류의 출처와 근거를 명시하여야 한다. 다만, 비밀유지 등을 위하여 필요한 경우에는 출처를 명시하지 아니할 수 있다.

④ 감사담당자등은 증거인멸의 우려가 있는 경우에는 금고·창고·장부 및 물품 등을 봉인하는 등의 방법으로 즉시 증거를 확보하고, 필요한 경우 수사기관에 협조를 요청하는 등 증거 확보를 위한 조치를 하여야 한다.

제20조(확인서의 요구 등) ① 감사담당자등은 감사결과 처리가 필요한 사항의 증거를 보강하기 위하여 필요한 경우에는 관계자로부터 사실관계 등을 적은 확인서를 받을 수 있다.

② 감사담당자등은 감사결과 처리가 필요한 사항이 변상명령, 징계 또는 문책사유에 해당하거나 그 밖에 중요한 사안에 관련된 관계자의 책임소재와 한계를 규명하고 행위의 동기, 배경 또는 소명을 듣기 위하여 필요한 경우에는 문답서를 작성할 수 있다.

③ 감사관은 감사결과 처리가 필요한 사항에 관하여 그 사유 및 개선방안 등을 듣기 위하여 필요한 경우에는 해당 사항의 특성을 고려하여 적정한 직위의 책임자에게 질문서를 보내고 답변서를 받을 수 있다. 다만, 실지감사 중인 때에는 감사단장이 질문서를 보낼 수 있다.

제 5 장 감사결과의 처리

제21조(감사결과의 처리기준 등) ① 도지사는 감사결과에 대하여 다음 각 호의 기준에 따라 처리하여야 한다.

1. 변상명령: 「회계관계직원 등의 책임에 관한 법률」이 정하는 바에 따라 변상책임이 있는 경우
2. 징계 또는 문책요구: 「지방공무원법」과 그 밖의 법령에 규정된 징계 또는

문책 사유에 해당하거나 정당한 사유 없이 감사를 거부하거나 자료의 제출을 게을리한 경우

3. 시정요구: 감사결과 위법 또는 부당하다고 인정되는 사실이 있어 추징·회수·환급·추급 또는 원상복구 등이 필요하다고 인정되는 경우
4. 주의요구: 감사결과 위법 또는 부당하다고 인정되는 사실이 있으나 그 정도가 징계 또는 문책사유에 이르지 아니할 정도로 경미하거나, 감사대상기관 또는 부서에 대한 제재가 필요한 경우
5. 개선요구: 감사결과 법령상·제도상 또는 행정상 모순이 있거나 그 밖에 개선할 사항이 있다고 인정되는 경우
6. 고발: 감사결과 범죄혐의가 있다고 인정되는 경우

② 감사관은 제1항 제3호 및 제4호에 따라 시정 및 주의가 필요한 사항이나 그 사안이 경미하여 현지에서 조치하여도 감사의 목적을 충분히 달성할 수 있다고 판단되는 사항을 발견한 때에는 감사대상기관의 장에게 현지에서 시정을 요구하거나 주의조치를 할 수 있다.

제22조(감사결과보고서의 작성 및 보고) 감사관은 감사가 종료된 후 특별한 사정이 없는 한 감사를 마친 날부터 50일 이내에 다음 각 호의 사항을 포함한 감사결과보고서를 작성하여 도지사에게 보고하여야 한다. 다만, 감사활동 수행기간이 종료된 날부터 30일 이내에 다른 감사를 수행하는 등 특별한 사유가 있는 경우에는 감사결과에 포함될 징계 등의 처분요구나 조치사항 결정 기한을 30일간 연장할 수 있다.

1. 감사목적 및 범위, 감사기간 등 감사실시개요
2. 제21조의 처리기준에 따른 감사결과 처분요구 및 조치사항
3. 감사대상기관의 수범사례 및 제도개선이 필요한 사항
4. 그 밖에 보고할 필요가 인정되는 사항

제23조(감사결과의 통보 등) ① 도지사는 특별한 사유가 없는 한 제22조의 감사결과 보고일부터 10일 이내에 다음 각 호의 사항을 포함한 감사결과를 감사대상기관에 통보하여야 한다.

1. 감사결과 처분요구 및 조치사항
2. 감사결과 종류별 처리기한 및 결과 보고 의무
3. 재심의 신청에 대한 안내문

② 제1항 제2호에 따른 감사결과 종류별 처리기한 및 결과 보고 의무는 다음 각 호와 같다.

1. 변상명령: 변상책임자가 변상명령서를 받은 날부터 3개월 안에 변상하도록 조치하고 그 결과를 지체 없이 보고할 것
2. 징계 또는 문책요구: 1개월 안에 징계의결을 요구하고, 그 의결 결과를 지체 없이 보고할 것
3. 시정요구: 2개월 안에 처리하고 그 결과를 지체 없이 보고할 것
4. 개선요구: 2개월 안에 집행 가능한 사항은 그 기간 내에 적정한 조치를 하고 그 결과를 지체 없이 보고하고, 집행에 2개월 이상이 드는 사항은 2개월 안에 추진일정 및 계획 등이 포함된 집행계획을 우선 회보한 후 집행계획에 따라 조치한 결과를 지체 없이 보고할 것

③ 감사관은 제20조에 따라 확인서·답변서·문답서를 받았으나 감사결과로 처리하지 않기로 결정한 사항 중 일반국민의 이해관계에 영향을 미치거나 공무원의 신분상·재산상 책임과 관련이 있는 중요한 사항은 제22조의 감사결과 보고일부터 10일 이내에 관계기관 또는 관련자 등에게 그 사실을 통보하여야 한다.

제24조(징계 또는 문책사유의 시효정지) 징계 또는 문책사유의 시효정지에 관한 사항은 「공공감사에 관한 법률」 제24조를 준용한다.

제25조(감사결과의 공개) 도지사는 감사종료 후 종합감사 등의 감사결과를 원칙적으로 2개월 이내에 정보통신망을 활용한 정보공개시스템 등을 통하여 공개하여야 한다. 다만, 「공공기관의 정보공개에 관한 법률」 제9조 제1항 각 호의 어느 하나에 해당하는 정보는 공개하지 아니할 수 있다.

제 6 장 일상감사

제26조(일상감사의 대상기관 및 범위) ① 감사관은 다음 각 호의 업무에 대하여 일상감사를 하여야 한다.

1. 주요 정책의 집행업무
2. 계약업무
3. 예산관리 업무

4. 그 밖에 도지사 또는 감사관이 필요하다고 인정하는 업무

② 도 본청, 직속기관·사업소는 제1항의 사무에 대하여 감사관에게 일상감사를 의뢰하여야 한다.

③ 일상감사의 대상 및 절차 등에 관한 사항은 도지사가 따로 정한다.

제7장 감사결과의 사후관리

제27조(재심의 신청 및 처리) 감사결과에 따른 재심의 신청 및 처리는「공공감사에 관한 법률」제25조와「지방자치단체에 대한 행정감사규정」제20조 및 제21조를 준용하고, 재심의 신청서 서식은 별지 제2호서식과 같다.

제28조(이행결과의 제출) 제23조에 따라 감사결과를 통보받은 감사대상 기관 또는 부서의 장은 정당한 사유가 없으면 감사결과의 조치사항을 이행하고 그 이행결과를 도지사에게 제출하여야 한다.

제29조(이행결과의 확인) ① 도지사는 제29조에 따라 제출된 감사대상기관 또는 부서의 이행결과를 검토하고, 필요한 경우에는 보완자료를 요구하거나 이행을 독촉하여야 한다.

② 도지사는 감사결과 처분요구 및 조치사항에 대한 사후관리의 적정성 확보를 위하여 필요한 경우에는 현지 확인·점검을 실시할 수 있다.

③ 도지사는 감사결과를 통보받은 감사대상기관 또는 부서의 장이 제23조 제2항에 따른 처리기한 내에 적정한 조치를 하지 않는 경우에는 그 사유 및 조치계획서 등을 작성하여 통보하도록 할 수 있다.

④ 도지사는 감사대상기관 또는 부서의 장이 정당한 사유 없이 감사결과 처분요구 또는 조치사항을 이행하지 않는 때에는 감사를 실시할 수 있다.

제8장 보 칙

제30조(표창 등의 추천) 도지사는 감사대상기관 또는 부서의 공무원 또는 임·직원으로서 부조리·비능률 요인의 제거, 행정능률의 향상, 예산절감 또는 물자절약에 뚜렷한 공적이 있는 자를 도지사 표창 등의 대상자로 추천할 수 있다.

제31조(소방서 감사) 이 규칙에서 소방서에 대한 감사는 “감사관”은 “소방감사반장”으로 “감사관실 직원”은 “소방감사반 직원”으로 본다.

부 칙

이 규칙은 공포한 날부터 시행한다.

찾아보기

ㅈ

ㅊ

ㅌ

ㅍ

ㅎ

[저자약력]

염차배(행정학박사)

경남 창원 출신으로 1977년 행정고시 제21회에 합격해 국세청(세무서)에서 공직을 시작했다. 1984년 6월 감사원으로 옮겨 27년 동안 근무하면서 자치행정감사국 총괄과장, 감사품질심의관, 심의실장, 사회문화감사국장 등을 역임했고, 2010년 7월부터 감사연구원장으로 재임하다 현재는 제주특별자치도 감사위원장(정무직)으로 재직 중이다. 영국 바스(Bath)대학교에서 재정학 석사, 성균관대학교에서 행정학 박사학위(2010년)를 각각 받았다.

진상기(행정학박사)

충남 연기 출신으로 한국정보화진흥원에서 책임연구원으로 재직하다 2010년부터 한국장학재단에서 정책 분석·평가 업무를 맡고 있다. 성균관대학교에서 행정학 석사 및 박사학위(2008년)를 받았다. 주요 연구로는 대외원조정책개편연구, 국제정보격차해소정책 네트워크분석, 지방행정 감사체계 개편연구 등이 있다.

지방정부감사론

2011년 12월 10일 초판 인쇄
2011년 12월 15일 초판 1쇄발행

저 자 염 차 배 · 진 상 기
발행인 배 효 선

발행처 도서출판 法 文 社

413-756 경기도 파주시 문발동 526-3
등 록 1957년 12월 12일/제2-76호(윤)
전 화 (031)955-6500~6 FAX (031)955-6525
E-mail (영업) bms@bobmunsa.co.kr
(편집) edit66@bobmunsa.co.kr
홈페이지 http://www.bobmunsa.co.kr

조 판 (주) 성 지 이 디 피

정가 30,000원 ISBN 978-89-18-02374-8